普通高等教育“十二五”规划教材

零售学

LINGSHOUXUE

宋 瑛 主编
杨水根 杨海丽 副主编

中国财经出版传媒集团
经济科学出版社
Economic Science Press
北京

图书在版编目（CIP）数据

零售学/宋瑛主编．--北京：经济科学出版社，
2024.3
ISBN 978-7-5218-5776-4

Ⅰ.①零…　Ⅱ.①宋…　Ⅲ.①零售业-商业经营
Ⅳ.①F713.32

中国国家版本馆 CIP 数据核字（2024）第 064951 号

责任编辑：于　源　侯雅琦
责任校对：李　建
责任印制：范　艳

零　售　学
宋　瑛　主　编
杨水根　杨海丽　副主编
经济科学出版社出版、发行　新华书店经销
社址：北京市海淀区阜成路甲 28 号　邮编：100142
总编部电话：010-88191217　发行部电话：010-88191522
网址：www.esp.com.cn
电子邮箱：esp@esp.com.cn
天猫网店：经济科学出版社旗舰店
网址：http://jjkxcbs.tmall.com
北京季蜂印刷有限公司印装
787×1092　16 开　30.75 印张　586000 字
2024 年 3 月第 1 版　2024 年 3 月第 1 次印刷
ISBN 978-7-5218-5776-4　定价：69.00 元

目　录

第一章

零售导论

【学习目标】

1. 掌握零售、零售商、零售业、渠道等基本概念；
2. 掌握零售渠道的功能及其分类；
3. 了解西方零售业历次重大变革背景及内容；
4. 了解我国零售业发展变革及世界零售业发展趋势。

【重难点】

1. 零售、零售商、零售业、渠道等基本概念；
2. 零售渠道的功能、分类及演变；
3. 世界零售业发展趋势。

【案例导入】

盒马鲜生：全渠道体验最棒

2016 年 1 月，阿里巴巴的自营生鲜类商超“盒马鲜生”在上海金桥广场开设了第一家门店，面积达 4500 平方米，成绩斐然，年坪效高达 5 万元，是传统超市的 3 ~5 倍。在随后的一年多时间里，上海的门店数量迅速增至 7 家，并已经成功扩张至宁波。

盒马是一家只做“吃”这个大品类的全渠道体验店。整个门店完全按全渠道经营的理念来设计，完美实现了线上和线下的全渠道整合。不到半年，每天的线上订单数就达到 4000 张订单，目前已经超过线下订单。每件商品都有电子标签，可通过 App 扫码获取商品信息并在线上下单，无需按传统门店设计复杂的动线。

物流仓储作业前置到门店，和门店共享库存和物流基础设施，店内部署了自动化物流设备进行自动分拣，效率很高，基本能达到 5 公里内 29 分半钟送达的及时配送承诺。

商品是王道。盒马鲜生的商品品类丰富，来自全球103个国家超过3000种商品（其中80%是食品，20%是生鲜产品，后者未来可能发展到30%），包括肉类、水产、水果蔬菜、南北干货、米面油粮、烘焙、熟食、烧烤以及日式料理等。

店内干净整洁，比如在活鱼存放池附近从来没有水渍；卖场分区明细，指引清晰，方便顾客挑选。购物环境舒适，同时为配合精品超市的定位，店内还设有百货、鲜花等商品区，基本满足人们的生活需求。

体验为王，盒马鲜生学习了意大利的Eataly，上海金桥首店内设餐厅，盒马鲜生的牛排、海鲜及熟食餐厅区占地200平方米左右，里面设置了五张四方桌子。另外，顾客在店内选购了海鲜等食材之后还可以即买即烹，直接加工，现场制作，门店会提供厨房给消费者使用。这深受消费者欢迎，提升了到店客流的转化率和线下体验感，带动了整个客流的高速增长。

电商系以阿里旗下的盒马鲜生（盒马集市）领跑，传统系则以永辉旗下的超级物种带动节奏。盒马鲜生在消费升级的背景下诞生，是一个纯互联网思维的经营理念，没有传统零售的基因，因此盒马鲜生的发展完全不受传统零售的限制和约束。盒马鲜生赢得青睐的核心就在于其线上线下的高度整合能力。

资料来源：搜狐网．这家盒马店被称“新零售第一店”，连马云都爱逛！[EB/OL]．[2017-07-25]．https：//www.sohu.com/a/159874105_734932.

思考：盒马鲜生的零售经营与传统零售有什么区别？

第一节　零售概况

一、零售的基本概念

（一）零售

1. 零售的概念

零售在我们的日常生活中扮演着重要的角色，但大多数人对于零售的认识还停留在百货超市、超级市场等简单的购物场所层面，尚未理解零售背后丰富的内涵。目前，“零售”一词尚未形成国内外统一公认的定义，但国内外许多学者已从不同的研究角度对“零售”一词进行了诠释，这有助于深化人们对零售的理解。

美国零售专家迈克尔·利维、巴顿·A. 韦茨和杜鲁弗·格雷瓦尔在《零售管理》一书中认为，零售是一系列的商业活动，通过向消费者出售个人或家庭使用的产品和服务来增加价值。这些增值活动包括提供分类、拆售、持有存货并提供服务。

贾利在《中国大百科全书》一书中将“零售”定义为：零售是直接将商品或服务销售给个人消费者或最终消费者的商业活动，是商品或服务从流通领域进入消费领域的最后环节。

肖怡认为，零售商是指向最终消费者个人或社会集团出售生活消费品或非生产性消费品及相关服务，以供其最终消费之用的全部活动。

黄维礼认为，零售商或零售企业是向最终消费者出售商品，直接为消费者服务的商业企业。

根据国内外学者对零售概念的界定以及零售的相关内容，本书将零售概念界定为：零售就是把商品和服务出售给最终消费者以供其最终消费之用的一种商业活动。

零售的概念，至少包括以下内容：

（1）零售是将商品及其附带服务提供给消费者作为最终生活消费之用的活动，而不是商业用途消费。例如，汽车轮胎销售商店将轮胎出售给顾客并安装在顾客车上，这种交易活动是零售；若购买者是汽车生产商，车商将其装配为整车再出售，这种交易活动就不属于零售。

（2）零售不仅向最终消费者出售实物商品，也向其提供相关服务或劳务。如购买家用电器的免费安装及维修服务、网络购物的物流配送服务等。

（3）零售活动不一定在固定的零售店铺中进行。

（4）零售的服务对象是最终消费者，不仅包括个人、家庭，也包括集团消费者。如公司购买办公用品，以供员工办公之用。

2. 零售的属性

零售活动虽然是一种典型的经济活动，但是其不仅局限于经济领域，还包括社会与文化属性，了解这些属性有助于全面地了解零售。

（1）经济属性。

从宏观角度看，零售是商品交易的终端，通常以分散、随机的形式出现，但其总的交易规模很大，是全社会商品流转并实现价值的关键节点。零售环节效率的高低直接影响着宏观经济运行中的资金循环与投入再生产的速度，一些零售环节还承担了金融等现代服务功能。一些宏观研究表明，拥有高效的零售行业能够加速资本的社会周转，并减少诸多环节的总成本，节约社会资源。

从微观角度看，零售首先影响生产主体与销售主体自身的赢利，涉及企业对资源的安排与使用。现代零售有显著的促进生产功能，零售商由于直接面向消费者，因此能够及时、真实地反映消费者的意见及市场商品供求、价格变化的情况，向生产者和批发业者反馈市场信息，协助生产者调整经营结构，生产更多、更好且适销对路的商品以满足消费者需要。现代制造企业非常重视销售业务，需要以较为稳定的速率处理自己的库存，避免对资金的占用以及相关费用的发生。因此，制造企业大多期望与分销商、零售商保持良好的合作关系，一些中小制造企业还可能对大型零售商产生一定程度的依赖。同时，对消费者来说，零售活动有显著的服务功能。由于消费者对商品和服务的需求是广泛、多样、复杂的，为满足这些需求，零售贸易不仅要提供丰富的商品，还需要围绕商品销售提供各种服务，如信息服务、信用服务、售货服务和售后服务等，并以此为手段，扩大商品销售。在发达的市场经济条件下，零售的服务功能尤为重要。此外，适宜的零售活动还能够指导并刺激消费。零售贸易中的商品陈列、广告宣传、现场操作、销售促进等能唤起潜在的消费需求，培养人们新的爱好和需求，引导消费者的消费倾向、方式和时尚，为扩大再生产开拓更为广阔的市场，为消费水平的不断提高创造新的物质条件。

（2）社会属性。

现代零售活动是一种社会化的活动。不同于传统的零售活动，现代零售广泛联结了零售服务、金融服务、财会服务、物流服务、通信与互联网服务、媒体广播服务、（商业）建筑服务、装修装饰服务、法律服务、社区管理服务、交通管理服务、政府行政服务等内容。这些内容交织在一起，以合理的方式与消费者进行交互，一次简单的零售交易活动已经具有大范围社会参与的特征。零售的社会属性还体现在消费者的购物活动已不仅是一项经济行为，还包含了个人生活的特征，社交活动与零售活动往往相伴而生。例如，消费者在零售场所可以进行各种休闲娱乐或聚会聊天，购物有时甚至成为社交活动的副产品。

（3）心理属性。

群体消费增长与消费结构的变迁促进了个体零售心理的形成与发展。零售心理受到了消费活动中物质生产、精神生产与消费环境等因素的影响，体现了消费者需求层次的多样性，而生产商与零售商可以据此对业务进行开拓与创新。现代零售除了满足消费者对于商品单纯的物质需求之外，对其精神及周边需求的占比正在快速增加。消费者在购物中表现出的心理活动特征主要包括 5 种。①从众心理。在一定程度上模仿他人（大多数）的消费行为，而较少结合自身的需求与消费能力，盲目从众是极端化的表现。②攀比心理。以追求同他人消费结果进行比较为目的的消费，多体现在消费支出方面，也称为“面子消费”。③求异心理。追求一种与社会大众不同的、个性化的消费倾向。④从俗心理。与从众心理类似，但更多地考虑所属区域、社群的特征，表现为在消费内容与层次上趋同。

⑤求实心理。较为理性的消费心理，在消费中从实用性出发，追求较高的性价比，精于比较与计算。消费者的心理属性有时会出现异化。消费心理学研究显示，有些人购物会上瘾，其购物的目的不是需要商品的使用属性，而是享受购物这个过程，虽然在结账时可能会有一定的负向心理感受，对于买来的东西也可能会有一种“负罪感”，但最终的效果是正向的、积极的。在现代社会，具有这种特点的群体数量还在不断上升。有此种特征的人，如果长时期不购物（无论去实体店还是网购），便会感觉压抑或不愉快，只有购物才能够缓解这种症状。许多零售商家会有目的地利用消费者的这种特征，开展商品宣传或某些促销活动。当然，绝大部分个体的这种特质都处于正常范围内，并未发展到病态，可以通过兴趣转移或某些克制方式进行自我调整。

（二）零售商

1. 零售商的概念

美国零售专家迈克尔·利维（Michael Levy）教授与巴顿·A. 韦茨（Barton A. Weitz）教授将零售商定义为：零售商是将产品和服务出售给消费者供其个人使用的一种商业企业。

姚礼萍认为，零售商是以零售活动为基本职能，将产品和服务出售给消费者供其个人使用的一种商业企业，是介于制造商、批发商和消费者之间，以盈利为目的的从事零售活动的经济组织。

肖怡认为，零售商是指以零售活动为基本职能的独立的中间商，介于制造商、批发商与消费者之间，以盈利为目的的从事零售活动的组织。事实上，零售商的角色颇似于消费者的采购代理人。

以上定义涵盖了零售商的几个重要特征：

(1) 零售商的基本职能是从事零售活动，它是包含销售服务的商业企业。零售商主要从事零售业务，当然也可以从事批发甚至生产。零售主要由零售商完成。

(2) 零售商可以多种状态存在，如店铺销售、网络销售、电商直播、电话订购等。到消费者家里或办公室直接推销，从线下店铺到互联网及自动售货机等皆属于零售业务的范畴。

(3) 并非只有零售商提供零售活动，制造商、进口商、非营利性机构和批发商在把商品或服务销售给最终消费者时，也是开展零售活动。

零售商是分销渠道中的最终业务环节活动。商品经过零售环节，卖给最终消费者，就从流通领域进入了消费领域。在现代社会，产品从生产领域向消费领域转移的过程中有不同的路径，如图 1－1、图 1－2 所示。

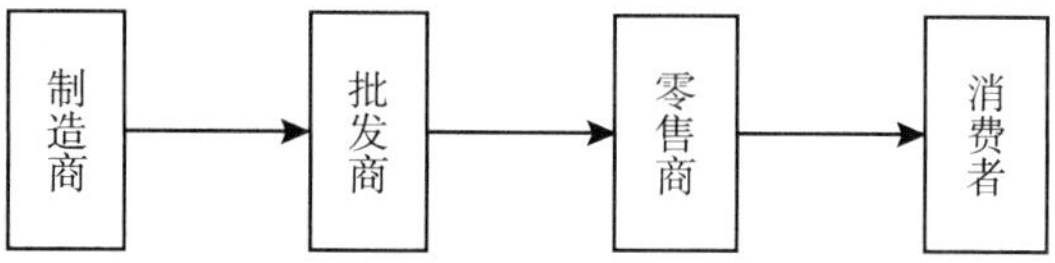

图1-1　典型的分销渠道

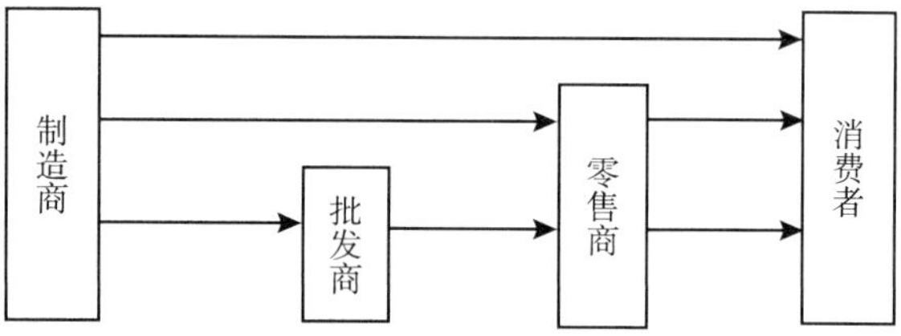

图1-2　一般的分销渠道

图1-1中，零售商作为制造商、批发商和其他供应商以及最终消费者的中介，发挥着至关重要的作用。制造商生产产品并将其卖给批发商，批发商从制造商手中购买产品并转卖给零售商，零售商集聚来自不同渠道的商品和服务，大批量购买后再小批量出售给消费者。这是典型的产销分离。

图1-2中，现实中的分销渠道有多种形式，可以是制造商生产产品并将其直接卖给零售商，由零售商卖给消费者；也可以是批发商从制造商手中购买到产品转卖给零售商，而零售商再将这些产品卖给消费者，这是典型的产销分离。制造商也可以通过自建零售店，或者通过网络平台直接销售等方式，将生产出来的产品直接送达消费者手中，这是典型的产销合一。

2. 零售商活动内容

零售商从事的活动，就是把产品和服务出售给消费者，从而使产品和服务增值的商业活动。这些活动包括5个方面。

（1）提供产品及其组合。

提供一定的产品及其组合，使顾客在同一市场中购买商品时，能在品牌、设计、规格、色彩和价格等方面有充分的选择余地。零售商在提供各种产品组合的同时，也对其所提供的产品组合实行专业化经营。超级市场提供生鲜、食品、保健、美容产品以及家庭用品的产品组合，而专业店可能只提供唯一的产品组合。

（2）分装（分拣）货物。

为降低运输成本、实现效率最大化，制造商总是把整箱或整盒的产品运送给零售商。零售商为满足最终消费者以及家庭的消费习惯模式，再向顾客和家庭提供较小量的产品。将大批装运的货物拆装成适合顾客需求的较小量的产品，被称为分装货物，体现了零售商在分拣过程中的作用（见图1-3）。

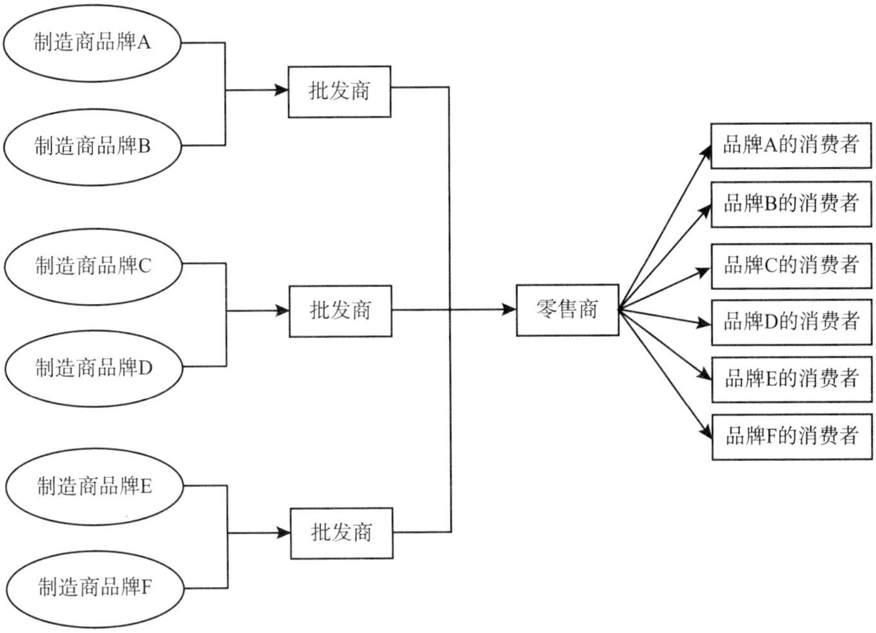

图1－3　零售商在分拣过程中的作用

（3）保有存货。

零售商保有存货，能使顾客在需要时得到适用的产品。零售商用保持存货的方式为顾客提供了好处，即零售商降低了顾客储存产品的成本。储存产品会占用顾客的现金和居住在小公寓的家庭的储存空间。

（4）提供服务。

零售商提供服务就是为顾客购买和使用产品创造便利条件。为顾客提供信贷，是使顾客能够先拿到自己想要购买的产品，然后再付账；陈列展示产品，是为了让顾客能在购买之前查看和试用产品；雇佣销售人员，是让他们负责回答顾客提出的问题，并向顾客提供有关产品的其他信息；配送服务，是将商品通过物流系统配送至顾客手中。

（5）与最终顾客、制造商和批发商等合作者沟通信息。

通过广告、推销员和商店展示，消费者可以了解商品和服务的可获得性及其特性、营业时间、销售状况等信息；制造商、批发商及其他服务机构则可了解销售预测、向零售商送货是否延迟、顾客抱怨、有缺陷的商品、存货周转情况（按款式、颜色和规格分析）及其他信息。信息反馈及时，能够使供应商及时调整许多商品和服务。

总之，零售商通过提供产品及其组合、分装（分拣）货物、保有存货、提供服务以及与最终顾客、制造商和批发商等合作者沟通信息等方式，增加了产品和服务的价值，且顾客可从他们所购买的产品和服务中得到这些价值。这些活动所形成的价值占顾客从零售商手中所购买的商品的最终成本的20% ~50%。这说明了零售商从事活动的重要性。

（三）零售商的作用

零售商是服务业中的重要群体，也是社会服务的主要承载单位。中国连锁经营协会联合国家信息中心发布的《零售业对我国经济社会的影响评估》显示，2020年我国零售业增加值超4万亿元人民币，约占GDP的4.07%，在44个行业中位列第八。基于零售业的占比，零售企业对税收的累积贡献也相对明显，其主要特点是税源和增长的稳定性。此外，零售商有较强的就业吸纳能力，是典型的劳动密集型行业，尤其对于稳定中低技能群体收入非常关键。零售商在招聘方面涉及面广，能够提供丰富的职位，就业门槛较低，且在空间方面较为分散。2008 ~2022年，全国零售业从业人数由4500万增加到6000多万，经营单位数达到2300多万个，有效缓解了城镇就业问题，也成为创业重要行业。另外，零售商还是利用外资的主要群体之一。我国零售商利用外资在2001年以后呈现快速的增长，无论在获批投资项目数量还是投资规模方面，在服务业领域均居于前列。

二、零售业及其地位

（一）零售业的概念

零售业是指以向消费者（包括个人和社会集团）提供所需商品及其相关服务为主的行业。零售业是一个古老的行业。沿街叫卖是最早的零售活动的写照，人类早期的商业就是从这种沿街叫卖的行商中起步的。在市场经济条件下，零售业成为国民经济的重要行业，对国民经济的发展起着重要作用，在国民经济中占有十分重要的地位。目前，零售业已成为人们普遍关注的热点行业。在2021年世界“500强”排行榜中，具有零售性质的企业就有53家。其中，综合零售、专业零售、食品店和杂货店、服饰等零售类企业共32家，占总入围零售企业的60%；日化、食品等快消类零售企业共18家，占比34%；电商企业3家，占比6%。

（二）零售业的地位

1. 零售业是全部社会产品实现的最终的实际有效的渠道

零售业是发达的商品经济条件下的社会全部产品实现的最终的实际有效的渠

道。零售商业状况的反作用会引起整个商品流通过程和社会再生产一系列环节的连锁反应。如果零售业经营状况良好，销售繁荣，批发贸易就会通畅兴旺，并意味着消费资料需求的增长，从而促进生活资料生产的扩大。而生产资料生产发展，又会带来社会经济发展的全面高涨。反之，如果零售商业经营状况不佳、销售不畅，商品在零售环节积压，就会引起批发贸易和社会生产的停滞，从而导致整个社会经济的衰退。

2. 零售业状况是国家经济发展状况的“晴雨表”

市场状况既是一个国家经济发展状况带来的结果，也是一个国家经济发展的条件。零售商业是整个市场的前沿阵地，是市场反应最敏锐、最直观、最迅速的部分，社会经济发展状况首先在零售市场上反映出来，零售市场状况是一个国家经济发展状况的最直接反映。事实上，国家的经济危机都是先通过零售商业销售危机表现出来的。零售业的兴隆繁荣，成为国家经济发展持续景气的必要条件之一。

3. 零售业是国民经济中最大最重要的行业之一

首先，零售业从业人员多，企业数量多，销售额占国内生产总值比重大。以美国和我国为例，2021 年美国社会消费品零售总额为 7.41 万亿美元，占当年美国 GDP 的比值达 31.78%；同年，美国零售行业从业人员大约为 1570 万人，相当于美国劳动力人口的 9.69%，与 2020 年新冠疫情暴发前的人数几乎持平。同年，我国社会消费品零售总额达到了 44.1 万亿元，占我国 GDP 之比约为 38.5%，2022 年我国社会消费品零售总额达到了 44 万亿元，占我国 GDP 之比约为 36.7%。截至 2021 年底，中国零售业态门店总数超过 610 万家，经营单位数达到 2300 多万个，零售业在整个国民经济中具有举足轻重的地位。其次，零售业税收是国家税收的重要来源。最后，零售业的发展与人们的生活水平息息相关，零售业是与生活关系最密切、为居民生活服务的人员和机构最多的行业，零售业的历次变革和进步，都带来人们生活品质的提高，甚至引发一种新的生活方式。由此可见，零售业的发展为社会安定起着保证作用。

4. 零售业是一个国家和地区就业的主要渠道之一

充分就业是一个国家和地区宏观经济的重要目标。零售业的一个重要特性就在于对劳动力的强吸附性，正因为如此，零售业才成为一个对充分就业有特别贡献的产业。针对各国的实际情况而言，零售业确实承担了相当一部分就业的任务。中国连锁经营协会联合国家信息中心发布的《零售业对我国经济社会的影响评估》报告显示，“十三五”时期，在国民经济 44 个行业中，零售业是除了农业和批发业之外吸纳就业第三多的行业。2020 年受新冠疫情冲击，零售业全行业吸纳全职就业下降至 5761 万人，但在整个 2008～2022 年，我国零售业从业人数由 4500 万增加到 6000 多万，零售业广泛吸纳社会就业的基础性作用显著。

5. 零售业是反映一个国家或地区物质文明与精神文明的橱窗

零售业通过零售活动向外部展示了一个国家或一个地区的经济、文化及政治状况。零售业提供的商品种类及品种的丰富程度，人们在交易过程中的礼仪、语言、道德、市场秩序等，都展现了这个国家或地区的经济发展水平、人民的文化素质和道德水准以及市场管理水平等情况。

6. 现代零售业是高投资与高科技相结合的产业

可以说，新一代信息技术，如大数据、云计算、人工智能、物联网等技术，在零售业的应用领域之广、应用程度之深不言而喻。例如，智慧零售创新为偏远地区顾客提供的最后一公里服务，AI 技术创新带来大量的应用场景创新，大数据和云计算等新技术为传统商店实现商业模式上的差异化等。当今零售商们运用最先进的计算机、传感技术和各种通信技术对变化中的消费需求迅速做出反应，无论消费者在线上还是线下商店购物，其购买行为都会被一系列的电子设备记录下来，实时传递到后台进入大数据中心，零售商从顾客的若干购买中准确为顾客画像，并精准推送商品或服务信息，提升企业经营决策效益。沃尔玛就是这样典型的零售商。

（三）零售商的社会责任

零售商除了为消费者提供商品和服务以外，作为企业主体还须履行应有的社会责任。零售商的社会责任涉及一家公司自愿从事的能够达到或超过其利益相关者（公司员工、消费者、社区及范围更广的社会）的道德和法律层面期望的各种商业实践。零售商通过额外的努力以支持其社区、环境及社会事业，此方面的案例包括助力精准扶贫和乡村振兴、关爱员工成长和成才、践行公益事业、反对浪费、绿色环保等。零售企业社会责任活动有助于其向消费者传达所倡导的企业文化，展示其积极正面的形象，提升员工的士气，对于公司及其利益相关者来说是一种双赢的局面。

在助力乡村振兴方面。2015 年京东启动农村电商战略，2016 年与国务院扶贫开发领导小组办公室签署《电商精准扶贫战略合作框架协议》，陆续与全国 110 个贫困县签署电商精准扶贫合作协议，扶贫工作覆盖产业扶贫、用工扶贫、创业扶贫、金融扶贫、健康扶贫、公益扶贫等诸多领域。瞭望智库和京东大数据研究院发布的《“产业 + 科技”扶贫创新式报告》显示，截至 2020 年末，共计帮助全国贫困地区上线商品超 300 万种，实现扶贫销售额超 1000 亿元，直接带动超 100 万户建档立卡贫困户增收。在全国脱贫攻坚总结表彰大会上受到表彰的河北武邑县、阜平县、滦平县，陕西延川县、宁陕县，辽宁康平县，安徽岳西县，广西田东县等100多个县市，在过去几年的脱贫攻坚路上，都与京东合作探索出了适应地方特色的产业扶贫模式。它们背后是一个个扎实落地、稳健成长的京东扶贫项目——跑步鸡、飞翔鸽、游水鸭、跑山猪。2020年起，京东每年发布《环境、社会及治理报告》（environment，social，government，简称“ESG报告”），在阐述其在数智化社会供应链建设上的布局及未来规划的同时，也全面展现了京东在助力实体经济、精准扶贫、乡村振兴以及环境治理等领域所释放出的社会责任与企业价值。

在绿色发展方面。中国房地产以加快建筑行业减排、大力发展绿色建筑为目标。2020年，美国LEED绿色建筑认证在中国再创新高。中国的绿色建筑市场已然驶入了发展的快车道，呈现出多元化、下沉化的发展趋势。截至2020年，中国共有6273个LEED项目（包含已认证及认证中），总面积已超过3.2亿平方米。① 京东创新性地启动了“青流计划”，致力于推进供应链全链条的低碳环保、节能降耗，协同行业合作伙伴和社会力量，加速物流行业的绿色升级；此外在发展清洁能源、应用新能源汽车、倡导绿色消费等方面也设置了具体的目标。京东发布的《京东集团企业社会责任报告2013－2017》提到，中国电子商务领域首张电子发票于2013年诞生在京东总部，2016～2017年，京东开具电子发票超10亿张，节约纸张约合650吨。京东自营订单100%使用电子面单，每年通过电子签单可减少纸张使用5000吨以上。

在反对食品浪费方面。2022年，中国连锁经营协会携手沃尔玛、蒙牛、百事公司、泰森食品、噢麦力（OATLY）、尚古堂食品等会员企业及合作机构，共同启动“连锁企业减少食物浪费助力低碳发展的探索与实践研究项目”，发布了《加强食品运营管理，推进零售业食物浪费减量化行动倡议书》，举办多场次主题论坛，编写发布《减少食物浪费企业实践指南》等工具包，并通过鼓励开展余量食物捐赠等创新举措，持续探讨食物再利用的新思路。沃尔玛认为，深耕中国市场27年，沃尔玛始终坚守“花得少，过得好”的企业使命。而立足社区、服务社会则是践行企业使命的重要方式。

在社会公益方面。2017年中华慈善日，阿里巴巴牵头发出“人人3小时，公益亿起来”的倡议，并正式上线“人人3小时”公益平台。阿里公益2022年度账单显示，2022年末“人人3小时”公益平台注册用户超过1.5亿人，已带动全国十几亿人次参与点滴公益善行。这一公益平台主要聚焦：一是为用户提供丰富有趣的公益选择，如给乡村儿童捐体育包、冬奥亚运期间捐步给乡村儿童修

---

① 华夏时报.2020年中国新增LEED认证项目873个　上海稳居全国第一［EB/OL］.［2021－01－17］. https：//www. chinatimes. net. cn/article/103862. html.

跑道、六一儿童节与肯德基合作为流动儿童捐书等。二是为机构提供发布项目和召集志愿者的平台。2022 年，平台上线公益机构逾 4000 个，发布了包括抗疫救灾、环境保护、社区服务、困境帮扶、心灵陪伴等各类公益活动。三是给公益时定标准，用户将公益时存入个人公益慈善账户，得到更多的社会认可。2022 年“人人 3 小时”公益平台获浙江慈善奖。

第二节 零售渠道

一、零售渠道的概念

渠道是指某种产品从生产者向消费者或用户转移过程中所经过的一切取得所有权的商业组织和个人，即产品所有权转移过程中所经过的各个环节连接起来形成的通道。即产品由生产者到用户的流通过程中所经历的各个环节连接起来形成的通道。销售渠道的起点是生产者，终点是用户，中间环节包括各种批发商、零售商、商业服务机构（如经纪人、交易市场等）。

零售渠道是指产品或服务从某一零售市场主体向最终消费者（个人或组织）转移所经过的路径，完成一次交易的完整路径，被视为一条零售渠道，如服装通过百货商场卖给顾客、牛奶通过便利店卖给顾客、数码产品通过网站卖给顾客等，各自都是一条完整的零售渠道。

二、零售渠道的特征

第一，处于流通领域的终极环节。零售渠道处于商品从生产者向消费者转移的最终环节，一旦商品出售给消费者，该商品就退出了流通领域。

第二，服务对象是最终消费者。零售渠道的主要服务对象是以最终消费为购买目的的个体或组织，这些产品及其服务主要用于最终消费。

第三，零售渠道一般从事个量销售。零售商店销售的商品一般品种多，单次交易批量小，但销售频率高。

三、零售渠道的功能

零售渠道的功能在于使产品从零售主体转移到消费者的整个过程顺畅、高效，缩小或消除产品供应与消费需求之间在时间、地点、产品品种和数量上存在的差异。简而言之，零售渠道的基本功能就是要将产品或服务顺利地送达消费者。在此过程中，渠道中的各个成员要相互合作，共同努力去实现产品的形式效用、时间效用、地点效用和所有权效用。由此形成的零售渠道功能主要包括收集与传送信息、产品展示与销售、促销、组配、物流和融资。

（一）收集与传送信息

渠道成员收集和分析有关消费者、市场行情、销售环境以及竞争者的信息，然后将其传送给其他成员共享和交流，帮助企业更好了解市场和消费者需求。

（二）产品展示与销售

通过实体商店、线上平台等各类渠道，为消费者展示产品信息、开展营销销售活动。只有经过零售的商品，才真正地被销售出去，实现了商品的“惊险跳跃”，并最终实现了商品的价值。

（三）促销

企业为了刺激消费而采取的一系列企划宣传活动。促销其实就是企业与顾客主动沟通的一种形式，这种沟通的效果取决于企业是否能以富有创意的方式，使顾客乐于接受企业所传达的产品和服务信息。

（四）组配

组配是指零售经营主体根据购买者需求与特征，对商品在分类、分等、装配包装上进行组合、指配的活动。由于消费者的需求呈现个性化和多样化，组配可减少买卖双方搜寻对方的成本，协调专业化厂商产品（服务）单一类与消费者样化需要之间的矛盾。

（五）物流

主要涉及商品的运输和存储活动。商品一旦进入销售领域，渠道成员就对其展开一系列的运输和存储活动，并为消费者提供高效便捷的配送服务，最终送达消费者手中。

（六）融资

商品的生产、制造和销售都需要资金的投入，充足的资金是渠道正常运转的保证。常见的融资行为有：零售商通过延迟付款在短期内变相增加资金量；零售商通过提供信用支付服务为消费者提供消费融资服务。

四、零售渠道的演化

2013 年，法国零售专家布尔丁（Burdin）在 IDC 零售洞察（IDC retail insights）将零售渠道的发展划分为四个阶段，即单渠道、多渠道、跨渠道与全渠道（见图 1－4）。同期，清华大学李飞教授较早对零售渠道问题进行了系列研究，提出零售渠道演化阶段及全渠道的含义、成因及对策。

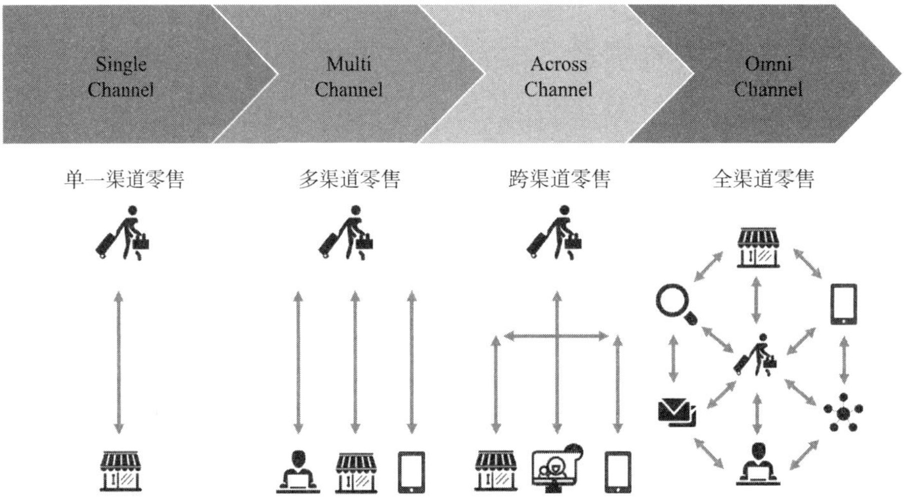

图 1－4　零售渠道演化与渠道类型

（一）单渠道零售

单渠道零售是只通过一条渠道（如门店、自动售货机、电视、网站等），将产品和服务从某一销售者手中转移到顾客或者消费者手中的行为。单渠道策略即窄渠道策略，不管这一条渠道是实体店，还是邮购，还是网店。

单渠道策略优势是低成本、方便快捷地进行部署，易于检测，让有竞争优势的品牌垄断市场，利润最大化。但是单渠道策略严重地限制了潜在顾客的规模和多样性。除非是少数非常特别的品牌（其市场比较小众），否则单一渠道并不是一个可行的战略。

（二）多渠道零售

多渠道零售是指企业通过不同类型的可触达消费者的渠道或平台，在每一个单一平台中和消费者进行互动。一般来说，企业采用两条及以上完整的零售渠道进行销售活动，但顾客一般要在一条渠道完成全部的购买过程或活动。例如，电脑厂商对于团购的企业用户采取直销渠道，对于零散顾客采取门店渠道，每条渠道都完成销售的完整过程、所有功能，其间不进行交叉。

多渠道是多个单渠道的组合，每条渠道完成渠道的全部而非部分功能，相互之间并没有统一的操作标准和规范。同时，每条渠道战略通常面对不同类型的客户。多渠道是单渠道质的提升，它帮助品牌开放市场，使其在零售活动中能够触达到更广泛、更多样化的受众，并可以在不同渠道利用不同的零售活动策略抓取潜在的消费者需求。但是这些多样的渠道并不能流通以及实现连接，必然会导致运营效果低下，效果分析不清晰。

（三）跨渠道零售

在实体店铺与虚拟店铺交织的发展环境下，更多零售商采取多种渠道协同开展销售活动。跨渠道是指企业采用多条非完整的零售渠道进行销售活动的行为，每条渠道仅完成零售的部分环节或部分功能。例如，服饰零售商在小红书、抖音等进行商品推介，通过百货商场、购物中心等实体店完成交易，通过员工企业微信或微信群进行售后服务与消费者互动等。多渠道零售表现为多个零售渠道的采纳，每条渠道完成渠道的全部而非部分功能；跨渠道则表现为多个渠道的整合，整合意味着每条渠道完成渠道的部分而非全部功能。

从单渠道到多渠道再到跨渠道，总体而言这是企业经营导向的渠道演化过程，即基于有限的渠道资源，企业对一个或多个渠道进行简单的组合或整合，从而满足利润最大化或者成本最小化的经营目标。

（四）全渠道零售

“全渠道零售”（omni-channel retailing）一词最先出现在美国 IDG 数据咨询公司 2009 年的零售研究报告中，2011 年美国贝恩咨询公司研究员里格比（Rigby）在《哈佛商业评论》上发表文章 *The Future of Shopping*，指出全球零售业将在未来的 5 年进入“全渠道的零售时代”。参考清华大学李飞教授的定义，全渠道零售是指企业采取尽可能多的零售渠道类型进行组合和整合（跨渠道）销售的行为，以满足顾客购物、娱乐和社交的综合体验需求，这些渠道类型包括有形店铺（实体店铺、服务网点）和无形店铺（上门直销、直邮和目录、电话购物、电视商场、网店、手机商店），以及信息媒体（网站、短视频、直播、呼叫中心、社交媒体、Email、微博、微信）、物联网媒体（可穿戴设备、智能家居）等。随着新媒体类型像雨后春笋一样地不断涌现，人工智能、大数据、物联网、AR、VR 等新一代信息技术突飞猛进地发展，跨渠道进入了全渠道的时代。当然，这并不意味着零售经营企业需要选择所有渠道进行销售，而是指其面临着更多渠道类型的选择、组合与整合。

全渠道具有三大特征：全程、全面、全线。全程：一个消费者从接触一个品牌到最后购买的过程中，全程会有五个关键环节——搜寻、比较、下单、体验、分享，企业必须在这些关键节点保持与消费者的全程、零距离接触。全面：企业可以跟踪和积累消费者的购物全过程的数据，并在这个过程中与消费者及时互动、掌握消费者在购买过程中的决策变化、给消费者个性化建议，提升购物体验。全线：渠道的发展经历了单一渠道时代即单渠道、分散渠道时代即多渠道、两条及以上渠道整合协同的跨渠道发展阶段，到达了渠道全线覆盖即线上线下全渠道阶段。这个全渠道覆盖了实体渠道、电子商务渠道、移动商务渠道、物联网渠道线上与线下的融合。在企业面临加速的传播媒介和渠道碎片化趋势下，全渠道零售已成为一种新常态。

不同于前三个阶段，全渠道阶段是消费者体验导向的渠道策略阶段。全渠道购买者由多渠道购买者动态发展而来，在一次购物行为中同时关注并选择多种渠道，而不像多渠道购买者在平行的多种渠道中只选择其中的一种渠道。零售学者将零售场景中的消费者体验定义为一种多维结构，涉及消费者对零售商的认知、感知、情感、社交和身体反应等整体感受。在全渠道零售场景中，消费者在购前、购中和购后全过程整合了线上和线下不同渠道，获得更好的购物体验。全渠道购物者已经崛起，他们同时利用包括商店、产品名录、呼叫中心、网站和移动终端在内的所有渠道，随时随地浏览、购买、接收产品，期待着能够贯穿所有的零售渠道和接触点的一屏式、一店式的购物体验。因此，全渠道零售商应根据不同消费者不同渠道偏好，以及同一消费者在不同阶段的不同渠道偏好，进行有效的营销定位与渠道整合。

五、全渠道零售商面临的挑战

（一）供应链和信息系统的整合

零售商在不同渠道提供一体化的购物体验仍是较为困难的，因为不同的渠道需要不同的运营方式以及独特的资源。当零售配送中心支持商店渠道时，需要经过配送中心送至零售商店。当零售商变得足够有效率时，商品能很快送往零售商店。但是配送中心往往还需要提供送达消费者手中的商品配送服务，处理个别产品并运输到个人消费者需要独特的包装、不同的运输系统和新的中介。由于这些操作上的差异性，许多基于商店的零售商都有一个单独的组织来管理其互联网和产品目录业务。但随着全渠道运营的成熟，零售商倾向于在一个组织下整合所有的操作。一个成功的全渠道设置可以使客户数据、产品数据、配送数据等在各渠道之间保持同步。

（二）集中化和分散化的多渠道零售

由于每一种渠道都提供了一套独特的利益方案，零售商对使用不同渠道客户的营销方式也是不一样的。因此，全渠道零售商面临的关键决策是在多大程度上整合各个渠道的业务，还是为每一个不同的渠道配备不同的组织机构且保持一定程度的合作。一种极端情形是进行完全整合，通过相同的分销系统在所有渠道以相同的价格销售相同的产品。

（三）不同渠道间一致的品牌形象

品牌一致性是赢得客户信任和提升投资回报率的关键，不一致的品牌会削弱品牌地位，并在市场上带来一定的混乱。不管对自身还是对其自有品牌商品，零售商都需要在不同渠道上提供一致的品牌形象。

（四）商品分类

通常情况下，对每一种渠道进行不同的商品分类往往是适当的。例如，全渠道或多渠道零售商通过其互联网渠道可以比商店渠道提供种类更广泛、分类更深入、成本更低廉的商品。由于互联网渠道的产品分类较多，因此它可以满足更多客户群体的需求。例如，服装零售商可以在其互联网渠道提供“边缘尺寸”（如一些特大码的衣服），但如果是商店渠道，这样做的代价过于高昂并会受到空间的限制。

（五）定价

许多顾客希望不同渠道之间的定价是相同的。然而在某些情况下，零售商需要根据不同的渠道面临的不同竞争来调整自己的定价战略。例如，在多个市场运营的零售商经常对相同商品设置不同的价格，以应对当地的竞争差异性。他们之所以能够这样做是因为大多数顾客并不知道这种价格的区别，他们只能看到当地市场的价格。然而，当顾客可以在网上很方便地查到商品定价时，零售商可能就很难维持这种区域间的价格差异了。

（六）减少渠道迁移

互联网渠道可以帮助顾客搜索产品和价格信息。消费者渠道使用最常见的形式为：先是初步的在线搜索，再是在商店或者网店购买。只要商店和互联网渠道代表着同一家零售商，此时对零售商来说便没有产生较大影响。但是，如果客户从一个渠道收集信息，然后从一个竞争对手打理的渠道进行购买，那么该零售商就会因顾客的流失导致销售额的下降。通过在线或移动设备收集信息和完成购买会使得渠道迁移变得简单，因此，留住顾客仍然是全渠道零售商持续面临的挑战。

第三节 零售业的发展

一、西方零售业的演变

商业的早期发展大致经历了行商与坐商两个阶段。零售业最初的两种形式为露天叫卖的“小商人”和长途贩运的“大商人”，这在我国都被称为“行商”。

中国与西方国家相比，无论是行商还是坐商的起源都更早。一般认为，我国从商朝开始就有了商人和商业活动，主要是行商。安徒生童话“卖火柴的小女孩”所塑造的形象，是西方国家早期的“小商人”形象。我国自秦汉以来就有了坐商。北宋张择端的“清明上河图”，表明坐商已达到空前繁荣的程度。而在西方国家，16 世纪才开始进入坐商兴盛繁荣的时期。

自 19 世纪中期以来，零售业的“四次革命”都是在西方国家掀起的。零售业体系及商店类型的变革和演化，在欧美、日本和其他一些经济发达国家走过了一条大致相同的道路：百货商店的兴起、连锁店的出现、超级市场的诞生、无店铺销售的出现。这就是零售业的“四次革命”。当然，关于零售业的革命，还有三次革命说、七次革命说、八次革命说等。

（一）西方零售业的第一次革命：以百货商店的出现为标志

1848 ~ 1870 年，法国工业革命完成。产业革命使机器代替了手工劳动，生产的集中化导致了农村人口向城市集中，促使市场交易频繁。巴黎在 1841 ~ 1846 年的 5 年时间，新增人口 12 万人，1881 年巴黎人口达 220 万人。以肩挑小贩、摊贩、集市、自制自售、乡村杂货店等形式为特征的传统的零售经营方式和小型业种店，远不能满足这种城市化发展的客观需求。以营业面积大、商品种类多、明码标价、购物环境好为主要特征的大型百货商场在当时的法国应运而生。1852 年，法国诞生了世界上第一家百货商店，称为“邦·马尔谢”商店（又译“好市场”商店）。这家商店成功开设后，在随后的几年中，巴黎又涌现出了一批商店，如卢浮百货商店（1855 年）、市府百货商店（1856 年）、春天百货商店（1865 年）等。此后，美国、英国、德国等国也开始纷纷仿效。中国第一家百货商店诞生于哈尔滨，是俄国人于 1900 年在哈尔滨开设的秋林公司，第一次将百货商店这种业态引入中国。中国自己开设的百货商店出现较晚，其中，1918 年由郭氏兄弟在上海市创办的永安公司，是我国早期最为著名的百货商店，该店营业面积达 1 万多平方米，经营品种达 1 万种以上。

"邦・马尔谢" 商店的创始人阿里斯蒂德・布西科以他崭新的经营方式对旧的商业进行了重大改革。这家百货商店有十大创新，但最基本的特征是不二价与薄利多销，从此改变了传统的"作坊式"零售模式，适应了当时经济社会发展的需要。19 世纪中叶零售业的主要组织形式是杂货商店。欧洲产业革命后，以机器生产逐步取代手工劳动，流水线下的商品开始大规模生产、丰富起来。大多数人居住在城市，直接依靠工业或贸易生活。于是，商业活动也极大地繁荣起来，形形色色的商店相继出现。百货商店兴起，琳琅满目的商品、宽阔的店堂、舒适的购物环境吸引了众多顾客尤其是贵族太太们的兴趣，因此也被称为"太太们的乐园"。早期的百货商店，大都以经营时装和女士用品为主。目前，经营时装和女士用品仍然是百货商店的重要经营内容。

百货商店与传统店铺相比具有很大的革新性，这种革新并非现代百货商店创造的，而是在百货商店早期甚至第一家百货商店出现时就已经存在了。其革新性在于 6 个方面。

1. 由传统店铺的单项经营改为百货商店的综合经营

传统店铺常常是布料店、鞋帽店、杂货店各个独立，而百货商店将日常用品汇集于一处，不仅卖布料，而且还卖服装、鞋及其他女用饰品，受到妇女们的欢迎，被称为妇女乐园。

2. 由传统店铺的购货才能进入改为百货商店的顾客自由进入

传统店铺常常是限制顾客进入，顾客如果不准备购物，最好别进商店，否则商人会缠住不放，不买东西就无法脱身。百货商店则提倡顾客轻松、自由自在地进入，欢迎光临而不一定购买，因此百货商店又有了一个别称——"免费博物馆"，成为了人们的休闲场所，百货商店成为女士们不可缺少的享乐场所。

3. 由传统店铺的讨价还价改为百货商店的明码标价

传统店铺以讨价还价的方式进行销售，价格具有弹性，店员可以对不同顾客采取不同的售价，充满了随意性、强制性和欺骗性。百货商店则采取明码标价的固定价格策略，做到了一视同仁，使顾客选购时心中有数。

4. 由传统店铺的概不退换改为百货商店的退换自由

在传统店铺，顾客退换商品会被认为是求人的事情。百货商店则实行退换商品自由制度，一切顾客感到不合适的商品、一切不符合质量保证的产品，都可以按照顾客的意愿换货或退货。

5. 由传统店铺的高价改为百货商店的低价

传统店铺推行的是高赢利、低周转的策略，商品价格较高。百货商店则奉行薄利多销的原则，低赢利、高周转，通过增加销售量获利。但百货商店的发展并没有传承“廉价逻辑”，这是因为其后出现了超市等大众化业态，百货业不得不面向中高档消费群体，商品档次也相应提升。高端化的发展路径反而为传统小店预留了生存空间，如专业专卖、均价商店等。

6. 由传统店铺的自主管理改为专业化管理

在传统的城市零售店和乡村杂货店，其店主不仅亲自营业，而且自行负责人、钱、物的管理。与此根本不同的是，百货商店由于同时经营若干系列的商品，规模庞大，因而其经营活动被分化成相对独立的专业性部门，实行分工和合作；管理工作则是分层进行的，企业定有统一的计划和组织管理原则，然后由若干职能管理部门分头执行。因此，百货商店是在一个资本的计划和统治下，按商品系列实行分部门、分层次组织和管理的。

百货商店是世界商业史上第一个实行新销售方法的现代大量销售组织，它是零售商业领域对以机械化为基础的大量生产的迅速发展以及城市化进程加快在组织上的直接反映，它适应了商品流通大规模、高效率、标准化的客观趋势，符合商品交换的“自由、平等、公平、自愿”的原则。本质上说，百货商店的兴起是零售业态经营规模的一个革命，因此，百货商店的发展被称为零售业态的第一次革命。

（二）西方零售业的第二次革命：以连锁商店的发展为标志

连锁商店的原型可以追溯到中世纪晚期，德国奥格斯堡的富格尔公司在 15 世纪时就在欧洲各地设立了许多分店；17 世纪中叶，日本的三井家族也开办了连锁形式的商店。不过，一般认为现代意义的连锁商店创办于 1859 年的美国。1859 年，来自缅因州的乔治・洁尔曼和乔治・亨廷顿・哈特福德在纽约市的维齐街开了一家专售红茶的小店，取名为“大美茶叶公司”；1869 年公司名称改为“大西洋和太平洋宏大茶叶公司”，商品由红茶扩展到咖啡、面包、奶油、发酵粉、肥皂等日用品；1880 年连锁商店达 100 家；1900 年达 200 家。20 世纪 20 年代后，连锁商店迅速发展，在世界范围扩张。

19 世纪末，西方主要市场经济国家兴起了一场大并购，各行各业都在向规模化、集中化方向发展，比如金融、制造、电力、通信等，产生了一大批垄断性的企业集团，如美孚石油、德国西门子、美国钢铁、通用电气、美国电话电报等。这次并购浪潮的主要动因是追求垄断地位和规模经济。零售业也不例外，连锁经营就是零售业实现最大化拓展市场、获取规模效益的最好方式。连锁商店之所以能够快速发展，一是快速发展的资本主义经济、城市化、商品化的消费方式，给美国零售企业发展提供了广阔的市场空间和机会。在英美战争结束后 1814～

1860年的近50年间，美国资本主义工业化快速发展，这期间，生铁、钢、煤的产量居世界前列，工业总产值仅次于英、法居第三。城市化水平迅速提高，纽约人口达到120万人，消费方式完全商品化、货币化了，当时一个五口之家每月的基本生活费用需要50美元。从19世纪初到19世纪60年代，美国形成了以纽约、新奥尔良、芝加哥为三个顶点的三角区间贸易系统，区间贸易的发展推动了地区性专业化生产的发展，促进了地区间产品的交流，而专业化生产又推动了美国制造业的发展，最终使美国制造的产品逐步取代了欧洲产品，导致国内贸易额超过了对外贸易额。市场的扩大以及贸易量的增加，对流通业提出了规模化发展的要求，而连锁经营能够快速复制的零售组织模式正好迎合了这一需求。二是企业和消费者开始有了商品品牌意识与商标保护意识。例如，1851年一些美国企业为了使搬运货物的搬运工分清蜡烛和肥皂的包装，在不同箱子上分别打上“星星”和“刀叉”符号，这已经成为经销商识别商品真伪的关键因素。美国许多州也有了地方性的商标注册与保护法规。商业企业的商号，就成为很多消费者了解企业经营方式和服务质量的关键因素。于是，一些零售企业以不断开设分店的途径达到不断扩大市场占有率和实现商业扩张的方式；不断增强的品牌意识启发了某些零售企业家，其在发展分店的同时，不断克隆同一种商号、运用同一种经营方式，从而减少市场投资风险，提高扩张分店成功率。这样，连锁经营就从偶然到必然、从不成熟到成熟、从小规模到大规模逐步发展起来了。

连锁商店是现代大工业发展的产物，目的是提高协调运作能力和规模化经营效益。连锁商店的最大优势是“最普通的商品，最优惠的价格，最方便的购买，最优质的服务”，它比单体商店更能显示其集团性的零售企业优势。

（1）通过广布网点突破商圈局限。突破了单一门店零售商圈有限的制约，能够迅速扩大商圈，开拓市场。

（2）易于建立品牌形象。连锁商店的分店具有高度统一性，从商品、价格、服务到店面装潢、店堂布置具有高度一致性，容易扩大影响，提升企业知名度与企业形象，建立商誉，积累无形资产。

（3）节约经营成本。连锁商店由总店集中购货，可以增强价格谈判能力，往往能够绕过批发商，直接从厂商进货，减少中间环节，节约流通费用。

（4）通过资源有效配置取得规模效益。总店统一负责制定发展规划和经营战略，培训人员，筹资投资，有利于合理配置资源，建立整体优势，获取规模经济效益。

（5）提升服务能力。分店专门从事销售，总店统一经营战略与策略，有利于标准化作业，便于控制服务质量，稳定服务水平。

连锁商店的出现，相对于传统零售来说是一种全面的组织革命，即由单体店向组合店方向发展，因此把连锁商店的发展称为“零售业态的第二次革命”。连锁商店优势导致发达国家70%以上的零售店都实施了连锁经营，甚至跨越国界，形成国际连锁商业集团。所谓“第二次”主要是从时间序列角度来说的。从对整个零售业的实际影响而言，应该把超级市场作为零售业的第二次革命，因为连锁商店直到20世纪50年代以后才进入高速发展时期，而超级市场则在20世纪30年代就已经出现并对当时的零售业产生了较大的影响。

（三）西方零售业的第三次革命：以超级市场的诞生为标志

超市的鼻祖是桑德斯。1919年他在美国孟菲斯市开设了一家自助商店，取名叫“地滚小猪”。这个名字是他见一头莽撞的小猪穿过篱笆逃跑时偶尔萌发的。一般认为，世界上的第一家超市是一个名叫卡伦的美国人于1930年8月开设的金·库伦食品商场，他以很低的租金在纽约市租了一间空的大仓库，创办了金·库伦超级市场。开张那天人们尚不知超市为何物，纷纷抱着好奇的心态前往光顾，并把逛超市作为一种时尚。但过不多久，人们逐渐尝到了超市便利且低价的甜头，超市购物又成为人们日常的一种需要。第二次世界大战后，美国的超级市场遍布于各大、中、小城市，及至乡镇农村。之后，这类市场迅速发展，风靡世界各地，把零售业推向了标准化、规模化发展方向，促进了商业经营管理的现代化。

经济危机是超级市场产生的导火线。从20世纪20年代末到20世纪30年代初期，美国遭遇了前所未有的经济大萧条，工业生产总值大幅下降，大量企业倒闭，工人失业，国民收入下降。这种情况下，日常生活必需品成为消费者购买的主要商品，而其价格则成为消费者关注的首要因素，也是零售经营者在竞争中首要考虑的因素。因而，超级市场作为以专门经营生活必需品、价格低廉、开架自选为主要特征的零售业态，其产生成为客观需求。同时，生活方式的变化促成了超级市场发展，当时大量女性进入不断扩大的劳动力市场，家庭生活节奏加快，居民对降低购买时间、减少搜索成本的购买需求增强。此外，技术进步也为超级市场的快速发展创造了条件。制冷设备的发展为超级市场储备各种生鲜食品提供了必要条件，包装技术的完善为超级市场中的顾客自选提供了极大的方便，冰箱和汽车在西方家庭中的普及使消费者的大量采购和远距离采购成为可能。

超级市场带来的革新主要有：

（1）开架售货方式流行。自选售货方式尽管不是超级市场首创，却是由超级市场发扬光大的。超级市场采用的开架销售、自选购物方式，作为一个重要的竞争手段不仅冲击了原有的零售形态，而且影响了新型的零售业态，后来出现的折扣店、货仓式商店、便利店等各类业态均普遍采取了开架自选或完全的自我服务方式。

（2）舒适的购物环境普及。超级市场取代了原先脏乱嘈杂的生鲜食品市场，使人们相信购买任何商品都能享受购物乐趣。超级市场以整齐的货架、整洁的商品、卫生的冷柜，创造了经营食品、副食品最舒适的购物环境，从而带动了一大批舒适、整洁、干净店铺的产生。

（3）节约了购物时间。随着女性的工作时间增多，闲暇时间减少，同时各种娱乐活动增加，人们已不把购物当作休闲方式，而是要求购物更方便、更快捷，超级市场恰好满足了人们的这种新要求，将原本分散经营的各类商品集中到一起，并实施统一的结算，大大节省了人们选购商品和结算的时间，适应了人们将有限的闲暇用于旅游、娱乐、健身等活动这一全新的现代生活方式。

（4）促进了商品包装的变革。在超级市场产生之前，商品包装受到忽视，因为柜台售货主要靠售货员进行促销宣传，包装装饰与文字说明粗糙，食品、副食品存在着大量的散装。超级市场开架自选产生后，迫使厂商进行全新的商品包装设计，开展包装、标识等方面的竞争，出现了大中小包装齐全、装潢美观、标示突出的众多品牌，这也使商场显得更整齐、更美观，造就了良好的购物环境。

超级市场的出现，是零售业态的重大变革，属于购物形式（售卖形式）的一次革命。开架销售方式不仅改变了零售商业传统的柜台销售方式，而且还改变了消费者的购物方式和生活方式。其核心价值在于将传统零售的三个空间融为一体。传统零售场景通过柜台将零售服务场所分割商品空间（柜台内）、顾客空间（柜台外）、服务空间（柜台）三个空间，而超级市场撤掉柜台，依靠货架与商品展示来促销，把商品、顾客、服务完全融为一体，大大提升了顾客购物的自由度，这对促进消费具有极大的推动作用。自此，零售业进入了一个“只有货架，没有柜台”的新时代，空间管理也成为零售业的一项核心技术。因此，超级市场的诞生被称为“零售业态的第三次革命”。

（四）西方零售业的第四次革命：无店铺销售的出现

无店铺销售是一种不经过门店而直接向顾客推销商品或由顾客自动选购商品的销售方式。这种销售方式并不是近代才兴起的，如邮购零售，自出现邮政以来就有商人采用。早在 19 世纪 80 年代就有商人在火车站设置自动销售口香糖的机器，而流动商贩走街串巷、叩门叫卖更是一种十分古老的零售方式。早在 1929 年，美国就将无店铺销售分为通信销售、自动售货机销售、访问销售等几种。一般认为，现代无店铺销售起源于美国经济大萧条时期，但直到 20 世纪 70 年代以后，才有比较显著的发展。电视网络的普及，从无店铺零售衍生出电视销售，互联网的发展则使网络零售成为无店铺销售的主流形式。

自动售货机、网上商店最能体现无店铺销售的本质。网上购物成为当今的时尚，与之相应截至 2017 年快递业都保持每年 30% 以上的高速增长。

1. 自动售货机

自动售货机是通过硬币开动机器进行售货的一种方法。据史学家考证，早在公元前215年，埃及人就从投币启动的装置中购买祭祀用水，但仅为简单的自动售货装置，还称不上是自动售货装置。17世纪初期，英国开始把自动售货机用于商业，最早出现于1615年的英国酒馆，当时硬币相当于开启商品箱的钥匙，自动售货机仅售卖烟丝。1857年，德纳姆获得了自动售邮票机的专利。20世纪30年代初期，自动售货机增设了冷藏设施，用以出售瓶装饮料。尽管当时各种售货机得到了广泛的应用，但是一些识币计量的棘手问题直到20世纪20年代才得到解决。第二次世界大战后，电脑的应用才使自动售货机能够24小时方便地服务于顾客。自动售货机承担了店铺与营业员的双层功能，这是前所未有的零售现象，是对传统零售业的重大冲击与变革。其革新性如下。

（1）用机器代替了人。顾客完成购买行为不需要营业员进行服务，从挑选商品、支付货款、提取商品完全由顾客完成。

（2）突破了时空的限制。传统的店铺售卖，受地价与房租的制约，不可能到处开设。同时，受生理与心理的影响，不可能不间断地开门营业。高质量的自动售货机恰恰使这些都成为可能，不仅能24小时不停地营业，而且空间无限。

因此，自动售货机一方面使“以顾客为中心”的零售理念得到彻底的贯彻，消费者选择、付款、取货这一购买全过程完全符合独立自主行为，不受外界干涉；另一方面自动售货的便利性既迎合了现代人的需要，也改变了人们的生活方式，满足便利需求已成为现代零售业的一种时尚。

2. 网上商店

网上商店，又被称为虚拟商店（virtual stores）或电子空间商店（cyber stores）。它不同于传统的商店，不需要店面、货架、营业员等，商家在互联网上自设网站，展示、销售商品，顾客通过互联网浏览展示的商品，并进行选择与购买。这是全新的分销通路，具有成本低廉、无存货样品、全天候服务和无国界区域界限等特点。另外，在网络上还可同步进行广告促销和市场调查以及收集信息等活动。

网上商店的基础是互联网（Internet）。互联网为企业和客户间建立了一个即时反映交互式的信息交流系统，拉近了企业与消费者之间的距离。一般认为，网上商店于1994年诞生于美国，该年度美国Internet的用户增长率为2300%，许多网上商店都在这一年建立。最著名的当属亚马逊网上书店，最初，公司利润每2~4个月就翻一倍，第一年的赢利就达到500万美元。

中国电子商务的发展始于20世纪90年代初，1997年6月，上海南京东路新华书店网上书店开张，被视为中国第一家网上书店。1998年9月，上海第一家网上百货商店——亿祥百货开张。自此中国网上商务迅速发展。中国著名的网上商城包括淘宝、天猫商场、京东商城、当当网、拼多多、唯品会等。网络商店革新性主要体现在以下三点。

（1）低成本高效率的经营。网上交易可以节约制造商、零售商的分销成本，节约顾客购买商品的时间成本，使顾客在便利的条件下买到廉价的商品。成本节约主要来源于三个方面：一是店铺费用的节省，网上商店将有形店铺进化为无形店铺，因此不必支付房租、装修费、水电费用等，只需支付自设网站、软硬件、网络使用及维修等低廉费用即可；二是库存费用的节省，网上商店也被称为无存货商店，其运行特点是当接到顾客订单后，再向制造厂家订货，无须将实物商品陈列出来，只需在网页上打出商品目录和图片供顾客选择即可；三是人力成本的节省，实体商店实行从高层管理人员、中层部门主管到营业员的垂直组织体系，网上商店则只需要两三人和几台电脑，业务人员、销售人员和管理人员大幅减少，企业组织的层次减少、企业管理的幅度增大。

（2）摆脱了地域限制。网络技术打破了零售市场的时空界限，店面选择不再重要，而立足市场则必须依靠更多的经营管理创新。电脑屏幕 = 商店卖场。网上商店的开办常常依托于国际互联网，因此商店与顾客之间的距离为零。顾客只要拥有电脑屏幕并上网，就可以在世界范围内的网上商店漫游；同时，商品一进入网上商店，就等于进入了世界上的任何国家，是低成本扩张的好方法。

（3）交易无时间限制。顾客时间 = 营业时间。网上商店打破了一切时间上的限制，它不需要像实体店铺那样雇佣导购员，也不需要像目录销售那样安排电话接听员，这样，一方面不受劳动法的限制，另一方面也避免了员工因劳累或缺少训练而伤害顾客的行为发生。它完全可以一天 24 小时，一年 365 天的持续营业，顾客随时可以上网，上网时间就是商店营业时间，似乎营业时间是由顾客控制的。

零售业态的无店铺销售，实际上是新的交易工具和新的交易方式形成的过程，是零售业经营模式的全面变革。无店铺经营带来内外交易费用的显著下降，同时由于网络技术克服了信息沟通的传统障碍，人们可以在网络上漫游、搜寻、谈判，直到最佳价格显示出来。而传统零售商为适应新的形势，也纷纷引入新型经营模式和新型组织形式来改造传统经营模式。因此，无店铺销售的产生被称为“零售业态的第四次革命”。

二、中国零售业的发展

（一）中国零售业的发展历程

1. 零售业起步阶段（1957～1978 年）

新中国成立之后，全国范围内开始组建百货商店，直到 1957 年，供销合作社在全国形成了全国性流通网络，成为满足人们生产生活需要、进行商品流通的主要渠道。1953～1977年，这一时期被称为中国的“票证时代”。百货商店的职能除了提供商品和服务外，更多的是计划经济时期的资源分配。

零售企业以国有企业为主，集体企业为辅，尤其是城市零售业，无论网点大小，基本国有。行政主管按地区划分，城市由商业部门主管，分省（直辖市、自治区）、地（区）、县三级，县以下由供销社主管。零售经营形态分综合和专业两大类。综合类主要是不同规模、级别的百货公司和小型的杂货店，在农村地区则是供销社；专业商店大致按商业部下属公司划分，如食品店、纺织品商店、五金文化商品店、文化用品商店。每一大类专业店又可划分为更细小的专业店。改革开放前，居民生活费支出中食品消费占了60%左右，所以与食品消费有关的零售占了相当大的比重。由于改革开放前，中国居民收入水平普遍很低，占人口80%的农村居民又基本处于自给自足状态，根据农业农村部发布的数据，1978年社会消费品零售总额只有1558亿元。据《中国统计摘要》数据，1978年全社会共有104.8万个零售网点，就业人员447.4万人，平均每店只有4人；而每店零售额仅13万元，每一网点服务人口数为914人。

2. 零售业初步发展阶段（1978～2003年）

1981年开始，中国已经出现规模小、商品种类少、价格昂贵的中小型超市。这一阶段的起点是1992年7月国务院批准北京、上海、天津、广州、大连、青岛6个城市和深圳、珠海、汕头、厦门、海南5个经济特区为零售业对外开放的首批试点城市，从此拉开了零售业对外开放的帷幕。自1992年允许外资零售企业进入中国零售领域后，我国形成了百货、超市、便利店、专卖店等多种业态并存的格局。1997年后，大型超市开始关注生鲜食品经营，随后出现了生鲜超市、社区超市等多种业态。尤其是连锁超市，销售规模逐年递增，成为中国最具市场活力与竞争力的零售业态。随着沃尔玛、万客隆、麦德龙、乐天等外资超市纷纷在一二线城市落地，本地原生零售业损失惨重。以1997年为例，北上广深等城市中的212家百货商场中有119家首次出现了利润下滑，1998年甚至被称为“百货倒闭年”。

1999年以后，自行研制和生产的自动售货机逐渐进入中国零售业市场。2001年11月，我国加入世界贸易组织，迎来了零售业发展新的里程碑。这一时期，外资零售企业进军中国市场的步伐加快，中国零售领域的竞争异常激烈，城市商业网点建设中存在布局不合理、结构比例失调、业态功能雷同等现象比较严重。除了零售业态的逐渐多样化，零售渠道也在这一时期开辟了新的空间，如广东珠江频道在1992年开播了中国大陆第一个电视购物节目，随即在1996年，中国大陆第一个专业购物频道——北京BTV走入大众生活。20世纪90年代，外资零售巨头将会员制引入中国，受限于消费者习惯不同等诸多因素影响，这种仓储会员店的模式并未得到快速发展。但会员制这种新型的模式却在经过本土化的创新后迅速推广，成为零售企业进行客户管理不可或缺的手段之一。

纵观以上中国零售业发展历程，在20世纪90年代中后期，中国的零售业经历了一场深刻的变革，零售市场已由商品严重短缺的时代进入了绝大部分消费品供过于求的买方市场，90%以上的商品和服务价格已完全由市场供求决定，它不仅使零售业成为经济发展的热点行业，而且对整个流通业乃至经济运行方式都产生了积极影响，这种变化和影响主要表现在以下几个方面。

（1）中国零售业结构发生了巨大变化。无论从不同所有制零售商的个数，还是不同所有制零售商所占社会消费品零售总额的比例，都说明中国零售结构发生了巨大变化，国有集体零售商已让位于个体零售商。截至2001年底，我国限额以上（年销售额500万元、从业人员60人以上）零售法人企业10285个，产业活动单位21872个，从业人数2063028人。其中，内资零售企业10075个，港澳台商投资企业100个，外商投资企业110个。从经济成分来看，国有及国有控股经济企业零售额占全社会消费品零售总额的比重为18%，集体经济占15%，个体经济和私营经济占44%，外商投资及港澳台占3%。全国股份制商业企业3700多家，上市公司100多家。[①]

（2）国内零售市场容量迅速扩大，社会消费品零售总额稳步增长，中国已成为亚太地区乃至全世界最具增长潜力的零售市场之一，见表1-1。

表1-1　1980~2003年社会消费品零售总额　单位：亿元

年份	社会消费品零售总额（亿元）	比上年增长（%）	年份	社会消费品零售总额（亿元）	比上年增长（%）
1980	2140.0	18.9	1994	16264.7	30.5
1981	2350.0	9.8	1995	20620.0	26.8
1985	4305.0	27.5	1996	24774.1	20.1
1986	4950.0	15.0	1997	27298.9	10.2
1987	5820.0	17.6	1998	29152.5	6.8
1988	7440.0	27.8	1999	31134.7	6.8
1989	8101.4	8.9	2000	34152.6	9.7
1990	8300.1	2.5	2001	37595.2	10.1
1991	9415.6	13.4	2002	42027.1	11.7

① 王耀. 中国零售业发展报告：中国零售业白皮书［M］. 北京：中国经济出版社，2010.

续表

年份	社会消费品零售总额（亿元）	比上年增长（%）	年份	社会消费品零售总额（亿元）	比上年增长（%）
1992	10993. 7	16. 8	2003	45842	9. 5
1993	12462. 1	13. 4			

资料来源：《中国统计年鉴》。

（3）连锁经营方式成功导入，超级市场、便利店、专卖店、仓储式商场等新的业态形式层出不穷。采取连锁经营方式的新型零售业态表现出了强大的竞争力。连锁经营在大中城市、沿海经济发达地区发展很快，并受到消费者和经营者的普遍认同。2003 年底，全国各种形式的连锁公司已达 5000 多家，经营网点 100000 多家，连锁企业实现销售逐年提高，2003 年增长 52%。1996 年，上海、北京连锁企业实现的销售额占当地社会商品零售总额的比重分别达到 30% 和 18%。目前，中国主要零售业态有百货商店、超级市场、大型综合超市、便利店、专业店、专卖店、购物中心、仓储商店、家居中心等。大型百货商店仍是目前中国零售市场的主要业态，2001 年约占社会消费品零售总额的 15%，超市约占 6%。然而，百货商店已进入成熟期，超级市场刚进入成长期，其他新型业态却刚刚起步。

（4）新的经营理念、营销方式、管理手段和管理技术被零售业率先采用，并向整个流通业传播。POS 系统、电子订货系统的业务流程、管理方式发生了变化，引发了国内以流通社会化、现代化和逐步与国际市场接轨为主要内容的流通革命。

（5）零售业逐步对外开放。我国商业领域利用外资、对外开放，实际上是从 1992 年开始的。截至 2003 年 9 月，全国累计实际利用外资约 30 亿元，批准设立外资商业企业 264 家，分店 2200 多个，其中绝大多数为新兴流通业态。目前，世界著名跨国零售集团中的大多数已经进入中国市场。2003 年，家乐福中国各公司销售额达 134 亿元，成为中国大陆销售额最高的外商投资零售企业；世界 500 强之首沃尔玛在我国开设了 33 家分店，2003 年销售额达 58. 5 亿元。外资零售业在中国市场已占有相当份额。据中国连锁经营协会统计，2002 年中国连锁经营百强企业共实现销售额 2465 亿元，其中 22 家外资零售企业的销售额为 1000 多亿元，几乎占中国连锁经营百强企业销售额的近一半。2004 年底中国零售市场全面开放。

（6）零售业作为流通的最终通道对上游产业的拉动作用和主导化趋势日益明显。2000 年以来，我国消费品市场的增长已连续超过同期的国内生产总值的增幅。国内市场对国民经济增长的贡献率稳步提高，经济增长由原来的投资驱动、生产导向逐渐转向消费驱动和市场导向，流通产业对国民经济和产业结构调整的相关作用增强。

从发展角度看，中国零售业的变革还只是处在起步阶段，伴随中国经济的发展和活跃人口（即人均年收入1000美元以上居民）数量的增加，国内零售业今后的发展空间十分广阔，变化的节奏会进一步加快，内涵也会更加丰富。

在我国零售业发展过程中，也存在不少问题，诸如：①零售企业规模小，组织化程度低，阻碍连锁经营优势发挥。从门店数看，到2001年，全国1146个限额以上连锁企业，平均拥有门店不到23个；门店在10个以上的企业仅占连锁企业总数的45.3%。从销售额看，2003年我国零售业前100家销售总额为4129.8亿元，相当于同期全社会消费品零售总额的9.01%。②商业基础设施建设较为薄弱，缺乏高效益、合理布局的物流配送设施以及社会化专业信息服务体系对现代零售业的支持。③受地方保护主义等因素影响，零售业跨区域发展较为困难。④零售规范化管理程度低，现代零售商业管理人才缺乏，尤其是职业经理层短缺。⑤求大求快，盲目扩张。零售业态布局在某些地区尤其是大城市存在过于集中、不合理的状况，超市的发展还有很多盲区和误区。

3. 零售业繁荣发展阶段（2003年至今）

2003年淘宝成立，标志中国进入电子商务时代。同时，其他电商品牌也开始崛起。电商平台从C2C发展到C2C与B2C多种模式并存，逐渐形成自营式电商。新技术加持下，零售业发展加快了步伐。自2010年起，随着土地、人力成本的上涨和前所未有的竞争对手的出现，整个超市业态就像失去动力系统的火箭，增长几近停滞。以支付宝为例，在2011年5月26日，支付宝拿到了“第一张支付牌照”。网上订货、电子支付、送货到家……移动化与无钞化逐渐成为国人的日常。2012年微商兴起，成为“通过个人社交平台发布产品”的一种零售模式。

根据艾瑞咨询数据核算，2010~2016年，国内网络购物市场的复合年均增长率（compound annual growth rate，CAGR）约为47.17%，国内网络购物发展经历了持续高速增长的“黄金时代”。然而，根据中国商业信息中心数据，2011~2016年中国百家重点线下零售企业（包含超市与百货等）的增速从22.6%跌至-0.5%。其中，2014年我国线下零售行业共关店200家，堪称历史之最。

2017年作为中国线上线下融合的实践年，在消费升级以及数据驱动的大背景下，中国网络零售市场活力重现。2017年中国网络零售市场规模突破6万亿元，在社会消费品零售总额中占比达到16.4%，同比增长29.6%，多年以来增速首次回升。截至2017年底，网络零售额占整个零售业态比为23.8%，超过标准超市成为第一大业态。2017年，在线下商超消费过的用户占比高达93.4%，其中大型超市是最主要的零售场景，83.8%的消费者最近一年曾经在大型超市有过消费。通过线上零售渠道进行过消费的用户占比79.5%，而通过无人零售进行过消费的用户仅占36.5%，无人零售渗透率较低。2017年以来，生鲜电商市场发展迅速，平均每年保持50%以上的增长率，并且迅速洗牌。大量中小型生鲜电商或倒闭或被并购，市场遇冷。但与此同时，阿里、京东等电商巨头入局，不断加码供应链及物流等基础建设投资，并带来了一系列创新模式，使得生鲜电商市场重振活力。2018年以后，随着短视频的兴盛，短视频电商、内容电商、网红电商迎来春天，直播带货成为重要的零售方式，许多新媒体平台开通了电商功能，内容成为零售的重要流量入口。

直播带货、盒马鲜生两种方式都引发了中国零售新的结构性变化。如果说超市与电商更多集中于零售前端营销方式、销售方式、支付方式的变革，那么“新零售”则需要后端物流、仓储、生产更加精细化，甚至出现定制化趋势，背后的核心驱动因素是消费者。这一阶段的零售营销体系发生了较大变化，主要特征总结为以下两点。

（1）在这个阶段，越来越多的营销方式开始大行其道，对于传统企业来说，这是一个非常困难的阶段，因为传统企业要不断适应新的营销方式带来的变化。零售工具再也不像以前那样由单一的物理渠道构成，而是成了天网地网的结合。

（2）零售已经占据了相当大的比重，分销逐渐式微，几乎所有的分销场景已经很难再建立品牌，消费者的选择范围越来越大，购买的途径也越来越多。营销逐渐从B端让步到C端，中国营销进入新时代，急需新的方法论体系支撑新时代营销环境的变化。

（二）中国零售业的现状特征

从市场规模看，我国消费市场规模巨大，抗冲击和抗风险能力较强。我国有14亿多人口，人均国内生产总值已经突破1.2万美元，是全球最有潜力的消费市场。根据中国商业联合会、中华全国商业中心发布的《2022年度中国商业零售百强企业分析》，国内市场规模多年来稳步扩大，2022年零售市场规模接近44万亿元，虽然因为新冠疫情导致2022年社会消费品零售总额较前一年有所下降，但我国仍然是全球第二大消费市场和第一大网络零售市场，超大规模市场优势依然明显，我国零售商业发展空间巨大。

中国零售业主要呈现以下特征。

（1）单一主导业态转向多元化业态发展。我国零售业的主导业态从百货商店与超级市场为主导向购物中心、百货商店、超级市场、专业商店、便利店、仓储式商店等多元主导业态发展。根据中华全国商业信息中心的统计数据、企业财报及其他公开可获取信息，在实体百强零售企业各业态中，百货店、专业店、购物中心和奥特莱斯分别占百强销售规模的比重为32.5%、9.6%、3.0%和1.2%，同比增速分别下降了 9.3%、20.2%、0.9% 和 3.0%；超市和便利店占百强销售规模的比重分别为 21.7% 和 2.6%，同比分别增长了 1.5% 和 2.8%。2020～2022 年新冠疫情期间，消费者偏好人员聚集度更低、物理距离更近的线下零售场所和社区团购、即时零售等新模式以及便利店行业及时适应消费者需求，表现出良好的发展状态。

（2）线下单一渠道向线上线下融合的全渠道转变。根据国家统计局发布的数据，线上零售业态持续增长，2022 年全国网上零售额 13.79 万亿元，同比增长 4%。其中，实物商品网上零售额 11.96 万亿元，同比增长 6.2%，占社会消费品零售总额的比重为 27.2%。商务大数据对重点电商平台监测显示，2022 年，18 类监测商品中的 8 类商品的销售额增速超过两位数，其中金银珠宝、烟酒同比分别增长 27.3% 和 19.1%。全国农村网络零售额达 2.17 万亿元，同比增长 3.6%，以网络零售为代表的农村电商成为农村经济发展新动能。在 2022 年零售百强企业中，以无店铺零售为主的零售企业占百强销售规模的比重为 29.5%。随着线上线下渠道的不断整合与融合，随之线上与线下实体零售在商品的价格、质量、服务及购物的体验等方面将趋于一致。

（3）集中化和分散化相结合的空间布局转变。"十一五" 规划至今，各地以政府为主导，以地方商贸产业规划、商业网点布局规划为推动的城市商贸布局建设是城市零售业优化布局形态的重要契机，一系列商圈、商业步行街、专业市场、社区商业的形成与规范发展，形成了以商圈为代表的集中化布局和以社区商业为代表的分散化布局相结合的商业空间形态。一方面，城市以中心商圈、副中心商圈、社区商圈等多层次商圈发展，不同业态商店、各类商贸要素聚集于商圈，商圈兼具"城市会客厅" 和 "城市形象名片" 的功能；另一方面，自 20 世纪 80 年代中后期社区作为我国社会治理的最小单元以来，社区经济于街道经济中孕育并不断发展。2007 年国家发展改革委、民政部印发《"十一五" 社区服务体系发展规划》，2021 年商务部办公厅等 11 个部门发布《城市一刻钟便民生活圈建设指南》，在政府各项政策的推动下，社区商业蓬勃发展。

（4）规模化发展与高质量发展结合。现代零售业的发展必须形成规模经济，实现规模效益。我国零售业规模化发展趋势表现为：一是单店规模大型化，即原有以百货店为主的零售企业的改造、扩建。二是组织连锁化与集团化，因此零售企业的联合、兼并和跨区域发展成为一种必然。另外，高质量发展成为新时代主题。既着力于盘活存量，更努力创造增量，既有传统零售的普遍性转型升级与数字化改造，更有新型零售的扩能增效、提质升级，最终促进居民高品质消费与行业高质量发展同频共振。据统计，2016～2022 年我国商品零售规模持续增长，并成为世界第一零售业大国，具体数据如表 1－2 所示。

表 1-2　　2016~2022 年我国社会消费品零售总额统计

年份	社会消费品零售总额（万亿元）	增长率（%）
2016	29.70	10.41
2017	32.70	10.10
2018	33.80	3.36
2019	36.49	7.90
2020	39.20	7.43
2021	44.08	12.50
2022	43.97	-0.25

资料来源：数据来源于相关年份《中国统计年鉴》。

三、世界零售业的发展趋势

（一）大型化与小型化业态协同

零售商店的大型化发展趋势是最引人注目的，商店面积达几万、十几万平方米。大型商店的兴起，曾使成千上万的小商店倒闭，但同时又有成千上万的小商店开业。在大型商店主导零售业发展的同时，小型业态店以灵活多变、小而美、小而精迎合消费升级的需求，迅速崛起并成为与大卖场、电商分庭抗礼的一极。无论是沃尔玛、家乐福等国际零售集团，还是大润发、华润万家、物美、永辉等中国传统零售商，均纷纷投资开设“小型化”零售，尝试进入社区和下沉市场。

（二）专业化和综合化业态并存

综合化是百货商店、购物中心、大型超级市场等业态的经营特色，综合化业态零售商以全面繁多的商品种类、品项满足了顾客“一次选购”的需求。专业化是零售业态演化的另一个重要趋势。专业化业态零售商以某一个或几个种类商品的细分品项满足了顾客对选购某一类商品的专业化需求。专业店是零售业态专业化的典型代表业态，主要的专业店类型涉及电器、电子产品、体育用品、办公用品、儿童服饰、玩具、药店、内衣等各领域，专业化经营适应了顾客专业消费的特点。

（三）集中化和分散化相结合

现代零售商店在地域分布上的一个显著特点就是商店日益集中，形成商业中心。商业中心的形式可分为两类：购物中心形式和商业街形式。购物中心形式如“销品贸”（shopping mall）。商业街形式一般由百货商店和专业商店等各种类型的商店及其他商业机构组成，有的设在市中心，也有的设在城郊接合部或交通枢纽点。商业街的一种特殊形式是专业街，如香港之“男人街”和“女人街”，曼谷的“母马”服装街。便利店的出现与社区商业的快速发展，使零售业呈现出一种分散化的趋势，在选址上深入居民住宅区，新冠疫情下的无接触购物、无接触配送进一步促进了分散化布局趋势。集中化与分散化混合生长最典型的是美国，零售商店的地理位置向城郊分散，并逐渐形成郊区购物中心。

（四）连锁化与国际化相交融

连锁经营以其标准化、专业化、统一化、规模化，成为当今世界零售产业的主流，成为一种全球化趋势，成功的零售企业，无不采用连锁化经营。零售之连锁化，加速了零售向国际化发展的步伐。连锁经营以国际化、信息化、自动化、效率化为其发展特点。同时，自由连锁与特许连锁相互融合的趋势在加强。零售的国际化、全球化也成为一种大趋势，沃尔玛在全球六大洲开设了10000多家分店，足以证明全球化成为一种趋势。零售全球化的战略选择，一般有独资经营、合资经营、特许经营等方式。

（五）移动购物与全渠道零售

全渠道零售通过多种触达消费者的方式实现多渠道或者跨渠道的整合销售，提升消费者购物、娱乐、社交的综合体验，带动线下实体店铺和线上购物深度融合，实现“人+物+场”的高效率协调和资源配置。传统零售业是以顾客到店消费为主的单渠道模式。随着互联网技术逐渐成熟后，多渠道零售开始快速发展。到现在，社交化平台逐渐成熟，跨渠道零售的购物成为可能；移动端技术也逐渐成熟，社会化媒体能够实现多种场景的覆盖，零售逐渐进入全渠道阶段。随着互联网技术的发展，移动购物和全渠道零售将在未来成为新零售的重要销售模式。

（六）无人零售与无接触配送快速发展

新冠疫情蔓延后，“无接触”成为零售行业中一个抢眼的关键词。为了预防传染的可能性，人们希望物品交接时尽可能少发生接触。相比于“有人零售”，“无人零售”则发挥其独特优势：没有库存，或者控制存量，加快周转效率，这样才能在零售业普遍毛利率不高的情况下，提高效率、降低成本来赚钱。除无人零售外，无接触配送服务也陆续上线。就中国而言，美团外卖率先在武汉推出“无接触配送”服务后，肯德基、麦当劳、喜茶、奈雪的茶等餐饮企业也相继推出无接触配送方案，盒马、饿了么等配送平台也上线了无接触配送服务。通过骑手和用户约定，将商品放到指定位置，减少面对面接触，保障用户和骑手在收餐环节的安全。未来随着5G技术的成熟以及人工智能的发展，无人零售与无接触配送或将成为零售业的常态。

（七）零售技术创新异常活跃

零售业的新技术大致可分为两个层面：一是便捷服务、提升消费体验层面的技术，如移动支付、智能停车、电子价签、在线订单、智能试衣、AR/VR 体验等，这些技术不可或缺，没有或者滞后都会影响消费体验；二是提高企业经营管理效率、助力供应链升级、精细化管理层面的技术，如移动办公、信息化、大数据等技术，没有这些，企业就难以适应新形势下的竞争。从传统零售到新零售的转变驱动因素除了需求侧的消费者需求升级，供给侧的技术进步也不可忽视。未来新零售的走向模式，创新重要性将减弱，技术创新重要性将不断增强，零售企业实施数字化变革成为必需。

四、零售业的规制

产业规制是政府或社会为实现某些社会、经济目标而对市场经济中的经济主体做出的各种直接和间接的具体法律约束或准法律约束的限制、约束与规范，以及由此引出的政府或社会为督促产业经济主体活动符合这些限制、约束与规范而采取的行动和措施。产业规制应对的主要是市场失灵问题，即由于垄断、外部性、信息不完全等因素，仅依靠市场自发行为无法实现资源配置的最优效率，需要通过外部干预纠正各种市场失灵的现象。

（一）零售业的规制依据

零售产业的（全行业）产业结构属于偏竞争型，一般不会形成典型的寡头市场，也不易出现市场占有率较高（大于 50%）的垄断企业，在行业能够正常自行运行的情况下，可以不施加过多的产业规制。但同其他产业的运行与发展类似，零售产业也存在竞争导致的资源集中、信息不对称、负外部效应等诸多问题，对于这些局部问题可以适当辅以规制政策，使零售业保持良性发展，并使其运行能够符合利益相关者的需求。零售业属于国民经济运转的基础产业，在商品分销渠道中扮演重要作用，同时与大量消费者直接接触，其利益相关群体数量庞大。因此，对零售业的规制需要从多个角度加以考虑。

1. 保证公平竞争

零售产业保持一定的竞争水平，可以有效遏制资源出现垄断性集中，导致行业的运行出现惰性以及效率的下降，有效保障以消费者群体为主的多方利益。从法律权能角度看主要包括以下部分。

（1）自由参加权。该项权能是自愿原则在公平竞争权中的体现，企业自愿参与或退出市场竞争是公平竞争最基本的要求。

（2）自由竞争权。竞争者可以在法律许可的范围内发挥自己最大的潜能，使用各种竞争方式，更好地为自身利益与社会利益服务。

（3）机会平等权。机会平等讲究的是实质公平而不是形式公平，规制方不能忽视竞争者在起点、实力、条件等方面的差别。政策与法律应当在正视这种不平等的基础上给予实力弱的中小企业以特殊保护，为中小企业的生存和发展提供竞争机会。

（4）请求保障权。当参与竞争的主体发现公平竞争权益受到侵害时，有权要求政府部门对“市场失灵”进行干预，保护自身以及同类型群体的利益。

（5）失败救济权。企业经营失败或面临破产时，为避免对行业或利益相关群体造成过度冲击，可以要求政府部门权衡整体得失，给出救济政策。在实际应用中，并不是所有企业的救济要求都得到支持。

2. 促进产业发展

促进零售产业发展关系民生问题与上游制造业，其目标带有较强的综合性，包括经济目标与社会目标。经济目标包含行业的销售额与利润增长、对上游产业的带动、技术创新与应用、投资与税收贡献、国际收支平衡（涉及产品进出口问题）等。社会目标包含就业率增长、物价稳定、社区和谐、环境保护等。对于零售业的发展来说，可依据产业结构—行为—绩效的逻辑关系梳理出合理可行的目标与发展框架，使零售业的发展能够与国民经济的运行相适应或适度超前，较好地发挥其基础产业的作用。产业发展与规制政策的涉及领域主要包括以下部分。

（1）产业定位。对产业的定位应遵循统筹规划、发挥优势、分工合作、协调发展的原则，确立本产业与其他产业之间的地位关系，建立产业之间合理的经济联系，通过鼓励与限制的方式使产业的发展融入整体经济发展格局，产业在不同历史时期的定位有可能出现变化。

（2）产业布局。产业布局是从区域角度出发，结合不同地区资源禀赋、市场容量、产业分布等，合理搭配组合产业内资源，使其更加符合地区需求。

（3）产业内金融与财税。其主要涉及产业资金的进出渠道，财税与金融分别通过政策与市场的方式影响产业整体的运行成本与收益。

（4）产业技术发展。产业技术发展反映了产业自身以及管理部门对于产业技术应用的态度，可细分为技术结构、技术升级、技术开发、技术引进、技术人才几个方面。

（5）产业国际竞争。产业国际竞争政策使本国产业在面临外资流入或在拓展海外市场过程中能够得到相应的支持，从而获得国际竞争优势。

（6）产业环境保护。产业环境保护政策用于约束本产业及相关产业的行为，使其能够减少对环境的负面影响。

（二）零售业规制政策

1. 零售业的规制类型

零售业的规制类型主要包括三类：政府规制、行业规制、社会规制。

（1）政府规制。由政府部门通过制定相关的法律法规或行政指令对零售行业进行整体的规范与指引，这些措施可以是普适性的，如涉及规范竞争的法律或企业标识的法律；也可以是明确针对零售领域的，如零售选址与开店的法律或说明。

（2）行业规制。行业自律规制又可称为行业管理，其强制性低于政府规制，主要是指行业协会或企业自发联盟对本行业企业的规划与协调，是一种综合性的自组织规制。行业规制的相关标准一般由行业内组织共同讨论决策，能够很好地结合行业发展的实践，并照顾到行业内多数企业的需求。同时，行业规制的约束力有限，某些约束标准难以有效实施，部分企业可以选择退出自组织群体。

（3）社会规制。社会规制指社会组织与公众依据成文与不成文规定对企业行业行为进行监督，并通过舆论影响约束企业行为。社会规制属于软约束，对企业利益的直接作用不显著，但是对企业声望以及消费者选择会产生深层次影响。

2. 零售业的规制模式

（1）准入规制。对零售业或零售投资方进入某一行业施加限制性措施，设置较为严格的标准，通过审批流程发放许可证。市场准入可以对行业内的企业数量、企业规模、企业性质、业务领域等内容进行约束，以达到产业规制的效果。零售业的准入条件可以根据产业发展目标灵活调整。例如，为鼓励零售业向着高端化、规模化发展，可以制定准入下限门槛；为促进零售产业的自由竞争程度，可以制定准入的上限门槛；为促进零售业整体技术水平，可以制定专项的技术门槛。

（2）供给量规制。依据机会平等原则，供给量规制一般限制于大型零售企业，保障中小零售企业的生存空间。基于零售业的服务属性，其供给量主要用供给（营业）面积与供给（营业）时间衡量，供给量 = 营业面积 × 营业时间 × 调整系数。

（3）费率规制。这是指对于零售企业的上限销售与服务的费率进行干预，包括费率水平规制与费率结构规制。为保障消费者权益与社会稳定，有可能设置费率的上限。而为了防止过度价格竞争，有可能设置费率的下限。

（4）产品与服务质量规制。监管部门为促进零售市场运行，可以对零售商的产品与服务质量进行监督，这种监督的成本较高，一般只针对少量与消费者关系密切的商品与服务，对于大部分商品与服务采用事后惩罚机制。

第四节　新商科时代零售学的学习方法与意义

在互联网、人工智能和大数据与各行业快速融合新形势下，对专业人才需求的缺口越发明显。当前很多高校都争相开设了零售学课程，以期使学生初步具备现代零售经营管理的能力，为学生综合应用相关知识搭建平台。零售学课程不仅将行业背景与理论知识相结合，旨在锻炼学生的实践能力，扎实学生专业基本功；同时，零售学也是一门来源于实践、运用于实践的课程。

一、零售学的学习方法

零售学属于综合性应用学科，需要经济学、管理学、心理学、社会学、行为学、统计学、传播学和信息学等多门学科的理论支撑，内容体系较为庞杂，就如何学习本书而言，我们提出以下几点建议供参考。

（一）全面系统地学习，形成知识体系

每门学科都有一个完整的体系，零售学也是这样。第一，初学者应该先掌握每章的基本概念、基本理论、基本方法。要理解，不能仅满足于死记硬背；要完整地理解，不能似是而非。在理解的基础上加以记忆，遇到不懂的地方多问几个为什么，这是学好一门学科的基础和最起码的要求。第二，应该运用系统方法学习这门课。任何学科的重点理论和命题皆存在于一个完整的系统之中，片面追求重点理论和命题的把握，忽略系统中的辅助性理论和命题，就会造成理解上的偏差和歧义。不要孤立地去抓重点，重点就像红花一样，需要绿叶的陪衬。只有综合掌握系统理论以后，才会真正理解“重点”在某些问题中的地位。在学习的时候，若能把它当作一个系统来理解，就更容易掌握，更能领会市场营销组合在这个管理过程中所处的地位和所起的作用。

（二）正确使用有关的辅导资料

零售学的基本教材内容大多限于基本理论框架以及主要理论观点的阐述，不可能穷尽理论产生背景、案例分析以及练习题等，但是这些理论的产生背景、案例分析以及练习题等又都是帮助理解和消化经济理论所必需的。为此还需要结合相关文章、书籍、在线开放课程、线上资源等对零售学进行一个整体的把握，不

论采取何种形式，都有助于加深对零售学基本理论的理解，学会对基本理论的应用。

（三）学会理论联系实际

零售学是一门实践性、操作性很强的学科，其理论涉及我们生活和工作的方方面面。因此，同学们在学习时，应注意把理论与实际结合起来。为此，要做到两点，一是勤于思考。遇到一些难以掌握的概念或理论，不要仅限于记忆，而是要结合实际多思考。例如，在定价方法中，讲到随行就市定价法，该法是指按照行业的平均现行价格水平来定价。而且教材上强调，它是同质产品市场的惯用定价方法。弄懂这个概念，可向自己作以下提问：产品质量大致相同，如果其中一家的产品价格比别人的高会带来什么结果？你思考后会得出以下结论。

（1）有人要，因为一分价钱一分货。

（2）没人要，因为多数顾客不愿接受这个价格。

（3）价高，可能是进货渠道不一样，或者是生产成本、管理费用高等。

这样就会加深对这个概念的理解，而非仅仅限于掌握它。二是多用案例。面对国际市场上的风云变幻，面对国内市场上的企业兴衰，面对市场上少数产品的畅销和多数产品的滞销，多用一些所学的零售学理论去分析、去总结，不仅会加深对理论的理解，而且会增强学习兴趣，更会鼓舞自己勇于参加零售实践。只有结合实际情况作深入思考，才能得出一些正确结论。

二、学习零售学的意义

（一）有利于应对零售业变革挑战

零售业变革正在全世界范围内广泛地发生，但是在传统实体零售体系相对落后、电子商务红利逐渐萎缩、新兴科学技术持续驱动、居民消费需求不断升级等多重因素的影响下，中国已经成为全球零售业变革的“主战场”之一。尤其是改革开放以来，中国零售业走过了从模仿到追赶再到以“新零售”模式引领零售业发展的历程。在国内消费持续升级和新兴技术不断赋能的大背景下，零售业态的各类创新也开始呈现加速态势。以“新零售”所代表的我国零售业变革和升级，正在助力行业突破现有发展瓶颈，重塑供求两端的新一轮平衡，“人、货、场”的重构也在不断探寻新方向。但是，无论“新零售”未来将进行怎样的演化、进阶和迭代，都不外乎更全面地去理解“人”，更高效地去提供“货”，更优质地去升级“场”，以及更协同地去打造“圈”，进而帮助消费者更为舒适、便利、愉悦地去完成整个购物过程。通过学习零售学，我们可以了解和掌握零售业发展所具有的一般趋势和规律，能够帮助我们迎接零售变革挑战、适应环境变化。

（二）有利于分析处理生活中相关问题

在现实经济生活中，我们可以看到诸多与零售学相关的经济现象，个人和社会组织在主观和非主观的情况下，都会正式或者不正式地介入零售中去。例如，同一种产品在不同的商店价格不同；有些装修精美、服务态度好的商店所卖的产品反而相对同档品牌更便宜；超市中商品陈列的方式不同，这些做法都是零售营销管理的手段。正确地认识这些经济现象需要我们运用科学的理论结合实际加以分析。而通过学习零售学，我们将学到零售环境、零售战略、零售组织、零售策略等以及与这些生活现象密切相关的理论，有利于我们更加正确地分析现实经济活动中的各种生活现象和问题。

（三）有利于思考零售企业的战略问题

对于零售企业来说，零售战略是对企业存亡起着决定性影响的，而思考企业战略问题不单单需要从企业自身考虑，也需要结合零售业的现状以及企业在行业中的地位，同时企业的发展应该与未来几十年我国零售业发展的趋势相衔接。面对商业环境的快速变化和动荡变革，好的零售策略能快速适应并持续盈利，这一点非常重要。企业战略的不全面，无论是对个人还是企业的发展，风险都是巨大的。因此，对零售的学习可以帮助我们更深刻地了解零售业的性质和特点，以及零售商自身的地位和发展方向，对思考零售企业战略问题有很大帮助。

（四）有利于从事零售业相关工作

零售业是一国经济的重要组成部门，是促进一国经济发展的重要因素之一，零售业早已成为人们普遍关注的热点行业。零售业人才匮乏也成为当前我国零售企业发展严重的瓶颈制约。我们将会学习零售战略，了解零售商为赢得竞争优势可以选择的各种精湛战略和零售商在扩张战略中所面临的扩张方式、扩张速度、扩张突进和网点布局的各项选择，从战略管理层面上了解零售商基本战略规划的设计与实施；学习零售策略，了解零售经营管理中的各项业务决策，包括商品规划、采购管理、价格管理、促销管理与商品成列等方面，可以让我们全面掌握零售商经营管理的基础知识和实际运作，为今后进入零售企业工作打下良好的基础。

零售业也为创业者提供了机会，许多成功人士都是零售企业家。例如世界上最伟大的企业家之一山姆·沃尔顿，以及其他具有创新精神的零售企业家，如杰夫·贝佐斯、张东文和张金淑、英格瓦·坎普拉德以及霍华德·舒尔茨，这些企业家改变了零售业的经营方式。

【本章小结】

零售是将商品或服务直接出售给最终消费者的销售活动。零售活动虽然是一种典型的经济活动，但是其不仅局限于经济领域，还包括社会与心理属性。零售商是将产品和服务出售给消费者供其个人使用的一种商业企业。零售业在中国经济中扮演着重要角色，并在不断发展。渠道是指某种产品从生产者向消费者或用户转移过程中所经过的一切取得所有权的商业组织和个人。渠道功能主要包括收集与传送信息、促销、接洽、组配、谈判、物流、风险承担和融资。渠道又可分为单渠道、多渠道和全渠道。中西方零售业都经过了不同的发展阶段。学习零售学要注重全面系统地学习、正确使用有关的辅导资料、理论联系实际，学习好零售学也有利于我们应对零售业变革挑战，有利于分析处理生活中的相关问题，思考零售企业的战略问题，从事零售业相关工作。

【思考题】

1. 零售、零售商、零售业的释义什么？
2. 渠道的定义及其功能是什么？
3. 渠道的分类有哪些，其特征是什么？
4. 零售商活动有什么特点？
5. 分析我国零售业发展的历程与国外有何异同。
6. 搜集有关我国零售业当前发展情况的资料，从中提炼出我国零售业目前发展的特点。

【延伸阅读】

［1］［美］巴里·伯曼，乔尔·R. 埃文斯．零售管理（第11版）［M］. 吕一林，宋卓昭，译．北京：中国人民大学出版社，2011.

［2］［德］亨德里克·迈耶·奥勒．日本零售业的创新和动态［M］. 盛亚，等译．北京：知识产权出版社，2010.

［3］［美］肯尼斯·C. 劳顿，简·P. 劳顿．管理信息系统［M］. 薛华成，编译．北京：机械工业出版社，2011.

［4］李飞．全渠道零售设计［M］. 北京：经济管理出版社，2019.

［5］利丰研究中心．供应链管理：香港利丰集团的实践［M］. 北京：中国人民大学出版社，2009.

［6］［英］罗玛丽·瓦利，莫尔曼德·拉夫．零售管理教程［M］. 胡金有，

译．北京：经济管理出版社，2011.

【精彩案例】

“胖东来”——中国最好的零售店

胖东来商贸集团公司，河南省四方联采成员之一，河南商界具有知名度、美誉度的商业零售企业巨头，总部位于许昌市，创建于1995年3月。胖东来旗下涵盖专业百货、电器、超市。胖东来百货在许昌市、新乡市等城市拥有30多家连锁店、7000多名员工。营业20多年来，从未亏损，打败了沃尔玛、家乐福等大型连锁商超，胖东来商贸集团的营业额与净利润逐年大幅度上升，作为主要顾客群体为三线城市居民的本土零售企业，2019年胖东来商贸集团营业额突破70亿元，成为河南省零售企业销售额第一名。创造了这么多“传奇”的胖东来商贸集团，曾被誉为“中国最好的零售店”，并因其出色的服务能力，被称为“零售界的海底捞”。

作为一家零售企业，胖东来在商业设施与技术人员配置方面做足了功夫：走进胖东来任何一家门店，都能感受出十足的现代化气息——自助结账、云购物、智能机器人服务等；同时，胖东来十分重视技术人才的培育，除了高薪聘请之外，还对技术人员有着细致而严格的晋升路径：技术标兵—技术明星—资深技术员—技术领班。

“给员工吃肉，将迎来一群狼”，这是胖东来董事长于东来的口头禅。事实如此，除了远远高于当地平均薪资的薪酬之外，每周二闭店休假、节假日丰厚福利、年终分红、股权认购等，这些在其他零售企业根本无法想象的福利待遇，在胖东来所有店铺的普通员工身上都变成了可能。给员工吃肉、将回馈意识融入经营管理，换来的也是员工的回馈——努力工作，服务顾客。

拥有着强烈创新意识的胖东来商贸集团创造了河南省诸多“第一”——第一个设置免费饮水机的零售企业、第一个免费给顾客租用雨伞与充电宝的零售企业、第一个在电梯内设置服务员的零售企业、第一个免费为顾客修补衣物鞋子的零售企业等。在这些“第一”的背后，体现着胖东来想要创新、敢于创新、能够创新的气魄与胆量。

在胖东来任意一家门店，所有工作人员随叫随到，随时面带微笑提供服务；胖东来商场内的小贴士随处可见——商品介绍与使用说明、老人用的放大镜、应急医药箱、免费饮水提示等，甚至在本店买不到的商品也附有工作人员的联系方式来义务帮助顾客采购；在胖东来买的所有商品，无论生鲜还是冷冻，只要顾客不满意，都可以无条件退款。

多年来它致力于创造社会效益，热情服务公众，努力办好良心企业。面对突如其来的新冠疫情，除了积极防范之外，胖东来还做了几件出乎意料却温情的事：(1) 捐资5000万元的现金或物资用于此次抗击新冠疫情的防治；(2) 新冠疫情期间，所有蔬菜按采购成本价销售；(3) 在每年例行的初一至初四放假后(一般超市春节期间不放假)，做好了一切准备迎接初五的正常营业；(4) 新冠疫情期间，胖东来三家医药超市24小时不关门；(5) 坚守岗位造成牺牲的员工，给予补偿200万元。

胖东来去新乡发展时，当时已经有一个中国台湾企业——丹尼斯，在河南商业居第一名，销售额在百亿元以上，一个世纪联华，在中国商业企业也是龙头老大，还有一个沃尔玛在筹备。一年不到，市场发生巨变。河南第一品牌丹尼斯关门搬家，世纪联华新乡店直接关门，卖给胖东来，改名胖东来百货。这家小店，本着最朴实的做人准则，兑现着“用真品，换真心”的承诺，不断发展壮大。

资料来源：搜狐网．把简单的事做到极致——三四线城市零售之王胖东来的经验启示［EB/OL］.［2022-09-30］. https：//www. sohu. com/a/589279528_121331655.

讨论题：

1. “胖东来”为什么被誉为中国最好的零售店？
2. “胖东来”的竞争力体现在哪些方面？

第二章

零售业态

【学习目标】

1. 通过学习零售业态的概念，区分业种店与业态店；

2. 学习零售要素组合，辨别各零售业态在内涵与特征等方面的差异；

3. 学习百货店、超级市场、便利店、仓储式会员店、专业店及购物中心等典型的零售业态，掌握不同业态的内涵，熟悉其产生与发展的历程，以及目前所处的阶段。

【重难点】

1. 零售业态的概念、组合要素；

2. 百货店、超级市场、便利店、仓储式会员店、专业店及购物中心等业态的内涵及特征；

3. 百货店、超级市场、便利店、仓储式会员店、专业店及购物中心等零售业态的产生与发展历程；

4. 零售业未来的发展趋势。

【案例导入】

Costco 成功的秘诀

美国最大的连锁会员制仓储店 Costco（开市客）于 2019 年 8 月 27 日登陆上海。上午 8 点半，Costco 大陆首店开门迎客，蜂拥而入的消费者迅速挤满了多处货架，Costco 的明星产品烤鸡、迷你可颂、纸杯蛋糕等迅速告罄，有人成箱地购买洗衣液，有人买下 20 瓶售价为 2559.9 元的限量威士忌，开业一小时后，茅台酒、大牌包包等高价商品也很快被抢空。大陆首家 Costco 位于上海闵行区，占地总面积达 2 万平方米，购物面积达 1.4 万平方米，采用美国 Costco 标准规格的一层楼面，拥有 27 个大品类、近 4000 个单品的商品。Costco 诞生于 1976 年，已经有48年的发展历史，2022年总营收为2270亿美元，同比增长了15.83%，公司目前运营的全球门店有847家，单店的消费额突破2.4亿美元，每个店差不多是1.35万平方米，有3700～4000个SKU，2022年的付费会员总数超过1.2亿，续费率是90.45%。Costco为什么能够成功？首先，Costco实行大额采购，产品都是大包装、低SKU，销售频率高，出货量大，形成大额采购的效应，采购单价一般是低于同行平均10%，毛利率比沃尔玛平均低10%～15%，这种大额集中采购的模式为Costco的供应链管理带来了系统的优势。其次，价格控制是Costco非常著名的约定，任何商品的毛利率都不能超过14%，Costco的平均毛利率是10%～13%。最后，依靠极致性价比和服务建立优势，强大供应链管理能力是提升服务的根本。

资料来源：马本苍．解码Costco成功背后的商业哲学与战略理念［EB/OL］.［2023－11－27］. https：//mp. weixin. qq. com/s/W28pLHVbLSgt480OmBFeyw.

思考：作为仓储会员店Costco，其成功的原因在哪里？零售业态由哪些核心要素组合而成？其目标市场、选址策略、店铺规模、商品结构、服务方式及盈利模式都分别是什么？

随着原始社会末期交换的产生，剩余产品的交易由偶然成为经常，零售业就有了它的雏形。之后，私有制的形成和分工的专业化，零售业无论是在广度还是深度上都空前壮大。在19世纪中叶以前，零售业的主要组织形态以流动的商贩和杂货铺为主，前者是行走四方的“商”，后者是逐渐安定的“贾”。早期，这些零售业的经营者大多为当地的手工业者或富余的农村居民，售卖商品虽种类不多但日常必需，服务方式虽不够专业但勤恳敬业，与经常光顾的顾客有着较稳固的关系，后者甚至可以赊账消费。因此，这样的零售形式有着广泛而深厚的人缘、地缘基础。

第一节　零售业态的内涵

一、零售业态的概念

1. 零售业态的概念

根据国家标准《零售业态分类》（GB/T 18106—2004）的定义，零售业态是零售业店铺、面积及零售方式的统称，是零售企业为满足不同的消费需求进行相应的要素组合而形成的不同经营形态。具体讲，零售业态是指按照一定的战略目标，有选择地运用目标市场、选址策略、店铺规模、商品结构、价格策略、销售方式、服务功能等多种要素组合构成的。

2. 零售业态的组成要素

零售业态的组成要素包括目标市场、选址策略、店铺规模、商品结构、价格策略、销售方式、服务功能等方面。不同的要素组成会对应不同的零售策略，这些零售策略组合在一起就形成不同的零售业态。换句话说，只要组成要素中的任意一个要素存在差别，那么要素组合而成的最终零售业态都是不同的。因此，这也成为各零售业态实施的差异化零售组合策略（见表2－1）。

表2－1　零售策略组成要素

组成要素	零售策略	
目标市场	大众化市场	细分市场
选址策略	市级商业中心，大型商圈	区级商业区，居民区附近
店铺设施	装饰豪华，店堂明亮	装饰简朴，个性化设计
营业时间	全天24小时营业	正常上下班时间
商品结构	商品种类多，一站式购齐	商品种类少，挑选范围窄
价格策略	高价策略	低价策略
销售方式	柜台销售，分别收银	开架销售，统一结算
服务功能	服务单一有限，自助服务	服务功能多元，有专业人员
管理信息系统	程度高，信息化管理	初级程度，管理水平一般

3. 早期学者关于零售业态的定义

“业态”一词最早来源于日语，20世纪80年代以前，日本学术上侧重于从“战略体系”的角度来研究；20世纪80年代以后，主要从“适应消费者需求”的角度来定义零售业态。早期，主要有以下几位学者的观点。

（1）铃木安昭（1980）认为，从店铺的形态上看，所谓零售业态是指零售经营者关于具体零售经营场所——店铺的经营战略的总和，也就是说，零售业态就是零售形态。

（2）向山雅夫（1986）认为，零售业态就是零售商业形态，是指具有相同经营方式和相同经营技术、方法的零售商业机构的集合，具体包括百货商店、超级市场、便利店等。

（3）兼村荣哲（1993）认为，零售业态有狭义与广义之分。狭义的零售业态主要是指从直接接触消费者的店铺或销售层面上包括商品、价格、店铺、销售等营销要素的组合形式，相当于英语的“type of store”或“store format”。广义的零售业态包括狭义的零售业态，以及支撑其运营的组织形式、所有制形式、经营形态及企业形态等，相当于英语的“type of operation”。因此，从广义上讲，不仅百货商店、便利店、特许连锁店等是零售业态，而且自动售货、网上购物这些新型经营形态也是零售业态。

4. 零售业种店与零售业态店

零售业态是现代意义上的词汇，从零售业的发展历史看，它是由零售业种发展并演变而来，在理解零售业态的概念时，需要与零售业种的概念区别开来。通常认为，零售业种店是指按照所经营的商品类别划分或组建而成的零售店铺，如布店、五金店等。零售业态店是指按照服务需求的满足类型来划分或组建的零售店铺，如百货店、便利店等。根据日本同文馆出版的《最新商业辞典（改订版）》，零售业种主要是针对产业的一种划分，通过大分类、中分类、小分类等形式，把握产业结构的分类。在批发零售业中，通过对经营商品的类似性、商品用途的类似性以及商品生产过程的类似性来划分企业形态。现代的业态店是由传统的业种店发展而来，百货商店则是业种店与业态店的分水岭。

基于此，零售业种店与零售业态店两者在经营性质、经营核心和经营目的等方面都有区别。业种店是零售行业各种类店的统称，它以商品为核心，以传统的生产观念或推销观念引导，其目的是推销自己所经营的商品。业态店是服务顾客各需求类型店的统称，它以顾客为中心，体现消费导向的营销观念，满足顾客需求为经营目的。

二、零售业态的分类

（一）美国的零售业态分类及标准

在美国的商业统计分类中，没有单独进行业态类别统计，而是将业种与业态结合在一起进行统计。1977 年的新分类法，使用“kind of business”或“types of retail establishments”来表示零售业态，至少不再使用“operation”来作为零售商业本身的业态用语（夏春玉，2002）。美国将零售业一般分为以下几种类型：①建材销售店；②百货店、综合商店等综合性零售店；③食品店；④汽车销售店、加油站；⑤服装、服饰商店；⑥家具店；⑦饮食店；⑧包括直销店在内的其他零售店。尽管如此，事实上，美国的零售业态仍可能是世界上最丰富的，这些可以从不断引进美国零售业态的日本零售业的多样性中得到证明。美国研究零售业态的文献较多，如斯坦顿（Stanton，1978）就提出零售业态分类的四个标准：

①店铺规模；②商品组合；③所有制形式；④销售方式。科特勒（Kotler，1980）则提出零售业态分类的五个标准：①商品组合；②价格诉求；③卖场特点；④店铺管理形式；⑤店铺集合形式。这些代表性的研究成果对于理解零售业态概念、零售业的发展与变迁都有着重要的意义。

（二）我国的零售业态分类及标准

2000 年，我国商务部的专家考察了全国商业，尤其是研究了上海商业以后，提出了我国当时发展的八种主要业态。它们分别是：①综合百货；②专业店；③专卖店；④购物中心；⑤便利店；⑥超级市场；⑦大型综合超市；⑧仓储式超市。

2004 年，商务部颁布了《零售业态分类》国家标准 GB/T 18106—2004，作为地方商业网点规划的重要依据，这一标准从当年 10 月 1 日开始实施。新标准按照零售店铺的结构特点，根据其经营方式、商品结构、服务功能，以及选址、商圈、规模、店堂设施、目标顾客和有无固定场所等因素，把零售业态分为：①食杂店；②百货店；③超级市场；④大型超市；⑤便利店；⑥折扣店；⑦仓储会员店；⑧专业店；⑨专卖店；⑩购物中心；⑪家具建材店；⑫厂家直销中心 12 种有店铺经营的业态（见表 2－2），以及自动售货机、电视购物、邮购、网上购物、电话购物 5 种无店铺经营的业态，共计有 17 种零售业态。

表 2－2　　我国零售业态分类

分类	零售业态类型					
有店铺	食杂店	百货店	折扣店	超级市场	大型超市	仓储会员店
	便利店	专业店	专卖店	购物中心	家具建材店	厂家直销中心
无店铺	自动售货机		邮购	电视购物	网上购物	电话购物

（三）按所有权性质划分的零售业态

1. 独立商店

独立商店通常是由业主自己经营，拥有一个店铺的商店。这类商店在零售机构所占比例最高，在美国，独立商店销售额占全美商店的 40%，我国独立商店机构数占 90% 左右，销售额占 50% 以上。独立商店一般为中小型商店，具有投资少、选址灵活、经营费用低的特点，但因其规模小，议价能力有限，会限制其进一步扩张。

2. 直营连锁商店

直营连锁商店是指零售商经营多个属于同一资本的相同商号的店铺。它具有集中管理、分散销售、统一经营战略、统一调度资金的特点，其实质是所有权与经营权的统一。集中采购，议价能力较强，可以降低成本，形成规模效应。

3. 特许经营商店

一般是指主导企业通过向参加连锁集团的中小企业有偿提供经营技术和经营权，同时以合同的形式规定双方应承担的义务和责任而实现统一经营。特许经营是一种“双赢”的经营模式，特许经营是企业的一种外借式企业扩张模式，是一种企业与外界之间的战略联盟，投资企业只要支付一定的加盟费就可以直接套用他人的成功经验和管理技术，从而降低了投资风险。

4. 租赁商品部

租赁商品部一般是零售商店将其店内的某部门或专柜出租给店外人经营，由承担者负责部门或专柜的全部经营活动。租赁商品部较多为零售商店所采用，目的在于拓宽商品经营范围。早期，我国传统的百货店和招商城由于不能适应新形势的发展，只能将柜台出租，靠收取租金生存。

5. 垂直营销系统

垂直营销系统是由单一所有者自行负责商品生产和零售一条龙工作，一般为厂商的直营零售店。垂直营销系统省去了中间环节，降低成本，能充分了解消费市场的信息，但这种多元化经营的投资成本高，不利于其集中生产或集中销售。

6. 消费者合作社

一般是消费者自发组织、自己出资、参与经营管理，分享利润的组织，它是一种自己拥有的零售单位，以消费者所有制为特征的零售商店。消费者合作社起源于18世纪的北欧农业和工业革命，由消费者联合发起、自愿联合成立，以满足社员对社会、经济和文化的需求，合作社的收益由所有的会员根据本年度的购买份额分享。

第二节 零售业态

本节内容为零售业态，它们具有以下几个方面的共性。一是这些零售业态发展的历史相对悠久，且曾较长时间居于主导地位或具有较高市场份额；二是它们对于零售业的变迁都曾起着承前启后的作用，推动了百年来的零售业发展，并代表了行业中发展最为先进的创新模式；三是它们满足了消费需求，丰富了人民生活，并助推社会经济发展；四是它们更是零售理论形成的核心内容，可以这样说，零售变革是零售理论演变的本质所在。

一、百货商店

1852 年，世界上第一家百货商店诞生，到第二次世界大战，西方百货商店经历了从成长到成熟的发展时期。百货商店的定位是综合化的，其经营的商品几乎无所不包，人们不必到布店去买布、去食杂店买糖果、到服装店买服装，走进一家百货商店，便几乎可以买到所有的日常用品，百货商店力求满足所有人的所有需要。

（一）百货商店的内涵

1. 百货商店的定义

根据国家标准《零售业态分类》（GB/T 18106—2004）的定义，百货商店（department store）是指经营包括服装、鞋帽、首饰、化妆品、装饰品、家电、家庭用品等众多种类商品的大型零售商店。它是在一个大型建筑物内，根据不同商品部门设销售区，采取柜台销售和开架面售方式，注重服务功能，满足目标顾客追求生活时尚和品位需求的零售业态。

2. 部分国家关于百货店的定义[①]

美国市场营销专家科特勒认为，百货店一般要销售几条产品线的产品，尤其是服装、家具和家庭用品等，每一条产品线都作为一个独立的部门由专门采购员和营业员管理。美国统计署对百货公司的定义中指出，一家百货商店必须满足以下几个条件：百货商店至少雇佣 50 名员工；服装和非耐用品的销售额至少占到总销售额的 20%；商品组合必须包括家具、房屋设施、家用器皿、家用电器、家庭服饰、装饰织物等商品中的一些品种；如果年销售额不足 1000 万美元，那么任何一种产品线的销售额不得超过 80%；如果年销售额在 1000 万美元以上，只要销量最少的两类商品之和不低于 100 万美元，则对某大类商品的销售比重没有限制。

根据德国对百货商店的定义，百货商店是供应大量产品的零售商店，主要产品包括服装、纺织品、家庭用品、食品和娱乐品，销售方式有人员导购和自我服务，销售面积超过 3000 平方米。

根据法国对百货商店的定义，百货商店是一个在较大规模的建筑物内，提供几乎所有的消费品，顾客可以自由进入，一般实行柜台开架售货，提供附加服务。每一个商品部都可以成为一个专业商店，销售面积至少 2500 平方米，至少

---

① 肖怡．零售学（第五版）［M］．北京：高等教育出版社，2023.

有10个商品部。

3. 百货商店具有的特征

依据国家标准《零售业态分类》（GB/T 18106—2004），百货商店的特征包括：①选址在市、区级商业中心或历史形成的商业集聚地；②目标顾客以追求时尚和品位的流动顾客为主；③营业面积在6000～20000平方米；④商品结构为综合性，品类齐全，以服饰、鞋类、箱包、化妆品、家庭用品、家电为主；⑤采取柜台销售和开架面售相结合方式；⑥注重服务，设置服务项目和设施；⑦管理信息系统程度较高。

（二）百货商店的产生与发展

资本主义工业化革命和社会化大生产的发展，客观上要求企业之间的联系需要紧密，交通、通信、供水、供电等基础设施的共享性水平要高，生活服务要更完善，新的行业不断产生，城市集中体现在零售业方面。第一，由于法国资本主义工业化、城市化的快速发展，以及城市人口的迅速增加，居民对于生活资料方面形成了总量很大的需求；第二，城市居民生活消费方式的商品化、货币化，几乎所有层次的消费需求都必须通过以货币为媒介的商品交换过程来实现，而这些都是以前小型零售店铺无法满足的。那么，以营业面积大、商品种类多、服务环境好为主要特征的大型百货商店的产生就成为必然。

1852年，世界上第一家百货商店邦·马尔谢（Bon Marche）在法国巴黎诞生，其当年的营业额为45万法郎，之后逐年大幅度增长，1863年营业额增长到700万法郎，1877年则达到6700万法郎。邦·马尔谢的成功吸引了一大批仿效者，在巴黎，如1855年成立的卢浮百货商店、1856年成立的市府百货商店、1865年成立的春天百货商店、1869年成立的撒马利亚百货商店，以及1894年成立的拉法耶特百货商店（肖怡，2023）。人们可以购买几乎所有的日常用品，除了服装等家纺用品，还可以买到食品、糕点等，它力求满足所有人的所有需要。早期百货商店的定位是综合化无差异的，也可称为无定位时代。

第二次世界大战以后，随着超级市场、折扣商店、仓储商店、便利商店等以低价为特征的新型业态的不断涌现，已经历了成熟期辉煌的百货商店此时开始步入衰退期，传统百货商店的经营优势逐步消失，迫使百货商店进行调整，打破柜台的障碍，实行自由选购的方式。

（三）中国百货业的发展

1. 中国百货业的产生

1900年，秋林公司的成立标志着中国第一家百货商店的诞生，它是由俄国人在哈尔滨开设的，至今已有124年的历史。在香港，华侨马应彪于1900年创办了先施公司，并于1911年在广州设立分店，先施公司号称“环球百货”，首创“不二价”。在广州，先后出现了光商公司、真光公司和先施公司三家百货店。在上海，“四大百货”出现，分别是1917年成立的先施公司、1918年成立的永安公司、1926年成立的大新公司和1934年成立的新新公司（上海档案馆，2010）。百货商店由于具备革新性、开创性的特征，逐渐向天津、重庆、武汉、广州等城市发展，同时，这对传统零售小店铺产生了较大冲击。

2. 新中国成立后中国百货商店经历的阶段

（1）革新阶段（1949～1990年）。新中国成立后，我国流通业经历了“无流通论”的计划经济时期和有计划的商品经济时期，百货业转变为国营公司，商品由政府统一定价、统一配货。1955年，我国百货第一店北京市王府井百货大楼开始营业。百货商店成为调配商品、直接面向消费者最主要的零售终端组织，由此，百货商店作为“国字号”商业领军企业占据主导地位。

（2）快速成长阶段（1991～1998年）。据统计，1991～1995年的“八五”计划时期，百货商店处于高速增长阶段，全国建成的大型百货店数量相当于前40年的总和。然而，到1996年，全国212家大型商场中有119家的销售额呈负增长，160家为利润负增长，1997年亏损面则比1996年扩大一倍，百货商店上演了一出大起大落的大戏；同时，超级市场、折扣店、廉价店的相继出现挤占了部分市场份额，中国百货业开始第一次进入调整期（上海档案馆，2010）。

（3）寻求转型阶段（1999～2004年）。这期间，百货商店通过尝试新的商业模式，谋求变革，不断摆脱原有的困境。其中，有的百货店采取连锁新模式，有的与自选超市相结合，有的转型为个性化中小商场，还有的组建为现代化购物中心等。

（4）稳定成熟阶段（2005年至今）。随着互联网时代的到来，消费者需求呈现多元化，网上商店迅速崛起，线上商品交易额快速增长，于是，线下实体商店遭遇集体生存困难，百货商店又一次面临挑战。未来，“线上线下融合”会成为百货业发展的趋势，百货店可以通过改变原先的联营模式，开发自有品牌，采取自采自营模式；百货店可以通过大数据，实施精准营销，强化体验消费。

二、超级市场

美国学者齐默曼在《超级市场》一书中是这样认为的，超级市场是被高度部门化了的、经营食品和其他商品的零售店。它或是由所有者自己经营，或是委托他人经营，有足够的停车场，年营业额不低于25万美元，采用自助服务的方式。著名的营销学家菲利普·科特勒认为，超级市场是规模相当大、成本低、毛利低、销量大的自我服务的经营机构，其目的是满足食品和家庭日常用品的全部需要（肖怡，2023）。

（一）超级市场的内涵

1. 超级市场的定义

超级市场（supermarket）一般是指实行自助服务和集中式一次性付款的销售方式，以销售包装食品、生鲜食品和日常生活用品为主，满足消费者日常生活必需品需求的零售业态，普遍实行连锁经营方式。

2. 超级市场的特征

《零售业态分类》（GB/T 18106—2004）中对于超级市场的特征包括：①超级市场是以食品为经营重点，基本上满足食品购买者一次购齐的要求；②采取开架、自选服务、一次结算的售货方式；③价格低廉，商品周转速度快；④店址主要设在居民住宅区和企事业单位附近；⑤采用现代化设备及管理。

（二）超级市场的产生与发展

20 世纪 20 年代末至 20 世纪 30 年代初期，美国遭遇了前所未有的经济大萧条，美国工业生产总值下降了 40.6%，倒闭企业超过 14 万家，失业人口占比超过 25%，实际国民收入下降约 36%[①]。这种情况下，日常生活必需品成为消费者购买的主要商品，而其价格成为消费者关注的首要因素，也是零售经营者在竞争中首要考虑的因素。因而，超级市场以专门经营生活必需品、价格低廉、开架自选为主要特征的零售业态的产生成为客观需求。

1930 年 8 月，美国人迈克尔·库连在纽约州以很低的租金租了一间空的大仓库，创办了世界上第一家超级市场，取名“King Kullen”，开店海报标明：我们要做世界上最大的价格粉碎者。超市设备极其简陋，营业面积达 6000 平方英尺，平均毛利率 9%，而当时一般商店的毛利率为 25% ~40%。为了保证售价的低廉，必须做到进货价格的低廉，只有大量进货才能压低进价。迈克尔·库仑就以连锁的方式开设分号，建立起保证大量进货的销售系统，他首创了自助式销售方式，采取一次性集中结算。20 世纪 30 年代中期以后，超级市场这种零售组织形式由美国逐渐传到了日本和欧洲。经过几十年的发展，超级市场仍保持强劲的势头。在美国，位列前 10 名的商业企业中有 5 家是零售超市。曾位居《财富》杂志世界 500 强之首的沃尔玛，自 1962 年成立以来，不断创造了零售行业发展的奇迹，2024 年收入为 6481 亿美元，同比增长 6%，营业利润为 270 亿美元，同

① 1929 年经济危机以来美国积极财政政策大回顾［EB/OL］.［2017 - 04 - 27］. https：//www. yidianzixun. com/article/0GDPE7Fp?s = 9.

比增长32.2%（顾国建，1997）。

（三）中国超级市场的发展

1. 开创发展期：1980~1985年

早在1978年，超级市场就被引入我国，当时被称作自选商场，但由于商品严重缺乏和较高的失窃率而夭折了。1981年，在广州友谊商店附设出现了小型自选市场，占地270平方米，出口处设有三个收银台，这是中国大陆比较早期的超级市场。1982年，北京第一家超级市场在海淀区正式营业，创办者为海淀区蔬菜公司，营业面积215平方米，主营蔬菜等。

2. 萎缩停滞期：1986~1990年

1985年，中国市场进一步开放，那些原先凭票证供应的商品可以自由购买，超级市场曾经垄断紧俏商品货源的优势消失了。全国140多家超级市场中，有75%以上亏损。1986年2月，北京第一家超级市场——海淀超市关门倒闭，同年，广州的9家超市关闭了5家，天津的5家超市关闭了3家。随后，全国超级市场发展出现停滞。

3. 高速成长期：1991~1998年

（1）本土连锁超市快速发展。

1990年12月，中国第一家连锁超市——美佳超市在广东东莞市虎门镇开业，到1996年底，其门店总数达40个，销售收入达1.5亿元。1991年，上海联华超市曲阳店开业，这是中国第一家真正意义上的超级市场，到1996年底，其店铺总数为108个，销售额达8亿元，位列全国第一。1992年，北京西城区副食品公司借鉴台湾经验，连续开了六家“希福连锁店”，同样是自选商店，主要卖副食品，但与传统的副食店相比，希福的所有店面统一蓝白招牌，统一员工制服。与此同时，日后即将成为中国零售新型领军的一大批企业正悄悄地成长。1992年，物美集团在北京成立；1995年，山东家家悦集团成立；1996年，苏果超市在江苏南京成立；1998年，福建永辉超市首店开业（顾国建，1997）。

（2）外资巨头争相进入中国市场。

随着对外资在零售业的逐步放开，1995~1997年，外资巨头争相进入中国市场，家乐福、麦德龙、沃尔玛、大润发、卜蜂莲花纷纷进入中国①。1999年《外商投资商业企业试点办法》颁布后，外商在合资零售企业中的控股权被放开，开始大举推进在中国的扩张速度。

---

① 1995年家乐福首店在北京开业，1995麦德龙首次进入上海，1996年沃尔玛首店在深圳罗湖开业，1997年大润发进入中国大陆，1997年卜蜂莲花上海浦东店开业。

4. 快速扩张期：1999 ~ 2010 年

继 1999 年《外商投资商业企业试点办法》的颁布、2004 年加入世界贸易组织，中国市场全面放开，超市业更加快了扩张，竞争愈发激烈。根据商务部发布的《中国服务行业对外开放的现状及前景》，截至 2010 年底，从门店的规模看，上海联华高达 5239 家，门店扩张速度最快，接下来分别是：苏果 1905 家，大润发 143 家，家乐福 182 家，沃尔玛 219 家；并且，它们的销售额均位列当年中国连锁百强企业的前 10 名。在这个阶段，一方面，外资超市无论从经营层面还是资本层面都要优于本土超市；另一方面，本土超市在感受到巨大竞争压力的同时，也在不断学习和积蓄力量。

5. 调整成熟期：2011 年至今

随着互联网电商的迅速发展，阿里、京东等电商相继强势崛起，线下商超与线上电商的竞争日益激烈。2011 ~ 2019 年，部分外资零售企业开始从中国撤退，2014 年英国乐购从中国市场撤离，仅 2018 年，家乐福在中国关店 19 家，2016 ~ 2019 年的三年间，沃尔玛在华关闭了 70 余家门店①。此时，无论是本土超市还是外资巨头，电商已成为传统商超的必选之路，中国商超一面迎接“新零售”的冲击和挑战，一面也正积极转型调整。

三、便利店

现代意义上的便利店起源于 20 世纪 20 年代的美国，通常指规模较小，以售卖日常生活用品和食品为主的商店，其中也包含加油站附设商店，选址多为居民区、企事业单位附近。一般认为，便利店的产生缘于超市的郊区化与大型化，对消费者而言，便利店在距离、时间、商品和服务等方面与超市有着显著的差异，它是满足那些想购买少量或即刻所需商品购买者的需求。

（一）便利店的内涵

1. 便利店的定义

便利店（convenience store）是一种以自选销售为主，销售小容量应急性的食品、日常生活用品，并且提供商品性服务，满足顾客便利性需求为主要目的零售业态。

2. 便利店的特征

依据国家标准《零售业态分类》（GB/T 18106—2004），便利店的特征包括：

---

① 澎湃新闻. 英国零售巨头乐购退出中国：将合资公司 20% 股权卖给华润［EB/OL］.［2020 - 02 - 26］. https：//www. thepaper. cn/newsDetail_forward_6166629.

①选址在居民区、交通要道、娱乐场所、机关、团体、企事业办公区等消费者集中的地方；②商店面积在100平方米左右；③步行购物5~7分钟可到达；④商店结构以速成食品、饮料、小百货为主；⑤营业时间长，一般在16小时以上，有的24小时营业，终年无休日；⑥以开架自选为主，统一结算。

（二）便利店的产生与发展

美国得克萨斯州的南大陆制冰公司于1927年首创了便利店原型，1946年，南大陆公司创立了“7-Eleven”便利店，其营业时间为早上7点至晚上11点，这被认为是世界上第一家真正意义上的便利店。1974年，日本伊藤洋华堂将“7-Eleven”便利店引入日本，并开始实行24小时全天候营业。此后，便利店作为一种独特的商业形态，得到了飞速发展，其便利性的特点也被发挥到极致。随着运输业的迅速发展，石油巨头的介入，在欧美地区，以加油站便利店为典型特征的零售店铺显示出了强大的生命力。

（三）中国便利店的发展

中国便利店在近代已有两种模式，一种叫作“烟杂店”，大多为乡邻服务，通常是开设在街头巷口的小型烟酒杂货店；另一种叫作“仕多店”，其名字来自英文的“store”，是一种以包装食品为主的开架自助式的商店。

我国传统便利店早于超市大规模发展之前就已经出现，之后，随着外资便利店进入中国，便利店通过吸收先进的技术和凭借资本的注入，不断得到壮大和发展。大体上，我国便利店经历了以下四个阶段。

1. 本土品牌初创阶段（2001年以前）

1993年，上海的“百式便利”出现，这种小而全、经济又实用的便利店受到消费者的欢迎之后，相继又出现了“可的”“联华快客”“良友”“85818”[①]等便利店。发展初期，超市与便利店除了在营业面积和经营品种上有多少的区别以外，两者没有太显著的差异。

2. 外资便利店进入阶段（2001~2007年）

随着7-Eleven、罗森等外资便利店进入中国，以及2001年以来本土其他新竞争者的加入，给中国便利店的国际化发展打开了一个窗口，便利店的经营水平有了新的发展，也出现了一些新的形式，但也进一步加剧了便利店之间的竞争。

3. 竞争加剧阶段（2008~2015年）

为了提供更便利的服务，便利店纷纷加大了门店扩张的步伐。根据中国零售

---

① “85818”店名于2005年春节前改名为“光明”，隶属于光明乳业集团。

经营协会发布的《中国便利店发展报告（2014）》，2008 年，我国连锁便利店门店数为 13567 个；到 2014 年，门店数达到 26345 个，增加 94.2%，六年间增长近 1 倍。但由于便利店在时间与空间、商品和服务等方面提供了更多“便利”，这导致日常运营成本的增加，与此同时，网上购物的兴起对于实体店铺的影响，使得便利店的发展受到了不小的冲击。

4. 行业调整阶段（2016 年至今）

这一阶段便利店的特征表现为：一方面，资本加快渗透进入便利店行业；另一方面，便利店“便民”服务的特质更为突出，越来越多的社区型便利店开设。由于消费者进入便利店购物往往目的性比较明确，因而其成交转化率会更高。2020 年，我国便利店销售额为 2716 亿元，虽然受到新冠疫情影响，但同比仍达到 6% 的增速。从销售额增速看，2016 年，便利店的销售额为 1543 亿元，2016 ~ 2020 年五年间，其销售额增速从 31% 一路下滑到 6%；从单店年均销售额看，2020 年，便利店年均单店销售额为 153.4 万元，同比下降 21%，首次负增长，这也表明，受新冠疫情影响，投资回报率下降[①]。

四、仓储式会员店

仓储式连锁店的概念是 20 世纪 70 年代由价格俱乐部（Price Club）的创始人 S. 普莱斯（Soloman Price）提出的，普莱斯希望通过建立一个购物俱乐部，将零散会员的购买力聚集起来，然后从生产厂家直接大批量订货，这样不仅可以从厂家获得更多的价格折扣，而且也省去中间分销商的附加成本，同时还可以给会员的零售价格降到最低水平。

（一）仓储式会员店的内涵

1. 仓储式会员店的定义

仓储式会员店（warehouse club）通常是指以会员制为基础，采取自选方式销售，实行储销一体、批零兼营，以提供有限服务和低价格商品为主要特征的零售业态。

2. 仓储式会员店的特征

依据国家标准《零售业态分类》（GB/T 18106—2004），仓储式会员店的特征包括：①仓储式会员店一般选址于城乡接合部、交通要道，辐射半径 5 公里以

① 前瞻经济学人．2021 年中国便利店行业销售额与渗透率分析　行业规模增速放缓［组图］［EB/OL］.［2021-05-30］. https://www.qianzhan.com/analyst/detail/220/210528-8abda3a3.html.

上；②实行会员制，目标顾客以中小企业、集团购买和流动顾客为主；③营业面积大，一般为10000平方米以上，设有相当于经营面积的停车场；④商品主要以食品、家庭用品、体育用品、服装面料、文具、家用电器、汽车用品、室内用品等为主；⑤自有品牌占相当部分，商品在4000种左右，实行低价、批量销售；⑥商场装修简朴，采取仓库式陈列，开展自选式的销售。

（二）仓储式会员店的产生与发展

1968年，仓储式会员店起源于荷兰，最具代表性的是万客隆货仓式商店，这种货仓式商场一般位于城乡接合部，装修简单，开架售货，以经营实用性商品为主，批发零售自选相结合，营业面积可达2万平方米，并设有大型停车场。之后，万客隆的业务逐渐向欧洲和亚洲拓展。1976年，美国人S. 普莱斯开办了价格俱乐部（Price Club），通过直接向生产厂家大批量订货，省去了中间分销商的层层附加成本。仓储式商场销售的商品品种保持在3000种左右，却是当地市场上最畅销的商品，其毛利率仅为8%～10%①。这种仓储会员制、大规模连锁、精选商品、低毛利销售的形式出现以后，在北美地区备受欢迎，成为一种新型的商业形式。

（三）中国仓储式会员店的发展阶段

我国仓储式会员店的发展相对比较晚，在借鉴国外仓储式经营方式先进经验的基础上，同时结合本国国情，逐步摸索出一条具有中国特色的仓储式商店的经营模式。目前，在中国，仓储式会员店有两种类型：一是以山姆会员店、Costco为主的老牌外资企业，它们已进入规模化发展的阶段；二是以盒马X会员店、永辉仓储店、Fudi仓储会员店为代表的本土新势力。我国仓储式会员店的发展大体上有以下三个阶段。

1. 外资起步阶段（1996～2011年）

1996年，美国的山姆会员店首店在深圳福田开业，这是国内第一家真正意义上的仓储式会员店；同年，德国的麦德龙开始进入中国，实行现购自运。与此同时，零售业第二大巨头法国的家乐福则以大型超市的运营模式进入中国。21世纪以来的前十年，由于大卖场具有不需要付费会员、购物环境宽敞、商品种类多、性价比高等特点，而广受消费者的欢迎。对于我国逐步开放的零售市场，大型卖场的出现，无疑是给市场注入了新鲜的血液。至2012年，仓储式会员店已

① 知乎. 仓储式超市会成为社区团购的下一站吗？［EB/OL］.［2021－07－25］. https://www.zhihu.com/zvideo/1402615867524296704.

渐显颓势，而本土仓储会员店仍处于起步阶段[①]。

2. 萎缩放缓阶段（2012～2018年）

随着互联网平台的发展，网上购物如火如荼，2012年网络销售额增幅达到80%。早年通过“超国民待遇”进入中国的外资仓储会员店、大型超市此时陷入了关店潮，它们一方面缩减市场规模，另一方面开始积极拥抱互联网。到2018年，沃尔玛、家乐福加入腾讯系，欧尚、大润发牵手阿里系，他们将融入互联网巨头的新零售版图，开始新的征程。

3. 稳定成长阶段（2019年至今）

2019年8月，Costco在中国首店于上海闵行区开业，随后，其加速在全国的布局。由于仓储会员店具有低毛利率、高性价比等优势在市场竞争中逐渐凸显，我国仓储式会员店加快了成长步伐，本土企业发展尤其迅速。2021年，山姆新开门店36家，Costco新开店2家，家乐福新开3家店，麦德龙Plus则新开20家，盒马X会员店在北京等地开店6家，Fudi会员店新开2家店，而永辉仓储店火力全开，连开55家；与此同时，北京华联会员店、家家悦仓储店和北国仓储店也分别在二线城市各开1家[②]。尽管仓储会员店这一零售业态热度不减，但随着扩张的迅速，未来它也将要面临新的挑战。

五、专业店

零售业的早期交易活动大多在集市上进行，集市的商人从事的商品经营，或是食品或是手工业品等，这些都为专业商店的产生奠定了基础，换句话说，从事专业商品经营的商人造就了专业店。美国营销学专家玛丽·K. 克劳伦斯认为，专业店是专门经营一类商品或几种互有关联商品的商店。这种商店经营的商品范围很窄，可以仅经营一类商品，如鞋类、面包类、器皿类等，也可以经营若干相互关联种类的商品，如文具店、书店、服装店、食品店等。

（一）专业店的内涵

1. 专业店的定义

专业店（specialty store）通常是指经营某一大类商品为主的，并且具备有丰富专业知识的销售人员和适当的售后服务，满足消费者对某大类商品的选择需求

---

① 东方财富网．仓储式会员店对比：中产乐园，还是年货胜地？［EB/OL］．［2024-02-07］．https：//finance. eastmoney. com/a/202402072985045713. html.

② 36kr. 仓储会员店混战，Costco坐不住了［EB/OL］．［2021-07-16］．https：//36kr. com/p/1312250492928518？ivk_sa=1024320u.

的零售业态。

2. 专业店的特征

依据国家标准《零售业态分类》（GB/T 18106—2004），专业店的特征包括：①专业店的选址多样化，多数设在繁华商业区、商店街或百货店、购物中心内；②营业面积根据主营商品特点而定；③商品结构体现专业性、深度性、品种丰富，选择余地大，主营商品占经营商品的90%；④经营的商品、品牌具有自己的特色；⑤采取定价销售和开架面售；⑥从业人员需具备丰富的专业知识。

（二）专业店产生与发展

早期集市在古代罗马、希腊和中国都存在，在中国唐朝长安城内，已经出现了骡马市、木头市和案板街，这些街名一直沿用至今。到了宋朝的汴梁城已出现了大量的店铺，11 世纪，伴随着城市的诞生和复兴，西方许多国家产生了店铺。城市里集中了新兴的工业及大批手工工匠，专业商店产生。从专业店演变发展情况看，大体经历了三个阶段。

1. 产生阶段（19 世纪以前）

当专门从事店铺经营商人出现后，专业商店便独立化，它的出现是行商向坐商转变的结果。在古代中国，沿着丝绸之路，长途运输的商人出现，而专业店源于唐朝的手工业。11 世纪，随着城市的兴起，西欧的一些行商开始定居于城市，开设店铺，并加入城市行会。到 17 世纪，店铺蓬勃发展，如出现了按斤两出售的食品店、按尺寸出售的绸布店。

2. 分化阶段（19 世纪～20 世纪末期）

19 世纪上半期是西方专业商店发展最为迅速的阶段，但以小店铺为主。随着工业化的发展，人们的生活方式发生了改变，休闲阶层的产生，开始追求享乐生活，而且掀起了一股消费潮流，使得专业商店发生了分化。一部分成为满足人们日常生活需要的专业店，另一部分成为满足人们新潮消费的精品店，像化妆品香水店、珠宝首饰店、服装店等，这种专业商店常常汇集各种名牌产品，品质优良，价格比较高昂。尤其第二次世界大战以后，专业商店更倾向高档化方向发展。20 世纪 70 年代以后，大型百货商店中的部分商品部门逐步分离出来，如电器部、家具部等，它们成为独立的专业商店，并且得到快速发展，有的甚至后来在零售行业排名中位居前列。

3. “再专业化”阶段（21 世纪以来）

21 世纪末以来，随着消费者低龄化和潮流化的发展，其需求更加时尚化和多元化，专业店逐步改变原来传统的经营模式，不断进行创新，实施多元化发展战略，如与 IP 联名、跨界合作等。这个阶段的专业店更加强“专业化”的本质，原先单一种类的商品不仅越做越深，而且商品类别不断延伸，逐步向全品类方向发展。

六、购物中心

早期的购物中心起源于美国，英文为“Shopping Mall”（译为销品茂），并对欧洲、大洋洲和亚洲的国家产生了显著的影响，到如今，购物中心的发展已有 100 多年的历史。鉴于不同国家的社会发展和经济水平不同，购物中心的发展模式既有共通的方面，又有着自身的特点。

（一）购物中心的内涵

1. 购物中心的定义

购物中心（Shopping Mall）通常是指由多种零售店铺、服务设施集中在一个建筑物内或一个区域内，向消费者提供综合性服务的商业集合体。这种商业集合体内通常包含数十个甚至数百个服务场所，业态涵盖大型综合超市、专业店、专卖店、饮食店、杂品店以及娱乐健身休闲场所等。

2. 其他国家对购物中心的定义

根据美国购物中心协会对购物中心的定义，购物中心是由开发商规划、建设、统一管理的商业设施，有大型的主力店、多元化商品街和宽广的停车场，能满足消费者购买需求与日常活动的商业场所。

根据日本购物中心协会对购物中心的定义，购物中心是由一个单位有计划地开发、所有、管理运营的商业和各种服务设施的集合体，并备有停车场，按其选址、规模、结构，具有选择多样化、方便性和娱乐性等特征，并作为适应消费需要的社交场所，发挥着一部分城市功能。

3. 购物中心的特征

依据国家标准《零售业态分类》（GB/T 18106—2004），购物中心的特征包括：①购物中心的策划、建立、经营都在统一的组织体系下运作；②适应管理的需要，产权要求统一，不可分割；③尊重顾客的选择权，为顾客提供一次满足购物的服务；④拥有足够数量的相邻而又方便的停车场；⑤拥有良好的购物环境，对客户健康无损害，提供娱乐、休闲等特色综合服务；⑥统一的商业形象，以统一经营政策进行营运；⑦有创造新商圈或更新地区的贡献。

（二）购物中心的分类

根据美国的分类方式及标准，购物中心分为邻里型、社区型、区域型、超区域型、主题型、时装精品型、大型量贩型、工厂直销型八种。

根据我国国家标准对购物中心的分类，购物中心分为社区型购物中心、市区型购物中心、城郊型购物中心三类。

（三）购物中心的产生与发展

早期对于购物中心的探索和实践主要集中在美国、英国和澳大利亚，特别是美国，它是发展购物中心的先驱。

1. 早期探索阶段（19 世纪～20 世纪 30 年代末期）

19 世纪，美国购物中心开始拉开序幕，在早期探索过程中，具有代表性的有 1827 年西鲁斯·巴特勒在罗得岛普罗维登斯建造的三层封闭购物廊，以及 1907 年爱德华·H. 博尔顿在巴尔的摩建造的罗兰帕克中心。1931 年建成的达拉斯海兰帕克中心具有使用不被公共街道分割的整块土地、拥有众多个体商店、统一商店形象等特征①。20 世纪 30 年代，购物中心在设计、开发和运营方面取得了显著的进步，商店围绕小汽车布置，或者商店被小汽车包围形成较为固定的平面布局方式，并且向郊区交通枢纽扩散，迎合了新的区位选择。

2. 蓬勃发展阶段（20 世纪 40 年代～20 世纪 70 年代末期）

20 世纪 40 年代末期～20 世纪 70 年代是购物中心蓬勃发展的时期，美国大型郊区购物中心迅速崛起，郊区大面积的廉价土地为购物中心提供了建设条件，欧洲城市的购物中心建设方兴未艾，日本的购物中心也在积极建设当中，同时，美国出现了巨型购物中心。

3. 多样化成熟阶段（20 世纪 80 年代至今）

20 世纪 80 年代以来，购物中心建设进入了一个新高潮，购物中心的改造和更新成为主要的工作，以购物中心模式改造旧城商业区也得到了重视。这一阶段，购物中心类型趋于多样化，并针对人口、区位、市场的变化推动新的模式出现。

我国购物中心始于 20 世纪 80 年代末期，最初的建立通过升级传统百货商店进行购物中心的最初探索；20 世纪 90 年代中期，商业地产资本市场的逐步形成，使得购物中心进入发展的黄金时期；21 世纪初，随着城镇化进程的加快，零售

① 道客巴巴．MALL 商业设计概要［EB/OL］．［2014－12－27］．https：//www.doc88.com/p－9012691505941.html.

业和房地产业交融发展，购物中心越来越成为各地发展的重点，尤其是房地产业在全国的火爆，更是对购物中心的发展起到了至关重要的拉动作用。

第三节　零售业未来的发展趋势

伴随着数字经济的到来和移动互联网的普及，技术创新推动了零售业的发展；同时，受新冠疫情常态化的影响，零售业着力聚焦“人货场”的新变化。业态创新层出不穷，但零售业的发展也受到多方面因素的影响。一方面，我国综合国力增强，文化自信提升，智慧零售对“人货场”结构的重塑；另一方面，近年来，受新冠疫情影响，以及我国人口结构的变化现状，零售业既面临着机遇，又要应对挑战，零售企业需要迎难而上，不断谋求创新。零售企业不再是纯粹的商品售卖者，而将成为整合资源、打造零售生态、实现多方共赢的市场组织者。

未来，零售业的发展趋势将会呈现出 8 个方面的特点。

一、建立线上线下融合新格局

实体零售与网络电商正逐步从独立、对抗走向融合、协作，深度融合是优势互补、实现共赢的发展方向。零售行业终将发展成面向线上线下全客群，提供全渠道、全品类、全时段、全体验的新型零售模式。

二、协同发展跨界复合业态

新零售时代，通过各种传统零售业态元素的重组搭配，为了给予人们新鲜的消费体验，零售企业将围绕多样化、个性化的消费需求展开。百货店、超市从原先以购物为主体转变为购物与餐饮相结合，自提、堂食与外卖相结合；购物中心逐渐转型为体验中心，为消费者提供全方位一站式的服务体验。商业综合体将聚合教育、亲子、医疗、健身、旅游、商务等更加多样的服务业态。

三、加快布局社区零售业

随着网购红利的减弱，场地租金积极攀升，中小型店铺成为中国实体零售竞相发展的方向，社区便利店、生鲜超市、社区购物中心等社区商业成为零售企业寻求转型升级的趋势，这种服务于社区的零售业态更符合新形势下消费市场的客观需求。商务部要求，到 2025 年，建设一批布局合理、业态齐全、功能完善、智慧便捷、规范有序、服务优质、商居和谐的城市便民生活圈。

四、创新社群化场景化零售模式

随着科技的发展、生产力的提升，商品在材质、功能上的差距已经不太明显，服务将是零售企业关注和投入的重点，以满足人们对美好生活、品质生活的需求，而以人为本的社群化场景化将成为零售企业相互竞争的领域。在三四线及以下地区，消费者是网络零售较少关照到的群体，社群电商进入此类城市满足了其价格敏感、消费升级的需求，销售额持续增长，其中，高性价比的国产品牌受到了广泛欢迎，提高了消费者的生活品质。

五、仓配模式赋能社区商业

仓库配模式，有的是线上引流、线下库存，有的是线下引流，线上线下同步，通过商品存储、简单加工、分拣和发货，同时完成线下门店的补货和线上订单的发货，真正实现“人货场”的合理配置。当前，仓配模式正强势入局社区商业，近几年发展的仓配模式，包括社区自提模式、前置仓模式、店仓一体模式等。

六、打造高效数字化供应链体系

传统零售企业对于供应链的控制能力比较弱，信息传导响应不及时，导致企业成本高、周转率低等问题不断加剧。未来，供应链将实现全链条数字化，通过数据分析，掌握消费需求，以需定产，柔性制造，深耕上游供应链，保障企业的战略精准实施，最终实现零售升级。

七、乡村振兴助力县域及乡村消费升级

零售业已经开始助力乡镇和农村消费场景升级。在新的市场竞争环境下，“小镇青年”成为率先接受转型的主导力量，新的零售场景为县镇用户的消费升级提供了前提。《关于支持实施县域商业建设行动的通知》提出，到 2025 年，在具备条件的地区，基本实现县县有综合商贸服务中心和物流配送中心、乡镇有商贸中心、村村通快递，促进农民收入和农村消费双提升。在此目标下，我国县域商业体系将实现较快发展。在从脱贫攻坚到乡村振兴的过程中，农村居民的收入

和消费将实现较快增长，相应的商业基础设施也将加快完善。县域商业体系是推动新型城镇化、加快县域内城乡融合发展的重要载体。

八、构建绿色低碳、健康安全的消费市场

在“双碳”目标下，社会将倡导简约适度、绿色低碳的生活方式，人们越来越推崇低碳、健康、品质、安全的消费理念，零售业也将在产品设计、商品包装、门店装修、物流运输等环节更加注重践行绿色低碳理念，走生态优先、绿色低碳的高质量发展道路。

【本章小结】

零售业态是零售业店铺、面积及零售方式的统称，是零售企业为满足不同消费需求进行相应要素组合而形成的不同经营形态。零售业态由多种要素包括目标市场、选址策略、店铺环境、商品结构、价格策略、销售方式、服务功能等组合构成。零售业从传统走向现代，从线下走向线上线下相结合，无论其形式有多么精彩纷呈、内容有多么丰富多彩，其零售业态的构成都离不开各种要素的组合，甚或在同一企业下，都会表现出不同形式的零售业态。

零售贸易发展史上，相继出现了四次有影响力的零售革命，分别是：世界上第一家百货商店于 1852 年在法国诞生；首家直营连锁商店美国大西洋和太平洋茶叶公司于 1859 年成立；20 世纪 30 年代经济危机之后，第一家超级市场率先在美国出现；20 世纪 60 年代发展起来的无店铺销售逐渐成为流行。

百货商店是指经营包括服装、鞋帽、首饰、化妆品、装饰品、家电、家庭用品等众多种类商品的大型零售商店。从全球角度看，传统百货商店正从成熟期走向衰退期，中国百货店经过一个多世纪的风风雨雨，曾经有过辉煌，信息化时代下，百货店需要不断地变革图新，适应激烈的市场竞争。

超级市场是指实行自助服务和集中式一次性付款的销售方式，以销售包装食品、生鲜食品和日常生活用品为主，满足消费者日常生活必需品需求的零售业态，普遍实行连锁经营的方式。超级市场独有的特征使其产生不久就成为市场的主导，赢得消费者的广泛青睐。互联网时代，超级市场正主动谋求转型升级，适应市场需求。

便利店是指一种以自选销售为主，销售小容量应急性的食品、日常生活用品，并且提供商品性服务，以满足顾客便利性需求为主要目的零售业态。便利店由于其“便民”服务的特质广受人们欢迎，随着行业竞争加剧，消费升级，社区型便利店越来越普及。

仓储会员店是指以会员制为基础，采取自选方式销售，实行储销一体、批零

兼营，以提供有限服务和低价格商品为主要特征的零售业态。仓储会员店发展至今，由于其高性价比，占据一定的市场，且在零售创新模式层出不穷的当下，其规模不断在扩大，市场份额有增无减，而中国仓储会员店更带有本土特色，后来者居上，显示出强大的生命力。

专业店是指以经营某一大类商品为主的，并且具备丰富专业知识的销售人员和适当的售后服务，满足消费者对某大类商品选择需求的零售业态。专业店因为其“专业化”的本质，一直是市场关注的行业，由原先单一种类的商品经营，不断进行创新，实施多元化发展战略，不仅商品品类越做越深，而且商品类别也在不断延伸，逐步向全品类方向发展。

购物中心是指由多种零售店铺、服务设施集中在一个建筑物内或一个区域内，向消费者提供综合性服务的商业集合体。在中国，随着城镇化进程的加快，以及零售业和房地产业交融性的发展，购物中心越来越成为各地发展的重点。

伴随着数字经济的到来，技术创新推动了零售业的发展；同时，新冠疫情的常态化使得零售业着力聚焦“人货场”的新变化。未来，零售业的发展趋势将会呈现以下几个方面：建立线上线下融合新格局、协同发展跨界复合业态、加快布局社区零售业、创新社群化场景化零售模式、仓配模式赋能社区商业、打造高效数字化供应链体系、乡村振兴助力县域及乡村消费升级、构建绿色低碳健康安全的消费市场等。

【思考题】

1. 什么是零售业态？零售业态具备哪些核心要素？

2. 百货店、超级市场、便利店、仓储式会员店、专业店及购物中心等零售业态的内涵，它们在要素组合上分别有哪些差异？

3. 结合当前零售业发展的实际，举例分析数字化背景下新零售发展特征。

【延伸阅读】

［1］顾国建．零售业：发展热点思辨［M］．北京：中国商业出版社，1997.

［2］李玉霞，庄贵军，卢亭宇．传统零售企业从单渠道转型为全渠道的路径和机理——基于永辉超市的纵向案例研究［J］．北京工商大学学报（社会科学版），2021（1）.

［3］梅小西．什么才是“盒马鲜生模式”的终极使命？［EB/OL］．［2018－06－24］．https：//www. sohu. com/a/238298859_464103.

［4］［日］兼村荣哲．关于零售商业的产生、发展理论假说的再思考［J］．早稻田大学大学院商学研究科纪要，1993（36）：141－145.

［5］［日］铃木安昭．零售形态的多样化［J］．消费与流通，1980（2）：61－66.

［6］［日］向山雅夫．零售商业形态发展的分析框架［J］．武藏大学论集，1986（2）：19.

［7］上海档案馆．近代中国百货业先驱［M］．上海：上海书店出版社，2010.

［8］汪旭晖，陈佳琪．流通业助推制造业转型升级战略与作用机制：一个多案例研究［J］．中国软科学，2021（2）.

［9］肖怡．零售学（第五版）［M］．北京：高等教育出版社，2023.

［10］谢莉娟，庄逸群．互联网和数字化情境中的零售新机制——马克思流通理论启示与案例分析［J］．财贸经济，2019（3）.

［11］杨德宏，涂瀚文．线上线下一体化，零售业付费会员制进化论［EB/OL］．［2021－11－05］．https：//www. cgcc. org. cn/hyfz/1/51469. html.

［12］杨坚争，齐鹏程，王婷婷．“新零售”背景下我国传统零售企业转型升级研究［J］．当代经济管理，2018（9）.

【精彩案例】

宜家的经营法则

1943 年，17 岁的英格瓦·坎普拉德（Ingvar Kamprad）创立了宜家（IKEA），出售以钢笔、钱包和相框等为主的日用品，通过低于市价的产品售价来满足消费者的需求。1947 年，坎普拉德开始和住处附近的家具制造商合作，宜家成为家具销售企业，反响十分热烈。1958 年，第一家 IKEA 在瑞典开业，6700 平方米的店面使它成为当时北欧国家中尺寸最大的家居展示店。

经过多年的努力，宜家逐渐建立起其独有的商业模式，同时，它也开始将触角向海外延伸。据统计，截至 2017 年，宜家在全球 29 个国家或地区拥有 356 个商场；2022 年，宜家位列《财富 500 强》榜单第 287 位。宜家的发展和海外扩张大体经历了三个阶段。第一阶段：建立阶段（1943～1972 年），20 世纪 60 年代，宜家概念开始成形，丹麦、瑞士、奥地利、澳大利亚、荷兰等地的商场建立。第二阶段：扩张阶段（1974～1996 年），宜家迅速扩展到美国、意大利、法国和英国等市场，开始初具今日现代宜家的雏形。20 世纪 90 年代，儿童部被引入，关注点被放在家居用品的解决方案上。第三阶段：稳定发展阶段（1997 年至今），1998 年，中国大陆第一家宜家在上海开业。21 世纪以来，宜家进一步扩大其市场，包括日本、俄罗斯、韩国、印度等，同时也开始就社会与环境项目与其他机构合作。

宜家在多年的发展过程中，逐渐探索出自身独有的特色和优势。宜家的目标顾客群体在20～45岁，目标消费者既有高标准的消费需求，又追求家居消费的性价比，宜家产品的设计与生产兼顾了消费者需求中的矛盾。

（一）宜家的产品——为消费者提供高性价比的家居产品

宜家通过优化整个价值链，与供应商建立长期合作关系，投资高度自动化和大规模生产等方式，在保证质量的前提下控制成本，提供种类繁多、美观实用、普通大众买得起的产品。宜家出售的产品全部由宜家公司独立设计，作为一家北欧公司，其产品秉承“简约、自然、清新”的独特风格。宜家种类过万的产品各有独一无二的名字，这些名字依照其用途包括北欧地名、动植物名、人名等，赋予宜家产品别致的文化氛围。

（二）宜家的营销——以客户体验为先

宜家注重顾客在选购家居产品时的真实体验，以一种与顾客平等的姿态销售其产品，形成良好的互动关系。首先，宜家展厅的布置依照住宅内实景，营造出家庭生活的氛围，鼓励顾客亲自试用，有助于顾客挑选出最符合自身需求的产品。其次，宜家购物路线规划有序，顾客选购的整个过程中不会有导购员推销，避免了情境因素引起的非理性消费，创造令人满意的体验，增强客户黏性。最后，宜家设置了舒适的餐厅区域，将顾客的购物需求、游览需求和用餐需求结合起来，打造了一个适合周末前往的“景点”，有效增强了购物体验。

（三）宜家的核心壁垒——打造超强供应链体系

对于一项宜家决定开发的产品，定价是优先于全部设计和生产流程的。在宜家的生产逻辑中，限定的价格一方面保证了产品明确的定位，另一方面能够倒逼生产流程的优化。作为规模巨大的家具厂商，宜家在全球有超过一千家供应商，其生产供应是全球化的，这要求宜家建立完善的全球生产管理体系。为了做到成本和质量的兼顾，宜家保证拥有全部产品专利权，从而实现成本在全球范围内的最小化。宜家采取全球化的采购模式，设立了17个采购区域，其中有3个在中国大陆地区，分别为华南区、华中区和华北区。拥有覆盖全球的销售网络，宜家的物流制度注重效率与节约两个方面。宜家的配送中心分布于世界各地，在信息化基础上进行货物的科学调配，提高运输效率。宜家向世界各地的供应商发出订单之后，“平板包装”产品由物流公司运送到中央仓库，然后经由配送中心有序地发派到各门店，最终由顾客自行装运、组装，IT技术支持下的物流链运转顺畅。

宜家的商业模式本质上体现了“渠道去中介化、厂商中心化”。作为典型的中心化厂商，宜家依靠自身强大的设计、采购、仓储、物流能力消除掉原有“模块化家具组件厂商—消费者”之间的层层代理，直接充当唯一的代理商。宜家之所以能以低价策略成功抢占市场，主要原因在于宜家将原层层代理占有的附加值部分让与消费者，通过产品、供应链的综合优势最终保障了渠道竞争中的优势地位。

宜家长期专注于线下市场，关注线下消费场景，聚焦于客户购物体验。2016年底，英特宜家系统（Inter IKEA System）以52亿欧元的价格购买了宜家集团的主要子公司，接管了宜家全部产品开发和供应链管理的职能，这是宜家内部的重大变革，宜家开始着力于对电商业务进行扩张，通过调整策略来满足顾客“线上下单、线下取货”的需求。2018年，宜家中国区网上商城正式上线，覆盖全国149个城市。宜家通过渠道建设、产品设计和生产、全球供应链整合三方面的优势积累，不断提升自身在消费者中的口碑和在全球家居行业中的地位，成为全球家居行业的典范。

资料来源：物流沙龙．从渠道、产品、供应链，看宜家的成功之路！［EB/OL］．［2019－07－03］．https：//mp. weixin. qq. com/s/30ivOedgOj4vhl05cJ0HGQ.

讨论题：

宜家作为家居专业店，它有哪些核心要素？请谈谈宜家的竞争力优势。

第三章

零售机构演化理论

【学习目标】

通过学习零售业理论假说及其演变规律，掌握零售轮转理论假说、零售机构生命周期理论假说、“手风琴”理论假说、真空地带理论假说、新零售之轮理论假说、辩证发展过程理论假说及自然选择理论假说等的基本内容及现实应用，辨别不同理论假说的假设前提，学会分析和评价零售理论假说。

【重难点】

1. 掌握零售轮转理论假说、零售机构生命周期理论假说、“手风琴”理论假说、真空地带理论假说的基本内容；学习并熟悉新零售之轮理论假说、辩证发展过程理论假说及自然选择理论假说的基本内容。

2. 掌握零售轮转理论假说、零售机构生命周期理论假说、“手风琴”理论假说、真空地带理论假说等的相关理论前提及理论评述。

3. 运用零售轮转理论假说、零售机构生命周期理论假说、“手风琴”理论假说、真空地带理论假说等理论进行现实解释。

4. 辨析不同理论假说的假设前提及局限性。

5. 结合实际，选择恰当的理论假说分析当前零售业的现状和发展趋势。

【案例导入】

王府井百货股份有限公司前身是享誉中外的新中国第一店——北京市百货大楼，成立于1955年。经过60多年的努力，王府井解决了跨区域发展和百货业态连锁经营的问题，发展为全国性的知名百货公司。截至2017年，王府井拥有53家门店，涉及全国29个城市，形成了处于不同发展阶段的门店梯次，业务涵盖了百货、购物中心、奥特莱斯等多种零售业态组合。然而，在零售业不断变迁更迭的大背景下，王府井也不可避免地受到冲击，2014~2015年营收下降，呈负增长。从经营角度上看，王府井经营理念滞后于消费者变化，缺乏对消费的深刻研究；核心经营能力弱化，同质化现象严重，服务水平难以提升；产品和消费定位过高，一味地追求大品牌、高定位，单纯消费依赖明显；营销策略手段单一，互动体验差，对互联网的认知有所滞后。2013 年，王府井立足实体零售进行战略转型，着手构建互联网条件下的新商业模式。一是推行全渠道发展，拓展线上经营。王府井通过自媒体、网上服务平台等，搭建网络化客服体系和营销体系，依托网上商城全面拓展互联网新渠道，确立 O2O 战略；搭建实体店与线上平台联动的销售网络和服务体系，为其实体门店导入客流。二是对市场进行精准定位和分级，建立自有品牌。王府井调整营销策略，加强消费受众分析，由最初追求高奢品牌转向根据不同消费人群定位产品档位，由原先依赖单纯消费逐步转向引导中产阶级群体消费；全力打造自有品牌，加强自身竞争优势，王府井的第一款自主品牌 FIRSTWERT 于 2014 年在北京开柜上线。三是实施多业态发展战略，实行“去百货化”。从 2013 年开始，王府井重点推行购物中心和奥特莱斯业态的发展，王府井收购中国春天百货集团，发展奥特莱斯业务，成立购物中心管理公司与商业物业地产公司，与京东合作发展金融服务业务。

不难发现，面对瞬息万变的市场，王府井通过内部革新与转型，不断寻求突破和发展，持续坚持连锁化经营、多元化战略，综合竞争实力不断增强。王府井也由原先的单一百货店发展成为多业态经营、线上线下相结合的全渠道模式。那么，零售业未来又将如何发展？零售理论假说的相关内容将给予解答。本章的学习以时间为叙事线，以事实假设为前提，从零售实践的角度出发，总结出零售业变迁的一般规律，从而形成较为完备的零售理论假说，据此我们可以解释不同时期零售业发展的状态，并展望零售业未来的发展趋势。

资料来源：大公国际．零售企业转型——以王府井集团股份有限公司为例[EB/OL]．[2017-10-19]．https://mp.weixin.qq.com/s/_D45eC5fLvEXvFuVMvQ4g.

思考：王府井百货在不同发展阶段是如何进行战略与业务调整的？为什么要进行不断的改革与转型？

现代零售业以法国第一家百货店的诞生为标志，从此开始了“业态”的发展，如今已有 150 多年的历史。在零售业发展史上，乡村杂货店作为最早期商业的主要形式，满足了人们较低层次的生活需求，提供了人民最基本的日用生活必需品，但它却有着根深蒂固的地缘性和血缘性特征，在很大程度上满足了当时人民的基本生活需求。随着工业革命的到来，一方面，交通运输的便利与海外贸易的扩张，带来了产品品种的丰富；另一方面，市场需求的多样化与产业工人的增加，推动了城市化的进程。美国在经历了社会经济结构改变的巨大变革之后，其零售业从最初简单的杂货店和批零兼营的商人发展成包括百货商店、超级市场、方便店、廉价商店及邮购商店等迭代并存的多种业态形式。

在零售理论发展中，有关零售组织和零售业态的演进、变迁理论是西方零售学发展最早也较为完善的理论之一，并且形成了不同的理论流派，如周期流派、环境流派、需求流派、冲突流派以及技术流派等，尽管如此，这些理论仍然在分类上有重叠和交叉的部分。本书按照历史发展的一般规律，结合现代零售学发展的基本特征，将零售组织变迁理论归纳为零售轮转理论、零售机构生命周期理论、“手风琴”理论、真空地带理论、新零售之轮理论、自然选择理论和辩证发展过程理论。

第一节　零售轮转理论假说

零售轮转理论（wheel of retailing hypothesis）是由零售理论研究之父——美国哈佛商学院 M. 麦克尔（Malcolm P. McNair）教授于 1958 年提出的理论，它是早期零售业态演变中最具影响的理论，也是最为人们所熟知的解释零售业组织机构演变的理论，被认为是对零售机构变革最权威的理论解释①。

一、零售轮转理论内容

零售轮转理论又被称为零售之轮理论，该理论认为零售组织的变革就像一个旋转的车轮一样，有着周期性的发展趋势。最初创新的零售组织总是以低成本、低价格、低毛利为特征进入市场，从而取得渗透策略的竞争优势。当取得成功时，必然会引起竞争者的效仿，激烈的竞争又促使其不得不采取价格以外的竞争策略，诸如运用提高商品的档次、增加服务、改善店内环境等策略来区别于竞争对手，这势必增加费用支出，使之转化为高成本、高价格、高毛利的零售组织。与此同时，又会有另一个新的创新者的进入，也就是新一轮的开始。

二、零售轮转理论的假设前提

从零售机构的角度看，零售轮转理论研究的主线是考量在不断出现的新型零售组织下价格与投资收益的关系，当在利润动机的驱使下，后来的革新者会以比前者更低成本、更低价格的方式进入市场，甚至会通过引进新技术，采用先进的管理，来降低流通成本，这是该理论的假设前提之一。随着新的零售组织的出现，并沿轮转攀升，通常能带来销售的增长、市场的扩张，以及良好的零售组织

① McNair MP. Significant Trends and Developments in the Postwar Period [M]. Competitive Distribution in a Free, High-level Economy and Its Implications for the University, 1958.

形象，这是该理论的第二个假设前提。从消费者的角度看，该理论的第三个假设前提是市场上众多的价格敏感型顾客，他们关注的焦点是商品价格，对于商家提供的优良的环境设施和服务项目，他们不感兴趣，低价位往往是他们选择商品的唯一理由，因此，他们的忠诚度通常为零。

三、零售轮转理论的现实解释及评价

（一）零售轮转理论的现实解释

零售轮转理论之所以有普遍适用性，在于其可以很好地解释新的零售组织形式是如何进入市场，又如何向旧的组织形式挑战的。早期从乡村诞生的日杂店到20世纪30年代在美国城郊开始兴起的超级市场，以及后来出现的廉价店、折扣商店、目录展示室和仓储会员店等都是沿着这一规律发展起来的。零售轮转理论解释了当初都以低毛利、低价格作为进入市场的手段，之后随着成长，逐步扩充各种商品组合、服务项目内容作为竞争手段，同时也必然提高了价格的过程。也就是由价格诉求转为商品组合诉求，然后再转为服务内容诉求的反复运作的过程（见图3－1）。

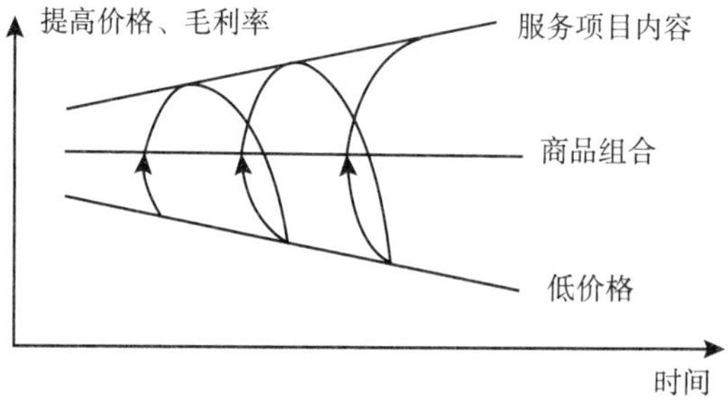

图3－1 零售业态的循环规律

（二）零售轮转理论评价

从现实的零售业态的发展过程来看，这种学说较好地解释了比如美国目录展示室的发展历史等，但如今已经衰亡。也正因为如此，零售轮转理论假说成为一个比较有说服力的解释零售业态变迁的理论模型。但是，零售轮转理论假说并不能解释所有零售业态的变迁过程，例如，后来出现的便利店、购物中心、自动售货机等新业态就不是以低价位进入市场的。这主要因为零售轮转理论没有考虑到零售业态产生和发展的所有市场条件，只是把成本和价格当作决定零售组织演变的唯一变量，显然是把复杂的经济现象过于简单化了。

第二节　零售机构生命周期理论假说

零售机构生命周期理论假说（retail life cycle hypothesis）是由达比德森（W. R. Davidson）、伯茨（A. D. Bates）和巴斯（S. J. Bass）三人于1976年共同提出的，该假说运用产品生命周期理论来解释业态从产生到衰退的发展过程①。

一、零售机构生命周期理论内容

零售机构生命周期理论认为，与产品生命周期一样，零售机构也有生命周期，包括进入、成长、成熟、衰退四个阶段，每个阶段的销售水平和利润水平有差异，并且各零售组织从进入期到成熟期的间隔期不同。当零售机构处于不同的生命周期阶段时，其市场特点以及零售企业应该采取的经营策略都会不同。

该理论认为每个零售组织都有一个革新、成长和衰亡的过程，而在每一个不同的阶段，零售业态在销售增长、市场占有率等方面都表现出不同的特征（见图3－2）。革新阶段，新的零售组织形式产生，其销售迅速增长，市场份额开始攀升；成长阶段，零售业态的投资收益和市场占有率显著提高，成长后期部分指标会达到最高水平，同时出现大批模仿者，市场竞争激烈；成熟阶段，零售业态市场份额相对稳定或略有下降，销售增长和利润扩大空间有限；衰退阶段，其市场范围明显缩小，条件允许，可能会退出市场，此时，另一种新的业态开始酝酿产生。

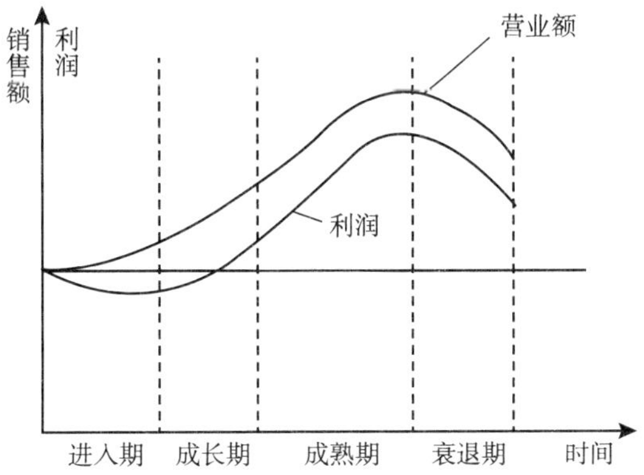

图3－2　零售机构生命周期变化

① Davidson W R., Bates A D., and Bass S J. The Retail Life Cycle [J]. Harvard Business Review, 1976 (54): 89－96.

二、零售机构生命周期理论的假设前提

零售机构生命周期理论以产品生命周期理论为假设前提，认为任何事物都有其生命周期，零售机构也有其从革新、发展到衰亡的过程。另外，该理论将宏观经济、价格周期、市场环境等归为其阶段变化的动力因素。

三、零售机构生命周期理论的现实解释及评价

1987 年，梅尔（Masonand Mayer）按照时间线从美国选择了 10 多种不同的零售业态，对这一理论加以解释和验证发现，不同的零售组织处于生命周期的不同阶段，同时发现从创新期到成熟期的时间间隔正在变短（见表 3 - 1）。

表 3 - 1　　200 年以来世界主要零售业态的生命周期

业态类型	快速成长期	建立至成熟期	目前生命周期阶段	代表性公司
杂货店	1800 ~ 1840 年	100 年	衰退期	Morgan - Lindsay
专业商店	1820 ~ 1840 年	100 年	成熟期	Hickory Farms
百货商店	1860 ~ 1940 年	80 年	成熟期	Marshall Field's
综合商店	1870 ~ 1930 年	50 年	衰退期	地方商店
连锁商店	1920 ~ 1930 年	50 年	成熟期	Sears
超级市场	1935 ~ 1965 年	35 年	成熟期	A&P
折扣商店	1955 ~ 1975 年	20 年	成熟期	Kmart
购物中心	1950 ~ 1965 年	40 年	成熟期	Paramus
便利店	1965 ~ 1975 年	20 年	成熟期	7 - 11
仓库商店	1970 ~ 1980 年	10 年	成熟期	Price - Club
专卖店	1975 ~ 1985 年	10 年	成熟期	The Limited
大型超市	1970 ~ 1992 年	3 年	成熟期	Walmart

零售机构生命周期理论解释了零售业态向前发展的原因，以及现有零售业态发展不同阶段的指标变化。但是，该假说没有明确指出零售业态发展、变迁的决定因素，即对零售业态为什么变迁以及为什么存在着生命周期等问题，没有进行明确的说明。此外，该假说也没有考虑消费者的反应及偏好对零售业态变迁的影响（赵萍，2005）。

第三节 “手风琴”理论假说

“手风琴”理论假说（retail accordion hypothesis）是由拉尔夫·赫尔（Ralph Hower）于1943年首先提出的，再由布朗德（E. Brand）和斯坦利·霍兰德（Stanley C. Hollander）于1966年加以发展并命名，它又被称为零售机构综合化与专业化循环理论假说①。

一、“手风琴”理论假说内容

“手风琴”理论是从手风琴演奏时的一张一合中受到启发，认为零售组织的变迁都有着相似的过程，该理论从商品组合宽窄幅度的角度来说明零售业态都是从综合到专业，再从专业到综合的循环往复的过程。从世界零售业发展的总趋势看，零售机构的综合—专业—综合模式包括杂货商店时期（商品综合化时期）、专业商店时期（商品专业化时期）、百货商店时期（商品综合化时期）、专卖商店时期（商品专业化时期）、购物中心时期（商品综合化时期）。上述五个不同时期交替出现，经营商品的结构大致沿着宽—狭—宽的轨迹循环发展，构成绵延不断的余弦状的发展轨迹（郑志刚，1998）（见图3－3）。

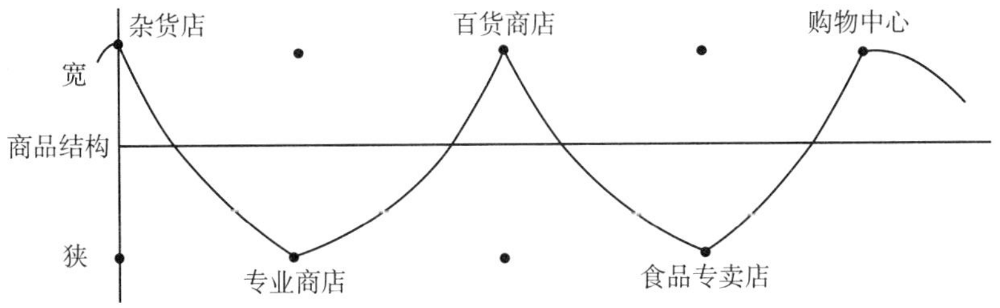

图3－3 “手风琴”理论循环

二、“手风琴”理论的假设前提

该理论采用商品种类的宽度和深度来描述零售业的变革，它认为零售业态的商品经营范围是从商品种类窄而深到种类宽而浅，再到商品种类窄而深的循环变化过程。所以，商品种类的宽度和深度成为该理论的假设前提。

① Hollander SC. Notes on the Retail Accordion [J]. Journal of Retailing，1966（42）：29－40.

三、“手风琴”理论假说的现实解释和评价

美国零售业的发展历史很好地解释了该理论蕴含的规律和发展趋势。20 世纪 60 年代，美国零售业普遍采取综合化经营，百货公司、综合零售店发展起来；20 世纪 70 年代，零售业开始进入专业化的发展阶段，专门店、连锁超市、便利店等业态相继发展；到了 20 世纪 80 年代，大型购物中心兴起，零售业进入综合化经营时期；20 世纪 90 年代以后，大型专业店、厂家直销中心出现，零售业再次进入专业化经营时期。

该理论从行业发展的大方向入手，揭示其发展的一般规律，有其现实研究的意义。然而，在选择研究对象方面，都主要以行业当下的主流业态作为研究对象，有的甚至是才兴起的新生业态，市场份额小是其主要特征，这样会忽略对其他业态的观察和研究。

第四节　真空地带理论假说

真空地带理论假说（vacuum hypothesis）由丹麦学者尼尔森（O. Neilsen）于 1966 年提出，该理论从消费者偏好角度比较合理地解释了高价格定位的零售业态产生的原因，很好地克服了零售轮转理论的不足①。

一、真空地带理论假说的内容

真空地带理论依据消费者对零售商的服务程度、价格水平存在着偏好空隙来解释新零售业态的产生。具体来讲，由于消费者对某一价格和服务会保持一定的偏好水准，因此在一个地区会形成消费偏好曲线分布，基于各自的营销策略，零售企业从价格和服务等方面满足特定目标消费层的需要。如果市场上有三个不同层次的零售业态：A、B 和 C，它们各自拥有其目标消费层，即 A 为追求高价格和服务水准的消费层，B 为追求中价格和服务水准的消费层，C 为追求低价格和服务水准的消费层。由于 B 位于偏好曲线的最高点，其提供的服务被最多的消费者群体认同，因此为了扩大销售额、吸引业态 B 的消费者，业态 A 会通过降低价格和服务水准调整至 A′，而业态 C 则可能提高价格和服务水准调整至 C′，两

① Neilsen O. Development in Retailing，Reading in Danish Theory of Marketing ［M］. North Holland，1966，chap. 1－7.

者都不约而同地向业态 B 靠近，以获得更多消费者的认同（见图 3 –4）。这样，移动的结果使得高服务、高价格组合的零售商与低服务、低价格组合的零售商渐渐消失，从而使得偏好曲线的左右两侧产生了“真空地带”，新进入者会以这个“真空地带”作为自己进入的目标市场，于是新的业态产生了。

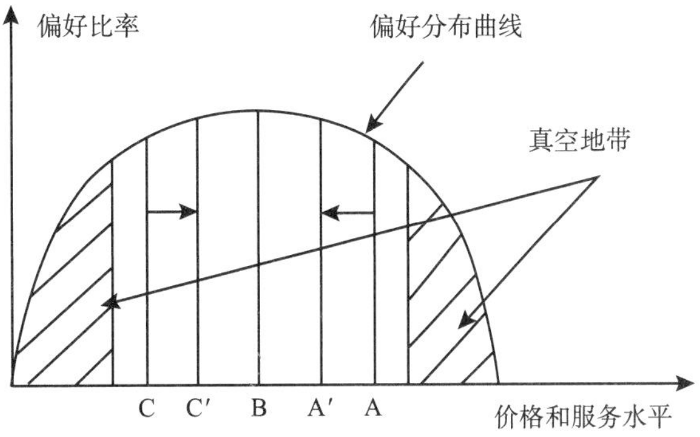

图 3 –4　真空地带偏好理论

二、真空地带理论的假设前提

在同一市场，消费者偏好于某一业态的概率即该业态的消费者偏好度，将这些不同需求层次业态的消费者偏好度连接成一条曲线就形成消费者偏好分布。当分别位于高、低档次的两种零售业态向中等层次业态发展时，就渐渐忽略了原先价格和服务水准的消费层，这时就给了革新零售业态进入真空地带的市场机会，这就是该理论得以成立的前提假设。

三、真空地带理论的现实解释及评价

（一）真空地带理论的现实解释

真空地带理论能合理地解释高价店，如便利店、购物中心等也可能是新型业态产生的原因，克服了零售轮转理论的缺点。另外，该理论比较合理地说明了不同国家间同一零售业态出现与发展过程中为何有不同的形态。其主要原因是在经济发达国家中，寻求高价格和服务水准的消费层相对比较多，因而图 3 –4 左侧容易形成真空地带，造成走低价格、低服务营销策略路线的零售业，有进入市场的机会。在发展中国家，由于寻求低价格和服务水准的消费层相对比较多，因此右侧容易形成真空地带，造成走高价格、高服务水准行销策略路线的零售业态有进入市场的竞争机会。

（二）真空地带假说的理论评价

该理论着重于对新零售业态产生的市场条件进行分析和说明，按照这种理论，人们对零售业的需求具有差异性，而现存的零售业态只能满足其中的部分需求。因而在零售市场上存在着一些空缺或真空地带，一些企业为避开竞争的压力而进入这些地带，从而导致新业态的产生。由此可见，市场真空是新零售业态产生的主要原因（晏维龙，2002）。

第五节 新零售之轮理论假说

日本学者中西正雄（Maso Nakanisi）于 1996 年在《零售之轮真的在转吗》一文中对早期的零售轮转理论与真空地带理论进行了论证解释和深入探讨，提出了新的“零售之轮”理论①。

一、新零售之轮理论的内容

新零售之轮理论认为，在任何时期，零售价格与零售服务水平的组合都与当时的技术水平相适应且有一个限度，为了达到某一服务水平而必要的最低价格零售水平被称为技术边界线，越是能够接近技术边界线进行价格服务组合的企业，越具有竞争上的优势，而位于技术边界线左侧的企业则处于竞争的不利地位。因此，对零售竞争来说，有意义的价格服务水平组合只限于技术边界线上。新业态由于业态内竞争的压力，如果要提高服务水平或降低价格，也仍然在这一曲线上移动（见图 3－5）。由此可见，新业态是因技术边界线的移动而获得竞争上的优

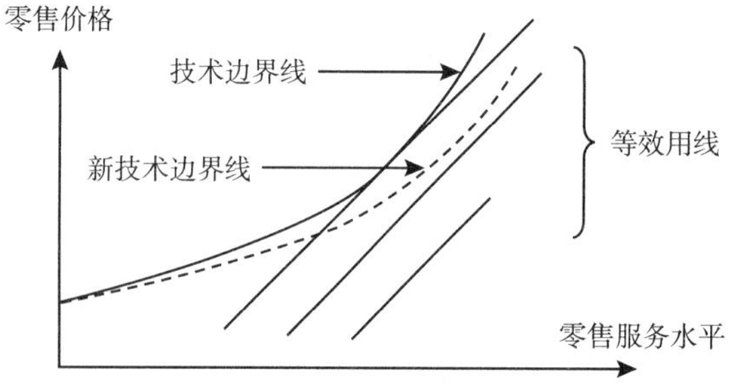

图 3－5　技术边界线与消费者效用函数

① 中西正雄．零售之轮真的在转吗［J］．商学论究，1996：43.

势，但新业态的优势只是短期的；当新业态企业因技术革新获得超额利润时，其他效仿的企业也会努力改善其营销组合，使自己的技术边界线也往右移，从而使超额利润消失，由此形成类似于零售之轮的循环。

二、新零售之轮理论的假设前提

技术边界线表明的是零售服务水平与价格水平的组合都会具有一个限度，即保证零售服务水平最低的零售价格水平线；不仅如此，受收益递减规律的影响，技术边界线是一条向右上方延伸的曲线。业态的革新、新业态的发展，须要突破原有的技术边界线，推动其向右下方移动，而这些都是以物流技术、信息技术、管理技术的革新为前提。

该理论下，新型零售业态的产生与发展均受到地区经济水平和技术水平的制约，进一步论证了零售企业的发展必须依靠经济和技术支撑的事实。

三、新零售之轮理论的现实解释及评价

该理论为后来零售业态理论的发展指明了新的研究方向，受传统的零售轮转理论和真空地带理论假说的影响，零售业态的发展或以低价位低服务、或以高价位高服务的形态进入市场，然而当新业态竞争乏力或“早夭”时，原先理论就不太适合了，而零售之轮理论则比较科学和客观。

第六节 辨证发展过程理论假说

辨证发展过程理论假说（dialectic process hypothesis）由美国学者托马斯·马洛尼克于1968年提出，通过对美国零售业发展实践的观察，其研究逻辑作为新的零售形式必然要对传统的形式进行扬弃，这种“扬弃”保留和发展了传统形式的有用部分，同时引入和吸收了新鲜的成分①。

一、辨证发展过程理论假说的内容

辨证发展过程理论假说以黑格尔的理论为基础，认为各种新的零售形式之所以能够依次出现，正是零售业发展的否定之否定的辩证规律作用的结果，任何观

① Gist RR. Retailing: Concepts and Decisions [J]. John Wiley & Sons, 1968: 106 - 109.

念就其本性而言，均会招致其本身的否定，起初称之为“正”，而对它的否定，称之为“反”，其结果称之为“合”，此结果又作为“正”，这又是新的辨证过程的开始。零售组织形式变化方面，“正”指旧的零售组织形式，“反”指新的零售组织，“合”是新旧零售组织竞争的结果，相互取长补短，形成更新的零售组织形式。

二、辨证发展过程理论的假设前提

该理论通过观察零售组织的演变，以黑格尔的“正反合”哲学理论为前提，推定零售组织与其对立的组织间相互适应、兼容，双方取长补短，使其中的一部分向自己的反面转变，再将两者进行融合。

三、辨证发展过程理论的现实解释和评价

该理论在实践中反映了美国零售业发展的一些规律。例如，百货店和折扣店是一组竞争伙伴，第二次世界大战以前，城市核心地带的百货店偏重高定价、低流转、高毛利、全套服务、繁华商业区设点和豪华设施；20 世纪 50 年代，侧重低价位、高流转、低毛利、自我服务、低租金地段设点和简朴的设施的折扣店出现，于是，折扣百货商店的出现兼收并蓄了折扣店和百货商店的优点。具体而言，折扣百货商店是一种提供适当价位的商品、追求适中的流转和毛利、满足有限的服务、城郊设点和配备一定设施的零售组织形式。

辨证发展过程理论可以从一定程度上解释零售组织形式的多样化是不同组织间相互适应、取长补短的结果。但其不足之处在于，一是在实践中并没有一种零售组织是完全按照相反的模式来发展的，从而成为“否定之否定”的一种组织形式；二是对于“反”的认定没有统一的标准，有一定的随意性。

第七节　自然选择理论假说

自然选择理论假说（natural selection hypothesis）是由美国零售专家吉斯特先生（R. R. Gist）提出的，它将达尔文“适者生存”的进化理论移植到零售组织的变化中，即最能适应环境的物种最有希望生存下来①。

① Etgar M. The Retail Ecology Model: A Comprehensive Model of Retail Change [J]. Research in Marketing, 1984.

一、自然选择理论假说内容

自然选择理论假说以自然选择理论为基础，认为各种零售组织都面临着不断变化的消费者需求、竞争者策略、政治经济格局、文化变迁、技术革命、自然环境等，零售组织也有适应环境、物竞天择、适者生存的问题。当环境因素，特别是宏观环境这些不可控制的因素发生变化时，零售组织如果不能适应其变化，就将失去生命力，招致淘汰。

二、自然选择理论的假设前提

德理斯曼对这种达尔文主义的机构演化理论作了进一步的阐述，认为零售组织与生物物种具有相似性，二者都能正确把握其产生的时间与地点，革新或突然变异的边界很清楚，二者只有适应时代或环境的变化才能生存（赵萍，2005）。

三、自然选择理论的现实解释和评价

该理论强调环境变化在零售组织结构演变中所起的作用，比如二战后，美国购物中心的出现就是适应了城市中心百货商店出现的业务经营困难、停车不便、交通拥挤等问题，人们需要一种更大的、购物方便且同时满足娱乐等多种需求的场所，大型购物中心应运而生。零售自然选择理论比其他理论考虑了更多的影响零售业结构演变的因素，更能够令人信服地解释不同的环境存在不同的零售组织形式。它的主要缺陷在于，无法解释相同竞争环境里会有不同的零售组织的现象。

辩证过程理论与自然选择理论假说都具有明显的哲学色彩，是对零售业发展一般规律的高度抽象化，同时揭示了其本质特征，这些理论的形成有助于分析零售组织的产生与发展，但必须注意对现实因素和偶然因素的分析和把握。

【本章小结】

本章讲述了零售业理论假说及其演变规律，有利于掌握零售轮转理论假说、零售机构生命周期理论假说、“手风琴”理论假说、真空地带理论假说、新零售之轮理论假说、辩证发展过程理论假说及自然选择理论假说七个零售业主流理论假说，学习理论假说的基本内容、假设前提，以及对它们的现实解释和理论评价。

【思考题】

1. 零售轮转理论假说、零售机构生命周期理论假说、“手风琴”理论假说、真空地带理论假说的基本内容是什么?

2. 零售轮转理论假说与真空地带理论假说的假设前提分别是什么?举例分析两个理论的现实应用。

3. 结合现实，分别解释零售机构生命周期理论假说、“手风琴”理论假说的演变过程。

4. 请运用恰当的零售理论解释互联网时代不断出现的新零售模式。

【延伸阅读】

[1] 王宝义，邱兆林. 新零售迭代创新的理论分析与原型观照 [J]. 当代经济管理，2020 (8).

[2] 徐印州，林梨奎. 新零售的产生与演进 [J]. 商业经济研究，2017 (15).

[3] 晏维龙. “零售之轮”理论发展的逻辑与不足 [J]. 北京工商大学学报 (社科版)，2002 (6).

[4] 郑志刚. 美国零售商业发展理论假说研究 [J]. 商业研究，1998 (6).

【精彩案例】

家乐福在中国

家乐福成立于1959年，作为欧洲第一大零售商，世界第二大国际化零售连锁集团，家乐福是大卖场业态的首创者。1995年，家乐福在中国大陆开设了第一家大卖场——家乐福北京创益家店；1996年，家乐福成功进入上海和深圳；随后迅速发展，到2005年，家乐福在《财富》杂志世界500强企业中排名第22位。然而，2009年，家乐福在中国的业绩开始下滑，以每年10%左右的幅度下跌，在内地市场的销售额首次被大润发超过；2010年，家乐福中国内地门店数157家，首次被沃尔玛赶超；2014年，家乐福市场份额已落后于高鑫零售、沃尔玛和华润万家，仅列第四位；2015年，家乐福中国与微信支付基于O2O战略达成合作。

2016年，电商红利见底，阿里、腾讯、京东这些国内的互联网巨头们则在纷纷布局零售业务，从线上整合线下，通过巨资收购线下连锁超市布局长远，主导零售行业的发展。腾讯入股永辉，阿里相继入股三江、联华、新华都和高鑫，竞争对手大润发、物美、天虹等传统零售商都纷纷尝试“餐饮+零售”的业态；2018年，家乐福中国与腾讯展开战略业务合作签署初步协议；2019年，国美与家乐福中国达成战略合作，国美以“店中店”模式入驻家乐福的200余家门店；而后，苏宁易购全资子公司苏宁国际收购家乐福中国80%股份。2023年，在《财富》世界500强排行榜位列125位。

资料来源：新零售财经．从头到尾：盘点家乐福在中国的这些年［EB/OL］.［2019－11－29］. https：//baijiahao. baidu. com/s? id = 1651525471001242473&wfr = spider&for = pc.

讨论题：

简要概括家乐福在中国发展的历程，并运用相关理论假说分析零售业的演变。

第四章

零售环境

【学习目标】

1. 影响零售业经营的经济环境和非经济环境；
2. 零售顾客的购买动机、购买行为、购买过程及影响顾客购买决策的因素；
3. 零售竞争环境的特点、演变、类型及竞争者分析。

【重难点】

1. 零售业宏观环境分析方法；
2. 技术环境尤其新一代信息技术的发展对零售经营的影响；
3. 零售顾客的特征与分析方法；
4. 零售竞争环境。

【案例导入】

家乐福（Carrefour）成立于1959年，是大卖场业态的首创者，是欧洲第一大零售商，世界第二大国际化零售连锁集团。现拥有11000多家营运零售单位，业务范围遍及世界30个国家和地区。集团以三种主要经营业态引领市场：大型超市，超市以及折扣店。此外，家乐福还在一些国家发展了便利店和会员制量贩店。据报道称，家乐福集团（Carrefour）公布其2021年销售额为812.45亿欧元（约862亿美元），2020年为786.09亿欧元，全年营业利润19.11亿欧元，上年为16.86亿欧元。全年净利润10.72亿欧元，上年为6.41亿欧元。

“为了有一刻钟的提前也要第一个到达”是家乐福在中国占领市场时奉为已久的策略准则。就是在这一准则的指导下，家乐福进入中国市场的决心和力度要比其他的世界零售巨头要早要大。1995年，家乐福开始进入中国市场，其物美价廉的商品受到了广大消费者青睐。即使如此，家乐福也曾遭遇过惨痛的失败，如家乐福在俄罗斯、新加坡、日本、韩国、泰国均遭遇失败，家乐福在进入中国市场的过程中也不例外。

1996年12月，家乐福投资4亿港元雄心勃勃地进军中国香港市场，短时间内在杏花村、奎湾、屯门、元朗连开4家大型综合超市，营业面积达1.9万平方米，其竞争矛头主要指向香港的两家本地超市集团——“惠康”和“百佳”。然而到了2000年9月18日，家乐福在香港的4家分店全部停业并撤离香港，个中原因，耐人寻味。家乐福声明称，其停业的原因是，由于在竞争激烈的香港短期内难以在市场中争取到足够的占有率，只好被迫停业。

资料来源：搜狐网．沃尔玛、开市客、家乐福、永旺、永辉、京东等34家零售企业2021年第四季度和全年业绩［EB/OL］．［2022-05-06］．https://www.sohu.com/a/544431790_121124305.

思考：为什么家乐福从中国香港市场撤离?

第一节 零售宏观环境

零售宏观环境是指零售商所面对、零售业所面临的外部环境，是零售企业生存发展面临的共同空间，每一个零售企业和组织都需要实时了解外部环境变化，估测环境变化带来的影响，以便及时采取相应的措施。

一、社会和人口环境

（一）人口环境

人口是构成市场的基本因素，没有人口就无法构成市场，哪里有人，哪里就有衣、食、住、行等各种消费需求。在收入水平一定的条件下，一个国家总人口的多少，决定市场容量的大小，同时反映市场潜力的大小。中国是世界上人口最多的国家，也是人口影响经济和社会发展最突出的国家。任何企业都不可能面向所有的人口。因此，除了分析一国或地区的总人口数量以外，还要研究人口的地理分布、年龄结构、性别、家庭单位与人数等具体因素，以便更好地服务目标市场。

1. 人口规模

人口规模是指人口数量所涵盖的范围和所体现的数量与格局，是决定消费品需求的基本因素。在其他因素不变的情况下，人口规模与市场规模成正比，人口规模越大，意味着消费需求越多，市场也就越大，市场规模越大，可以容纳的企业就越多，这些企业之间竞争越激烈，越可能促进企业优胜劣汰，促进企业不断创新发展，提高整体水平，最后使得整个行业受益。

一个国家或地区人口数量的多少，是衡量市场容量的重要因素。统计分析一个国家总人口和国民收入，或调查一个地区的总人口与居民的收入状况，可以大致地了解该地区市场容量的大小和消费者购买力水平的高低。国家统计局数据显示，我国总人口规模近十年来一直呈现不断上升的趋势，从 2010 年的 133972 万人增长至 2020 年 11 月的 141178 万人，累计增加了 7206 万人，增长了 5.38%，2010 年到 2020 年的年人口平均增长率为 0.53%，与 2000 年到 2010 年的年人口平均增长率 0.57% 相比，下降了 0.04 个百分点。我国人口近十年来继续保持低速增长态势，预计在未来一段时间内我国人口总量会保持在 14 亿人以上。截至 2023 年，我国作为世界第一人口大国，在民生方面仍然有较大的需求，零售业作为生产和消费的桥梁，对经济社会发展有着重要影响。

除去总人口规模这个要素，零售商也需要关注其所在地区的具体人口规模大小，主要是因为零售商的市场一般都是面对本地消费者，而且消费者在购买零售商品时一般也会选择距离自己较近的场所进行购买，所以零售商要密切关注地区具体人口数量情况。这里特别需要注意的是当地人口密度，即每平方公里的人口数，因为它影响和制约着本地商品需求总量及其平均水平，从而影响和制约零售商的网点总量、布局以及商品购销规模。除此以外，零售企业考察人口规模，还需要从动态方面进行考察，一是研究人口的自然增长率，即研究人口的出生率和死亡率之差；二是研究人口的净迁移率，即研究人口的迁入率与迁出率之差，如近年来我国农村地区出现了“候鸟人口”和“双栖人口”现象。“候鸟人口”是指人们像候鸟一样南来北往，平时外出打工，逢年过节时回乡；“双栖人口”是指离土不离乡的人口，这些人偶尔在城市居住，有时到农村居住，城市之间也出现了“一江春水向东流”和“孔雀东南飞”的现象，所以零售企业要特别注意这些动态数据，因为这些数据的变化都会影响市场的大小。

2. 年龄结构

生命周期消费理论认为，消费者寻求的是整个生命周期的效用最大化，假定在整个生命周期的过程中，消费者在中青年时期开始工作取得工资收入，并且将收入的一部分作为储蓄，老年时期没有收入并且在生命结束时储蓄全部花光。根据消费者整个生命周期中寻求效用最大化的结论，可以得出在不同年龄阶段的消费者，其边际消费倾向不会趋于一致，对于整个社会来说，社会的人口年龄结构会直接影响整个社会的总消费。

一般而言，如果整个社会中的中年人数所占比例较大，那么整个社会的消费能力和消费需求就会相对较弱，储蓄率相对较高；如果青年和老年人口所占比例较高，那么整个社会的消费需求和消费能力就会上升。所以，我国年龄结构的变化会直接影响到居民消费量，进而影响到零售业的发展。人口的年龄分布不同，其需要和欲望一般也不尽相同，在消费观念、商品需求、购买行为等方面都存在着差异。我国和其他许多国家一样，由于生活水平提高，医疗条件日益改善，人均寿命显著延长，人口死亡率下降，老年人口比例不断增大。

据第七次全国人口普查数据显示，我国人口总量为141178万人，继续保持近十年来的低速增长态势。2020年，我国人口约占全球总人口的18%，仍然是世界人口第一大国。从年龄结构来看，我国0~14岁人口为25338万人，占17.95%；15~59岁人口为89438万人，占63.35%；60岁及以上人口为26402万人，占18.70%（其中65岁及以上人口为19064万人，占13.50%）。与2010年相比，0~14岁人口的比重上升了1.35个百分点，15~59岁下降了6.79个百分点，60岁及以上人口上升了5.44个百分点，全国31个省份中，有16个省份65岁及以上人口超过了500万人。联合国的传统标准是一个地区60岁以上老人达到总人口的10%，新标准是65岁老人占总人口的7%，即该地区被视为进入老龄化社会，也就是说我国目前已经进入了联合国所谓的“老年社会”。老年人口的增加，使得市场需求结构发生变化，老年用品的需求将会逐渐扩大，如保健用品、营养食品、药品等的市场需求量会上升。

3. 家庭单位与结构

家庭是社会的细胞，是商品采购的基本单位，是我们每个人形成独特消费习惯的地方，也是人们价值观念形成的最早的一个场所，在成长的时候，我们目睹了父母的消费过程以及他们日常的消费习惯，这些习惯在无形中影响着我们长大成人后的消费行为，如追求质量还是价格、日常抽烟与否、饮食偏好习惯等。一个国家或地区拥有多少个家庭单位以及平均成员的多少，对于零售商销售商品的数量有很大影响。如果一个地区的家庭单位增加，那么该地区的炊具、家具和家用电器等需求量就会增加；同时，如果家庭平均成员减少，那么就要求零售商品适应小家庭的需要。家庭内部结构组成也是影响消费需求的一个重要因素，不同家庭结构的需求偏好和购买能力不同，零售商在面对不同结构的家庭时，需要调整其商品特点和种类，以适应消费者需求。

我国现在的主流家庭结构可以分为扩展家庭、夫妻家庭和核心家庭三类。

扩展家庭是指上有老下有小，中间有一对夫妻的家庭，这种家庭人数较多，而且家庭花费在老人医疗和子女教育上的占比较大。当然，受到多种因素影响，以年轻夫妇为家庭核心，部分家庭有较多的老人，但只有1~2个孩子的倒金字塔式的家庭结构也存在一定的消费差异性。夫妻家庭由夫妻两个人组成，上没有老人下没有小孩，这种家庭要么是还没有生育子女，要么是子女已经独立，或者其他原因，家庭负担比较轻，有较多可以支配的财力，购买能力比较强，是旅游和高档产品的主要消费群体，更加注重生活品质。核心家庭是由父母和未婚子女组成，但没有老人，这种家庭中的消费支出主要是孩子的教育花费，因此，孩子上学等教育投资上的花费占家庭消费很大比例。

4. 人口地理分布

人口地理分布是指人口在某一特定时间内在一定地理空间的集散状态，人口在地区上的分布状况会影响零售市场的消费需求。人口分布密度越大的地区，零售区位规模也越大，反之则零售区位规模越小。例如，人口高密度分布的城市与人口密度相对较低的农村相比，城市的零售区位规模较大且数量较多，而农村的零售区位规模则相对较小，即使该城市的经济欠发达，但人口的高密度分布仍然可以为零售业的发展提供市场。除此之外，居住在不同地区的人群，由于地理环境、气候条件、经济发展水平、风俗习惯等的不同，消费需求也不尽相同，购买习惯与行为也存在差异。例如，我国居民食物消费以植物性食品为主，但由于南北方地域不同，谷物消费的品种也不相同，南方人喜食稻米，北方人喜食麦面。我国茶叶市场在各地区有不同的偏好，花茶主要畅销于东北地区、华北地区，绿茶主要畅销南方地区，砖茶则主要为一些少数民族地区所爱好。我国的酒类市场，南方人偏好低度白酒和果酒，而北方地区则是高度白酒比较畅销。农村居民与城市居民生活环境、生活习惯有所不同，导致他们的消费需求也会有所差异。此外，不同地区的居民在服装、饮食上也都有不同爱好。

5. 人口性别

在传统的社会文化中，女性被认为注重家庭，且稳定性、合作性较强，而男性被认为具有竞争性和进攻性，注重事业的发展。人口性别上的差异很早就开始影响人们的消费需求，20 世纪 50 年代左右，心理学家欧内斯特·迪希特（Ernest Dichter）用精神分析的方法发现，面包炉的购买者大多是女性，因为女性在烤面包时替代性地满足了其生育的欲望，而汽车是属于男性的，因为男性把汽车看成自己的替代情人。而且男性在购买商品时带有极强的目的性，购买决策迅速果断且理智，重视产品的质量；女性在购买商品时具有浓厚的感情色彩，且更具有主动性和灵活性，购买动机容易受到外界的影响，类似于打折、买一送一等活动，同时女性会重视产品的外表，挑选商品的过程更长。除此之外，女性的消费意愿和消费能力远远高于男性，尽管现在很多国家中男性经济收入要高于女性，但是男性购买商品的支出并不多，很多日用品包括男性用品都是通过女性去消费。因此，零售业针对人口性别特征，不仅可以对妇女用品设专业商店销售，很多家庭用品、儿童用品，甚至男性日用品也都可以纳入女性消费市场。

6. 人口教育构成

教育是衡量一个国家综合国力和国际竞争力的重要方面，教育发展水平与其政治、经济和文化方面密切关联，这里所谓人口教育构成是指人们所受到的教育程度的高低。据研究发现，城乡居民的受教育水平与消费分布结构较为一致，即城乡居民的消费结构和城镇居民的教育水平分布都呈现出近似菱形的结构分布。因此，文化教育水平的提高对人们的购买和消费行为有着明显的增值作用，即购买力的提高。

改革开放以来，我国人口的文化水平有了显著提高。自 1999 年开始，国家大力扩大高校招生规模，积极扶持民办高校的发展，根据第七次全国人口普查公报（第六号），从全国人口受教育情况来看，拥有大学（指大专及以上）文化程度的人口为 218360767 人；拥有高中（含中专）文化程度的人口为 213005258 人；拥有初中文化程度的人口为 487163489 人；拥有小学文化程度的人口为 349658828 人（以上各种受教育程度的人包括各类学校的毕业生、肄业生和在校生）。与第六次全国人口普查相比，每 10 万人中拥有大学文化程度的由 8930 人上升为 15467 人；拥有高中文化程度的由 14032 人上升为 15088 人；拥有初中文化程度的由 38788 人下降为 34507 人；拥有小学文化程度的由 26779 人下降为 24767 人，这些数据都表明我国人民的受教育水平有了较大幅度的提高。零售商要认清居民文化水平不断提高这一趋势，注重人的文化和精神生活需要，多经营并经营好这类商品。

7. 人口职业构成

不同行业、不同职业的人们的经济收入和社会地位不同，导致消费者的购买力和消费水平有所差异，所以其消费需求也是不相同的。此外，职业也会改变一个人的消费观，如销售人员的个性同长期在工厂的人的性格也会产生较大的差异，导致消费观念不同。职业的稳定性也会对消费者产生不同的影响，如政府公务人员的职业很稳定，私人企业的不稳定，这样会影响一个人对未来收入的判断，根据未来预期而作出激进或保守的判断，继而影响到消费者的消费情况。随着社会职业种类的大幅度增加、体力劳动脑力化的趋势发展，这就要求零售商要注意在商品结构、服务方式、促销手段、销售网点等方面适应这一变化，满足不同职业人口的消费需求。

8. 网民人口规模

随着信息技术的发展，网络经济自 20 世纪 90 年代快速发展，逐渐成为经济发展的创新手段并带动了现代服务业的发展，网络经济催生了网络居民消费。在网络经济环境下，居民的消费行为出现新的变化，网络为人们的现实生活和工作都带来了翻天覆地的变化，促进了社会的发展。零售行业也不例外，随着互联网技术进入零售行业，零售业由传统的线下交易转为线上、线下相结合的交易方式，我国网民人数的逐步上升对零售业的市场带来了较大的影响。中国互联网络信息中心（China Internet Network Information Center，CINIC）发布的第47期《中国互联网发展统计报告》显示，截至2020年12月20日，中国互联网用户数量达到9.89亿人，按照中国14亿人口计算，也就是说，中国有70.6%的网民。其中，超过50%的网民年龄在40岁以下，21%的网民多为学生。互联网技术的发展使得网民人数不断扩大，意味着我国零售业的线上市场有了更大的发展空间，零售商应该审时度势，抓住互联网带来的机遇，不断调整经营方式以适应市场需求。

（二）社会环境

社会文化环境是指在一种社会形态下已形成的信念、价值观念、宗教信仰、道德规范、审美观念以及世代相传的风俗习惯等被社会所公认的各种行为规范。每个人都生长在一定的社会文化环境中，并在一定的社会文化环境中生活和工作，其思想和行为必定会受到这种社会文化的影响和制约，从而影响消费者的购买行为，使生活在同一社会文化范围内的各成员的个性具有相同的特征，它是购买行为的习惯性和相对稳定性的重要特点。零售商必须注意分析、研究和了解社会文化环境。社会文化环境具体包括宗教信仰和价值观念。

1. 宗教信仰

宗教信仰是文化体系中最为敏感的要素，是人的信念中最深层次的东西，具有长期性、群众性、民族性、国际性、复杂性等特点。宗教是一种群众性的社会现象，恪守教规和戒律的信徒以及受宗教影响的消费者的价值观、审美观直到消费愿望和行为无不带有其宗教的色彩，所以宗教是影响人民消费行为的重要因素之一。在一些国家，宗教信仰是构成其文化价值观的核心，其支配地位对一国的国民性产生了重要作用，所以会对消费者的购买动机产生影响；同时，宗教是一种精神现象，对于信徒有较大的约束力，进而会影响消费者的商品偏好。

2. 价值观念

生活在不同社会文化环境下的人有不同的价值观念。例如，在20世纪70年代，宝洁公司决定将帮宝适纸尿布推向当时的联邦德国和中国香港市场，一段时间以后，两个地区的消费者都表示自己对帮宝适尿布的不满，德国的消费者说这纸尿布太薄了，不耐用；香港的消费者说这纸尿布太厚了，不透气。为什么同样厚薄的纸尿布在两个地区销售却收到两种截然相反的评价？宝洁公司为此专门进行的一次调研揭开了谜底，原来是两个地区消费者对纸尿布的使用习惯不同，德国文化价值观崇尚严谨，有时甚至有些刻板，德国的年轻父母们每天定时给婴儿换尿布，早上出去上班的时候换一块，晚上回家才又换一块，如此使用当然会嫌尿布薄；而香港的消费者受中国传统价值观的影响，对婴儿的舒适度看得很重，一般小孩一哭，母亲就会去给他换一块尿布，这样频繁更换，当然会嫌尿布太厚。经此教训，自此销往德国的帮宝适纸尿布都会加厚一些，而销往香港的纸尿布则会略薄一些，以适应两个地区消费者对产品的不同使用方式。因此，文化价值观会对消费者的消费行为产生影响，需要具体情况具体分析。

（三）消费习俗

习俗一般是指风俗习惯，或者说，这是一种世代相袭固化而成的风尚，习惯是指由于重复或练习而巩固下来并成为需要的行为方式。消费习俗是人们各类习俗中的重要习俗之一，是人类历代传递下来的一种消费方式，也可以说是人类在长期经济活动与社会活动中所形成的一种消费风俗习惯，一般分为社会活动消费习俗和物质生活消费习俗两大类，社会活动消费习俗具体包括喜庆性消费习俗、纪念性消费习俗、宗教信仰性消费习俗、社会文化性消费习俗等；物质生活消费习俗包括饮食习俗、服饰习俗、住宿习俗、日用习俗等，这些习俗或以地区生活习惯为基础形成，或以民族传统为基础形成，也可以由气候、环境、生活方式的差异为基础形成。例如，我国人民每逢农历新年，都要大量购买各种食品、礼品、鞭炮等节日用品，家家户户贴着吉祥如意的春联，有些地方还会举办庙会、灯会等大型活动庆祝新年的到来。西方国家的人们每逢 12 月 25 日圣诞节前后，就大量购买圣诞树、礼品、各种食品和日用品，互送圣诞贺卡，欢度圣诞节。不同地区人民的消费习俗使人们具有不同的商品需要，研究消费习俗，有利于零售商对于消费习俗效应产生的需求进行满足，也有利于正确引导健康的消费。

（四）道德规范

道德是一种社会意识形态，也是调整人与人之间以及个人和社会之间关系的行为规范的总和。道德规范对人们消费有着重要影响，不同的道德规范决定人们不同的交往行为，决定不同的家庭模式及消费方式，也决定不同的婚姻习俗。我国向来以“礼仪之邦”著称于世，对于人与人之间的关系和感情极为重视，个人行为往往习惯于与周围环境或别人保持一致，不愿标新立异、独树一帜。这种重人情、求同步的心理，在消费行为中表现为向多数“看齐”。我国人民的消费行为不像西方人那样，过分强调个人价值、个人需要、个人意志，而总是考虑家庭的、风俗的以及社会的标准与效果，希望自己的行为被别人和社会认可，而对那些标新立异的行为往往看不惯。随着对外开放水平的提高和经济文化的发展，人们的传统道德观念有所变化，在青年人中，要求在消费上表现出独特个性的已日渐增多，因此零售商要根据道德规范对人们的不同影响适时调整产品特点。

（五）审美观念

全球化时代的到来，除了引起世界经济一体化、科技标准化、媒体普遍化等现象的出现外，消费意识形态的扩展乃至消费文化的出现已成为一种引人注目的文化特征，可以说无论是民族艺术与文化的变化，还是人类审美的发展，都不约而同地进入了消费时代这一特殊的文化语境，当今社会是一个消费社会，审美观念和艺术进入了一个被广泛扩张或泛化的过程，并且日益渗透在经济、政治、文化和日常生活的各个方面，人们在市场上挑选、购买商品的过程，就是一次审美观念的呈现过程。这个审美活动的全过程完全由消费者的审美观念来支配，消费者个人的审美活动，表面上看起来纯属是个人的行为，但实质上却反映了一个时代、一个社会人们共同审美观念和审美趋势。

二、经济环境

经济环境主要包括国民经济发展状况、消费者收入、消费者支出等。经济环境是影响零售商经营的最重要的外部力量，零售企业营销战略战术的制定与实施应该建立在正确认识和把握经济环境的基础上。

（一）国民经济发展状况

1. 总体经济形势

国民经济总体形势是指一定阶段内国民经济发展的状态及其发展趋势。据国家统计局2021年2月发布的《中华人民共和国2020年国民经济和社会发展统计公报》数据，我国的国民经济稳定恢复，主要目标的完成比预期要好。2020年，面对严峻复杂的国内外环境特别是新冠疫情的严重冲击，在以习近平同志为核心的党中央领导下，各地区各部门坚持稳中求进工作总基调，统筹疫情防控和经济社会发展工作，扎实做好“六稳”工作、全面落实“六保”任务，经济运行稳定恢复，就业民生保障有力，经济社会发展主要目标任务完成情况好于预期。初步核算，全年国内生产总值1015986亿元，按可比价格计算，比上年增长2.3%。服务业持续发挥“主引擎”作用。初步核算，2021年前三季度服务业增加值450761亿元，同比增长9.5%，两年平均增长4.9%，社会消费品零售总额同比增长16.4%，两年平均增长3.9%，实物商品网上零售额同比增长15.2%，两年平均增长15.3%，占同期社会消费品零售总额的比重为23.6%。线上线下消费融合提速，快递“进村”“进厂”“出海”加速推进，市场规模持续扩张。

总体而言，我国现在的经济形势是“稳中求进”，服务业稳中向好，动力不减。国民经济的总体形势在不同时期都是有一定差别的，它的变化会从总体上影响和制约零售商的状况和发展。当社会经济处于持续、稳定、协调发展的阶段，一般会出现生产水平高、商品供应充足、市场繁荣的局面，在这种情况下，零售企业一般也能得到持续、稳定、协调的发展；反之如果经济不稳定，出现经济过热过冷、市场供应失衡、物价水平上升过快或下降过快等现象，就会造成市场严重失衡，对零售企业的发展也会产生不利影响。

2. 社会生产状况

社会生产状况包括整个社会工农业生产对零售商经营有直接和间接影响的若干因素，如生产力发展水平和总规模、生产力地区布局、产业结构等。

生产力发展水平和总规模制约着整个社会经济发展状况，也制约着零售产业的状况，这是因为零售商的物质技术装备需要由生产部门提供，零售商的商品需求，一部分来自物质生产部门的职工，更重要的是，生产发展水平和总规模决定着商品供应的总量。社会生产发展水平越高，生产的规模越大，商品供给的总量也就越大，即零售商所能获得的货源总量越大，经营的物质基础也就越雄厚。

生产力的地区布局对于国民经济的协调发展、全国的各种资源的合理配置，以及各个地区发挥各自的优势、地区间的分工协作都有很大影响，而这些影响又会涉及每个零售商。此外，生产力的布局问题也直接影响零售商的经营，如果零售商所在地区有某些商品的生产厂家，那么它进货的交易成本和运输成本就可能降低。

产业结构反映着国民经济两大部类、三次产业的状况及其相互关系以及各部门内部的结构。产业结构对零售业在国民经济中的地位及其与其他部门的关系有决定性的作用，它还决定着社会商品供给结构，不仅生产资料、消费资料的结构，农副产品、轻工产品和重工业产品的结构要受它决定，而且同类产业内部不同产品的结构也取决于它；另外，社会消费结构中的生产性消费结构和生活性消费结构也要受其影响和制约。因此，产业结构最终会影响和制约零售商的组织结构和经营商品结构。

3. 社会分配状况

社会分配状况包括国民收入的分配和个人消费品的分配状况，具体有国民收入的总量、积累和消费的比例、分配的地区差异等因素。

国民收入总量决定国内市场的总容量，从而制约着商品流通的总规模。国民收入的分配是否控制在合理的水平上，关系到市场的供求状况和价格水平的变动。国民收入的超量分配会导致供应紧张，需求膨胀，价格上涨；反之，则会出现需求不足、销售疲软、市场萎缩的现象，这两种情况对零售商的经营会产生完全不同的影响。

国民收入积累和消费比例决定生产资料市场和消费品市场的容量及其相互关系。如果积累率过高，消费品的生产和供应就会出现紧张局面，但过低的积累率也会使国民经济发展后劲不足，无论发生哪一种情况，最终都会影响零售商的经营。

由于国家分配政策等因素，各个地区之间的分配存在一定差别，不同地区积累基金的投入不同，会导致地区经济结构的不一致；不同地区进行消费基金的分配不同，也会形成不同地区人们收入的不一致，这些都会影响各地区零售商的商品经营结构和发展水平。

（二）消费者收入

消费者收入是指消费者个人从各种来源所得到的货币收入之和，包括个人的工资、奖金、其他劳动收入、退休金和红利等。消费者收入水平的高低直接影响着社会购买力，也影响着消费者的支出模式，所以消费收入及其变化趋势是零售企业经营环境中的重要因素。

消费者收入有名义收入和实际收入之分。当市场上的物价总体水平基本保持不变，这时名义收入和实际收入一致；当市场物价全面上涨或全面下降时，实际的消费者收入与名义的消费者收入就产生不一致，即用同样的钱买到的商品数量少于或多于以前可购买的数量，在这种情况下，名义上的一元钱所起的作用实际上不足一元或超过一元。所以，研究消费者收入还要结合物价水平来进行。

消费者收入并不全部用于购买商品，有必要从消费者个人收入中分出个人可支配收入。个人可支配收入是指个人收入减去直接负担的各项税款（如所得税）和非税性负担（如工会会费、交通罚款）之后的余额，作了这种扣除，消费者收入才能成为消费者个人可以支配的收入，或者用于消费支出，或者用于储蓄。

个人可支配收入中扣掉维持生活所需要的支出和其他固定支出所剩余的个人收入，则可以任意开支，用于购买奢侈品（如旅游、汽车等），这部分收入为个人可任意支配收入，它是影响消费需求构成的最活跃的经济因素。这部分收入越多，人们的消费需求就会增加，消费水平就越高，购买能力也会越强，零售商营销的机会也就越多；反之，收入减少，则会导致消费者购买力降低，市场需求下降，所以零售商应该特别关注人们这部分的收入。

（三）消费者支出

1. 收入水平对支出模式的影响

消费者收入在各个不同方面的分配模式叫作消费结构或支出模式。恩格尔定律指出，一个家庭收入越少，其总支出中用来购买食物的比例就越大；随家庭收入增加，用于购买食物的支出占总支出的比例下降，而用于其他方面的开支（如通信、交通工具、娱乐、教育、保健）和储蓄所占的比重将上升，所以人们不同的收入水平会影响他们在日常生活中不同方面金额支出的多少。

2. 收入分配平均程度对消费模式的影响

影响消费构成的因素除消费者的收入水平以外，还有收入分配在人口间的平均程度、家庭生命周期，家庭所在地区以及价值观等因素。洛伦兹曲线和基尼系数可以很好地说明收入分配平均程度对消费者消费模式的影响，洛伦兹曲线用以比较和分析一个国家在不同时代或者不同国家在同一时代的财富不平等，该曲线作为一个总结收入和财富分配信息的方法得到广泛应用。通过洛伦兹曲线，可以直观地看到一个国家收入分配平等或不平等的状况，而基尼系数是指在全部居民收入中用于不平均分配的百分比。从收入分配的平均程度来看，收入分配的平均程度越高，消费结构也越简单，反之则亦然。

三、政策与法律环境

政策和法律对零售商的活动有很大的影响，它既可以使零售商的经营活动受到保护，也可以使零售商的经营活动受到制约。对零售经营有关的政策及法律约束一般体现在以下几个方面。

（一）对零售商的扶持政策

政府政策与行业发展密切相关，任何行业的一家企业，如果要进入某一个市场、某一个领域，除了分析市场走向，还需要特别注意研究政府政策。企业在制定竞争战略时，往往需要考虑其在这个行业定位，会不会被社会所需要，而掌握这一需求的风向标就是政府政策，零售行业亦是如此。

2020 年，突如其来的新冠疫情给零售行业带来了较大的影响。自新冠疫情发生以来，从中央到地方都公布了财政补贴、税费、资金成本等不少扶持零售业发展的政策。如中国人民银行等 5 部门联合发布的《关于进一步强化金融支持防控新型冠状病毒感染肺炎疫情的通知》明确，对受新冠疫情影响较大的批发零售、住宿餐饮、物流运输、文化旅游等行业，以及有发展前景但受新冠疫情影响暂遇困难的企业，特别是小微企业，不得盲目抽贷、断贷、压贷；对受新冠疫情影响严重的企业到期还款困难的，可予以展期或续贷。从各地对零售中小企业的扶持政策类型来看，既有扶持包括批发和零售中小企业在内的企业发展通用性政策，也有专门针对批发和零售业的扶持政策。此外，上海市《全力防控疫情支持服务企业平稳健康发展的若干政策措施》提出，对批发和零售等行业加大信贷支持，通过变更还款安排、延长还款期限、无还本续贷等方式，对到期还款困难企业予以支持，不抽贷、不断贷、不压贷。安徽省《关于应对新型冠状病毒肺炎疫情支持中小微企业平稳健康发展的若干措施》规定，对受新冠疫情影响较大的批发零售等行业，以及新冠疫情发生前3个月生产经营正常，但受新冠疫情影响暂遇困难的企业特别是小微企业，银行业金融机构不盲目抽贷、断贷、压贷，鼓励对到期贷款予以展期或无还本续贷。

此外，对零售智能化等发展，近年来国家也出台了相关政策进行鼓励。2021年《政府工作报告》提出，运用好“互联网+”，推进线上线下更广更深融合，发展新业态新模式，为消费者提供更多便捷舒心的服务和产品。引导平台企业合理降低商户服务费。据商务部研究表明，2020年网上消费约占社零总额的1/4，而且2020年的增速很快，达到14.8%。新冠疫情期间迸发出很多新型消费，我们要鼓励这些消费，培育这些消费，使消费扩大。各地方政府也出台了相关政策鼓励零售企业走向智能化。例如，广东省河源市发布《支持受疫情影响相关商贸企业八条措施》，鼓励大型商场超市、餐饮企业开展“无接触配送”服务新模式，市级财政统筹安排100万元，专项用于对疫情防控期间开设生活必需品线上购买、线下无接触配送的市区大型商超、餐饮企业。重庆市商务委员会、重庆市财政局关于印发《2021年重庆市商务发展专项资金项目（第一批）申报指南》的通知指出，对实体零售企业数字化、智能化、连锁化发展项目，择优按照不超过实际有效投资额的40%，最高补助不超过100万元给予资金资助，支持实体零售企业数字化、智能化、连锁化创新转型发展。

（二）对经营商品的约束

零售商的主要经营活动就是对最终消费者出售商品，出售商品的状况与消费者的利益密切相关，也与商品的来源、商标的使用有着密不可分的联系。因此，法律对零售商所提供的商品质量及安全、专利和商标使用做出了相关规定，予以制约。从商品的质量和安全的角度来讲，零售商提供的商品必须保证质量、等级明确、质价相符、消费者使用安全可靠，但一些零售商经常认为其销售的商品是从制造商或批发商那里采购而来的，商品出现质量问题或安全问题，其责任应该由制造商承担，而自己无须承担责任。事实上，零售商作为经营者，应与生产者一起对商品的质量及安全承担相应的责任。零售商应承担对所出售的商品质量及安全的监测责任，对质量不合格、不安全的商品不予经营。

在我国，产品质量法、消费者权益法对零售企业经营商品的质量与安全也都有明确的规定，这些法律条款明确指出了零售商或零售经营者对出售这类商品应承担法律责任。零售商对经营的商品质量及安全负责，应当对商品在出售前进行严格的商品检测，在商品检测后，符合商品质量及安全要求的再上柜台销售，确保向消费者提供商品的质量有充分的安全保证。实际在我国，《中华人民共和国产品质量法》《中华人民共和国消费者权益保护法》对零售企业经营商品的质量与安全也都有明确的规定，这些法律条款明确了零售商对出售商品应承担的相关法律责任。

零售商对消费者提供的保证包括两个方面：一是明确的保证，即在向顾客销售商品时给予顾客口头或书面的保证，在靠近商品的销售处设有商品保证的牌示，或者书面的保证条款或保证书，以便于消费者看到，表明商店对顾客已购买的商品出现质量或安全问题能够及时解决；二是道德性的保证，即以社会公共的道德准则或通情达理的要求为依据提供的保证，一家商店对所出售的商品并非都有明确的保证，对那些没有明确保证的商品实际上也应该承担保证责任，因为零售商销售的商品就意味着适合销售、适合使用。对零售商经营的商品的法律约束，还涉及自制商品或监制商品层面，除保证商品的质量安全外，还应该注意不能侵犯相关商品的专利权，避免违反《中华人民共和国专利法》等相关规定。

（三）对商品价格的约束

零售商对自身经营的商品通常是采取自行定价的方式，但这并不意味着零售商可以随意定价，我国有关法律和政策对零售商制定商品价格给予了一定限制。零售价格与消费者的经济利益直接相关，对消费者安居乐业、社会稳定起着一定的影响作用，因而政府对零售价格在不同时期根据不同商品给予不同的控制，对有关人民生活的必需品只规定零售价格，对有关人民生活比较密切的商品规定零售价格幅度，对与人民生活不十分密切的商品，由企业自行定价。在通货膨胀严重时期，通货膨胀威胁人民的生活水平，政府对零售商品价格也要进行干预和控制，除此之外，相关法律法规对商品的价格制定与管理也提出了相关要求。

（四）对零售商开展促销活动的约束

零售商直接向消费者出售商品，零售商为了吸引消费者消费而开展的促销活动也与消费者的利益密切相关。一些国家对零售商开展促销活动都有明确的法律规定，如不得采用欺骗性的广告，不得以廉价出售某种商品，不得诱使顾客购买昂贵的商品等。我们国家对工商企业利用广告促进商品销售也有明确的法规，《中华人民共和国广告法》第四条规定“广告不得含有虚假的内容，不得欺骗和误导消费者”；第八条规定“广告对商品的性能、产地、用途、质量、价格、生产者、有限期限、允诺或者对服务的内容、形式、质量、价格、允诺有表示的应当清楚明白”。从消费者的角度说，消费者欢迎真实、清楚的广告，以便能够以此为信息做出购买决策。

四、技术环境

科学技术是社会发展和经济进步的原动力。科技对零售商的影响作用也是客观存在的，而且随着时间的推移有明显增强的趋势。科技发展使产业调整、产品更新、技术创新的节奏明显加快，产业结构、产品结构迅速发生变化，社会生产发展的速度加快。这一方面使社会产品极大地丰富起来，给零售商经营提供了坚实的物质基础；同时，也造成一些传统的商品经营艰难。另外，科技的发展还深刻地影响着人们的生活方式以及消费需要和消费行为，影响市场商品的供应，进而对零售商的经营产生影响。

科技发展对零售商的物质技术设施、经营管理方式的状况、先进性以及现代化进程更是产生直接的影响。改革开放以来，计算机应用技术、通信技术和电子技术的发展使零售企业在许多方面发生了重大变革，加速技术变革的步伐影响了零售业的各个方面，这种冲击是广泛的。新科技对零售商经营管理的直接影响可以分为三类：创造零售新形式、提高零售交易的效率、改善零售经营控制。

（一）创造零售新形式

第一种零售新形式是可视图文系统和家庭网络购物。可视图文系统和家庭网络购物是通信技术的进步所产生的新型零售形式的两个例子。可视图文是交互式电子系统的俗称，消费者可通过它获得各个零售商的商品信息。购买者先选择感兴趣的商品类型，然后通过家庭计算机终端直接订购商品，并把款项计入信用卡。

第二种零售新形式是电子目录商店。这种商店自己没有任何库存，它就像顾客和其他零售商之间的经纪人。购物者首先要求商店从电脑中打印出所有经营其所需商品的企业的名单，以及各家企业的该类商品的具体情况，其次可以将各企业的商品进行比较，最后确定购买哪家企业的商品后向目录商店订货。目录商店与购物者所选的企业联系确认有货后，便帮购物者订货，并代接受付款。被选中售货的企业将货物送给顾客，并向目录商店支付服务费。

第三种零售新形式是自助终端零售，利用物联网大数据等技术，为商户提供终端的远程管理、运营分析、广告营销、会员管理等服务。这种形式可应用于自助售货、自助收银、自助洗衣机、自助橙汁机等自助零售场景，它为消费者服务的方式、地点灵活多变。

（二）提高零售交易的效率

零售效率不断提高的驱动因素之一就是技术进步，技术进步是零售得以发展的保障。通过大数据分析，收集消费者数据，向消费者提供个性化服务。通过收集消费者行为，可以分析出最受欢迎的商品品牌、商品款式，从而有针对性地提供商品，让这些商品尽可能多地在第一时间出现在目标用户眼前。通过大数据分析，还可以提高商家成交率，大幅提升商家可获取的利益。

随着信息技术的发展，零售业中的供应链不断改革升级，利用大数据技术和AR技术对消费者进行需求定位，消费者的需求内容进行准确分析，然后通过云计算与精准预测的方式形成对供应链中各方面内容准确定位，实现库存预测效果，增强数据的有效性，大大提高了零售交易的效率。例如，一个鞋店不可能存有许多不同款式和尺寸的皮鞋，但对顾客来说，如果在商店里找不到他们所喜欢的款式和尺寸的皮鞋就会感到失望，而现在的视频订货系统可以使进入商店的顾客看到电视显示器上该商店所能提供的款式和尺寸，如果商店库存中现在没有这个顾客所需要的，顾客便能够直接在电视柜台用信用卡订货，然后在家等待商店送货上门。

人工智能在零售业的运用给消费者的消费场景体验带来了不一样的感受，改变了过去实体店的商品展现形式，建立起场景式营销的购物体验和智能化服务，打破实体店面“千店一面”购物环境，通过智能购物车、生物识别技术等新技术，可以实现人流量统计监测和人脸识别服务。通过虚拟试衣镜、内置处理器和摄像头，能够识别用户的手势、动作、面部特征、身材信息，提高用户实体购物体验。通过自助支付技术，提高了支付效率，推动了实体零售的新机遇新发展，促进了线上网络购物体验升级。

（三）改善零售经营控制

相较于过去而言，零售体系逐渐一体化，流通组织逐渐减少了批发商等中间环节，推动一体化零售形成，现阶段零售业不再受时间、空间和商品形态的限制，零售商可以整合各类资源要素，通过打造一体化零售体系，消费者直接与生产商对接，随时随地查看商品信息，自然发生购买行为。

近年来，以消费者为中心的零售理念日益突出，零售企业根据市场需求趋势，围绕消费群体特征，实行差异化战略，形成各具特色的连锁品牌，借助各种新零售技术深入剖析各地消费者内在需求，打造符合当地消费者的新商品。一方面，零售商强化线上线下消费者信息整合，充分尊重消费者在零售业中的地位，如梦洁家纺通过多家业态布局和线上小程序聚合全渠道的用户，赋能加盟商上云，与总部共享商品等，使线上线下有机融合；另一方面，零售企业适时推出定制化服务，满足顾客个性化需求，将商品与信息、服务和数据等融合，进而提升顾客满意度。零售商在各地发展连锁零售品牌，助力零售业态整体创新发展。

计算机化的收款柜台不仅能减少排队和劳动力成本，而且能为企业获得销售和库存的最新信息。商店可以用一个计算机和电子现场购物单元跟踪库存和销售情况，每天打烊时可以做一个总结报告，说明每种商品当天的销售数量和库存数量。每一件商品的价格也出现在总计报告中，报告还可显示每一件商品的直接利润以及它们的销售趋势。企业可以根据这些资料快速准确地决定哪些商品需要追加订货，哪些商品需要降价销售，并实现高速安全的供应链数据交换，提高贸易双方的工作效率，建立贸易信任，减少库存商品投资。

五、经济全球化与零售业发展

（一）国际市场和全球市场的发展

零售国际化的产生依赖于诸多因素，其中，国际市场状况、全球化进程和民族文化对其有着较大的影响。当今世界市场呈现出全球化和一体化的发展趋势，全球化进程加快，自我国加入了世界贸易组织之后，促进了贸易自由化的发展，也为我国的零售企业国际化提供了机遇。但近年来，各国贸易摩擦纷争四起，逆全球化的趋势愈演愈烈，贸易保护主义的重新抬头使自由贸易受到了影响，贸易战、地缘政治等给零售业国际化带来了诸多不确定性。

除此之外，全球文化发展也对零售业国际化带来了一些影响，市场经营者对零售业的国际化市场进行研究时发现，将拥有大体相同文化特征的国家分成一组是很有用的，即根据一些通用的标准，如语言、宗教等，来界定文化认同区域和文化类型。另外，文化壁垒对零售国际化也有很大的影响，局外人印象中的文化同一性和一致性可能是错误的，为了克服这类地理上的距离和文化差异带来的问题，零售商喜欢从文化认同感的市场起步，这样可以缩短商业距离，而商家也更容易理解消费者。然而，这种认同的观念很难建立起来，至少在欧洲如此，逐渐模糊的文化界限甚至对商品的需求产生了影响。广义上来讲，全球化不仅是文化和经济层面上的，也是政治和技术层面的。这种趋同首先是借助于通信及媒体的传播，特别是国际互联网。在货物供应方面，这种趋势促进了竞争者将其产品和劳务标准化，并逐渐扩展到全球范围。

（二）零售的国际化

我国是世界零售大国，也是最具吸引力的十大零售投资市场之一，在全球经济一体化的背景下，我国零售市场的国际化程度也越来越高。随着沃尔玛、家乐福等国际大型零售企业纷纷进入我国市场，在给我国零售企业带来巨大压力的同时，也引导着国内零售企业的国际化需求。

1. 实现商品的全球分销

零售企业国家化经营将会促进我国商品在全球的分销，即零售企业在国际市场上发展的过程中，充分利用其自身的资源等各种优势，通过与国内的贸易企业、制造商、国外的贸易企业和零售企业的合作，利用国外合作伙伴在东道国已有的营销渠道，增加在东道国的销售网点数量，最大限度地扩大销售渠道，进而使我国的产品能够更加快速方便地进入海外市场。

2. 促进商品的对外出口

国际零售企业在国外拥有成熟的销售渠道，在国内拥有完整的商品采购网络，前者可以解决海外市场的销售受阻等问题，后者能够使国内商品克服因信息不对称而引起的数量分配不均以及由于运输不力而导致的收购受阻等问题。总之，商品会通过零售企业的国际化经营更加便利、更加迅速地进入海外市场。

3. 减少贸易摩擦

所谓倾销，是指在正常的贸易过程中，产品从一国出口到另一国后，如果该产品的出口价格低于其在国内消费的相同产品的可比价格，即以低于其正常的价值进入另一国的商业渠道，则该产品就被认为是倾销。我国自加入世界贸易组织以来，一直是全球反倾销调查的头号目标国，我国商品的低价对国外同类产品构成了严重的威胁，而国外征收的反倾销税也给我国出口企业带来了较大的压力。但是，我国零售企业完全可以通过调整业态模式或者经营模式来规避国外市场的倾销指控。如我国零售企业可以与国外零售企业建立战略联盟，通过企业间的自有品牌开发和大宗业务采购，使我国优势产品以低廉的价格进入国外市场。

第二节 零售顾客

根据科特勒的说法，营销始于满足人们的需求，他利用马斯洛的需求层次指出，人们要活下去就需要食物、空气、水、衣服和房子等。除了这些，人们对娱乐、教育和其他服务有强烈的渴望，他们对基本商品和服务的特殊形式、品牌有特别的偏好。由于社会环境的不断发展，人们的需求处于不断发展之中。顾客的需求是由购买能力和购买动机支持的，因此，零售商不仅应当衡量如何使许多人需要他们的产品，还要衡量实际上有多少人愿意而且有能力购买。

一、零售顾客的购买动机

（一）购买动机分类

消费者的购买动机是指直接驱使消费者实行某种购买活动的一种内部动力，反映了消费者在心理、精神和感情上的需求，实质上是消费者为达到需求采取购买行为的推动者。购买动机因人而异，受每个人的生活习惯、生活环境、经济条件、消费偏好等方面的影响，具体可分为以下几类。

1. 本能模式的购买动机

消费者由于本能上的需要而产生的购买动机和行为叫作本能模式的购买动机，细分为维持生命动机、保护生命动机、延续生命动机、发展生命动机。一般而言，为满足本能需要的商品，供求弹性较小，多数是日常生活不可缺少的，购买具有重复性、习惯性、经常性的特点。

2. 心理分析模式的购买动机

消费者为满足自己的心理需要而产生的购买动机叫作心理分析模式的购买动机，细分为情感动机、理智动机、惠顾动机。由于消费者心理需要而引发的心理性购买动机比生理性购买动机更复杂，特别是社会经济的发展和人们物质文化生活水平的提高，人们购买行为的心理动机逐渐占据重要的地位。

3. 社会模式的购买动机

由社会因素引起的购买行为叫作社会模式的购买动机，一般受到社会群体、社会阶层、社会文化等不同的影响，由于社会因素复杂多样，社会模式下的购买动机也各有差异。

4. 需求层次模式的购买动机

根据需求层次学说，满足不同心理需要层次而引起的购买行为叫作需求层次模式的购买动机，细分为求实动机、求便动机、求廉动机、储备动机等，这类动机具有内隐性、转移性、模糊性、冲突性的特点。

在现实的商品销售活动中，影响顾客的不只是一种购买动机，而是多种动机同时存在，一个聪明的销售员要能够最大限度地掌握顾客的购买动机，并找出其中起主要作用的购买动机。

（二）影响购买动机的因素

1. 商品因素

商品是满足顾客需要的基础，它直接刺激消费者的感官，并给予消费者最直观的印象，是影响购买动机最主要的因素。商品的质量是一件合格商品最基本的要求，商品质量上乘，便能促进消费者的购买动机增强，即商品畅销。

2. 顾客个人因素

不同的消费者由于年龄、性别、文化程度、民族、职业等类型的不同以及生活环境、个人性格、消费偏好等因素的影响，在选购商品时往往会有不同的购买动机。

3. 经济因素

顾客经济收入的多少和消费者的家庭经济状况差异，会使他们的购买动机和行为产生差异，如中年消费者大多已成家立业，家庭负担较重，选购商品时可能会偏向物美价廉的商品；而青年顾客经济负担较轻，对商品的价格要求较低，购买欲望更强烈。

4. 媒介因素

通过人或物作为媒介，把有关商品、服务的知识和信息传递给广大消费者，以吸引人们的注意力，使其对介绍的商品发生兴趣，激起购买欲望，促成购买行为。

5. 经营因素

指在经营或服务上能引起顾客产生特殊感情、偏好与信任，使之习惯于前往该店购买或吸引一些慕名而来的购买的一种因素即惠顾动机。

二、零售顾客的购买行为

消费者购买行为是消费者需求和购买动机在实际购买过程中的具体表现，分为4W1H。

（一）4W1H

Why——顾客为什么购买（购买动机）；
What——购买什么；
When——何时购买；
Where——何处购买；
How——如何购买。

4W1H 分析法描绘了顾客购买行为的具体轮廓，与消费品的分类结合在一起，将提供更为具体、更加深刻的顾客购买行为基本框架。

将顾客购买商品时卷入程度与不同名牌商品相结合，可以将顾客购买行为分为四种类型，见图 4－1。

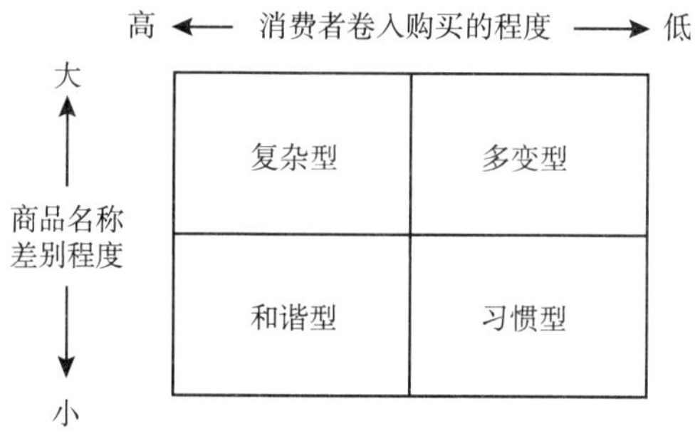

图 4－1　顾客购买行为类型

1. 复杂型购买行为

多发生于名牌差别较大的选购品的购买上，一般是整个家庭决定购买，如家庭购买私家车、买房等购买行为就是复杂型购买行为。消费者一般愿意在高级的大商店购买，由于大多数顾客不太了解这些商品的种类、特性、技术细节，因此当需要购买这些产品时，通常要经历一个学习的过程，他们往往广泛收集各种有关信息，进行多方比较。由此，售货员的介绍将起到很大作用。

2. 和谐型购买行为

发生在顾客购买名牌差别较小的选购品难以比较或特殊品上，例如，购买电风扇、洗菜盆等一般性日用品，顾客一般不花很长时间收集各品牌的信息并进行评价，而主要关心价格是否优惠和购买时间、地点是否便利，愿意到专卖店或高档店购买。

3. 习惯型购买行为

顾客往往根据习惯和经验购买这类商品，如购买卫生纸、洗衣液等生活用品就是习惯型购买，对于习惯型的购买行为则需要保持一定的商品库存水平，避免缺货。

4. 多变型购买行为

指顾客购买差别很大的便利品行为，如购买不同口味的饼干、不同味道的香水等，消费者为使消费种类多样化，常常变换所购买商品的品牌。对此可以通过增加花色品种，采用降价、试用等促销手段，鼓励消费者购买。

（二）购买活动的心理过程

顾客购买商品的过程是非常复杂的心理活动过程，这个过程中一系列的心理活动往往是逐渐展开的。因此，顾客购买商品时的心理活动过程是有阶段性的。

1. 注意

顾客对商品的心理活动是一种积极的状态，使心理活动有一定方向。

2. 兴趣

诱发感情，对商品和售货员在情绪上的反应所表现出的善恶倾向。

3. 联想

指由某事物想到与之有关的另一事物的心理活动。

4. 欲望

准备购买。

5. 比较

买卖双方将要达到顶点的一步。

6. 决定

顾客决定购买。

7. 满意

购买决定并非购买过程的终点。

三、零售顾客的购买过程

消费者购买行为过程是由不同阶段组成的，主要由确认需要、搜索信息、选择评价、购买决策和购物评价一系列过程构成。

（一）确认需要

确认需要是消费者进行购买的第一个阶段，消费者由于内在的心理及生理的需要以及外界环境的刺激，认识到对某些商品的缺乏，觉察到自己未被满足的需要，如当视力受损时，我们会考虑购买新的眼镜；如果夏天我们无法在闷热的卧室里睡觉，那么我们会购买空调或者风扇等。

（二）搜集信息

为了满足需要购买商品，消费者要搜索商品的有关信息。消费者的信息来源有很多渠道，主要有个人来源、经验来源、商业来源和公共来源四个方面。个人来源是指来自身边的亲朋好友的信息；经验来源是从过往使用过的产品中获得的经验；商业来源是指从企业宣传中获取的信息；公共来源是从网络、电视等大众传播媒体、社会组织中获取的信息。

（三）选择评价

消费者进行评估的目的是识别哪一类型的商品可以满足自己的需要。这是根据从不同渠道收集的信息，对商品质量、价格等进行判断比较，消费者一般在评价过程中主要考虑商品及销售商品的特点。有关商品方面，消费者主要考虑商品的功能特征、审美特征、心理特征；有关商品的销售方面，消费者主要考虑商品的价格特征、地点特征、促销特征，然后结合自己的实际情况选择最合适的商品。

（四）购买决策

进行购买决定和实现购买是决策过程的中心环节。购买决策是指通过商品比较，使消费者对备选的某种品牌产品形成偏爱，产生购买意向，引起实际购买行为。消费者的购买决策主要有产品属性决策、产品种类决策、购买时间及地点决策等。

（五）购物评价

消费者购买商品后，会根据实际使用情况来考虑自己的购买行为是否正确，商品的效用是否理想，这个过程被称为购后行为。消费者购买后的感受一般分为非常满意、满意和不满意三种情况。如果购买产品达到购买前的预期，消费者就会满意，否则就会不满意，超过预期则会非常满意。

四、影响零售顾客购买决策的因素

（一）个人因素的影响

1. 稳定因素

这主要是指个人的某些特征，如年龄、性别、民族、收入、家庭等。稳定因素能影响参与家庭决策者以及人们决策过程的速度，稳定性因素同时能够影响消费者对某产品的使用范围。

2. 随机因素

随机因素是指消费者进行购买决策时所处的特定场合和具备的一系列条件。消费者购买决策是在未预料的情况下作出的，或者某种情况的出现将延迟或缩短人们的决策过程。例如，一个正在考虑购买汽车的消费者可能会在选择上耽搁，这种耽搁肯定会减慢决策过程或者会导致他放弃这种购买，如果在另一种不同的环境下，譬如工资上涨，购买决策过程则可能会比工资不上涨完成得快很多。

（二）心理因素的影响

1. 感觉

不同的人用不同的方法对同一事物的认知是不一样的。感觉是为了获得结果对输入的信息进行识别、分析和选择的过程。人们通过感官接受信息，我们听到一个广告，看到一个朋友，闻到污染的空气，触摸到一种产品的时候，获得了信息，所以获取信息的多少会影响我们对商品的购买。

2. 动机

动机是激励一个人的行动朝一定目标迈进的一种内部运力。很多时候消费者购买一个商品的购买动机都是复杂多样的。例如，一个想买沙发的人可能被这种沙发的特性所吸引，如耐久性、经济性、样式等，但当一个市场营销者通过强调仅有的一个有吸引力的特性去吸引顾客时，也许不能得到一个满意的销售结果。

3. 经验

经验包括由于经历和信息所引起的个人行为的变化，个人行为的结果强烈地影响着经验积累过程。如果个人的活动带来了满意的结果，那么他在以后相同的情况下会重复以前的做法，例如，一个消费者购买了某种牌子的香水而且很喜欢，那么他以后还会一直购买同样牌子的香水。

4. 态度

态度由知识和对目标的积极、消极的情感构成。消费者对待零售企业或者商品的态度会影响他们的购买行为，当消费者对公司营销的某个方面持否定的态度时，不仅他们自己会停止使用公司的产品，而且还会建议亲戚和朋友也停止使用。零售商应该估计消费者对价格、包装、广告、商店布局等各方面所持的态度，通过不断调整这些方面来吸引消费者进行购买。

5. 个性

个性是和人们的经验与行为联系在一起的内在本质特征，源于不同的遗传和经历。个性比较典型地表现为以下一种或几种特征，如冲动、灵活、死板、野心、富有竞争意识、爱合作等，消费者的这些个性会影响他们的购买行为，通常人们购买的服饰、汽车等也会反映出他们的个性特点。

（三）社会因素的影响

1. 角色和家庭

我们每个人都是社会群体中的一员，在一定的组织、机关和团体中占有一定角色，由于社会关系网的复杂性，我们每个人都扮演了很多不同的角色，如一个女士可能不仅是妻子、母亲和女儿，同时也是某公司的高管，那么她在购买某些商品时，可能受到来自不同角色角度的影响，因为每一种角色的需求都不一样。

2. 相关群体

相关群体是指个人对群体的认可，并采纳和接受群体成员的价值观念、态度和行为。相关群体对个人来说可以起到参照物和信息来源的作用，顾客的行为可以变得和群体成员的行为和信念一致。例如，一个人由于受相关群体成员的影响停止使用某一种牌子的日用品而使用另一种。相关群体对购买决策的影响程度依赖于个人对相关群体影响的敏感性和个人与相关群体结合的强度。

3. 社会阶层

社会阶层是具有相似社会地位的人的一个开放的群体，主要因素包括职业、教育、收入、健康、地区、种族、伦理、信仰和财富。每一阶层中的人们有同样的价值观和生活方式，而不同阶层的人们在使用购买决策过程上大不相同。例如，较低阶层的消费者的信息来源有限，因而只寻找附近物美价廉的零售企业；中等阶层的消费者利用媒介信息并进行广泛的寻找，他们不只在附近的商店中购买；较高阶层的消费者善于利用媒介信息并在精品高档商店中购买。

4. 文化

文化是指人类所创造的物质财富与精神财富的总和，是人类劳动的结晶，人们受到不同文化的熏陶，会影响其消费行为。少数民族因为所处的文化不同，其行为也不同于汉族人。在一些落后的少数民族地区，家庭中的购买决策基本上是集中型的，宗教甚至迷信对人们的行为影响很大。从零售企业的角度看，受文化影响的行为规范和准则是重要的，文化对购买过程的各个方面都有影响。

第三节　零售竞争环境

一、零售竞争的特点

零售市场是垄断性竞争市场。从现代零售主体来看，西方国家一方面存在着以大型百货公司、国家连锁商店等为代表的垄断组织，另一方面又存在着大量的中小零售商。我国的情况也颇为类似，一方面存在着大型百货商店，另一方面又存在着数以万计的中小零售商，这些零售商存在和依赖的条件是不同的，他们在竞争中的反应是不同的。零售业这种竞争特点的形成，主要有以下三个方面的原因。

（一）零售市场的差别

零售市场是一种顾客分散、顾客和商店的距离具有决定意义的市场，顾客一般不会越过当地市场去购买他们所需要的商品，因而零售市场局限于地方一级，这使零售市场范围狭小。进入地方一级市场的零售商一般不会完全重复经营同一种类商品或使用同一方式经营，因为他们要满足顾客诸多方面的需求和不同购买行为的要求，这导致零售商之间树立特色竞争，以求以自己的独特性吸引顾客。

（二）来自需求的影响

零售商面对的消费者需求受到商店的价格和消费者住地或工作单位与商店距离的影响。对于价格而言，零售商可以控制和调整，当商店价格较低时，消费者的需求量增加，这使零售商之间为竞争更大的需求量展开价格方面的竞争。需求数量与消费者与商店距离成反比关系，当商店与消费者所在地距离较近时，消费者的需求量就增加，反之亦然。正是这个距离的因素形成了零售商竞争的垄断因素。它造成一些零售商在地理位置上处于优势，因为它不仅接近消费者，而且接近消费者的数量多，有较大的需求量，使其在竞争中处于垄断地位。相反，一些与消费者所在地距离较远的零售商则因为不能接近较多的消费者而导致需求量减少，从而使自己在竞争中处于劣势。此外，扩大商店规模、扩大商品的种类范围、增加花色品种、提供舒适的购物环境、建立免费停车场、扩大广告宣传，有利于吸引消费者去他们的商店购买商品，增加消费者的最大需求量。

（三）来自供给的影响

在一个区域内的需求量是有限的，零售行业中的企业数量较大，各企业生产的产品间差异化小、可替代性高，导致企业间竞争十分激烈，价格战较为常见，过多的零售商满足一定的需求量会使每个零售商应获得的利润下降，这样就导致一些零售商想方设法维护自己的销售量，保证应有利润水平，部分零售商因销售量下降，不能得到营业必须有的利润，被迫停业。与此相反，如果一个行业的零售商太少，零售商获得的利润比较高，就会吸引新的零售商进入这个行业，现有的零售商也会被吸引扩大商店或开办新店，从而又引起竞争。只有每个零售商都能保持一定水平的利润，这时相互之间的竞争才处于均衡状态之中。

二、零售竞争的演变

零售业的竞争伴随着商品供求的态势，在不同的供求关系下和不同的经济时期中表现出不同的竞争焦点和形式。我国改革开放以来，在流通领域实行了“三多一少”的流通体制改革，由国营企业独占市场变为多种经济成分并存的市场结构。从此，流通领域引入了竞争。

引入竞争的初期，零售业的竞争焦点在于商品，即谁拥有了紧俏商品就获得了竞争优势。因为在这一时期，市场上的多数商品处于供不应求的状态，多数零售商寻找紧俏商品的来源，以商品吸引顾客。零售商之间展开了商品货源的争夺，有的零售商采用了“人无我有，人有我新，人新我全，人全我廉，人廉我转”的竞争策略，吸引顾客，创造高销售额。

由于零售业进入更多的零售商和零售经营者，社会生产力水平提高，市场上商品日益丰富，消费者由选择商品向选择商店发展。消费者由过去集中在几家商店购物向多家购物分散发展，这使零售商意识到改善商店的环境才会吸引更多的消费者。零售商把竞争的焦点推向了改善购物环境的竞争，为顾客营造更轻松、更方便的购买环境的做法得到了全国大型零售商的响应。改善购物环境受到了消费者的欢迎，大多数消费者被吸引到购物环境好的商店之中。

商场环境的改善，带来了商品提档、价格升位的问题。消费者在良好的购物环境中发现商品的价格比购物环境差的商店高了许多。一时间，消费者到大商店观赏商品的人数增多，实际购买的人数减少，同时分流现象明显，这使大型商店的销售遇到麻烦。为此，一些零售商率先采用价格促销竞争策略，同时引起另一些零售商的强烈反应，价格战被掀起。

价格促销对零售商解决一时问题、达到短期内要实现的目的是有效的，但对长久经营并非是灵丹妙药，而且竞争的结果往往是两败俱伤。商品竞争毕竟是有限的，价格竞争并不能长久。一些零售商把视线转向了广阔的零售服务领域，亮出了“零风险购物”“商品送货上门”等服务竞争口号。服务竞争在西方被称为第二次竞争，商品竞争被称为第一次竞争。从商品竞争到服务竞争使竞争发展进入新的层次。

零售竞争是一个广阔的领域，它不仅包括满足销售所必需的服务，也包括满足消费所需要的服务，让顾客满意，使顾客成为企业永久性的顾客是服务的目的。近几年来，零售商在服务方面采取了差异服务、灵活服务、店外服务、联合服务等。服务竞争越是激烈，服务领域越被拓宽，服务项目越繁多，并不断翻新。

服务竞争并不意味着竞争的停止，而是揭开新一层次竞争的序幕，并推动竞争向更高层次发展。战略竞争在现阶段零售市场竞争中已露端倪。战略竞争是高于服务竞争的更高层次的竞争，它促进零售商从根本上考虑企业的发展，最大限度地发挥企业的优势，树立特色，占领最有力的市场。战略竞争对企业的资源配置、市场方向、市场发展等起到了重新组合与分配、重新确定的作用，从而影响到零售组合重组与发展。

随着新零售概念的出现，互联网、大数据、云计算、人工智能等先进技术方式进入零售行业中，对商品的生产、流通与销售过程进行升级改造，以电子数据处理系统、决策支持系统、管理信息系统为中心，形成了以网络为辅助的自动化管理，零售企业之间的竞争开始进入技术管理时代。

零售业竞争，从以商品为核心开始，发展到以服务为核心，继而发展到以战略为核心，不断演化发展，并无止境。零售商只要处于市场经济条件下，就要相互展开竞争。零售商积极参与竞争，围绕优势与特色做文章，则可能在竞争中立于不败之地。

三、零售竞争的类型

零售商业竞争按照竞争的表现形式可以分为四种类型。

（一）同一行业内部和行业间的竞争

同一行业内部竞争指的是同一行内部两个及两个以上的零售企业，为了吸引同一地区内的消费者而相互之间进行的竞争，这是零售商竞争的最普遍形式。不同行业之间的竞争指的是分属不同行业的零售商经营同一行业的商品，为了能够吸引到更多的消费者，能够获得更多的销售额，从而使不同行业的零售商之间进行竞争。这样的竞争由跨行业经营而引起，这种不同行业的零售商经营同一行业商品的竞争模式，如果发展得日益激烈，则会导致低劣商品价格的下跌，毛利率下降，零售商的利润受到损失，当然也会在一定程度上给消费者带来一些益处。

（二）争夺顾客的竞争

争夺顾客的竞争是指同行业或不同行业的零售商为了维持企业一定的利润水平，从竞争对手那里争夺消费者而展开的竞争，这也是零售商竞争的实质。任何零售商的经营都必须保持损益平衡，获取最低限度利润，否则无法生存与发展，这种争夺顾客的竞争通常表现在零售商为了吸引消费者，调整营业时间、为消费者提供最大的方便、改善服务、改善购物环境、为消费者创造轻松愉快的购物体验等，使消费者乐于消费，进而使本企业提高收益水平。

（三）扩大销售份额的竞争

扩大销售份额的竞争是指零售商为提高市场占有率而进行的竞争。扩大销售份额的竞争，在经济高度发展时期表现并不明显。因为经济的高度增长带来了市场的不断扩大，人们的实际收入也不断增加，任何新增的零售店都会有利可图。但是在经济平缓时期，市场发展缓慢，在这种情况下，如果有新进入零售行业的企业，那么原有企业占据的市场份额就会受到挤压，零售商要使本企业在当地零售市场中保持有利的位置并维持稳定，就需要通过降低价格、改善服务等措施来扩大本企业的销售份额。然而这样做并不容易，这会影响到其他零售商的销售份额，损害他们的利益，所以这种做法常常引起其他零售商强烈的反应，从而使零售商之间扩大销售份额的竞争激烈化。

（四）占据市场适当位置的竞争

开发在市场上适当位置的竞争是指零售商通过不断调整自己的竞争战略，从而在市场上占据适当的位置。随着零售商之间的竞争日益加剧，零售商会发现仅依靠提供商品的经营难以保护本企业不受竞争的威胁，因为所有的零售商都能逐渐通过不同的渠道获得同样甚至更优的商品。零售商要摆脱依靠商品经营受到的竞争威胁，就要为企业寻找适当的市场定位。在企业市场定位的过程中，零售商可以运用市场细分的理论，使用人口统计方法或消费者生活方式的特点归纳来分割市场，明确本企业为哪一类消费者群体服务，并使本企业提供的商品、价格、商店的陈列与装饰、雇用的人员、播放的音乐等都符合这一消费群体的要求。

四、零售业竞争者的分析

对零售商而言，辨别本企业的竞争对手、分析竞争者的状况是从事经营活动的重要前提。零售商应辨别本企业的竞争对手，建立广泛的竞争观念，把与本企业经营相同商品种类及品种的零售商视为竞争对手，而且还应从多方位、多角度、多层次分析可能成为本企业的现实的和潜在的竞争者，从而使零售商立足市场，在竞争中立于不败之地。

对于特定零售商而言，他的竞争者可能由以下几个方面构成。

（一）从经营商品和市场目标方面分析，竞争者来自两个方面

1. 同一地区内与本企业经营相同商品种类及品种，提供相同服务的零售商

同一区域内，有数家以完全相同的商品和服务吸引消费者的商店，会使消费者产生随便去哪一家商店都可以的想法，不会把购买行为局限在一家商店，由此，这几家商店之间就会展开竞争。

2. 与本企业目标市场相同的零售商

有着相同的消费群体，或者同是满足消费者的某种需要的商店互为竞争对手，同是满足消费者某种需要的商店，虽然经营的商品有所不同，但是商品之间

却有极强的替代关系，经营这些商品的零售商们相互成为竞争对手。当消费者的购买力只能投向一种商品时，经营这些商品的零售商就展开了激烈的竞争，他们大力宣传本企业经营的商品会给消费者带来更多的利益，吸引消费者的购买力投向本企业。

（二）从零售商发展方面分析，竞争者来自三个方面

1. 有发展前景的中小零售商

他们尽管与本企业经营的商品相似，或市场目标相同，但终归是小规模、品种不齐全，不能构成对本企业的威胁。这些小企业坚持不懈地努力，不断地扩大市场发展，使经营呈上升趋势，成为本企业强有力的竞争对手，对此零售商需要预先观测市场，密切地注意他们的发展状态，采取相应的措施，以防患于未然。

2. 新的零售商或零售经营者

有的新零售商一进入市场就拥有较大的经营规模和良好的购物环境，在很短的时间内就在零售市场上占有重要的位置，使原来的零售商遇到强大的竞争对手。原有的零售商若是对此评估不足，则会使自己所占有的市场份额被挤压。因此，零售商业要密切注意新零售商的进入状况、可能吸引的消费者群体、可能与本企业形成的竞争关系的性质等。

3. 无店铺零售商

近几年来，无店铺经营方兴未艾，电子销售日益受青睐，这些使原来为店铺零售商的顾客开始分化，其中一部分顾客成为无店铺的零售经营者的顾客，直销零售商和无店铺商的发展形成了店铺零售商现实和潜在的不可忽视的竞争对手。

（三）从竞争对手的反应方面分析，零售商的竞争对手有四种

1. 从容不迫竞争者

这些竞争者对于其他企业的行为没有迅速反应或反应不强烈，他们可能认为他们的市场稳固，顾客青睐于他们，其他企业的行动不会给他们的经营带来影响，或者针对其他企业的发展战略，他们还没有找到反击的方法。

2. 选择竞争者

这些竞争者可能只对某些类型的竞争行为做出反应，而对其他竞争行为不予理睬，如对其他企业降低商品价格会做出反应，而对其他企业增加广告投放没有反应。零售商应该了解竞争对手会在哪些竞争方面做出反应，以求得采取最可行的竞争策略。

3. 对抗型竞争者

这种竞争者对本企业所采取的竞争行为反应强烈，而且不让步，直接采取对抗的策略，如其他企业采取六分让利促销，这类竞争者便会以七分让利、十分让利促销，保护自己的市场，争夺更多的市场份额。

4. 随机型竞争者

这种竞争者并不表露可预知的反应模式，他们对其他企业的竞争行为可能会反应，也可能不做反应，视市场和企业当时的状况而定，使其他企业无法预知。

（四）分析竞争者的实力与竞争策略

在竞争中，零售商不仅需要辨别竞争对手，还要进一步分析竞争对手的实力状况和竞争策略。分析竞争对手实力状况，需要搜集竞争对手的有关情报，如竞争对手的经营规模、经营的商品品种等方面的情况。通过这些方面的分析，零售商会对竞争对手在零售市场中的地位、拥有的优势和不足、对自己经营的影响程度做出估计以便制定相应的对策。

分析竞争对手的竞争策略，一是了解对手的商品经营特色，以哪些商品为骨干商品，以哪些商品为辅助商品，平均价格水平如何，以及骨干商品的价格定位；二是提供服务的特色，选择人员服务还是自助服务，服务项目数量以及对消费者的吸引力状况；三是竞争对手追求的利益，对手追求的是利润最大化还是追求市场占有率，在追求利润最大化方面，是追求长期最大的利润还是短期或者是满意的利润即可。

【本章小结】

零售宏观环境包括社会和人口环境、经济环境、政策与法律环境、技术环境以及现阶段的经济全球化。零售顾客的购买行为分为复杂型、和谐型、习惯型、多变型购买行为。消费者购买过程是分阶段进行的，由觉察需要、信息搜集、选择评价、购买决策、买后评价等一系列的购买活动阶段构成，并形成连续的过程。零售竞争受到零售市场的差别与狭窄、需求、供给等方面的影响。零售竞争类型包括同一行业内部和行业间竞争、争夺顾客的竞争、扩大销售份额的竞争、占据市场适当位置的竞争等。

【思考题】

1. 影响零售的社会和人口环境是什么？
2. 如何理解经济全球化对零售业的影响？
3. 零售顾客的购买动机有哪些？结合实际，谈谈你在购买某特定商品时的购买动机。

4. 影响零售顾客购买决策的因素有哪些？

5. 如何对零售竞争者进行分析？从哪几方面着手？

【延伸阅读】

[1] 金福海．消费者法论［M］．北京：北京大学出版社，2005.

[2] 李桂华．零售营销［M］．北京：人民邮电出版社，2016.

[3] 李骏阳．零售学［M］．北京：科学出版社，2009.

[4] 李源．商品流通理论［M］．北京：中国商业出版社，1998.

[5] 林建煌．消费者行为［M］．北京：北京大学出版社，2011.

[6]［英］欧德罗伊德．市场营销环境［M］．北京：经济管理出版社，2005.

[7] 任锡源．零售管理［M］．北京：首都经济贸易大学出版社，2007.

[8] 王常华．商品学［M］．北京：中国传媒大学出版社，2014.

[9] 吴小丁．商品流通论［M］．北京：科学出版社，2005.

[10] 杨达伟．国际营销环境分析［M］．北京：中国大百科全书出版社，1995.

【精彩案例】

5月11日，国家统计局、国务院第七次全国人口普查领导小组办公室对外发布：截至2020年11月1日零时，全国人口共141178万人，与2010年第六次人口普查的133972万人相比，增加7206万人，增长5.38%，年平均增长率为0.53%，比2000~2010年的年平均增长率0.57%下降0.04个百分点。

“我国人口总量增速是放缓的，但仍然保持了平稳增长。2020年，我国总人口约占全球总人口的18%，仍然是世界第一人口大国。”国务院第七次全国人口普查领导小组副组长、国家统计局局长宁吉喆说。

全国人口是指我国大陆31个省、自治区、直辖市和现役军人的人口，不包括居住在31个省、自治区、直辖市的港澳台居民和外籍人员。

看户别，家庭户规模继续缩小。全国共有家庭户49416万户，家庭户人口为129281万人；集体户2853万户，集体户人口为11897万人。平均每个家庭户的人口为2.62人，比2010年的3.10人减少0.48人。“家庭户规模继续缩小，主要是受我国人口流动日趋频繁、住房条件改善、年轻人婚后独立居住等因素的影响。”宁吉喆说。

看区域，东部地区人口占比提升。东部地区人口占39.93%，中部地区占25.83%，西部地区占27.12%，东北地区占6.98%。与2010年相比，东部地区人口所占比重上升2.15个百分点，中部地区下降0.79个百分点，西部地区上升

0.22 个百分点，东北地区下降 1.20 个百分点。广东省、山东省的人口各超过 1 亿人。

看性别，人口性别结构持续改善。男性人口为 72334 万人，占 51.24%；女性人口为 68844 万人，占 48.76%。总人口性别比（以女性为 100，男性对女性的比例）为 105.07，与 2010 年基本持平，略有降低。总人口性别比低于 100 的省份为辽宁省、吉林省。我国出生人口性别比为 111.3，较 2010 年下降 6.8。

看年龄，人口老龄化程度进一步加深。我国 0～14 岁人口为 25338 万人，占 17.95%；15～59 岁人口为 89438 万人，占 63.35%；60 岁及以上人口为 26402 万人，占 18.70%。与 2010 年相比，0～14 岁、15～59 岁、60 岁及以上人口的比重分别上升 1.35 个百分点、下降 6.79 个百分点、上升 5.44 个百分点。

看城乡，居住在城镇的人口为 90199 万人，占 63.89%；居住在乡村的人口为 50979 万人，占 36.11%。与 2010 年相比，城镇人口增加 23642 万人，乡村人口减少 16436 万人，城镇人口比重上升 14.21 个百分点。“随着我国新型工业化、信息化、农业现代化的深入发展，以及农业转移人口市民化政策落实落地，10 年来我国新型城镇化进程稳步推进，城镇化建设取得了历史性成就。”宁吉喆说。

看民族，各民族全面发展进步。我国汉族人口为 128631 万人，占 91.11%；各少数民族人口为 12547 万人，占 8.89%。与 2010 年相比，汉族人口增长 4.93%，各少数民族人口增长 10.26%，少数民族人口比重上升 0.40 个百分点。

看受教育程度，人口素质明显提高。我国具有大学文化程度的人口为 21836 万人。与 2010 年相比，每 10 万人中具有大学文化程度的由 8930 人上升为 15467 人，15 岁及以上人口的平均受教育年限由 9.08 年提高至 9.91 年，文盲率由 4.08% 下降为 2.67%。

宁吉喆表示，要辩证看待人口变化对经济社会的影响。我国人口基数大、人口众多的基本国情没有改变，超大规模国内市场优势将长期存在，人口与资源环境仍将处于紧平衡状态。

同时，人口增长放缓，需要采取措施促进人口长期均衡发展。我国劳动力资源依然丰富，人口红利继续存在，同时劳动年龄人口逐年缓慢减少，经济结构和科技发展需要调整适应。少儿人口和老年人口比重双双上升，既反映了调整生育政策的积极成效，又凸显了“一老一小”问题的重要性，需要优化生育政策，完善养老育幼等人口服务体系。

资料来源：人民日报．第七次全国人口普查主要数据公布　人口总量保持平稳增长［EB/OL］.［2021－05－12］. https：//www.gov.cn/xinwen/2021－05/12/content_5605913.htm.

讨论题：

我国零售业如何适应人口环境的发展变化？

第五章

零售战略

【学习目标】

1. 理解零售战略的构成要素与类型；
2. 掌握零售战略管理过程；
3. 掌握数字经济发展对零售战略的影响。

【重难点】

1. 成本领先战略、差异化战略和目标聚集战略在零售经营中的应用；
2. 零售扩张的战略思想，包括地理战略、扩张路径、多元化及国际化扩张；
3. 数字技术对零售企业战略调整带来的机遇和挑战。

【案例导入】

良品铺子是中国休闲零食零售行业无可争议的冠军企业。良品铺子线上、线下业务并重，近年来电商业务占比逐渐增大，线上业务跟三只松鼠、百草味的竞争进入白热化，而线下业务中，和来伊份坚持走直营模式不同，加盟业务占比较大，超过直营60%。良品铺子的零售战略可以分为三个发展阶段。

第一阶段，形成区域性强势品牌。从创业开始到2014年前后，良品铺子始终在以武汉为中心的华中地区发展。由于休闲食品连锁零售对标准化运营、物流网点服务能力等要求较高，对于跨区域发展持谨慎态度。在这个阶段，良品铺子在品牌建设、运营管理、信息化技术应用等基础性体系上做得非常扎实，在众多零食品牌竞争中脱颖而出。

第二阶段，全渠道转型，向全国扩张。近年来，休闲食品电商快速发展，主战场集中在天猫，良品铺子不失时机地参与到这个领域，进入了天猫、京东等主流平台电商。彼时，中国零售行业普遍面临着线上、线下两个渠道如何协同、平衡的话题。良品铺子很早就认识到了以会员运营为中心，线上线下相结合的全渠道模式的重要性——线上不仅是卖货渠道，而且是数字化的用户互动渠道。为此，良品铺子大力建设会员体系，在行业里率先采用了“有赞”这类新兴社交电商形式，还积极发展饿了么、美团等O2O渠道。与此同时，借力IBM、SAP等顶尖技术公司，经过3年的数字化转型，良品铺子成为中国技术最先进、渠道种类最丰富、渠道组合最平衡的全渠道零售商之一。基于会员数据基础的丰富性，良品铺子进行了深入的用户研究，锁定目标人群，进行新产品开发、产品包装升级。在观察到城市购物人流从商业街向购物中心转移的趋势后，良品铺子又开始升级门店，面积更大，装修更现代化，门店销售品项数更多，选址上增加了购物中心店的比例。在这个阶段，良品铺子还加快了拓展加盟业务的步伐。

第三阶段，智慧零售和品牌升级。从2015年开始，良品铺子的营收以每年增长10亿元的速度发展。2018年开始，在和阿里新零售体系深入合作推进智慧零售的同时，良品铺子的战略重点开始转向寻求高质量增长。为更好地提高收入增长并提高市场占有率，良品铺子将战略重点确定为以顾客消费升级需求为中心，全面升级企业精细化运营管理，将引进外脑的重点放到了品牌定位和营销战略上，帮助公司更好地找到战略目标与市场定位。

资料来源：观财道．浅析良品铺子“新零售”商业模式的发展历程［EB/OL］.［2023－04－27］. https：//baijiahao. baidu. com/s？ id = 1764315002471986930&wfr = spider & for = pc.

思考：良品铺子在发展的不同阶段制定与实施了怎样的零售战略？

第一节　零售战略概述

一、战略与零售战略

（一）战略

战略（strategy）最早是军事方面的概念。“strategy”一词源于希腊语“strategos”，原意为“将兵术”或“将道”。中国古代，战略常被称为谋、猷、韬略、方略、兵略等。在竞争日益激烈的今日，战略应用的范围日趋扩大至政治、经济、文化、资源乃至企业发展等不同领域。战略与一定历史时期的社会生产方式有密切联系，它依赖于社会物质生产、科技发展水平和人的觉悟程度，为国家或政治集团的基本政策服务。国家的社会制度、政治、经济和军事实力以及主观指导，对战略的制定和实施起决定作用。战略和战术是全局与局部的关系，战略对战术起指导、制约作用，同时战略目标的实现，又有赖于战术的成功。战略具有全局性、阶级性、对抗性、预见性、谋略性的特征。

（二）零售战略

"战略"一词被用于零售业，很多零售商经常讨论他们的商品战略、促销战略、选址战略及自有品牌战略，这个词的使用频率已经高到几乎所有零售决策都可能是战略决策的地步，但事实上，零售战略绝不是零售管理的别称。

零售战略（retail strategy）也称零售发展战略，指零售商在变化的环境中为了求得生存和发展，有效利用企业资源而制定的长期发展目标，以及实现目标的行动纲领。对于零售战略的理解，应把握以下三个要素：第一，零售商的目标市场（target market），即零售商集中其资源和零售组合来针对的细分市场；第二，零售商为满足目标市场需要而计划长期使用的零售业态和资源，零售业态（retail format）是描述零售商用来满足目标市场需要所采用的零售组合，包括零售商品以及提供服务的类型、定价政策、广告和促销计划、店面设计等内容；第三，零售商用来计划建立可持续竞争优势的基础，可持续竞争优势（sustainable competitive advantage）是优于竞争对手的优势，不容易被竞争对手复制，因而可以保持相当长的一段时间。

二、零售战略规划

商场如战场，制定零售战略规划是零售商在行业竞争中保持可持续竞争优势的重要保障。该规划过程主要包括零售商如何选择目标细分市场、如何确定合适的零售业态，以及如何建立可持续竞争优势。如图 5-1 所示，零售商进行战略规划可能经历的七个步骤如下。

（一）第一步：定义业务使命

零售战略规划过程的第一步是对公司使命做出界定。使命陈述（mission statement）是对零售商计划实现的目标及开展的业务范围的宽泛描述，即界定目标细分市场的一般性质以及该公司应该重点考虑的零售业态。在制定使命陈述时管理人员需要回答以下问题：本企业所处行业的前景如何？我们的顾客是谁？我们具备哪些能力？我们要达到什么目标？

（二）第二步：进行 SWOT 分析

在对公司使命进行清晰界定之后，零售战略规划流程的下一步骤就是进行 SWOT 分析（SWOT analysis），既包括零售商自身内部环境（优势和劣势）的分析，又涵盖零售商外部环境（机会和威胁）的分析。

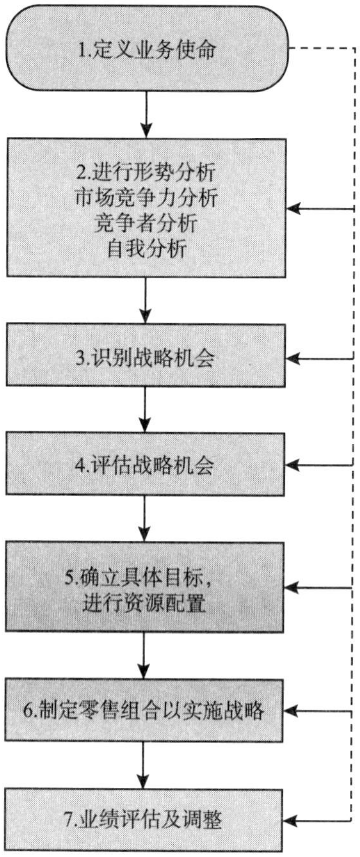

图 5－1　零售商战略规划的七个步骤

1. 内部环境

内部环境分析确定零售商的优势和劣势，这些都是零售商相对于其竞争对手所具有的独特的战略能力。这些独特的能力包括资产、知识以及零售商拥有的技能。例如，某零售商与供货商的亲密关系及其顾客忠诚度，这些能力都为零售商制定某一战略提供机会。表 5－1 概述了对零售商进行优劣势分析时需要考虑的一些要素。

表 5－1　零售商优劣势分析考虑要素

财务资源	人力资源
顾客忠诚度	高层管理者
品牌形象优势	店面经理
开发独特商品	商品经理
顾客服务质量	运营经理

续表

财务资源	人力资源
顾客信息	供货商关系
规模和社区参与	供应链管理系统
区位	信息系统

2. 外部环境

零售商外部环境分析有利于识别零售商面临的机会和威胁，即环境中可能会对零售商产生积极或消极影响的因素。这些因素与市场状况、竞争程度以及环境变化有直接关系，通常超出了零售商可控范围。表 5-2 大致列出了零售商进行外部环境分析时需要着重考虑的一些因素。

表 5-2 零售商面临的机会和威胁

市场因素	竞争因素	环境变化
市场规模	进入壁垒	新技术
市场增长	供货商的议价能力	经济条件
销售的周期性	竞争性对抗	政策、法规变化
季节性	—	社会变革

3. 市场因素

零售商是否进入目标市场重点考虑的因素包括市场规模大小、市场成长潜力、销售的周期性以及商品的季节性，因为这些因素将直接影响零售商是否投资后能产生相应的收益。一般而言，规模较大市场、成长性市场的资产回报率相对较高，容易受经济周期影响的商品及季节性商品的市场缺乏吸引力，因为这可能导致零售商资源因闲置而产生资产回报率偏低。

4. 竞争性因素

影响零售市场竞争格局的重要因素包括进入壁垒、供货商的议价能力和竞争对手的实力。第一个竞争性因素是进入壁垒（barriers to entry），指零售市场中使其他公司难以进入该市场的各种障碍，如规模经济、顾客忠诚度、优势店址的可获得性等。通常情况，那种被规模较大且具备规模经济的竞争对手占据的市场是其他零售商不愿意进入的；零售市场已经被某零售商占据，并且有一批忠实的顾客，那么这一市场也不具有吸引力；优势店址的可获得性也会阻碍竞争对手进入市场。进入壁垒是一把双刃剑，对于已经在该地区驻扎的零售商来说是有利条件，因为这些壁垒提高了进入门槛，限制了竞争，但对于尚未进入该市场的零售商来说则吸引力不大。

第二个竞争性因素是供货商的议价能力（bargaining power of vendors），当所出售的商品为少数供货商所控制时，该市场也缺乏吸引力。这种情况，供货商有可能操控价格及其他条款（如发货日期等），从而导致零售商利润下降。

第三个竞争性因素是竞争对手实力。竞争性对抗（competitive rivalry）是针对竞争对手的行动采取对抗性行动的频率和程度。竞争性对抗程度高会引起价格战、广告、促销费用需要增加、利润率降低。有可能导致竞争激烈的情况包括市场上存在大批同等规模的竞争者；市场成长缓慢；固定成本居高不下；竞争性零售商之间缺乏差异。

5. 环境因素

影响零售市场吸引力的环境因素包括新技术的应用、经济周期变化、政策法规变化和社会变革，有时这些因素同时发生作用将会产生叠加效应。例如，2020年新冠疫情不期而至，中国零售业出现了“冰火两重天”的局面：一方面，出于疫情防控需要，众多线下大型商场被迫关停，导致线下销售分外惨淡；另一方面，线上零售逆势上扬，迅速成长。

政策法规也可能改变零售市场吸引力。例如，日本的《大店法》、法国政府对于零售商店面积的法律限制都不同程度削弱了零售市场的市场吸引力。

（三）第三步：识别战略机会

进行完SWOT分析之后，零售商研判形势，探寻本企业提高市场竞争力的战略机会，将是零售战略规划的下一个步骤。此阶段应当特别注意的是，有些发展战略是对公司使命的再次界定。

（四）第四步：评估战略机会

零售战略规划的第四个步骤是对SWOT分析中识别出的战略机会进行评估。这项评估将决定零售商有无潜力利用这些评估机会建立可持续竞争优势，并获得长远利益。评估战略机会的过程，必须同时考虑市场吸引力和零售商的优劣势。因此，零售商应该将优势资源集中于能够发挥自己强项及竞争优势的机会上。

（五）第五步：确立具体目标，进行资源配置

完成战略投资机会评估后，零售战略规划的下一步骤就是为每一个机会确立具体的目标。零售商的整体目标应该包含在使命陈述中，而具体目标是用来衡量整体目标实施过程中每一个步骤的目标。因此，具体目标包括三个部分：业绩目

标中，包括可以用来衡量所取得进展的数字指标；实现目标的时间安排；实现目标所需要的投资水平。一般来说，业绩水平是用一些财务指标衡量的，如资产回报率、销售额和利润等。

（六）第六步：制定零售组合

零售战略规划第六步是为将来可能投资的每一个发展机会制定零售组合，进行资金投入、风险控制等。

（七）第七步：业绩评估及调整

零售战略规划的最后一步是评估战略结果并实施计划。如果零售商实现或超越了既定目标，那么无需进行根本改变；但如果零售商没有达到目标，就需要重新进行分析。一般而言，这种重新分析始于回顾该项目的实施过程，但有时也需要重新进行使命描述、进行新一轮 SWOT 分析。

制定零售战略规划是一个持续的过程。零售商每天都会收集各种数据，分析所处形势，考察流行趋势、学习新技术，并监控竞争活动。但是零售战略陈述不是短期能随意改动的，只有当所处的环境和自身能力发生根本性变化时，零售商才会重新审视战略陈述并作出修改。当零售商对其战略重新进行审视时，制定一个新的战略陈述要经过一两年时间。各种可能的战略方向是由该组织中不同层级的员工共同提出的，然后由公司高层管理人员和实际业务人员进行评估，以确保该战略从长远来说是有利可图并可贯彻执行的。

第二节　零售营销战略

一、零售竞争优势

当零售商在同一市场中，面对相似目标市场，能够赢得更高的现实或潜在利润或市场占有率时，可以说这个零售商拥有了零售竞争优势。换句话说，所谓零售竞争优势是一个零售商独具的、支撑其可持续竞争的各种优势的总和，是零售企业超越其竞争对手的能力表现。

（一）零售竞争优势来源

不同行业竞争优势的来源是不同的，对于传统零售业来说，建立零售竞争优势最重要的五个来源分别是：商品、服务、店址、成本、信息管理。

商品因素是零售商运营最基础的因素，其他各因素只有围绕商品这一核心因素才能发挥应有的作用。零售商通过为顾客提供范围更广泛、品类更齐全、质量更可靠、售价更低廉的令消费者更满意的商品，甚至提供独一无二的商品，才能建立人无我有、人有我优的商品竞争优势。但大多数情况，竞争者也能购进和销售同样的商品，因此商品是零售商取得竞争优势的必要而非充分条件。

当零售商意识到这一点时，通过提供优质服务培养和保持客户忠诚度就成为许多零售商努力追求的目标。著名零售企业沃尔玛创始人山姆·沃尔顿曾经说过："自从沃尔玛创立以来，我们所做的每一件事情都围绕着'顾客就是上帝'这一理念，秉持着顾客至上的经营哲学。"

对于实体零售商而言，拥有独一无二的"好位置"曾是一笔巨大的无形资产，可以为其带来源源不断的可观利润，也因此有人曾经将"选址、选址、选址"作为零售商运营最重要的三件头等大事。随着互联网广泛应用于生活中的各个场景，消费者购物场所发生了重大改变，实体店选址对于许多零售业态的重要性已经大打折扣。

同一业态的零售商满足消费者同一方面的需要，不同的成本运作意味着零售商满足消费者的能力各不相同。如果一个零售商能以低于竞争对手的成本运行并向消费者提供同质的商品和服务，那么该零售商即能获得较之竞争对手更高的边际利润。零售企业的成本主要由采购成本、物流成本、运营成本三部分构成，成本控制绝不仅是单纯的压缩成本，而是需要建立起科学合理的成本分析与控制系统。沃尔玛在成为全美最大零售商闻名之前，开支费用对销售额的比率一直是同行业中最低的，也充分证明降低成本在零售企业运营中的重要作用。

高效顺畅的信息管理系统是零售商更加行之有效进行决策的重要前提，由过往的条形码、二维码发展至今，依靠大数据、云计算、AR、VR 等数字技术驱动的信息管理系统引起的零售业创新已越来越被人们重视。

这五种要素并非独立存在，它们之间相互制约，相互支撑，共同配合成为零售商竞争优势的五大来源。

（二）建立可持续零售竞争优势的方法

零售商每建立起一种可持续竞争优势就意味着该零售商在自己的势力范围内筑起了一道屏障，这道屏障的门槛越高，屏障外的零售商想进入这个市场并争夺市场份额的困难程度越高。一般而言，零售商建立可持续竞争优势有以下三种方法。

第一，与顾客建立牢固的关系，提高顾客忠诚度。顾客忠诚度（customer loyalty）是指顾客总是到某个特定零售商那里购买商品和服务。忠诚不仅指消费者更喜欢哪个零售商，还意味着顾客不愿意光顾其他竞争性零售商。培育和保持顾客忠诚度主要依靠树立品牌形象、在目标市场中建立独特定位、提供独特的商品、提供优质的服务、开展客户关系管理计划及建立零售社区。山姆·沃尔顿（沃尔玛创始人）曾将“超越顾客的期望”作为其十大经营法则之一，他认为“超越顾客的期望，如果你做到了，他们就会成为常客。他们想要什么就给他们什么——甚至再多给一些。让他们知道你感激他们。妥善处理你的每一个过失，不要找借口——道歉去。为自己做的每件事情负责到底。我曾经写下的四个最重要的字，就是写在第一家沃尔玛分店招牌上的‘保您满意’。它们现在还立在那儿，正是这四个字创造了所有那些变化”。

第二，与供应商建立牢固的关系。如同通过与顾客建立牢固关系提高顾客忠诚度一样，与供应商建立牢不可破的战略合作伙伴关系也是零售商建立可持续竞争优势的重要方法。这方面的经典案例要数沃尔玛与宝洁的合作。沃尔玛与宝洁曾经就像是两个各走各路的巨人，虽然双方都把目光集中在产品的终端用户身上，但双方又都各行其是。时任宝洁公司副总裁的卢·普里切特在与沃尔玛创始人山姆·沃尔顿泛舟出游后，达成一致意见，他们各自从公司召集了10名最高层管理人员，就两家公司合作事宜进行了自我反省和深思。接下来的三个月里，他们成立了一支宝洁—沃尔玛合作队伍，以期建立一种全新的供货商—零售商关系。他们开始通过计算机共享信息，宝洁公司可以监测沃尔玛的销售和库存数据，然后利用这些信息制定自己的生产和发货计划，双方效率大大提高，实现双赢。

第三，实现高效的内部运营。高效的内部运营使零售商与其竞争对手相比具有成本优势，或以相同成本为消费者提供比竞争对手更多的利益。一般来说，规模较大的零售商内部运营效率较高，较大的零售商可以投资开发复杂的人力资源管理系统、分销系统及信息系统，并通过更多的销售分摊这些系统的固定成本，以此提高零售竞争优势。例如，沃尔玛曾经的配送和信息系统使其在相当长时间内具备了任何一个竞争对手都无法克服的成本优势。

为了建立可持续竞争优势，零售商不会只依赖一种途径，相反，他们需要通过多种渠道围绕其市场定位，筑起尽可能高的围墙，巩固自己的竞争优势。

二、市场细分与市场定位

（一）市场细分

市场细分（market segmentation）是指企业按照某种标准将市场上的顾客划分成若干个顾客群，每一个顾客群构成一个子市场，不同子市场之间，需求存在着明显的差别。市场细分是选择目标市场的基础工作。市场营销在企业的活动包括细分一个市场并把它作为公司的目标市场，设计正确的产品、服务、价格、促销和分销系统“组合”，从而满足细分市场内顾客的需要和欲望。零售市场细分（retail market segment）是指拥有相似需要，可以采用同样的零售组合来对其产生吸引的一群消费者。

进行市场细分的方法有很多种，如地理细分法、人口统计细分法、地理人口统计细分法、生活方式细分法、购买情境细分法、利益细分法、综合细分法等，表5－3显示了影响不同零售市场细分方法的因素。

表5－3　　影响不同零售市场细分方法的因素

细分描述项	类别举例
地理	
地区	太平洋、山区，大西洋中部、东北部地区等
人口密度	农村、郊区、城市
气候	冷、暖
人口统计特征	
年龄	6岁以下、7～12岁、13～19岁、20～29岁……65岁以上
性别	男、女
家庭生命周期	单身、已婚未育、已婚已育、已婚空巢、鳏居
人均可支配收入	1万元以下、1万～1.5万元、1.5万～2万元、2万～2.5万元、2.5万元以上
职业	公务人员、专业技术人员、军人、商人、工人、农民等
受教育程度	高中、大学在读、学士、硕士、博士等
民族	汉族、回族、满族、布依族、阿昌族等56个民族
国籍	中国、美国、日本、英国等
心理	
生活方式	奋斗型、驱动型、专注型、亲密型、利他型、寻乐型等
个性	进攻型、害羞型、多愁善感型
感受和行为	
态度	积极、中立、消极
追求的利益	便利性、实惠、声誉等
决策过程阶段	无意识、有意识、知情、有兴趣、打算购买、曾经购买
感知风险	高、中、低
创新意识	创新者、早期采用者、追随者、落后者
忠诚度	无、有一些、完全

续表

细分描述项	类别举例
使用率	不用、使用频率低、使用频率中等、使用频率高
适用场合	家庭、工作、休闲
使用者状况	非使用者、潜在使用者、当前使用者

尽管没有某种特定的途径确定哪种方法最佳，但仍然可以通过判断该细分市场是否具有可行动性、可辨识性、规模性和可实现性四个指标，从而评估某个零售细分市场是否为一个可行的目标市场。评估零售细分市场的基本标准有两点：一是细分市场上的消费者必须有相似的需要，寻求相似的零售商品和服务来满足；二是这些消费者的需要同其他细分市场上消费者的需要不同。可行动性是指零售商应该了解采取什么措施来满足该细分市场的需要。可辨识性是指零售商能够确定细分市场中的消费者。当消费者可辨识时，零售商能够确定细分市场的规模，并确定针对哪些消费者进行营销传播与促销。如果一个市场太小或其购买力不显著，即不具备规模性，就不能产生足够的利润来支持零售组合活动。可实现性意味着零售商可以针对某个细分市场向消费者进行促销及营销零售组合中的其他元素。

（二）市场定位

市场定位是20世纪70年代美国营销学家艾尔·里斯和杰克特劳特提出的，其含义是指企业根据竞争者现有产品在市场上所处的位置，针对顾客对该类产品某些特征或属性的重视程度，为本企业产品塑造与众不同的、印象鲜明的形象，并将这种形象生动地传递给顾客，从而使该产品在市场上确定适当的位置。市场定位强调的是零售商在目标顾客心目中的形象，而非在零售管理者心目中的形象。市场定位的实质是使本企业与其他企业严格区分开来，使顾客明显感觉和认识到这种差别，从而在顾客心目中占有特殊的位置。

三、竞争战略选择

零售商战略选择是期望将内部资源优势发挥到最大化，同时将劣势降低到最低。迈克尔·波特在《竞争战略》提出，可以让企业获得较好竞争位置的一般性战略有三种：成本领先战略、差异化战略及目标聚集战略。

（一）成本领先战略

成本领先战略也称低成本战略，是指企业通过有效途径降低成本，使企业的全部成本低于竞争对手的成本，甚至是在同行业中最低的成本，从而获取竞争优势的一种战略。美国哈佛商学院零售学权威马克奈尔教授研究发现：一个创新型零售商开始总是通过使用各种新技术或提供较少的零售服务降低其经营成本，并以较低的姿态和较低的毛利率，大量而低价格地销售商品来进入零售领域。由于这种经营方式获得了消费者的支持，从而取得了经营上的成功。于是，便出现了与这个零售商所采取的经营方式相类似的模仿者的出现，并开始出现激烈的价格竞争。这个“创新型”零售商为了使自己与其竞争对手相区别，便开始提高服务和商品的档次，并改善经营设施和环境，以扩大毛利，这必然导致成本上升，结果这个“创新型”零售商逐渐丧失了当初低价位的特征，从而又促使市场上其他低价格、低成本的新型业态模式出现。超级市场、折扣商店等业态最初都是以追求低价格销售而出现的，而低价格的背后往往都是低成本的支撑。所以成本领先战略驱使着新型零售业态在竞争中不断替代旧零售业态，而当这一业态失去了成本领先优势时，则马上又会被另一种以成本领先为竞争武器的零售业态所替代，于是，零售轮子就这样在成本领先的推动下向前发展。可以说，成本领先战略是新兴零售业后来居上的有力武器。

（二）差异化战略

差异化战略，也称特色优势战略，是指企业力求在顾客广泛重视的一些方面，在该行业内独树一帜，它选择许多用户重视的一种或多种特质，并赋予其独特的地位以满足顾客的要求。它既可以是先发制人的战略，也可以是后发制人的战略。零售业差异化是指零售商通过提供与众不同的商品或服务，通过满足顾客特殊需求而形成竞争优势。差异化做得好，可以产生和垄断同样的效果。零售企业差异化战略特别强调市场营销所关注的顾客价值，如果一个企业能够提供给顾客某种具有独特性的东西，那么它就具备了有别于其他竞争对手的差异化竞争优势。商品、服务、价格、店址、环境、沟通等任何一种零售营销组合要素，都有可能成为零售企业实现差异化竞争优势的关键要素。

（三）目标集聚战略

目标集聚战略是零售商将经营重点集中在某一特定的顾客群体、某产品系列或某特定地区市场上，力争在局部市场取得竞争优势。由于将精力集中于局部市场，需要的投资较少，因此这一战略多为中小型零售企业所采用。选择目标集聚战略目的在于以低成本为基础或利用更明显的差异化，占领较小市场，从而避免与大型（强大）企业进行正面竞争。可以通过多种方式利用有利资源，譬如地理区域、顾客类型或生产线。这些战略的实施范围被刻意缩小，成功取决于客户关系和发展特定商店文化等不太明显的领域。例如，北京的餐饮业竞争异常激烈，即使是非常赚钱的餐厅，也只能各领风骚三五年，新进入者很快盈利的机会很小。十几位年轻医生发现在这个巨大的餐饮市场中没有一家专门针对年轻医生群体的餐厅，于是采用众筹的方法，于2017年4月在北京开办了一家名为“柳叶刀”的烧烤店，目标顾客对准一个“极小的小众”——经常加班、需要专业交流的年轻医生。由于目标顾客群体专业和聚焦，受到目标顾客喜爱，将其当成自己的一个重要生活场景，一年之后它已经被称为京城“医界必去的5A级景点”。

以上三种战略是零售商获取竞争优势的重要战略，采取何种战略往往取决于企业在自身资源约束条件下的精准定位。对于拥有较多优质资源、规模经济显著的大型零售企业，往往最有条件实现低成本的竞争优势，并将其转化为低价定位的优势。但并非所有企业都能具备成本领先优势所必需的资源基础，如果在没有明显成本优势的情况下，也可以考虑在商品（包括品牌）、服务、环境、体验等某一方面形成自己的差别化竞争优势，或者聚焦较小市场实现目标集聚优势。三种战略的选择不是非此即彼的关系，零售商完全可以同时实施两种战略组合或三种战略组合，从而创造比实施一种竞争战略更强大的竞争优势。

第三节　零售扩张战略

一、地理战略

一种地理战略要求第二家商店尽可能靠近第一家商店并且不应拉走第一家商店的顾客。第三家商店以相同的方式开办，以此类推，直到连锁店遍及全国为止。这种战略的优点在于，从组织上来看，不仅店主能够更容易地在各个连锁店之间合理分配时间，其雇员也可以做到这一点。经理可以轻而易举地往来于各家商店之间而不必担心由此带来的不便和往来费用，因而培训也更加容易。即使通过单一媒介市场，广告也可以为企业带来规模效益。商店如此之多，以至于满意顾客对商店的宣传必定会产生效果，而不会出现宣传的听众永远不会光顾商店的情况。在配送方面也会形成规模效益，如一个仓库可以为一组店铺群服务，或者一个批发商可以很容易地为10家商店送货。

另一种地理战略要求在每个主要的城市都建立一家旗舰店。假如在纽约开办了第一家商店，那么就应该在洛杉矶开办第二家商店，在芝加哥开办第三家等。这么做的好处主要有两点：第一，可以分散地理上的风险；第二，假设一种理念要在全国实行，如果这种理念对地点有特殊要求，那么尽早在主要市场锁定理想地点的租赁合同将是极有意义的。

还有一种很重要的地理战略是对上述两种的综合——跳出去再铺回来。这种战略的主导思想是先在一个地方稳扎稳打经营一段时间以后，直接跳出去在第二个主要市场建立一家旗舰店，当需要时再在两地之间充实新的商店。

二、扩张路径

（一）发展初期以自开新店为主

纵观世界零售 100 强企业各自的发展历史，几乎全部都是在发展初期以自己开新店为主。无论是工业革命时代产生的西尔斯、沃德等，还是信息革命时代产生的沃尔玛、家乐福都不例外。

零售企业发展的第一步都要塑造自己的特色经营和核心竞争力，通过成功的经营和管理模式，积极实施内部管理型战略，积累企业扩张发展的原始资本和树立企业形象，为进一步的扩张发展打下基础，这一切常常需要自己开店去探索与实验。同时，100 强企业常常是新型业态的创造者和推动者，发展初期常常难以找到合适的并购对象，自己也缺乏资本实力。因此，开设新店、增加营业网点成为企业规模化发展的重要内容。以沃尔玛为例，1962 年第一家沃尔玛折扣店在美国阿肯色州的罗杰斯城创立。但过了两年，到 1964 年 8 月第二家沃尔玛商店才在阿肯色州的另一小镇哈里森成立，期间经历了两年的磨合时间。到 1970 年时沃尔玛仅有 18 家店铺。沃尔玛在前 20 年的发展基本上是以自己开店为主。

实际上，直到今天，还有部分 100 强企业偏爱自己开店，而不采取并购方式。例如，2001 年 100 强排行榜第四位的家居用品公司，起步于 1978 年，其创始人曾在 1998 年说："仅在 20 年的时间里，家居用品公司呈几何级数飞速增长，从亚特兰大的 4 家商店发展到目前的 775 家店、160000 名员工伙伴以及高达 300 亿美元的销售额。我们的增长很少是通过兼并，而是几乎全部都来源于内部的扩张。"

（二）发展后期以并购老店为主

纵观零售 100 强发展过程，在企业发展战略的选择中，过去偏重内部管理型战略，强调自身积累的发展、扩张的方式是一家一家地开设新店。毫无疑问，没有先进的内部管理与经营措施，企业不可能发展和壮大，更谈不上外部交易型战略的实施。

随着零售业发展快速化和竞争激烈化，仅依靠内部管理型经营战略是很难跟上时代发展速度的。因此，企业兼并、收购与重组等外部交易型战略，成为世界零售 100 强中后期发展的重要方式。

家乐福从1998年的世界零售100强第9位，一跃成为1999年的世界第2位，是因为家乐福在1998年收购了曾位于世界零售100强排名第22位的法国普美德斯公司，极大地强化了家乐福的规模和实力，增强了它与打入欧洲市场的沃尔玛抗衡的能力。2000年，家乐福公司又收购了大型超市28家，超级市场504家，其他店132家，进一步强化了竞争地位。

沃尔玛等世界零售企业，也不断地通过并购的外部交易性战略的实施，达到扩张的目的。由此可见，并购已成为世界零售100强现代发展的主要形式和手段。

在高度重视资本市场的经济环境下，资本运作已逐步开始得到各大型零售企业集团的青睐。零售企业通过资本运作、优化企业的资源配置和结构；通过兼并与收购使零售企业集团规模得到迅速扩张，有利于企业的规模经济的形成、竞争战略的实现和核心竞争力的加强；通过重组，调整内部资源的分配，达到资源利用效率的提高，最终实现企业整体发展目标。

那么零售企业应以何种速度将经营理念付诸实践呢？如果一个公司没有既定的发展战略，它将在许多方面遭受挫折。如果一个人穷于应付对40家连锁店的管理，那么当管理一个拥有600家商店的全国性连锁店时，他将束手无策。时间将全部浪费在更换工作伙伴身上。资金注入在第一阶段可能是充足的，但在第二阶段开始之前就可能由于资金不足而需要新的投资者加入，而每一阶段的加盟者都会在所有者权益中索取属于自己的份额。在这样的情形下，高级信息处理结构可能需要不断进行修正，仓储和后勤系统也面临同样的状况。显而易见，一劳永逸的解决办法是不存在的，唯一可以做的就是在稳扎稳打、步步为营以降低风险和孤注一掷以获取长期经济利益两者之间权衡利弊，从而找到一个最佳的切入点。

最终，扩张速度取决于机会本身。商店经营得越好，获取的利润就会越多，发展可能就会越快。如果商店开办需要大量资金，可能就需要花费大量的时间去说服足够多的投资者参与；如果时间是最重要的，那么为了不丧失或许是千载难逢的机会，即使所有权被稀释也是值得的。

三、多元化扩张

多元化战略将零售商带入一个新市场和新产品开发领域。多元化是指主要通过横向或纵向整合新活动发展现有零售活动之外的利益。

（一）纵向整合

纵向整合把公司运营扩展到供应链前向或后向的其他行业，以便进行更有力的控制，在某些情况下创造进入性障碍以保护自己独特的设计或技术。美国迪斯尼和华纳兄弟就利用这种方式扩展到零售业，以利用源于电影和电视里的人物商品推销机会。许多杂货零售商通过投资于分销中心、绕开了批发商而承担了上游分销的责任，并利用其购买权力影响生产过程。这些举动通过加强对零售商和顾客之间主要活动的控制为零售报价增加价值。随着竞争环境的变化，纵向整合可能会兴起以应对电子商务带来的新问题。网上销售的发展带来了家庭送货的需求，这可能要求零售商重新评价分销服务的前向整合问题。

（二）横向整合

公司通过联合本行业的经营发展壮大，使之通过扩大市场份额巩固市场位置。随着增长战略常常通过购并企业转向地理性扩张，该方向整合在零售业中已变得更为明显，这一整合或者完全为了获得该企业地址，或者得到补充性招牌。多元化还可以根据与现有企业的相关程度划分；多元化相差越远，风险程度就越大。

（三）相关——同心多元化

它是指新增企业在产品、市场等方面与原有企业相关，以及核心业务与新业务之间具有高度兼容性。这种多元化常发生在联合企业的利润增加了企业实力和机遇并有助于降低风险的情况。相关程度可以根据专业技术的相关运用和公司的独立程度确定。新行业与其核心业务的关系程度，公司在同种重心条件下通过价值、体系、组织和范例的运营程度，决定了现有业务和新业务的亲密程度。事实上，相关度的类型包括运营技巧、顾客的使用、产品或技术的近似之处。

（四）不相关——综合多元化

主要为抓住有利的机会而实行，也可能由个人进取心引起、商业周期中分散风险的需要，以及扩展超越现有成熟或衰退的市场的需要。

四、国际化扩张

零售商们运用了两种战略来开发国际市场，实现国际化扩张：一是全球化战略，即将母公司成功的经营模式移植到各国的分公司中，实际上就是把一种经营模式在海外原样复制；二是多国化战略，即根据所在国的市场状况在分公司中建立行之有效的不同于母公司经营模式的战略。

（一）全球化战略

1. 标准化的市场营销战略

全球化零售商面对两个潜在的挑战：第一，必须根据当地条件更好地满足顾客的需求；第二，有效利用公司资源以获得最大程度的规模效益。巴泽尔以及奎尔奇和霍夫建议不要走极端，经营者要在获得标准化的好处和满足各国市场不同需求之间寻求平衡。相对而言，来维特发展了这一思想，他认为由于世界范围内的需求和期望不可避免地趋于一致，因此多国化战略必将逐步衰落并最终为全球化战略所取代。

全球化零售商大都认同来维特的思想，尽管他们偶尔表面上采取一些适应当地市场的举措，但他们还是从全球的角度定义他们各个细分市场上的顾客，让所有的商店采取一致的市场态度。其市场营销技巧的标准化是采取全球化战略的结果，包括产品范围、商店装修、产品广告、产品价格以及服务水平等都是类似的。

2. 全球化战略的管理

（1）经营组织的权力非常集中，所有涉及公司的决定都由最高层做出。不鼓励所属商店的创新精神，它们的任务被减少至只须遵从总部制定的规章和程序即可，实际上它们对组织的零售技巧和策略没有任何影响。

（2）需要一个有效的、潜在的信息系统以控制网络的活动。这一系统通常已被计算机化，它能收集关于销售的详细信息并下达添货指令，从而提供个性化的服务，并且如果需要，产品线也可以调整（特别是涉及如款式和颜色这种情况）。

全球化零售商由于经营集中化，可以重复使用一个已被证明有效的模式，因此，它们能非常迅速地扩张。麦当劳公司等之所以能够快速发展其网络，得益于它们的标准模式可以便宜和快捷地复制。

（3）经营活动的标准化使零售商能从产品、销售、商店管理、广告和个人培训的规模经济中受益。

使用全球化战略，零售商们全力以赴地服务于那些期望可以清晰界定的市场。他们展示了统一的门面，将商店与其商品销售联系在一起，并从其网络各环节降低的成本中获益。如果这些优势保持下去的话，其进一步扩张是有可能实现的。然而，有两个很大的难题必须克服：第一，其鲜明的专门化特色使其只要试图稍作变化就招致批评并易受到竞争对手的攻击；第二，他们对当地市场的细微变化反应的迟钝会阻碍其跟上市场发展的趋势。

（二）多国化战略

1. 多国化战略的含义

与全球化零售商相反，多国化零售商将他们的分支机构看作地理上分散的零售经营业务，对于他们中的每一个，他们都改变其标准模式以适应当地市场条件。基本经营理念保持不变，但为适应每一个国家市场的特殊要求必须进行一些改变。超大型商场的国际化肯定是多国化战略的最好证明。“一站式购物”在许多国家里落叶生根，但是产品种类和品牌却根据每个国家顾客期望的不同而不同。虽然消费者的同质化促进了全球化战略，但其他一些原因同样导致了多国化战略，法国超大型连锁商场就是一个很好的例证：

（1）由国家强加的限制是导致这些公司寻求海外发展的决定性因素，因为它们的本国市场已经受到了限制。

（2）技术和商业运作的精通，以及从其本国市场多样化经营中获得的令人满意的成功，鼓励了法国公司在更广泛的空间内应用其经营理念并进一步扩大的决心。

（3）寻找新的挑战和树立国际形象，可能已经影响了成功的市场领导者对国家的选择。

2. 改进的市场营销战略

多国化零售商对其模式有一个全球化的界定，但他们根据当地市场状况调整了某些重要的方面。

超大型商场竭尽所能地保证其成功的根本原因——严格控制管理成本，向顾客提供优先的服务，以及产品附加很少的边际利润。西雅衣家（C&A）公司在其所进入的所有国家保持了经营策略的精髓——表面上可辨认特征的男式服装、女士服装、儿童服装，所有的商品都在合情合理的价位上。除了这些核心因素外，每个市场营销可变因素都根据顾客特征加以改进以应对当地的竞争。

产品范围依靠市场条件和供应要求的不同，而在国家与国家之间不同，甚至不同的商店之间也有所不同。C&A 公司对产品的选择是在国家层次上做出的，每一个商店都必须遵从国家的指导方针，这一点与超大型商场相反。在超大型商场，商品范围是由每个单独的销售渠道决定的，这有两个原因：第一，每个商场必须使自己符合它所处地区的微观市场条件；第二，对于易腐烂的商品、笨重的或需要快速流通的商品，由国家或当地供应商提供的服务就成为重中之重了。

定价政策根据国家（在 C&A 公司）和每个销售渠道的不同（对于超大型商场）而不同。C&A 公司在国家层次上制定其政策和边际利润，并且要求一个国家内的所有销售渠道都遵守。超大型商场（主要销售日用品和名牌产品，这类产品的价格须小心调整以吸引顾客并应对当地竞争）在决定价格水平方面给其商店经理更多的自主权。

广告政策是针对每个国家的。广告的数量不同、媒体不同，对成本的依赖程度、可利用性及相关有效性都不同。为 C&A 公司所做的广告是全国性的，但为超大型商场所做的广告却是地区性的，服务水平在国家之间没有差别，但是具体的内容却随各国顾客的习惯而改变。

3. 多国化战略的管理

多国化零售商分权化管理比其相对集权的全球化管理部分多得多。当母公司推进主要的战略决策，如销售渠道地方化或从海外重新招募管理人员时，它允许所在国管理层有相当程度的自主权，并由他们决定销售渠道的组合策略。这种责任的分散化在超大型商场经理方面尤为突出，这些经理选择产品的种类和供应者，根据当地竞争设定边际利润，决定所提供服务的水平，决定广告主题，并且选择广告媒体。

为了贯彻其最初的经营理念，同时考虑当地的细微差，多国化零售商们使用了混合管理人员的队伍，这支队伍由本国和移居海外的管理人员组成。

采取多国化战略主要会得到三个结果：

首先，多国化零售商的发展空间弱于全球化零售商。每个商店需要的投资规模以及聘用高水平经理的困难限制了其经营模式的推广。

其次，多国化零售商不会从规模经济中获益太多。它们会从得到的经验中获益，但是与全球化零售商相比，其网络的国际扩张不会引起零售成本、供应和广告成本的降低。

最后，一个国家形象的发展扩大了管理人员的培养，并为那些准备接受新的挑战的人开辟了新的事业前景。

第四节 零售数字化战略

经过几十年的快速发展，中国零售业取得了巨大成就。近年来，随着中国城乡居民消费升级从“量”到“质”的变革和信息技术革命大潮的来临，中国零售业发展面临前所未有的机遇与挑战。在人们惊喜地发现零售领域突然出现了大量新业态、新模式、新服务的同时，实体零售业也遭遇了新的瓶颈，诸多零售企业面临被淘汰的困境，零售业数字化转型势在必行。

一、数字化改造

互联网时代，无数商业豪杰登场。他们前仆后继、力挽狂澜；他们放手一搏，成就王者荣耀；他们铩羽而归，甚至销声匿迹。8848、卓越、淘宝、当当、京东、凡客、聚美优品……一个个我们熟知的名字如同电影画面在我们眼前流转而过，他们共同成就了中国电子商务发展的光辉岁月，也共同见证了传统零售业数字化改造，开启了零售行业新纪元。电子商务从产生之初，就对实体零售产生了巨大冲击。著名的“一个亿”赌局（2012 年初的 CCTV 经济年度人物颁奖盛典上，马云和王健林就“10 年后电商在中国零售市场份额能否过半”设下 1 亿元赌局），更是将电子商务与实体零售之间的竞争推向了风口浪尖。事实上，还未满 10 年，阿里巴巴就布局了盒马鲜生，后又买下大润发和欧尚的大笔股份，腾讯也高调入手永辉超市的大量股份，在互联网的重塑之下，实体零售注入了新鲜活力。在大数据、云计算、人工智能的加持下，实体零售与电子商务的通道进一步被打通，数据的充分运用对于经营流程效率更高。实体零售独特的优势是体验，这是目前线上平台无法实现的，即使是 AR 和 VR 运用对于消费者来说也无法取代实体店给他们的真实体验感，而在未来几年中，满足消费者对于体验的追求将会成为实体零售数字化改造的重要目标。零售业数字化改造经历了三个阶段：第一阶段是场和货的信息化阶段，技术替代了部分人工操作对数据进行规模化处理，企业内部运营效率提升，此时的数字化主要是为了解决零售商的需求，即实现场和货的信息化和可视化，并未真正起到连接零售商和消费者的作用。第二阶段是线上人的数字化阶段，电商实现了人的数字化识别，努力实现线上人货场全面数字化，更精准的人货匹配和进一步降本增效。此时电商平台出现，初步实现了从货的数字化延伸到人的数字化，这在推动了尝到甜头的电商提升效率、加速发展的同时，也为占据绝大多数市场份额的线下零售商带来了新的机遇和挑战。第三阶段是线下人的数字化阶段，人货场全渠道数字化。这一时期，线下人货场数字化程度追平电商，全渠道融通的数字化触达、运营和管理模式初步形成。如何通过数字化改造，实现零售业人货场全面线上、线下融通，是这一时期零售商进行探索的主要内容。

二、数字化创新

实体零售进行数字化改造后，与电子商务携手前行，共同探索并引领零售创新的浪潮。随着新冠疫情常态化及诸多不确定因素的影响，一些跨界及新兴业态模式与传统零售业态之间相互渗透，或互为竞争，或优势互补，形成功能与流量叠加效应。不同业态、不同赛道、不同场景百舸争流，最终回归商业本质，提升效率和服务水平。百货业态、购物中心、商超、便利店等传统零售业态的数字创新需要加快技术赋能，打造丰富营销场景，提升购物体验；利用大数据、人工智能实现数据驱动，人人在线，时时在线，从点到全链路闭环，打通堵点，形成业务闭环，进而为全渠道业务形成铺垫，从流量收割到精细化运营。

银泰的数字化转型和成长已经取得了令人瞩目的阶段性成果。新零售，是招一个电商副总裁就能解决的问题，还是需要从上至下基于数据彻底地升级转型？百货企业要固守“流量”“体验”做零敲碎打的改进，还是以技术为基础实现凤凰涅槃的转型？对于转型方式，是用工具来解决局部问题，还是用数字化商业操作系统来解决系统问题？这些疑惑，通过银泰的数字化成长似乎都有了新的思考方向。

2017 年，阿里巴巴收购了银泰商业，并提出“从 -1 到 0 再到 1”的整合和改造理念。所谓“ -1 到 0”，是指“回归零售本质”，下沉到行业中去，深入剖析实体零售百货的业态、消费者关系，进行问题诊断，再反向推导解决方法，而不是强行照搬互联网的世界观和方法论；而所谓“从 0 到 1”，则是指在回归零售本质的基础上，依托阿里巴巴强大的技术能力和商业生态，彻底改造现有的商业模式和服务等级，实现技术赋能、区域协同，最终向商业智能和网络协同的终局迈进。具体说来，银泰的商业转型战略可以从以下几个方面来看。

1. 商业要素的数字化和数据激活

数字化是实现实体商业竞争力“升维”的基础，是进行所有服务升级、运营优化的关键。银泰的数字化改造涵盖了以下的关键点，这也是零售百货类企业考量数字化改造时的通用维度和进行步骤：

（1）会员数字化。

原有的会员卡对消费者识别维度简单，缺少电子化沉淀，因此也无法进行数据价值的发掘。通过电子会员的形式，借助阿里电商生态，可以基于会员线上线下行为进一步培养和区分优质客户、提升企业的盈利能力；通过给予核心用户更大权益的方式，实现健康的、不以补贴为前提的线下流量增长，提升坪效。同时，借助这样的平台，百货将可以对入驻品牌提供增值服务，指导品牌更有效率地进行推广。会员数字化是商家想要增加对客户的了解、实现“以人为本”服务最基本的一步，也是百货深度触达客户、做超前引流的基础。这里需要说明的是，银泰的 INTIME365 会员是收年费模式，“吃饭能打折、购物有优惠”“吃穿用全部囊括其中”。通过会员专享折上折和专属服务（帮就餐取号、帮预留车位、帮全国搜货、观影福利）培养了忠实的粉丝。银泰 2018 年总收入中超过一半是来自会员的贡献。

（2）交易数字化。

受转型前的商业模式所限，百货对于交易行为只掌握大颗粒度的信息，关注重心在于收入而不是交易内容的本质，重要的数字资产处于无积累、无沉淀的状态。通过将交易销售行为数字化，零售百货“场”的效应可以在实现全渠道经营的基础上得到最大程度的发挥。关键是可以识别会员在线下的购物品类和喜好，与线上行为进行关联和打通，进而优化场内的进货品种和货品摆放位置。在数据打通的前提下，交易数字化可以进一步提升消费者体验。一个简单的例子，消费情况可以和场内的停车优惠折扣自动关联，消费者不再需要到服务台兑换停车优惠券，省心又高效。

（3）商品数字化。

商品数字化是零售百货转型过程中需要逾越的最大一步，非标品经营和非直营的商业模式都会为商品数字化带来巨大挑战。然而商品数字化的意义，不仅是实现线上销售，更是为数据驱动人货场的重构提供了坚实的基础。商品数字化带来的数据增量可以构建以消费者为中心的、场景化的商品知识图谱，反向促进线下购物场景的翻新，进而更好地优化供应链；更完整的数据维度产生更精准的用户画像，配合数字化会员体系，为消费者带来更好的购物体验。从入驻品牌角度，商品数字化可以帮助品牌依托商场资源自动实现库存的同城、同域统一调配，提升运营效率和客户体验。

2. 基于商业要素数字化的服务升级

随着标品刚需逐渐被电商解决，线下购物将越来越注重服务类目的种类和体验，并以此成为吸引线下消费的重要手段。数据的全链路打通和激活可以实现服务的综合提升。

阿里全商业生态，配合各类合作伙伴，在百货“场”内提供包括超市、餐饮、物流、配送、影业、娱乐等在内的多样一体化服务，消费者/会员充分享受到 one ID 带来的便捷性。

线下、线上的边界将进一步模糊，消费者可以边体验边通过前端 App 下单，3～5 公里内物品 1 小时可达，百货成为区域性的休闲、购物体验中心；此外，银泰还和阿里喵街打通，实现喵街用户基于地理位置周边 5 公里范围的银泰城折扣和优惠信息推荐，不但将银泰城的用户覆盖范围扩大到周边 5 公里，更实现了线上到线下的拉新引流，进一步增加线下坪效。

同城多家银泰店面形成店仓一体，区域协同，在物流、仓储、配送等方面统一管理，通过智能优化算法实现消费者最佳购物配送体验。消费者可以轻松实现线上购物、线下取货，以及线下购物、快递到家等贴心服务。

3. 基于商业要素数字化的业态升级

为应对愈加激烈的竞争态势，百货商超将改变其目前“收租金”的商业模式，通过联营、直营的方式，增强控货能力，优化供应链，而数字化资产的沉淀则是与百货改变业态并行的重要技术驱动。

商业要素数字化为“新零售”在百货商超的实践提供了符合业态本质的升级道路。目前，银泰的数字化变革已经带来了这些明显的变化：银泰变成了服务数字化会员的互联网商场、基于数据驱动的“货找人”商场、一个具有规模化部署新零售能力的商场。具体表现在：线下所有行为均以数据为参考，实现了人货场的重建；全面实现“线上线下一盘货”的布局，线上线下同款同价；通过数据化，打破门店的地域限制，以“一盘货”为抓手尽可能获得更大市场，有效提高同店增长。

银泰不仅有效提升了店铺坪效，自身也由传统零售百货变身为互联网化的新零售代表，并开始将自己的能力进行系统输出。银泰的“百货商业操作系统”已在西安开元、厦门国贸美岁两大百货上线，并建立了资本合作关系。目前，一个商业百货集团复制银泰新零售的能力，时间大约为 3 个月。

【本章小结】

零售战略（retail strategy）也称零售发展战略，指零售商在变化的环境中为了求得生存和发展，有效利用企业资源而制定的长期发展目标，以及实现目标的行动纲领。制定零售战略规划是零售商在行业竞争中保持可持续竞争优势的重要保障。该规划过程主要包括零售商如何选择目标细分市场、如何确定合适的零售业态，以及如何建立可持续竞争优势。

所谓零售竞争优势是一个零售商独具的、支撑其可持续竞争的各种优势的总和，是零售企业超越其竞争对手的能力表现。不同行业竞争优势的来源是不同的，对于传统零售业来说，建立零售竞争优势最重要的五个来源分别是：商品、服务、店址、成本、信息管理。企业获得竞争位置的一般性战略有三种：成本领先战略、差异化战略及目标聚集战略。

发展初期以自开新店为主，发展后期以并购老店为主是零售企业常见的扩张战略。多元化是指主要通过横向或纵向整合新活动发展现有零售活动之外的利益。

零售商们运用全球化战略和多国化战略进行国际化扩张。

经过几十年的快速发展，中国零售业取得了巨大成就。近年来，随着中国城乡居民消费升级从“量”到“质”的变革和信息技术革命大潮的来临，中国零售业发展面临着前所未有的机遇与挑战。在人们惊喜地发现零售领域突然出现了大量新业态、新模式、新服务的同时，实体零售业也遭遇了新的瓶颈，诸多零售企业面临被淘汰的困境，零售业数字化转型势在必行。

【思考题】

1. 零售商的竞争优势主要来源于哪些方面？
2. 零售竞争类型有哪些？
3. 采用目标聚集战略的零售商在选择其服务的目标市场时需要注意什么？
4. 零售商的扩张战略有哪些？
5. 数字经济的发展对零售商战略转型调整带来了哪些机遇和挑战？

【延伸阅读】

［1］［美］山姆·沃尔顿，约翰·休伊．富甲美国［M］．杨蓓，译．南京：江苏凤凰文化出版社，2015.

［2］童思南．新零售革命［M］．北京：中华工商联合出版社，2018.

［3］汪旭晖．零售企业竞争优势［M］．北京：中国财政经济出版社，2009.

【精彩案例 1】

为什么 Costco 的冰箱比京东便宜 7000 块，还不亏本？

没人想到，活跃在小红书探店里的会员超市，会因供应商“二选一”事件成为焦点。在家乐福首家会员店开业当天，不少供应商迫于山姆会员店压力临时终止合作，有的供应商在退货失败后甚至自掏腰包把商品搬空，消费者只能退卡。盒马鲜生也曾直指山姆会员店强制供应商“二选一”，山姆会员店对此一概否认。

“二选一”的套路在零售业并不少见，其本质是强势的渠道商逼迫品牌方站队。风水轮流转，入华前十年，家乐福也曾以强势“压榨供应商”，收取各类费用而出名。电商强势崛起后，大卖场的日子也就越来越不好过。2019 年家乐福卖身苏宁，如今连苏宁也在等人接盘。

线下零售业一片哀嚎声中，以 Costco 为代表的仓储会员店却在夹缝中壮大，甚至不惧电商的冲击。靠着极致性价比，Costco 做到了 2500 亿美元的市值，是全美仅次于沃尔玛的第二大零售商。亚马逊创始人贝索斯称之为“最值得学习的零售商”，股神巴菲特曾调侃芒格，这是他“到死都不会卖”的神奇超市。

难怪大家都抄起了 Costco 的作业：麦德龙的 2 家会员店同时开业、永辉超市把 35 家门店改造成了仓储超市，家乐福的会员首店，就因为“二选一”风波上了热搜。开出 3 家会员店的盒马鲜生直言：我们比 Costco 更懂中国人的胃。

1. 模式：会员制催生的“极致性价比”

2011 年，时任金山高管的雷军去美国出差，第一次见识到了 Costco 的“魔力”。一下飞机，高管们都涌进 Costco 采购，猎豹 CEO 傅盛更是称赞其便宜：新秀丽超大号和大号行李箱在北京卖到 9000 多元，在 Costco 只要 900 元。雷军探店归来活学活用，把“极致性价比”变成了小米的标签。

在美国，Costco 经常收到“排队太久”的投诉。2019 年 8 月，Costco 首次登陆中国大陆，由于人流量过大，Costco 当天被迫宣布下午暂停营业。让企业家拥护、消费者追捧的“极致性价比”，主要有两层含义：同款卖得更便宜，或者同价质量更高。极致性价比的精品路线，得益于两方面的举措。

（1）精简 SKU，形成规模—低进货价—低售价的循环。

Costco 的 SKU 在 3700 元左右，只有沃尔玛（2 万元）的 1/5。品类虽少，单品规模却高一筹。2019 年，Costco 单个 SKU 的销售额超过 4000 万美元，远高于沃尔玛的 87 万美元。有这样的销量支持，Costco 就有更大的议价权，向供应商提要求。2003 年，可口可乐曾想涨价，结果 Costco 转身就上架了百事可乐。一些品质不够好的供应商也会被剔除。此举换来了 Costco 的“低价高质”。但精简 SKU 不是“万能药”。在许多平台，SKU 少意味着选择有限，很难刺激复购。京东为了刺激用户买买买，也要从低频的 3C 产品，扩充到图书、生鲜等更多高频消费品类。关键在于，如何用精简到极致的 SKU，覆盖到最高频、最爆款的商品？

（2）优秀的选品 + 爆款引流能力。

Costco 在全球高薪聘请了采购团队。他们要在每个品类中精挑细选出 1～2 种，还要管理层亲自试用后才能上架。用首席执行官吉姆·辛内加尔的话说：“我们店里不会有市场上最便宜的太阳眼镜，但是会有最便宜的雷朋眼镜。”为增强稀缺性，Costco 早在 1992 年就推出了自有品牌柯克兰（kirkland）。kirkland 由供应商代工，一周就能从设计到上架销售。在保质的同时，还比市面同款便宜 20%，其保健品已经成为全美第一大健康品牌。

至于引流，Costco 有各种不同的组合拳可以使用。便宜的产品不仅可以是烤鸡（Costco 美食广场的 4.99 美元的烤鸡，一年能卖出 6000 万只，十年没有涨价），也可以是茅台：Costco 上海首店开业，2500 元以上的茅台只要 1499 元，在两个月内吸引了 20 万会员。除了超市，Costco 也开加油站，而且汽油很便宜。加油 + 购物的一站式体验成了美国消费者的常规操作。

优秀的选品同时提高了客流量和周转率，稀缺的自有品牌又能吸引会员。同时，Costco 让消费者形成的“低价心智”，更是让美国的续费率稳定在 90% 以上。令人惊奇的地方在于，如此低价背后，Costco 并不是在赔钱赚吆喝。Costco 赚钱不靠买卖的差价，而是会员费。凭会员卡进场消费（以及加油），这一招既筛出了高消费群体，也提前锁定了收益。自 1976 年 Costco 就规定毛利率不得高于 14%，卖货基本不赚钱。这就催生了其“高质低价”的精品路线。但在连房租都不需要的电商面前，Costco 又是如何存活的？

2. 高效：电商冲击下的“幸存者”

强大如沃尔玛，也没能挡住电商的冲击。2016 年初，沃尔玛突然宣布在全球关闭 269 家门店，波及 1.6 万名员工。虽然只占全球门店的 1%，却是近年来最大一波关店潮。卖货本质上是流通的生意。从生产到销售的流通成本越低、效率和收益越高。沃尔玛需要为租金和工资头疼，电商却根本不存在这个问题。一边是靠给商品涨价覆盖成本的大卖场，一边是连连打折降价的电商，消费者自然用脚投票。一众实体零售“敦刻尔克大撤退”的时候，Costco 非但没被后浪拍死，还获得了 Amazon-proof 的标签。因为 Costco 的流通效率碾压了其他实体超市，一点不逊色于电商。据东吴证券测算，尽管有店租和工资，但 Costco 的流通效率甚至比京东这种电商平台还高。在 Costco 有限的电器类 SKU 中，大多比电商渠道还要便宜，像日立的双开门大冰箱，比京东便宜了将近 7000 元；而在日用品领域，Costco 大包装平摊下来的单位价格也大多比京东便宜。

Costco 是怎么做到这么高效的？第一，因为 SKU 少，Costco 的存货和资金周转速度更快，效率更高。对比来看，过去三年，Costco 的存货周转率是 11.5 次左右，而高周转的沃尔玛约为 8.5 次，永辉超市约为 8.1 次。效率也保证了高坪效，沃尔玛和家乐福的周均坪效仅有 100 美元，而 Costco 有 270 美元，差不多翻了 3 倍。第二，Costco 从选址、仓储、包装、流通等各环节将成本压缩到极致。相比沃尔玛 21.9% 的费用率，Costco 费用率只要 10%。这主要有 5 点体现：(1) 不同于大卖场开在闹市，Costco 选址在郊区。将近 80% 是自有物业，租金更低。(2) 仓店合一，减少仓储成本，也节省了装修费。货架下层用来卖货，中上层用来存货，补货只需叉车。因为装潢简单，在美国 Costco 从拿地到新店开业只需 100 天。(3) 采用仓储式大包装，不需拆包分拣，减少人力成本。像沃尔玛每千平方米需要 20 ~ 24 人，Costco 只要 12 ~ 14 人。为此，Costco 还会要求供应商专供大包装的产品。(4) 精简流通链条。从供应商直采，流通效率更高，也减少了中间商赚差价。(5) 不做广告营销。Costco 推广新品，只需给消费者试吃；每个会员赠送的亲属卡，也有利于口耳相传。

这些降本举措构成了 Costco “十十二”的营收结构，即用 10% 的毛利率覆盖 10% 的费用率，剩下 2% 的会员费构成净利润。更重要的是，仓储会员店与电商是错位竞争。都是做“大而全”的生意，电商和大卖场高下立判，电商不仅真的有无限货架，卖得更便宜还送货上门。而 Costco 靠着精品路线，创造了“人无我有，人有我优”的独家体验，有些进口洋货电商买不到，有的卖得比电商还便宜，自然不受电商辖制。虽然成为了网红，但 Costco 在中国的开店速度并不快。这背后，一定程度反映了会员店在国内“水土不服”的问题。

3. 演进：水土不服

会员店在中国面临着诸多挑战。首先，想让用户付费并不容易。用户面对几十元的腾讯会员都犹豫再三，更别提几百元的会员费。会员店允许有效期最后一天退卡的政策也让消费者有了白嫖的机会（每人最多退 2 次）。其次，会员店的大包装，主要面对的是以多口家庭为单位的消费群体。有网红探店调侃称“仿佛来到了巨人国”，到处是一盒能胖 2 斤的甜甜圈，3 斤的提拉米苏，比脸还大的苹果派。三口之家买起来真香，单身人士只能望而却步。再次，会员店不像超市那样出门就到。不同于国外喜欢开车采购，国内喜欢就近解决。况且大城市的路况差，车牌难搞，打车又增加了购物成本。最后，会员店面对的是零售业态的激战。跑赢超市不算胜利，还有更艰巨的战斗在后头，生鲜超市、社区团购乃至送货上门的电商，也都在和会员店抢消费者。

具体到两家店的打法来看，Costco 甚至没做电商，只能线下采购；山姆做了电商和即时配送。从这个角度来看，新的本土会员店天然有着更接地气的优势。中国人喜欢吃新鲜，盒马鲜生就做了唯一卖活鲜的会员店，在选品上也更符合“中国胃”，比如卖崇明大米、鲜肉笋丁烧卖等上海风味。盒马鲜生上海的首家会员店开业 2 个月已经盈利。模式好复制，规模却不好超越。新玩家们要面临选址、选品和抢供应商的三重挑战。

（1）选址。

会员店不只注重面积，更要求超大的停车场。这也使得前期投入很大，新玩家进不来，只是大零售商的游戏。Costco 的单店面积往往要 1.5 万平方米，相当于 35 个篮球场。而盒马鲜生的北京会员店，光商场就占地 1.7 万平方米，还拥有超 4000 个车位。

（2）选品。

想拉来会员，就要选到性价比最高、最爆款的商品。光说饮食习惯，中国人对美食更挑剔，口味也更多元，仓储会员超市需要不断丰富。Costco 这边有美国风味的烤鸡，盒马鲜生就搬出更具中国特色的烤鸭。

（3）选供应商。

“二选一”的风波，证明了优质供应商是会员店的稀缺资源。在两大山头面前，新秀能否争取到供应商的独家合作，源自平台是否拥有足够的议价权。而议价权又具有马太效应，往往是强者恒强。

相比经营端，会员店水土不服的更大隐患在于消费需求端：国内市场能否容纳这么多会员店？

从市场规模看，Costco 主攻一二线城市，面向中产阶级家庭。高消费群体的另一面是规模天花板低——2020 年 Costco 创收 1630 亿美元，而落寞的沃尔玛仍然赚了 5600 亿美元。从竞争来看，就算中产愿意付费，但会员模式具有“排他性”，大多用户只会为一家付费。比起存量用户，新玩家们更要去挖掘增量用户，争夺中产的第一张会员卡。现在两大山头总共圈了 430 万会员，新增量已经不好找了。当新秀们开始积极拓店，面临的却可能是中产阶级和家庭用户不够分的尴尬境地。

4. 尾声

在美国大片里，去仓储超市购物往往是这样的场景：周末一家人开着大皮卡或 SUV，奔驰在人烟稀少的乡村马路上，一次采购就能囤够一个月的口粮。商业模式植根于当地的社会人文与地理环境中。美国庞大的中产阶级，极高的汽车普及率以及多人口结构的家庭，孕育出了 Costco 这样长盛不衰的线下零售之王。而在国内，这种构想或许就变成了拥堵的交通、难搞的车牌。大城市的打工族忙着加班和相亲，中产们背着房贷还在薅社区团购0.99元的鸡蛋。比起要开半天的车去仓储会员店，似乎不如睡上半天，然后打开手机叫个外卖。

资料来源：有数 Data Vision. 为什么 Costco 的冰箱比京东便宜7000块？[EB/OL]. [2022-01-05]. https://mp.weixin.qq.com/s/9QN3h5Lv2IVWM9iOsxmOaA?jump_from=1_05_37_01.

讨论题：

1. Costco 的神奇之处是什么？
2. Costco 为什么能成为电商冲击下的"幸存者"？
3. Costco 模式在国内是条好出路吗？

【精彩案例2】

左手数字化、右手柔性供应链，SHEIN 连续6年翻倍飙增

这就是至今没有中文名，没有一家线下门店，90%的中国人都没听说过，却让大半个地球的年轻女孩们剁手成瘾的中国跨境电商巨头——SHEIN。14年来，通过专注深耕，通过对自主品牌的精确营销、超前经营，如今 SHEIN 已超越 Nike、ZARA、Lululemon 和 Adidas，跻身全球时装独立站的顶流。

2020年在新冠疫情来袭之初，多家大牌时尚门店均遭受致命打击，SHEIN 反而实现了逆势大增。来自全球各地的订单，像雪花一样飞来。因为数量太多，该公司网站在2020年数次被挤爆，当年，SHEIN 营收接近100亿美元，连续6年营收实现超过100%增长。2021年，SHEIN 营收接近1100亿元：如今，在56个国家的购物 App 中 SHEIN 排名第一，并在2021年5月超越亚马逊，成为美国购物 App 下载量榜首，在全球知名度甚至超过腾讯、大疆、拼多多等。2021年6月传出 SHEIN 计划以470亿美元进行 IPO，估值约合人民币3000亿元，上市在即，有望提前实现"两年内销售额超越 ZARA"的目标。从籍籍无名的草根，到全球快时尚巨头们无法忽视的"踢馆人"，SHEIN 究竟是怎么做到这一切的？给了业界什么启示？

1. 数字化全面赋能敏捷供应链，"小单快返"的模式领先全球

SHEIN 在业务早期就确定自主开发自有供应链的基本模式，后随业务规模扩大开始搭建自有柔性供应链，以全程数字化为核心竞争力做数字化转型，构建集商品设计、仓储供应链、互联网研发、数字化建设及线上运营为一体的平台。

2015年，SHEIN 收购深圳库尚，完善移动互联领域的布局，并与中小供应商共同建立以 MES 供应链管理系统为核心的高黏性高信任的合作平台，全部供应商统一使用 MES 供应链系统。如今经过多年的迭代与优化，MES 已变得相当成熟。SHEIN 的所有代工厂和供应商均可使用其中的 MES 中的订单跟进功能，

对每个订单的各个环节实现实时和可视化的跟踪。一旦 SHEIN 在系统内发布订单需求，系统将会根据算法自动派单，或让供应商在线抢单，从而控制产销效率。MES 这套系统在追踪生产的同时，也完成了对供应商的高效管理。SHEIN 通过对工厂采购金额、急采及时率、备货及时率、上新成功率、次品率等指标的监测，对供应商由高到低分成了 S、A、B、C、D 五个级别，并采取末位淘汰机制确保供应商质量。

在 MES 这套系统里，供应商也可以清楚地看到每一笔订单的详细信息，包括 SKU 数、订单量、面料、尺寸比例等，也会安排专门的人员对生产流程进行数字化的信息收集与更新，包括每一个款式进行到的生产环节、订单完成比例、面料消耗情况、工厂产能饱和度等。SHEIN 的管理系统还可以连接到供应链前端，获取测款情况、App 销量信息等，并向后端供应商及时反馈并追加订单，将产能缺口与市场需求进行更加精准的匹配。正是这一套灵活、完整的 MES 系统，支撑了 SHEIN 打造“小单快返”的生产模式，同时不断更新款式持续吸引消费者。

所谓“小单快反”，即品牌先根据趋势，快速生产小批量新品，比如 100 件，并投放到市场，再根据销售情况快速决定追加订单还是停止生产。ZARA 同样采取“小单快反”的生产模式，只是，在供应链数字化方面，SHEIN 更为彻底，因此也更为敏捷。目前，SHEIN 已与 4000 多家工厂建立了线上快接合作关系，其中核心工厂也有约 200 家。

SHEIN 独立研发的 MES 高效柔性供应链在为各部门提供数据系统支持与管理的同时，也从终端销售和电商平台获取大数据向后端生产厂商反馈，从而调整生产计划，保证 SKU 上新速度。强大的数字供应链生态下，SHEIN 供应商的交货速度远快于行业标准。产品从设计到上架，SHEIN 正常需要 7 ~ 8 天，慢则半个月，快可至 5 ~ 6 天，而 ZARA 最快需半月。配送方面，公司把物流的系统线上数据化，提升物流配送的效率，七天全球必达，日均全球发货商品数量 110 万件。

为提升工作效率，实时掌握库存动态，SHEIN 的 MES 供应链数字化系统在自身的给货系统库存结余模块引入库存条码、覆盖库存、库存状态、外部商品库存四大功能，使得库存管理可视化、动态化，实时分析库存情况并解放人力。

如今 MES 已成为一套难以复制的柔性供应链信息系统，其特点是针对不同的供应链环节建立不同的分级系统功能，通过持续的大量 AB 测试，根据数据反馈迅速调整投放策略，进而调整设计、生产、物流、库存策略，逐步形成以 SHEIN 为核心的智能生产集群，供应商交货速度行业领先。从 2014 年开始，SHEIN 都选择将大量的资源和管理精力投入到最苦、最累也最难看到希望的柔性供应链的改造上。在长达数年的缓慢爬坡与累积下，SHEIN 才终于迎来了起飞，并最终做到成规模的稳定交付。这是一笔巨大的无形资产。

2. 私域流量 + 直播种草、带货，粉丝高黏性带来可观复购率

互联网私域流量运营方面，SHEIN 不像传统网购公司大量依赖亚马逊等大型购物平台，在成立之初，SHEIN 便选择了做独立站，自建独立商城，精准营销与用户无缝结合，品牌粉丝具有高黏性，并带来可观复购率。而独立站的生存，全靠私域流量。

SHEIN 创始人许仰天在创业前有丰富的 SEO 工作经验，因此对于网络流量颇有心得，在十余年来一直保持着对互联网营销的高度敏感，充分利用了搜索引擎、社交网络、网红营销的几轮流量红利，不仅为独立站累积了大量的流量，也在社交网络沉淀了大量的粉丝，让竞争对手难以望其项背。据悉，在 Instagram 上，截至 2021 年底，SHEIN 在 220 多个国家和地区中，总共拥有近 3000 万粉丝，而在流量方面，SHEIN 也已经达到了快时尚服装行业的顶尖水平。这些忠实的客户和私域粉丝，让 SHEIN 可以实现精准营销，大大提高了产品推广的效率。

2011 年开始，社交媒体例如 Facebook、YouTube、Pinterest 等网红长视频兴起，SHEIN 抓住时机，成为最早一批利用网红带货的跨境公司之一。SHEIN 启动关键意见领袖 KOL 营销，通过免费寄送样品的方式邀请时尚类网红评测产品，并向后者提供独家优惠券，以提高转化，ROI 投资回报率做到了 1∶3，非常暴利，SHEIN 率先吃到了第一批流量红利。2011 年当年，SHEIN 100% 的流量来自网红。

对于素人带来的流量，SHEIN 同样十分重视。通过与第三方联盟平台 Snow Consulting 的合作，以及自营联盟，SHEIN 打造了完善的联盟营销，以佣金奖励引发消费者购买后自发评测、推广。目前这部分销售占比高达 10% ~18%。

付费广告方面，SHEIN 也没有轻视。2012 年，SHEIN 便开始大量投放低成本广告进行测款，通过广告数据判断款式的市场表现。2014 年左右，SHEIN 开发了一套可以接入 Google Trends 的数据收集与反馈系统，紧密追踪各地区的流行趋势，并依据此进行投放，实现高 ROI。

通过数据了解到市场趋势后，SHEIN 不仅在谷歌上投放广告，还在 Facebook、Instagram、Twitter、TikTok 等社交平台推广，并结合 KOL 和明星带货的策略，在精准吸粉的同时，也将流量全部引至独立站完成最终的交易。

在互联网数字平台实时传播技术愈发成熟的时代，SHEIN 以敏锐嗅觉探寻新零售模式，2017 年早于同业试水直播销售，2018 年，SHEIN 进入印度市场，与当地大约 2000 位有影响力的人进行合作直播带货，几乎每天都在与潜在的合作伙伴联系。在 2020 年 5 月，SHEIN 汇聚多位影响力人物在全球掀起直播高潮，强势推广俘获粉丝。

近一两年来，SHEIN 大量合作各类时尚领域 KOL，头部大咖品牌传播、中部

达人带货、尾部网红引流，搭配抽奖、竞猜等强互动性活动一波高过一波，发放热门商品折价福利持续进行，带来高关注度和高转化率，与目标粉丝亲密捆绑建立品牌情感联结，粉丝高黏性带来持续的可观复购率。媒介越来越分散，且获客成本越来越高，SHEIN 搭建的私域流量池护城河就越显得弥足珍贵。SHEIN 已经搭建了全球快时尚的最大私域流量池。根据 Similarweb 数据，2021 年在全球服装时尚行业的总流量排名中，SHEIN 排名第一，是快时尚行业的“流量之王”，其中 SHEIN 独立站的直接流量占了 40%，搜索流量（45%）中过半为自然流量，也就是说，SHEIN 约 64% 的流量都是免费的、可重复使用的流量。

3. 营销全面数字化，精确打造爆款

如今回头看 SHEIN 的成功之路，不难发现对于数据的运用一直贯穿其中，SHEIN 的决策背后，都有客观数据的支撑，这也让 SHEIN 在不确定的市场中，多了几分增长的确定性。

目前 SHEIN 有一个百人以上规模的 AIDC 数字智能中心，主要职责之一就是 SHEIN 的个性化推荐算法。类似抖音的算法，SHEIN 通过数据挖掘和机器学习算法对用户画像建模，精准地为用户选择其喜欢的内容，增加用户打开频率，促进用户浏览更多内容可以深度解读物料供应来源、不同款式、材质、色系的终端消费数据，准确预判出下一阶段的流行趋势。其实 SHEIN 很早就采用了推荐算法，通过自建独立站和 App 积累了大量的一手数据，并借助 Google 的 Trend Finder 实时追踪商品的当季流行：SHEIN 通过数据指导“设计—界面—用户触达”各个阶段，使得页面跳出率达到 39%，爆款率 50%，滞销率 10%。具体做法包括：

（1）数据爬取时尚元素：设计上，在 FB、Google 等平台获得时尚元素，指导设计及选品；运营上，从 FB、Google 等平台获取当前的时尚元素并抓取、运用，支持各区域本土化运营；品类上，以裙装作突破，同一版型上进行不同印花来实现款式数量的提升。具体而言，表现在以下三大方面：

①利用大数据跟踪流行趋势，为设计师做好设计辅助系统；②利用自建站的用户点击/下单等数据为支撑，批量测试，快速找出爆品；③海量的用户浏览、点击、下单数据将被转换为供应链管理系统的数据，并自动指导订单的生成和调整，供应链工厂接单，从而实现从前端向后端的实时串联。ZARA 的时尚性来自设计师收集的潮流信息（25%）和门店顾客的反馈（75%），这个反馈是以周为单位进行的。

SHEIN 的贴文中图片类占比约 90%，题材为宠物、女性形象以及风景三类，精准切入核心客群心智。

（2）社交媒体营销谋取红利：SHEIN 把握海外社交媒体红利期进行媒体营销全覆盖，在 Facebook、Twitter、Instagram、YouTube 等主流平台均有账号，并建立主页，社媒营销已成为 SHEIN 获客的最主要渠道。当前电商流量逐渐从

Amazon 平台流量扶持，向以 Facebook 和 Instagram 为代表的社交媒体转移，SHEIN 对此加以重点布局。SHEIN 极善于社交媒体广告的运作，发帖规模和质量均表现出色。

（3）融入本地化：SHEIN 极其重视运营内容本土化，对于各国市场均注册不同账号以不同国家语言运营，赋予品牌的亲切感。打开 SHEIN 的官网，切换不同地区都可以看到不同的风格。这些穿衣打扮，都是 SHEIN 根据通过线上销售、Google Trends 以及爬虫所获取的数据，对当地流行风格作出判断而选定的。而在社交平台上，SHEIN 同样针对不同的地区创建了不同的账号，并以本土化的内容开展运营工作。

通过以上几个数字化工具，SHEIN 成功抓住流行趋势打造爆款。与传统的时尚公司“猜测”趋势不同，在选品与产品设计方面，SHEIN 真正做到了数据驱动，公司的 IT 部门与设计部门会通过爬虫、搜索趋势发现器（Google Trends Finder）等技术工具在时尚网站以及竞品网站抓取流行趋势，包括流行关键词、流行元素、流行面料等，发现主推款、热推款，并将商品的信息分类收集，作为设计师参考的基础并以此设计匹配的时尚单品。之后，SHEIN 的上百个设计师便会将收集的信息进行评审、调整和改造，审版完成之后 SHEIN 便会快速地制作样衣并推进至生产环节。在数据驱动的选品策略下，SHEIN 的爆款率高达 50% 左右，曾准确地抓取到了 2018 年夏季美国流行蕾丝、印度流行全棉材质等信息。

2015 年，SHEIN 就建立了 App，并培养消费者的行为方式。西方消费者的习惯还停留在网页版，SHEIN 从中国互联网市场的发展经验预演了西方消费者的行为习惯变迁：访问习惯从网页端向手机端的迁移是必然的。因此，SHEIN 很早就建立了 App，并培养消费者的行为方式，可看到，SHEIN 的 App 流量占比远高于其美国竞争对手。

SHEIN 利用积分（可抵扣现金）的形式鼓励用户持续生产内容，包括每日登录、产品评价、用户晒图、搭配等，增加用户成瘾性。

4. 专注海外独立站，广建站点，创建全球新扩张点

SHEIN 将目标市场定于海外，在 2008 年建立之初，SHEIN 就建立了独立运营站点 SHEINside. com。大多数电商选择以第三方平台为渠道，而 SHEIN 选择 D2C 电商赛道，2010 年起加大力度建设独立电商站点，先后在西班牙、法国、俄罗斯、德国、意大利等国上线，起家于欧洲，发展于美洲，壮大于印度和中东。

目前，SHEIN 业务覆盖全球超 200 个国家和地区，超 2000 万用户，拥有 2 个自营国际站点 SHEIN、ROMWE，以及 16 个小语种站点、IOS 移动端、Android 移动端。在移动端，SHEIN App 于 2013 年上线，到 2015 年其手机客户端的订单比例迅速超过 15%。目前，SHEIN App 在德国、法国、中东等国家或地区的购物

类 App 中位于前十，实现了 1 亿次的下载量，活跃用户达到 4000 万人，超过 Wish、沃尔玛、eBay，位于美国市场购物榜第 2 名。

除了 SHEIN、ROMWE 2 个主品牌外，SHEIN 正横向拓展旗下品类，美妆品牌 Sheglam、大码品牌 Shein Curve、高端品牌 MOFT 等独立站正全面在打造中，也不排除做开放平台寄售第三方产品，努力创建全球主要国家海外独立站的新扩张点。在 SHEIN 的招商网站上，OBM（品牌供应商，商家自主开发生产，即代工厂经营自有品牌）的成衣合作模式赫然在列。SHEIN 颠覆的是 ZARA 还是亚马逊？这再次考验着管理团队的战略选择、组织能力和运营能力。

5. 结语

左手是供应链系统，右手是私域流量池，并形成了完全利用大数据驱动的经营管理体系。因此 SHEIN 的成功可能在于其创始人许仰天坚持做流量池的战略选择，体现了其强大的心力；而在供应链端的深耕，则顺应了中国服装行业作坊式供应链现代化改造的趋势。还有，SHEIN 从一开始就采用电商模式、轻资产，这大大增加了其赶超的胜率。这个过程中，选择在中国制造，拥有更低的成本、更灵敏的供应链，被视作 SHEIN 能够脱颖而出的关键。此外，SHEIN 还有一套更加底层的管理理念，这套理念或许会让这家公司有一定的复制能力，想象空间也更加广阔。过去 10 多年的发展，已经充分证明了 SHEIN 这家全身内核包裹着互联网基因公司的经营模式的有效性、正确性；未来，1984 年出生的许仰天将带领 SHEIN 这艘巨轮驶向何方，让我们充满期待。

资料来源：智慧零售与餐饮．左手数字化、右手柔性供应链，SHEIN 连续 6 年翻倍飙增［EB/OL］．［2022 - 03 - 08］. https://mp. weixin. qq. com/s/JoX7eO1kr6xR3TegWH5dBw.

讨论题：

请详细分析 SHEIN 的战略实施及成效。

第六章

零售组织

【学习目标】

1. 学习并掌握零售组织的含义与类型；
2. 掌握零售组织结构设计的要求与程序；
3. 了解零售组织文化的分类与建设；
4. 了解零售组织的发展趋势。

【重难点】

1. 零售组织的不同分类；
2. 零售组织结构设计的要求与程序；
3. 零售组织结构的类型；
4. 组织文化的分类与建设方法；
5. 零售组织的发展趋势。

【案例导入】

华为技术有限公司于1987年创立，由成立之初的小型电话交换机代售（电信网络解决方案供应商），主营交换、传输、无线和数据通信类电信产品。经过30多年的不断调整、发展与壮大，经历了多次的战略和组织结构的变革，如今已成为以通信业为主的大型综合性现代化企业。2021年，华为销售收入6368亿[①]元人民币，2010年销售收入为1852亿[②]元人民币，在10年时间里销售收入增长了近243.9%，这在很大程度上取决于其组织结构的适时调整。

公司发展初期，由于员工数量较少（仅有6人），产品的研发种类也比较集

---

① 华为2021年年报．https：//www-file.huawei.com/minisite/media/annual_report/annual_report_2021_cn.pdf.

② 华为2010年年报．https：//www.huawei.com/ucmf/groups/public/documents/annual_report/hw_085281.pdf.

中，组织结构比较简单，因此采取直线制管理结构。公司发展中期，华为对组织结构进行了重大调整，由以往集权式结构向产品线结构改变，以应对快速变化的市场。成为大型公司后，由于扩大人员规模、对专业化人才的需求，以及所面对的客户群体的多样性，都对企业的管理提出了更高的要求。此时，华为采取职能型组织架构，按照各专业要求的不同，划分不同的职能部门。随着企业规模继续发展，行业竞争加剧，且快速变化，华为采取了典型的矩阵型组织架构。华为从最初被动地进行组织结构的变革发展到为强化竞争力而主动地、有意识地去让组织结构适应环境的发展，这正是其不断发展壮大的动力之一。

资料来源：华为技术有限公司组织结构案例分析［EB/OL］.［2022－02－24］. https：//www. taodocs. com/p－512742557. html.

思考：在不同发展时期华为公司采取了怎样的组织结构?

第一节　零售组织的含义与类型

一、零售组织的含义

从不同视角出发，学者们对零售组织提出了不同的理解。蒋秀兰（2018）认为零售组织是零售企业在经营战略导向下，对实现战略目标而进行的企业内部分工、岗位职责设计等方面的活动。孙晓红（2018）则认为零售组织是指零售活动的主体，是把商品和服务出售给最终消费者，以营利为目的，以服务为手段，以再售卖为内容，进行经营要素有机结合的经济实体，包括零售企业、零售公司和连锁（公司）集团。冯娟（2020）认为零售组织是各种零售企业存在方式、架构形式及其进行零售活动的组织方式。还有一部分观点认为零售组织是指处于商品流通过程的最后环节，将商品直接销售给最终消费者的商品流通组织。

综合不同观点，本书认为零售组织是商品经济发展到一定阶段的产物，以企业经营战略为导向，以商品经营活动为内容，以市场交换为主要途径，通过对采购、销售、库存、调运和加工等多种职能的整合，实现以获利为目的的零售架构形式。

企业的经济架构又称组织架构，具体包括组织结构、控制系统与奖励、流程、组织文化和人员。随着各类零售店铺的崛起，不难看出组织结构和组织文化对零售企业成功与否起着至关重要的作用。本章将重点放在零售组织结构、零售组织文化。

二、零售组织的类型

零售组织的重要特征是有完整的组织架构，以此推动企业正常、稳定运转和保证企业管理的各项职能充分发挥，实现效率最大化。企业在设计和构建其组织架构时，不仅要与企业的战略相匹配，还必须考虑零售组织的类型，并与其保持一致。

本节主要从所有权关系、店铺零售战略组合、无店铺零售和非传统零售形式、零售组织规模四个方面对零售组织进行分类。图 6-1 表明了各类零售组织的进一步细分。

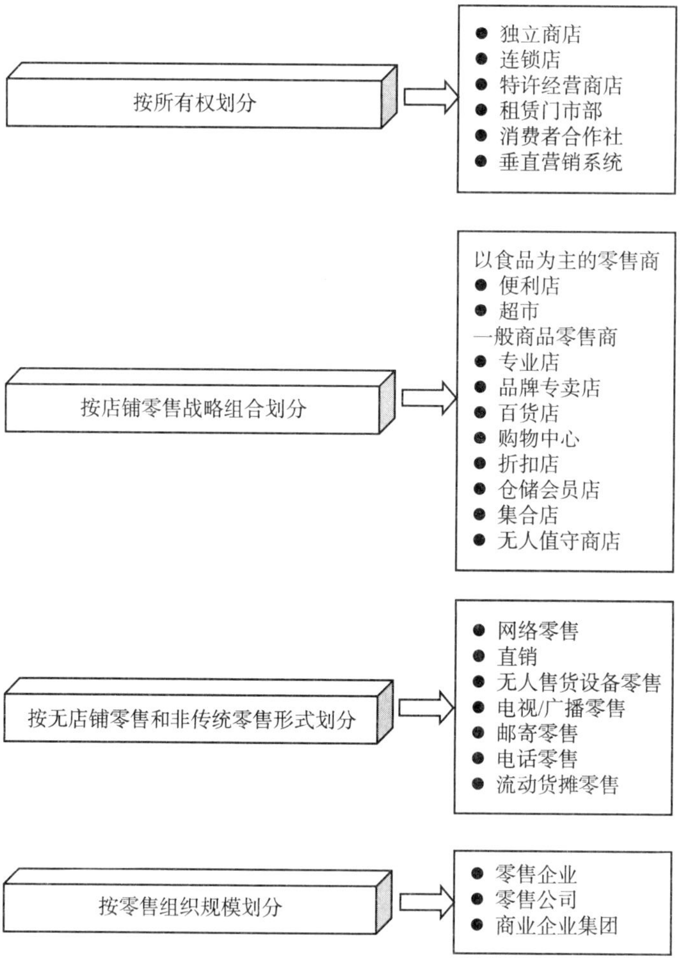

图 6-1　零售组织的分类

（一）按所有权关系划分的零售组织

按所有权关系来划分零售组织是美国零售业的一种典型分类方法。不过，美国学者对其零售企业按所有权关系（ownership）进行的分析，既不是个人所有、合伙制或公司制这些通常意义上所理解的概念，也不是我们所熟悉的公有、集体、私营、个体的概念，而只是指该企业属于独立商店、连锁商店、特许经营店、租赁门市部、消费者合作社或是垂直营销系统。其所有权可以归制造商、批发商、零售商或消费者所有，也可以归股权分散的上市公司所有。

1. 独立商店

独立商店通常是指零售商只有一处经营场所、独立进行销售活动的商店。独立商店可以有各种所有制形式，如独资、合伙、公司制。但除少数公司制独立商店规模巨大外，大多数独立商店规模都很小，许多只有一两个人管理，在服装、杂货等行业中尤其如此。在我国目前主要有三种类型的独立商店：个体零售商店（杂货店）、中小型百货商场、大型购物中心。

（1）个体零售商店。

这是我国规模最小、数量最多的一种零售模式。个体零售商店的营业面积一般只有几十平方米，通常选址于各街头小巷，从业人员主要为家庭内成员或少数员工。这类商店一般以家庭日常用品为主要销售产品，目标顾客主要为生活在附近的居民。这种商店最主要的经营特点是进货批量较少但频次较高，并且获得的毛利较低。个体零售商店虽然营业收入并不高，但总体数量庞大，是我国零售行业不可或缺的组成部分。

（2）中小型百货商店。

主要集中在全国范围内的二、三级市场，即各省市下属的地级市或县。从性质上看，这些中小型百货商场有的是原来的百货公司、供销合作社，有的是改革开放后发展起来的民营、私人零售企业。这些中小型零售企业一般选址在地区的中心繁华地带，经营范围较广，商品较为齐全，通常是作为地区性商业的核心企业而存在，在地区范围内享有较高的市场占有率和商业知名度，年销售额在100万~1000万元。但是，这类企业通常存在管理刻板、理念滞后、效率低下、效益较差等问题。同时，由于企业规模不大，资金实力较弱，往往无力进行连锁经营。

（3）大型购物中心。

除了满足消费者一次性购物的需求外，还应将购物与娱乐、餐饮、休闲、会议等结合起来。大型购物中心一般选址在中心商业区或城乡接合部的交通要道，设施豪华、店堂典雅、宽敞明亮。由于投资巨大，一般来说大型购物中心都是以独立商店的形式存在，很少有连锁经营的大型购物中心。

独立商店作为最为普遍的商店，之所以能在街道的各个角落随处可见，与它的优点是分不开的。独立商店具有经营灵活、资本投入低、商品和服务专业化、形象独特、独立自主，能够直接控制经营战略、统一指挥的特点。独立商店也存在一定的劣势，如规模小、议价能力有限、不能达到规模经济、过分依赖店主的个人经验、经营的连续性难以保证等。为了克服自身的缺点，许多独立商店组织起来，通过放弃某些独立性，实行一定程度的连锁经营以加强自己的竞争地位，如在美国的食品、药品和日用品等行业中，独立商店往往采用联合进货、合作连锁经营、自愿连锁经营等办法来增强实力。但这种较松散的联合不存在一个上层管理机构，各个商店依然保持独立。

2. 连锁店

连锁商店始创于美国，是由多家零售商店组织在一起，同受一个中心组织管理，统筹进货，商店内外装潢、商品种类以及服务方式都具有同一风格的经营组织。连锁店的一个重要特征是采取节约销售费用、薄利多销的政策，以便争取顾客占领市场。按照经营形式划分，连锁经营可以分为正规连锁、特许连锁和自由连锁三种。

（1）正规连锁（regular chain）。

一般也称联号商店、直营连锁店，指零售商经营多个属于同一所有者的相同商号的商店。这是大型垄断商业资本通过吞并、兼并或独资、控股等途径，从而使得自身实力提高、发展规模壮大的一种形式。其本质是处于同一流通阶段，经营同类商品和服务，并在同一经营资本及同一总部集权性管理机构统一领导下进行共同经营活动（由两个以上单位店铺组成）的零售企业集团。美国规定连锁商店必须有 11 个以上分店，英国规定要有 10 个以上分店。直营连锁商店在国内外均发展得非常迅速，进入“世界 500 强”的零售企业，大部分是采用直营连锁方式发展起来的，如沃尔玛、家乐福采取的就是这种方式。

（2）特许连锁（franchise chain）。

又称加盟连锁和契约联合店。美国商务部对特许连锁的定义是：主导企业把自己开发的商品、服务和营业系统（包括商标、商号等企业象征的使用、经营技术、营业场合和区域），以营业合同的形式授予加盟店在规定区域进行统销权和经营，加盟店则需交纳一定的营业权使用费，承担规定的义务。如果大型商业资本打算节省资本投入，又意图实现企业扩张，满足商品价值，特许连锁就是实现这一目标的最佳形式。

（3）自由连锁（voluntary chain）。

也称志愿连锁、任意连锁店集团等。美国商务部对自由连锁商店的定义是：

由批发企业组织的独立连锁集团，即所谓批发企业主导型任意连锁集团。该批发企业为全部或大部分成员零售店铺供货，向其提供经营的商品。作为对等条件，零售企业要求批发企业提供规定的服务。当零售店铺担忧正规连锁和特许连锁会有过多的约束而影响连锁商店经营活力的时候，自由连锁是个不错的选择。

连锁店的优势十分明显：商店的市场范围大、知名度高；批量采购和多店经营的效率高；强大的议价能力；可利用较多的宣传方式；管理的专业化和计算机化；能较为科学地制定和实施长期战略规划等。但是，连锁店也同样存在一些劣势：经营缺乏灵活性，如所有分店都需要在一定程度上奉行统一的定价、促销和产品组合策略，因而在适应市场需求方面存在问题；投资成本高；由于分店多、层次多，管理控制差；大量雇佣员工，员工工作通常缺乏自主性，创造热情较差等。

3. 特许经销商店

特许经销商店即采用加盟连锁经营的商店形式，缺乏管理和销售技术的商店经营者向有经验、有名气的商家缴付费用在获得使用其名称、商品、管理技术和服务等特许权后建立起来的商店。特许经营涉及特许人（可能是制造商、批发商或服务提供者）与受许人之间的合同协议，特许协议主要分为产品/商标特许协议和经营形式特许协议两类。

在产品/商标特许协议中，受许人同意销售供应商的产品或者以供应商的名义开展经营，以此取得供应商的承认。其经营相对自主，虽然必须遵守一定的经营规则，但可以自行确定营业时间、选择商店位置、决定商店设施和陈列以及采用其他方式经营商店。产品/商标特许经营约占零售特许销售总额的2/3，如汽车经销商和许多加油站。在经营形式特许中，受许人除享受商品和服务经销权外，还可以在店址选择、质量控制、财务系统、开业、管理培训以及问题处理等方面得到特许人的帮助。近几十年来，特许经营的发展大多涉及经营形式的特许协议，普遍存在于餐馆及其他餐饮店、房地产和服务零售等行业。

特许经销商店在国内外相当普遍，从汽车零件、印刷、旅店到快餐、装饰材料等，几乎所有商业领域都可见到其踪影。这种商店形式的优点在于，可以帮助投资商店的新手和缺乏经验者利用特许商的知名度、市场经验和管理技术，迅速打开局面；而特许商则可以通过此方式以较少的代价（基本上是名誉资产和技术资本）投资新商店，壮大本企业的声势，并获得较稳定的收入。但特许经销商店也有一些不利因素，对于获得特许权的商店来说，如果特许商提供的商品和服务的质量有问题，就会蒙受很大的损失；特许商为了多获得特许费，在一个地区建立的特许商店如果过多，就会影响特许商店的销售收入；特许商的过分干涉，特别是在特许商做出一些有利于自己而不利于特许商店的决定的时候，则会有损特许商店的自主性。作为特许商来说，如果新设立的特许商店经营不善，就会败坏自己的名声。此外，帮助一家特许商店实现标准化管理要耗费巨大精力，尤其是遇到特许商店不履行契约而发生法律纠纷时，更是费时费力。

4. 租赁门市部

经销商以出租门市部来经销商店是特许经销商店的一种变异，不同的是，它比后者更进一步，作为承租人的商店经营者不仅从租借商那里获得特许权，还可向租借商租用经营场所、设备等，但在分配经营所得时，通常承租人要按销售比例或销售比例加上固定费用向租借商交纳租金。这种商店有的是制造商将土地、房屋、设备出租，有的则是百货商店或专业商店将店内某门市部出租。承租人一般应有经营某项商品的专业特长，而且在经营中要执行租借商的销售政策，专门推销一定品牌的商品，这与我国目前一些商店单纯将店内铺位出租的情况不一样。

多数情况下，零售商租赁门市部目的在于将经营范围拓宽到零售商自身不具备、需要高度专业化技能或知识的产品或服务项目。因此，租赁门市部经营的往往是围绕商店主要产品线的相关产品类别。最常见的租赁门市部有店内美容院、摄影室、鞋部、首饰部、化妆品部、钟表修理部、修鞋部等。

租赁门市部的优点是，租借商实际上承担了相当一部分投资，而租借者只需有购买商品和一小部分设备的资金就足以开业，比特许经销商店所需要的投资少，又具有特许经销商店的优点；对于租借商来说，其好处是不必有专门的经营特长，也不用承担投资的全部风险（因为流动资金是租借者提供的）和管理责任，就能建立起专门为自己推销产品的销售点。当然，从租借商的角度看，也存在一定的风险，如租赁部的经营程序可能与商店相冲突、租借者可能会对商店形象产生不利影响、顾客可能把问题归咎于商店而不是租借者。租借者也可能面临允许提供的商品或服务类别受限制、必须遵守营业时间和经营形式、灵活性差等问题。

5. 消费者合作社

消费者合作社起源于 18、19 世纪的农业和工业革命，由消费者联合发起、自愿联合成立，以满足社员对社会、经济和文化的需求，合作社的收益由所有的会员根据本年度的购买份额分享。它是一种消费者自发组织、自己出资、自己拥有的零售单位，以消费者所有制为特征的零售商店，由消费者自行投资，经营管理和分配利益。参加消费者合作社的人，可以参与商店的决策，但商店的具体管理是由专门的管理人员负责的。这种商店对所有的消费者提供服务，任何人只要投资就算参加。参与者采用投票的方式进行决策，年底分红也是按一年中每人所购买商品的消费额分派惠顾红利。农民常采用消费者合作社的方式来为自己提供农用物资的供应服务，一些餐馆和杂货店也常采用这种方式。

消费者合作社创建的目的是减少零售流通的中间环节，维护自身利益，而不以营利为目的。消费者合作社的主要特征是：任何消费者只要缴纳一定的入社费和定额股金都可以成为合作社的社员；实行民主管理，由社员选出一个管理委员会或董事会，负责经营管理工作。每个社员不论投资多少，都只有一票的选举权；以低价或正常价格向社员提供商品和劳务。任何消费者都可以在消费合作社买东西，但只有社员才能参加消费合作社的大会和享受盈余分配；对社员股金付给一定的有限的利息，每年所得纯利，按每位购货额所占销售额的比例分红。

消费者合作社的优点是自产自销，中间环节少，价格低廉，因而能吸引一些消费者。其缺点是：经营者不是专业人员，往往计划不周，管理失效；由于工资低，以至于难以雇到熟练的经营者及雇员；竞争力较低。这些都限制了消费者合作社的发展。

6. 垂直营销系统

垂直营销系统又称垂直营销渠道，是一个实行专业化管理和集中计划的组织网。这是一种区别于传统营销系统的组织形式（见图 6－2），传统营销系统由独立的生产者、批发商和零售商组成。每个成员都是作为一个独立的企业实体追求自己利润的最大化，即使它是以损害系统整体利益为代价也在所不惜。没有一个渠道成员对其他成员拥有全部或者足够的控制权。垂直营销系统则相反，它是由生产者、批发商和零售商所组成的一种统一的联合体。在此网络系统中，各个成员为了提高经济效益，都采用不同程度的一体化经营和联合经营，如批发商与零售商实行一体化。这种系统有利于控制渠道行动，消除渠道成员为追求各自利益而造成的冲突。它们能够通过其规模、谈判实力和重复服务的减少而获得效益。

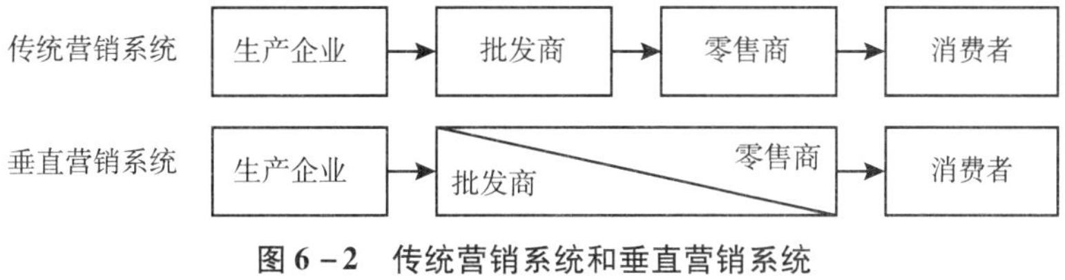

图 6－2　传统营销系统和垂直营销系统

垂直营销系统按照一体化程度，可分为部分一体化垂直营销系统和完全一体化垂直营销系统。在部分一体化垂直营销系统中，渠道中的两个独立企业承担全部生产和分销功能，无需第三方帮助。这类系统最常见的形式是制造商和零售商在无需独立批发商的情况下达成交易，共同承担运输、储存及其他分销职能，常为家具店、家用器具店、餐馆、计算机零售商和邮购公司所采用。在完全一体化垂直营销系统中，一个公司承担全部生产和分销功能，无需其他任何公司帮助。完全一体化垂直营销系统使公司得以全面控制其战略，建立与最终消费者的直接联系，在不提价的前提下（通过减少渠道成员）取得更高的零售加价，自主生产和经营，无需依赖他人，享有对商品和服务的垄断权，把全部利益保留于公司内部。

（二）按店铺零售战略组合划分的零售组织

按零售战略组合对零售企业的划分，类似我国目前对零售业态的定义。根据国家零售业态分类标准（GB/T 18106—2021），零售业态指“为满足不同的消费需求，商品零售经营者对相应要素进行组合而形成的不同经营形态”。根据有无固定营业场所，可以把零售企业划分为有店铺零售组织和无店铺零售组织。有店铺零售按店铺的特点，根据其经营方式、商品结构、服务功能，以及选址、商圈、规模、店堂设施、目标顾客等单一要素或多要素进行细分，可分为便利店、超市、折扣店、仓储会员店、百货店、购物中心、专业店、品牌专卖店、集合店、无人值守商店等10种零售业态。这里，我们只讨论有店铺零售组织的各种类型，即按店铺零售战略组合划分，可以分为以食品为主的零售商和一般商品零售商两类。

1. 以食品为主的零售商

以食品为主的零售商经常采用的战略组合形式主要有便利店和超市。

（1）便利店（convenience store）。

便利店是以销售即食商品为主，满足顾客即时性、服务性等便利需求为主要目的的小型综合零售形式的店铺。营业面积通常在50～200平方米，店址一般选在商业中心区、交通要道以及车站、医院、学校、娱乐场所、办公楼、加油站等较便利的公共活动区，商圈辐射范围小，营业时间一般在16小时以上，提供即时性食品的辅助设施，开设多项服务项目，经营商品品种在2000～3000种，售价高于市场平均水平，销售方式以开架自选为主，结算在收银处统一进行。这类零售组织的目标顾客主要为单身者、年轻人，有即时消费性、小容量、应急性等特点。

便利店的市场优势在于：当消费者不想花时间到超市去购物时，他可以在便利店方便地购买一些临时性或补充性的商品，例如消费者在加油的同时买些东西，还可以坐在汽车里通过窗口购买。此外，便利店的营业时间也长。但便利店的商品价格相对较高，这反映了销量的有限和经营的高成本。

（2）超市（supermarket）。

超市是以销售食品、日用品为主，满足消费者日常生活需要的零售形式。通常采取开架销售，也可同时采取在线销售。门店内可提供食品现场加工服务及现场就餐服务。超级市场于20世纪30年代初最先出现在美国东部地区。第二次世界大战后，特别是20世纪五六十年代，超级市场在世界范围内得到较快的发展。我国在1978年引入这种零售形式，当时称作自选商场。

按照营业面积可以将超市分为小型超市（营业面积在200～1999平方米，商品种类较多，满足日常生活所需）、中型超市（营业面积在2000～5999平方米，商品种类较多，满足日常生活所需）和大型超市（营业面积大于或等于6000平方米，商品种类丰富，满足一站式购物）。根据生鲜食品营业面积占比，可以将超市分为生鲜食品超市和综合超市。

生鲜食品超市是专门从事生鲜食品经营并结合现代超市经营理念的专卖店和专业店，营业面积一般在200～6000平方米。近年来，顺应国民收入水平日益提高、国民消费意识不断提升的发展趋势，各级政府大力推行“农改超”的力度不断加大，“连锁生鲜超市”发展迅速，其以购物环境干净卫生、商品品质安全放心、配送渠道高效快捷而被国内越来越多的消费者认可与选择，如盒马鲜生近年来发展迅速。与普通超市相比，生鲜超市具有的优势表现在：凭借直采及规模优势而带来的价格优势（生鲜超市的产品价格低于一般超市生鲜区的价格，部分商品甚至低于农贸市场的价格）；因选址要求相对较低而带来的成本优势（如租金较低）；因只做生鲜而带来的专业化优势（如生鲜技术的专业化、生鲜管理的专业化、从业人员的专业化等）。

综合超市是采取自选销售方式，以销售大众化实用品为主，并将超市和折扣店的经营优势结合为一体，品种齐全，满足顾客一次性购齐的零售店铺。其特点是：营业面积在2000～10000平方米，营业时间通常在12小时以上，以居民为目标客户，通常选址在市区、商业中心以及居住区，自选销售，出入口分设，收银台统一结算等。其商品结构不仅局限于食品，综合性强，经营各种生活必需品，满足居民多方面的要求。

2. 一般商品零售商

以经营一般商品为主的零售战略组合形式包括专业店、专卖店、百货店、购物中心、折扣店、仓储会员店、集合店、无人值守商店等。

（1）专业店（specialized store）。

专业店是指经营某一大类商品为主的，并且具备有丰富专业知识的销售人员和适当的售后服务，满足消费者对某大类商品特定需求的零售店铺。它所经营的产品线较窄、较深，集中经营几种互补商品并提供高水准的服务，商品质量较高，价格也高。例如，服装店、体育用品商店、家具店、花店和书店等。

专业店可以说是种类最多的商店，其目标顾客以有目的选购某类商品的流动顾客为主，营业面积根据所经营商品的特点来确定。其选址较为多样，通常将店铺设在繁华商业区、商店街或百货店、购物中心内。专业店的专业化程度高，经营方向专一，会经营有自己特色的商品和品牌，便于灵活经营。专卖店的从业人员需要具备丰富的专业知识，可以为顾客提供个性化的服务。

目前，一种新型专业店——品类杀手（category killer）又称超大型专业店正在壮大。品类杀手是指营业面积较大，但商品品类较少的连锁专卖店，因其在较小的商品品类范围内有较多的单品，故能“杀死”那些经营同类商品的小商店，如百安居、苏宁电器等。这是一种特别大的专业店，营业面积一般超过 800 平方米，其特点是在它经营的专业内可选商品品种数量巨大，而且价格特别低，也采用开架售货、自我服务的方式，可称之为专业“折扣店”。这类商店将消费者从相当广的周边地区吸引来，满足在某一个商品大类内“一次购齐”的需要。

（2）品牌专卖店（brand exclusive shop）。

专卖店指以专门经营或被授权经营某一主要品牌商品（制造商品牌和中间商品牌）为主的零售组织。专卖店销售单一品种或单一品牌商品，规格齐全、款式多样、货物充足、服务周到，商品质量有保证。专卖店一般选址于繁华商业区、商店街或百货店、购物中心内，营业面积根据经营商品的特点而定，以著名品牌、大众品牌为主，目标顾客主要是中高档消费者和追求时尚的年轻人，销售特点表现为量小、质优、高毛利。专卖店通常采取定价销售和开架面售，十分注重品牌名声，从业人员必须具备丰富的专业知识并能够提供专业知识性服务。值得注意的是：专卖店可以选择独体店或店中店的形态，必须有品牌商品支撑，并且在装修方面需要别具一格，富有品牌特色。

专卖店在我国市场上高速成长发展，现在提及专卖店人们已经不再觉得陌生，而是感到信任，视之为品质的保证。专卖店的快速发展与其优势是不可分割的。专卖店是该品牌形象和文化的窗口，可以使消费者迅速了解该品牌，可以说专卖店售卖的不是产品，更是企业本身的形象；专卖店能够有效贯彻和执行企业的方针和文化，提高企业的管理效率。

（3）百货店（department store）。

美国将百货店定义为至少要有 25 个雇员，提供各种包括服装和纺织品、家用纺织品和布类产品、家具和装饰品及器皿等商品的商店。我国将百货店定义为以经营品牌服装服饰、化妆品、家居用品、箱包、鞋品、珠宝、钟表等为主，统一经营，满足顾客对品质商品多样化需求的零售形式。百货商店属于综合商店的一种，它一般选址在城市中心的繁华闹市区，营业面积通常为 10000～50000 平方米，内部分为若干商品经营部门并由统一的机构进行管理，属于大中型商店。它除了主要经营日用工业品外，也有选择地经营食品、副食品、土特产、医药卫生用品等，同时注重服务，设餐饮、娱乐等服务项目和设施。

与其他零售组织形式相比，传统百货公司更依赖出租商品部，更多使用信用交易，单位面积销售额和每笔交易额较低，员工人均销售额较高，而毛利和经营成本较低，因而享有较高的销售利润率。由于百货商店规模比较大，经营的商品品种比较多，而且兼营普通商品与高档商品，能满足各个层次的顾客多方面的消费需求，因而在商品零售业中扮演着重要角色。

（4）购物中心（shopping center）。

购物中心是由不同类型的零售、餐饮、休闲娱乐及提供其他服务的商铺按照统一规划，在一个相对固定的建筑空间或区域内，统一运营的商业集合体。根据购物中心的选址地点，购物中心可分为都市型购物中心、区域型购物中心、社区型购物中心、奥特莱斯型购物中心四类。

都市型购物中心以满足顾客中高端和时尚购物需求为主，配套餐饮、休闲娱乐、商务社交等多元化服务，通常位于城市的核心商圈或中心商务区，辐射半径可以覆盖甚至超出所在城市；区域型购物中心可以满足不同收入水平顾客的一站式消费需求，购物、餐饮、休闲和服务功能齐备，所提供的产品和服务种类丰富，位于城市新区或城乡接合部的商业中心或社区聚集区，紧邻交通主干道或城市交通节点，辐射半径约在 5 千米以上；社区型购物中心以满足周边居民日常生活所需为主，配备必要的餐饮和休闲娱乐设施，位于居民聚居区的中心或周边，交通便利；奥特莱斯型购物中心以品牌生产商或经销商开设的零售商店为主体，以销售打折商品为特色，位于交通便利或远离市中心的交通主干道旁，或开设在旅游景区附近。

（5）折扣店（discount store）。

超级市场兴起后，很快由食品行业向耐用消费品行业传播，出现了一批仿效自选购货、低价格、快周转的经营方式，销售玩具、运动用品、家用电器、家具等商品的廉价商店，这些商店被称作折扣商店，有的叫“廉价商店”，也有的则称之为“实用品超级市场”。折扣店通常为店铺装修简单、提供有限服务、商品价格低廉的一种小型超市业态，通常拥有不到 2000 个单品，自有品牌商品数量高于普通超市的自有品牌商品数量。它的营业面积一般在 300 ~ 500 平方米，位于居民区、交通要道等租金相对便宜的地区，商圈辐射半径 2 千米左右，目标顾客主要为商圈内的居民，通过开架自选，统一结算，为顾客提供有限服务的方式经销低于市场平均水平的商品。

折扣商店在二战后的美国十分兴旺，它销售的食品甚至超过了超级市场。但近年来，折扣商店虽然仍然存在，但已有一部分朝着高级化发展，商品价格升高，并增加服装等生活用品的经营，与百货商店的差距正在缩小；另一部分则向货仓式商店、货箱式商店演变，将店址选择在远离商业闹市的低租金区域，设施简单、装修简陋，甚至不用货架，只将原包装箱打开展示商品，由顾客自选自取，不附设任何其他服务项目，尽量减少开办和管理经费，以达到低价吸引顾客的目的。

（6）仓储会员店（warehouse club）。

仓储会员店也称会员俱乐部（membership club），是以会员为目标顾客，实行储销一体、批零兼营，以提供基本服务、优惠价格和大包装商品为主要特征的零售店铺。它是处于批发业务和零售业务之间的零售组织。仓储会员店通常选址于城乡接合部的交通要道，单店营业面积一般在5000平方米以上，以经营大众化衣、食、日用品为主，自有品牌占相当部分，商品种类通常在4000～12000种左右，实行低价、批量销售；这种企业一般不做广告，不提供送货服务，而且经营场所也很简朴，很少使用信用卡等。它们的目标顾客以中小零售店、餐饮店、集团购买和流动顾客为主。会员俱乐部是从美国20世纪五六十年代流行的会员制折扣店，以及欧洲那些迎合小食品和药店需要的巨大仓储商店派生出来的。

（7）集合店（selection shop）。

集合店是汇聚多个品牌及多个系列产品，可涵盖服饰、鞋、包、文具、电子产品、食品等多种品类的综合门店。在欧美的零售市场，这是一种普遍的渠道模式。集合店通常选址于市、区级商业中心、专业街以及百货店、购物中心内，目标客户为品牌特定的消费者，经营面积一般在300～1500平方米，其经营产品之间有较强的关联性，注重品牌声誉，从业人员需具备丰富的专业知识，能够提供专业服务。该零售方式最大的不同就是店铺内的产品来自多个品牌，产品和经营完全由店铺方操作，品牌方则以卖货、寄卖或被代理的形式和店铺方合作。目前，集合店分为多品牌集合店、买手制精品集合店、生活方式类集合店和百货式多品牌集合店四种形态。

（8）无人值守商店（unmanned store）。

无人值守商店是指在营业现场无人工服务的情况下，自助完成商品销售或服务的零售店。无人值守商店通常选址于大卖场周边、社区、办公楼周边、购物中心内，主要客户群体为周边追求快捷、方便的客户，经营商品主要为饮料、休闲食品以及应急性商品，营业面积一般在10～25平方米，可24小时营业。这种零售模式带来两个好处：一方面是零售商可以减少店面里的人力成本输出；另一方面是对消费者而言，自助购物让消费变得更加简单，主要体现在收银部分自助化使结账更高效，减缓排队和拥堵情况。

（三）按无店铺零售和非传统零售形式划分的零售组织

虽然大多数货物和服务是由商店销售的，但是非商店零售却比商店零售发展得更快。无店铺零售指的是通过互联网、电视/广播、邮寄、无人售货设备、流动售货车或直销等渠道，将自营或合作经营的商品，通过物流配送、消费者自提或面对面销售等方式送达消费者的零售活动。

1. 网络零售（online retail）

网络零售指的是通过电子商务平台、物联网设备等开展商品零售的活动。目标客户主要为追求便捷、省时省力的群体。根据经营模式的不同，网络零售可分为网络自营零售和网络平台零售。

网络自营零售，指经营者利用自有网络平台或第三方电子商务平台，自主经营、销售商品的零售活动。京东采用的就是这种零售形式，京东从批发商手中采购商品，零售给用户，线下物流，打包、发货、售后服务都由京东负责。自营的优势主要是商品质量、配送及售后都更加有保障。

网络平台零售，指电子商务平台通过为商品经营者提供网页空间、虚拟经营场所等相关服务，助其完成商品交易的零售模式。这种模式的优势在于可以获得更多的顾客，节约人员和选址成本。例如，淘宝就是一种网络零售平台，商家可以入驻该平台，从而实现网络平台零售活动。

2. 直销（direct selling）

直接销售主要有挨门挨户推销、逐个办公室推销和举办家庭销售会等形式。推销人员可以直接到顾客家中或办公室里进行推销，也可以邀请几位朋友和邻居到某人家中聚会，在那里展示并销售该公司产品。直接销售的商品主要是化妆品、维生素、家庭用具、杂志、报纸等。直销最重要的特征是面对面销售与不在固定零售店。与其他零售方式相比，直销的优势有：不受时间与空间的限制；商品的品质和数量，经由面对面的沟通，使消费者对产品或服务有充分的了解。但直接销售成本高昂，而且还需支付雇佣、培训、管理和激励销售人员的费用。

3. 无人售货设备零售（unmanned equipment retail）

无人售货设备零售是通过售货设备、智能货柜或贴有支付码的货架等进行商品售卖的零售形式。使用硬币控制的机器自动售货是第二次世界大战后出现的一个发展领域。在我国，随着网络支付的普及，越来越多的货架由投币交易转变为手机扫码支付交易。目前，自动售货已经用在相当多的商品上，包括经常购买的商品（如香烟、软饮料、糖果、报纸和热饮料等）和其他商品（如袜子、化妆品、食品、书、唱片、胶卷和避孕产品等）。售货机被广泛安置在工厂、办公室、大型零售商店、加油站、街道等地点。向顾客提供 24 小时售货、自我服务和无须搬运商品的便利。同时，由于要经常给相对分散的机器补充存货，机器常遭破坏、失窃率高，自动售货的成本很高，因此，其销售商品价格比一般水平要高 15% ~20% 。对顾客来说，机器损坏、库存不足及无法退货等问题也是非常令人头痛的。

4. 其他无店铺零售

电视/广播零售（television/broadcast shopping）是指以电视、广播作为商品展示、推介渠道，提供使用效果、方法等推介内容并取得订单的零售形式。

邮寄零售（mail order）是指以邮寄商品目录为主，向消费者进行商品展示、推介，并通过邮寄等方式将商品送达给消费者的零售形式。

电话零售（tele-shopping）是指通过电话完成销售的零售形式。

流动货摊零售（retail sale via mobile stalls）是指通过移动售货车或其他展示、陈列工具销售食品、饮料、服饰、鞋帽等日常消费品的零售形式。

（四）按零售组织规模划分的零售组织

零售组织的发展是一个逐步的过程，是为了获得收益而适应经济的发展不断完善的。在早期阶段，出现了购销分离、批零分工。随着商品经济的不断发展，零售组织从坐商转为行商，从个体行为转为有组织的形式，从而产生了简单形式的零售企业。这种零售企业主要表现为分工简单的家庭管理形式。随着市场的不断发展，商品交易规模的逐渐扩大，对零售组织的内部分工和外部服务也提出了更高的要求。在内部分工方面，不仅需要合理分工，还应更加强调专业化、组织化；在外部服务方面，不仅需要更好地服务于生产，还要更好地服务于消费市场。随着零售组织对严密的组织结构、严格的组织管理以及现代化要求的重视，零售组织从企业、公司逐渐发展为连锁集团。

（1）零售企业，是从事零售活动的主体。这是一种独立自主、自负盈亏、自担风险，具有法人性质的零售组织形式，如个体企业、合伙制企业、合作商店等。由于零售体制不断深入的改革，合作商店这一形式逐渐减少。

（2）零售公司，是零售企业发展到一定阶段的形态，是商品经济发展到一定历史阶段的产物，是零售企业规模化经营的一种组织形式。它可以是独立公司直接进行零售活动，也可以是以开分店的形式扩大经营范围，或者按照连锁模式，组织各种形式的连锁公司，进行跨地区、远距离的经营。

（3）商业企业集团。国外商业企业集团多为从事国际进出口业务的贸易公司，在我国商业企业集团多以连锁经营形式出现。因此，研究经营零售的商业企业集团，应重点研究商业连锁公司。

第二节　零售组织结构

组织结构是指一个组织内各构成要素以及它们之间的相互关系，主要涉及企业部门构成、基本岗位设置、权责关系、业务流程、管理流程及企业内部协调与控制机制等。对一个零售组织来说，稳定的结构和任务安排、政策、资源、权力、责任以及奖励，都应有效地满足目标市场、员工和管理层的需要。图 6－3 列出了零售商在计划和评估一个组织时所应考虑的各种因素。

目标市场的需要：
是否有足够数量的员工（售货员、送货员、收银员等）可以为顾客提供适当水平的服务？
员工是否有丰富的知识、是否有礼貌？
商店设施是否得到很好的维护？
分店顾客的特殊需要是否能够得到满足？
需求的变化是否能得到迅速的反映？
商品和服务是否能满足消费者的需要？
员工的需要：
是否考虑员工的工作要求？
是否满足员工的生理要求和心理需求？
职位是否有足够的挑战性？
是否具有有序的晋升计划？
员工是否能参与决策制定？
沟通渠道是否明确和畅通？
工作是否能令人满意？
公司是否实行内部提升制度？
雇员是否得到公平待遇？
良好的表现是否得到奖励？
管理层的需要：
是否有较为科学的战略目标？
是否能较容易地获得并留住有能力的员工？
人事制度是否有明确的规定？
权责是否明确？
每名员工是否向一名主管汇报？
每位管理人员是否都能恰当的监督和控制那些向他（她）汇报的员工？
运营部门是否得到足够的人员支持（如计算机化的报告、市场研究、广告）？
组织层次是否恰当？
组织计划是否统一？

图 6－3 零售组织主要考虑的因素

通过图 6－3 我们不难看出，目标市场的需要对零售组织应履行的职能和任务提出了要求，员工和管理层的需要则对保证完成这些职能和任务的组织机构提出了更为具体的要求和更加明确的限制条件。一个零售组织即便能很好地满足目标市场和员工的需要，如果管理层的需要没有得到有效的满足，那么就会失去行动的方向。同样，如果一个零售组织能够有效地满足员工和管理层的需要，而忽视了目标市场的需要，其仍然不能在激烈的市场竞争中生存和发展。所以，零售企业的组织结构设计应充分考虑到目标市场、员工和管理层等各方需要，有针对性地依据一定的设计要求和程序来进行。

一、零售组织结构设计的要求

在零售企业组织结构的设计时，需要先明确组织结构设计的基本内容：职能设计、框架设计、协调设计、规范设计、人员设计、激励设计等。此外，零售组织结构设计必须符合以下要求。

（一）组织结构设计要以零售企业承担任务为基础

一般而言，零售企业所要承担的任务主要分四大类，即战略管理、商品管理、商店管理和运营管理。在零售商店中，因类型不同，其经理负责的任务也有所区别。例如，资深的管理人员主要承担零售战略决策；经营经理负责采购商品、管理商店，并负责执行商店的战略计划，制定能够直接影响零售经营业绩的日常决策；行政管理人员负责制订计划，确定计划方案实施步骤，并且提供有关信息来帮助经营经理贯彻执行企业的战略计划。具体来说，零售商店所承担的任务如图 6-4 所示。

战略管理
制定零售战略
确定目标市场
决定零售方式
设计组织结构
选择商店位置

商品管理
商品采购
　确定供应商
　采购谈判
　订货
控制商品库存数量
　制订采购预算计划
　分配库存商品
　检查开架购物位置和存货位置
商品定价
　确定初始零售价格
　调整价格

商店管理
招聘、雇用、培训商店人员
制定工作时间表
维护商店设施
评估商店管理人员的业绩
确定展示位置并展示商品
向顾客出售商品
维护和更换商品
提供捆绑赠品和送货服务
处理顾客投诉
进行实物盘点
防止存货短缺

运营管理
宣传公司、商品及服务
　计划沟通程序
　制定沟通预算
　选择宣传媒体
　制订具体宣传计划
　设计特别的展示活动
　处理公共关系
人力资源管理
　制定管理商店人员政策
　招聘、雇用、培训经理人员
　设计晋升路径
　保存雇员记录
商品分销
　确定仓库位置
　接收商品
　给商品贴标记和标签
　储存商品
　把商品运至商店
　向供应商退货
制定财务控制措施
　及时提供有关财务状况的信息
　预测销售额、现金流量和利润
　向投资者筹措资本
　为顾客开账单
　提供信贷

图 6-4　零售商店所承担的任务

（二）组织结构设计要以组织业务经营活动为中心

零售企业的组织结构是为实现其销售目标而设置的，其基本任务是通过销售商品直接满足广大消费者的需求。所以，组织结构设置必须以组织业务经营活动为中心，也就是说企业的业务结构是企业组织结构的主体。强调以业务经营活动为中心，必须做好两方面工作：其一，要以主要力量安排直接从事业务经营的各个环节，满足业务第一线的优先需要；其二，加强企业一线业务综合部门结构设置，要使业务部门从上至下构成一个分工协作的有机体系，使其充分发挥功能，并以此为轴心，合理安排其他各类部门。

（三）组织结构设计要符合精干的原则

组织结构的设置不能超越于企业的实际需要，否则会造成组织机构臃肿、人浮于事。检验的标准在于各级履行管理职能的环节和部门是否与零售企业的规模和销售目标相适应。强调结构精干，主要是通过减少管理层次、精减管理机构的重复交叉设置、精减管理人员、充实销售一线人员等途径来实现。值得注意的是，零售业因企业性质、规模不同，其结构设置和管理人员多少也有所区别，这就要求组织结构策划者根据企业实际需要来考虑。

（四）组织结构设计要便于统一领导

零售企业内部管理体制的基本准则是统一领导，分层管理。那么，组织结构设置也必须符合这一准则。在经营活动过程中，全体员工必须维护组织集中统一的指挥和决策，建立有权威性的指挥决策机构，理顺上、下级之间关系，服从统一部署和行动。在统一领导下，又必须规定各部门、各环节的职权范围，发挥各层次自主管理的积极性和能动性，使得各部门在规定的职权范围内独立行使日常经营管理活动，并据以检查和考核各部门的工作绩效。

（五）组织结构设计要具有稳定性及灵活性

稳定性和灵活性相结合原则要求组织设计时既要保证组织在外部环境和企业任务发生变化时能够继续有序地正常运转，同时又要保证组织在运转过程中能够根据变化了的情况做出相应的变更，具有一定的弹性和适应性。零售企业组织结构一旦确定，应具有相对的稳定性，为零售店的发展服务。但市场千变万化、零售店经营环境也在不断改变。因此，零售店组织机构应具有灵活性，能不断调整，增强应变能力，可以自动调节，使之在激烈的市场竞争中立于不败之地。

（六）组织结构设计要有效益

企业组织结构设计的根本目的是实现企业的战略任务和经营目标，这是一条最基本的原则。组织结构设计的全部工作必须以此作为出发点和归宿点，即企业任务、目标同组织结构之间是目的同手段的关系；衡量组织结构设计的优劣，要以是否有利于实现企业任务、目标作为最终的标准，而企业的任务和目标最终的归宿就是效益。因此零售组织设立组织结构，最终的目的就是使零售店高效率地运行，开展经营活动，提高经济效益。

二、零售组织结构设计程序

一般来说，只有零售商的组织结构满足了目标市场的需要，它才能生存下来。虽然许多零售公司都执行相似的任务或职能，但可以有多种组织方法来执行这些职能，并使客户、员工和管理层的需要同时得到满足。形成最终的组织形式通常都要遵循一定的程序。建立零售组织的过程如图 6－5 所示。

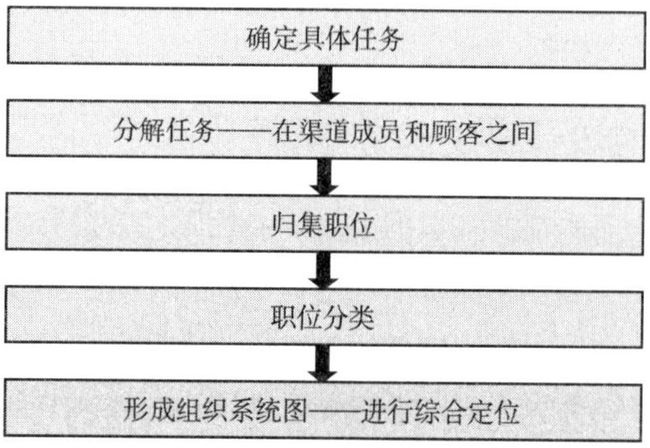

图 6－5　零售组织结构设计程序

（一）确定任务

零售作为分销渠道的一个重要环节，在商品销售中担负着重要的任务。零售组织的典型任务有五种。

（1）战略管理，包括选择商店位置、确定零售方式、明确零售战略等。

（2）商品管理，包括采购、运输、接收商品、检查进货数量、存货的盘点和控制、确定价格。

（3）商店管理，包括客户调查、信息交换、顾客接触（如广告、人员推销）、商品修理和更换、顾客回访和处理顾客的抱怨等，还包括橱窗陈列和设施维护（如保持店面整洁）等。

（4）运营管理，包括销售预测和预算、创造便利的购物条件、处理收据和财务记录、信用业务、给顾客开账单、送货和将未售出的或损坏的商品退还给供应商等，当然还有人员管理等。

（5）信息职能，包括建立信息管理系统，履行信息收集和处理等职能。

恰当地确定这些任务以及从事这些活动对企业所选择的战略组合以及组织结构的设计具有关键意义。

（二）分解任务

上述各项任务多是由零售分销渠道来执行的，但它们并不一定由某个特定零售商执行。一些任务可以由制造商、批发商、专业人士（公司）或顾客来执行。

零售商在分解任务时应考虑以下一些标准：

（1）只有目标市场迫切需要的任务且没有更合适的承担者才应执行。

（2）一项任务应由具备完成任务所需的特殊能力和设施的团体来执行。

（3）当零售商将任务授权给其他团体时，应考虑到可能会失去对过程的控制。

（4）零售商的组织结构可以影响到任务的分解。如特许经营者可以联合起来拥有自己的信用机构，而独立经营者则很难做到这一点。

（5）对任务进行分解时应考虑到通过分散或改变任务可获得的节约。

（三）归集职位

零售商确定了所要执行的任务之后，这些任务便被归集成职位。这些职位必须有明确的定义和构成，并且这些职责在整个企业的组织中应具有相较而言持久的目标。图6－6列出了将任务归结为职位的例子。

任务	职位
商品陈列，联系和接待顾客，包装礼品，跟踪顾客	销售人员
装饰橱窗，布置内部陈列，车辆的使用	陈列人员
输入交易数据，处理现金收据，处理信用卡购买，礼品包装，存货控制	收银员
给顾客账单，信用卡业务，顾客调查	信用业务人员
商品的修理和更改，顾客抱怨的处理，顾客调查	服务人员
接收商品，检查来货，给商品标价，货物存储和控制，退货	仓库保管员
清扫商店，更换旧设备	门卫
人事管理，销售预测，预算，定价，任务的协调	管理人员

图6－6 零售职位任务

零售商在把任务归集为职位时，应考虑实施专业化分工。专业化分工就是将企业活动的特点和参与活动的员工的特点结合起来，把每位员工都安排在适当的领域中积累知识、发现技能从而不断地提高工作效率。在专业化分工条件下，每名员工只对有限的职能负责。专业分工的优势包括任务范围明确、专业化的技能、工作效率高、培训费用低和时间短以及可以启用教育水平较低和经验较少的人员等。但必须要注意专业分工应适度，否则会造成员工士气低落，人力资源浪费等情况。

当所有任务都归集成职位后，职位说明书就形成了。职位说明书概括了每个职位的名称、目标、任务和责任。它们是对员工进行聘用、监督和评价的工具。图 6－7 为商店经理的职位说明书。

职位名称：友谊百货公司八一路分店经理
该职位的上级：高级副总裁
该职位的下级：八一路分店的所有员工
职位目标：配备适当的人员和经营八一路分店
任务和责任：
1. 员工招聘、甄选、培训和评价
2. 商品陈列
3. 库存盘点和控制
4. 批准商品订单
5. 分店之间的商品调动
6. 销售预测
7. 预算
8. 处理商店收据
9. 银行业务往来
10. 开店门、锁店门
11. 了解顾客抱怨
12. 分析计算机数据表格
13. 所有业务的年终检查
14. 向上级主管提交报告
需要参加的委员会和会议：
1. 商店经理检查委员会
2. 每月参加由高级副总裁主持的会议
3. 监督部门经理的每周例会

图 6－7　商店经理的职位说明书

（四）职位分类

职位大体可以按照职能、产品、地理区域或综合的分类体系进行划分。

按职能划分，根据职能范围可把职位分为促销、采购和商店管理等。这种分类方法要运用专业知识，类似于专业化分工。

按产品划分，根据商品或服务来划分职务。例如，一家百货商店可以聘用服装、家电、文化用品、洗化用品礼品等方面的人员。

按地理区域划分，当多家分店分布在不同地区时，这种划分职位的方法十分有用。

一些零售商，特别是规模较大的零售商，往往把三种方法综合起来使用。如一家分店雇用和监督自己的销售人员，而每一产品线的采购人员由公司总部雇用和控制。这样，职能方法、产品方法和地理区域方法便结合起来了。

（五）形成组织结构图

零售组织的各个职位和部门之间并不是孤立存在的，应该从系统的观点出发，将其看作组织整体中具有联系和相互作用的各个组成部分。因此，零售组织结构的形成必须经过统一、协调的规划，职位必须明确、清晰，同时职位间的相互关系也必须明确，这样才能使组织结构形成一个完整的统一体。

在构建零售组织的机构时，还应考虑组织中的权力层级关系问题。权力层级（hierarchy of authority）是通过描述公司内部员工之间的报告关系（从最底层到商店经理或董事会）说明职务关系的。企业高层管理人员为了有效地贯彻执行企业的战略，需要选择适当的管理层次和正确的控制幅度，并说明连接企业各层管理人员、工作以及各项职能的关系，即纵向分工。在纵向分工中，基本有两种形式：一是高长型组织结构；二是扁平型组织结构。

高长式组织（tall organization）是指具有一定规模的企业的内部有很多管理层次，实行分层汇报，分级管理。在每个层次上，管理人员的控制幅度较窄。这种结构可以密切监督、有效评估与管理，有利于企业内部的控制。它的问题是沟通渠道太长，问题可能无法及时解决，对市场变化的反应较慢，员工缺乏个人的影响（无法接近组织内的高层人士）可能会导致其积极性不高以及制度僵化。

扁平式组织（flat organization）是指具有一定规模的企业的内部管理层次较少。在每个层次上，管理人员的控制幅度较宽。但这种组织的优点是沟通良好，可以及时反映市场的变化，并作出相应的反应，问题能得到快速处理，以及员工能较好地投入工作。主要问题是向同一位经理汇报的人数可能会过多，经理需要处理的事宜过多，可能会导致工作失误，并且不利于将精力集中在重要的问题上，容易造成管理的失控。

综合以上因素，零售组织便完成了组织系统图（organization chart）的构建。它以图示形式表明公司内部的层级关系。图 6－8 列出了分别按职能、产品、地区和综合方法建立组织系统图的例子。

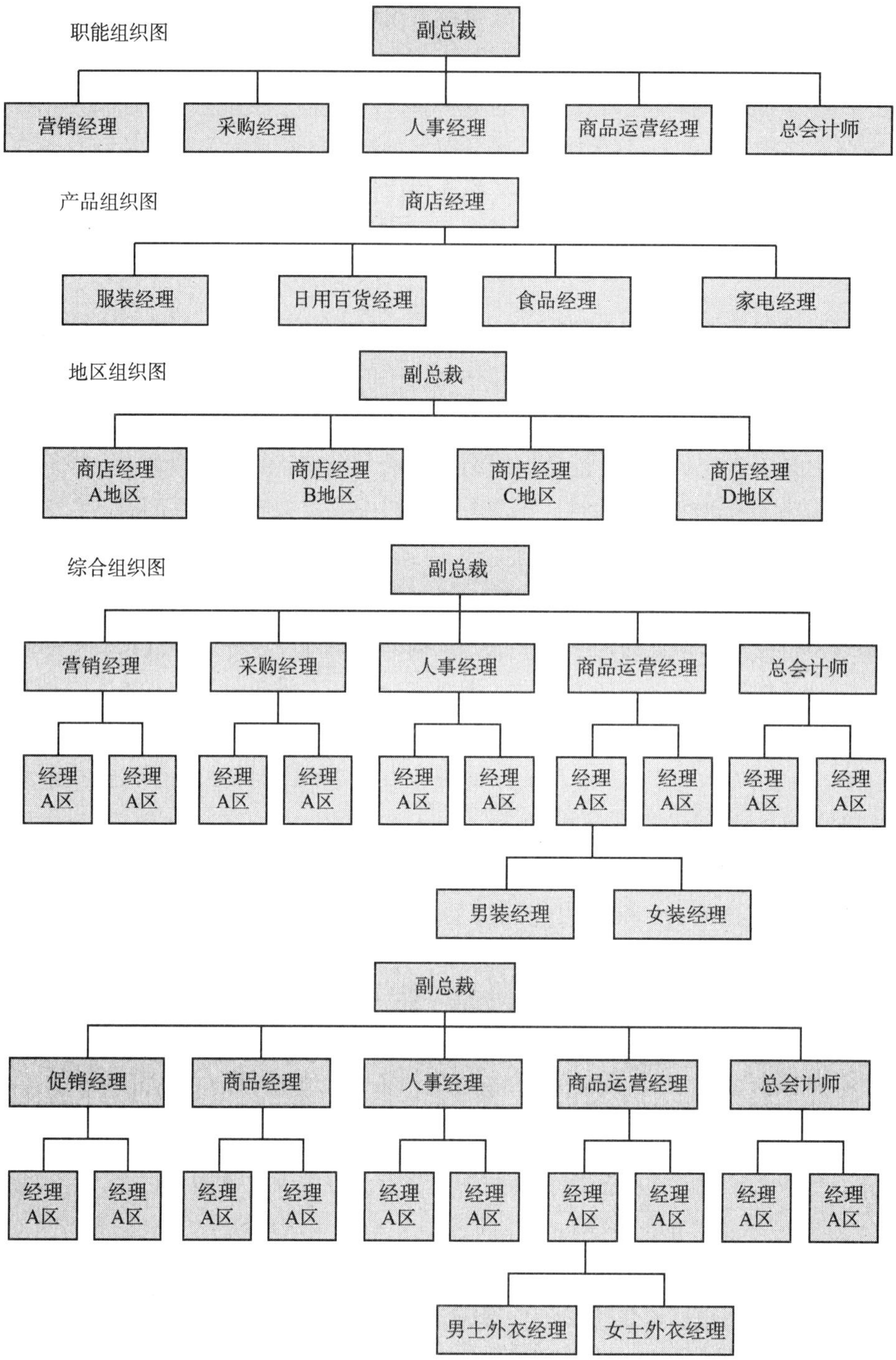

图 6－8　零售组织不同形式

三、零售组织结构类型

零售组织有不同的结构类型。例如，独立经营的零售商的组织结构要比连锁零售商的简单得多。独立经营不必管理离主店很远的机构，业主往往一个人就可以监督所有的雇员，员工在遇到与工作有关的问题时可随时与业主接触。相比之下，连锁经营商必须弄清如何委派任务，如何协调多个分店间的业务，以及如何为所有员工建立统一的政策。

（一）小型独立商店的组织结构

小型独立商店一般由业主自己出资并打理，比较常见的是夫妻店。由于人员有限，只有两三个人事层次（业主与雇员）使得这种小型商店通常采用简单的组织结构，基本上没有严格的专业化分工，也没有分支机构，而且业主亲自管理业务，分配任务，监督员工。它的优点是反应快速、灵活、运营成本低；缺点是它只对小型组织适用，当组织规模扩大后仍沿用这种组织结构会导致高层信息超载。

随着销售规模的扩大，当店里员工数量增多时，管理分工就形成了。但仍然是简单的分工，只是将某些经常性工作指派给某个员工专门负责。图6－9为小型独立商店的组织结构。在这种分工中，店主负责采购，监督整个商店的销售和各项作业的完成；销售人员负责销售商品、安排存货、清点货物、商店内部的卫生等。随着线上购物的兴起，一些加入线上平台的商店还会配备自己的送货员，他们负责确保商品准时送达，报告客户投诉，在送货线上发掘新顾客等。将各个员工的职责加以明确划分，并不违背员工之间的合作，如果有员工因事不能到岗，可以派遣其他员工负责。小型独立商店也经常需要大家一起来做某一件工作，如接货时往往需要全体出动。小型独立商店很少实行职能的专业化，因为需要完成的许多任务都与现有的工作人员数有关，因此，每个员工都必须把他的时间分配给多项任务，这可能会导致运营的效率低下。

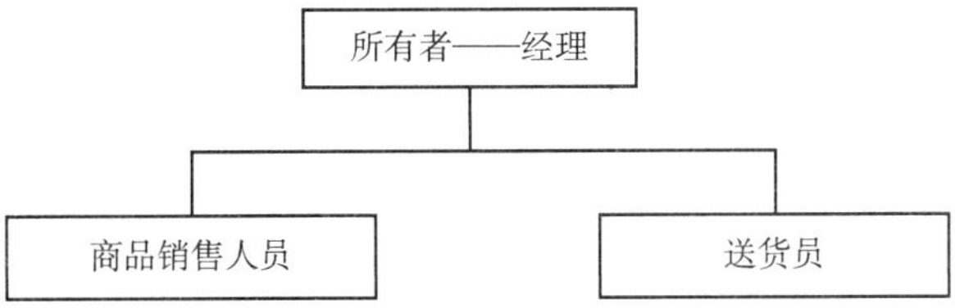

图6－9　小型独立商店的组织结构

（二）百货商店的组织结构

20 世纪 20 年代，美国全国商品零售工会的一个委员会专门制订了一套健全、有效的百货公司组织计划，梅热计划（Mazur Plan）就是其中一项成果。图 6－10 为梅热计划的组织结构，在总经理下设研究部门、副总经理和总经理助理，并在副总经理下设经理会。经理会由高层领导和四个职能部门经理构成，通过定期开展会议等形式让各部门能够更加正确地认识店铺整体运营，促进各部门之间的合作。这四个职能部门为：财务部、商品部、公关宣传部、商店管理部，四大部门各司其职，其任务如下。

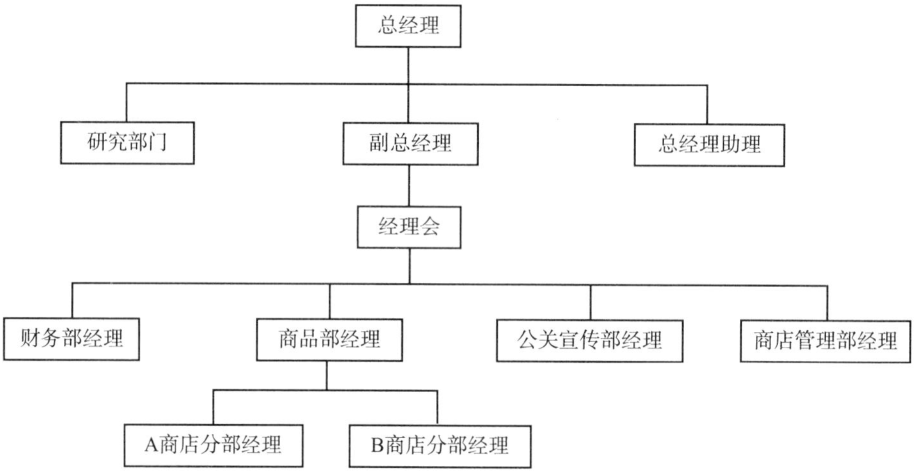

图 6－10　梅热计划的组织结构

财务部：商品统计及编制报表、销售核查、信用审查、开支预算和控制、库存计划和控制、发放薪金、记录保存等。

商品部：采购、销售、库存计划与控制、设计促销活动。

公关宣传部：橱窗设计和店内陈列、广告、设计和实施促销活动（与商品销售经理合作）、市场调研、公共关系。

商店管理部：商品保管、顾客服务（如协调处）、购买商店自用品和设备、商店保洁、运营活动（如商品入库、检查、贴标签、送货以及看管库房）、商店和商品保护（如保险和保卫）、员工培训和报酬、工作场地管理等。

在基本的梅热结构中，商品销售经理领导的商品部负责采购和销售活动。商品销售经理通常被看作商店中最重要的部门经理，其责任包括监督采购人员、为各部门设计财务控制系统、协调各商品部的计划和政策（树立商店的整体形象）、对经济数据及其对商店的影响进行分析。一些商店还设置了商品分部经理，以减少向同一个经理报告的采购员的数量。采购员对本部门的开支控制和利润目标负有完全责任。采购员的任务：进行初步预算、研究流行趋势、与供应商讨价还价、计划所需销售人员的数量、让销售人员了解商品购买和流行趋势方面的信息。但把采购和销售归集于同一个职位（采购员）中，可能会产生一个重大问题：由于采购人员并非一直待在商店中，这可能使人事控制（培训、日程安排以及监督）非常困难。

目前许多大中型百货公司都在沿用梅热结构的修正形式作为自身的组织结构。随着百货商店分店增多，梅热结构产生了三种衍生形式：母子型分店组织（mother hen branch store chickens organization），由总部人员对分店进行监控和经营；独立型商店组织（separate store organization）由各分店负责采购；平等型商店组织（equal store organization）采购集中化，各分店是地位平等的销售单位。

在母子型组织中，总店经理保留了大部分权力。商品计划和采购、广告、财务控制、营业时间及一些其他任务都采用集中管理。在很大程度上，这种组织使下级单位的行为标准化了。分店经理负责聘用和监督本店员工，并且确保分店的日常运营与总公司的政策一致。如果分店数量很少，且顾客的购买偏好与总店类似，那么这种组织形式十分奏效。然而，随着分店的增多，采购员、广告主管、会计和其他人员由于工作过量可能会无暇顾及分店。此外，由于总店的人员完全是从各分店调来的，顾客偏好的差异很容易被忽略。

独立型组织直接把商品销售经理置于分店之中。分店在商品购销和经营决策上拥有自主权。这种组织可以使顾客需求很快受到重视，但它导致了总店与分店管理人员重复设置，而且协调也成问题（如保持各分店的统一形象）。分店之间的存货调运十分复杂，且耗资巨大。只有当分店规模很大，地理位置分散，或者顾客口味相差很大时，这种组织才是非常有效的。

在平等型组织中，百货公司既要提高总体利润，又要顾及分店利润。这种形式是包含多家分店的百货公司通常采用的形式。采购职能（如预测、计划、采购、定价、把商品运送到分店、促销）均采用集中管理。销售职能（如商品陈列、推销、顾客服务、商店运营）由各分店管理。各销售点（包括总店）的待遇是平等的；采购人员不受总店人员的监督。在这种组织中，数据收集至关重要，因为采购人员与顾客和商店的接触更少了，责任很难在采购人员和销售经理之间划分。

（三）连锁零售商的组织结构

各种类型的连锁店通常采用前文所述的平等型组织结构，如图6－11所示。

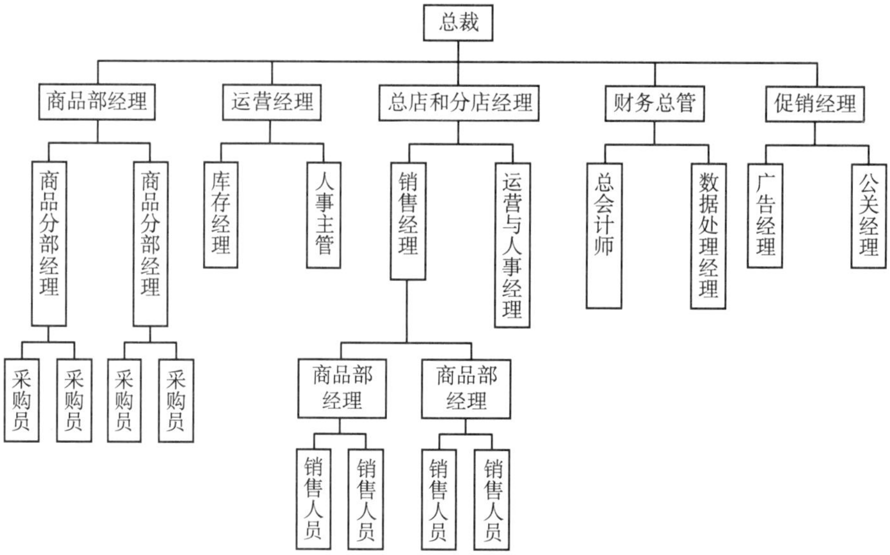

图 6－11　许多连锁店采用的平等型组织结构

虽然连锁店的结构各不相同，但是它们有以下共同特征：

（1）划分为多个职能部门，如促销、商品管理、配送、商店运营、不动产、人事和信息系统。

（2）权责高度集中，各分店经理负责销售。

（3）运营标准化（固定设备、商店布置、建筑设计、商品系列和商店服务）。

（4）完善的控制系统使管理保持一致。

（5）一定程度的分权使分店能更好地适应当地情况，并增加商店经理的责任。

还有一些区域连锁店铺的组织结构按职能和地区进行设计，实行专业化分工，通常在总经理下设各职能部门，包括企业策划部、发展部、店面经营部、采购配销部、行政部和信息服务部。这些职能部门任务如下：

（1）企业策划部：为公司发展前景制定战略目标，调整公司战略目标与规划使其与公司经营现状和宏观环境相吻合，为其他部门提供参考。

（2）发展部：主要是新店铺拓展的相关工作，如为新店铺选址，编制投资预算、店面装修和设计标准，采购和安装设备等。

（3）店面经营部：制定和执行经营业绩考核制度、监督店面工作的规范与执行情况、为店面运营提供指导。

（4）采购配销部：制订商品采购计划、制定商品开发政策、制定商品采购和配送制度。

（5）行政部：岗位考核、发放薪资、福利待遇、执行人事制度。

（6）信息服务部：开发和维护公司信息系统，系统使用人员的培训，整理和分析商品经营数据系统，开展市场调研活动，保持与外部环境的密切联系。

这种组织结构运营标准化程度较高，各分店经理负责销售，权责高度集中。部门科室的多少取决于公司的经营规模。如果公司规模不够大，就没必要设置过多的科室，以免增加不必要的管理层次，影响信息交流，增加管理成本，降低管理效率。

（四）现代大型职能型店铺的组织结构

现代大型职能型店铺在组织结构设计上，在董事会下设各职能部门：营运部、商品部、人力资源部、财会部、储运部、拓展部、信息服务部，实施专业化管理事务如图6－12所示。

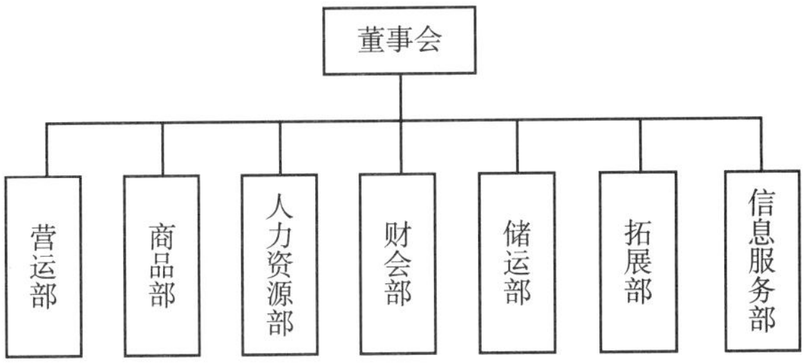

图6－12 现代大型职能型店铺的组织结构

各部门职能如下：

（1）营运部：主要负责门店运营管理。

（2）商品部：负责商品采购、计划、广告促销等。

（3）人力资源部：负责人事、薪酬、福利、员工培训、规划等。

（4）财会部：提供财务、会计、资本运营等服务。

（5）储运部：负责仓储、运输、配送、库存管理等。

（6）拓展部：主要负责新店的地产、选址、开店、门店建设等。

（7）信息服务部：提供营运支持，为其他部门决策提供依据及建议等。

该组织结构的优点是：实行专业化管理、纵向指挥容易、横向权责划分清楚；缺点是：易导致多头指挥、本位主义，缺乏创新。

（五）现代大型事业部型店铺的组织结构

在现代大型事业部型店铺的组织结构中，由总部负责总的战略管理、资源规划、财务和法律事务管理，总部在董事及总经理下设不同的事业部：国际事业部、百货事业部、连锁事业部、超市事业部、便利店事业部和配送事业部（见

图 6－13）。总部对各事业部提供运营支持，各事业部有独立的职能部门。

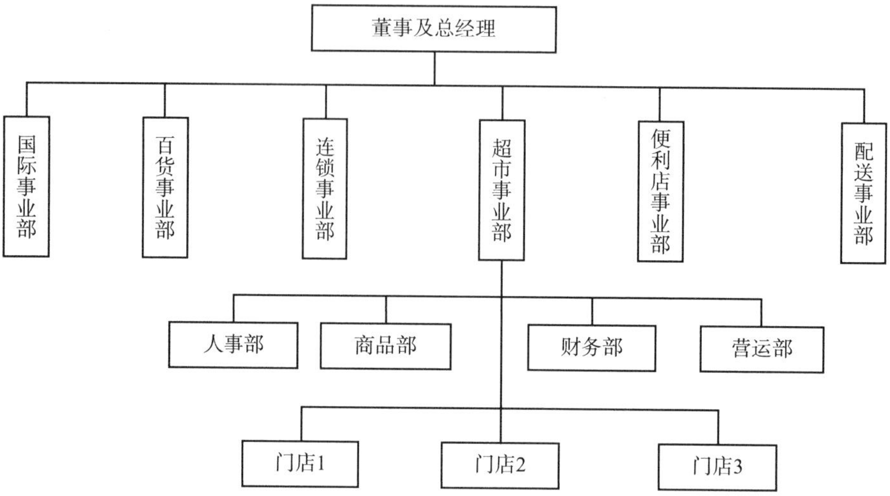

图 6－13　现代大型事业部型店铺的组织结构

该组织结构的优点是：总部负责总体规划，有利于朝着公司总体战略发展，各事业有相对独立的运营权利，承担损益指标；其缺点是：职能部门重复设置，管理成本上升，总部对各事业部的控制力减弱。

第三节　零售组织文化

一、组织文化的含义

组织文化是组织中员工共享的价值和规范体系，指导着组织成员行为的价值观念、传统习惯、理解能力和思维方式。组织文化是全体员工共同认可的集体意识，是企业的观念、宗旨、目标的集中体现，反映了企业的优良作风。当遇到问题时，组织文化可以为员工提供正确的指导，进而对问题进行界定、分析和解决。

组织文化可以分为显性组织文化和隐性组织文化。显性组织文化是指那些表现为精神的物化产品和行为，通过直观的视听器官能感受到的、符合组织文化实质的内容，包括组织的标志、工作环境、规章制度和经营管理行为等部分，具有可见且可辨识的特点。隐性组织文化是组织文化的根本，是最重要的部分。隐性组织文化包括组织哲学、价值观念、道德规范、组织精神几个方面，具有不可见且不可辨识的特点。

根据《2020全球零售力量》显示，美国沃尔玛以5144亿美元的零售收入位居全球第一，同时也连续5年蝉联世界零售企业500强榜首。沃尔玛的发展壮大与其组织文化密不可分，其组织文化强调：服务顾客、尊重个人、追求卓越以及诚信形式，这些理念得到了消费者的青睐。

从沃尔玛的成功示例中，我们不难发现企业文化是企业生存和发展的精神支柱，能够帮助企业创造长期的经营业绩。一个强有力的企业文化能够帮助零售组织积极应对外部环境的变化，使得零售组织能够对市场环境变化、顾客需求以及竞争对手的行动做出迅速的反应。此外，强有力的组织文化可以使大家目标一致并减少员工在相互合作中产生的误解和矛盾，有利于提高组织内部的凝聚力，激发企业员工的集体认同感，激励员工创造优异的经营业绩。

二、组织文化的分类

按照组织文化的强度，可以将组织文化分为弱文化和强文化。

（一）弱文化

弱文化是指企业尽管有自己的文化，但没有一个可以指导全体员工行为的核心价值观。企业所拥有的文化特点不鲜明，主题价值不突出，企业文化没有得到成员广泛认同，导致企业文化的影响力较弱。在弱文化状态下，企业文化缺乏核心价值观，难以形成较高的凝聚力，员工缺乏归属感，工作积极性不高。从企业角度来看，这种弱文化还会阻碍其发展。对于任何一个意图建立自身企业文化的零售来说，这种现象都是需要避免的。

我国很多零售企业意识到了组织文化带来的效益，并效仿沃尔玛等大型零售企业试图建立自己的标语、口号、故事等，但成效甚微。这种做法只是组织文化的表现，忽视了企业的核心价值观，组织成员间对特定价值观的认识缺乏一致性，所以不能带来较大的影响。

（二）强文化

在拥有强文化的企业中，关键价值观会得到员工的强烈坚持和广泛认同，它会制约一个管理者的决策选择，让组织成员明确应当做什么，不应当做什么。在这种强文化中，即使没有一些约定成俗的规章制度，当意外情况发生时，员工也能非常清晰地知道采取什么样的措施是符合组织文化的，可以很好地进行自我判断并采取正确的措施。

这种强文化给组织带来的好处是毋庸置疑的。它能够促进企业战略文化的匹配，有利于组织战略的执行，员工对组织目标有着清晰统一的认知，增加组织凝聚力。此外，在强文化的驱动下，员工会更加积极地参与组织的发展。

凡事有利必有弊，尽管强文化能够给企业带来诸多好处，促使零售组织持久经营并取得较好业绩，但是也有可能成为组织发展的障碍。当零售企业目标或环境发生变化时，原本的文化可能不再适应新的情况，但由于这种文化观念已经深入员工内心，若想改变这一文化则需要花费很大的时间和精力。这时，强文化便成为组织创新和变革的障碍。

三、组织文化的作用

（一）整合作用

一个强有力的组织文化不仅可以约束员工的行为，还可以赢得员工的信任，激发员工的工作积极性。在一个富有凝聚力的组织文化中，组织价值观念得到成员的广泛认同，员工愿意为组织贡献自己的力量，朝着组织目标共同努力，员工和组织融为一体。这种组织文化能从根本上改变员工的旧有价值观念，建立起新的符合组织文化的价值观念，使之适应组织正常实践活动的需要。组织文化一旦被接受和认同，成员就会自行做出符合组织要求的行为选择，倘若违反了组织规范，也会自动修正自己的行为。从这个意义上说，组织文化具有很强的整合作用。

（二）提升绩效作用

对于零售企业而言其根本目的就是获得经济效益。只有当组织文化能够为企业带来经济效益时，这种文化才是有效的。瑞士洛桑国际管理学院对企业国际竞争力的研究表明，组织文化对企业管理竞争力的影响最大。目前我国越来越多的零售商意识到了适宜的组织文化能够为绩效带来好处，纷纷效仿优秀的零售企业建立自己的组织文化，践行自己的价值观念。不可否认的是，即使是在一些经营业绩很好的零售企业中也会存在有着负面作用的组织文化，这就需要管理者及时觉察，力图将其转化为有利于企业经营业绩的组织文化。

（三）完善组织作用

零售组织在发展过程中会形成自身的文化积淀，通过日复一日的强化，也会在实践中随着企业环境的变化而不断更新和优化，推动组织文化从一个高度向另一个高度迈进。这种组织文化的不断深化和完善会形成一种良性循环，进而推动组织本身的上升和发展。反过来，组织的进步和提高同样会促进组织文化的丰富、完善和升华。国内外成功零售企业的事实表明，组织的兴旺发达总是与组织文化的自我完善分不开。

（四）塑造企业形象

零售组织文化最直观的表现形态是企业的产品和服务。当零售企业的产品和服务都注入了组织文化时，其生命力将会是其他任何企业不可以相提并论的。对于零售企业来说，组织文化对于企业产品有极为重要的作用，企业依据组织文化进行产品设计、生产和销售，只有符合企业文化的产品才能在市场上立足立稳。反过来，企业产品的畅销则会使消费者进一步了解企业的组织文化，这是一种相互促进和发展的关系。

四、组织文化的建设

组织文化的建设是零售组织在建立过程中必不可少的一个重要内容。随着外部环境的变化、市场竞争的日趋激烈以及零售组织内部的变化，零售组织也需要不断重塑组织文化，重视和强化现有的符合企业战略的文化，消除与战略不相符合的内容。无论是组织文化建设还是重塑，其目的都是培育出强有力的优秀组织文化。零售组织文化的建设和重塑的方法有很多，但在建设和重塑过程中必须注意以下三个关键内容。

（一）制定组织文化的核心内容

组织文化的核心内容就是要构建企业价值观和树立企业精神，这是制定组织文化首先要明确的步骤。通过这一举措，可以让员工知道什么行为是对的，什么行为是不被允许的。在实践中，企业通常会选择将组织文化的核心内容撰写为组织的价值准则或文化手册，以供员工诵读，强化认知。

美国商业伦理研究中心的一项研究显示，财富500强零售企业中的多数企业都已订立了公司价值准则。这些准则明确了公司对员工行为的期望，阐明了公司的理念，即公司希望员工能认识到公司鼓励的价值观与行为伦理。

（二）建立符合组织文化的组织架构

组织架构必须与组织文化相适应，否则再好的组织文化也只是纸上谈兵。在组织架构中与组织文化联系最为紧密的是组织结构和激励机制。一些公司为此还建立了专门的组织文化办公室，主要负责员工日常碰到的伦理问题和两难选择，也负责根据价值观对员工进行培训，使其行为符合组织文化要求。

一个健全有效的激励机制是组织文化发挥作用必不可少的一环。随着专业化、标准化管理的普及，使得组织内需要遵循的制度增多。这些制度很容易抑制员工的创造性和积极性。而一个有效的激励机制，则可以提高员工的积极性，使其感觉到自己是组织的一分子，将组织的事业视为自己的事业，从而将组织文化更加深刻地映入脑中。

（三）基于正确价值观的领导

在企业文化的塑造中，领导往往承担着重要的角色，组织文化和价值观会受到领导人言行举止较大的影响。员工往往会通过观察领导者的行为来了解、学习组织文化。当领导者出现了不符合组织文化的行为，如当员工出现违反组织文化的行为时，领导者若不加以制止或对其进行严厉批评，那么员工则会认为组织文化无关紧要，这种态度将会渗透到组织内部。

只有当领导者积极维护组织文化的高标准，正式的伦理准则和培训计划才会起到相应的作用。一些大型的连锁零售企业，为了让管理层更好地理解并贯彻组织文化，往往需要其到总部进行组织价值观、信念和目标的培训，从而使得整个公司保持一致形象。

第四节　零售组织发展趋势

一、组织规模化

组织规模化是零售组织流通现代化的客观要求。组织规模化带来的好处有：提高产业集中度，实现规模经济，降低成本，进而增强企业的竞争力。此外，零售组织规模化还与消费者的消费需求相契合，如购物便利性、舒适性、高选择性等需求，进而在市场竞争中占据优势地位。目前，零售集团主要采取以下四种模式进行扩张：发挥连锁经营优势，通过多种连连锁形式，扩大集团的发展规模，提高集团的市场占有率；以资本为纽带，通过多种形式实现合资、合作和合营形式，组织和扩大大型零售集团；小型连锁企业自发组织联购分销，建立松散型零售企业集团；深化国有商业企业的改革，建立以国有资本参股、控股的大型股份制商业集团为主导，民营商业为主体，外资商业为补充，允许大量个体户存在的多种经济形式并存的零售市场体系。

二、组织扁平化

组织扁平化是为了使组织变得灵活、敏捷、富有柔性和创造性，公司通过自上而下破除垂直高耸的结构，减少企业的管理层次，增加管理幅度，裁减不必要成员来建立一种紧凑的横向组织。这一横向组织强调系统和管理层次的简化、管理幅度的增加与分权。组织扁平化对管理者素质提出了较高的要求。传统的管理结构要求管理幅度在7人以下为宜，否则会认为这种管理是低效率的；而在组织扁平化后，则要求增加管理幅度，而在管理层减少的同时，又要保证管理效率提高，这必然对管理者的素质与能力的要求提高。

三、经营国际化

经营国际化是市场全球化的客观要求。随着经济全球化、信息技术以及交通运输的发展，各地之间加速融合，地域之间的差距逐步缩小，消费者可以在不出国门的情况下买到世界各地的产品。并且随着中国经济水平的不断提高，消费者不再局限于购买本国产品。经营国际化也是生产全球化的内在要求，是我国参与国际分工的必然结果。许多零售巨头公司通过经营国际化（如设立分公司、子公司等）取得了巨大的收益，如沃尔玛、宜家。这对尚未“走出去”的中国零售企业来说是一个重要的发展方向。但是经营国际化并不是简单在国外开一家分店，经营国际化必须要遵循国际市场的市场规则、竞争规则，并适应当地文化。

四、管理科学化

在竞争日益激烈的零售市场，科技、信息以及服务成为零售组织能否脱颖而出的三大关键要素。管理科学化要求零售集团应用现代的科学技术武装商品流通的各个环节，利用IT技术实现信息化、网络化和数字化管理，实现单店、单品管理，随时掌握市场变化，及时采取防范措施，尽可能地降低风险，提高经营管理水平。

五、发展多元化

消费多元化和市场多元化对企业的多元化发展也提出了要求。市场竞争的加剧迫使零售组织不断向更高层次发展，向纵深市场开拓。多元化发展的途径主要有四种：向上游延伸，涉足生产领域，或开拓自有品牌，或通过收购生产企业、新建生产基地、贴牌生产等形式，构建从生产到销售的供应链，推进部分产品产销一体化；横向发展，开拓相关产业，扩大经营范围，在坚持以零售为主业的基础上向餐饮业、旅游业、商业相关的加工产业等相关业种发展；寻找新的投资领域，进行跨行业发展，如建立社会化的物流配送中心、构建汽车交易市场，或剥离家电、家具商品部，建立专业点；以超市、大卖场生鲜食品需求为导向，建立农产品生产基地及配套的食品加工厂，构建“三绿”工程，保证食品的安全供应。

六、组织创新化

零售组织从来就不是固定不变的，需要根据市场的发展而不断更新完善。近年来，信息技术和电子商务的普及以及深入发展，对零售组织创新提出了较高的要求。以淘宝为例，其采用网络销售，无须设立实体店铺，运营成本低；其产品种类丰富，可以满足消费者的各种需求，并提供不同价位的产品，大大节省了购物时间。这种消费模式深得消费者的喜爱，其销售记录也屡创新高。在这种零售组织的影响下，很多传统实体零售组织也开始进军电子商务领域。在市场这只“无形的手”的推动下，未来零售组织将不断创新。

【本章小结】

零售组织可按所有权关系、店铺零售战略组合、无店铺零售和非传统零售形式以及零售组织规模进行分类。对一个零售组织来说，稳定的结构和任务安排、政策、资源、权力、责任以及奖励都应有效地满足目标市场、雇员和管理层的需要。零售组织的结构因企业类型不同而不同。一个强有力的组织文化对零售组织的发展是不容小觑的，它可以使企业完成更高的效益，促进组织发展。零售组织的发展则呈组织规模化、组织扁平化、经营国际化、管理科学化、发展多元化、组织创新化趋势。

【思考题】

1. 按店铺零售战略组合划分的零售机构有哪些类型?
2. 零售组织结构设计的要求有哪些?
3. 描述小型独立零售商、百货商店、连锁经营和购物中心组织结构。
4. 零售组织文化对零售企业发展有何作用?
5. 零售组织的发展呈怎样的趋势?

【延伸阅读】

[1] 陈甬军．中国市场经济通论［M］．北京：中国人民大学出版社，2012.
[2] 洪涛．流通产业经济学［M］．北京：中国人民大学出版社，2014.
[3] 蒋秀兰，蒋春艳．零售学［M］．北京：清华大学出版社，2018.
[4] 兰西奥尼．团队协作的五大障碍［M］．北京：中信出版社，2010.

［5］李桂华．零售营销［M］．北京：人民邮电出版社，2016.

［6］刘润．新零售［M］．北京：中信出版社，2018.

［7］柳思维．现代市场研究［M］．北京：中国市场出版社，2007.

［8］佀玉杰．零售管理［M］．北京：首都经济贸易大学出版社，2007.

［9］孙晓红，闫涛，冷泳林．零售学［M］．大连：东北财经大学出版社，2018.

［10］吴小丁．商品流通论（第三版）［M］．北京：科学出版社，2018.

［11］徐从才．流通经济学：过程、组织、政策（第二版）［M］．北京：中人民大学出版社，2012.

【精彩案例】

永辉超市的组织变革之路

永辉超市成立于2001年，是国家级“流通”及“农业产业化”双龙头企业。永辉超市是中国大陆首批将生鲜农产品引进现代超市的流通企业之一，被国家七部委誉为中国“农改超”推广的典范，通过农超对接，以生鲜特色经营及物美价廉的商品受到百姓认可，被誉为“民生超市、百姓永辉”。

自创办以来，永辉超市持续高质量发展。目前，永辉超市已在全国发展超千家连锁超市，业务覆盖29个省份，业务覆盖29个省份，近600个城市，经营面积超过800万平方米。位居2020年中国超市百强第二位、2020年中国连锁百强第四位。

创业初期的永辉超市，权力主要下沉在门店层面。几位创业元老每个人掌控一些门店，形成了以门店为划分的权力格局。这时门店比较少，同类业务单元之间的协同主要通过门店负责人来推动。超市规模扩大之后，永辉开始实施以事业部制为核心的管理架构，创业元老们成为各个事业部的一把手。事业部进行垂直管理，从采购到营运，负责到底。比如，生鲜事业部、食品用品事业部以及服装事业部等。永辉在2010年上市时，招股书上描述的就是这样的组织架构。

在组织架构调整过程中，基本业务单元的业务活动可以是保持不变的，比如蔬菜业务单元的业务范围、责任权力大体不变，但是它可能从原来归属于门店管理变成了生鲜事业部管理，或者由主要受店长管理变成了主要受区域生鲜副总管理。但是，2013年后永辉逐步开始推进合伙人制度，其组织变革是同时在组织架构和业务单元的责权利两个层面上进行的，核心是责任权利机制的调整。永辉已经把集团前中后台都进行了改革，主要分成两级，第一层是平台型的创业合伙人，平台型合伙人是支持精英创业；第二层是“小店合伙人”，是在门店内业务实操的单元，支持中基层创业，是变革的主要部分。

2016～2017年，合伙人制度的红利已经体现出来，表现为销售净利率的提升，从3.0%提升到3.5%。这里有一部分来自为员工强化责任、产生利益切身感、提高积极性的方面；另一部分来自人员精减，因为一线合伙人团队承担了人员考勤、工资结算、员工招募等职能。永辉从传统商超起家，它身上也有着传统零售企业的通病，组织层级多，内部架构复杂，裙带关系和腐败问题时有发生。自2020年开始，受新零售行业和社区团购的冲击以及自身经营不当（如出食品安全问题等）等因素影响，永辉超市营业收入呈下降趋势。

为了破解永辉超市发展困境，其新任CEO李松峰在上任后发布了全员内部信，宣布永辉的组织架构要朝着更加扁平化、年轻化的方向发展。在2021年9月23日上午，李松峰就内部信中的事宜接受了媒体采访。其指出永辉的发展进入到一个新的阶段，组织架构变革的核心在于更好地匹配业务的发展需要，此次调整是为了更好地为下一个十年规划而奋斗。李松峰还指出永辉现在的定位是全渠道数字化的科技零售平台，扁平化是此次架构变革的核心。

此次变革顺应了目前零售组织的发展趋势，至于具体成效仍有待时间的检验。

资料来源：根据永辉超市官网发布的相关资料整理。

讨论题：

永辉超市经历了怎样的组织变革？达到了怎样的成效？

第七章

零售商圈与选址决策

【学习目标】

1. 了解零售商圈的定义、构成及影响因素；
2. 掌握现代商圈分析方法，了解模型构建过程，学会使用技术工具分析问题；
3. 了解商店选址的原则与类型；
4. 掌握商店选址的流程与方法。

【重难点】

1. 商圈的定义与商圈层次的划分、商圈的影响因素；
2. 在互联网时代下商圈的发展特征及其面临的机遇；
3. 零售商圈的分析方法；
4. 零售选址的原则与零售店址的各种类型；
5. 中心地理论和地理信息系统法。

【案例导入】

盒马鲜生，用大数据选址

新零售超市盒马鲜生在微信公众号宣布于2017年7月8日迎来3个新店的试营业，分别是北京的第二家门店——盒马大成店，以及上海的盒马平高店和盒马新江湾店。

盒马鲜生是阿里巴巴对线下超市完全重构的新零售业态。盒马鲜生是超市、餐饮店，也是菜市场。消费者可到店购买，也可以在盒马鲜生App下单。盒马鲜生是围绕“餐饮体验+生鲜超市零售+基于门店配送”打造的“新零售”模式，其本质是对传统零售业和线上线下生鲜电商模式的升级和改造，其核心任务在于重构新的消费价值观。

盒马鲜生第二家门店与首店（东四环外十里堡店）位置恰好在京城东、西两个方向，此布局是为了更好地在北京多处区域推广。与首店相同的是，盒马大成店的选址也在大型社区周边，附近楼盘价格偏高，居民消费水平偏中上。盒马鲜生对北京商报记者表示，此次选址偏西的丰台区是想服务西边区域的消费者，填补西边区域的空白。

在选址方面，有专家透露，盒马鲜生打破了部分商业选址模式，主要由周边支付宝的活跃用户数量以及用户购买力决定，在一定程度上打破了固有商业选址模式。

资料来源：佚名．盒马鲜生北京二店即将开业用大数据选址［EB/OL］.［2017－07－05］. http：//www. sohu. com/a/154763706_610732. 内容有删减。

思考：

1. 试分析盒马鲜生大成店的选址意义和价值。

2. 进入新零售时代，选址的战略地位是否会受到冲击？

3. 如果你是盒马鲜生的店长，你会选择在本城市的哪个商圈开店？为什么？

第一节　零售商圈

在研究零售学的同时离不开对商圈的分析，即经营者在对商圈的构成情况、特点、范围以及影响商圈规模变化的因素进行实地调查和分析的基础上，明确经营范围和服务对象，为选择店址、制定和调整经营方针与策略提供依据。

一、零售商圈的定义与影响因素

（一）零售商圈的定义

商圈（trade area）是指形成商店主要销售额和顾客的一块相邻地理区域，即在一地理区域内的潜在顾客有高于零的概率会前往购买商品，因此商圈的概念是针对一家零售商店及其商品而言的。当两家或两家以上的商店位置相近，它们的商圈可能在很大程度上会是重叠的。

简单地说，商圈就是对顾客吸引力所能达到的范围。而对商圈概念的理解一般可归纳为三点：第一，商圈是一个具体的区域空间，是一个大致可以界定的地理区域，是指一定距离内顾客集聚的程度，即人流状况，完全取决于区位选择；第二，商圈是一个具体的销售空间，同时又是一个具体的购买空间，而且该地理区域空间在地图上很容易标示出；第三，商圈内各种销售辐射力和购买向心力构成一个类似物理学中的“场”的“商业场”，商业活动就是在这个商业场中进行。作为销售空间和“商业场”，取决于业态种类和经营能力所焕发的内聚力和辐射力大小。

由此我们得知，商圈对于一家零售店而言至关重要，因为商圈决定了零售流量的大小。那对于我们来说，我们该从哪些方面来设计商圈呢？这就涉及零售商圈的构成这一知识点了。

（二）商圈的构成

1. 商圈层次

商圈可分为三个层次，即核心商圈（主要商圈）、次级商圈和边缘商圈（见图7－1）。

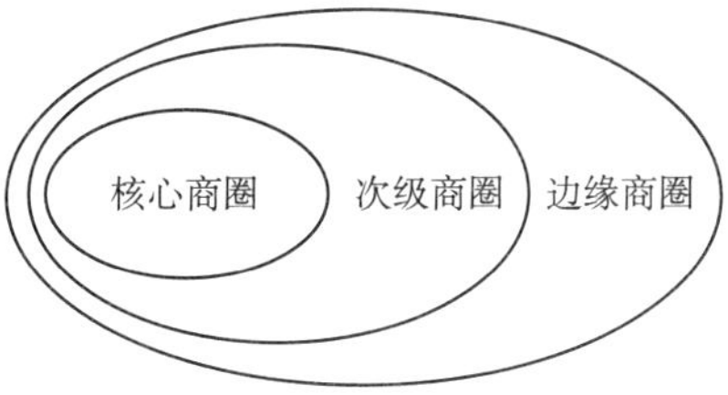

图7－1　商圈的三个层次

核心商圈是指最接近店铺的区域，指购物中心或商店50%～70%的顾客来地，在这个区域内顾客来店购物最方便。一般来说，小型店铺的核心商圈在0.8千米之内，顾客步行来店在10分钟以内；大型店铺的核心商圈在5千米之内，无论使用何种交通工具，顾客来店都在20分钟以内。核心商圈的顾客占顾客总数的比例最高，每个顾客的平均购货额也最高，顾客集中度也较高。在此区域内，由于这家商店具备接近性的竞争优势，足以吸引顾客前往惠顾，形成非常高的顾客密集度，而且通常不会与竞争者的主要商圈重叠。

次级商圈是指核心商圈的外围区域，在销售额上处于第二重要的地理区域，创造大约20%～30%的顾客，在这个区域内顾客来店购物比较方便。一般来说，小型店铺的次级商圈在1.5千米之内，顾客步行来店在20分钟以内；大型店铺的次级商圈都在8千米之内，无论使用何种交通工具，顾客来店都在40分钟以内。次级商圈的顾客占顾客总数的比重较小，顾客也较为分散。一家商店对其次要商圈的顾客仍具有相当的吸引力，但是往往要与其他竞争者争取相同的顾客，竞争比较激烈。

边缘商圈是指次级商圈以外的区域，这些顾客往往从原地而来，可能是因其住所附近缺乏足够的零售商店，或者该商店或购物中心正好位于顾客上下班的路上，在这个区域内的顾客来店购物不够方便。一般来说，小型店铺的边缘商圈都在1.5千米之外，顾客步行来店在20分钟以上；大型店铺的边缘商圈在8千米之外，无论使用何种交通工具，顾客来店都在40分钟以上。边缘商圈的顾客占顾客总数的比例相当少，且非常分散。对于边缘商圈的顾客而言，此商店较无竞争优势。

2. 顾客来源

零售店有其特定的商圈范围，在这一范围中，零售店服务的对象，即顾客来源可分为以下三部分。

居住人口。指居住在零售店附近的常住人口，这部分人口具有一定的地域性，是核心商圈基本顾客的主要来源。

工作人口。指那些并不居住在零售店附近而工作在零售店附近的人口，这部分人口中有不少是利用上下班时间就近购买商品的，他们是次级商圈中基本顾客的主要来源。

流动人口。指在交通要道、商业繁华地区、公共活动场所过往的人口。这些路过的人口是位于这些地区零售店的主要顾客来源，是构成边缘商圈内顾客的基础。一个地区的流动人口越多，在这一地区经营的零售店可以捕获的潜在顾客就越多，同时经营者云集竞争亦十分激烈，这就要求经营者更讲究竞争策略和经营特色。

3. 商圈的类型

（1）按区域市场的发育程度分类。

经济发展的不平衡造成了特定地区人口规模、购买力和购买欲望上的差异，也就形成了区域市场发育的不均衡。按照市场的发育程度，通常可以将区域市场分为以下三种类型。

一线市场。一线市场由所有的直辖市、绝大部分省会城市、重要的沿海开放城市及部分内地经济发达的地级市等城市的核心部分组成。这些地区是我国经济最发达的中心城市，其市场发育程度也最为完善。例如，我国传统的三个特大型商业中心——北京、上海和广州就是环渤海、长三角和珠三角经济圈的中心城市，具有久远的商业文化和商业发展历程。

二线市场。二线市场包括绝大部分地级市、个别县级城市和个别落后的省会城市。这些城市都是某个地区的中心城市，但其经济实力较一线市场弱，商业发展水平较一线市场低，因此，这些区域市场上存在的商机较一线市场少。

三线市场。三线市场指的是绝大多数县级市场，包括其管辖的村镇等，通常直接称为农村市场。与一、二线市场不同，三线市场是在农村地区存在的市场，这些地方的经济发展水平、商业环境、交通状况等都还不够完善，居民消费实力总体上比较弱，因此市场总体发育还不够成熟。

通常，对于跨地区连锁经营的零售企业而言，区分区域市场的级别可以依据行业经验加以判断，也可以通过对各个区域市场的整体考察得出结论。需要注意的是，尽管二、三线市场在诸多方面的表现还不尽如人意，但并不意味着在这些区域市场就不存在拓展的机会。

（2）按照商圈的性质来分类。

在市场上由于区域功能定位不同，出现了一批特定消费片区，如文教区、住宅区、商业区等。这些片区相对于其他部分具有明显的同一消费群体高度聚集的特征，因此，在这些区域中设立的店铺服务对象指向非常明确，目标顾客群体容易界定，同行业店铺无论在经营的业种还是经营的风格、方式上也都存在很高的相似度。

商业区：商业集中的地区，其特色为商圈大，流动人口多、各种商店林立、繁华热闹。其消费习性具有快速、流行、娱乐、冲动购买及消费金额比较高的特点。

住宅区：周边主要是居民居住区，商店分散，来往人群稳定。其消费习性为：消费群稳定，讲究便利性、亲切感，家庭用品购买率高。

文教区：附近大学、中学集中的区域，有较强的独立性，人口流动较少，顾客忠诚度比较高，该区消费群以学生居多，消费金额普遍不高。

办公区：主要是工厂集聚或写字楼集聚的区域，人们往来的主要目的是工作而非购物。其消费习性为：便利性、人口多、消费水平较高。

工业区：工业区的消费者一般为打工一族，消费水平较低，但消费总量较大。

混合区：分为住商混合、住教混合、工商混合等。混合区具备单一商圈形态的消费特色，一个商圈内往往含有多种商圈类型，属于多元化的消费习性。

（3）按商圈的成熟度分类。

按商圈的成熟度来划分，商圈可分为成熟商圈、未成熟商圈和成长性商圈。

成熟商圈。成熟商圈是指早已形成的比较固定的商业区域，一般不受个别门店开设的影响。

未成熟商圈。未成熟是指尚未成型的商圈，某一门店的进入会对其范围大小产生一定的影响。

成长性商圈。成长性商圈的特征是：中心商圈已形成街区，硬件设施较好，但仍然扩张迅速；多层次主流客户群的光顾之地；辐射范围日益扩大。

（三）商圈的影响因素

商圈形状与规模由众多宏观因素与微观因素的相互作用决定。

1. 商圈宏观影响因素

影响商圈形状与规模的宏观因素一般有人口统计、经济基础和居民购买力、商业竞争状况、基础设施因素等。

（1）人口统计因素。

主要是人口总量和密度、年龄分布、平均教育水平、居住条件、总的可支配收入、人均可支配收入、职业分布、人口变化趋势、消费习惯等。其中，人口数量是衡量商圈内需求大小的重要参数。而了解商圈内不同顾客的年龄分布特点、教育水平、收入支配情况、职业分布，可使连锁企业掌握消费者的惠顾倾向，安排设立适应这些惠顾倾向的连锁分店，以得到最好的布局效应。在大多数情况下，人口增长区域比人口减少区域零售商的商圈规模更大。

（2）经济基础和居民购买力因素。

经济基础主要指商圈内经济结构的合理性、区域经济的稳定性、居民收入增长的可能性等，反映了一个区域的产业结构和居民收入来源。其中重点是主导产业、产业对角化程度、消除季节性经济波动的自由度等。零售企业需要掌握商圈内是否存在主导产业、是什么产业以及会给商圈带来什么影响。若商圈内居民多从事与主导产业相关的工作，那么该主导产业的前景就会直接影响商圈内居民的收入和消费水平，进而影响商圈的市场容量；如果商圈内产业对角化，则消费市场一般不会因某种产业市场需求的变化而发生大的波动；如果商圈内居民从事的工作行业分散，则居民购买力总体水平的波动就不明显，对零售商店营业额影响也就相对较小。

（3）商业竞争状况因素。

这是一个非常重要的因素，商圈内商业竞争的激烈程度会影响特定商店的商圈规模和形状。一方面，如果两家便利食品商店离得太近，它们各自的商圈就会缩小，因为它们提供的是同样的商品；另一方面，相邻的购物商店，如妇女服装店，应该扩大商圈的边界，因为有更大的选择范围。考察一个地区的商业竞争状况，应着重分析以下因素：现有竞争者的数量与规模、不同竞争者的优势与劣势、竞争的短期和长期变动趋势、市场饱和度等。除要注意竞争者外，还要掌握商圈内商店群的构成，衡量商业相对集中区里的各个网点的相容性。其评价工具是商店间顾客交换率。

（4）基础设施因素。

商圈内的基础设施是商店正常运行的基本保障，主要包括地域类型与数目、交通网络状况、区位规划限制等。商圈内交通的顺畅程度，公交车的路线安排、站位设置，道路过往限制等，均会影响客流量的大小。此外，税收、执照、营业限制、劳动力保障等，也是影响网点生存的重要条件。

2. 商圈微观影响因素

根据一些经得起时间推敲的传统经验，影响商圈形状与规模的微观因素可以总结为以下几点。

（1）商店规模。

随着商店规模的扩大，商圈规模也会逐渐增大，因为它可以储存更广泛的商品组合，而这又会吸引距离更远的消费者。

（2）经营的商品种类。

便利店拥有的商圈规模将比所谓的专营商店拥有的商圈规模更小。因为前者经营的商品如食品、牙膏、卫生纸等的顾客购买频率高，不愿在比较价格或品牌上花太多的时间，不愿意走很远的路。而后者经营的商品，如服装、珠宝、家具、电器等，选择性强、技术性强、需提供售后服务，顾客需要花费较多的时间精心比较之后才确认购买，甚至只认准一个品牌，因而顾客愿意走很远的路，商圈较大。

（3）商店经营水平及信誉。

一般而言，经营水平高、信誉好的商店，由于具有颇高的知名度和信誉度，吸引许多慕名而来的顾客，因而可以扩大其商圈。

（4）促销策略。

零售商可以通过广告宣传、促销方法、服务方式、公共关系等各种促销手段扩大商圈的边界。省会城市、边贸小镇的一些零售商经常大做广告，通过展销会、推出特价商品来吸引较远区域的顾客前来购物。

一些自然的或人为的障碍也可能会突然限制商圈的边界，如河流、山脉、铁路和高速公路。

二、互联网时代的商圈

“互联网 +”作为一种颠覆性的力量，正在以创新、开放和融合的姿态，蓬勃地开创一个新时代。在它的席卷之下，传统商圈的发展正在面临前所未有的革新。通过各类资源的整合共享、线上线下的互动等，商圈将“插上翅膀”，其综合竞争力将获得飞跃式的提升。重新定义商圈发展的格局，在挑战中寻找下一轮机遇所在，已成为“互联网 +”时代下商圈能级提升的关键。

（一）互联网时代下商圈的发展特征

移动互联网的最大特点是商圈商场被互联网化，场景被互联网化，实现场到人或人到人的全景互联网运营。而移动互联网在商业和服务业的应用只有两年左右的时间，未来围绕有效的人到场，还会开发出更好的场到人的应用。因此实体商圈和商店不会被互联网消灭，未来的实体商圈是被互联网格式化地改造而不是消灭。改造后的实体商业是什么样的，现在还没有一个最终的定论，但发展趋势其实已经非常明显，或者是已经显现。具有以下特点。

（1）百货商场的购物中心化。

百货商场向购物中心的方向发展，开始通过扩大体量，压缩商品经营的面积，增加餐饮方面的经营面积来达到互动和黏性的效果。

（2）购物中心的娱乐化。

购物中心在购物餐厅品类的基础上开始进一步扩大面积，发展不同年龄段人群的休闲娱乐、运动健康项目，让购物中心成为城市生活的空间，总体上面来讲更多的是生活类的项目会在所有的业态里面，逐一进行提升或扩大。

（3）大卖场农贸市场化。

超市大卖场经过20年的快速发展，遇到了互联网和购物中心两个方面的分流的挑战，未来大卖场将朝农贸市场方向发展，品类选择聚焦在生鲜食品。其实更多的还是在线互联网无法解决互动跟体验的类目，会在更多的实体商业业态不断地呈现，并被提到更高的位置。

（4）专业店的品牌化和品类化发展。

互联网渠道会加剧标准化、同质化商品的价格竞争，实体专业店的独特价值在于商品工艺和品牌品质的体验，强化品牌沉淀是未来专业店发展的趋势。另外，互联网一面在线上造就成不了品牌的名牌，另一方面又在线下不断充实成不了名牌的品牌，因此一些线下专业店弱化了商品的品牌，强化品类单品，跟买手制的商品经营，形成不同业态的品类集合店。这也将成为未来直营店不断发展的趋势，而且现在生存相对比较好的也具备这样的特征。

（二）互联网时代下商圈面临的挑战

（1）主体数字化转型认知不足。

大部分主体是劳动密集型的中低端制造业企业，产品科技含量和附加值较低，自主品牌意识弱，创新能力不足，产品很多时候模仿跟风，同质化竞争强，自身竞争力弱。这主要是因为不少企业对数字化转型认知不清，缺乏具体的创新转型方法。而很多企业的数字化转型比较片面，有些仅停留在技术更新的数字化转型，有些仅是销售端的信息化等同数字化，并没有从企业全局及战略理念、组织运营等全面的角度谋划数字化转型改革。从现实调研来看，“义乌商圈”内的企业数字化转型意愿强烈的占多数，但意愿强烈的企业仍然没有明确的战略目标，没有可行的实践路径，没有高度谋划企业的发展战略。

（2）数字化转型关键性要素缺乏。

数字化转型需要关键性要素，如资金、技术、人才、最重要的数据资产。“义乌商圈”主体企业、市场等在转型的要素上面临数字技术、数字业务能力、数字人才培养等各方面的挑战。商圈产业核心技术的缺乏阻碍了产业循环，数字化转型的技术架构较弱，特别是数据资产积累薄弱，应用范围偏窄。数字化转型是“义乌商圈”市场、企业、园区等主体的数据资产整合成数据库并充分利用的过程，数据是数字化转型的重要资产，充分释放数据价值是转型过程中企业的必修课。

（3）商圈内产业协同水平较低。

大部分传统产业互联网生态建设较为缓慢，互联网的产业覆盖面和功能完整性相对滞后严重。其中，部分大企业以独立的内部数据建设开展工业互联网建设，与其他产业链之间的业务协同并不理想，而园区平台或者第三方平台对中小用户、全体企业数据等资源社会化开放的程度普遍不高。而且，商圈内大多数中小企业数字化转型意识弱，整体数字化水平低下，智能化基础一般，有些企业尽管愿望强烈，但受制于资源如人才资源、资金资源，普遍转型难、难转型。

（4）国际市场不确定性的增加。

新冠疫情在全球不稳定地蔓延，全球市场的信心不佳，而需求整体萎缩。同时，新冠疫情在各个国家和地区的发展阶段不同，国际市场波动毫无规律，标准化的大规模生产无法适应这种波动。例如，“义乌商圈”的主要贸易市场是美国和“一带一路”共建国家，各国的防疫管控政策在一定程度上限制了消费需求，国际物流受到严重影响，全球供应体系受到冲击，“义乌商圈”的外贸企业为了避免滞港滞仓等损失，只能放弃部分海外订单。国际疫情对产业链和供应链产生的影响，必将长期冲击“义乌商圈”产业链整体的安全稳定，对“义乌商圈”的产业数字化提出了新的要求。

三、商圈分析的要点

商圈划定之后，企业就可以对商圈进行分析。商圈分析有大环境和小环境之分，大环境决定该区域的零售潜力，小环境决定潜在顾客是否愿意光临该商店。这部分主要从大环境来分析，小环境分析放在后面介绍。因此，这里的商圈分析主要包括以下几方面内容。

（一）人口统计分析

这是对商圈区域内人口增长率、人口密度、收入情况、家庭特点、年龄分布、民族、学历及职业构成等方面的现状和发展趋势做调研。通过这些统计资料调查，有利于把握商圈内未来人口构成的变动倾向，并为市场细分和企业定位提供有用的第一手信息。有很多渠道可以收集这些人口变动信息，如我国每 10 年进行的一次人口普查，普查结果以各种形式发布。除了对每个家庭进行基本的人口统计外，还对一定比例的家庭进行深入的问卷调查，这就意味着可以通过计算机统计有关区域的家庭住房、家庭财产、就业情况和家庭收入情况等。但是，人口普查每 10 年才进行一次，而且不能及时公布，因而很难满足商圈分析的需要。此外，零售商可以从各地的统计年报中得到一些相关信息，也可以请专门的市场调研公司帮助收集相关信息。需要注意的是，在商圈分析中，要注意分析有没有人口增加的潜在趋势。在一个人口逐渐增加的新区开店较易成功，在一个人口逐渐减少的老区开店较易失败。

（二）经济基础和购买力分析

商圈内的住户有了主观的购买需求，但还要有足够的购买力，这涉及商圈内的经济结构是否合理、区域的经济稳定性、在较长时间内居民收入的增长可能性等。考察一个区域的经济基础特点至关重要，经济基础反映了一个地区的商业和工业结构以及居民的收入来源。追求稳定经营的零售商通常偏爱多元化的经济结构（即拥有许多彼此关联不大的产业和金融机构），而不太客观地过分依赖某一产业的单一经济，后者往往容易受到经济周期及产品需求变动的冲击。

在进行商圈分析时，零售商应该考察以下一些经济因素：各行业或各类从业人员的比例、运输网络、银行机构、经济周期波动对地区或行业的影响、某些行业或企业的发展前景等。在分析中，一个有关需求的指标应尤其引起重视，这就是购买力指数。比较不同商圈的购买力指数，可为发现潜在的消费市场提供依据。

$$\text{购买力指数} = A \times 50\% + B \times 30\% + C \times 20\% \tag{7-1}$$

式（7－1）中，A——商圈内可支配收入总和（收入中去除各种所得税、偿还的贷款、各种保险费和不动产消费等）；B——商圈内零售总额；C——具有购买力的人口数量。

（三）竞争状况分析

竞争状况是商圈分析中的一个非常重要的因素，除非某个零售商具有很大的竞争优势，可以忽略现有的竞争，否则，新开的商店不得不面临被竞争对手拉走销售额的可能。例如，一个区域的潜在图书购买力是每人每年 25 元，而这个区域已经有很多书店，它们的累计销售额已达到 24 元，则新加入者的市场空间就很小了。因此，尽管某个区域的消费者特点与零售商的目标市场很接近，经济状况良好，但如果竞争过于激烈，仍然不是最佳选择；同样，一个区域即使人口较少，经济状况一般，如果竞争较缓，也可能不失为较好的开店区域。

考察一个地区的竞争状况，应着重分析以下因素：现有商店的数量、规模、新开店的发展速度、各商店的优势与劣势、近期与长远的发展趋势以及商圈饱和度。下面着重介绍一下商圈饱和度的数量分析方法。

商圈饱和度是判断某个地区商业竞争激烈程度的一个指标，通过计算或测定某类商品销售的饱和指标，可以了解某个地区同行业竞争者是过多还是不足，以决定是否选择在此地开店。通常位于饱和程度低的地区，开店成功的可能性较高度饱和地区要大，因而分析商圈饱和度对于新开设商店选择店址很有帮助。

商圈饱和度指标（IRS）的计算公式为：

$$IRS = \frac{C \times RE}{RF} \qquad (7-2)$$

式（7－2）中，IRS——某地区某类商品商圈饱和指数；C——某地区购买某类商品的潜在顾客人数；RE——某地区每一顾客的平均购买额；RF——某地区经营同类商品的商店营业总面积。

例如，一家经营食品和日用品的小型超市需测定所在地区商圈的饱和度。假设该地区购买食品及日用品的潜在顾客是 4 万人，每人每周平均购买额是 50 元，该地区现有经营食品及日用品的营业面积为 50000 平方米，则计算商圈饱和度为：$\frac{40000 \times 50}{50000} = 40$。

该地区商店每周每平方米营业面积的食品及日用品销售额的饱和指数为 40，用这个数字与其他地区测算的数字比较，指数越高则成功的可能性越大。

根据商圈饱和度计算的结果，可以将分析的零售区域分为商店不足区、商店过多区和商店均衡区。商店不足区是指销售某一类产品或服务的商店太少，以至于难以满足所有消费者的需求；商店过多区是指销售某一类产品或服务的商店数量太多，以至于某些零售商店难以获取正常利润；而商店均衡区则是零售商店数量与消费者需求大致相符，同时零售商店又能获得正常盈利。很显然，新店址选在商店不足区更容易成功。

商圈饱和度只是从定量角度考虑了某一地区经营某类商品的同业竞争程度，而没有考虑原有商店，尤其是信誉好、知名度高的老字号商店对新的竞争对手的影响，且计算资料不易准确获得，因而新设商店为了做出正确的决策，必须根据具体情况进行具体分析。

（四）基础设施状况分析

区域内的基础设施为商店的正常运作提供了基本保障。连锁经营的零售企业需要相应的物流配送系统，这与区域内的交通通信状况密切相关，有效的配送需要良好的道路和顺畅的通信系统。此外，还与区域内基础设施有关，包括相关法律、法规、执法情况的完善程度等，都需要零售商认真分析。

四、现代商圈分析方法与技术工具

现代商圈的分析对于已开设店铺和新开设店铺各有不同。已开设店铺的商圈可以利用顾客定位来确定，顾客定位是指在地图上确定顾客的住址，标出他们与店铺地址的相对位置的过程。定位顾客的地址通常可通过售后服务追踪、顾客问卷调查、购物支票或网上购物记录的信息等方式进行收集。通过在地图上标的定位数据，进而统计本店客流量的集散情况，从而测定商圈的大小。

新设商店商圈的分析常借助于已设商店的信息，例如以某一购物中心为中心点发散，划分出核心商圈、次级商圈和边缘商圈，在其附近开设的专业连锁店就可推算在此新设店铺的人流。另外，可以运用趋势推演法，从当地零售市场的销售潜力出发，包括分析本区域的人口分布、公共设施建设、交通通达程度、政策规划等资料，进行汇总和对比后，大体测算出新设店铺的商圈。

在正式对商圈开展分析前，要先对现有商圈进行调查。

（一）开店市场调查的方法

常见的开店市场调查方法有以下类型。

1. 按调查范围划分的方法

按调查范围不同，市场调查方法可分为市场普查、抽样调查和典型调查三种。

（1）市场普查。

即对市场进行一次性全面调查，这种调查量大、面广、费用高、周期长、难度大，但调查结果全面、真实、可靠。一般企业没有能力，也没有必要搞这种大规模的市场普查。

（2）抽样调查。

据此推断整个总体的状况。比如拟经销一种小学生食品和用品，完全可选择一二个学校的一二个班级的小学生进行调查，从而推断小学生群体对该种产品的需求情况。

（3）典型调查。

即从调查对象的总体中挑选一些典型个体进行调查分析，据此推算出总体的一般情况。如对竞争对手的调查，你可以从众多的竞争对手中选出一两个典型代表，深入研究了解，剖析它的内在运行机制和经营管理优越点，以及价格水平和经营方式，而不必对所有的竞争对手都进行调查，否则会导致调查难度大，时间长。

2. 按调查方式划分的方法

按调查方式不同，市场调查方法可分为访问法、观察法和试销或试营法。

（1）访问法。

事先拟定调查项目，通过面谈、电话、邮件、问卷等方式向被调查者提出询问，以获取所需要的调查资料。这种调查简单易行，有时也不见得很正规，在与人聊天闲谈时，就可以把调查内容穿插进去，在不知不觉中进行着市场调查。

（2）观察法。

即调查人员亲临顾客购物现场，如商店和交易市场；亲临服务项目现场，如饭店内和客车上，直接观察和记录顾客的类别、购买动机和特点、消费方式和习惯、商家的价格与服务水平、经营策略和手段等，这样取得的第一手资料更真实可靠。要注意的是，调查行为不要被经营者或顾客发现。

（3）试销或试营法。

即对拿不准的业务、新上市的产品或促销措施，可以通过试营业或产品试销来了解顾客的反映和市场需求情况。

（二）现代商圈分析方法

1. 地图分析法

商圈分析可以在地图的基础上进行，以超级市场为例，采用地图分析法的基本步骤如下。

（1）收集基本资料。

基本资料包括各行政区户数、人口数分布情况；竞争店铺的位置分布情况；住宅区的位置分布情况；城市规划图；地形图等。

（2）制作商圈环境地图。

将各基本资料绘入地图，具体做法为：

①确定各行政区的户数、人口数及分布，如用市区地图制作，应准备 1∶10000 比例的地图，以千米为单位，划分行政区，填入人口数、户数。

②制作竞争位置分布图，包括画出竞争店位置分布情况，如面积在 500 平方米以下的商超专营店，以 300 米为半径画圆；面积在 500 平方米以上的超市，以 500 米为半径画圆；商业街两端则以 600 米为半径画圆。在地图上标出开店预订地并记入竞争店的面积、营业额。

③制作住户分布图。在竞争店位置分布图上标出每条街道及其户数（注意推测空白地区的户数，该地区很可能发展成为住宅区），可先确定下半径为 500 米的商圈内的户数。

④制作住宅地图。包括调查竞争店的正确位置；计算商圈内的住户数；做完

立地调查后，在图中记入专营店的业种、商超规模等。

⑤制作地形图。要探究阻碍购物行动的原因，利用浅色笔标记，并使用1∶2500的地形图确认坡道。应注意：记入每隔100米道路的标高以此掌握道路坡度情况，坡度会影响交通状况进而影响顾客到店意愿。

⑥制作城市规划图、道路规划图。标示出预定开店场地500米范围内规划修建并已确定用途的道路；标出住宅区、规划区。

完成以上工作后，即可在地图中了解预定开店场地所处的商业环境。

2. 顾客问卷调查法

在具体运作中，连锁店主要通过实施来店顾客问卷调查的方法设定商圈。

（1）设计调查问卷。调查问卷的主要项目有：顾客的住址；顾客的来店频率（次/周、次/月）；顾客去大型店购物的频率；顾客去竞争店购物的频率。

（2）在收集来的问卷中，选取100～150份。在地图上将顾客在这些问卷上填写的住址标出来，并将各住址用线连起来，使商圈的范围自然展现。

（3）确认商圈后，利用住户资料算出户数。

（4）户数乘以每户每月的生活开支（食品、饮料、日用百货的开支），即为一家连锁店的营业额。

一般在分析商圈时，往往根据城市行政区域的划分，利用行政机关所建立的各种统计资料作为参考。

如果想得到更具体的顾客商圈资料，对于现有的连锁店而言，可以通过自己手头上的送货资料来了解顾客的分布状况，甚至可以对来店顾客进行访问调查，以便更深入地了解顾客的商圈分布范围。对一家尚未设立的连锁店而言，由于缺乏商圈统计的基本资料，因此在设定商圈时可将设店地区顾客的生活形态以及具有关联性的因素作为出发点，并根据每天人口的流动情形，深入探讨该地区的人口集中地、人口流向及流动范围，以此为基本资料来进行商圈设定。

一家大规模连锁店，其商圈并不像一般小型店铺那样徒步商圈，可能顾客会利用各种交通工具前来，所以对于设店地区的工作人群、学习人群以及购物者的流动性均要加以观察，并根据有关的调查资料进行商圈设定。大型连锁店除了有自己独占的商圈外，可能还会有与其他大型店的商圈发生重叠（商圈竞争）的商圈，这时就要考虑可设店地区与竞争地区的商业聚集规模、距离、时间等因素。有关地区间人口流出量及流入量的资料，也可作为分析商圈重叠现象的参考。

3. 里利法则

里利法则由美国学者威廉·里利提出，又称为零售引力分析法。该法则提出分析商圈离不开距离和人口这两个变量，商店的吸引力由邻近商圈的人口和距离共同发挥影响，而人口的多少和距离的远近又决定了商圈的大小，据此，里利提出了以下公式：

$$D_y = \frac{d_{XY}}{1 + \sqrt{\frac{P_X}{P_Y}}} \tag{7-3}$$

式（7－3）中，D_y 表示 Y 地区商圈的限度，d_{XY}表示各自独立的 X、Y 地区间距离，P_X 是 X 地区人口，P_Y 是 Y 地区人口。

如图 7－2 所示，假设 A、B、C、D 四个地区各自独立，A 地区人口 25 万，作为分析核心；B 地区人口 5 万，距 A 地区 3 千米；C 地区人口 4 万，距 A 地区 10 千米；D 地区人口 2 万，距离 A 地区 12 千米。

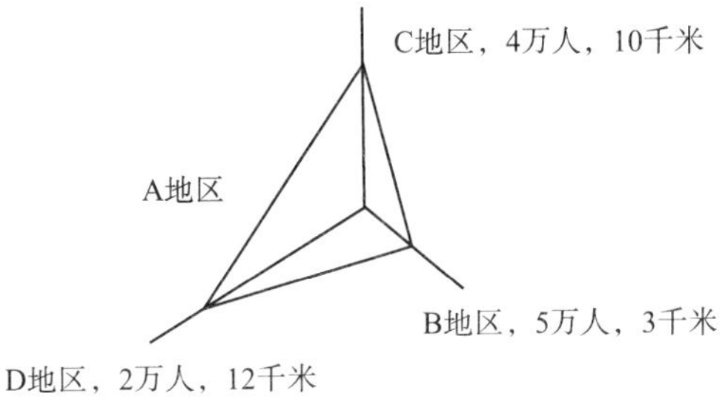

图 7－2　A 地区的商圈范围

根据式（7－3），分别计算出 A 地区能够吸引的，在较小的 B、C、D 地区方向居住人口的距离，即为 A 地区在这些方向上的商圈限度。

$$D_A = \frac{d_{AB}}{1 + \sqrt{\frac{P_B}{P_A}}} = \frac{3}{1 + \sqrt{\frac{50000}{200000}}} = 2\text{（千米）}$$

$$D_A = \frac{d_{AC}}{1 + \sqrt{\frac{P_C}{P_A}}} = \frac{10}{1 + \sqrt{\frac{40000}{200000}}} = 6.9\text{（千米）}$$

$$D_A = \frac{d_{AD}}{1 + \sqrt{\frac{P_D}{P_A}}} = \frac{12}{1 + \sqrt{\frac{20000}{200000}}} = 9.1\text{（千米）}$$

得出 A 地区在吸引 B、C、D 地区方向顾客的商圈范围分别为 2 千米、6.9 千米、9.1 千米，将以上确定的三点连接起来即可得到 A 地区的大致商圈范围，在此范围内居住的顾客，通常都愿意去 A 地区购买所需物品，获得商业性服务。

从图 7－2 中还可以看出 A 地区能够吸引的 B、C、D 方向的顾客范围远大于后者能够吸引 A 地区方向的顾客范围，这是因为 A 地区人口数量优势所发挥的

“磁石引力”作用，把居住在较小地区的人们吸引过来。

但是，里利法则有两个主要缺陷：一是该法则对距离的考虑仅局限在主要道路而非所有联系道路上，而实际情况往往更为复杂，许多购物出行往往通过各类的联系道路；二是顾客到某一商店的距离感觉与实际距离往往不同，如到达一个基础设施不完备、道路拥挤的购物中心的距离在感觉上往往比距离差不多但购物环境更佳的购物中心远得多。

4. 新零售引力法则

二战后，康维斯提出了“新零售引力法则”。它不像里利法则那样表示中间地带城市被吸引的比率，而是表示在相互间有明确竞争关系的两个城市之间，其商业经营的比率关系。对于不同种类的商品，顾客的购买行为会有所差异，如生鲜食品和可储存食品，里利法则并未考虑这一因素，而新零售引力法则对此做了分析，其公式为：

$$\frac{B_a}{B_b} = \frac{P_a}{H_b} \times \frac{4}{D} \tag{7-4}$$

式（7-4）中，B_a 表示城市 B 的购买力被城市 A 吸引的比率；B_b 表示城市 B 购买力的比率；P_a 表示城市 A 的人口；H_b 表示城市 B 的人口；D 表示两城市间的距离；4 为惯性因素。

式（7-4）最大的关键在于确立了一个惯性因素值。该法则是由 $\frac{B_a}{B_b} = \frac{P_a}{H_b} \times \left(\frac{X}{D}\right)^2$ 来推算 B_a、B_b、H_b、D，再计算出 X（X 为惯性因素值）的值。在实践中，康维斯将伊利诺伊分为四个区来计算，由于其所计算的平均值为 4、3、5、4、3、3、4、2，因此依次得出 4 这个惯性值。当然，这个值仅适用于伊利诺伊州，所以在使用该法则时，应充分注意这个特点。

对于里利法则和新零售引力法则在连锁经营分店部中的应用，较常见的方法是将式中两个城市的人口换成两个待考察店铺的面积。因为对零售店而言，在其他条件相同时，店铺面积在多数情况下与商店的吸引力成正比。

5. 赫夫“概率模型”

赫夫“概率模型”又称赫夫法则，由美国零售学者戴维·赫夫于 20 世纪 60 年代提出的预测城市区域内商圈规模的空间模型。其分析内容包括三方面：顾客从住所到该商业区或商店所花时间、不同商业区的商店经营面积及不同类型顾客对路途和时间的重视程度。

赫夫认为，一个商店的商圈取决于它的相关吸引力，商店对顾客的相关吸引力取决于两个因素：商店的规模和距离。商店的规模可以根据营业面积计算，距离包括时间距离和空间距离。某商店在一个地区对顾客的吸引力是可以被测量的，通常大商店比小商店有较大的吸引力，近距离商店比远距离商店更有吸引力。赫夫引力模型的目标是确定某位住在特定区域的消费者在某一家店铺购物的概率，也可用于预测销售额。赫夫法则用公式表示如下：

$$P_{ij} = \frac{U_{ij}}{\sum_{j=1}^{n} U_{ij}} = \frac{\frac{S_j}{T_{ij}\theta}}{\sum_{j=1}^{n} \frac{S_j}{T_{ij}}}$$

$$E(A_{ij}) = P_{ij} \times C_i \times B_i = \frac{\frac{S_j}{T_{ij}\theta}}{\sum_{j=1}^{n} \frac{S_j}{T_{ij}}\theta} \times C_i \times B_i \qquad (7-5)$$

式（7－5）中，i 为某一地区，j 为某一店铺，P_{ij}为 i 地区消费者光顾 j 店铺的概率；U_{ij}为 j 店铺的吸引力；S_j 为 j 店铺的规模（营业面积）；T_{ij}为从 i 地区到 j 店铺所需的时间；θ 为随交通工具不同而变化的参数。一般依各地区的实际不同而有区别；$E(A_{ij})$ 为 i 地区消费者在 j 店铺购物金额的期望值；C_i 为 i 地区的消费者数量；B_i 为 i 地区消费者平均每人在 j 店铺的购物金额。

如表 7－1 所示，如果 θ＝1，则分析该消费者到每个超市购物的概率。

表 7－1　　三个超市的规模与该消费者前来购物的时间距离

超市	时间距离（分钟）	超市规模（平方米）
A	40	50000
B	60	70000
C	30	40000

三家超市对该消费者的吸引力分别是：

A 超市的吸引力：　$\frac{50000}{40} = 1250$

B 超市的吸引力：　$\frac{70000}{60} = 1166.67$

C 超市的吸引力：　$\frac{40000}{30} = 1333.33$

该消费者到每个超市购物的概率分别是：

到 A 超市的概率：　$\frac{1250}{1250 + 1166.67 + 1333.33} = 0.3333$

到 B 超市的概率：　$\frac{1167.67}{1250 + 1166.67 + 1333.33} = 0.311$

到 C 超市的概率： $\frac{1333.33}{1250+1166.67+1333.33}=0.356$

第二节　商店选址决策

一、商店选址的原则

（一）方便消费者购买

商店地址一般应选择在交通便利的地点，尤其是以食品和日用品为经营内容的普通超级市场应选择在居民区内设点，以附近稳定的居民或上下班的职工为目标顾客，满足消费者就近购买的要求，且地理位置要方便消费者的进出。

（二）方便货品运送

连锁商店经营要达到规模效应的关键是统一配送，在进行网点设置时要考虑是否有利于货品的合理运送，降低运输成本，既要保证及时组织所缺货物的供给，又要能与相邻连锁店相互调剂、平衡。

（三）有利于竞争

连锁商店的网点选择应有利于发挥企业的特色和优势，形成综合服务功能，获取最大的经济效益。大型百货商店可以设在区域性的商业中心，提高市场覆盖率；而小型便利店越接近居民点越佳，避免与中大型超级市场正面竞争。

（四）有利于网点扩充

连锁商店要取得成功，必须不断地在新的区域开拓新的网点，在网点布置时要尽量避免商圈重叠，在同一区域重复建设。否则相隔太近，势必造成自己内部相互竞争，影响各自的营业额，最终影响总店的发展。

（五）有充足的购买力

一家具备优良店址的商店必须拥有一批稳定的目标顾客，这就要求在其商圈范围内拥有足够多的户数和人口数，了解其商圈范围内的核心商圈、次级商圈和边缘商圈内各自居民或特定目标顾客的数量和收入程度、消费特点与偏好。

【精彩案例】

华润万家精品超市选址定位一、二线城市高端社区

据《深圳商报》2012年9月13日报道，近日，零售巨头华润万家再次推出新的超市业态品牌“V+城市精品超市”。据介绍，华润万家“V+城市精品超市”项目以一、二线城市社区的中产阶级为目标客户。

据了解，华润万家“V+城市精品超市”将重点经营生鲜食品、个人护理用品类，以优选、健康有机的组合，通过欧式卖场设计，情景式的商品展示以及细致、贴心的服务配套，经营两万个丰富的品种，满足消费者对日常生活品质的需求。从目前看，华润万家首家“V+城市精品超市”是继华润万家Ole和Blt推出后的又一高端超市业态。“V+城市精品超市”不论在定位还是经营方面都是新的尝试。

华润万家方面确认，“V+城市精品超市”经营面积超过7000平方米，定位为中高端消费人群。此外，“V+城市精品超市”强调情景式购物体验，会增加进口商品的总占比，满足时尚消费人群的高品质生活追求。

资料来源：张欣欣．华润万家精品超市选址定位一、二线城市高端社区[EB/OL]．[2012-09-13]．http：/house. china. com. cn/commercial/view/567921. htm.

二、商店位置的类型

商店店铺选址的类型主要有孤立商店、无规划商业区和规划的购物中心。由于目前国内零售业态仍处于成长阶段，现阶段孤立商店及无规划商业区两种类型较多。

（一）孤立商店

孤立商店是坐落在公路或街道旁的单独零售建筑，邻近没有其他零售企业与之分享客流。

孤立商店的优势是：无竞争对手与其争夺客流；租金相对较低，有可能降低成本，从而降低价格；道路及交通的可见度高；经营上具有较大的灵活性。

孤立商店的劣势是：吸引客流的难度较大；需要单独承担促销宣传费用；在多数情况下，建筑不能租用而需要新建，成本高。

孤立商店要吸引并保持稳定的目标顾客群很不容易，因此通常适合开设大型购物中心或建立顾客一站式购物的大型综合性超市；而小规模的专业店无法在此立足，因为它们既不可能做到花色品种齐全，又无价格上的优势或形成鲜明的经

营特色，很难吸引到大量的顾客。

若孤立商店依附于某一特殊的设施，如学校、厂矿或加油站，则可以吸引周边的流动顾客，而且孤立商店周围的情况也会发展变化，有些购物中心或商业区最初可能是由一家有特色的孤立商店发展而来的。

（二）无规划商业区

无规划商业区是指两家或两家以上的商店坐落在一起或非常接近，但商业区的总体布局或商店的组合方式未经事先长期规划。这些商店的布局并非按一定的模式，而是随时间的推移（先来先开）、零售业的发展趋势及机遇而定的。无规划商业区主要有四种类型：中心商业区、次级商业区、邻里商业区和商业街。

1. 中心商业区

中心商业区是一座城市或城镇的零售业中心，是市内最大的购物区。中心商业区是城镇或城市内办公大楼和零售店最为集中的区域，车流和人流高度集中，这里吸引着来自整个地区的消费者。中心商业区一般不超一平方公里，至少有一家大型百货商店、大批专业店和便利店，周围是文化和娱乐设施。

中心商业区能够吸引大量顾客，其优点主要有：商品丰富、交通便利、商品价格档次有较大选择余地、靠近商务和社交设施，并可提供多样化的服务。

但中心商业区也有其固有的缺点，主要表现为：交通拥挤、停车场地紧张；住在郊区的人前往费时费力；租金较高。

2. 次级商业区

次级商业区是一座城市或城镇内无规划的购物区域，通常位于两条主要道路的交叉处。一座城市，特别是大中型城市通常有多个 SBD，每个次级商业区至少有一家小型百货商店、几家专业店和多家便利店或杂货店。这些商店与中心商业区的商店相比，往往规模较小、商圈也不大，商店经营商品的花色品种少，以日常生活用品为主。

次级商业区的优点是商品花色品种基本齐全，没有中心商业区那么拥挤，且比中心商业区离住宅区更近。次级商业区的主要缺点是：供应的商品和服务不均衡，设施老化、货运不便、停车困难等。

3. 邻里商业区

邻里商业区是为了满足单一住宅区购物和服务便利需要发展起来的无规划的购物区。这类商业区位于住宅区的主要街道上，通常以一家超级市场或杂货店为主，由若干个小店组成，这些小店大多是干洗店、美容店、理发店、小饭店等。

邻里商业区具有营业时间长、环境安静和购买方便等优势，同时也存在商品的选择范围有限和价格相对较高等缺点。

4. 商业街

商业街是由一组零售店组成的未经规划的购物区，这些小店坐落于沿街或公路旁，一般经营相似或具有互补性的商品。商业街可能是从一家成功经营的孤立商店发展而来。位于商业街的商店一般有服装店、小吃店和汽车维修店等。

商业街具有许多与孤立商店一样的优势，如租金低、经营灵活、运营成本低、停车方便等，也有一些相似的缺点，如商品品种有限、广告费高、需要自建店房等。此外，商业街的商店因为存在竞争者，一方面因为竞争店铺的存在可分担宣传费用，以吸引更多顾客；另一方面也需要分享客流和利润。

图 7－3 显示了各种类型的零售位置。

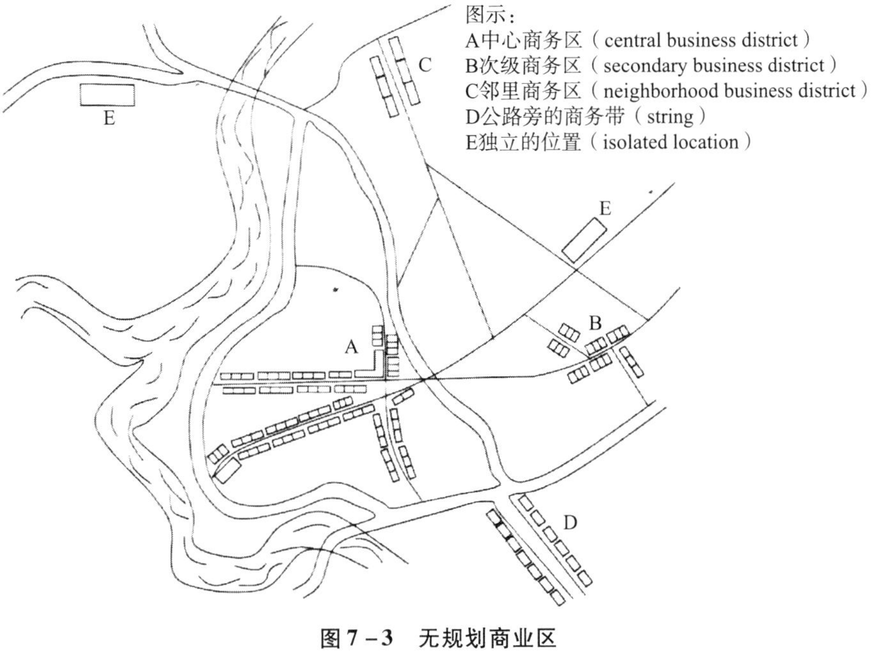

图 7－3 无规划商业区

资料来源：迈克尔·利维，巴顿·A. 韦茨，杜鲁弗·格雷瓦尔. 零售管理［M］. 刘亚平，译. 北京：机械工业出版社，2018：201－206.

（三）规划的购物中心

规划的购物中心是由一组统一规划、建立在一起的商用建筑所构成，产权集中，实行集中管理。规划的购物中心作为一个整体来进行设计和运作，通常是由一家或多家大型商店（骨干商店）和许多小商店组成。

规划的购物中心具有以下优点：由于有长期规划，商品和服务品种的组合合理；各商店的客流达到最大化；租金通常比 CBD 低；拥有各具特色但又统一规划的购物中心形象。

尽管规划的购物中心有以上优点，但也有其局限性，主要表现为：房产所有者的硬性规定，减少了每个商店经营的灵活性，每家商店经营的商品和服务受到一定限制；租金虽比 CDB 低，但远高于孤立商店；购物中心内同类商店间竞争激烈。

规划的购物中心主要有三种类型：区域购物中心、社区购物中心和邻里购物中心。

1. 区域购物中心

区域购物中心是一种大型购物中心，它至少有一家大型百货商店，并由 50 ~ 150 家甚至更多小零售店组成。区域购物中心以商品为导向，商品品种广而深，同时提供大量服务，以鼓励消费者在中心购物。在国外，一个典型的区域购物中心的服务对象在 10 万人以上，他们居住或工作在距中心车程 30 分钟的范围内，人们前往购物的车程平均不到 20 分钟。区域购物中心占地大、投资高，因此发展区域购物中心时必须慎重。

2. 社区购物中心

社区购物中心是一种中等规模的购物设施，一般拥有一家百货商店和大型专业商店，此外有几家小商店。社区购物中心有比邻里购物中心更完善的长期规划，商店配置更均衡。它提供以购物便利为导向的商品和服务，品种结构适中，消费者来自一个或多个邻近人口较多的住宅区。服务对象是居住或工作在距中心车程 10 ~ 20 分钟范围内的 2 万 ~ 10 万人。

【精彩案例】

超级市场的区域位置选择

国外的大型超级市场，一般建于城乡接合部，是建立在高速公路密集和“车轮经济”前提之下的。例如，家乐福的法文是 CARREROUR，它的意思是“十字路口”。在欧洲，家乐福超级市场的选址一般是在城市边缘的城乡接合部，为了靠近城区和大型居住区，因此通常开在十字路口。而麦德龙在选址上更注重靠近高速公路或主干道，因为它以集团消费为主。

但是，这些大型连锁超级市场刚刚移植到中国时，由于没有了上述前提条件，大型超级市场更喜欢在市中心、次中心和大型小区中落地生根。但最近几年，由于家用轿车拥有量的增加和高速公路的修建，许多大城市的居民纷纷迁往市郊居住，形成了新的大型居住区，许多超级市场的选址也发生变化，一部分大型超级市场将店址选择在城市中的大型居民区或城乡接合部等地带。

资料来源：黄荣．华润再推高端超市［J］．中国商界，2012：9.

3. 邻里购物中心

邻里购物中心是一种以超级市场或药店作为最大商店规划的购物中心，其他商店还包括理发店、美容店、干洗店、五金店、快餐店、加油站等。邻里购物中心主要向居住或工作在附近的居民提供便利的商品和服务。其服务半径是车程不到15分钟范围内的人口。

三、商店选址的流程

（一）商店选址的策略

1. 地理位置细分策略

地理位置细分的策略是指对气候、地势、用地形式及道路关联程度等地理条件进行细微分析后，对商店位置做出选择的策略。

（1）商店选址与路面、地势。

一般情况下，选址都要考虑所选位置的道路及路面地势情况，因为这直接影响着商店的建筑结构和客流量。通常，商店地面高度应与道路处在一个水平面上，这样有利于顾客出入卖场，是比较理想的选择。但在实际中，路面地势较好的地段地价都很高，商家在选择位置时竞争也很激烈，所以在有些情况下，商家不得不将商店位置选择在坡路上或路面与商店地面高度相差很多的地段上。在这种情况下，最重要的就是必须考虑商店的入口、门面、阶梯、招牌的设计等，一定要方便顾客，并引人注目。

（2）商店选址与地形。

地形、地貌对商店位置选择的主要影响表现在：①方位情况。方位是指商店坐落的方向位置，以正门的朝向为标志。方位的选择与商店所处地区气候条件直接相关，如风向、日照均对店面的朝向有很大影响。以我国北方城市为例，通常以北为上，所以一般商业建筑物坐北朝南是最理想的地理方位。②走向情况。走向是指在商店所选位置顾客流动的方向。比如我国的交通管理制度规定人流、车流均靠右行驶，所以人们普遍养成右行习惯，商店在选择地理位置进口时应以右为上。如商店所在地的道路如果是东西走向的街道，而客流又主要从东边来时，则以东北路口为最佳方位；如果道路是南北走向，客流主要是从南向北流动时，则以东南路口为最佳位置。③交叉路口情况。交叉路口一般是指十字路口和三岔路口。一般来说，在这种交接地，商店建筑的能见度大，但在选择十字路口的哪一侧时，则要认真考察道路两侧，通常要对每侧的交通流向及流量进行较准确的调查，应选择流量最大的街面作为商店的最佳位置和店面的朝向。如果是三岔路口，最好将商店设在三岔路口的正面，这样店面最显眼。但如果是丁字路口，则将商店设在路口的“转角”处，效果更佳。

2. 潜在商业价值评估策略

潜在商业价值评估是指对拟选开业的商店位置的未来商业发展潜力的分析与评价。评价商店位置的优劣时，既要分析现时的情况，又要对未来的商业价值进行评估。

在对新开商店潜在商业价值进行评估时，应主要参考以下因素：①拟选的商店地址在城区规划中的位置及其商业价值；②是否靠近大型机关、单位、学校、厂矿企业；③未来人口增加的速度、规模及其购买力提高度；④是否有集约效应，即商店建设如果选在商业中心区，虽然使企业面对多个竞争对手，但因众多商家云集在一条街上，可以满足消费者多方面的需求，因而能够吸引更多的顾客前来购物，从而产生商业集约效应。

3. 出奇制胜策略

商店选址时既需要科学考察分析，又应该将它看成一种艺术。经营者有敏锐的洞察力，善于捕捉市场缝隙，用出奇制胜的策略、与众不同的眼光来选择商店位置，常常会得到意想不到的收获。例如，当今全球最大的零售商店沃尔玛在创业之初就是采用“人弃我取”的反向操作策略，山姆·沃尔顿面对像西尔斯、凯玛特这样强大的竞争对手时，采取了以小城镇为主要目标市场的发展战略，把大型折价商店开到不被一般商家重视的乡村和小城镇去。因为那里的市场尚未被开发，有很大潜力，同时又可回避城市商业日益激烈的竞争。待到西尔斯、凯玛特意识到沃尔玛的存在时，后者已经牢牢地在小城镇扎下了根，并开始向大城市渗透。沃尔玛已成为全球最大的连锁零售企业。

4. 聚合策略

零售商店周围的竞争情况对商店经营的成败会产生巨大影响，因此在商店选址时，必须分析附近的竞争对手。在零售企业相对集中的地方，在价格、服务等方面努力形成特色才能成功。对于单一功能商店，由于经营业务单一，规模小，对顾客的吸引力薄弱，自身难以拥有较大的客流。这些商店具有依附性、借客源性的特征，所以在选址上采取聚合策略。一种方案是在商业区或大商场旁边设店，从而获得较大的客源；另一种方案是在“××专业街”开店，因为专业街同业商店多，就会产生聚集效应，容易扩大影响，凝聚人气。消费者在专业街可以货比三家，讨价还价比较容易，所以客流量多。这样商家的生意反而比单枪匹马更容易做。比如，麦当劳、肯德基快餐厅几乎都是建在大商场旁边，也是这个道理。考察同一地段同类商店的经营业绩、商品的价格水平等情况可以初步测算可能产生的利润状况；也有助于确定今后自己的商品定位，用较少的投资进入了竞争十分激烈的便利店市场，不仅站住了脚，而且得到了迅速发展。集中在一起的商店群相互间既存在竞争，又有着合作，所以要权衡把握好这种关系。

5. 专家咨询策略

对于较大型商业的投资来说，商店位置的选择是重要战略决策。为避免重大决策失误，经营者应聘请有关专家进行咨询，对所选择的商店位置进行调查研究和系统分析，如对交通流量、人口与消费状况、竞争对手等情况逐一摸底分析，综合评价优劣，再做出选择，使商店地址的选择具有科学性。

（二）商店选址的具体流程

1. 选择区域、方位

选择商店地址，一方面要先找出目标市场，找准服务对象，再根据目标市场、服务对象选择店址设置的区域；另一方面要根据商场的经营规模和档次，测算投资回收率，在此基础上认真加以选择，确定方位。

2. 制图——找出最佳位置

在确定店址后，应绘制出该区域的简图，并标出该地区现有的商业网点，包括竞争对手和互补商场，还应标出现有商事结构、客流集中地段、客流量和客流走向、交通路线等，以保证店址决策的正确性。

3. 市场调查

在商店店址基本区域方位确定后，必须进行周密的市场调查，论证选址决策的准确性。要对消费者购物倾向、购物动向、顾客流量和竞争店铺进行了解。在市场调查过程中，应注意将调查对象分类统计，并对调查时间和内容进行必要的抽样调查，以保证调查资料的可靠性。

4. 店址确定

确定店址的具体位置后，为避免开发人员对店址评估资料的判断过于主观，有必要成立店址评估小组和决策委员会，对资料进行审核以及风险评估，同时需要抓紧时机投资兴建商场。如何启动则需要拟定切实可行的实施方案并加以贯彻落实。

【精彩案例】

镰仓的开店与选址

日本是一个有制服文化的国家，上班族每天必穿衬衫。创立于1993年的日本衬衫品牌——镰仓，“低价格，高品质”一直是其坚守的经营原则。不论客人需要的是普通衬衫，还是定制款衬衫，镰仓都会先给客人量体，然后推荐衬衫。据说，日本男性人均拥有5件衬衫，其中3件就是镰仓制造的，不少用户甚至拥有超过10件镰仓衬衫。即便有这样的国民度，创立25年来，镰仓衬衫也从未打折出售过，对内部员工也不提供折扣。镰仓衬衫还被称为“高阶版”的优衣库。不过这样大受欢迎的镰仓衬衫，在日本境内所开的实体店却只有26家。日本三越百货、银座Plaza等知名商场为了邀请镰仓入驻，都开出了相当优惠的条件，都被其悉数拒绝。

对此，创始人贞末良雄认为，密集开店反而会降低品牌的吸引力，导致单店盈利能力下滑。镰仓极力追求“生产与销售相平衡”，就是为了打破服装行业“生产→畅销→盲目追加订单→滞销→打折”，最后被库存压垮的魔咒。因此，其经营模式要求“零库存零折扣”，这只有在门店保持足够吸引力的情况下，才能实现。正因为如此，每开一家新店，贞末良雄都会亲自把关，除了市场公司的调查评估，他会花一周时间亲自去店址处观察，数客流。而且，考虑到日本正在进入老龄化，如果新开的门店不能开发新客户，只凭熟客，销量必然会日益萎缩。镰仓开店还有一条特别的标准：必须能吸引三成以上的新客。正因为对开店的严密把控，经过20多年发展的镰仓，一直在行业屹立不倒，做到在日本每分钟销售数百件衬衫、年赚千亿日元这样的佳绩！品牌更在2015年征服了讲究品质的纽约人，成为第一个在纽约曼哈顿奢侈品聚集地布鲁克菲尔德广场开店的日本品牌。

目前，除日本外，镰仓衬衫分别在纽约（2家）、泰国（1家）、中国台湾（1家）拥有4家海外店，其中中国台湾门店为加盟店。镰仓也正式开通面向中国消费者的直邮电商平台，销售包括衬衫、西装、连衣裙、睡衣、毛巾、皮具等多种商品，几乎覆盖了日常服饰需求的方方面面。其中，最便宜的衬衫价格为499元。2018年初，镰仓曾放出风声，表示将在中国大陆开实体店，落户北上广深四大一线城市，同时开放特许加盟权。不过，不久前一篇名为《日本排名第一的衬衫品牌要来中国开店，但是一听租金被“震惊”了》的帖子引起网友关注，讲的就是镰仓管理层来上海高端商场考察，结果因为成本太高而打起了退堂鼓。有知情网友透露，镰仓49元的衬衫，如果在中国的大商场开店售卖，可能得定200多元……这与镰仓衬衫“物美价廉”的品牌定位产生了分歧。

资料来源：陈健玮．堪称高阶版优衣库“镰仓”为啥成衬衣界传奇品牌？[EB/OL]．[2018－07－09]．http：//news. winshang. com/html/064/2603. html. 内容有删减。

讨论题：

（1）你赞同镰仓的开店策略吗？为什么？

（2）镰仓选址的特别标准带给你哪些思考？

四、商店选址的方法

（一）销售额预测法

企业是否在某地区开设新店，取决于这个地区市场规模的大小，或能否在将来迅速成长起来，保证分店开张后能够获利。因此，企业通过对各重点区域潜在需求量的定量分析，可以发现各区域的预计需求量以及分店设立后的获利可能性，从而有助于企业选定具体的分店地点位置。此外，通过销售额预测，还可以了解顾客的偏好和心理，进一步分析市场商品需求的特性，作为日后经营中发现商机的依据。因此，销售额预测是分店开发计划过程必须考虑的因素之一。

所谓销售额就是分店开张后可能吸引的顾客数与区域内顾客购买单价（顾客平均购买金额）的乘积。这里顾客数等于商圈区域内的家庭数（或总人口）与顾客对分店支持率的乘积；顾客购买单价等于所售商品平均单价与顾客平均购买件数的乘积。

销售额预测方法包括以下两种。

1. 类推法

（1）根据商圈分析的预测方法，如使用商圈内总需求额乘以本企业分店的占有率。

（2）根据现有数据的预测方法，如使用营业面积乘以单位面积销售额。

（3）根据与类似店铺相比较的预测方法，主要从相同商圈、区域中的店铺中选定一家店来推定。

2. 哈夫模型计算法

（1）背景。

商人总想着在哪里开商铺利润最高，地租成本又最低；俗话说鱼和熊掌不可兼得，比如一些商场的人流量大自然利润会高些，但地租也贵。下面利用哈夫模型分析商场规模对消费者引力与空间距离上的阻力。

（2）哈夫模型概述。

①历史缘由。

之前人们都以莱利为商圈法则，因为莱利有几个前提假设：第一，各个城镇规模大小由居民人口数量衡量；第二，两地具有相同的价格水平；第三，去两地交通条件具有相同性。

但现实情况与莱利法则存在较大的差距，于是在 1963 年美国一位经济学者戴维—哈夫教授（Dr. David L. huff）提出了关于预测城市区域内商圈规模——哈夫模型（huff model）。

②哈夫模型的内容。

他提出商场各种条件对消费者的引力和消费者去商场所感觉到的各种阻力决定了商圈规模大小的规律；哈夫从消费者的立场认为去商场购物首先考虑商场的营业面积、品牌质量、价格、服务、促销活动、信誉、运营时间等因素；反之则阻碍消费者去商场购物（交通成本）。哈夫模型公式如下：

$$P_{IJ} = \frac{\frac{S_J^{\mu}}{T_{IJ}^{\mu}}}{\sum_{J=1}^{n} \frac{S_J^{\mu}}{T_{IJ}^{\lambda}}} \tag{7-6}$$

其中，μ 表示卖场魅力或商店规模对消费者选择影响的参变量，λ 表示需要到卖场的时间对消费者选择该商店影响的参变量。

哈夫提出，一个零售商业中心 J 对消费者的吸引力可与这个商场的卖场魅力（主要用卖场面积代替）成正比（J = 1，2，…，n），与消费者从出发地 I 到该商场 J 的阻力（主要用时间距离来代替）成反比。

利用哈夫模型设定地点 I 的消费者选择商场 J 的概率，P_{IJ} = I 地区消费者到 J 商店购物的概率；S_J = J 商店的卖场吸引力（卖场面积、知名度、促销活动等）；T_{IJ} = I 地区到 J 商店的距离阻力（交通时间、交通系统等）；λ = 以经验为基础估计的变数；μ = 互相竞争的零售商业中心或商店数。

由此可以推导出以下概率公式：

$$\frac{\text{I 地区消费者光顾}}{\text{J 商店概率}} = \frac{\text{J 商店卖场吸引力}}{\text{I 地区到 J 商店的距离}} \div \left\{\frac{\text{I 地区各卖场的吸引力}}{\text{I 地区到各卖场的距离}}\text{之总和}\right\} \tag{7-7}$$

$$\frac{\text{I 地区消费者光顾}}{\text{J 商店的人数}} = \frac{\text{I 地区消费者光顾}}{\text{J 商店的概率}} \times \text{I 地区消费者的数量} \tag{7-8}$$

③日本通产省的修正哈夫模型。

哈夫模型中也遇到一些问题。第一，哈夫模型只运用 λ 值、商业聚集区规模和时间数据，可能出现与消费者行为不相一致的情况。因此在这种情况下，还可以从店铺的销售能力、竞争力、魅力度等其他重要的原因加以考虑。第二，在使用哈夫模型时 λ 值很难求出。为此日本通商产业省对哈夫模型进行了修正，将原来的 λ 这一变数用莱利的距离二次方反比代替。该法则认为：消费者在某商圈购物的概率与商业集中的卖场面积大小成正比，而与达到该处距离的二次方成反比。修正模型如下：

$$P_{ij} = \frac{\frac{S_j}{D_{ij}^2}}{\sum_{j=1}^{n} \frac{S_j}{D_{ij}^2}} \tag{7-9}$$

其中，P_{ij}为i地消费者去j地商店购物的概率，S_j为j商店的面积；D_{ij}^2为i地到j商店的距离。

④哈夫模型优势与局限。

优点：哈夫模型通俗易懂、使用方便、适用性更广，不仅在零售业商圈应用，还在物流选址、风景区、港口腹地等其他方面都有很大的借鉴意义。

缺点：哈夫模型中主要用到以卖场的面积作为引力，距离作为阻力，这显然在一些地区是行不通的，因为不同地区的商业情况和消费文化各有不同。

（3）实例分析。

①实例一。

在J地区附近有三家大型商场分别为A、B、C；表7－2有J地区到A、B、C商场的距离和A、B、C商场营业面积。

表7－2　J地区到A、B、C商场的距离与A、B、C商场营业面积

商场	距离（千米）	面积（平方米）
A	30	9000
B	15	6000
C	30	3000

直接代入日本通产省的修正哈夫公式得到结果：

$$P_{ij} = \frac{\frac{S_j}{D_{ij}^2}}{\sum_{j=1}^{n} \frac{S_j}{D_{ij}^2}} \tag{7-10}$$

结果表明J地区人口去B商场的购物性的概率大些（见表7－3）。

表7－3　J地区消费者去商场购物概率

商场	距离（千米）	面积（平方米）	J地区消费者去商场购物概率（%）
A	30	9000	25
B	15	6000	67
C	30	3000	8

②实例二。

利用 Arcgis 制作的商圈选址图如图 7－4 所示。

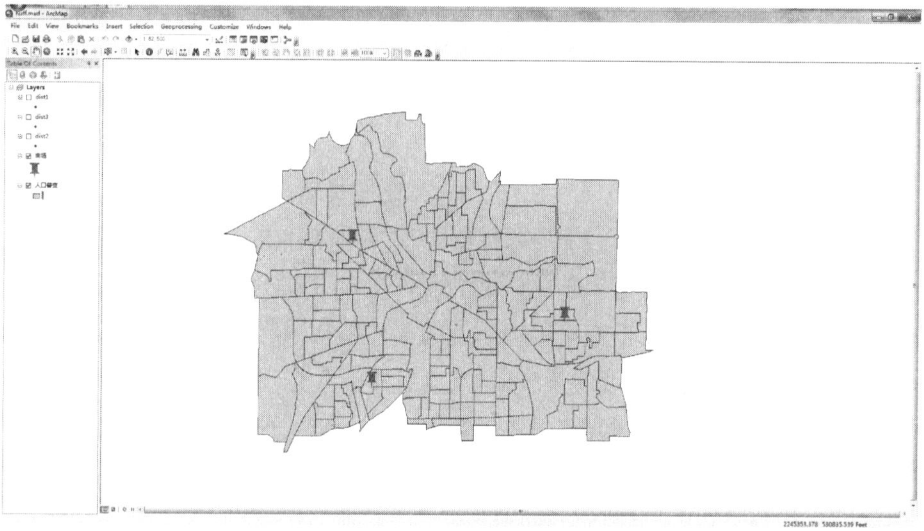

图 7－4　商圈选址图

第一，计算从商场到人口普查区的距离。

测量人口普查区到商场的直线距离采用欧式距离，因为没有街道，所以先在人口普查区建立三个字段来分别存储人口普查区到商场的距离，并利用 Arcgis 中的近邻分析工具来计算两者之间的距离。

第二，用哈夫模型思想获得人口普查区去商场的概率。

在人口普查区新建四个字段（attract1、attract2、attract3、totattract），先计算后储存。

再将三个商场吸引力相加得出总吸引力。

在人口普查区新建三个字段（markethare1、markethare2、markethare3）分别存储人口普查区到三个商场的概率，然后再依次计算。

结果表明越靠近商场 2 地区的人口普查区去商场 2 购物的概率越大，反之越靠近商场 1 和商场 3 地区的去商场 2 购物的概率越小。

（二）中心地理论法

中心地理论也称中心地方论，是由德国地理学家克里斯泰勒（W. Chrisaller）在其著作《德国南部的中心地原理》中提出的，他是第一位对零散的中心地研究成果进行系统化和理论化的学者。中心地是周围区域的中心，是指能够向周围区域的消费者提供各种商品和服务的地点。中心地可以是一个城市，可以是一个镇或大的居民聚集点，也可以是一个商业或服务业的中心。

中心性是指中心地对其周围地区的相对重要程度，也可理解为中心地发挥中心职能的程度。中心性可用式（7－11）来表示：

$$C = B_1 - B_2 \tag{7-11}$$

式（7－11）中，C为中心地的中心性；B_1为中心地供给和提供商品和服务的总量；B_2为中心地为自身供给和提供的商品和服务量。从式（7－2）可知，中心性是指中心地为其周围区域供给和提供商品与服务的总量。

中心地理论的指导意义在于，通常把城市内部不同的商业区域划分成若干等级，如市级商业中心、区级商业中心社区级商业中心、街道级商业和散布商业等。各级商业各自提供不同等级的服务功能，具有不同的辐射范围，通过功能互补形成一个完整的商业网络体系。

1. 人口密度与购买力地域差异对商业选址的影响

克氏理论一直假定：人口的地域分布是绝对均匀的。事实上，人口密度的地域差异会影响到商业布局的模式。根据克氏理论，任何一级中心地市场区的大小都取决于其经营商品的界限值。因此，在平均利润的引导下，人口稠密区商业中心的市场区面积会缩小，而人口稀疏区商业中心的市场区面积会扩大。或者说，在人口稠密区，商业中心的等级和数量会提高，而在人口稀疏区则正好相反。

2. 交通运输条件地域差异对商业选址的影响

克氏理论假定区域内存在一个均一的交通面。事实上，交通运输条件在各个方向上是不均等的，快捷低廉交通工具的应用增加了高等级商业中心的吸引力和影响力，使其具有更大的吸引范围，影响到次级商业中心功能的发挥，并使区域内商业中心的数量减少，从而替代了高等级中心地购买高级产品、低等级中心地购买日用品的规律。

3. 顾客购买行为对商业选址的影响

中心地理论有一个假设，即最近中心原则。事实上，顾客往往将购买低级商品和高级商品、购物与其他休闲活动结合起来，从而使消费者摆脱了中心地等级的严格束缚，高等级商业中心的市场区（服务范围）会因此而扩大，而被绕过的低等级商业中心的服务范围则会因此而缩小。

（三）现代信息技术选址法

1. 现代信息技术概述

现代信息技术是指微电子技术、光电子技术、计算机技术、软件技术、通信技术、信息压缩、集成技术和网络技术等。现代选址技术具有以下优势：一是可以对选址的关键要素进行量化分析；二是网络技术和地理信息系统技术对各种关键要素的综合分析使得决策更具科学性。传统选址调查结果只是一种描述性的陈说，各选址要素之间缺乏必要的联系，各重点地点的选址调查结果间的可比性差，选址决策缺乏一个最终的参考量，现代选址技术的优势弥补了传统选址技术的不足。

2. 地理信息系统概述

能把各种信息同地理位置和有关的视图结合起来，并把地理学、几何学、计算机科学及各种应用对象、CAD 技术、遥感、GPS 技术、Internet、多媒体技术及虚拟现实（VR）技术等融为一体，利用计算机图形与数据库技术来采集、存储、编辑、显示、转换、分析和输出地理图形及其属性数据。这样一来，可根据用户需要将这些信息图文并茂地输送给用户，便于分析及决策使用。权威的统计资料和研究报告都表明：国民经济信息数字化的 80% 以上都构筑在地理信息系统之上。

（1）地理信息系统（geographic information system，GIS）的特征。

①具有采集、管理、分析和输出多种地理时间信息的能力，具有空间性和动态性。

②以地理研究和地理决策为目的，以地理模型方法为手段，具有区域空间分析、多要素综合分析和动态测算能力，产生高层次的地理信息。

③由计算机系统支持进行空间地理数据管理，并由计算机程序模拟常规或专门的地理分析方法，作用于空间数据，产生有用信息，完成人类难以完成的任务。

④是由计算机、数据系统和人组成的地理空间信息模型和决策支持系统。

（2）地理信息系统的构成。

地理信息系统主要是由数据、模型、硬件、软件以及人员五个方面构成（见图 7－5）。

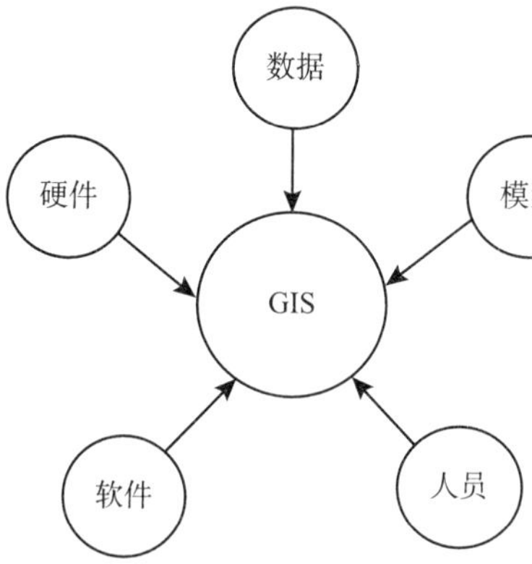

图 7－5　地理信息系统的构成

地理信息系统主要有以下五个方面的功能：

①数据采集、检测与编辑；

②数据处理；

③图形与交互显示；

④空间查询与分析；

⑤数据存储与组织。

地理信息系统通过以上功能可以摆脱传统的经验选址模式，将数据在地图上表示，清晰直观。地图对象与数据库属性数据建立连接关系，这样通过 GIS 就可以轻松实现地图与数据库的双向查询。数据可以直观、可视化地分析和查询，发掘隐藏在文本数据之中的各种潜在联系，为用户提供一种崭新的决策支持方式。

3. 地理信息系统在商业选址中的应用

（1）地理信息系统的空间分析法。

地理信息系统的空间分析法依靠地形特点、交通条件、竞争环境、城市设施状况、人口状况等评价要素，进行空间查询与量算、缓冲区分析、叠加分析、网络分析。

首先，在深入研究之前先以专题地图的形式对区域进行粗选，把明显不符合选址要求的区域排除在外，选出大致合适的地区再做进一步分析。

其次，根据对选址区域几何和属性信息的了解，利用评估预测计算程序进行商圈评估。若符合条件，则可以在此范围内做出具体位置的预选。反之，可以重新选择其他区域和其他位置。

最后，结合 GIS 的数据组织方式和地图表达形式，对店址选择相关的主要因素进行评价，评价结果最优者即为理想店址。

（2）GIS 在商业选址中的具体应用。

在零售选址中，区域地理分析可以借助地理信息系统，将人口统计等诸多数据纳入地理数据库的社会经济要素数据库中，并结合地理数据库中的自然地理要素、行政区划和有关地理位置数据，使零售商很直观地对区域内各方面条件进行综合分析和判断，并对不同区域的情况进行比较，对零售商的投资与开发产生积极的作用。全球最大的零售商——美国沃尔玛也是地理信息系统的受益者。

可将 GIS 应用于零售店选址中的商圈地理分析，根据人口分布模型、交通可达性模型、商圈模型，结合 GIS 技术辅助零售店选址。

①应用 GIS 计算人口分布状况。

根据一定区域的人口数，模拟出人口的详细分布模型。其具体思路和步骤如下：将研究的区域划分为一定分辨率的格网；每个区域放置一个中心点，并把人口数连到中心点；使用内插方法把中心点上的人口密度内插到格网表面。

常用的内插方法很多，其中吕安民以核心估计方法进行内插方法。核心估计最初的目的是根据观测值获得单变量或多变量概率密度的平滑估计值。在没有任何先验密度假设的情况下，只要给定一个合适的带宽，核心估计就能得出一个高质量的概率密度估计值。另外，核心估计在保持整体结构特性不变的同时能平滑数据，是一个从一些随机的采样点重建概率密度函数的方法。

要估计空间点模型的人口，这实际上和估计双变量的概率密度是一样的道理，所以双变量的核心估计可以应用于空间点属性值的估计。实验表明，用核心估计方法的思路可以模拟出符合人口实际分布的人口连续分布表面，并且适合多中心的城市。

借助于地理信息系统，人口—地理数据已普遍具有地图化的特点，使不同地理区域的人口和社会经济特征能够直观地显示在地图上，为用户选择目标市场、选址等市场营销活动提供了极大的方便。人口的空间分布在超市选址中处于十分重要的地位，根据商圈及人口空间分布图可以大致了解商圈内的人口数量，了解选址范围内的人口密度及人口重心。

我国人口普查数据资料中含有许多与工商有关的人口年龄、民族、教育、职业和户规模等数据。全国及各省份出版的普查数据资料是以县市级为最小单位统计的未发表更小区域的人口特征数据；每年进行的城镇农村居民生活抽样调查中含有大量的居民消费水平和结构数据，但它反映的是市、县一级的水平。在市场研究中需要的则更多是街区一级的人口及其社会经济特征，以及消费构成和方式的数据，以便于规划、选址和进行其他市场研究。工商人口的数据集在国外已非常普及。美国有许多数据咨询公司从事收集、编辑和出版各种类型的工商人口数据集。第七次全国人口普查已经结束，我们现在可以得到的数据是街道居委会一级的人口总数，但该数据与空间位置无关，无法得到人口的空间分布及重心。本书将基于 GIS，按居住面积比例分配人口，然后求出人口重心，再利用核心估计的方法将人口重心处的人口在空间上合理分布，满足零售店选址中的人口分析。

基于 GIS 的人口空间分布模型算法如下：

第一，建立研究区域的基础源数据库，在 GIS 软件支持下，采集研究区域内的平面位置图（包括建筑物、主要道路绿地、河流等）等数据，建立图形数据库；基于图形数据建立属性数据库，记录各基本统计单元的基本属性，建立图形数据与属性数据的连接。在属性库中记录居住区与非居住区、各居住建筑物的楼层等属性信息。

第二，将基础源数据与街道居委会界限图进行空间叠加形成新的目标数据图层。这种空间叠加比较简单，大多数 GIS 软件中都包含了这种功能。地图叠加的过程是两幅或更多的地图或者数据层，通过叠加生成一复合成的地图，这幅新地图表现的是两层地图交叉区域的内容。目标数据层除基础源数据的属性外还包含街道居委会的属性信息。将目标数据层的各街道居委会以网格划分，网格一般为正方形，其大小根据研究区域的面积确定。该数据的形成可通过 GIS 空间分析技术来完成，即将代表街道居委会、网格及源数据的图层进行空间叠加分析；直接对街道居委会与源数据进行空间叠加而得到带有网格的地块；建立拓扑关系，利用 GIS 空间查询功能，即可统计出每个网格内居住建筑物的面积及建筑物的层数，再根据各网格的属性（即属于哪一个街道居委会），统计出各街道居委会总的居住区建筑面积，再根据面积比例将街道居委会的人口数量分配到各网格内，进而求出各居住区内的每个网格的人口密度。

第三，使用 GIS 软件将各居住区的人口密度图转化为栅格数据，主要是方便求出各街道居委会的人口重心。将栅格数据以文本文件形式输出，每个栅格的值由该栅格的人口密度值确定。

第四，人口重心模型及其计算。采用美国人弗朗西斯·沃尔克（Francis Volcker）于 1874 年提出的人口重心模型，在该模型的空间平面力矩达到平衡的一点就是人口分布重心。

第五，人口统计数据的空间分布化。采用前述的核心估计法，在 GIS 软件中，读取各居住区人口重心坐标的文本文件，通过空间内插的方法估计出各栅格的人口值。

②基于 GIS 的店铺可达性。

在通常的规划中，服务半径是常用的分析方法，往往用于表达服务设施分布的合理性，这种方法也可解释为“等距可达范围”，分析具体方法是在地图上，在分析对象周围绘制等距线，在等距线所包络的范围之内，离开或到达分析对象的直线交通距离小于服务半径，在等距线包络区之外，则大于服务半径。由于该方法简单、常用，很多 GIS 软件都提供这种功能。

如在所分析的地理范围内同时有 m 个交通出发点，n 个交通吸引点，从 m 个出发点中任取一点，在一定的交通条件下，计算出到达 n 个吸引点所需的平均交通时间，可以认为该值是 i 点的宏观可达性指标。如果能用专题地图表达 m 个出发点到达 n 个吸引点的可达性指标，就便于人们从宏观角度观察不同地点的相对可达性，如果再对 m 个出发点的可达性指标平均化，就可反映可达性的总体状况。显然，这一方法可对同一地区城市形态、交通系统的变化进行比较，也可对多个规划方案进行比较。现实生活中甲乙两地之间的出行机会主要受两个因素的影响：一是乙地对甲地基于某种出行目的的吸引力有多大；二是交通成本有多高。这种同时考虑出行目的和交通成本两个因素的最常用的计算模型是引力模型，将交通成本、吸引力这两个因素放入前面讨论的 m 个出发点和 n 个吸引点之间的交通联系，就使宏观可达性的分析包含了出行目的的因素。

此外，计算店铺的公交可达性。采用空间相互作用模型，结合公交最短路径算法，在GIS软件支持下予以实现。将选址区域以一定大小的栅格进行划分，将公交网络图置于其上，读取各超市、公交站点的坐标，每个栅格到公交站点的距离以该栅格的中心到公交站点的距离来代表。由于顾客到零售店步行可接受的距离是有一定限度的，先计算该栅格到各零售店的距离，如在可接受的限度内，则认为该栅格内的顾客是步行到超市的，时间为t=s/o（t表示时间，s表示里程，o表示平均速度）。在该栅格的一定范围内寻找公交站点，根据公交最短路径时间矩阵、零售店经营面积分别计算至各超市的最短时间，计算出各栅格的可达性指标。

③基于GIS的商圈分析。

在GIS软件中将包含有空间点位坐标的矢量图层数据转换为栅格数据，并把栅格数据放置在一个文本文件中。将数据读入一个数组中，该数组是栅格中所有栅格单元的原始代码。计算每个栅格单元与各发生点间的加权距离，以距离最短的发生点栅格的代码作为该栅格单元的隶属代码，如此下去，直至所有栅格单元的归属都被确定为止，把新的栅格单元代码放入一个代码数组中，然后将该数组中数据写入一个新的文本文件中，再在GIS软件中将该代码数据转变为一个点的加权voronoi图层。

第一，将选址区域以一定大小的栅格进行划分，根据公交最短路径时间矩阵、超市面积分别计算各栅格到各超市的概率，取其中概率最大的超市作为该栅格的代码，依此计算出所有栅格的代码，将代码值写入文本文件，再用GIS软件将该代码数据转变为一个点的加权voronoi图层，实现零售店商圈的划分。第二，叠加各个图层，包括人口分布图层、公交以及步行的时间分布图层、加权voronoi图层等，在此基础上构建市场饱和度分析、需求估计等商业应用分析模型，实现对商圈的定量及可视化分析。

4. 现代信息技术在选址中应用的展望

现代信息技术给管理人员制定选址决策带来的帮助是巨大的，国外许多企业都已经应用了这些先进的现代信息技术，国内很多企业也开始应用。这些技术之所以如此受欢迎，其主要原因是它们提供了解决企业管理中重大问题的决策依据。它们强大有效，可以多次重复用于各种形式的选址决策，且能提供规划所需的细节；适用选址决策模型的成本不高，而使用带来的收益远远超出其应用成本；模型要求的数据信息在大多数企业很容易获得，从土地经济学家的早期模型开始，这些模型已经历了漫长的发展过程，从而更具代表性。然而，这些模型依然存在一些问题：选址模型应该得到进一步的发展，应更好地解决选址中的各种复杂问题，而不应该分别以近似的方法解决各个问题；如何准确地解决非线性、不连续的成本关系仍然是数学上的难题。总之，尽管各种模型的适用范围和解法不同，但是任何模型都可以由具备一定技能的分析人员或管理人员来得出有价值的结果。使现代信息技术更易于使用，更便于决策者利用，这必然成为未来的发展方向。

正在各个领域普遍应用的 GIS 技术，为在现代激烈的市场竞争环境下的有效选址提供了可行的解决途径。通过对 GIS 系统功能特点和在实践中的运用，分析 GIS 系统对选址的直观性、信息量统计的便捷性，可建立选址销售模型，将模型在实践中进行运用，然后得出店面选址的确切地址。这是 GIS 支持下的选址的具体应用和实现，是更加科学化、合理化地实现选址问题的解决方案。本着科学、严格的原则，应用 GIS 等现代信息技术对选址进行更有效的决策，以此来提高传统行业的竞争力，以应对激烈复杂的竞争环境。

结合网络技术和 GIS 技术发展起来的 Web GIS 更是利用互联网和 www 技术，将分布于不同地域空间、不同平台和不同数据结构的地理信息按照系统化、结构一体化的运行模式进行数据组织、管理、信息查询与分析、信息成果分布。利用它，人们可以方便地在广阔的互联网空间中搜索和发布用户所要求的各种空间数据（矢量数据）以及与此相关的属性数据，使得全社会范围内的各个领域、各个部门之间的数据信息实现最大的共享。

使用 Web GIS 可以定位对象的位置以全面了解企业的资源情况；分析符合特定条件的各个对象以比较各地区的生产销售情况；了解趋势发展以发现生产经营在时间、空间维度下的发展模式；创建对象的分布在各种空间下的模式以寻找商业机会；模拟未来发展情况以综合作出科学的决策。

随着各种现代信息技术的发展，商业环境的竞争越来越激烈，现代信息技术必将在商业选址中发挥着不可替代的作用。

【本章小结】

零售商要不断地扩张，就必须不断地在新的区域开设新的网点，提高零售商的市场占有率。商店选址对零售商的经营成败至关重要。商店选址需遵循方便消费者购买、方便货品运输、有利于竞争、有利于网点扩充等原则，商店店铺选址的类型主要有孤立商店、无规划商业区和规划的购物中心。商店选址第一要考虑商业群因素，第二要考虑地区因素。商店选址方法有市场需求与供应密度分析法和多因素组合分析法。

商店选址的流程主要分为四个步骤，分别是选择区域、方位；制图——找出最佳位置；市场调查；店址确定。选址决策的正确与否对店铺日后的经营成败有着直接的影响，所以零售店铺必须成立决策委员会，对评估小组收集的资料进行审核。销售额预测的方法主要有类推法和模型计算法。中心地理论的指导意义在于，通常把城市内部不同的商业区域划分成若干等级，如市级商业中心、区级商业中心、社区级商业中心、街道级商业和散布商业等。各级商业各自提供不同等级的服务功能，具有不同的辐射范围，通过功能互补，形成一个完整的商业网络体系。在零售选址中，区域地理分析可以借助地理信息系统，将人口统计等诸多数据纳入地理数据库的社会经济要素数据库中，并结合地理数据库中的自然地理要素、行政区划和有关地理位置数据，使零售商很直观地对区域内各方面条件作出综合分析和判断，并对不同区域的情况进行比较，对零售商的投资与开发产生积极的作用。

商圈是一个零售商店有效吸引周边顾客的地理范围，一个零售商店的商圈规模越大，就越容易经营成功。划分商圈是商店选址的第一步，商店的商圈主要由商圈、次要商圈和边缘商圈组成。

商圈分析有大环境分析和小环境分析之分。大环境分析是分析该区域是否具有一定的营业潜力，小环境分析是分析本零售商店对商圈内顾客的吸引力大小。其中，对人口发展情况、购买力水平、经济基础、竞争程度和城市基础设施等因素的分析能判断出某个商圈是否具有开店的价值，为选择店址、制定和调整经营方针和策略提供依据。

【思考题】

1. 商圈常常被看成由以商店或购物中心为中心点发散的几个同心圆组成。试想一下为什么会使用这种方式来解释？并提出另一种建议方法。

2. 根据商圈的成熟度划分，商圈可以分为哪些？

3. 按照商圈的性质来划分，商圈可以分为哪些？

4. 商圈的影响因素可以从哪些方面来考虑？

5. 家得宝是一个发展迅速的家居建材超市连锁中心，通常有自己的独立店址或位于购物中心。像家得宝这样的零售店址有什么优势？

6. 如果你是 7 - Eleven 便利商店、美国鹰牌服装公司和美国保时捷公司的顾问，在为这三个不同类型的商店选择店址时你认为最重要的一个因素是什么？

7. 零售商正在曾经衰退的中心商业区建立购物中心和独立店址。人们有时候会对此产生怀疑，这种道德和社会的演化过程通常叫作中产阶级化。试分析这种中产阶级化所带来的利弊。

8. 史泰博和欧迪办公用品公司都拥有强大的多渠道销售战略。互联网是怎样影响其选址战略的？

9. 除本书中介绍的方法外，你认为还有哪些商店选址的方法？

【延伸阅读】

[1] 曹静. 零售企业规划与布局 [M]. 上海：复旦大学出版社，2015.

[2] 焦玥. 商店选址与消费者行为研究 [M]. 上海：复旦大学出版社，

2014.

［3］［美］迈克尔·利维，巴顿·韦茨．零售管理（第六版）［M］．俞利军，译．北京：人民邮电出版社，2016.

［4］［英］尼尔·里格利．商店选择、店面选址与市场分析［M］．曹静，译．北京：经济管理出版社，2019.

［5］王晓峰，张永强，吴笑一．互联网＋零售移动互联，无缝对接［M］．北京：中信出版社，2015.

【精彩案例1】

陨落的太平洋百货 撤离繁华商圈？

台系百货的光环早已褪去，核心商圈的身影逐渐消失，门店缩水、商号退出，太平洋百货在内地商业转型的大潮中成为最先没落的那一批。太平洋百货淮海路店近日传出闭店消息。租金上涨带来的经营压力，以及新兴商业项目的竞争，让传统百货的没落成为全球趋势。

撤离繁华商圈？

大陆最后坚持“太平洋百货”名号的上海太平洋百货或许也将存在变数。有消息称，太平洋百货淮海路店可能将闭店，目前商场6层正在撤柜中，其余楼层还处于营业状态。太平洋百货方面回应称，关店还未有定论，但租约将于明年到期，租金将出现大幅上涨。太平洋百货岌岌可危的局面早已埋下伏笔。此前，太平洋百货在全国共有9家门店。淮海路店不是第一家因“租约到期”萌生退意的门店。

2013年10月，成都太平洋百货20岁老店结束营业，原因是租约到期，合作期间与业主有分歧未能达成一致最终退出。远东百货的天津店与无锡店也因类似原因于去年闭店。如果淮海路店关闭，以“太平洋百货”名称经营的百货店将只剩下徐汇店与不夜城店两家。北京商报记者了解到，重庆太平洋百货已更名为远东百货，大连太平洋百货已更名为连太百货。太平洋百货成都春熙路店已关闭。目前，在营业的上海三家太平洋百货除保留名称外，门店LOGO早已变更为远东百货。

大陆风光不再

太平洋百货是百货业黄金时期颇具代表性的品牌，它的选址几乎全在核心商圈。这些店均有较长的店龄，但却在激烈的商业竞争中节节败退。2013年，太平洋百货隶属的台湾远东百货集团决定结束大陆市场太平洋百货与远东百货双品牌运营，将门店全部更名为远东百货。当时，仅有上海的3家店保留了太平洋百货商号。

太平洋中控董事长黄晴雯在接受采访时表示，远东集团大陆市场的12家店已缩减至9家。太平洋SOGO百货营运总经理汪郭鼎松表示，大陆9家店的业绩在电商重启和经济低迷的局面下衰退了8% ~9%，如果加上此前关闭的天津与无锡店，整体衰退率在两位数以上。至于是否会持续收缩门店，黄晴雯并未给出完全否定的答案。不过，依照近两年百货店接连退出核心商圈的趋势来看，淮海路店坚守的可能性较低。

前景岌岌可危

以商品销售为主的百货生存空间越发逼仄，尽管自营百货在利润空间、特色度上会有一定优势，但对于与百货合作最紧密的购物中心来说，这一占地面积大、租约期长、租金低的业态合作早已不是第一考虑对象。相比之下，ZARA、优衣库、GAP等时尚品牌旗舰店，纷纷成为购物中心的主力店。在当今全面健身热潮的带动下，运动品牌迪卡侬也改变了在华的开店策略，从只开独立店变为进驻购物中心。

参照发达国家的现实，百货的坏日子似乎仍未到尽头。拥有海量门店的百货大鳄梅西百货推出的全渠道转型计划似乎并不成功，美国梅西百货已连续四个季度同店销售下降。

梅西百货对旗下Bluemercury化妆品店和Backstage折扣店寄予厚望，希望借此抢夺市场份额。无论是国际百货的风向标，还是区域百货的引领者，百货业务的发展一再被边缘化。

资料来源：刘宇．陨落的太平洋百货，撤离繁华商圈？[EB/OL].[2016－07－05]. http://www.lingshouw.com/article－13018－1.html.

讨论题：

1. 太平洋百货为什么会撤离繁华商圈？
2. 太平洋百货撤离繁华商圈是当初选址的错误吗？

【精彩案例2】

浦上商圈浮出福州商圈　格局将改变

继台江金融街商圈形成后，福州商圈扩容步伐继续加快。2011年，随着TESCO乐都汇购物广场的整体开业，加上仓山万达广场、红星美凯龙等大型城市综合体的相继开业，福州仓山浦上商圈的形成已是必然，现有商圈四雄争霸格局将改变。

TESCO乐都汇购物广场是全球三大零售商之一——英国特易购集团全资控股子公司特易购地产公司旗下的大型综合性购物商场，也是特易购集团在中国南区开设的首家Lifespace乐都汇购物广场，项目于2009年初开工，总投资5亿多元，涉及超市、百货、餐饮等。

经过几十年的发展，福州已经形成了自己的独特商圈，很长一段时间内，包括早期的东街口商圈、中亭街商圈以及后起之秀万宝商圈形成三足鼎立之势。但随着台江金融街万达广场开业后，已经创下日客流量超过30万人次的商圈客流量新高，福州商圈三足鼎立的格局也由此正式进入四雄争霸时代。

两年来，福州老商贸中心加紧升级改造，前有大洋百货投资逾亿元对冠亚广场大洋乌山店进行内外改造并更名为大洋晶典店以及东方百货东街店斥资两三千万元改造外立面形象，后有宝龙广场斥资千万元进行硬件翻新等升级改造。来自业内的解读是，随着万达、红星美凯龙等大型商贸项目的落地，福州商业竞争正日渐加剧。

福州商业先后历经了三个发展历程，即由五四路、中亭街传统街区商业时代到东街口及平移台江MALL商业时代，再到如今的城市综合体时代。

资料来源：李西．浦上商圈浮出福州商圈　格局将改变［EB/OL］.［2011－11－15］. https：//www. 163. com/dy/article/DSSDFC280514ALTG. html.

【精彩案例3】

重庆解放碑商圈——西部第一商业街

说到重庆最繁华的商业步行街，解放碑绝对是龙头老大，它引领了重庆潮流几十年，至今仍是重庆乃至西部地区的时尚风向标。在重庆有一句常对外地人说的话："不去解放碑，等于没有来重庆。"可见解放碑在重庆的地标地位。

解放碑是重庆市人流量最大的地区，也是进入重庆中心地带消费的代名词。据政府有关部门介绍，作为城市核心CBD，解放碑区域有着其他商圈不可比拟的人气——进出车行流量达每小时15200辆，以解放碑商业步行街为核心约1平方公里的商圈范围内有常住人口近7万人，而日均出入人流33万人次，昼夜人口比例为4.3∶1，节假日和重大商贸活动最高人流高达100万人次，每年接待外来游客达到950万人次，每年的圣诞节、新年之夜，数十万的重庆市民会像潮水般涌向解放碑听钟声、共欢乐。解放碑的魅力可见一斑！据抽样调查，在解放碑地区购物的消费者中，常住人口仅占31%，近郊区的消费者占36%，重庆市远区县占16%，外省市及外国人口占17%，商品辐射范围主要是本市及周边省市。

解放碑核心商圈不仅是长江上游的黄金商贸区，也是中国西部最大的商业步行街区。区域内商贸服务业业态齐全，国内外知名品牌集中，又是解放碑商圈的另一大特色。各种类型的商业主题街，各具特色的专卖店，各种品牌的连锁店相映生辉，促进了商贸区的繁荣兴旺。在不到1平方公里的区域内，入驻有第三产业机构单位7600个，其中，批发零售贸易业53个，售业网点达4500多个；商业营业面积超过120万平方米。而且，营业面积超过5000平方米的大型商场有20多家。在商圈中心地带半径不到500米范围内，有7家10000平方米以上的大型零售商店，包括新世纪百货（16000平方米）、重百大楼（20000平方米）、重百临江商场（12000平方米）、王府井百货（47000万平方米）、大都会购物中心（50000平方米）、美美百货（50000平方米）、茂业百货（迪康百货，50000平方米）。商业网点密度大，大型商场多，商家扎堆，为国内少有，商业经营规模大，现代商业气息浓郁也为全国之少见。全市十大零售企业，解放碑占据五席，五个商贸企业列西部之最：即最大的零售商——重庆百大楼股份有限公司；最大的批发商——重庆商社；最大的零售超市——家乐福；设施档次最高的商务机构——大都会广场；还有全国医药行业最大的零售连锁企业——和平药房总部。

解放碑商圈具有社会服务功能强的巨大优势。金融证券、保险、信息中介、餐饮宾馆、休闲娱乐等现代服务业发达。品牌餐饮网点630多家，万豪、海逸等高星级酒店10余家；有工、农、建、中、交、光大、华夏、兴业、中信、招商、商业和浦发银行等110余个金融机构；还有邮电通信、信息咨询、技术服务行业经营网点300多个；有25家世界五百强企业的办事机构落户商贸区。

自2006年起，解放碑商业中心区相继荣获“全国百城万店无假货示范街”、“中国十大新地标商务区”、“中国著名商业街”、“全国特色文化广场”等称号。目前，解放碑商圈社会消费品零售总额已突破300亿元，雄居中国西部各商业街区的首位，成为名副其实的中国西部第一街。

2022年，解放碑商圈已经成为重庆市的商贸、金融、商务中心，是重庆CBD的核心区域。目前解放碑商圈正在以更高的目标、更大的气势、更优化的商贸发展环境，创新改造提升，进一步确立其在西部商贸的制高点地位，全方位、高品质地满足和服务消费者，打造西部的购物天堂。

资料来源：朱小乔．解放碑中央商务区奋力冲刺“双千亿”［EB/OL］.［2024－01－24］. https://www.cqcb.com/county/yuzhongqu/yuzhongquxinwen/2024-01-24/5488985_pc.html.

讨论题：

1. 城市商圈在城市中具有哪些功能？
2. 城市核心商圈一般具有哪些业态？

第八章

零售商品管理

【学习目标】

1. 了解商品分类的方法；
2. 掌握零售企业商品组合的确定；
3. 掌握零售企业如何进行自有品牌商品的开发与管理；
4. 了解零售企业的商品展示。

【重难点】

1. 商品组合的确定；
2. 零售商自有品牌的开发与管理。

【案例导入】

北京华联超市在宝洁公司的推动和协助下建立婴儿护理中心（宝宝屋）。北京华联的婴儿产品原本分散在不同的品类中，如婴儿奶粉和成人奶粉放在一起，属奶制品品类；婴儿纸尿片和纸巾等放在一起，属纸制品品类。但调查发现，孕妇或抱着婴儿的妈妈要辛苦地走上1～2小时才能购齐所需妇婴物品，她们最希望花较短的时间一次性购齐所需物品。于是，新的品类——妇婴用品类应运而生。在新的品类中，包括了婴儿喂哺类（奶瓶、饮杯类）、洗护类（洗发、沐浴乳、护臀膏、爽身粉等）、离乳类（勺子、碗、研磨器、榨汁器等）、安全类（安全插座、安全门卡、安全桌脚）、其他（温湿度计、浴盆、体温计、退热贴、驱蚊贴、吸鼻器、婴儿车床、餐椅、尿不湿、柔湿巾、奶粉、保健品）；还有妈妈类即孕期类，如防辐射服、孕妇装，待产类如产妇卫生巾、一次性床褥、束缚带骨盆带，哺乳期类如吸乳器、防溢乳垫、哺乳内衣等。1～2个月后，购物者便习惯性地步入宝宝屋购买妇婴用品了。宝宝屋的设立，使北京华联婴儿品类的生意增长了33%，利润增长了63%。

资料来源：蒋芯蕊，刘宇婷．北京华联与宝洁公司快速消费品卓越执行案例

[J]. 条码与信息系统，2005（6）：36－37.

思考：华联宝宝屋为什么能够吸引更多购物者并实现业务与利润的增长？

第一节 零售商品分类与组合

零售企业归根结底是卖商品，商品是零售企业核心经营要素。我们这里提及的商品，不是指某一个商品、某一群商品，而是商店的商品组合，是一个商品结构的概念。对顾客而言，一家商店具有吸引力，是它具有吸引力的商品组合，针对顾客的基本需求提供多种不同选择；对商店而言，商品组合更是零售企业促进销售、树立形象、通过多样化品类和核心竞争力品类的融合塑造特色与差异化的重要手段。因此，商品管理策略就是基于商品结构的优化策略。

一、零售商品分类的原则

（一）商品分类的概念

商品分类是指根据一定的管理目的，方便满足商品生产、流通、消费活动的全部或部分需要，将管理范围内的商品集合总体，以所选择的适当的商品属性或特征作为分类标志，逐次归纳为若干个范围更小、特质更趋一致的子集合体（类目），如大类、中类、小类、细类，直至品种细目等，从而使该范围内所有商品得以明确区分与体系化的过程。

不同组织的管理目的范围和需要并不相同，因此商品分类的结果即其最终形成的商品分类体系或分类目录也不一样。

对商品进行分类，既要考虑分类对象的属性特征，也要考虑分类对象管理方面的需要和要求，有时还要兼顾分类对象在传统上和历史上已经习惯的管理范围和管理方法，如商业上习惯的日用百货、日用五金制品、日用杂品等类目的划分。

商品大类、中类、小类等较高层次类目的划分，一般是根据商品在生产、流通、消费上的特征或特质逐步细化来进行的。商品细类（或品类）是对于若干具有共同特征的商品品种的类群的归类。商品品种是指商品的具体名称所对应的商品。商品细目是对商品品种的详尽区分，包括商品的规格、花色、容量、物质含量、功率、质量等级等，能够更具体地反映商品的基本特征。

商品分类的类目层次及其应用实例见表8－1。

表 8－1　　商品分类的类目层次及其应用实例

商品类目名称	应用实例	
商品门类	消费品	消费品
商品大类	食品	日用工业品
商品中类	食粮	家用化学品
商品小类	乳及乳制品	肥皂、洗涤剂
商品品类或品目	奶	肥皂、洗涤剂
商品种类	牛奶	浴皂、洗衣皂
商品亚种	饮用牛奶	香皂
商品品种	全脂饮用牛奶	牛奶香皂

（二）商品分类的原则

商品分类的原则是建立商品分类科学体系的准绳。为了满足商品分类特定的管理目的和需要，必须遵循以下原则。

1. 科学性原则

分类目的和要求必须明确，拟分类对象的范围应准确界定。分类对象的名称是唯一的，要防止出现概念不清或一词多义的现象。同时还要选择分类对象最稳定的本质属性或特征作为分类的依据，使其能真正反映该分类对象有别于其他分类对象的本质特征。这样才能明显地区分开分类对象，使得分类清楚合理，经得起时间考验，确保商品分类体系的唯一性和稳定性。

2. 系统性原则

以分类对象的稳定本质属性或特征为基础，将选定的分类对象按照一定的顺序排列，每个分类对象在这个序列中都占有一个位置，并反映出它们彼此之间既有联系又有区别的关系，这就是商品分类的系统性原则。

3. 可延性原则

此原则要求在建立分类体系时，应该设置收容类目，留有足够的空位，以便安置新出现的商品而又不会打乱已建立的分类体系或将原分类体系推倒重来。同时，也为低层级的分类子系统在此分类体系基础上进行的延拓和细化创造了条件。

4. 兼容性原则

兼容性是指相关的各个分类体系之间应具有良好的对应与转换关系。建立新的分类体系时，要尽可能与原有的分类体系保持一定的连续性，使相关的分类体系之间能相互衔接和协调，同时考虑与国际通用的分类体系对应和协调，以利于推广应用，便于信息的查询、对比和交流。随着商品编码系统和商品信息技术的不断发展和完善，对于分类原则和类目设置的标准化要求越来越严格，这样有利于满足不同分类和编码体系之间信息交换的要求。

5. 整体最优化原则

分类时应先强调管理系统（如国家商品管理系统）的整体经济和社会效益的最优化，要求各管理子系统（如各行业商品管理系统）局部服从整体；再在满足管理系统总任务、总要求的前提下，兼顾各管理子系统在分类上的要求、实际需要和利益。

（三）商品分类的作用

商品的品种繁多、用途不同，只有将商品进行科学的分类，商品的科研和产品生产过程中的原材料选购、工艺路线的确定、生产设备的选择以及贸易中的计划、统计、结算等工作才能顺利进行。

1. 有利于奠定国民经济的现代化管理基础

现代化管理离不开电子计算机，电子计算机在商品经营管理中的应用，依靠的是商品代码，商品代码是在商品分类基础上通过编码形成的，离开商品分类，商品代码就无从谈起。电子计算机的应用为商品的科学分类、编码提出了更高的要求。例如，在超级市场对商品进行自动计价和盘结，就是依靠科学的商品分类，通过编码以及商品分类编码管理系统来实现。因此，商品的科学分类为实现经济管理现代化奠定了基础。

2. 有利于信息资源共享和对外贸易的发展

我国采用了《商品名称及编码协调制度》(*The Harmonized Commodity Description and Coding System*，HS)，能科学地分析、研究国际商情，掌握国际市场商品结构和贸易信息交换。目前，在一些发达国家的贸易往来中，利用计算机和商品信息系统查询商品的性能、生产国别、厂商、价格、货源量、存放地点、贸易资料等商品信息，以实现商品信息流和物流管理的现代化。

3. 有利于标准化实施

通过商品的科学分类，可以使商品规格、型号、等级、计量单位、包装、标签等特征实现统一化、标准化，从而避免同一商品在生产和流通领域的不同部门因商品名称不统一而造成的管理困难。制定各种商品标准时，必须明确商品的分类方法、商品的质量指标和对各类商品的具体要求等，所有这些都应建立在商品科学分类的基础上。

4. 有利于开展商品研究和教学工作

由于商品种类繁多，特征和性能各异，只有通过对商品的科学分类，将研究对象从个别商品特征归纳总结为某类商品的类别特征，才能深入分析、了解商品的性质和使用性能，全面分析和评价商品质量，从而有助于商品质量的改进和提高。通过商品的科学分类，还有利于对商品品种和品种结构进行研究，从而为商品品种发展和商品新品种开发提供科学的依据。

5. 有利于消费者和用户选购商品

在销售环节，通过科学的商品分类，能有序地安排好市场供给，合理安排货架分区和商品摆放，正确引导消费者识别和挑选，从而方便消费者和用户对商品的选购。

二、零售商品分类的类型

零售商的主要目标是销售商品。因此，决定采购什么商品和采购多少商品对任何零售商来说都是很重要的。为此，零售商必须对商品进行分类，设计合理的商品结构以确定商品经营范围，形成一个与众不同的商品组合。不进行商品分类，就很难规划商品的具体经营范围和品种，采购过程就无法顺利开展。零售商经营的商品范围广泛，种类繁多，可以按不同的标准进行分类。

（一）中国式的零售商品分类

1. 从经营管理运用综合分类

在大卖场、超市、专业店等业态的实际商品管理中，商品分类一般采用综合分类标准，将所有商品划分成大分类、中分类、小分类和单品四个层次。一般而言，整个商店的商品构成由几个大分类形成，而大分类由几个中分类组成，中分类由几个小分类组成，小分类则是由几十个甚至几百个单品品项来组成。

单品是产品在零售过程中最小的销售单元，是商品分类中不能进一步细分的、完整独立的商品品项，又称为一个存货单位（SKU）。同一种产品可能有多种销售单元，如瓶装、盒装等，即有多种单品形式。例如，永辉超市销售的长城干白有瓶装和礼品盒装两种，此时瓶装和盒装为两种单品。

对单品的管理已经成为现代化零售业的商品策略之一，即后面要介绍的单品管理。

2. 根据销售作用，可划分为主力商品、关联商品和辅助商品

主力商品在销售额中占主要比重，反映商店的经营特色，是商店利润的主要来源。主力商品对一个商店最为重要，直接决定零售店经营的成败。这符合“二八原则”。

关联商品是在用途上与主力商品有密切联系的商品，具有连带销售的性质。在销售比重中低于主力商品。例如，某服装专业店最初的商品组合范围仅为服装销售，经过市场调研和消费者分析后发现，鞋品类不仅和服装有着较强的品类关联，能够形成鞋服搭配，还可以吸引更多的客流到店消费。因此，经过商讨后，商品组合覆盖范围从服装拓展到服装 + 鞋帽，鞋帽成为该商店的关联商品。

辅助商品是对主力商品的补充，是与主力商品同属一个类别的不同品牌的商品，主要用来衬托主力商品的优点，成为顾客选购商品的比较对象，并消除卖场商品的单调性，满足顾客多样性的需要。辅助商品在销售比重中最低。

3. 根据商品的耐久性和有形性，可划分为耐用品、消耗品和服务

耐用品是指在正常情况下能多次使用的有形商品，如电冰箱、电视机等。因为耐用品使用周期（到下一次重新购买的时间）长，所以消费者购买时会比较慎重。另外，这类商品价格一般较高。经营耐用品时，企业需要提供更多的销售服务和销售保证，如维修、运送、保修、保退、保换服务等。企业销售耐用品的重点是形成促使消费者购买的气氛，做耐心、细致的商品介绍，指导消费者使用，还应建立完整的售后服务体系。

消耗品也称非耐用品，是指经过一次或几次使用就被消费掉的有形物品，如牙膏、洗衣粉、文具等。因为这类商品很快会被消费掉，所以消费者购买频繁。一般来说，这类商品价格较低，商品经营利润较小。经营消耗品时，消耗品必须便于消费者购买，因此企业应使网点尽量接近居民区。

服务是非物质实体商品，服务的核心内容是向消费者提供效用，而非转移所有权。服务与有形商品相比具有以下特点：首先，服务基本上是无形的；其次，服务内容不易标准化；最后，提供服务是与消费过程同时进行的，服务的交易必须在适当的时间和地点进行才能有效地满足需要。企业为消费者提供服务应当加强服务质量管理，提高销售者的信誉、技能及对消费者的适用性，为不同的消费者提供适当的服务。

4. 根据商品的用途，可划分为消费品和资本品

消费品是顾客为了使用而购买的商品，直接用于最终消费。消费品的购买者不像产业用品的购买者那样是技术内行，不一定按“性能和价格”进行选择，而是更多地带有心理方面的特点。例如，外观设计的精美程度、商品品牌等常常具

有满足消费者需求的力量。

资本品是指企业为生产商品而购入的商品。资本品同消费品相比，不仅购买目的不同，而且购买数量和方式有很大差别。购买资本品的消费者往往是具有专业知识的行家，购买决策多数带有科学性，因此在销售资本品时，企业必须掌握对消费者购买决策起决定作用的审批机构。同时，销售人员还应具备必要的专业商品知识。

5. 根据消费者对商品的选择程度，可划分为便利品、选购品、特殊品和未寻求品

便利品是指消费者经常购买，而且不愿意花时间做过多比较、选择的商品。便利品又可分为三种。一是日用品。日用品是指单位价值较低、经常使用和购买的商品，如肥皂、灯泡、电池以及大部分杂志等。消费者购买日用品的突出要求是随时可以买到，所以愿意接受任何性质相同或相似的替代品，并不坚持特定的品牌和商标。对品牌众多的日用品，消费者常常选择自己熟悉的品牌。二是冲动购买品。冲动购买品是消费者事先并无购买计划，因视觉、嗅觉或其他感官受到刺激而临时决定购买的商品，如糖果、风味食品等。感官刺激是企业进行冲动购买品促销的重要手段，如玩具的示范表演，风味食品的现场制作等。三是应急品。应急品是消费者紧急需要时所购买的物品，如突降大雨时的雨具等。在应急品经营中，商品布置的可见度对销售影响较大。

选购品是消费者在购买过程中愿意花费较多的时间观察、询问、比较的商品。这类商品的特点是价格较高，使用期长，多数属中高档商品，如家具、组合音响、服装等。选购品的购买者一般愿意到商店集中地区或有声望的大商场去买。

特殊品是具有特定性能、特殊用途、特殊效用和特定品牌的商品。它有专门的消费对象，如邮票、花、鸟、戏装等。由于特殊品有特定的消费对象，因此排除了其他商品的竞争，使经营者获得较大收益。销售特殊品时宜开设专门商店或专柜，并适宜集中经营。

未寻求品是指消费者尚不知道或者知道但尚未有兴趣购买的商品，如某些刚上市的新商品等。未寻求品的性质决定了零售企业必须加强广告宣传和推销工作，使消费者对这些商品有所了解，并发生兴趣。千方百计地吸引潜在消费者、提高销售量是未寻求品的经营之道。

6. 根据消费者的购买习惯不同，可划分为日用杂货、日用百货、专用品和流行品

日用杂货是家庭中经常消费的商品，消费者购买次数较多，因此购买决策简单。日用杂货的价格便宜，选择标准一般为方便、坚固、美观等，对质量要

求不高，消费者一般到附近商店购买。经营日用杂货的商店越接近消费者居住区越好。

日用百货是消费者经常使用和购买的价值较低的商品。消费者对日用百货的选择标准是质量好、感觉好和种类丰富。日用百货的价格中等偏上时较易销售。消费者购买日用百货的距离比日用杂货远些。

专用品是指具有特定用途的商品。专用品一般价值较高，如体育用品、绘图仪器及金银饰品等。专用品的购买次数少，消费者购买时相当谨慎。专用品的质量要求高，因而价格高些没有关系。由于购买次数少，消费者可以去较远的地点购买专用品。

流行品是受某些因素影响，在短时期内出现大量需求的商品。流行品的消费在一定时期内表现为一种时尚。流行品具有较强的时间性，消费者一般只购买一次。在流行期内，消费者对流行品的购买非常踊跃，因此其价格高些没有问题。经营流行品的重点是款式漂亮、新颖，对商品质量没有硬性要求。

7. 根据商品生命周期内的销量变化，可划分为狂热商品、时尚商品、大众化商品和季节性商品

狂热商品是指在较短时间内销售量大并且能产生很大销售额的商品，如与某名人同款的服装。一般来说，狂热商品难以预测，经营狂热商品风险大，但如果商家把握住机会，也可获得丰厚利润。

时尚商品是指能持续销售多个季节，但销售额会随着季节变化的商品，如男士西装等。时尚商品的生命周期依赖于这些商品的种类和目标市场，零售商要具备一定的实力和经验。

大众化商品是指在很长一段时间内都有连续不断需求的商品，如毛巾、衬衣、袜子、牛仔裤等。某些大众化商品即使是名牌也会走向衰退，因此，零售商要注意调整商品结构。

季节性商品是指随着季节的变换，销售额产生剧烈变化的商品。时尚商品和大众化商品也有季节性，如时尚的羊毛衫、长袖衬衣在冬季特别畅销。这就要求零售商注意应市和存货量。

（二）美国式的零售商品分类

美国全国零售联合会（National Retail Federation，NRF）制订了一份标准的商品分类方案，该方案详细界定了各类商品的范围以及它们的组合方式（见图 8 - 1）。NRF 商品分类方案把零售商经营的商品从大到小分为：商品组—商品部—商品类别（品类）—同类商品—存货单位（单品）。该方案被美国许多大型百货商店和低价位竞争的折扣店采用。

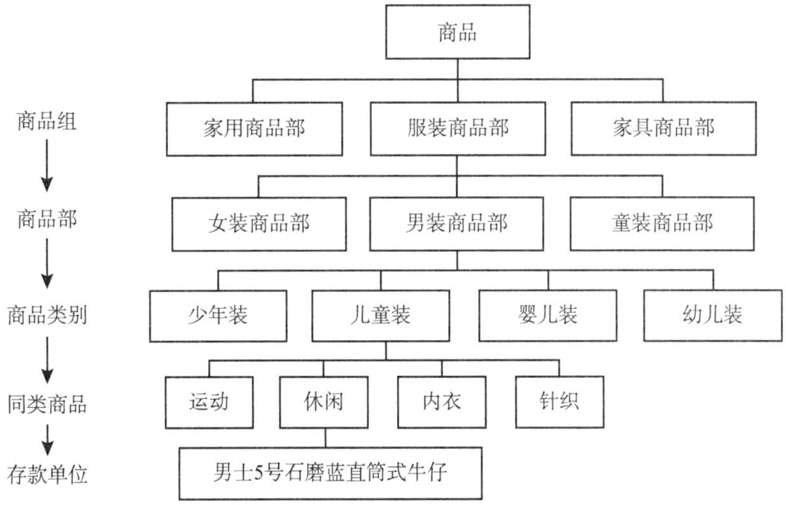

图 8-1 美国商品分类方式

（三）日本式的零售商品分类

日本零售业对商品的分类是根据商品概念来划分的。如日本将商品主要分为食相关商品和居住相关商品，食相关商品又分为生鲜食品、加工食品、一般食品，居住相关商品又分为家庭杂货和居住文化品。

三、零售商品组合策略

零售企业不仅要向消费者提供最适当的商品种类及每类商品中最适当的商品品种，而且要提供最适当的商品类别与品种的数量，还要与自己的经营能力和市场服务的方向一致。因此，零售企业要做到这一点，就要对商品的编配选择恰当的策略，以获得商品的最佳组合，还要对特定的商品采取相应的策略。

（一）零售商品组合的含义

商品组合是指一个零售企业经营的全部商品结构和经营范围，即全部商品线和商品项目的组合方式。企业的商品组合决策，包括对商品组合宽度、长度、深度等方面的决策。

商品线，也称商品系列或商品大类，是指具有相同使用功能，但型号规格不同的一组类似商品。商品线一般由若干商品项目组成。

商品项目是商品线中各种不同型号、规格、款式、价格的特定商品，是商品目录中列出的每一种商品品种。

商品组合的宽度是指一个企业拥有多少商品大类，拥有几条商品线，多则为宽，少则为窄。

商品组合的长度是指一个企业的商品组合中包含的商品项目的总数。商品组合的总长度除以企业的商品大类数就得到商品大类平均长度，也被称为商品组合的深度。

（二）零售商品组合的类型

1. 多系列全面型

多系列全面型策略着眼于向任何顾客提供他们所需要的一切商品，采取这种策略的条件是零售商有能力照顾整个市场。整个市场的含义可以是广义的，即不同行业的商品市场的总体；也可以是狭义的，即某个行业的各个市场面的总体。广义的多系列全面型商品组合策略就是尽可能增加商品系列的宽度与深度，不受商品系列之间关联性的约束。狭义的多系列全面型商品组合策略，是指提供一个在行业内所有必需的全部商品，也就是商品系列之间具有密切的关联性。

2. 市场专业型

市场专业型策略是向某个专业市场，某类顾客提供所需要的各种商品。例如，以建筑业为其目标市场的工程机械销售公司，其商品组合就应该由推土机、压路机、载重卡车等商品组成。

3. 商品系列专业型

商品系列专业型是指零售企业专注于某一类商品的销售，将其商品推销给各类顾客。例如，某汽车销售商销售的商品都是汽车，但会根据不同的市场需要设立小轿车、大客车和卡车三种商品系列，以适应家庭用户、团体用户及工业用户的需要。

4. 有限商品系列专业型

采取有限商品系列专业型商品组合策略的零售企业，根据自己的专长，集中经营有限的甚至单一的商品系列，以适应有限的或单一的市场需要。例如，有的汽车销售商专门销售作为个人交通工具的小汽车，不销售大客车、运输卡车以及其他用途的汽车。

5. 特殊商品专业型

零售企业根据自己的专长销售某些具有优势销路的特殊商品项目，这种策略由于商品的特殊性，所能开拓的市场是有限的，但是竞争的威胁也很小。

（三）商品组合的配置策略

商品结构是零售企业按一定的标志将经营的商品划分成若干类别和项目，并确定各类别和项目在商品总构成中的比重。商品结构的配置则是在有限的营业面积中，对品种繁多的商品进行分类，并依目标顾客的需要，选择并形成富有竞争力的商品结构，体现出自身的经营特色，进而在市场中求得生存与发展。

具体而言，商品基本配置策略是指商店选择经营多少种类商品，每种商品类别中经营多少品种。商品种类的多少就是商品的宽度，花色品种的多少就是商品的深度。根据商品宽度和深度的不同组合，则形成四种基本配置策略。

1. 宽而深配置策略

是指企业选择经营的商品种类多，而且每类经营的商品品种也多的策略。一般说来，这种策略适合于综合型的百货商场、大型综合超市。即向消费者提供一揽子购物，因而必须备齐广泛的商品类别和品种。

这一策略的优势是：市场大，能满足顾客一揽子购物需要，商店吸引力强。不足是：投资大，占用的空间、固定装置与设备多；平均商品周转率低；商店形象一般化；管理相对困难。商品结构属于宽而深配置策略的业态包括百货商场、大型综合超市。

2. 宽而浅配置策略

是指企业选择经营的商品种类多，但在每一种类中经营的商品品种少的策略。在这种策略中，商店提供广泛的种类，但是对每类商品的品牌、风格、规格、式样等给予限制。便利店、杂货店、折扣店等业态通常采用。

优势是：市场大、促进一揽子购物，且可控制资金占用。不足是：每一种类下品种少，缺乏品种选择机会，影响销售或丢失顾客，商店形象较弱，顾客忠诚度低。

3. 窄而浅配置策略

是指企业选择较少的商品种类和在每一类中选择较少的商品品种。这种策略通常被自动售货机和人员登门直销所采用。自动售货机往往是只出售有限的品种，比如饮料、香烟、常规药品等商品；采用人员登门销售的方式所经营的商品种类品种也都非常有限。

这种策略要成功地使用，有两个关键的因素，一是地点，二是时间。在消费者想得到商品的地点和时间内，采取这种策略可以成功。

这一策略的优势是：存货投资小，方便顾客。不足是：商店形象差，顾客的一些需要不能满足，顾客少。

4. 窄而深配置策略

是指企业确定经营的商品种类少，而在每一种类中经营的商品品种很丰富。这种策略充分体现了连锁企业专业化经营的宗旨。

一些零售企业通过提供精心选择的一两种商品种类，在商品种类中配有大量的商品品种，吸引偏好选择的消费者群。商店通过专门化的商品配置，满足有特定要求的顾客的需求，把本商店与其他商店进行区别，从而得到忠诚的顾客。典型的业态是专业店、垂直电商零售。

如美国的玩具翻斗城。美国是全世界最大的玩具消费市场，51% 的玩具是在大卖场销售的，还有 25% 是在玩具翻斗城之类的玩具专业店销售的，它在美国玩具市场占到了 17% 的市场份额。遥控跑车、赛艇、哈利波特的国际象棋、会飞的扫帚、人工智能机器狗、海盗船等都可以售卖，几乎覆盖所有玩具。

这一策略的优势是：销售效率高，增加重复购买的可能性，商店形象很鲜明，且采购、销售和管理专门化，可以取得规模经济效益。不足是：一般经营的是某一类别商品，不能满足顾客的多种需要，市场有限，且鸡蛋放在一个篮子里，经营不好会带来较大风险。

（四）零售商品组合的优化

对于商品项目众多的零售企业而言，建立最佳商品组合决策是一个十分困难的问题。许多零售企业在实践中创造了不少有效的方法。下面介绍几种已在实践中被证明行之有效的方法。

1. 商品环境分析法

商品环境分析法是把零售商经营的商品分为六个层次，然后分析研究每一种商品在未来市场环境中的销售潜力和发展前景，具体内容如下：①目前零售企业的主要商品，根据市场环境的分析，是否继续发展；②零售企业未来的主要商品，一般是指新商品投入市场后能打开市场的商品；③在市场竞争中，能使零售企业获得较大利润的商品；④过去是主要商品，而现在销售已日趋萎缩的商品，零售企业应决定是改进、缩小或是淘汰；⑤对于尚未完全失去销路的商品，零售企业可以采取维持或保留的策略；⑥对于完全失去销路的商品或者经营失败的新商品，一般应及时淘汰。

2. 商品系列平衡法

商品系列平衡法是国外比较流行的一种商品组合优化的方法。它是把零售企业的经营活动作为一个整体，围绕零售企业目标，从零售企业的实力（竞争性）和市场引力（发展性）两个方面，对零售企业的商品进行综合平衡，从而作出最佳的商品决策。商品系列平衡法可分为以下四个步骤进行：①评定商品的市场引力（包括市场容量利润率、增长率等）；②评定零售企业实力（包括综合生产能力、技术能力、销售能力、市场占有率等）；③制作商品系列平衡象限图；④分析与决策。

3. 资金利润率法

资金利润率法是以商品的资金利润率为标准对商品进行评价的一种方法。资金利润率是一个表示商品经济效益的综合性指标，它既是一个表示盈利能力的指标，又是一个表示投资回收能力的指标，是零售企业经济效益的综合反映。

把商品资金利润率分别与银行贷款利率、行业的资金利润率水平、同行业先进零售企业商品的资金利润率、零售企业的经营目标及利润目标相对比，如果达不到这个目标，就说明盈利能力不高。

4. 单品指标考核法

计算机技术在零售企业的普及，使企业能实现单品管理，运用计算机对管理信息进行分析，通过商品指标的评价来调节商品的结构。

（1）商品销售排行榜。

现在大部分门店的销售系统与库存系统是相连的，后台电脑系统能够整理出门店每天、每周、每月的商品销售排行榜。从中就可以看出每一种商品的销售情况，调查商品滞销的原因，如果无法改变其滞销情况，就应撤柜。

（2）商品贡献率。

只依据从商品排行榜来挑选商品是不够的，还应看商品的贡献率。销售额高、周转快的商品，不一定毛利高，而周转率低的商品未必就是利润低。没有利润的商品短期内可以存在，但是不应长期占据货架。看商品贡献率的目的在于找出贡献率高的商品，并使之销售得更好。

（3）损耗排行榜。

商品损耗是不容忽视的，它将直接影响商品的毛利。对于损耗大的商品一般是少订货，同时应由供货商承担一定的合理损耗。另外，有些商品的损耗是因商品的外包装问题引起的，在这种情况下，应当及时让供应商予以修改。

（4）周转率。

商品的周转率也是优化商品结构的指标之一，任何企业都不希望某种商品积占流动资金，所以周转率低的商品不能滞压太多。

（5）新进商品的更新率。

门店应该周期性地增加商品的品种，增加商店的吸引力，以稳定自己的固定顾客群体。商品的更新率一般应控制在10%以下，最好在5%左右。

第二节 零售商品管理策略

一、品类管理与单品管理

（一）品类管理

1. 品类管理的含义

品类（category）是指易于区分、能够管理的一组产品或服务，消费者在满足自身需要时，认为该组产品或服务是相关的和可以相替代的。

品类管理（category management，CM）是现代零售商店商品管理的一个重要管理工具。它是零售商店与供应商充分合作，把所经营的商品分成不同品类，并把每品类商品作为商店经营的基本战略单位进行管理的一系列相关活动。它通过强调向消费者提供超值的产品和服务来实现商店每品类的最佳经营效果。

品类管理的概念是1994年由美国西北大学零售研究中心的教授们提出来的。从零售商角度探讨品类管理，这个概念有三个重点需要把握。

第一，由供应商和零售商共同合作。过去很多零售企业是将供应商看作对立面的，传统关系就是价格谈判，品类管理强调零供合作，双方围绕消费者共同改进经营管理。第二，专注于大多数消费者的需求。品类管理是按照每个类别进行分类管理的、针对消费者需求的一种系统化管理工具。第三，这种工具的管理不只是采购部、销售部参加，还包括信息部、企划部、配送中心等各部门，还必须有高层领导亲自参与，统筹实施。

2. 品类管理的步骤

流程主要包括八个步骤，即品类定义、品类角色、品类评估、品类评分表、品类策略、品类战术、品类计划实施和品类回顾（见图8－2）。

（1）品类定义。

其包括品类描述和品类结构两个部分。品类描述是指品类的划分标准，而品类结构是指不同品种类型之间的比例关系。该步骤的重点是对构成品类的单品进行选择，确定某品类“是什么”和“如何进行管理”。品类定义会随消费者购物习惯的变化而改变。如婴儿用品传统上分散于食品、服装、纸品等品类，为方便怀孕的妈妈或带着孩子的妈妈购物，出现了婴儿街、宝宝屋等购物区域，所有的婴儿用品集中陈列，一个新的品类（婴儿用品品类）应运而生。

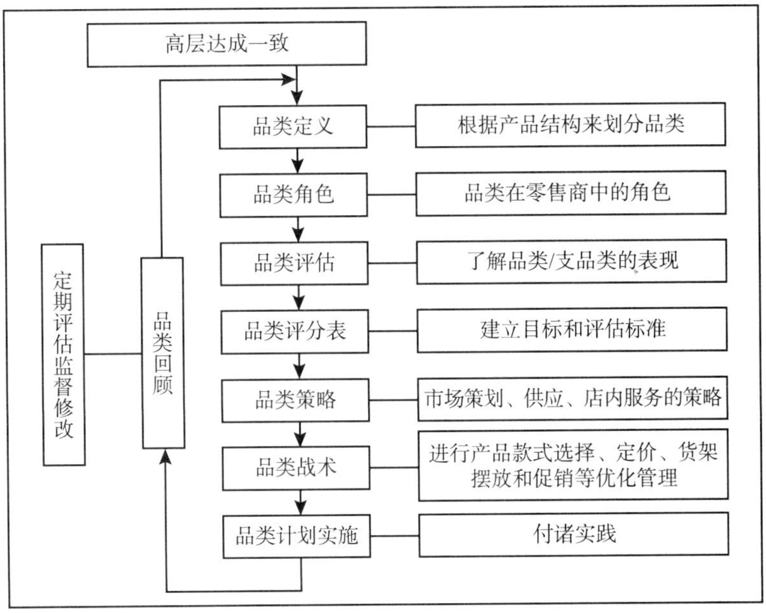

图8－2　品类管理流程

（2）品类角色。

品类角色即从顾客角度来确定的品类定位，反映了零售商经营不同品类的优先性和重要性，并通过经营资源的优化配置来表现各品类之间的不同地位与所针对的不同顾客群或顾客需要。品类角色的设定包括品类命名和对每个品类赋予特定角色。赋予品类角色应遵循品类角色要描述企业目标期望的状态、以顾客为本等原则。品类角色通常可分为目标性品类、常规性品类、偶发性品类、季节性品类和便利性品类。

（3）品类评估。

品类评估即零售商和供应商对照品类角色和品类指标，把握品类及各组成部分所处的状态，按照一定的标准对各个品类进行的评估分析。其内容包括消费者评估、市场评估、零售商评估和供应商评估等，如销量、利润、顾客满意度、市场趋势、库存、脱销、单位产出、人力投入等。

（4）品类评分表。

品类评分表也称为品类指标，即零售商和供应商共同针对某品类经营计划制定的具体目标，包括销量、货架、陈列、促销、毛利、账期等。品类指标能够反映品类角色希望达到的状态和品类评估目前的状态，为品类评估制定标准并且使用这些指标来评价品类中的各商品，最终协调商品种类和数量、商品种类与空间、价格与销售、促销与销售、服务与零售企业品牌的关系。

（5）品类策略。

品类策略即企业为已确立的品类角色及目标而制定的经营策略，包括市场营销策略和产品供应策略（补货和配送）两个部分，例如如何吸引客流、提高消费量、提升购物档次、降低脱销率、加快现金流等。品类策略的实施必须注重其有效性，同时注意与其他策略的协调一致。

（6）品类战术。

品类战术是为了实现品类经营战略的目标而采取的短期经营行为，包括商品陈列、商品组合、商品定价、促销、供应链管理等。品类战术是对品类策略的具体化，其特别强调即时性或短期性。

（7）品类计划实施。

品类计划实施即根据品类策略和品类战术具体实施品类管理的过程。此环节需要得到门店运作部门、储运部门等其他部门的支持。因此，计划实施的关键在于明确各个部门的职责，并通过职责分工来发挥协调效应。

（8）品类回顾。

品类回顾即定期回顾品类计划，以确保各项政策的实施。其内容是对与品类角色和品类指标相关的经营计划进展情况进行不断衡量和检查，并对经营计划进行适当的调整。

3. 品类优化管理

对于零售商而言，品类优化管理是个突破性的管理工具，是一种正确应用ECR理念来发展生产的先进管理方法。它通过与生产商的合作，更好地管理整个品类的店内形象，以获得双方利益的增长，包括品牌优化管理和货架优化管理。

（1）品牌优化管理。

品牌化是指通过对不同品牌的产品的绩效评估，为消费者提供的产品选择。

对于零售商而言，品牌优化管理可以：①更加理解消费者的需要，增加消费者购买的产品利益；②使产品链的供应及时、有序，减少脱销；③增加品类营业额/量及利润，提高单品种产出率；④更容易评估新产品的业绩；⑤更有效地运用货架、资金等资源。

其实施步骤如下：

①界定品类界限。指商店所经营的产品种类，一般按产品线分，如护肤品类、头部护理品类等，这是零售商的投资与经营方向的选择。每一条产品线下又有很多不同的产品项目，如头部护理品类又分为洗发水、护发素、头发定型产品三类。零售商应对不同品类的资金、货架比例做出安排。

②界定品类在店内的角色。在品牌优化管理中，一般有以下几种角色：第一，目标性角色，指能代表商店特色和形象、销售业绩最好的品类，最能满足消费者的需要，属于最大种类和款式的产品；第二，一般性角色，即次重要的品类，可令人联想起商店，能满足消费者大部分的需要；第三，季节性/偶然性角

色，随时间或季节变化而变化的产品，属于时间性款式或种类；第四，方便性角色，指消费者能随时方便购买到的产品，属极少品类或款式。

③产品细分。指将各品类的产品按消费者喜欢的方式分成更小的品类，即产品分组。如将洗发水按价格细分为高档、中档、低档三个类别，这样将有利于评估各个品牌在其细分的产品小组中的表现，而各小组（如高、中、低的三个类别）在洗发水这一品类中的表现也容易评估。

④业绩评估。评估一个产品、品牌、品类及一个生产商的相对表现，是通过营业额和营业量计算出来的销售量份额和销售额份额完成的。销售量份额和销售额份额能够量度产品在其所在品类中的相对重要性。

（2）货架优化管理。

货架优化管理可以使经营的品牌和货架的安排达到最大的投入产出比，能够保证货架所摆放的商品是消费者喜爱的商品。

货架优化管理的基本原则是产品的货架面积比例的分配与市场上占有率相符。因此，实施货架优化管理可以降低缺货几率，减少补货次数，从而降低人力成本，创造最大的投资回报率和货架效率，而且最佳的货架留给最棒的产品还会给零售商带来其他好处：①使管理者易于分析，易于陈列符合市场需求趋势的产品；②使消费者轻松、有效率地购物；③可以改善订货、补货、存货系统。

货架优化管理的具体内容包括：

①产品品类选择。一般根据品类角色确定。占据最高立方空间、最高客流量、显眼及易见的地方应是目标性品类的产品；一般性品类应位于高立方空间、高客流量的地方；季节性/偶然性品类则应处于一般立方空间、一般客流量的地方；低立方空间、商店剩余位置上安放方便性品类。

②产品摆放方式。主要应考虑货架的视觉效果、产品陈列的高度、货架的POP广告的作用。

（二）单品管理

1. 单品的含义及其基本要素

单品也叫存货单元（stock keeping unit，SKU），是指每一类商品中不能进一步细分的、完整独立的商品品项，反映了商品的某种特征，是零售商对商品进行科学经营管理的基本单位。

正确理解单品，需要把握单品的以下基本内涵。

（1）单品不同于商品。

单品是零售商根据经营管理的需要对商品进行的分类，它是零售商依托计算机技术支持管理商品的基本单位。商品的任何一种属性都可能成为划分单品的标准之一。

（2）单品不同于单一商品。

单一商品所包含的信息量基本上是相同且固定的，而单品所包含的信息量往往是变化不定的。如按照零售商经营商品目录的分类方法，牙刷是单一商品。而在界定单品时，为了经营管理的需要，既可以按照颜色划分将红色牙刷视为一个单品，也可以根据促销方便将牙膏和牙刷组成的牙膏套装视为一个单品。零售商若将牙刷视为单品，此时单品和单一商品的意义相同；若将红色牙刷视为单品，则单品的内涵就小于单一商品；若将牙膏套装视为单品，则单品的范围就要大一些。

（3）单品是一个具有动态性的概念。

单品是零售商对经营的商品按照管理要求进行的分类，因此不能把单品简单地理解为单个数量、单一品种、单一供货商或单个包装等。单品必须根据零售商经营管理的需要及商品本身的物理属性加以界定，是动态的任意组合。

单品的基本要素包括：①品名，可以根据需要对品名进行组合；②规格，可以是单一规格，也可以是适应销售需要的组合规格；③金额，反映了单品的价值，可分为单品进价和单品零售价；④供应商。

2. 单品管理及其作用

单品管理是零售商根据企业的营销目标，对单品的配置、采购、销售、物流、财务、信息等活动实施统一管理，既管理单品的数量又管理单品的金额，既管理单品的进销价格又管理单品的流通成本。它以每一个商品品项为单位进行管理，强调的是每一个单品的成本管理、销售业绩管理。

（1）单品管理是商品群管理的基础。

单品是零售企业商品经营管理的最基本单位，各商品群是由一个个单品组合而成的商品集合体。所以，各商品群的管理若是离开单品管理，是根本无法进行的。

（2）单品管理是商品流通顺畅的保证。

单品管理的强化使得每一种商品的采购、销库存环节有机结合，商品购销存的数量得以准确掌握与控制，为商流的顺畅提供了保障，为商品的物流、资金流、信息流的有序运行创造了良好的条件。单品管理的优点是信息完整，使得商店能够有效控制存货、指导采购、提高效率、减少差错。

（3）单品管理是零售商店提升管理水平的要求。

零售商店所面临的市场竞争日趋激烈，消费需求日新月异，现代电子信息技术全面向零售领域渗透，零售商店为了适应外部环境的这种巨大变化必须从内部管理入手，向管理要效益，而商品管理是零售商经营管理的重点。优化商品管理，实施单品管理有助于零售商管理等级的提升。从零售企业规模化经营趋势来看，现代零售商规模越大，越是多元化经营，管理就越要精细，实施单品管理是符合这种变化要求的。

（4）单品管理是零售企业提高经营绩效的手段。

零售商实施单品管理，可以使管理人员准确、全面、适时地把握每个单品卖场销售业绩的细节，为科学决策提供支持；可以根据适时、准确的卖场销售信息调整单品结构和商品配置表；对销售业绩排名位于前列的单品实施重点管理；预测商品销售变化趋势，尽早组织货源，开发和采购对顾客有价值的商品，同时降低商品脱销风险；根据单品物流成本信息，优化物流作业，降低单品的物流成本。

3. 引入单品管理的必要条件

（1）首要条件就是信息化系统，至少具有 POS - MIS 系统。

在此基础上，单品管理的主要工作就是整理商品信息的过程，为建立数据库做准备。在这些信息中，一类是不变或变化很少的信息，比如进货价格、规格型号等；另一类信息是可变的，并且是综合的、需要分解到各个单品的，这就是成本信息，主要是物流成本信息。

（2）将物流成本核算至单品，是单品管理的关键。

单品的物流成本信息主要包括商品自购进至今所消耗的运输成本、仓储成本、装卸成本、包装成本、加工成本、残损退货成本等，得到物流成本后，准确地分摊（绝不是平均分摊）给各个相关单品。单品物流成本数据库很重要。

4. 单品管理的流程

（1）商品信息整理。

一些信息如品牌、型号、包装容量、生产日期、购进日期、保质期、产地等唯一区分各单品的项目，这些项目内容自商品采购时就能准确地确定，是不变或变化很少的信息，管理这些信息的关键是要将这些信息项目准确地分类，确保一致性和可比性。还有一类信息是可变的，这就是成本信息。包括单品直接购进所花费的运输成本、仓储成本、装卸成本、包装成本、加工成本、残损退货成本等。这些成本信息必须准确地分摊给各个相关单品，这是单品管理的关键。

（2）编制单品代码。

编制单品代码是根据一个单品一个编码的原则给单品编码，确保以单品代码的唯一性实现单品的唯一性。

（3）建立商品数据库。

建立商品数据库包括顾客交款时前台 POS 系统扫描录入的单品数据的原始数据库，以及用来核算所有单品成本的单品成本数据库，前台销售数据库的更新由每日进行交易时收银员通过条码扫描仪将交易信息即单品数据录入 POS 系统数据库中，将这些数据进行统计、汇总，生成所需的各种报表等。单品成本数据库的更新比较麻烦，它要求将每批商品的每种活动成本都分摊到每个单品中。这里成本的分摊是根据实际发生的成本进行分摊，而不是平均分摊。每日用分摊的成本数据更新成本数据库，就可以为决策提供非常有用的数据。

（4）单品销售业绩排队。

单品销售业绩排队主要有单品获利大小排队和销售量排队。单品销售量排队很简单，这是目前大多数企业正在进行的工作，即统计每日每单品的销售量。销售量的大小是非常重要的信息，进行单品管理不能缺少这一指标，但只衡量这一指标显然缺乏全面性，因为某个单品卖得好，并不一定获利高，也可能成本较高。因此，还必须对单品按获利大小排队，即比较每个单品的销售额扣除物流成本和进价后的余额。对上述两个排队进行比较，可以发现一些规律。

（5）实施重点管理。

单品管理的目标之一就是发现重点单品，并对其进行重点管理。那些获利大且销售量大的单品才是真正的重点，应重点采购、重点销售、重点控制其物流成本。当然，有些单品获利小但销售量大，也应作为管理的重点。对既不获利又卖不动的单品，应及时处理。

上述程序应不断地执行，并形成相应的制度和措施，实施起来才更有效，尤其重要的是计算机软件不要在单品管理上留有盲点。单品管理与品类管理都是现代零售商的重要商品管理方法，都有各自的优势领域。单品管理的强化，并不意味它能完全替代品类管理，不可以放松和削弱品类管理；单品管理与品类管理应相互促进、相互补充，提高商品管理的总体效益。

二、零售商品结构优化策略

在明确了零售企业商品组合的基础上，需要进一步确定零售企业的商品结构。按照系统论的思想，结构决定功能。对于零售企业来说，商品的数量、品种已经不是货源的主要问题，问题的关键是如何对它们进行合理的选择，而使企业的销售能力资源（如资金、场地等）得到合理的配置，发挥最大的潜力，取得最佳的经济效益。现代的零售企业必须重点考虑经济效益，以效益为中心对商品的结构进行优化是当今零售企业必须很好去解决的问题。

（一）商品结构的含义及内容

商品结构是零售企业在一定的经营范围内，按一定的标志将经营的商品划分成若干类别和项目，并确定各类别和项目在商品总构成中的比重。零售店经营的商品结构是否合理，对于零售企业的发展具有重要意义。合理的商品结构不仅能够提高商品的管理效率和经济效益，而且也是实现企业经营目标、满足消费需求的基础。

（二）商品结构优化的方法

对零售企业而言，由于经营环境的不断变化，商品结构是一个不断优化的过程。要优化商品结构的前提是完全有效利用了卖场空间。不能过分追求门店的单位产出而删去很多辅助商品，因为这样可能导致商店的货架陈列不丰满，品种单一，造成整体销售下滑。所以对于商品的结构调整首先是在门店商品品种极大丰富的前提下进行的筛选。

零售企业经营的商品存在着销售周期，一般分为新品试销期、成熟期和衰退期，三个阶段对于零售商而言具有不同的价值。新品试销期由于价格可比性较差，毛利相对较高，商品的商业利润较为可观；成熟期价格敏感度增加，这个阶段的商品一般毛利相对恒定，费用支持透明化，商业毛利处于一般水平；衰退期的商品由于销售一直处于不良状态，经营这类商品的商业毛利是非常低的，甚至亏损。结合商品生命周期的特点，零售企业商品结构优化包括以下三种方法。

1. 客层分析法

客层分析法，也就是通过判断目标顾客或者所在商圈潜在客层与光临卖场客层是否吻合，来判断卖场商品组合定位是否合理，商品结构是否符合目标顾客的需求（见图 8－3）。

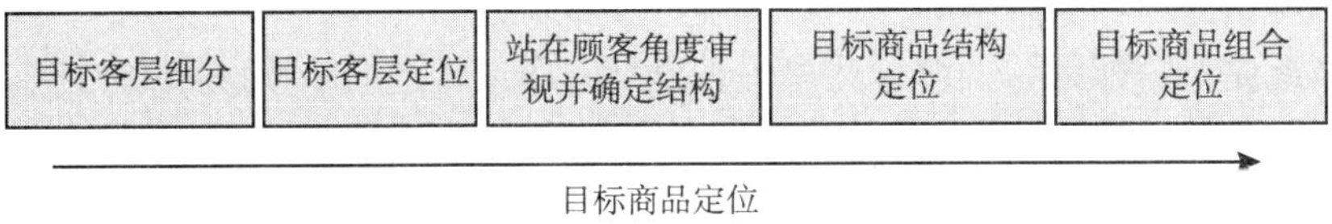

图 8－3　客层分析法

比如 A 超市集团的旗舰店面积为 6000 平方米，位于高校区附近，其 5～10 公里内的潜在商圈客层构成如下：居民占 70%、高校学生占 30%；然而根据顾客调查和店长现场观察，在该卖场消费购物的顾客中学生占 60% 以上，居民不足 40%。思考一下，这一数据表明什么？

目前该店遇到了一个典型的商品构成问题，即目标客层不清晰。商品结构到底应如何倾斜？应该选择哪类客层为主流目标顾客？

如果还是选择居民作为主流目标客层（因为居民在商圈人口中占 70%），则该店应在市场调查的基础上，对商品构成重新进行检讨，为什么居民不喜欢我这个商店的商品，不爱光临本商店？查找原因后重新定位商品组合，商品构成以居民为核心，例如扩大生鲜区中的初级生鲜品（如肉类、水产、蔬菜经营面积），增加净菜、加工食品、主食厨房、大包装食品等面向家庭的商品，以商品构成调整呼应目标客层调整。

如果该店在检讨自己在商圈内的竞争力时发现，既然在争取居民顾客方面争不过竞争店，还不如做好自己既有客层——高校学生，则其可采取的对策有两种：一是重新评估卖场经营面积，因为占商圈潜在客层30%的高校学生可能根本支撑不了这么大一个店，就需要考虑缩小卖场面积，或采取外租、联营方式引入新的经营项目（如冷饮店、快餐店等）；二是重新定位商品构成，全部商品构成以学生为核心，缩小以家庭主妇为对象的商品构成，扩大学生消费品。例如，缩小生鲜区中的初级生鲜品（如肉类、水产、蔬菜经营面积），增大生鲜区中的现场加工品、熟食、主食厨房等即食性商品，以商品构成调整呼应目标客层调整。

同一业态商店，当面对不同潜在客层时，商品结构会有很大差异。我们来对比一下：

新冠疫情期间，大家对净菜的需求在提高，希望买来之后能够直接烹饪，这和生鲜电商的发展是有关系的。我们来看叮咚买菜、每日优鲜这些生鲜电商转换的是什么样的目标客户？实际上原来有一批不太做饭的女性，由于有了到家服务，包括大量优质的菜谱教育、半成品打包的购买，使得她们开始做饭，这个群体的复购率非常高，从时间上来看，未来很可能会变成做饭的主力军。另外，生鲜电商的销售具有显著的地域性，不是哪里都卖得好。很多三四线城市、县域市场的买菜主力人群往往是老年人，他们很难选择线上购买。所以不同城市级别的消费情况是不一样的，上海、北京的半成品、净菜打包接受度就很高，但二线城市就差一些，三四线城市就更难推广。因此，初步发展期的生鲜电商，其扩张区域主要还是集中在一线城市。当然，这一定是一个趋势，未来简单的净菜、熟菜可能构成零售商的一种竞争能力。

再来看生鲜传奇，根据社区房价进行选址，把目标客群定义为25～65岁的家庭人群，年收入在8万元以上，家庭餐饮年支出在2万元以上，中等收入人群。一个店基本就满足一个社区消费者，它将自己定位为“小区的菜市场”，商品聚焦到消费者熟悉的品牌，只卖基本款，如大众日常所需的柴米油盐酱醋、蔬果等，不刻意做商品差异化，而是通过低价，实现价格差异化。王卫提出了自己的“生鲜四品”原则，哪四品呢？生鲜生品，也就是蔬菜、肉类这样的，没有任何加工的原料；生鲜制品，就是指经过粗加工以后的半成品、加工品；生鲜熟品，加工后能够直接进口食用的，如熟食、鲜切水果、休闲食品饮料等；生鲜伴品，即生鲜加工、食品加工所需要的一些辅料，如酱油醋、锅碗瓢盆等。这一选品原则和分类方法很值得借鉴。

再来看盒马鲜生，盒马的到家成本挺高的，客单价在生鲜零售中也算高的，它定位于精品生鲜超市，倡导现代城市品质生活，目标客层跟生鲜传奇又不同，是25~35岁围绕家庭的互联网用户，这是盒马鲜生创始人兼CEO侯毅说的。从实际经营情况看，盒马确实是中高端消费者占比较高，这与它的消费群体定位是吻合的。

这就是客层分析法。当商店的销售出现问题时，很多店长首先想到的就是如何调整货架、调整布局，如何调整价格、如何促销等。而实际上，商店销售不理想，80%的原因都是由于商品本身有问题造成的！当门店销售发生问题，第一个应该考虑的就是商品构成是不是有问题？毕竟顾客是来买东西的，而第一个诊断的就应该是商品吸引来的卖场客层构成与目标客层是否吻合，与商圈潜在客层是否吻合。

2. ABC分析法

（1）ABC分析法概述。

ABC分析法又称为“全店诊断分析法”，是根据商品销售情况，对商品进行分类管理，分清关键的少数和次要的多数，聚焦重点，区别对待的一种分析方法。由于它将商品分为A、B、C三个等级，又称为ABC分析法（见图8-4）。

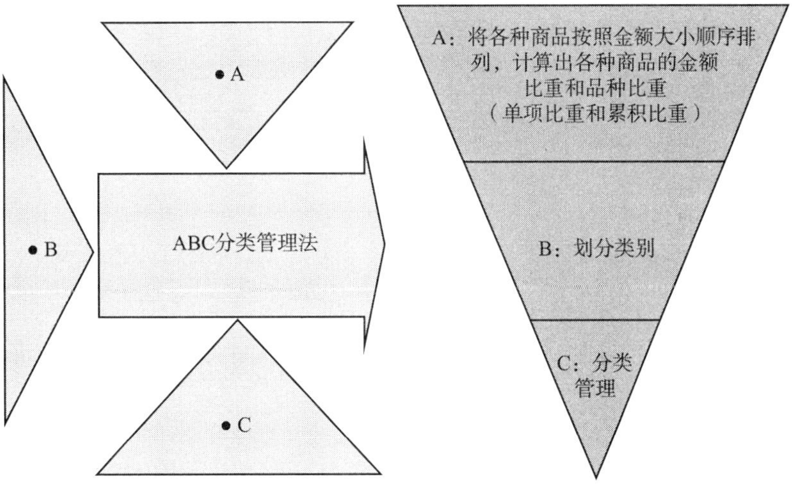

图8-4 ABC分析法

ABC分析法是由意大利经济学家帕累托首创的，他在研究个人收入的分布状态时，发现少数人的收入占全部人收入的大部分，而多数人的收入却只占一小部分，即“80/20”原则。这一分析方法的核心思想是在决定一个事物的众多因素中分清主次，识别出少数但对事物起决定作用的关键因素和多数但对事物影响较少的次要因素。1951年，管理学家戴克将其应用于库存管理，命名为ABC法。

（2）ABC 分析法的应用。

该方法是先确定一个分析参数，一般是销售额或毛利额，然后按参数值将商品从大到小排序。

排名在前面且合计值占整体 70% 的商品是 A 类商品，紧跟在后、占 20% 的是 B 类商品，最后剩下的 10% 是 C 类商品。一般如果是配置合理的商品结构，A 类商品的品种数会占总品种数的 20% ~30%，符合 80/20 原则。即 20% ~30% 的商品品项实现了 70% ~80% 的销售价值。

如何基于 ABC 分析法进行管理呢？对于不同类别的商品就应该运用不同的管理方式：A 类商品群的销售金额高，应重点管理；B 类商品群的销售金额一般，应次重点管理；C 类商品群的销售金额较差，应一般管理。

（3）ABC 分析法的操作步骤。

这里举例介绍 ABC 分析法用 Excel 表操作的简单步骤：

第一步，用 Excel 打开月度销售数据表，然后做降序处理，这时，各单品月销售金额会由高至低顺序排列。同时，我们可以在“销售额”后面插入三个空白列——占比、累计占比、ABC（见图 8－5）。

	A	B	C	D	E	F	G	H	I	J
1										
2	供应商代码	大类	小类	名称	数量	销售额	占比	累计占比	ABC	毛利额
3	0000004	4411	441111	***	131314	1132434				719190.6
4	0000008	8811	88112	***	654	657547				91792.3
5	0000008	8811	881111	***	5654	654776				235535
6	0000010	1121	112111	***	43654	346546				38911891
7	0000001	1122	112233	***	2311	325435				292891.5
8	0000009	9911	991111	***	463	242342				118107.8
9	0000010	1121	11212	***	798	75768				118191.2
10	0000012	3312	33122	***	43	75688				86119.2
11	0000013	4412	441211	***	546	75453				67907.7
12	0000003	3311	331111	***	3244	57567				71810.3
13	0000019	1123	112311	***	543	35465				39918.5
14	0000005	5511	551111	***	2434	35435				81891.5
15	0000005	5511	55112	***	345	35354				31818.6
16	0000018	9912	991211	***	5756	35353				31817.7
17	0000011	2212	22122	***	967	35222				31699.8
18	0000004	4411	44112	***	757	6767				8090.3
19	0000015	6612	661211	***	768	6456				5810.4
20	0000012	3312	331211	***	545	5765				51088.5
21	0000006	6611	661111	***	535	5657				589091.3
22	0000014	5512	551211	***	676	4535				4081.5
23	0000007	7711	77112	***	234	3535				3181.5
24	0000009	9911	99112	***	57	3523				3170.7
25	0000016	7712	771211	***	35	3456				3110.4
26	0000014	5512	55122	***	43	2426				4183.4
27	0000002	2211	221111	***	4334	2342				118107.8
28	0000013	4412	44122	***	768	578				520.2
29	0000006	6611	66112	***	54	577				5619.3
30	0000011	2212	221211	***	2334	547				4992.3
31	0000017	8812	881211	***	234	355				519.5
32	0000007	7711	771111	***	232	34				125

图 8－5 降序处理月度销售数据

资料来源：百度图片。

第二步，用各单品销售金额除以月度商品总销售金额，即可得到各单品销售金额占商品月度总销售额的比率。同样，这个比率也是从高到低排序的。

第三步，对各单品的销售金额占月度总销售金额的比率做累加，一个单品一个单品地累加，即可获得单品累计月销售贡献百分比，显示在“累计占比”这一列中。

第四步，我们就可以根据这个累计占比对单品进行 ABC 分类了。单品月销售累计贡献前 70% 的商品标注 A，单品销售累计贡献百分比在 70% ~90% 的商品标注 B，单品销售累计贡献百分比在 90% 以上的标注 C，这样 ABC 分析制作就完成了（见图 8 -6）。

供应商代码	大类	小类	名称	数量	销售额	占比	累计占比	ABC	毛利额
0000004	4411	441111	***	131314	1132434	29.285%	29.285%	A	719190.6
0000008	8811	88112	***	654	657547	17.004%	46.289%		91792.3
0000008	8811	881111	***	5654	654776	16.933%	63.222%	A	235535
0000010	1121	112111	***	43654	346546	8.962%	72.184%	B	38911891
0000001	1122	112233	***	2311	325435	8.416%	80.600%		292891.5
0000009	9911	991111	***	463	242342	6.267%	86.867%		118107.8
0000010	1121	11212	***	798	75768	1.959%	88.826%		118191.2
0000012	3312	33122	***	43	75688	1.957%	90.783%	B	86119.2
0000013	4412	441211	***	546	75453	1.951%	92.735%	C	67907.7
0000003	3311	331111	***	3244	57567	1.489%	94.223%	C	71810.3
0000019	1123	112311	***	543	35465	0.917%	95.140%	C	39918.5
0000005	5511	551111	***	2434	35435	0.916%	96.057%	C	81891.5
0000005	5511	55112	***	345	35354	0.914%	96.971%	C	31818.6
0000018	9912	991211	***	5756	35353	0.914%	97.885%	C	31817.7
0000011	2212	22122	***	967	35222	0.911%	98.796%	C	31699.8
0000004	4411	44112	***	757	6767	0.175%	98.971%	C	8090.3
0000015	6612	661211	***	768	6456	0.167%	99.138%	C	5810.4
0000012	3312	331211	***	545	5765	0.149%	99.287%	C	51088.5
0000006	6611	661111	***	535	5657	0.146%	99.433%	C	589091.3
0000014	5512	551211	***	676	4535	0.117%	99.551%	C	4081.5
0000007	7711	77112	***	234	3535	0.091%	99.642%	C	3181.5
0000009	9911	99112	***	57	3523	0.091%	99.733%	C	3170.7
0000016	7712	771211	***	35	3456	0.089%	99.823%	C	3110.4
0000014	5512	55122	***	43	2426	0.063%	99.885%	C	4183.4
0000002	2211	221111	***	4334	2342	0.061%	99.946%	C	118107.8
0000013	4412	44122	***	768	578	0.015%	99.961%	C	520.2
0000006	6611	66112	***	54	577	0.015%	99.97[illegible]	C	5619.3
0000011	2212	221211	***	2334	547	0.014%	99.99[illegible]	C	4992.3
0000017	8812	881211	***	234	355	0.009%	99.99[illegible]	C	519.5
0000007	7711	771111	***	232	34	0.001%	100.000%	C	125

图 8 -6　ABC 分析制作

资料来源：百度图片。

（4）ABC 分析法进行商品结构调整的案例。

案例 1：A 连锁超市有各类门店数十家，以总店为例，有效流转商品数达 10000 种，日均营业额 80 万元左右。在分析商品构成问题时，发现平均 5000 个单品实现了 40 万元左右的销售额，这表明该超市商品构成有问题吗？

分析：10% vs. 90%

表明：平均 50% 的单品实现了 50% 的销售额，表明该超市的商品中什么都能卖一点，但什么都卖不好！没有量化销售，这家超市又何以与供应商压低进价；进价压不下来，它又靠什么去塑造低价形象，靠什么去和竞争对手竞争？这家超市商品构成的问题在于：缺乏量化销售的 A 类商品，即核心商品。

解决办法：①加速和加大商品淘汰的速度和力度，精减滞销商品，达到合理的商品品种结构；②通过调整商品陈列，提高核心商品、敏感商品的销售机会；③改变滞销商品陈列位置、零售价格并调往其他门店；④通过调整价格链和加大促销力度，提高商品的销售能力。

案例2：该地另一家超市公司却出现了一个相反的现象：前几天，该超市总经理打电话过来说道："我们超市在分析商品构成时，发现10%左右的商品实现了90%以上的销售，这样A类商品很突出了，没问题吧？"

分析：10% vs. 90%

表明：该超市当前的商品构成中，顾客购买的目的性太强。经分析发现，顾客仅认为该超市牛奶、食用油商品等有限品类不错、价格便宜，其他商品都不如竞争对手，到该超市来就只是为了购买这一两类商品，没有关联性购买，直接导致销售毛利太低，这将直接影响公司的盈利能力。因此该超市面临的问题是：如何弱化顾客的目的性购买，优化其他类商品的构成。

解决办法：①加快新品的引进，培育核心商品，丰富商品的选择余地；②通过市场采价，合理分类商品的价格链。

以上便是ABC分析法，我们通过ABC分析法可以进行商品结构的判断与调整，将商品销量排序后，如果达到30%的商品产生70%的销售的时候，才表明商品构成基本正常（因为20%商品产生80%销售在多数情况下仅是一个理想化的状态），这时我们的工作重点才应放在引进新品、淘汰滞品上。假如在商品构成中，偏离了30%的商品产生70%销售的曲线（如上例中50%商品产生50%销售，或是40%商品产生60%销售，或是10%商品产生90%销售），则表明采购业务部门、门店营运部门要深入考虑改善商品构成——即首先需从品类构成上着手，对品类设置进行增加或删减。不要急着从单品上着手，否则就会事半功倍。

3. 价格带分析法

（1）基本概念。

价格带（price zone），是指某一类品种的销售价格由低到高形成的一条价格幅度，也可以说是小类商品价格下限到上限的价格区域。

价格带管理的基本单位是小分类。如洗衣粉类、香皂类都是基本的价格带管理单位，洗衣粉类、香皂类这两类不能相互替代、互相交融，不能作为一个价格带管理单位统一管理。

价格线（price line），是指某一类别商品中所有商品的销售价格分布。对于一个小分类来说，价格线不必过多。

价格点（price point），对于门店的某类商品而言，价格点是最容易被顾客接受的价格或价位。商品价格带分析方法的关键在于确定品类商品的价格点。PP点是某品类的所有商品中最让顾客接受的价格，当确定了这一点后，就应该多配备该点价位的商品，从而给顾客营造商品丰富、价格便宜的印象。

（2）商品构成图。

要运用价格带分析，必须了解商品构成图，即不同价格段配置的品项数或陈列量或陈列面数等。

做商品构成图，先要看最高和最低售价，然后将售价均衡划分成 10～13 段。注意：段数划分得太少会不利于分析。

例如：某品类的商品结构如表 8－2 所示，划分为 13 段。

表 8－2　某品类的商品结构

售价区间（元）	1～2	2～3	3～4	4～5	5～6	6～7	7～8	8～9	9～10	10～11	11～12	12～13	13～14
配置品项数（品）	3	5	14	24	23	12	4	3	5	8	7	3	1

于是就形成了商品构成图（见图 8－7）。

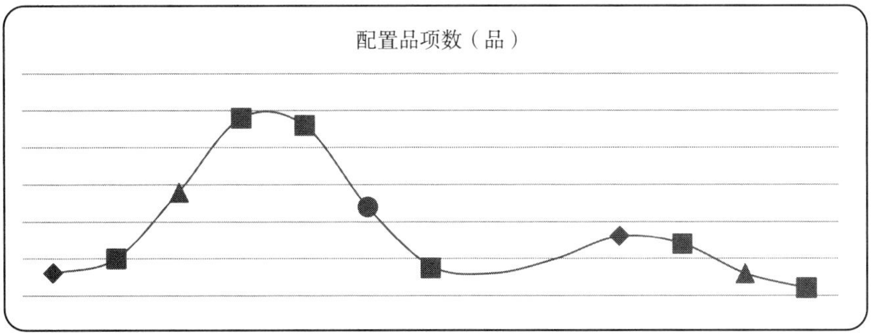

图 8－7　商品构成

横轴为售价，纵轴为配置品项数（也可以是陈列量、陈列面、库存量等），曲线即为价格带。健康的商品构成要求曲线必须是双峰型的，而且必须前面低价位的波峰高于后面高价位的波峰。第一个波峰是为了体现低价形象，满足大部分中低档消费人群；第二个波峰是为了满足少部分高档消费人群。

在价格带的选择上应该做到：品种数量适中，规格花色品种多，价格种类不能过多而且应集中于中低价，价格带尽量压缩，陈列量要充分。

（3）用价格带优化商品结构。

利用价格带可以进行多方面的数据分析，为优化商品结构提供有力的数据支持和依据。尤其是通过自己门店与竞争门店重点品类的价格带分析，可以有针对性地调整不同价格段的配置品项数来规避或者迎战竞争对手，从而优化商品结构，满足顾客需求，挖掘最大的销售潜力。这是提升商品竞争力最有效的方法。商品对策一般包括三种：

①完全包围型。完全包围型指的是商品竞争策略中，占销售 70%～80% 重点

品类的价格带要完全覆盖竞争店，要做到比竞争店更深更宽，从而体现本商店重点品类商品的丰富与齐全（见图8－8）。

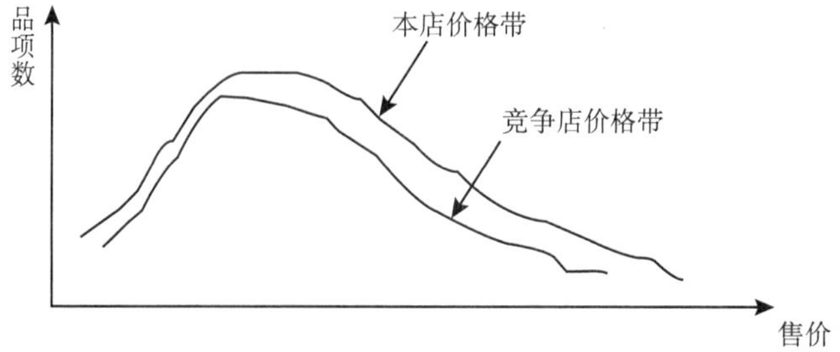

图8－8 完全包围型价格带

②下限加强型。当竞争店某品类的价格带侧重于中高档区域（或中低档区域）时，我们可以采取下限加强型（或上限加强型）的价格带（见图8－9）。即减少高价区品项，增加中低价区品项或降低售价。在确保商品宽度的前提下做强低价区，显示低价形象。

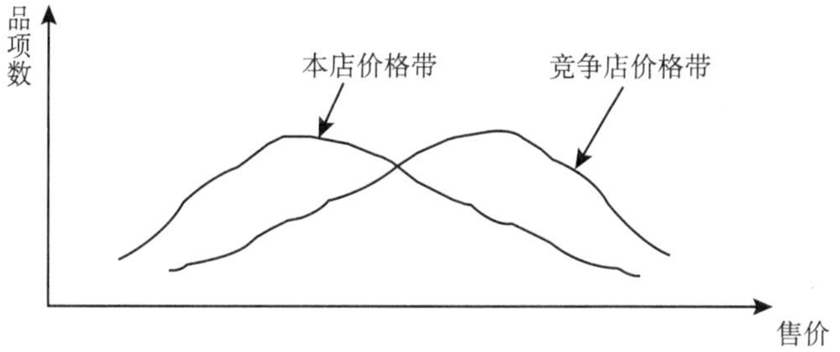

图8－9 下限加强型价格带

③竞争回避型。当竞争店价格带的重点是在高价区域时，我们可以以低价为主，允许有少量重叠，但可以完全不去涉及对方的强项，使双方都有明确的商品定位和目标顾客群；反之同理（见图8－10）。

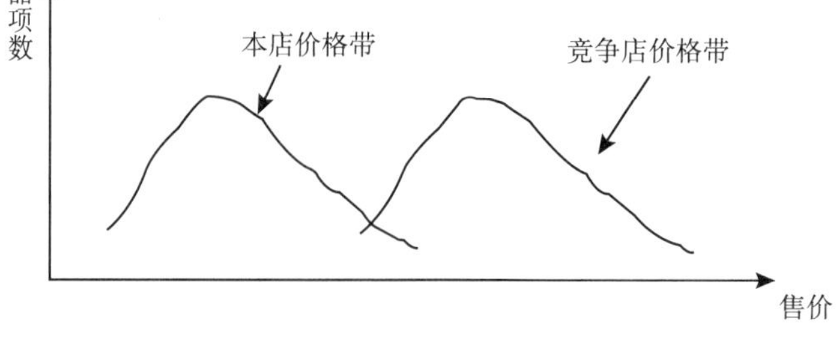

图8－10 竞争回避型价格带

④见缝插针型。当竞争店价格带出现断裂或有较弱的价格段，我们可以乘虚而入、见缝插针，形成与竞争店在商品策略上的互补和融合。比如图中，竞争店的价格带出现了空隙断裂，那么在空隙处应设置较丰富的品项形成波峰（见图8－11）。

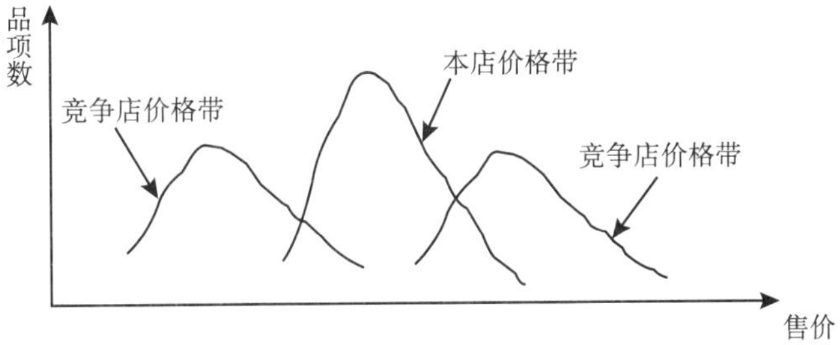

图8－11 见缝插针型价格带

三、零售商自有品牌

（一）自有品牌的特点与发展阶段

自有品牌（private brand，BP），也叫中间商品牌或私人品牌，是指零售商通过收集、整理、分析消费者对某类商品需求特征的信息而开发出来的产品品牌。自有品牌与传统制造商品牌在本质上一样，都是对品牌主体的一切无形资产的整体浓缩，其本身具有广义品牌的专有性、无形性、扩张性等共同特征。此外，自有品牌商品经营方式的特殊性决定了其具有以下特点。

1. 品牌销售区域有限

自有品牌一般是在品牌开发的零售商内部销售，这也决定了开发自有品牌的零售商的规模必须足够大，以保证销量、降低成本。

2. 品牌经营者角色的双重性

拥有自有品牌的零售商一方面要重视商品的日常销售管理，另一方面需要拿出一部分资源，利用与消费者直接接触的信息优势，提出新产品所应具有的功能、特色等方面的要求，开发与组织生产产品，从而使得其经营者具有生产和销售的双重性。

3. 品牌分销渠道短而直接

自有品牌的经营者本身就是商品零售商，不需要再通过中间商销售产品，大大减少了中间环节，销售渠道更为简便。

自有品牌产品兴起于西方发达国家，已有几十年的历史，并日益受到商业企业尤其是大型零售企业的重视。发展自有品牌最早的历史要追溯到20世纪60年代美国的西尔斯公司。西尔斯公司设计的一些商品曾经在美国代表了一种流行趋势，如它为青少年设计并售卖的一种鞋子，在那个年代所有美国的青少年都渴望拥有这样一双鞋。它的品牌曾经很成功地起到推动美国商业品牌发展的作用。西尔斯有“诗乐百”“全美”商标，“全美”商标的一种汽车轮胎在美国销售第一。沃尔玛自有品牌的狗食销售第一，其市场占有率达全美的25%～30%，但只有在沃尔玛的店里才能买到。自有品牌的发展起源于20世纪60年代，真正发展是在20世纪80年代。国际上，自有品牌在20世纪八九十年代是一个大发展时期，席卷全球，在欧美占有相当大的比重。从自有品牌的特点来看，西方零售企业自有品牌的发展大致经历了四个发展阶段，如表8－3所示。

表8－3　　西方零售企业自有品牌的四个发展阶段

	第一代	第二代	第三代	第四代
品牌类型	无品牌	自有标识品牌	自有品牌	细分的自有品牌
产品	基本的功能性产品	大批量的一次性常见商品	商品种类繁多	有助于提升品牌形象的产品，多种小批量的商品
制造技术	基本技术，无技术障碍	落后市场领先者一代	接近市场领先者	创新技术
价格	比品牌领先者低20%，甚至更多	比品牌领先者低10%～20%	比品牌领先者低5%～10%	同知名品牌相同甚至更高
消费者购买动机	价格	价格	性价比	产品更好、更独特
质量形象	低质量，同品牌领先者比较处于劣势	中等，消费者感知更低	质量保证，与领先品牌齐平	与品牌领先者齐平，甚至能超越品牌领先者，创新性产品能够区别于品牌领先者

在我国，商家生产和销售自有品牌商品的传统由来已久，如北京的“同仁堂”中成药、“内联升”的鞋，杭州的“张小泉”剪刀，老商家这种“前店后厂”、产销结合的模式已颇具现代零售企业自有品牌商品的雏形。当然，这种形式与现代零售企业自有品牌的整体内涵还存在一定差距。20世纪90年代初，上海南京路上一家仅180平方米的绒线商店——恒源祥就已经开发出了自有品牌的绒线，注册商标为“恒源祥”和“小囡”，并成为中国绒布市场上最具知名度的品牌。今天，更多的零售商积极借鉴国外的经验，逐渐开发出各具特色的自有品牌。自有品牌正在成为零售商手中的锐利武器。然而，中国的自有品牌发展仍然处于起步阶段，消费者对此的认识还不如西方国家那样成熟。

（二）零售商开发自有品牌的优势与劣势

1. 自有品牌的优势

（1）费用省。

即零售商自产自销或直接从厂家订货，省去了一系列中间环节的费用，不需要过多的广告宣传，所付的广告费用极为有限。

（2）价格低。

零售商自有品牌商品的价格一般要比全国性品牌低，除了节省一系列中间环节费用外，还因为零售商品牌商品的包装比较简单大方，而不需要大量先期投入。

（3）信誉高。

美誉度和信誉度是企业的无形资产。零售商开发自有品牌是与自身的信誉紧密结合在一起的，零售商与消费者联系的紧密性和直接性使其开发的自有品牌更能够取信于民。

（4）差异化。

与制造商相比，零售商更能准确地把握消费者的需求变化，按需生产，使自己的商品品种构成更加充实且有自己的特色，并借助自有品牌的导入强化企业形象，形成对消费者的独特的诉求力。

（5）多元化。

零售商通过建立起稳定的商品开发、生产、供应基地，为其进入制造领域、开展多元化经营进行必要的准备，以便于追求更高的利润并分散风险，增强自身的整体实力。

2. 自有品牌的劣势

（1）规模小、实力弱。

零售商一般规模小，资金实力与生产能力较弱，在品牌形成和发展的初期，无论在生产规模、市场影响还是在市场覆盖面上都无法与制造商品牌相比。其自有品牌的产品质量控制一般缺乏科学技术的支持，定牌加工前往往缺乏对产品品质的技术指导与控制，因此在质量控制方面与品牌经营的要求存在差距。

（2）风险大。

零售商自有品牌大都是多种商品共用一个品牌或极少数的几个品牌，其中任何一种商品出现问题，都会对该品牌的信誉产生负面影响。

（三）自有品牌的开发条件

零售企业开发自有品牌是零售企业提升竞争力的主要战略手段，开发自有品牌需要具备一系列条件：良好的市场条件和完善的政府商业规制是实施自有品牌经营战略的保障，它能为大型零售企业提供一个良好的发展空间。大型零售企业在实施自有品牌经营战略时，企业自身一定要符合政府商业规制中所包含的法律法规，如《中华人民共和国商标法》《中华人民共和国公司法》《中华人民共和国产品质量法》等。虽然外部条件是保障，但起决定作用的还是企业自身的条件。零售商如要考虑开发自有品牌，从企业自身角度必须具备一定条件，包括基础资格条件和关键实施条件两个层次。

1. 基础资格条件

大型零售企业要发展自有品牌必须具备一定的规模实力，这是大型零售企业实施自有品牌经营战略的基础。

（1）有较强的规模经营能力。

零售商规模经营能力强是发展自有品牌的首要条件。与制造商品牌相比，自有品牌的一大特点，是其生产和销售都是在某一零售商的主导下完成的。该零售商规模经营能力的强弱，直接决定了其发展自有品牌能否拥有大规模生产和销售的能力。从生产端看，如果零售商能够大规模生产，在与自有品牌供应商的谈判中，就具有较强的议价能力，可为其自有品牌提供更广阔的销售空间，这同样是自有品牌良性发展不可或缺的。

经营规模强是零售商发展自有品牌的必要条件，但不是充分条件。有了规模只是具备发展自有品牌的资格，但能不能成功发展起来还取决于其他因素。

（2）较高的信誉。

纵观自有品牌战略实施成功的西方零售商，无不是信誉卓越的业界翘楚。原因在于自有品牌与生俱来的另一特殊性：它实质上是零售商品牌信誉的一种延伸。品牌延伸的理论表明，消费者对原品牌的认知质量越高，对延伸产品的评价也就越高，反之则越低。如果大型零售企业在消费者的心目中树立了良好的企业形象，时时都能为消费者提供质优价廉的商品，处处把顾客需求放在第一位，那么该超市的自有品牌从一开始就具备了名牌的许多特征，极容易被消费者认可和接受。例如，沃尔玛的山姆精选、家乐福的面包、华联的大米和鸡蛋等，这些自有品牌的商品在超市内都有很大的销售量，之所以能获得成功，一个主要的原因就是这些大型零售企业在消费者心目中有很好的信誉。

2. 关键实施条件

（1）保证商品的质量，质优重于价廉。

自有品牌发展到今天，其意义越来越体现在形成零售商的差异化特色上。越来越多的零售商认识到，开发富有特色的自有品牌商品可以帮助企业赢得顾客忠诚度，在一定程度上形成进入壁垒，对提高企业竞争力具有重要意义。要使自有品牌商品真正成为零售商的差异化商品，低质低价就不应该成为零售商发展自有品牌的法宝，在质量争优的基础上再考虑低价才是更符合发展趋势的理念。

零售巨头沃尔玛发展自有品牌的理念，经历了从“价格—品牌—质量”到“质量—品牌—价格”的转变，从一开始强调以低价格吸引消费者，质量中等即可，到现在将质量放在第一位，向消费者提供质量等同于甚至优于全国品牌的自有品牌商品。这种发展策略的转变使其自有品牌以优惠而超值真正赢得了消费者的心。仅以沃尔玛的奥罗伊狗粮为例，这一品牌从开发至今，共创建了 40 个系列的自有专卖品牌，发展成为美国最大的狗粮品牌之一，如果不以质量为保障，而是只靠低价，是不可能做到这种程度的。

对于零售商而言，保证自有品牌质量涉及方方面面的环节。要合理选择生产商，建立健全自有品牌质量管理制度。

（2）有足够的人力资源保障。

零售商经营自有品牌涉及产品的开发设计、生产方式的选择、价格策略、市场质量监控、生产商管理等多个环节。这些环节必须由具有相应专业技术和技能的人掌控，即使零售商将自有品牌发展的部分业务（如自有品牌开发、生产商审核、质量维护等）交给第三方机构运作，但并不意味着零售商在这些环节上就可以置身事外，必须有专门人才与第三方机构进行沟通并监控其行为，才能保证外包出去的环节不致失去控制。具备质检、销售、品牌管理等方面的专门人才是零售商发展强有力的自有品牌必不可少的条件。各国目前的情况是，零售商在自有品牌发展所需的专门人才配备上还没有做好充分的准备。无论是专门人才的缺乏，还是专门人才的频繁流动，对于自有品牌这项需要相当高的专业技术和技能的事业而言，都将成为根本性的制约因素。如何吸引并留住发展自有品牌的专门人才，需要零售商将此作为一个核心问题，并去寻找解决的对策。

（3）有可靠的生产基地。

零售企业在选择开发自有品牌时，必须有一个稳定、可靠的自有品牌生产基地，这是自有品牌战略的第一步。没有稳定可靠的生产基地，就不能保证自有品牌商品的供应。无论是委托生产商制造还是自设生产基地，都要保证可靠性。

（4）有足够大的市场空间。

零售企业在推出自己的自有品牌时，需要先对市场进行认真的调研，看企业推出自有品牌产品是否有足够大的市场空间，只有有了足够多的消费者购买大型零售企业自有品牌的产品，大型零售企业才可能实施自有品牌战略；否则，就没有必要推出自有品牌的商品。因为扣除企业投入的大量成本后，只能是亏损。

第三节 零售商品展示

商品展示是零售企业组织经营业务活动的一项重要宣传手段。商品经营者通过商品展示，集中反映商店的经营类别和特色，向广大顾客传播经销信息，提高顾客对商品的了解、记忆和信赖的程度，从而诱导消费者作出购买的决定和行动。因此，商品陈列的最终目的是使任何一个逛商店的人都变成一名真正的顾客，从而实现企业的效益。商品陈列讲究科学性与艺术性的有机结合。科学的、匠心独具的商品陈列形式，可以赋予商品鲜活的生命，可以抓住顾客的眼球、捕捉顾客的心灵，成为商店“无声的推销员”，它通过陈列用具光、色的结合，并配合各种装饰品或背景，从不同角度淋漓尽致地展示商品的个性特色，来感染并最终征服顾客。

一、零售店商品展示

（一）商品展示原则及主要设施

1. 商品展示原则

（1）容易判别原则。

入口处的商品分布图醒目张贴，让顾客一进卖场就对商品方位一目了然；各大类别商品的标示牌必须清晰；商品陈列图一旦确定，不要轻易更改（促销区域除外）。

（2）显而易见原则。

商品正面必须朝向顾客；价格标签必须清晰可见；每一种商品不能被其他商品挡住，从人的视觉出发（人的眼睛向下20度最易观看；人的平均视觉是110～120度，可视宽度范围为1.5～2米；顾客在卖场内步行购物时的视角为90度，可视范围为1米）；将销售频率高的商品展示在货架的第二、第三层上。

（3）伸手可取原则。

商品的纸箱外包装应去掉；货架上展示的商品应与上层隔板保持3～5厘米的间距；在开放区展示的果脯、小食等特殊商品，旁边应有盛商品所用的小勺。

（4）满货展示原则。

有资料表明，放满展示可平均提高商品24%的销售额。把每一个货架都充分摆满商品，发挥货架的仓库储存作用；万一缺货时，要保证把第一排的排面摆满；根据该单品的销售量，设定每个单品的最高货架展示量，根据最高货架展示量来及时补货和下订单。货架每一格至少展示 3 个品种（畅销商品的展示可少于 3 个品种），保证品种数量。当商品暂时缺货时，要采用销售频率高的商品来临时填补空缺商品位置，但应注意商品的品种和结构之间关联性的配合。

（5）竖直方向展示。

分类商品以竖直方向展示。人的视觉规律上下垂直移动方便，其视线是上下夹角 25 度。顾客在离货架 30 ~ 50 厘米距离挑选商品，就能清楚地看到 1 ~ 5 层货架上展示的商品。而人视觉横向移动时，就要比前者差得多，会非常不便。实践证明，两种展示所带来的效果的确是不一样的。纵向展示能使系列商品体现出直线式的系列化，使顾客一目了然。系列商品纵向展示会使 20% ~ 80% 的商品销售量提高。另外，纵向展示还有助于给每一个品牌的商品一个公平合理的竞争机会。

（6）先进先出原则。

当商品第一次在货架上展示后，随着商品不断地被销售出去，就要进行商品的补充，补充的商品要依照先进先出的原则来进行（李骏阳，2009）。

（7）价位展示原则。

从左到右，价格由低到高；从上到下，价格由高到低。

（8）实体展示原则。

重的、大的、整箱的商品陈列于货架底层。

（9）关联展示原则。

邻近摆布，相互衔接，充分便利选购，促进连带销售。

（10）规避展示原则。

按照商品性能和特点来设置，如把互有影响的商品分开摆放，将异味商品、食品隔离成相对封闭的售货单元。

2. 商品展示主要设施

商品展示的主要设施有货架、展示柜、方形深篮、挂钩、隔物板、栈板、收银台端架、价格卡、专柜、冷藏柜、冷冻柜、冷藏库、冷冻库等（孙晓红等，2014）。

（二）商品展示方法

1. 集中展示法

即把同一种商品集中摆放到一个地方，适合于周转速度快的商品。通常在货架的中上端、通道入口处、交款台附近等黄金位置进行此类陈列，能够有效地提高销售额。

2. 整齐展示法

即将商品整齐地堆积起来，突出商品量感的方法。货架通常配置在中央展示货架的尾端，按货架的尺寸，确定单个商品的长、宽、高的排面数，适合于顾客购买率高、购买量大的商品，如季节性需要、折扣率高、欲大量推销的商品。

3. 随机展示法

即随机将商品堆积摆放的方法。通常是理货员上货时，将商品随机堆放在固定的货架上或者一种圆形或四角形的网状筐内，不太讲求造型，给顾客一种“特卖品即为便宜品”的印象。

4. 兼用随机展示法

即同时兼有整齐陈列和随机陈列特点的一种陈列方法，将商品不按层面整齐地堆放在一起。其配置的位置应与整齐陈列一致，不能像随机陈列那样把商品配置在中央陈列架的过道内。

5. 盘式展示法

是整齐展示的一种变型，是将装商品的纸箱底部作盘状切开后留下来，然后以盘为单位堆积上去的方法。有些盘式展示只是在上面一层作盘式展示，而下面的则不打开包装箱整箱地展示。

6. 端头展示法

端头是指双面中央展示架的两头，是顾客通过流量最大、往返频率最高的黄金位置。一般用来陈列要推荐给顾客的特价商品、名牌商品、新商品以及利润高的商品。通常采用组合式、关联性强的商品，比单件商品更有吸引力。

7. 岛式展示法

即在卖场的进口处，中部或底部不设置中央展示架，而是配置特殊用的展台，如活动台、冰柜、平台、散装筐或大型的网状货筐等来展示商品的陈列方法。这一方法便于顾客从四面八方看到商品。岛式展示还可以在一些空间不大的通道中随机、活动式进行。

8. 窄缝展示法

即在中央展示架上撤去几层隔板，只留下底部的隔板形成一个窄长的空间以进行特殊展示的方法。这一方法可以打破中央陈列架定位陈列的单调感，通常只能是 1 个或 2 个单项商品，来突出表现该商品——主要是准备介绍给顾客的新商品或利润高的商品，促销效果较好。

9. 突出展示法

即在中央展示架的前面，用篮子、车子、箱子、散装筐等工具，打破正常的展示线，将商品突出展示。也可以在地面上立一个突出的台子，并在其上方堆积商品，或将中央展示架下层的隔板做成一个突出的板，然后将商品堆积在板上。这一方法有助于打破单调感，吸引顾客，一般用于促销商品、新商品、廉价商品、特卖品等的展示。

10. 悬挂展示法

即将无立体感的扁平或细长形的商品悬挂在固定的或者可以转动的装有挂钩的展示架上进行展示的方法。它能使这些本无立体感的商品产生良好的立体效果，并能增加其他特殊展示方法所带来的变化。一般适合于有孔型包装的商品，如小五金工具、电池、小饰品、糖果、剃须刀、铅笔、儿童玩具等。

11. 比较展示法

即将同一类或同一品牌的相同商品按不同规格或不同数量予以分类，然后展示在一起的方法。这一方法可以促使顾客通过数量、价格方面的比较，购买更多数量的商品。一般而言，比较展示必须经过价格、包装、进货量、商品投放量的良好规划，才能达到最大的效果。

12. 关联展示法

即把种类不同但有互补作用或者特定关联效果的商品展示在一起的方法。通常顾客在买 A 商品时也会顺便购买 B 商品。关联陈列可以使卖场的经营更加灵活，也可以使顾客的平均购买数增加。

13. 场景展示法

即把相关商品集中摆放，利用道具、模特、服装、饰物、背景和灯光等，共同构成不同季节、不同生活空间、不同自然环境及不同艺术情调的场景，生动、形象地说明商品的用途、特点，从而对顾客起到指导作用，刺激顾客的购买欲望，产生良好的商品促销效果的方法。

小链接：陈列高度与人体工学

在商品陈列中，应考虑根据消费者的基本生理特征来设置高度。对于商店而言，特别是仓储式超市，卖场与仓库为一体，为尽可能节省和利用营业空间，商品的陈列高度可达 4 ~ 5 米。但是对消费者而言，感受商品的途径一般可分为用眼看和用手感受两种，前者最理想的角度和高度是平视，而后者最理想的高度则是在正常的站立位置上，不必弯腰、踮脚伸手可取，即从腰到眼的高度。以我国男性平均身高 1.7 米、女性平均身高 1.55 米为标准，则平视的高度，男性为 1.6 米，女性为 1.45 米；而站立伸手接触到商品的高度，男性为 0.6 ~ 1.5 米，女性为 0.4 ~ 1.4 米。综合以上几种高度，可归纳出在货架上陈列商品的最佳位置，称为陈列的黄金高度，即 0.8 ~ 1.2 米。在这个高度，对一般消费者而言，无须弯腰和踮脚，就能很容易地看见和拿到商品。因此，在百货店中，要使用橱柜作展示陈列的，高度应在0.8～1.2米；超市中使用大型货架陈列的，最易产生销售的是第三、第四层；便利店小型货架的最佳位置是顶层和第四层。

二、网络零售商品展示

网络市场的竞争是开放性的全球市场竞争，其竞争门槛相对较低，任何企业和个人都可以在网上开店，导致网络市场竞争异常激烈，网络零售的成功并非易事。即使一家历史悠久并拥有成熟实体店铺经营模式的零售商，要想在网络零售业务中取得竞争优势也很不容易，因为网络零售所要求的零售理念与他们现有的经营方式存在很大差异。无论是纯网络零售商还是传统企业开拓网络零售业务，其经营方式都是大同小异的。网络零售商必须精心设计自己的商品展示方法，包括以下几方面要素：顾客界面、商品组合、网络链接。

（一）顾客界面

顾客界面就是顾客所能接触到的与某一特定网站购物相关的所有元素，包括商品详情页的设计、商品陈列的顺序、浏览和搜索的便利性、下载速度等。正如商店氛围和视觉销售对实体零售商非常重要一样，顾客界面是影响网络购物者进入一个网站的重要因素。网络零售商要充分考虑顾客需求，构建一个能够全方位满足顾客互动需求并达成与顾客和谐持久关系的界面系统，以此来优化顾客的体验。不仅如此，顾客界面系统还需要为顾客之间的互动提供平台，使其能够围绕购物行为展开传播活动。因此，在构建顾客界面系统时，系统的互动性、关联性、透明性、体验性、共享性、开放性、延展性是基本要求。

网站的顾客界面设计要以顾客便利为核心，追求简单明了，不能像某些实体商店那样设计成迷宫形式。例如，实体超市为鼓励顾客看遍整个商店以增加即兴购买，往往将畅销商品放在商店后部。而网络零售采取这种做法会把顾客赶走，应当把购买最频繁的产品放在网上商店的“前方”，再逐步引导其走向深入。同时，网络商店的顾客界面通过跟踪网站的使用情况建立客户的个人档案。例如，当当网会提醒顾客刚才浏览的商品；Tesco. com 有一个快速购物区，现有顾客可以查看他们上次购买了什么商品并通过双击鼠标再次订购。

小链接：如何制作高质量的商品详情页？

一个高质量的商品详情页应包括以下五项要素：

1. 清晰简明的商品名称

在访问详情页面时，买家首先看到的是商品名称。商品名称将决定商品在搜索结果中显示的位置，影响商品的浏览量，因而名称应该清晰简明地描述商品。例如服装产品名称“Next Level 男士混合面料水手 T 恤大号蓝色”，这里包含品牌、品类、商品名称、尺寸和颜色等；又如音响类商品名“Sennheiser PXC250 降噪耳机”，这里包含品牌、系列名称、型号名称、规格等。

2. 夺人眼球的商品图片

一张好照片胜过千言万语。由于可供买家选择的商品太多，高质量、高分辨率的主图能够让商品脱颖而出。图片的背景为白色，不应是插图，要高质量、易理解、吸引人，必须用于显示实际商品。要确保图片的高度和宽度的像素为1000，这样图片才能被清晰地放大。

3. 提纲挈领的商品要点

如果只给你 30 秒向买家介绍商品，你会强调哪些商品信息？在商品要点处，应突出这些重要信息和关键特征，方便买家快速了解，如尺寸、年龄分级、使用的理想条件、技术条件和原产地等。避免大而空，尽可能给出具体信息。例如美妆产品“维生素 E 滋养霜，可消除包括法令纹在内的皱纹”；又如鞋靴产品“光滑的鹿皮牛津鞋，具有对比鲜明的鞋带和贴边缝线”。

4. 富有想象力的商品说明

商品说明包含的内容要比商品要点更多更详细，这是激起顾客想象力的好地方，撰写商品说明时，不妨设想自己为买家：买家希望得到怎样的商品？获得怎样的体验？商品说明也不要太长，内容包括商品风格、用途等，还要提供准确的尺寸信息、使用说明和售后信息。

5. 引人注目的商品价格

在确定商品售价时，要对其他商家的报价进行研究，同时不要忘了考虑运费。当然，你也可以考虑提供免运费服务来增加销量。

（二）商品组合

从理论上看，网络零售可以经营无限多的商品，实体商店中难以实现的广而深的商品组合似乎可以在网络商店得以实现。目前流行一种“长尾理论”，告诉我们由于不受店铺资源的限制，网上经营的商品深度可以无限延长，但出于商店形象和运营成本的考虑，商品组合还需要认真规划，尤其需要在专业化还是综合化上做出选择。同时，拥有线上和线下双渠道的零售商，必须考虑双渠道之间的商品安排。

1. 专业化和综合化选择

早期的国内网络零售商都专注于自己的垂直领域，京东卖电器、当当卖书、红孩子卖母婴用品等，它们都在自己的领域里精耕细作，并且取得了不错的成绩。但是随着专业化的深入，这些电子商务公司都会面临一个发展的困境，那就是市场的整体规模问题。于是，凡客诚品开始大张旗鼓地卖起了化妆品和家居用品；京东商城高调宣布在图书市场上要将价格战进行到底；当当网的主页上不再是图书的天下，化妆品、电器、食品等大行其道……传统的 B2C 网络零售商纷纷转型为“百货商场”。

综合化经营的网络百货商店无疑能够给消费者提供更加丰富的产品品类和服务，同时为平台引入更多的流量，扩大市场规模。但同时也带来诸多问题，一是同质化严重。由于这些零售网站销售产品雷同、销售策略趋同，导致目前综合性零售网站出现了严重的同质化现象；二是品类繁多也会打乱供应链体系。品类越多，供应链体系就会越复杂，可能产生的问题也就会越多。苏宁易购曾经为了完成一本书的配送出动运送家电的大货车，这一方面体现了苏宁易购为了提高顾客体验不惜成本的营销策略；另一方面也反映了其原有供应链体系的不适应。

如同传统零售业中百货商店和专业商店并存一样，网络市场上也将是综合化零售与专业化零售并存。国外经营最成功、盈利最多的网络商店不是综合化商店，而恰恰是走专业化道路的美国鞋王 Zappos，该网络零售商通过高质量的商品和多样化的选择，以及给客户带来惊喜的服务取得了巨大成功。该网站开始只售卖鞋子，后来才进行垂直商品延伸，扩展到服装和配饰，力图为顾客打造具有整体高档时尚品位的特征，这种商品延伸又很好地促进了鞋子的销售。

小链接：长尾理论

过去，商店经营者一直沿用“二八原则”界定商店的主力商品，并将主要资源用于能带来 80% 效益的 20% 商品品类维护上。然而，“长尾理论”的出现打破了这一现状，尽管其实际应用仍备受争议，但毫无疑问，人们已经逐渐重视这一理论并重新审视和反思自己的经营模式。

二八原则是 1897 年意大利经济学家帕累托归纳出的一个统计结论，即 20% 的人口享有 80% 的财富。这一原则后来被广泛运用，人们在很多领域发现了同一现象，即少数主流的人（或事物）可以造成主要的、重大的影响。以至于在市场营销中，为了提高效率，商店经理们习惯把精力放在那些有 80% 客户去购买的 20% 的主力商品上，或着力维护购买其 80% 商品的 20% 的重要客户。

长尾理论提出者克里斯・安德森（Chris Anderson）却持不同意见，他认为：98% 的产品有机会被销售，我们不能忽视冷门商品，无数个冷门商品汇聚起来，完全可以得到与热门商品相匹敌的巨大利润空间。如果说畅销商品是处于企业销售曲线前端的商品，而一般商品则是处于企业销售曲线长尾上的商品，这些长尾商品过去往往不会受到管理者的重视。但安德森认为：网络时代是关注“长尾”、发挥“长尾”效益的时代。商业和文化的未来不在于传统需求曲线上那个代表

“畅销商品”的头部；而是那条代表“冷门商品”经常被人遗忘的长尾。由于关注成本大大降低，管理者可以很低的成本关注正态分布曲线的“尾部”，而“尾部”产生的总体效益有时甚至会超过“头部”。

长尾商品所在的市场也可称为“利基市场”。“利基”一词是英文“Niche”的音译，有拾遗补阙或见缝插针的意思。菲利普·科特勒在《营销管理》中将利基定义为：利基是更窄地确定某些群体，这是一个小众市场并且它的需要没有被服务好，或者说“有获取利益的基础”。通过对市场的细分，企业集中力量于某个特定的目标市场，或严格针对一个细分市场，或重点经营一个产品和服务，可以创造出产品和服务优势。长尾理论的核心其实就是通过创新的商业模式、创造性的技术等，实现经营成本的革命性降低，从而使得为小客户提供个性化商品和服务也能盈利。

资料来源：安德森．长尾理论［M］．乔江涛，石晓燕，译．北京：中信出版社，2009.

2. 线上与线下的商品安排

对于双渠道（网络零售和实体零售）经营的网络零售商而言，商品组合除了考虑专业化和综合化选择外，还要考虑线上线下商品融合还是错位的问题。据统计，由于经营成本的不同，同一商品在线上和线下存在20%～30%的差价完全正常。20%的差价足以让线下渠道产业链产生巨大的动荡，传统线下渠道商苦心经营的实体店面系统在线上渠道的冲击下束手无策，这是线下连锁门店尤其是加盟店反应激烈的症结所在。一些零售商为了不冲击实体零售业务，会实施不同的渠道产品差异化战略。

但是，线上和线下渠道的产品融合是一个必然的发展趋势。因为消费者需求的多样化，一种模式不可能满足所有的需求。特别是当企业愿意认真考虑“消费者购物便利”体验时，线下和线上的整合更应该起到的是互补作用。如何把线上销售与成百上千的实体店整合起来，形成一张完整、结实的网是企业迟早都要面对的问题。

（三）网络链接

网络零售商同样面临选址的问题，需要做出三个决策：一是在网上零售平台开店还是独立开店；二是在哪家平台上开店；三是在哪些搜索引擎网站注册。可见，网络链接的重要性无异于实体商店中选址的重要性。网上购物中心与现实购物中心的优势类似，都是可以吸引更多的商店客流。除了确保在主要的搜索引擎注册以外，还有其他几种吸引客流的办法。在销售或提供相关产品或补充性产品信息的网站上做广告是一种重要的方法。例如，出现在某一主站顶端的标题广告，双击这个标题就可以直接进入广告主的网站。京东商城经常在 MSN 右端做广告。另一种方法是关键词广告，这种广告主要在搜索引擎上做，用户每次输入特定搜索关键词便会出现特定零售商的广告。由于受众是对特定种类产品感兴趣的网络用户，因此这种广告的针对性较强。

【本章小结】

商品是零售企业经营的基础和核心。任何一个零售企业都不可能经营市场上所有的商品。零售企业必须确定合理的经营范围，在对商品进行合理分类的基础上确定所经营商品的组合。零售商品分类有不同的标准，说明了中国式、美国式、日本式三种分类。商品组合是在商品分类的基础上对企业经营范围的确定。不同业态类型的零售企业商品组合策略有广而深、广而浅、窄而深、窄而浅四种策略。

将商品分成不同品类，并将每品类商品作为商店经营的基本战略单位，可以有效分配资源配置，同时商品结构需要在动态中不断优化，不断引进新产品、淘汰滞销品和培养畅销品。零售商自有品牌是和制造商相对的一个概念，零售商发展自有品牌具有成本、信誉、终端等多方面的优势，也存在质量不稳定等一系列问题。

零售商品展示承担着向广大顾客推销、提高顾客的记忆承担，从而诱导顾客消费的作用。近年来随着网络市场竞争日益激烈，网络零售商也越来越重视商品展示的作用。

【思考题】

1. 一个合理的商品分类标准需要具备哪些要素。
2. 商品品类管理的步骤及作用。
3. 传统零售与新零售的商品结构有何不同。
4. 畅销商品的选择方法及经营策略。
5. 新零售模式中自有品牌开发的优势。
6. 零售商品展示的原则及主要设施。
7. 线上零售与线下零售模式的零售商品展示分别有哪些优劣势。

【延伸阅读】

［1］陈新华．零售企业的单品管理［J］．统计与决策，2006（23）．

［2］［美］肯尼斯 C. 劳顿，简 P. 劳顿．管理信息系统［M］．薛华成，编译．北京：机械工业出版社，2011.

［3］［英］罗玛丽·瓦利，莫尔曼德·拉夫．零售管理教程［M］．胡金有，

译．北京：经济管理出版社，2011.

［4］万典武．论商品分类管理［J］．经济与管理研究，1990（5）．

【精彩案例1】

ECR战略

ECR概念于20世纪90年代流行于西方。ECR战略是指通过零售商与供应商的紧密合作，提高供应链的效率，减少不必要的系统成本、库存成本和固定资产，增加消费者对高品质商品的选择的战略。ECR的核心在于要求供应商和零售商共同关注消费者的需求，把以往用于谈判的精力转移到了解消费者的需求并为之做出努力，让消费者少付出金钱、时间、精力，减少风险，获得更好的品质、更新的创意、更多的信息、更方便的商品。同时供应商和零售商也从中双双获利，共同成为市场的赢家，即ECR力求将消费者、供应商和零售商捆绑在一起，结成利益共同体。

ECR战略的主体内容包括品类管理和品牌优化、促销推广、补充库存、新品引进四大效率策略。ECR要求对消费者作细致深入的研究，以便提供适销对路的商品，提高销量，减少不必要的成本，提高效率。

资料来源：刘丽丽，刘艳，李辉．供应链中有效客户响应（ECR）的应用［J］．现代商业，2013（5）．

讨论题：

什么是ECR战略？它的优势有哪些？

【精彩案例2】

沃尔玛可乐滞销

身为全球零售巨头，沃尔玛也是率先推出自有品牌的零售商。沃尔玛看中了碳酸饮料的巨大市场，曾推出自有可乐品牌“山姆之选”（Sam's Choice），希望借此从可乐市场中分一杯羹。为确保口感不输于人，沃尔玛花费巨资进行盲测，实验结果表明，绝大部分消费者难以区分沃尔玛可乐和可口可乐。

沃尔玛踌躇满志，正式在数千家卖场推出Sam's Choice，售价比可口可乐低四成。但出人意料的是，当这一商品真正贴了标签摆上货架，并占据超市最醒目的位置后，销售情况却远低于预期。沃尔玛从无坚不摧的低价策略中败下阵来，这一款缺乏个性的可乐很快淡出市场，并最终成为营销学的经典失败案例。

为什么消费者不喜欢价格更低、口味相同的Sam's Choice而钟情于可口可乐？因为前者缺乏诉诸情感的品牌内涵，低价并非不二法门。品牌的魅力与价值在于不仅提供了边际利润，还能提升整体竞争力和用户忠诚度。可口可乐公司曾立下豪言壮语："即使全球的工厂一夜之间都被烧毁，可口可乐也可以在1个月内恢复正常的生产与销售。"

沃尔玛可乐的失败启示我们，虽然自有品牌能够给零售商带来更多利润，但在品类的选择和品牌塑造上要慎之又慎，推出的产品既要符合自身特色，又要尊重消费者对品牌的情感诉求。在发展自有品牌的初级阶段，应选择周转快的民生类产销品，避免与可口可乐这样的强势品牌正面交锋，以低附加值、低风险产品作为起步之选。

大润发的自有品牌战略

自2017年8月起，大润发推出全新的自有服饰品牌JESS&TONY，这是一个参照美式快时尚休闲风格，定位为休闲、舒适、优质、经典、超值、流行的全新服饰品牌，将在大润发全国368家门店同时发售。

在最开始推出的宣传照中，JESS&TONY的首波主打为秋装，男、女、童装皆有覆盖，主要有纯棉T恤、运动服、针织衫和外套等。定价强调"超值"的定位，走低价位。在运营服装品牌上，大润发已有多年经验，它在2007年就推出过平价服饰品牌贝兹卡洛，2009年又成为美国大众服饰品牌巧乐奇的中国区唯一品牌授权商。在中国台湾，大润发推出自有品牌In Extenso，还在蝙蝠侠电影上映时推出蝙蝠侠和超人的联名产品。

发展自有品牌一直被视为实现差异化和高性价比的策略，而服装又是商超中毛利率较高的商品，服装毛利一般在25%~35%，而自有品牌服装的毛利甚至能达到50%以上。较高的毛利获得可支持商超在生鲜、杂货等热门商品上放低利润，打价格竞争。沃尔玛的"简运"、华润万家的"if"等都是超市服装自有品牌的例子。在大润发母公司高鑫集团2016年的财报中，也会单独标出"发展自有品牌及独家品牌产品，提升差异化经营"的发展战略。

但是商超做好自有品牌商品并不容易，由于顾客性质和商超特性，目前各大商超的自有品牌还是以平价、大众为主流路线，这要求商超对上游供应链有深厚的掌控能力，能够直接掌控商品源头，摒弃品牌溢价，把各种不必要的水分"沥干"，才能保证低价下的盈利。

大润发在控制服装上游上有它自己的优势。大润发创始人、润泰集团的尹衍梁在中国台湾就是做纺织出身，进入零售业之前早已在服装业摸爬滚打多年。大润发的自有品牌从面料设计开发起就开始与上游工厂源头对接，款式设计、跟单、品控直至经销，大润发都有参与，全程把控能减少和控制住中间环节的很多成本，保证服饰的性价比最高。同时自有品牌服饰直接投放大润发门店，营销方式主要以重点陈列、卖场宣传为主，相比单独的服饰品牌还要租售核心店铺，全渠道营销，商超做服饰的成本的确很低。体现到价格上，就一件孟加拉国产的圆领T恤衫，差不多质量的李宁卖100多元，大润发卖29.9元。而一件对标优衣库的轻薄羽绒服，优衣库卖499元，大润发特价299元，据报道，这款羽绒服1年能卖30万件，圆领T恤衫1年则卖了50万件。总体而言，大润发自有品牌服装每年能做到六七亿元的销售额。

但在整个消费升级的大趋势下，消费者很难被单一的低价吸引，在价格有优势的基础上，还需要品质。抛却性价比的卖点，商超服饰要打造广泛的知名度还不简单，如JESS&TONY号称参照美式风格，但从宣传照来看设计算不上有吸引力。2016年起大润发加快了自有品牌的建设，据高鑫集团财报，大润发专营百货类家纺及餐桌用品的自有品牌“Actul”去年销售额增长了88%，小家电品牌“Qilve”及家居服饰品牌“优纺”的销售额同样取得双位数增长。大润发董事长黄明端曾对媒体表示2016年大润发的自有品牌商品比重大概在10%，希望大润发自有品牌商品每年能够增长1%的比重，使未来整个O2O体系内自有品牌商品能达到20%左右。

资料来源：郑昱．沃尔玛可乐滞销给中国电商的启示［N］．［2013－08－02］．证券时报，http：//www.linkshop.com.cn/web/archives/2017/383647.shtml？from=rss.

讨论题：

1. 自有品牌战略是什么？成功的关键要素有哪些？
2. 为何同样是自有品牌战略，沃尔玛的可乐滞销、大润发的服饰畅销？

第九章

商店布局与商品展示

【学习目标】

1. 了解商店店面设计要求及关键问题；
2. 掌握商店布局要求、原则及类型；
3. 了解商店布局要素及主要内容；
4. 理解消费场景构建的方式；
5. 熟悉商品陈列原则和商品陈列的方法；
6. 掌握商店氛围营造的元素及要求。

【重难点】

1. 商店布局的目的及重要性；
2. 商店布局的类型；
3. 商店布局的特色功能区域；
4. 商店消费场景构建的方式；
5. 商店氛围营造的要素。

【案例导入】

消费升级与实体店改造

最近10年，无论在公园绿地、主题园区、住宅小区，还是在酒吧书房、办公楼宇、商场酒店，艺术和设计的理念悄无声息地融入了人们的工作和生活中。在城市中，中产阶层的生活品位悄然发生了变化，都市化的时尚和设计元素越来越多地被消费者所重视，文化艺术消费结构和品质的升级转型也慢慢开始步入轨道。

越来越多的实体店愿意为门店设计投入更多，大到麦当劳、肯德基这样的国际大型连锁品牌，小到各类买手店、零售店铺，都在大力推广门店改造，它已成为品牌年轻化和差异化中的一部分。Bravo是永辉集团打造的精品超市，新的Bravo绿标永辉装修风格以时尚大气的绿、灰、棕等色调为主，货架整体变低，并引进了大量的高端进口商品以及时尚品牌精品。高颜值的陈列外观加上上乘的品质，迎合了现在消费者的需求，获得巨大发展空间，逆袭了一大批老牌大卖场。自2013年第一家门店开业以来，短短几年间门店数量已超过100家。

资料来源：联商网．未来零售门店设计的三大发展趋势［EB/OL］．［2017－04－25］．www.linkshop.com/news/2017375824.shtml.

思考：新零售下，零售门店如何进行升级改造?

商店布局与商品展示是零售企业日常经营活动的重要组成部分。本章系统介绍商店布局、商品展示、商品陈列和消费场景打造等相关理论。商店布局包括商店设计与布局类型、商店布局的重要元素；商品展示包括商品空间管理、视觉营销与商品展示、商品展示类型；消费场景打造主要从新零售视角阐述现代化消费场景打造的重要性。

第一节 商店布局

一、商店布局概述

商店是零售企业与顾客以货币和商品进行交换的场所，包括线下实体店铺和线上虚拟店铺。商店布局是零售店经营的关键，不同的商店布局给消费者带来不同的消费体验；不同的商店布局状态带给来店顾客的感觉是不同的，对商品销售的作用也是不同的。便捷、体验感好的商店布局，能将商店全方位、更为直观地展示给顾客，可以缩短顾客挑选商品的时间，加快交易进程；设计感强的商店布局，能吸引顾客对其关注，进一步延长顾客购物时间，并增加顾客购买商品的数量。在当前高度重视购物体验的时代，商店布局的作用更加突出。

顾客是商店布局设计的终极评判员，他们对商店布局感觉的好坏直接影响商店货品的销售状况。顺应顾客的感觉，抓住顾客的心是商店经营的中心环节，也是商店建立可持续竞争优势的关键。以顾客为中心的商店布局，可以引导顾客最大限度地流动或浏览，使全部商品展现在顾客的面前；根据顾客消费习惯进行商店布局，能够很好地兼顾冲动型和方便型消费，更好地满足消费者的购物体验。所以，商店布局应该考虑到主要顾客群的特点，力求创新，凸显个性，力争让顾客产生好印象，做到既有精神上的美感，又能在现实中符合顾客的购物需要。

商店已经成为消费者集购物、休闲、娱乐、体验和社交等功能于一体的综合性活动场所。经营者要做好对商店布局的把控，了解本店销售商品的种类、规模、特点等，使商店的外观与这些因素相符合；了解周围环境、交通状况、建筑风格，使店铺造型与周围环境协调一致；了解国内外零售店外观的发展趋势，设计形式新颖、实用、结构合理的零售门店；店面结构是整体结构的有机组成部分，布局时要从整体出发，力求使之与商店整体建筑浑然一体、协调一致。因此，商店布局要求突出行业特点、形成独特风格、与周围环境相协调、有较高的能见度、尽可能方便顾客。

二、商店设计与布局类型

（一）商店设计的原则和要素

零售店铺空间是将零售信息传递给消费者的最直接的场所，也是零售企业获取市场信息回馈的重要通道。而商店设计是商品销售的重要环节，随着人们消费购物需求的变化，购物需求正由物质需求向情感需求转变，影响购物因素多样化，商店设计如何把影响购物的因素展示出来更好地满足消费者需求，变得至关重要。成功的零售店铺设计有一些基本原则和要素，是零售店铺设计不可或缺的，具体而言，要遵循以下原则与要求。

1. 顾客第一原则

适应顾客是一切商业行为都必须遵守的原则，店铺始终是为顾客存在及服务的，这是商店经营及卖场设计必须遵守的第一准则。

（1）空间布局上，主副通道的安排要符合消费者的购物习惯。要以“假如我是顾客”的视角来设计空间，采用人性化设计；通道的宽敞度，货架间最小距离为 90 公分（两个顾客的肩宽）；灯光的明暗度要让顾客感觉舒适，合理的内部结构可以方便顾客的行进。

（2）设置顾客活动休闲活动区。

（3）醒目的店铺设计才能吸引顾客的关注，即使是连锁零售经营企业，也要力求千店千面。

2. 安全便利原则

（1）安全性包括顾客的安全，如商场外的道路交通是否安全，卖场内的通道是否顺畅，地面是否防滑，灯光亮度是否合适，货架扶梯是否会刮伤顾客；商场的安全，如是否有健全的防灾设施；商品的安全，如陈列商品是否会倒下来，商场的布局是否有死角，是否装置监控系统等。

（2）便利性包括交通及停车，是否配套停车场；能否满足一次购足的需求；是否有公共卫生设施；出入口的设计是否便于顾客进出；商品陈列能否让顾客一目了然，而且容易挑选、购买方便；商品包装、展示及收银等作业是否有适当的操作空间；收银机的数量是否与客流量相适应等。此外，店铺能否突出行业特点，店面的风格和形象反映出不同商店的经营特色，最基本的要求是能够鲜明地显示出是商业建筑而非其他公共建筑。

3. 高效利用原则

充分利用空间，提高单位面积效益。例如，充分利用平面空间（货架）、立体空间（货架端、货架顶部、离开地面的一切可利用的地方），减少仓库库存。

4. 关联原则

利用对相关商品的连带购买达到促进消费的目的。相关品类商品关联布局；高利润商品与低利润大销量商品搭配布局；购买频率高的产品与购买频率低的产品搭配布局；顾客本人购买产品与顾客家庭消费产品搭配布局。

5. 注重形象，突出特色的原则

要与周围环境相协调。虽然有不同特色保持其风格，但造型与色彩的整体效果应与周围商业环境氛围保持一致；要在与周围的环境相一致的基础上通过设施环境相区别，向顾客展示一种特殊的形象以区别竞争者，注重店铺的品位与形象，最好有独特的文化特色。

要有较高的能见度。首先是店面外观的能见度，无论步行还是驱车，行人都能够清晰地看到商店外的标志。提高能见度的要素包括独特的建筑外形、鲜明的招牌、光彩夺目的照明装置、宽敞的商店入口以及诱人的橱窗等。

6. 经济性原则

店铺布局设计的最终目标是扩大销售量，增加利润。设计要科学，要能够合理组织商品经营管理工作，使进、存、运、销各环节紧密配合，使每位工作人员能够充分发挥自己的潜能，节约劳动时间，降低劳动成本，提高工作效率。在激烈的市场竞争中，对店铺的设计及升级改造是很有必要的，要根据市场变化及消费者需求变化及时升级改造店铺空间布局设计。

（二）商店布局类型

主要指商店内部的布局，包括商店的高度、通道、货架设计与安排等。常见的商店布局类型主要包括四种，分别是直线式、岛屿式、自由流动式和跑道式。

1. 直线式

直线式又称方格式，是指将货架和通道平行摆放于店铺内，各通道宽度一致，常用于超市、批发市场、折扣商店和便利店，这是最为传统的商店布局形式，其基本形式如图 9－1 所示。店铺内部一般呈格子式布局，格子式布局是指商品陈列货架与顾客通道都呈长方形分段安排，而且主通道与副通道宽度保持一致，所有货架相互呈并行或直角排列。这种布局在国外或国内超级市场中经常可以看到，当购物者在走道上推着购物车，转个弯就可以到达另一条平行的走道上，这直直的走道和 90 度的转弯，可以使顾客以统一方向有秩序地移动下去，犹如城市的车辆依道而行一样。

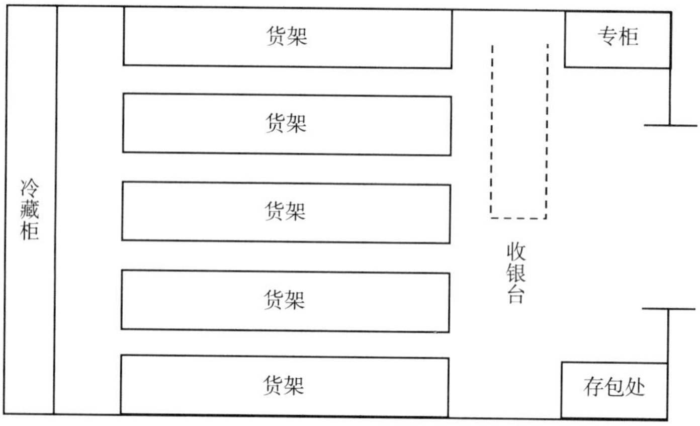

图 9－1　直线式布局基本形式

优点：布局规范，顾客易于寻找货位地点；通道根据顾客流量设计，宽度一致，可充分利用卖场面积；能够创造一种富有效率的气氛；便于快速结算。

缺点：氛围冷漠，易丢失商品，失窃率较高。

2. 岛屿式

岛屿式布局是在营业场所中间布置成各不相连的岛屿形式，在岛屿中间设置货架陈列商品。这种形式一般用于百货商店或专卖店，主要陈列体积较小的商品，有时也作为格子式布局的补充。现在国内的百货商店在不断改革经营手法，许多商场引入各种品牌专卖店，形成“店中店”形式，于是，岛屿式布局被改造成专业店布局形式正在被广泛使用着，这种布局是符合现代顾客要求的。专业商店布局可以按顾客“一次性购买钟爱的品牌商品”的心理设置。例如，在顾客购买某一品牌的皮革、西装和领带时，以前需要走几个柜台，而现在则采用专业商店式布局，在一个部门即可买齐，如图 9－2 所示。

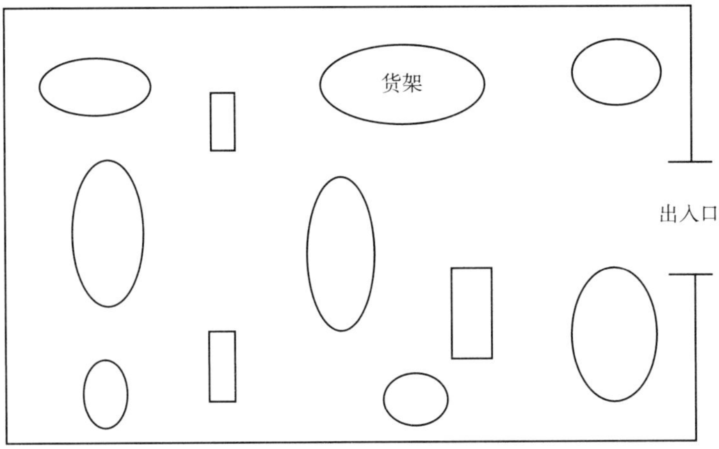

图 9－2　岛屿式布局基本形式

优点：充分利用营业面积、装饰美化，满足消费者对某一品牌商品的全方位需求，对品牌供应商具有较强的吸引力。

缺点：不便于补货、储存和营业员协作，影响营业面积的有效利用。

3. 自由流动式

自由流动式布局是以方便顾客为出发点，它试图把商品最大限度地展现在顾客面前。这种布局有时既采用格子形式，又采用岛屿形式，货位布局灵活，顾客通道呈不规则路线分布。专卖店、精品店和礼品店可能采用自由流动布局。这种布局中，货架和商店分门别类，或者将商品陈列在自由取位的货架上，为客户创造了一个无结构特点的购物通道。陈列商品的货架可能具有不规则的形状，如半圆形或弧形等。这会鼓励客户寻找商品，并在他们感兴趣的物品前逗留，如图 9－3 所示。

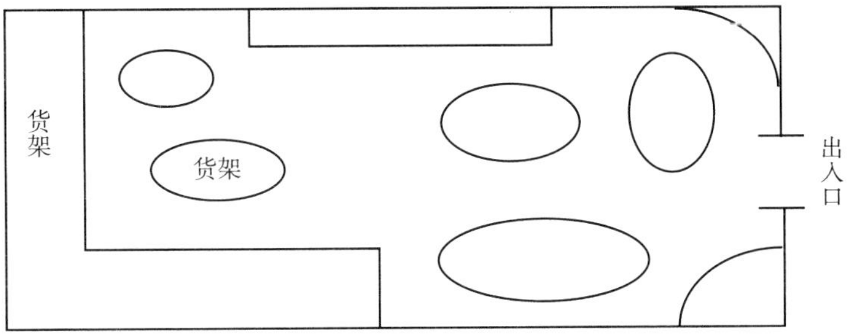

图 9－3　自由流动式布局形式

优点：气氛活跃，可增加随机购买机会；便于顾客自由浏览，不会产生急切感；顾客可随意穿行各个货架和柜台。

缺点：顾客难以寻找出口，导致顾客在店内停留时间过长，不便分散客流；

浪费场地面积。

4. 跑道式

商店提供一条主要的环绕商店并引导顾客至店内不同部门的通道，也被称为环线布局。

跑道式布局相比其他几种布局方式，更有利于顾客浏览多部门提供的商品，从而激发顾客的购买欲。顾客在跑道式布局的通道上，可以通过不同视角浏览到通道及通道之外布局的商品，宜家的商店布局一般采用跑道式。具体的布局如图 9 – 4所示。

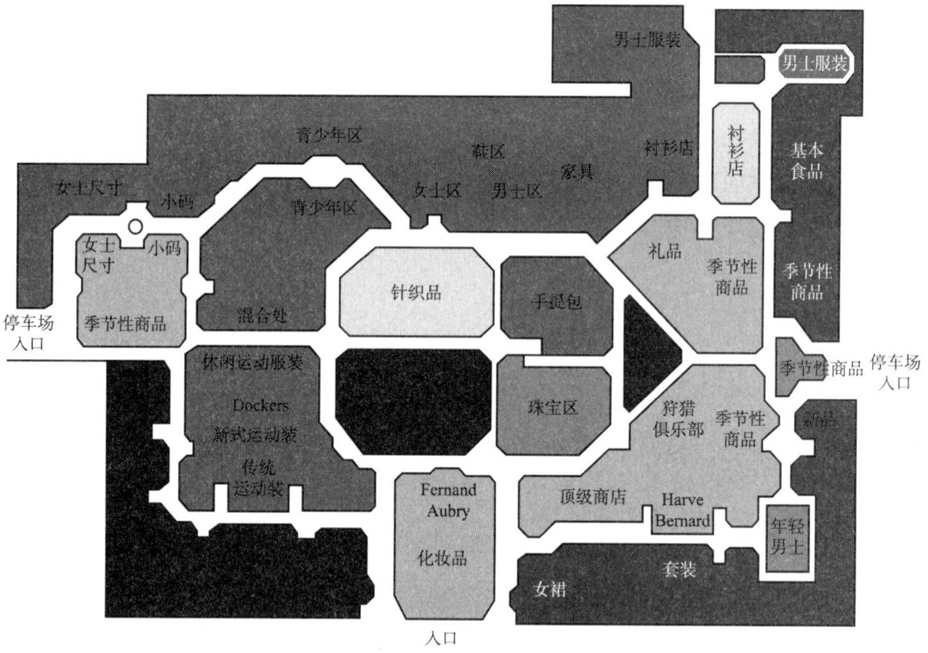

图 9 – 4 跑道式布局形式

优点：顾客浏览视线范围较广，更容易激发顾客的购买欲，通道相对比较宽敞，方便顾客购买。

缺点：各部分商品布局与环形通道连接端口较多，在引导顾客逛完整个店铺方面稍差。

三、商店布局的重要元素

（一）门店动线设计

动线是顾客从进店到离店这一过程所经过的路线。在商店布局时，要尽可能地延长顾客行动的路线，引导顾客逛遍全店，增加步行距离，从而提高购物数量，所以对零售店铺来说，动线设计计划非常重要。店铺动线设计计划主要包括3个方面。

1. 主通道的设定及种类

在制定门店布局计划时，首先要设定的就是主通道，主通道的形式及长度、宽度等具体情况要依据门店内的卖场面积、门店形式以及业态而定。主通道一般有以下几种：

（1）倒L形主通道。

倒L形主通道又称单向控制通道，主通道将入口设置在店铺的一端，让顾客沿着游走至入口对角的店铺最深处，这种诱导主通道的设定就叫单项控制通道，从通道的形状来看，也称为倒L形主通道。从入口到所要购买的商品的通道设置，是最自然最有利于顾客周游的主通道设定模式，为了让顾客照计划周游需要部门配置、陈列技术、吸引性配置等各方面的配合。

（2）T字形主通道。

将入口设置在门店的中央位置，由主通道诱导去店内深处，分成左右两大直角模式，这种模式称为T字形主通道。这种模式适用于大型门店主通道设定，避免单向控制造成的主通道过长、诱导性降低的缺点。这种模式对辅助通道以及主通道靠墙区域的商品陈列要求很高。

（3）コ形主通道。

设置两处出入口，从而由入口延伸至店内。左开口字形主通道的外侧，可以陈列来店性较高的部门产品，内侧配置容易引起顾客购买欲的商品是这种类型主通道设置的关键要求之一。这种通道模式主要用于门店面积较大，从入口到店铺深处的距离过长，即使采用T字形通道也不能很好地引导顾客行动的店铺。

（4）口字形主通道。

入口设置在门店中央，在刚进入店内的位置采取横向的T字形主通道，深入店内后就采用コ字形通道。其设置的重点与コ形主通道要求相同。

（5）I字形主通道。

横宽很窄，进深很深的店铺空间，将主通道从出入口开始进行一条直线的设定。其重点在于尽可能地把多数顾客作为对象，将具有很强吸引力的部门及商品配置在店内的深处，不仅是主通道，两边靠墙通道的陈列也非常重要。

2. 其他通道的设定

（1）辅助通道。

对步行在主通道上的顾客而言，将其诱导至其他部门及分类商品的通道。在顾客结束某部门的购物之后，又能将其引导至主通道，让顾客在浏览其他门类商品的同时自然而然地走到收银处。

（2）墙面通道。

主要有两种墙面通道设置模式，一种是单向控制墙面通道，诱导顾客沿墙壁往店内深处走，目的是诱导顾客行至店内深处，所以墙面的陈列及门类的设定以及通道宽度非常重要；另一种是如左开口字形或口字形通道，让顾客穿行于陈列架通道并走到尽头，能换行至其他陈列架的通道线路。其目的并不是诱导顾客沿壁驻足，通道宽度相对于第一种而言没有那么重要。

（3）陈列架间通道。

陈列架间通道的设定要根据门店规模、货架高度、货架长度、构成商店以及陈列方式来确定。一般来说，遵循通道宽度是货架高度的80%～120%，其设定的重点在于如何将主通道上的顾客吸引进来，提供有号召力及话题性的商品、促销性商品以及冲击力强的商品等显得很重要。

3. 不良通道的表现及症结

一是主通道很窄，和其他通道宽度基本相同，会给人造成吸引力不足，通道不能很好地吸引顾客的视线，造成很散漫的氛围，不能有效发挥各种通道的职能。

二是横向及纵向主通道相差甚远。各个方面的主通道设定最好保持宽度一致，否则会影响顾客行动主线，回游距离缩短。

三是主通道位置与入口处相偏离。入口与主通道的位置设置要相互契合，中间没有障碍。

（二）标识与图示

标识是用来识别商品品类的位置和产品类型的记号；图示是用图形来表示或说明某种信息，图示说明比较直观，浅显易懂。图示和标识能够帮助顾客找到特定的商品或部门，提供商品信息，并能提示顾客进行购买。例如，照片板的图示可以加深店铺或商品的形象；从天花板上垂下来的标识能更直观地表示商品或店铺的活动或商品信息。麦德龙一件商品的价格标识牌上分别用三种不同的颜色标识非会员价格、会员价格以及PLUS会员价格，一目了然的价格信息更有利于激发消费者的购买欲。主要的标识类型有以下几种。

1. 呼吁行动标识

这类标识一般摆放在店铺的关键位置，传达顾客可以通过微信、电子邮件以及数字渠道与零售商建立关系的信息。

2. 品类标识

这类标识主要用于店铺某个特定区域，目的是帮助顾客确定商店提供的产品品类。通常位于其所指的商品附近，比如麦德龙的品类标识在每个区域的货架端头上方，非常显眼和醒目。

3. 促销标识

在商店的卖场或者橱窗以及进门的区域经常会有促销标识，用来描述店铺的各类特殊优惠。橱窗里面的促销标识可以吸引消费者进店。比如换季时，很多商店门口都会有醒目的换季促销折扣。

4. 销售点标识

一般在所指的商品附近，方便顾客了解商品价格及其他信息。比如永辉超市在价签上会用不同颜色的标签标注是否有折扣以及优惠力度。

5. 数字标识

随着现代信息技术的发展，零售商正在逐步采用数字标识取代传统标识。数字标识是传达视觉内容，从视频、活动到价格显示等，都以数字形式来表示。相比传统标识，数字标识的优点主要表现在：一是动态性，数字符号更能吸引顾客的注意力，通过反复播放，让消费者更容易记住所显示的信息；二是灵活性，数字标识内容可以快速、及时地根据时间、地点和场合进行更新，在营造店铺氛围、购物环境方面的优势明显。

（三）特色区域

1. 入口

入口区域在创建店铺形象中起着重要作用，会直接影响顾客对店铺的第一印象，所以不同的经营业态，在入口处的布局和安排各有自己的特色。比如大型的商业综合体或者百货公司，在入口的区域布局商品品类以化妆品、香水或者鞋、包为主，这些品类的气味、颜色等更容易吸引消费者的关注。

2. 橱窗

橱窗展示是提供店内销售的商品类型以及商店想要传达的形象类型的视觉信息，能够有效吸引顾客进入商店。特别是新顾客，更容易被橱窗展示的内容所吸引，所以橱窗展示是建立店面形象的重要工具。但是有效的橱窗展示需要专业视觉营销和设计人员才能实现。

3. 独立摆放

独立摆放是设置在过道上的固定设施，主要是为了突出展示某些品类的商品，引起顾客的关注，激发购买欲。

4. 模特

模特是与真人一样大小的用于展示服装的人体具象。模特陈列可以营造吸引顾客购物的焦点，提供给顾客一个简单自然的直观感受并为顾客的选择提供指引，避免顾客在店内长时间逗留的视觉疲劳；模特陈列要尽量突出焦点及热销产品，这样可以将顾客的注意力吸引到店内的指定区域。

5. 端头

端头是指双面的中央陈列架的两头，是顾客通过流量最大，往返频率最高的地方。端头一般用来陈列要推荐给顾客的新商品、冲动型商品、促销商品以及利润高的商品。

6. 促销过道或区域

促销过道或区域是专门用来摆放促销商品的区域。要根据商店的布局合理安排促销空间，比如专卖店、专业店和超市倾向于在收银台附近设置促销区域。

7. 墙区

由于零售的地面空间有限，很多零售商能利用墙区空间来提高其额外存货储备、展示商品以及创造性地传递信息。

8. 试衣间

现在还有很多店铺对试衣间的看法停留在“是给顾客试衣服的地方”，试衣间已经变成零售商增强其吸引力的地方，试衣间环境要素的营造会直接影响顾客购买的情绪。

AI 技术的快速发展使得虚拟试衣间对网络购物者的影响也显得越发重要和有趣。虚拟试衣间可以帮助顾客实现“试穿”服装和配饰，增强人们网络上试穿衣服的体验感，获得顾客的认同。

9. 收银台

收银台不仅是为顾客买单结账设置的，也是品牌宣传与客人印象的聚集之处。可以作为品牌宣传或者最新资讯的播报平台，同时具备一定的带货功能。

10. 死角

死角又称为冷区，就是在店铺中没有得到有效利用、无法发挥效果的场景和空间，顾客也很少会走到，我们习惯性的把它称之为“死角”。它既不能吸引顾客、带来销量，又在无形中增加了店铺陈列的成本。所以对死角的利用，可以降低店铺的陈列成本，如展示一些季节性商品、有吸引力的商品；可以采用重点陈列方式，盘活死角。

第二节　商品展示

一、商品的空间管理

店内及货架和固定设施上的空间是稀缺的资源。空间管理的关键环节是：分配到商品品类上的空间；商品品类的摆放和设计；确定店面的大小。

1. 分配到商品品类上的空间

商品品类的空间分配和管理的经营原则一般按照商品品类销售额的大小进行。根据商品品类管理的流程，按照销售额大小调整品类的空间，同时要与商店的整体盈利能力结合起来进行分析。具体可以采用坪效来衡量不同品类的商品空间盈利能力。

同时，还可以采用存货周转率。高存货周转率的商品应该分配更多的空间，这样可以提升店铺的总体收益。因此，如果货架上摆放更多的高存货周转率的商品，就会销售得更快，空间的利用率也会更高。

商店整个空间的大小以及固定设施会影响空间的分配。商店在考虑品类的销售额或者存货周转率的同时，也要结合不同品类商品展示中所要考虑的其他因素，比如商品的规格大小、形象以及颜色等因素，与商店的整体布局和设计相一致。

2. 商品品类的摆放和设计

商店布局、商品标识以及特色区域可以引导顾客在商店内浏览商品，包括商店商品品类的空间分配都会影响顾客在店铺内停留的时间。如果零售商从需求型和冲动型商品品类角度综合考虑在商店不同区域的配置，也可以有效吸引顾客的注意力，引导顾客逛完全店，刺激顾客的购买欲。这些区域的配置可以运用磁石理论原理进行布局。

所谓磁石，是指商店中最能吸引顾客注意力的地方，磁石点就是顾客的注意点，要创造这种吸引力是依靠商品的配置技巧来完成的（见图 9 - 5）。商品配置中磁石理论运用的意义是在卖场中最能吸引顾客注意力的地方配置合适的商品以促进销售，并且这种配置能引导顾客逛完整个卖场，达到增加顾客冲动性购买率比重的目的。比如超市卖场磁石点分为五个，应按不同的磁石点来配置相应的商品。

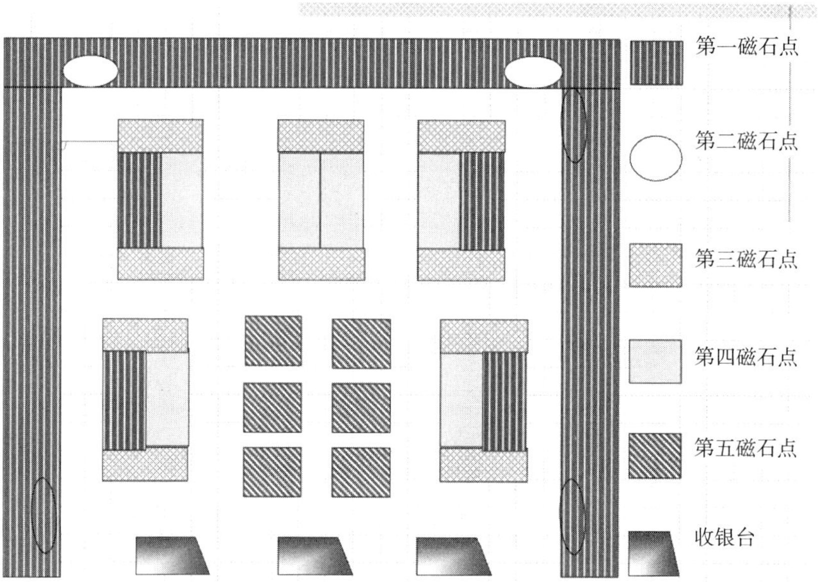

图9－5 磁石点示意

（1）第一磁石点（主力商品）。

位置：卖场中主通道的两侧，也是商品销售最主要的地方。配置的商品主要包括：①主力商品；②购买频率高的商品；③采购力强的商品。这类商品大多是消费者随时需要，又时常要购买的。例如，蔬菜、肉类、日配品（牛奶、面包、豆制品等），应放在第一磁石点内，可以增加销售量。

（2）第二磁石点（观感强的商品）。

位置：穿插在第一磁石点中间，一段一段地引导顾客向前走，第二磁石点在第一磁石点的基础上摆放，主要配置以下商品：①流行商品；②色泽鲜艳、引人注目的商品；③季节性强的商品。超乎一般的照度和陈列装饰，以最显眼的方式突出表现，让顾客一眼就能辨别出其与众不同的特点。同时，第二磁石点上的商品应根据需要隔一段时间便会进行调整，保持其基本特征。

（3）第三磁石点（端架商品）。

第三磁石点指的是超市中央陈列货架两头的端架位置。端架是卖场中顾客接触频率最高的地方，因此配置在第三磁石点的商品可用于刺激顾客：①高利润商品；②季节性商品；③厂家促销商品；④特价商品；⑤购买频率较高的商品。

（4）第四磁石点（单品）。

第四磁石点通常指的是卖场中副通道的两侧，是充实卖场各个有效空间的摆设商品的地点。这是一个在长长的陈列线中引起顾客注意的位置，因此在商品的配置上必须以单项商品来规划，即以商品的单个类别来配置。为了使这些单项商品能够引起顾客的注意，应在商品的陈列方法和促销方法上对顾客做刻意表达诉求，主要有：①热门商品；②有意大量陈列的商品；③广告宣传的商品等。

（5）第五磁石点（卖场堆头）。

第五磁石点位于收银处前的中间卖场。各门店可按总部安排，根据各种节日组织大型展销、特卖活动的非固定卖场。其目的在于通过采取单独一处多品种大量陈列的方式，造成一定程度的顾客集中度，从而烘托门店气氛。同时，展销主题的不断变化，也会给消费者带来新鲜感，从而达到促进销售的目的。

3. 确定店面的大小

对于实体店铺而言，商品空间分配的前提和基础是商店店面的大小。特别是现在网络购物的兴起，大部分零售商都会采用线上线下一体化的全渠道模式。目前已经出现大卖场在逐步缩小实体店铺的面积趋势，同时实体店铺也要承担其线上店铺的展示和体验功能，要确保一定的存货水平，所以实体店面的大小已经成为一个战术性问题。

电子商务和网络购物深深影响了“大而全”的传统大卖场，使消费者行为发生了很大变化，从而带来零售业形态的变化。如社区商业的“小业态”更便利、更贴近消费者居住环境，购买便捷高效，且陈列的都是最畅销的商品，坪效显著提高；特别是很多“小业态”又有很好的品质和价格竞争力，更突出自己的新鲜和独特。比如：7－11便利店的快餐食品、“永辉优选”的生鲜、名创优品店设计独特的日用小商品。

【精彩案例】

宜家或将把现有店面做到小型化

2019年5月3日，宜家（IKEA）在悉尼开出首家“家庭规划工作室”（Home Planning Studios），这是其在全球的最小型门店。这家宜家mini门店位于悉尼沃林加（Warringah）的西田购物中心（Westfield Shopping Centre），店面面积不到100平方米，远远小于全国现有的大型宜家。该店没有仓库，除提供所需的商品外，还会有专业设计人员为顾客提供居家翻新规划，店内的自助系统也可供顾客浏览及下单网购。据悉，这并不是宜家首次开设小型门店，此前它已经在伦敦、纽约开设了小型“市中心店”，官方名字叫“IKEA Planning Studio”（IKEA规划工作室），面积不大，主要提供一对一服务，陈列的产品以厨房和卧室用品为主。按照宜家的计划，未来三年内，这类小型市中心商店将会开至30家。

无论是Home Planning Studios还是IKEA Planning Studio，我们都能看到宜家的门店经营重心已经不再局限于提供商品，服务所体验扮演的角色显得越来越重要。

尽管上述两种小型门店目前还未在中国落地，但这并不代表宜家不会在中国“开小店”。宜家在温州和北京已经开出了两家 PUP 店，面积均约为 3000 平方米，其中北京店已于去年年底转型为“宜家体验中心”，在保留订货中心能力的基础上，门店将进一步商场化、体验化。

资料来源：陈绮琪．宜家继续“开小店”：全球最小门店亮相悉尼、面积不到 $100m^2$ [EB/OL]．[2019-05-06]．http：//news. winshang. com/html/065/7377. html.

二、视觉营销与商品展示技巧

将商店内及里面商品摆放成一定的样式，以吸引潜在顾客的注意力。

1. 固定设施

固定设施能够有效地存放和展示商品，同时对商店内部进行分区，吸引和引导客流。固定设施必须与商店内其他的设计元素结合起来，与商店的整体形象一致，才能传达零售商的销售理念。不同的零售店铺需要的固定设施是不同的，经常用到的固定设施主要有：

（1）直线挂衣架。

由地面或者是固定在墙上的长管组成，可以挂较多的衣物，但主要是突出衣物数量，难以突出衣物的款式和特点。

（2）环形挂衣架。

是一种固定在基座上的环形设施。也是一种大容量的存放衣服的设施，相比直线式的环形挂衣架更便于移动，方便顾客选取。

（3）十字形挂衣架。

采用相互垂直的两根横杠架在基座上，相比前面两种挂衣架，这种类型的挂衣架在商品选取上有一定的要求，尽量选择款式相近但颜色不同的品类，便于顾客进行选择。

（4）堆列式货架。

一种岛屿式自助柜台，可以满陈堆放大量的商品，广泛应用于超市和折扣店，手套、帽子、鞋子以及日用品等商品经常采用堆列式货架，给顾客形成一定的视觉冲击力。

2. 商品的展示技巧

商品展示技巧主要从创意组合、款式和型号、颜色、产品线以及展示方式方面突出展示商品，起到吸引顾客注意力的目的。

（1）创意导向展示。

基于商品的特点设计出与众不同的展示方式。通常是单个商品或者不同商品组合出不同的创意形状，比如 KK 店铺中，把红酒展示在一面墙上，对顾客造成一定的视觉冲击；宜家家具按照房间的布局进行摆放，顾客能直观感受到摆在家里是什么样子。创意导向设计能给顾客留下深刻的印象，激发消费者的购买欲。

（2）款式和型号展示。

款式和型号展示是较为常用的商品展示方式。专业店、专卖店以及折扣店中经常使用，比如十字架上展示的商品，经常就是同款式的不同型号，选定一个款式，就可以快速找到不同型号。按照款式和型号展示，可以让顾客在同一地方快速找到所有的货品。

（3）颜色展示。

按颜色展示商品能为顾客带来视觉冲击。比如 kk 从色彩心理学的角度对不同品类的商品进行功能区域的划分，以不同颜色给人留下轻盈、灿烂、辉煌、充满希望的印象，吸引路人的目光。

（4）产品线展示。

零售商在进行商品展示时采用价格类别的方式展示商品，以方便顾客找到适合自己价格的商品。比如优衣库中的商品 199 元、299 元以及 399 元价位的商品展示方式。

（5）排列展示。

采用不同方式排列商品是展示商品常用的方式。排列展示主要采用的是垂直排列，通过墙壁和高的堆列式货架进行。遵循眼睛的自然运动规律，在货架上摆放商品，一般眼睛平视的位置摆放重点陈列商品，货架上端摆放展示陈列商品，货架下端摆放存放陈列商品。零售商可以根据商品的颜色、型号等呈多条垂直带状进行展示。比如超市里面的薯片的排列展示，经常是在中央货架上面呈垂直展示。

（6）吨位商品展示。

是一种商品展示方式，主要是展示大量商品的一种方式。零售商通过商品数量堆砌来显示和强化商品的价格形象，一般给顾客的印象是量大从优，价格优惠力度大。

（7）正面展示。

是零售商将某个商品尽可能多地展示给顾客以引起顾客注意的商品展示方式。零售商经常需要兼顾商品展示和存放，二者很难做到统一，所以为了将商品更好地展示给消费者，零售商就需要采用正面展示的方式将商品尽可能地展示给顾客，吸引顾客的注意力。比如书店里面通常把书的封面朝外摆放；服装店把挂在衣架上的外衣进行正面展示。

三、商品陈列的类型与方法

（一）陈列要领

1. 货架的上下段

上段：陈列希望顾客注意的商品，具有感觉性地陈列。

黄金段：陈列高利润、有特色的主要营业商品。高度在 85～120 厘米，是一般人最容易看到的位置。

中段：陈列价格便宜、利润少、销量稳定的商品。

下段：陈列周转率高、体积大、比较重的商品。

2. 隔物板的运用

防止商品缺货及维持陈列面，固定位置，有助管理。

3. 立体前进陈列

使商品能让顾客容易看到。

4. 标价牌的重点

位置要一致；标出原价及特价；防止标价牌脱落。

5. 运用陈列使卖场多变化，引起顾客注意

端架陈列；槽沟陈列；突出陈列。

6. 集中焦点的陈列

利用照明、色彩、形状、装饰制造顾客视线的陈列集中。

7. 制造出气氛的陈列

如在端午节，将商品摆成龙舟状。

8. 高利润商品要重点陈列

提高公司整体利润。

9. 主力商品与补助商品必须确定

红花一定要绿叶衬，方能显示价值，突出特色。

10. 商品陈列的规则

遵循由小到大、由左到右、由浅而深、由上而下的基本原则。

（二）商品陈列的原则

1. 容易判别原则

入口处醒目张贴商品分布图，让顾客一进商店就对陈列方位一目了然；各大类别商品的标示牌必须清晰；商品陈列图一旦确定，不要轻易更改（促销区域除外）。

2. 显而易见原则

商品正面必须对着顾客；价格标签必须清晰可见；每一种商品不能被其他商品挡住；从人的视觉出发（人的眼睛向下 20 度最易观看；人的平均视觉是 110 ~ 120 度，可视宽度范围为 1.5 ~2 米；顾客在卖场内步行购物时的视角为 90 度，可视范围为 1 米）；将销售频率高的商品陈列在货架的第二、第三层上。

3. 伸手可取原则

商品的纸箱外包装应去掉；货架上陈列的商品应与上层隔板保持 3 ~5 厘米的间距；开放式陈列的果脯、小食等特殊商品，旁边应有方便顾客体验的设置。

4. 满货陈列原则

有资料表明，放满陈列可平均提高 24% 的销售额。把每一个货架都充分摆满商品，发挥货架的仓库存储作用；万一缺货时，要保证把第一排的排面摆满；根据该单品的销售量，设定每个单品的最高货架陈列量，根据最高货架陈列量来及时补货和下订单。货架每一格至少陈列 3 个品种（畅销商品的陈列可少于 3 个品种），保证品种数量。当商品暂时缺货时，要采用销售频率高的商品来临时填补空缺商品位置，但应注意商品的品种和结构之间关联性的配合。

5. 竖直方向陈列

分类商品应以竖直方向陈列。人的视觉规律上下垂直移动方便，其视线是上下夹角 25 度。顾客在离货架 30 ~50 厘米距离间挑选商品，就能清楚地看到 1 ~5 层货架上陈列的商品。而人的视觉横向移动时，就要比前者差得多，就会非常不便。实践证明，两种陈列所带来的效果的确是不一样的。纵向陈列能使系列商品体现出直线式的系列化，使顾客一目了然。系列商品纵向陈列会使 20% ~80% 的商品销售量提高。另外纵向陈列还有助于给每一个品牌的商品一个公平合理的竞争机会。

6. 价位陈列原则

从左到右，价格由低到高；从上到下，价格由高到低。

7. 实体陈列原则

重的、大的、整箱地陈列于货架底层。

8. 关联陈列原则

邻近摆布，相互衔接，充分便利选购，促进连带销售。

9. 规避陈列原则

按照商品性能和特点来设置，如把互有影响的商品分开摆放，将异味商品、食品隔离成相对封闭的售货单元。

（三）商品陈列要求

1. 陈列的安全性

排除非安全性商品（超过保质期的、鲜度低劣的、有伤疤的、味道恶化的），保证陈列的稳定性，保证商品不易掉落，应适当地使用盛装器皿、备品，进行彻底的卫生管理，给顾客一种整洁有序的感觉。

2. 系列商品要分类陈列

商品陈列分类要容易选购。目前国内营业面积100平方米以上的便利店经营商品一般在2000～25000种。店内商品的大分类、中分类、小分类标识要清楚，不要混乱，使顾客进入店堂内很容易找到自己要购买的商品。使顾客容易看得见、容易理解是商品陈列的基本原则。为了达到这个目的，首先要加以分类展示。分类陈列时，商品按相互关联使用的原则，将不同但相互关联的商品集中在一起进行销售。其次使商品能一目了然地放置于分隔的展示空间。商品区域分不清楚，会使顾客产生混淆。最后要尽可能地方便顾客自己寻找所需的商品。

（1）商品的分类方式。

①按不同种类缩短选择商品时间的一般方法；

②按不同素材按不同原材料区分排列；

③按不同菜谱提供烹饪菜肴情况下使用的方法；

④按不同活动可分为年中固定活动、地区性活动；

⑤按不同功能按低热量食品、健康食品等分类；

⑥按不同季节以季节性强的商品分类，设置专柜的方法；

⑦按不同价格，按不同价格带将商品集中到一起进行销售的方法；

⑧按不同色彩通过色彩调节，突出商品，促进销售的方法；

⑨按不同顾客年龄层次分类的方法。

（2）商品分类陈列应注意的六大搭配原则。

①主力商品与辅助商品的搭配陈列；

②食品与非食品（装食品的器皿、包装等）的搭配陈列；

③购买频率高的商品与购买频率低的商品的搭配陈列；

④单位价格高的商品与单位价格低的商品的搭配陈列；

⑤女性购买商品与男性购买商品的搭配陈列；

⑥成人购买商品与儿童购买商品的搭配陈列。

3. 产品要放到方便顾客拿取、举手可得、易放回的位置上

顾客越方便拿取商品，商品实现销售的机会就越多。增加商品的可得性，就是增加商品的销售机会。这就要求商品陈列做到易见易取。

所谓易见，就是要使商品陈列容易让顾客看见，一般以水平视线下方20°点为中心的上10°下20°范围为易看见部分。

所谓易取，就是要使商品陈列容易让顾客触摸、拿取和挑选，与此关系最密切的是陈列的高度及远近两个问题。依陈列的高度可将货架分为三段：

（1）中段为手最容易拿到的高度，男性为70～160厘米，女性为60～150厘米，有人称这个高度为“黄金陈列线”，一般用于陈列主力商品或公司有意推广的商品。

（2）上下端为手可以拿到的高度，次上端男性为160～180厘米，女性为150～170厘米，次下端男性为40～70厘米，女性为30～60厘米，一般用于陈列次主力商品，其中次下端需顾客屈膝弯腰才能拿到商品，所以相比次上端较为不利。

（3）上下端为手不易拿到的高度，上端男性为180厘米以上，女性为170厘米以上，下端男性为40厘米以下，女性为30厘米以下，一般用于陈列低毛利、补充性和体现量感的商品，上端还可以有一些色彩调节和装饰陈列。

有关远近的问题，放在前面的东西要比放在后面或里面的东西容易拿到，为使里面的商品容易拿取，常用的办法是架设阶层式的棚架。

顾客在购买商品的时候，一般是先将商品拿到手中从所有的角度进行确认，然后再决定是否购买。当然，有时顾客也会将拿到手中的商品放回去。如所陈列的商品不易取、不易放回的话，也许就会仅仅因为这一点便丧失了将商品销售出去的机会。

4. 让人感觉良好的陈列

（1）清洁感。

不要将商品直接陈列到地板上。无论什么情况都不可将商品直接放到地板上。注意去除货架上的锈、污迹。有计划地进行清扫。对通道、地板也要时常进行清扫。

（2）鲜度感。

保证商品质量良好，距超过保鲜期的日期较远，距生产日期较近。保证商品

上不带有尘土、伤疤、锈。使商品的正面朝向顾客。提高商品魅力的 POP 也是一个重要的因素。

（3）新鲜感。

符合季节变化，不同的促销活动使卖场富于变化，不断创造出新颖的卖场布置。

①富有季节感的装饰；

②设置与商品相关的说明看板，相关商品集中陈列；

③通过照明、音乐渲染购物氛围；

④演绎使用商品的实际生活场景；

⑤演示实际使用方法促进销售。

5. 满陈列

通过视觉提供给顾客的信息是非常重要的，顾客由陈列的商品上获得信息：陈列的高度、位置、排列、广告牌、POP。在商品陈列中，不管是柜台，还是货架，商品陈列应显示出丰富性。从顾客的心理学规律来看，任何一个顾客买东西时都希望从丰富多彩的商品中挑选，如看到货架上只剩下为数不多的商品时都会有疑虑，唯恐只卖剩下来的“落脚货”。因此，商品陈列应尽可能地将同一类商品中的不同规格、花色、款式的商品品种都展示出来，扩大顾客的选择面，同时也给顾客留下了一个商品丰富的好印象，从而提高所有零售门店商品周转的物流效率。另外，从商店本身的利益来看，如货架常常空缺，就白白浪费了卖场有效的陈列空间，降低了货架的销售与储存功能，又相应地增加了商店仓库库存的压力，降低了商店的周转率。因此，商店应尽可能缩短商品库存时间，做到及时上柜、尽快上柜，以达到最好的销售效果。根据美国的一份零售超市调查报告表明，商品满陈列的超市与非满陈列的超市相比，其销售量按照不同种类的商品，可分别提高 14% ~130%，平均可提高 24%。

要使商品陈列做到丰富、品种多而且数量足，并不是一股脑儿将所有商品毫无章法地摆在卖场上，将柜台、货架塞得满满的，而是要有秩序、有规律地摆放。商品之间可留有适当的间隔，也可在摆放商品时组合成一定的图形或图案（如米字线的形式），同时可以达到商品丰富的效果。一般零售超市对于货架上放满商品有两个规定：第一，如果是长 1 米的陈列货架（每一格）一般至少要陈列 3 个品种；第二，按营业面积计算，卖场面积 1 平方米商品的品种陈列量平均要达到 11 ~12 个品种。

即使由于某些客观原因造成商品某些品种缺货、断档，在陈列中也要努力消除这些不利的影响。如可以将众多同类商品摆放出来或适当均匀加大陈列商品的间隔，或补上其他类型的商品。但要注意，一般超市不会允许用相邻的商品来填补空缺（除非该相邻商品也是销售率高的商品），应该用销售率高的其他商品填补空缺，同时这个商品与相邻商品有一个品种和结构之间的配合。

6. 陈列成本问题为了提高收益性要考虑的因素

①将高品质、高价格收益性较高的商品与畅销品搭配销售；②关联商品的陈列；③适时性；④降低容器、备品的成本，同时要提高效率，防止商品的损耗。

（四）商品陈列主要类型

商品陈列的基本方法可分为集中陈列法和特殊陈列法。

1. 集中陈列法

即正常货架陈列，超市商品陈列中最常用和使用范围最广的方法，是把同一种商品集中陈列在一个地方，这种方法最适合周转快的商品。做好正常的货架陈列，要注意几个要素，如陈列位、陈列面、产品线、库存、POP 及维护等。商品陈列要在视线水平位置、中央位置、消费者常走的位置；要拥有最多的陈列面；同品牌或同类型、同规格的商品需集中，品名要永远面对消费者；库存应该足够随时补货；要容易拿取；先进先出，库存需轮运；一定要使用 POP 价格标示，且要有持续性、稳固性；要维持整齐、整洁并拿掉不良品。

（1）货架上的排列法主要有：

厂牌垂直排列法：每一个厂牌都能分享到与视线等高的位置；创造货架上各位不同的特色；可以依商品包装大小做最有效的空间利用。

厂牌水平排列法：只有一个厂牌能拥有与视线等高的位置容易造成混乱的陈列面，不能依包装大小做适度的调整，容易造成空间的浪费。

最理想的货架排列法：厂牌垂直排列 + 包装大小水平排列，货架上位置的大小，由商品的市场占有率高低来决定，以销售额为计算标准，则高价位的商品比低价位的商品占优势；以销售量为计算标准，则回转速率快的商品占优势。

（2）货架的插卡效果在货架陈列上配上插卡效果会更好，要善于使用货架插卡配合商品陈列，促进销售增加，不同标示卡的运用效果如下所示：

广告讯息标示卡：广告讯息 + 品牌 = +124%

产品识别标示卡：品牌 + 利益点 = +18%

完全讯息标示卡：品牌 + 利益点 + 价格 = +33%

口号的标示卡：如更省钱/特价品 = +5%

降价讯息标示卡：原价 XX，特价 YY = +23%

2. 特殊陈列法

就是以集中陈列为基础的变化性的陈列方法。

在超级市场中，商品按类别集中式的陈列是最基本的陈列方法，它也构成了商店陈列卖场的基础。在采用集中陈列的基础上，我们还可以运用一些变化性的陈列方法，即特殊陈列法，以此打破陈列架的单调感，活跃卖场气氛。尤其是对不在主通道上的中央陈列货架更显重要。因为它能够把顾客吸引进去，变化性的陈列是打动顾客购物心、刺激购物欲的利器。以下是几种常用的表现手法。

（1）整齐陈列法。

整齐陈列法是将单个商品整齐地堆积起来的方法。只要按货架的尺寸确定商品长、宽、高的排面数，将商品的整齐地排列就可完成。整齐排列法突出了商品的量感，从而给顾客一种刺激的印象，所以整齐陈列的商品是企业欲大量推销给顾客的商品，折扣率高的商品或因季节性需要顾客购买量大、购买频率高的商品，如夏季的清凉饮料，即靠超市里面的中央陈列货架的一端，但要注意高度应便于顾客拿取。对于大型综合超市和仓储式商场来说，一般在中央陈列货架的两端进行大量促销商品的整齐陈列。

（2）随机陈列法。

随机陈列法是将商品随机堆积的方法。与整齐陈列法不同，该陈列法只要在确定的货架上随意地将商品堆积上去就行。随机陈列法所占的陈列作业时间很短，这种方法主要是陈列“特价商品”，它的表现手法是为了给顾客一种“特卖品就是便宜品”的印象。采用随机陈列法所使用的陈列用具，一般是一种圆形或四角形的网状筐（也有的下面有轮子），另外还要带有表示特价销售的牌子。随机陈列的网筐的配置位置基本上与整齐陈列一样，但是也可配置在中间陈列架的走道内，也可以根据需要配置在其需要吸引顾客的地方，其目的是带动这些地方陈列商品的销售。

（3）盘式陈列法。

盘式陈列法即把非透明包装商品（如整箱的饮料、啤酒、调味品等）的包装箱的上部切除（可采用斜切方式），将包装箱的底部切下来，作为商品陈列的托盘，以显示商品包装的促销效果。盘式陈列实际上是一种整齐陈列的变化陈列法。它表现的也是商品的量感，与整齐陈列不同的是，盘式陈列不是将商品从纸箱中取出来一个一个整齐地堆积上去，甚至就是整箱地堆积上去。这样可以加快商品陈列的速度，也在一定程度上提示顾客可以整箱购买，所以有些盘式陈列，只在上面一层作盘式陈列，而下面的则不打开包装箱整箱地陈列上去。盘式陈列的位置可与整齐陈列架一致，也可陈列在进出口处特别展示区。

（4）兼用随机陈列法。

这是一种结合整齐陈列和随机陈列同时使用的陈列方法，其功能也同时体现出以下两种方法的优点，但是兼用随机陈列架所配置的位置应与整齐陈列一致，而不能像随机陈列架一样有时会配置在中央陈列架的过道内，或其他地方。

（5）端头陈列法。

端头陈列质量的优劣，是关系到成功零售店形象的一个主要方面。所谓端头是指双面的中央陈列架的两头，在超级市场中，中央陈列架的两端是顾客通过流量最大、往返频率最高的地方，从视角上说，顾客可从三个方面看见陈列在这一位置的商品。因此，端头是商品陈列极佳的黄金位置，是卖场内最能引起顾客注意力的重要场所。同时，端架还能起到接力棒的作用，吸引和引导顾客按店铺设计安排不停地向前走。引导、提示、诉求可以说是其主要功能，所以端头一般用来陈列特价品，或是要推荐给顾客的新商品，以及利润高的商品。由此可见，端头陈列商品的多样性，必须要使我们改变特殊陈列都是陈列特价品的观念。这就要求在端头陈列商品的配置上，一部分可以是跌幅很大的特价品，另一部分可以是高利润的商品或新商品。

端头陈列法可以是进行单一商品的大量陈列，也可以是几种商品的组合陈列。由于中央陈列架的端头是非常引人注目的主要场所，所以如果将几种商品组合陈列则能够将顾客的注意力引向更多的商品。

（6）岛式陈列法。

在商店的进口处、中部或者底部不设置中央陈列架，而配置特殊陈列用的展台，这样的陈列方法叫作岛式陈列法。如果说端头陈列架使顾客可以从三个方向观看的话，那么岛式陈列则可以从四个方向观看到。岛式陈列的用具一般有冰柜、平台或大型的货柜和网状货筐。为了使顾客能够环绕岛式陈列台（架、柜、筐）选购商品，应给予岛式陈列以较大的空间。

相对于岛式陈列要求的较大空间来说，在空间不大的通道中间也可以进行随机的、活动式的岛式陈列。这种岛式陈列的用具是投入台、配上轮子的散装筐等。这种活动式的货架可以在商店内自由活动，以便根据需要而随时调整，所以能简单方便地配置在各种通道里的任何地方。这种岛式陈列的商品量虽然有限，但可被广泛地利用来促进销售。采用活动式的货架作随机型的岛式陈列其促销效果是相当明显的，尤其是在卖场没有竞争商品的时候，效果就会更显著，它会带动超市整体的销售额上扬，即使撤下了活动货架，其促销的效果还会有一个滞后的效应。

（7）窄缝陈列法。

在中央陈列架上撤去几层隔板，只留下底部的隔板形成一个窄长的空间进行特殊陈列，这个陈列就叫窄缝陈列。窄缝陈列的商品只能是 1 个或 2 个单品项商品，它所要表现的是商品的量感，陈列量是平常的 4 ~ 5 倍。窄缝陈列能打破中央陈列架定位陈列的单调感，以吸引顾客的注意力。窄缝陈列的商品最好是要介绍给顾客的新商品或利润高的商品，这样就能起到较好的促销效果。窄缝陈列可使超市卖场的陈列活性化，但不宜在整个卖场出现太多的窄缝陈列，这样会令推荐给顾客的新商品和高利润商品太多，反而会影响该类商品的销售。

（8）突出陈列法。

突出陈列法是将商品放在篮子、车子、箱子、存物筐或突出延伸板（货架底部可自由抽动的隔板）内，陈列在相关商品的旁边销售。其主要目的是打破单调感，诱导和招揽顾客。突出陈列的位置一般在中央陈列架的前面，将特殊陈列突出安置。

（9）悬挂式陈列法。

将无立体感、扁平或细长型的商品悬挂在固定的或可以转动的装有挂钩的陈列架上，就叫作悬挂式陈列。悬挂式陈列能使这些无立体感的商品产生很好的立体感效果，并且能增添其他的特殊陈列方法所没有的变化。目前，工厂生产的许多商品会采用悬挂式陈列的有孔型包装，如糖果、剃须刀、铅笔、玩具、小五金工具、头饰、袜子、电池等。

（10）不规则销售陈列法。

在现代的商场中，中央陈列货架能整齐地配置，商品就可以秩序井然地陈列了。但就是这种整齐的配置和有秩序和陈列，往往使人联想到军人列队式的整齐排列，久而久之这种配置和陈列会使顾客产生单调乏味感。因此，为了打破这种单调乏味感，店铺应该使用每层搁板都能够自由调节的陈列货架，通过将中央陈列货架搁板间距灵活地调节变化，使副通道内的各个中央陈列货架的隔板形成错位安排，而事实上各个货架上陈列的商品并没有变化。然而对顾客来说却有一种新鲜感，他们往往会产生一种错觉，认为中央陈列货架内的商品又有了新的变化，从而吸引顾客走入副通道内选购商品。因此这种方法虽然看似简单，却是行之有效的，是每一个店铺不容忽视的陈列法。

第三节　商店场景构建

一、消费场景与消费体验概述

新零售时代，消费者需求已经从价格敏感转向注重体验服务。市场行为中一切以顾客为中心围绕“人”来进行，注重消费者的全面体验，满足消费者需求，提高消费者购物体验，才能让产品和服务更加被消费者接受和购买，也能让品牌更加被消费者认可和依赖，所以场景体验、商品和情景的感知落地成为场景体验的关键。

新技术的出现使消费场所改造成为可能，使得人和货之间场景的空间信息传递发生了重要变化，实体店尽管是主要消费场景，但对消费场景的打造提出了新的要求。新零售的本质是体验，很多能够触发用户沉浸式体验或者愿意长时间驻留的应用，都会产生巨大价值，加上对数字化和支付便利的推进，让消费者的体验感越来越好，所以线下企业更注重消费场景塑造，场景应用是传统企业在互联网时代转型的关键。而移动场景塑造，使得商品和营销可以分离，娱乐和体验成为“场”的重要因素，货可以虚拟化变成虚拟的某种产品或服务，数字化的消费者，线上线下随时随地清晰辨识产品和服务，所以零售即体验服务。

二、场景化商店氛围营造

场景化商店氛围营造要使用五种感官刺激来设计购物环境。五感指的是视觉感、听觉感、味觉感，嗅觉感，触觉感。通过照明、颜色、音乐、气味、绿化等营造宜人的购物氛围，从听、看、闻、嗅等方面全面增加消费者的体验感。

（一）照明

店铺内的照明非常重要。首先，灯光可突显店内所陈列的商品的形状、色彩、质感，吸引路人注意，引导其进入店内。因此店铺灯光的总亮度要强于周围建筑物，以显示明亮、愉快的购物环境。其次，光线可吸引顾客对商品的注意力，因此店铺的灯光布置应着重把光束集中照射商品，使之醒目，应在商品陈列摆放位置的上方布置不同颜色的灯光，刺激消费者的购买欲。

1. 光与色

白炽灯光耀眼而显得热烈，荧光灯柔和，一般商场都是两者并用。从商品色彩来看，冷色（青、紫）用荧光灯较好，暖色（橙、红）用白炽灯更能突出商品的鲜艳。服装、化妆品、蔬菜、水果等使用白炽灯、聚光灯则能很好地突出商品的色彩，便于营造气氛。

2. 光源的位置

不同位置的光源给商品所带来的气氛有很大的差别：

（1）从斜上方照射的光。这种光线下的商品像在阳光下一样，会表现出极其自然的气氛。

（2）从正上方照射的光。这种光可制造一种神秘气氛，高档、高价产品用此光源较合适。

（3）从正前方照射的光。此光源不能起到强调商品的作用。

（4）从正后方照射的光。在此光线照射下，商品的轮廓会很鲜明，需要强调商品外形时宜采用此种光源，在离橱窗较远的地方也应采用此光源。

（5）从正下方照射的光。会造成一种受逼迫的、具有危机感的气氛。

在以上不同位置的光源中，最理想的是“斜上方”和“正上方”的光源。另外，对于旧灯具要常换常新，更换一个壁灯、改变一个吊灯灯罩的色彩都可表现出与过去完全不同的气氛。

3. 照明方式

在整体照明方式上，要视店铺的具体条件配光。灯光的使用上可采用以下方式：

（1）直接照明：光源垂直往下或直接照在陈列商品上，经常在需要高亮度的大型商超中使用。

（2）间接照明：又称建筑化照明，是将光源隐藏在天花板、墙壁内，借着反射的亮度照明的方式，在中小型商场和高级餐厅用得较多。

（3）半间接照明：利用托架照明、垂吊照明之类的器材，借助天花板、墙壁，利用反射光源照明，专卖店、小型商场多采用方法。

（4）集束照明：采用几组灯光交叉射向某处。

（5）彩色照明：利用彩色灯泡，或将彩色光片加在灯前，变幻出不同色彩的灯光。

在均衡分配店铺内的照明亮度时，应以全体照明的店内平均亮度为1，店面橱窗为2～4倍，店内正面深处部分为2～3倍，商品陈列面为1.5～2倍，需加倍亮度的地方只要加上局部照明即可。

照度要均匀。要考虑店铺空间内设施的布局，如有许多陈列架，有些货架比较高，因此应注意货架对光线的遮挡，以免空间照度不匀和货架上下部照度不同。

4. 防止照明对商品的损害

有时候，当顾客拿起商品时才发现商品有些部分已褪色、变色，这样不仅商品失去了销售的机会，同时也使店铺的信誉大打折扣。为防止因照明而引起商品变色、褪色、变质等类似事件的发生，在平时应经常留心以下事项：

（1）商品与聚光性强的灯泡之间的距离不得少于30厘米，以免光线的热量、灼烧导致商品褪色、变质。

（2）要经常查看资料和印刷品是否有褪色和卷曲的现象。

（3）由于食品在短时间内容易变色、变质，所以要远离强光源。

（4）对逐渐暗淡的电灯要在其“寿终正寝”之前提前更换。

（二）颜色

色彩可以对消费者的心情产生影响。从视觉科学上讲，彩色比黑白色更能刺激视觉神经，因而更能引起消费者的注意。每逢节日，各报报头套红，色彩夺目，使人顿觉眼前明亮，精神为之一振。彩色能把商品的色彩、质感、量感等表现得极近真实，因而也就增强了顾客对销售商品的信任感。在商店内部恰当地运用和组合色彩，调整好店内环境的色彩关系，对形成特定的氛围空间能起到积极的作用。在对店内进行空间色调处理时应把握好色泽的类别、深度和亮度。

第一，作为色泽的类别，按照各种颜色对人们造成的不同感受常分为暖色调和冷色调。暖色调主要有红色、黄色和橙色，而冷色调有蓝色、绿色和紫色。总体上，暖色调会给人一种舒适、随意的感觉，而冷色调则会给人一种比较严肃、正式的感觉，使人不太容易接近，但只要应用得当，冷、暖色调均可创造出诱人的商业氛围。对于狭长的店铺来说，把两侧墙壁涂成冷色，里面的墙壁涂成暖色，就能给人以店堂宽敞的印象。相反，对于短宽的店铺来说，把两侧的墙壁涂成暖色，把里面的墙壁涂成冷色，能给人以店堂变大的印象。

红色是一种比较刺激的色彩，在使用过程中必须小心谨慎，它一般只能用作强调色而不是基本的背景颜色。作为一种用于着重特定部位的颜色，其效果往往不错。在元旦或春节及其他重要节日红色是一种非常合适的展示色。黄色同红色一样，也非常惹眼并且容易造成视觉上的逼近感。对一些背景光彩较为暗淡的墙壁、标记等地区可以运用黄色。另外黄色被认为是一种属于儿童的颜色，所以在装饰婴儿或儿童用具部门常用到黄色。橙色是一种比较特殊的颜色，主要是因为这种颜色的亮度同其他颜色的不协调性，它常常同于秋季，代表丰收的时节。一提起蓝色，常常将苍凉蔚蓝的天空和平静湛蓝的大海联系在一起。通过蓝色的添加能够营造一种恬静、极为放松的购物环境。蓝色常常被用作一种基本的色调，尤其是在男人用品部，代表一种深沉的力量。绿色则表示清新的春天以及和平安详的大自然，许多人认为它是一种最为大众广泛接受的颜色。另外绿色的空间感较强，能让较小的地区显得更为宽阔。紫色在商店内景中用得较少，除了为了达到一些特殊效果，如果商店内部运用过多的紫色会挫伤顾客的情绪。

色彩的不同组合，可以表现出不同的情感和气氛。为了表明“和谐美丽”，可以用对比色组合，如红与白、黑与白、蓝与白等。而要表现“优雅与稳重”，则可用同色不同深浅的颜色组合，如紫蓝色与浅蓝色、深花色与浅褐色、绿色与浅白绿色，黄杨色与浅驼色等等。另外，色彩的对比与组合不同，商品及广告文字的醒目程度即不同。

第二，在色泽的深度上也应该仔细研究。通过各种色彩不同程度的合理运用，能让店内许多实物设施产生崭新的、更加吸引人的视觉效果。一般来讲，比较淡的颜色能产生一种放大的效果，而比较浓烈的颜色产生的效果则相反。例如应用较浓的暖色调（如棕色）作为窄墙的基本色，而用较淡的冷色调作为宽墙的基本色都能创造较好的视觉效果。比较淡的中等色调（如灰色）常常用作固定设施的颜色，这种色调让人感觉到温暖柔软，并且保证其商品能较为紧密地结合在一起。而较浓的颜色能够有效地吸引顾客的注意力。

第三，色泽的亮度同深度一样也会在一定程度上让顾客对一些实物的大小形成错觉。明亮的颜色使人感觉到实物的硬度，而暗色则让人感觉较为柔软。作为一个普遍规则，儿童一般喜欢明亮的颜色，因而在儿童用品部经常会用到这种颜色，而在成人商品部一般会采用柔色调。

（三）音乐

感觉、想象、思维等一连串的心理反映过程，除了通过视觉引起外，还有引起听觉的刺激对象——音乐。现代商业尤其零售业特别重视音乐的作用。音乐的处理是否得当，直接影响着消费者的购物情绪。在零售店的空间中由于对噪声不具约束力，所以，对其控制的方法一般着重在对商业建筑的内部的体型设计中，即注意防止回声、颤动回声等现象的发生。同时，对一些需要调试音响的商品，如收音机、电视机、乐器等，应尽量分行隔音，移至僻静处或其他的楼层就可以采用一些控制噪声的基本方法，如在天坪、地面、墙壁采用吸声材料，提高建筑物护墙及门窗的隔音能力。另外，在零售店的空间中，可采用“背景音乐”，用舒适的音响和频率冲淡一些噪声。同时，根据音乐的音响、和声、旋律作为一种信号，能刺激大脑的神经细胞，使人随之或兴奋，或抑制，或激昂，或忧伤的特点。

在购买高峰时，播放一些奔放的音乐，以加速消费者流动；在购买低峰时，播放一些清逸的轻音乐，以留住消费者的脚步。音乐与人的情感对应关系比较明显。所以对不同的零售空间，应该选播不同情绪色彩的音乐，如书店宜高雅、服装宜轻松、儿童用品宜活泼、家具宜温馨、共享商店宜典雅等。而那种与人悲哀心境相对应的曲子，如《红河水》《二泉映月》等，除音乐专业店外，不宜在一般商店播放，因为它会使人自然而然地感到哀婉和悲伤。音乐可以起到促销、减轻经营人员的疲劳、调节工作节奏以及缓解噪声的作用。如果使用得不恰当，它也可能成为一种噪声源。那么音乐不但不能使人得到美的感受，反而还会给在这种空间的人带来烦躁。因此，在播放音乐时，一定要注意遵守社会公德，注意通过审美情趣的诱导，形成对高尚情操和审美理想的追求。

另外，声音的世界是无限多样的，并不是非音乐不能构成美的意境。如在零售店内运用水来产生声音，不仅可以唤起人们对大自然的回忆，产生美的背景。而且，它的流动所产生的声音，同样可以用作环境“背景”。

（四）气味

现代城市中，人工景观把自然色逐出人的视野，建筑物更将使人与自然隔离开来。所以商场布局中出现一些绿色植物，使空间多少带些田园情调，一定会满足人向往与阳光、空气、植物绿化直接接触的需求，带来舒适的美感，给人带来生机勃勃的情趣。

商场布局设计，要尽可能突破“四堵墙”，与大自然保持接近，消除内部空间的沉闷，以维持人与大自然的生态系统的平衡。当然，绿化不仅是为了生态学意义上的功利，它还可以起到划分、沟通、填充空间的作用。它以自身充满生命活力的形象唤起消费者对美的追求，对精神世界的慰藉。

气味也能被用来创造适宜的零售氛围。合适的气味能够刺激客户购买商品。一些气味（如橘子或爆米花的气味）几乎可以被品尝，其他香味可以引起愉快的反应。礼品商店里的香味蜡烛或面包店里的小甜饼与商店里的商品是相宜的，可以创造出合适的气氛。

（五）味道

通过巧妙的方式吸引消费者的味蕾。酒店或者商业综合体的一楼会设置一些糕点房，在一楼大厅徘徊的时候就能随便吃点点心的选择可以鼓励顾客在商店内逗留更长的时间。特别是体验商业的发展，很多的零售经营业态中都会引入餐饮，通过味道留住顾客。

三、消费场景构建的方式

新零售下消费场景的构建是“人”“货”“场”的重构。人由被动到主动，新时代消费者追求品质感与精致化、细分化与个性化、终极便利性以及体验和参与是消费者购物习惯和行为的本质变化，由被动受品牌商引导的需求转向自身主动需求引导品牌商进行研发生产。消费需求的变化，驱动“货”由单一的有形、实体商品向“产品＋体验”“产品＋服务”“产品＋社交”等结合有形与无形双重形式的“产品＋”转变。“场”从单一渠道向全渠道融合，激发全场景消费体验。新零售下的“人”“货”“场”关系发生变化，人成为核心和重点，无处不在的消费场景无疑成了重要的连接者，起到了“人”与“货”之间的纽带作用，“人”“货”“场”之间交叉赋能。消费场景构建围绕“人”走向精准化、体验化、数据化。

1. 场景精准化打造

新零售下，商品经营从单品经营到单客经营，商店从万货商店到每个人的商店，商品从长尾商品到头部商品再到个人化商品，零售进入精准商业时代。精准零售是从单品经营到单客经营，提供满足每个客户个性化需求的商品和服务，引发消费者内心强烈的惊喜和共鸣，从而提升每个客户的用户体验。场景从单一场景到丰富的多元场景，跨越实体店、网店集多面店于一体。相比传统零售店的千店一面，新零售的场景打造以消费者需求变化为目标，颠覆千店一面的标准化逻辑，形成“千店千面”，最终让每个消费者都有一个“场景商店”，变成千人千面的终极消费场景。

2. 场景体验化打造

新零售下，各种业态经营中更注重消费体验感。比如零售 + 餐饮实现体验升级和流量密度增加，新零售餐饮基本具备送餐功能，超市通过店中店、中央厨房外包、零售企业控股 + 合伙人运营将餐饮等业态塑造为零售企业独特的竞争力，提升餐饮消费体验感。例如永辉超市孵化工坊系列，就是充分利用了规模优势和供应链资源优势，餐饮业态组合使得体验升级，流量增加，线下重复购买的流量可持续发展。

新零售下的商业综合体，将静态与动态紧密结合起来。例如重庆光环购物公园，打造了“国内商业综合体独树一帜的室内城市森林”，把室内空间与室外空间融合在一起，实现静态场景动态重构，以光影、水波、飞瀑呈现出真实的森林场景，在其间购物如同置身于森林之中。而作为国内首个“沉浸式文商旅综合体”，用空间场景将商业景观和商业氛围拉回到千百年前，带给顾客的是奇幻的场景和无限想象的空间。

3. 场景数据化打造

新零售消费场景打造数据化。线下零售采用大数据等技术，精准监测关注消费人数、到店人数、体验人数、交易人数、分享人数等，反馈到零售经营层面，对客流、商品、订单、支付和会员等商业要素进行数据化管理，以此进行线下店铺商品品类和陈列等布局调整；消费者产生信任，进而进行线上下单，店面快速配送完成购物，实现线下线上互相引流。技术创新和设计创新使数据化消费场景成为可能。

新零售下，消费场景精准化、场景化以及数据化打造，使线上线下各个“场”之间的界限模糊，赋予消费者自如地在各个场之间灵活切换，规避了以往线上线下渠道之间相对独立，容易产生渠道利益冲突的障碍。形成全渠道深度融合，通过多个场景的营销实现渠道间的相互引流和助益，同时在消费旅程的各个环节上实现多个“场”之间的无缝对接，全面优化消费体验。

【本章小结】

商店设计和布局是引导顾客浏览完整个店铺，增加顾客驻留时间的关键。商店功能区域划分要从整体上进行设计，划分为正常区域和特殊区域，特别是特殊区域如何突出特点，充分利用空间很重要。店铺布局通常采用直线式、岛屿式、自由式和赛道式，不同的经营业态，采用的布局方式有所差异，但根本目的是合理布局可以增加顾客光顾的频率，刺激消费者购买。完成商店整体设计和布局之后，就是商品陈列和空间管理，店铺空间有限，空间管理的关键是如何合理分配到商品品类空间、商品品类的摆放和设计以及确定店面的大小。在空间管理基础上从创意组合、款式和型号、颜色、产品线以及展示方式方面突出展示商品，起到吸引顾客注意力的目的。新零售时代，消费者需求已经从价格敏感转向注重体验服务。零售商使用照明、颜色、音乐、气味和味道五种感官刺激来设计环境，营造氛围。新零售下的“人”“货”“场”的重构，消费场景通过精准化、体验化和数据化构建起新零售下的消费场景。

【思考题】

1. 从消费者角度论述虚拟更衣室的优缺点。
2. 如何通过商品陈列吸引顾客？
3. 如何打造吸引消费者的消费体验场景？
4. 商店氛围营造的关键要素有哪些？

【延伸阅读】

[1] 范月娇，刘菁．弹幕互动，在线商品展示与消费者冲动性购买行为——以临场感，心流体验为中介［J］．哈尔滨商业大学学报（社会科学版），2022.

[2] 林立群．从包装设计到品牌重塑——以食品类零售商品为例［J］．包装与设计，2022（3）.

[3] 刘浩，王冲，傅新红．店铺形象如何影响生鲜农产品零售商的顾客忠诚——关系质量的中介作用［J］．农村经济，2022（3）.

[4] 刘洪澍，孟祥阳．从消费升级看商品展示设计形式变化［J］．山东工艺美术学院学报，2020（6）.

[5] 吴慧超，周慧．以市场需求为导向的现代商业展示空间可变性设计研究［J］．艺术教育，2022（8）.

[6] 徐井龙，陈瑶，胡守忠．全渠道服装实体店功能对购买决策的影响［J］．北京服装学院学报（自然科学版），2019（2）.

【精彩案例】

大润发 CEO 林小海：门店重构业绩提升 20%，成为社区好邻居

《财经涂鸦》消息，2022 年 1 月 14 日，大润发宣布 2.0 版重构店全国首店

正式营业。该店为大润发无锡长江北路店，单层面积有1.4万平方米，约有2个足球场大。与1.0相比，此次升级围绕顾客到店和到家需求全面升级。

在视觉上，由2.2米降低为1.6米的轻矮型货架，同时打破品类边界，整体呈现视觉通透感。在商品陈列上，按照使用场景而做陈列，让人与商品的互动变得更有生活气息。陈列了1800瓶红酒的弧形酒架和微醺小栈，满足遛娃需求的1000多平米的玩体馆，以及颇受年轻人喜欢的宝可梦快闪主题休闲吧等，都让超市变得更好逛。

这既是大润发全国首个2.0版本的重构店，也可视作大润发首个体验店。大润发CEO林小海表示，大润发全国500家门店是核心资产，未来的每个门店都是线下体验中心+线上履约中心——2.0重构店正是朝着这个方向去打造。

据悉，大润发在2021年4月成立了重构店专项团队，长江北路店重构历时5个多月时间，试运营半个多月以来，整体业绩（自营营收）和来客提升较改造前同期提升20%，休闲零食、玩具、进口红酒、牛肉增长更为突出，零食达到123%，牛肉约为80%。

林小海说，未来无锡长江路店会发挥首店示范效应，市场检验成功的将会推向全国其他大润发门店。

此外林小海分享了门店重构理念。随着零售行业的变化，购物对于用户来讲已经没有门槛，所以线下零售希望从买卖转向体验，线下应当成为体验中心。“我们希望成为社区好邻居，生活好帮手”，他表示。

在商品上，大润发比之前SKU数减少了20%，从之前3万多个SKU减少到目前的2.5万个，把大量同质商品减少，引进更加高端时尚的商品，门店也推出自制差异化且只有大润发有的商品，这对顾客有一定吸引力；在场景上，类目打破部门界限，以需求为大场景，以场景衬托商品品质。此外，还增加了很多互动场景，增加了堂食区方便用户品尝和购买。

在服务上，大润发还增加了亲邻里服务，把周边3~5公里修鞋、补衣服、配钥匙和洗衣等各种小服务聚合在一起，让周边顾客有需要都可以来大润发。

“我认为大卖场需要重新定义。”林小海表示，两年前，大卖场是流量入口，靠“场”吸引顾客，“未来，我认为大卖场必须以商品来吸引顾客。”

以往的大卖场是全客群，“未来线上线下会聚焦不同客群，线下主要聚焦三种客群。”他表示，这三种客群分别是有孩子的家庭用户、退休用户和有汽车的用户（大润发每家店铺平均有300个车位）。线上客群主要聚焦年轻且工作繁忙的用户提供线上履约服务。

零售一端是客群，另一端是供应链。在供应链部分的品牌端，据他介绍，大润发未来还会进行品牌分层，会把厂商分为基本供应商，同时开设创新类目，未来每个类目规划出1~2组货架专门做创新商品。“我们会给新品牌提供大量试错阵地”，他表示。

引入新品牌的同时组货理念也会发生变化。以前大润发的货架是固定的，但现在商超的覆盖半径从5公里变成了1.5公里。“在完善供应链情况下，会推出季节性商品，让顾客每次都发现变化，同时也给新品牌机会。”林小海说。

在重构后的门店中，出现了不少大润发的自有品牌。对此，林小海表示，大润发战略方向还是和品牌方共赢，自有品牌会尝试，但主力产品还是跟品牌商一起开发，做差异化。“目前服装自有品牌占30%，米面烘焙熟食等加工占比超过50%，接下来快消品和百货商品也会有自有品牌投入，但主战场还是希望跟品牌商一起成长。”

门店重构也将调整整体运营指标。“新门店主要有三个（指标），渗透率、购物频次和客单价。”他表示，渗透率代表门店品牌和产品对顾客的吸引力，购物频次考核的是门店对顾客的吸引力，客单价则主要是增加小分类以提高连单率以及引入消费升级产品。

资料来源：财经涂鸦．大润发CEO林小海：门店重构业绩提升20%，成为社区好邻居［EB/OL］．［2022－01－15］．https：//new.qq.com/rain/a/20220115A021EC00.

讨论题：

新零售时代来临，线下实体店铺的布局和商品陈列如何才能更好地迎合消费者的需求变化？

第十章

零售定价

【学习目标】

1. 理解并掌握影响零售定价的因素；
2. 理解并掌握商品常见的定价方法；
3. 理解并掌握商品定价常用的策略等；
4. 理解并掌握价格调整的重要性及具体应用；
5. 理解零售商定价中的法律和道德问题。

【重难点】

1. 影响零售定价决策的因素；
2. 零售定价的目标、选择定价方法、采取的定价策略等；
3. 价格调整的重要性，以及价格调整策略的具体运用；
4. 零售商定价中的法律和道德问题判断。

【案例导入】

商品定价看顾客心情：零售业“读心时代”

2017年12月20日，在2017云栖大会北京峰会上，主办方展示了一家应用黑科技的实体店，店里的商品可以根据顾客的心情自动定价。这是阿里云和零售电商三只松鼠最新合作的成果，三只松鼠投食店在全球首次实现了感知零售的应用。

“当消费者进入三只松鼠的线下投食店，后台大数据系统便会开启设置在店内的摄像头，三只松鼠的会员卡系统就会瞬间启动。当消费者走近货架时，后台系统会通过货架摄像头，对会员的心情、手势以及会员等级进行探知，电子标签则自动为消费者定价。”在芜湖市弋江区金鹰商业广场一楼的三只松鼠投食店里，顾客感受到了黑科技带来的魅力。

更为神奇的是，如果后台系统通过文本语义分析后，检测到顾客最近几次来店里都心情不佳，松鼠玩偶还会给顾客一个大大的拥抱，甚至送上一份小礼物，让人与人的连接更有温度。人工智能正以超乎想象的速度融入生活，这一技术在商业上的应用，让品牌对用户的情绪有了感知，并且应用到用户体验上。通过系统对店内顾客情绪的感知，最终形成了一张消费者情绪热力图，当发现消费者情绪较低落时，品牌便可以根据用户画像远程发起一场实时价格促销等活动，开启一场营销活动。

这是一场巨大的变革，以前以零售商为主的定价策略，现在通过人工智能对顾客情绪的感知，仅需要几秒就能围绕价格等要素发起一场营销活动。随之而来的是，消费者的情绪将会成为自动决策的依据，定价及未来的市场方案将可能由人工智能来决策并执行。

资料来源：华夏时报．商品定价看顾客心情：黑科技的新零售时代竟然这样玩［EB/OL］.［2017－12－20］. https：//www. chinatimes. net. cn/article/73305.

思考：三只松鼠投食店的定价策略与传统零售店有何不同?

第一节 零售定价概述

零售企业的定价活动对企业经营成败有着决定性影响，因为价格不仅直接关系到企业盈利目标的实现，而且是市场竞争的重要手段。在现代市场经济条件下，商品的生命周期迅速缩短，市场竞争压力不断加剧，消费需求日益变化，零售定价决策在企业的经营活动中占据越来越重要的地位，而且零售商定价策略要和消费者体验紧密结合在一起。因此，零售企业必须充分考虑影响定价的因素，科学制定各种定价策略，灵活运用各种定价技巧。

一、零售定价的目标

零售企业的定价决策是一项复杂的活动，它需要开展多方面的工作，在此主要讨论定价目标的确定和定价方法的选择等。

（一）以企业生存为定价目标

零售定价的基本目标首先应该是保证企业的生存。当企业经营的商品不为消费者所了解、接受，或当商品供大于求在市场上严重滞销时，企业将被迫以生存作为定价目标。此时，只要出售商品的收入还能弥补日常开支（进货和支付工资），企业就能暂时生存下来。当然，这只是一种权宜之计。从长期来看，取得利润是企业生存和发展的必然要求。

（二）以利润最大化为定价目标

追求利润最大化，即追求一定时期内可以获得的最高利润。利润最大化并非意味着价格的最高。在此目标下，零售商在制定价格时就要以考虑何种价格销售商品可以使利润最大化。当企业与商品在市场享有较高声誉，在竞争中处于有利地位或处于绝对垄断地位时，追求利润最大化是可行的。但由于市场变化万千，产品日新月异，科技飞速发展，任何企业不可能永远保持领先和垄断地位。在更多情况下，企业把追求利润最大化作为一个长期定价目标，同时会选择一个适应特定环境的短期目标来制定价格。

（三）以市场占有率最大化为定价目标

价格竞争是市场竞争的重要方面。因此，处在激烈市场竞争环境中的零售商经常采用适应价格方面的竞争作为定价目标。实力雄厚的大型零售企业经常利用价格竞争排挤竞争者，借以提高其市场占有率。如沃尔玛总是以极低的价格来阻止竞争者的进入。经济实力弱小的零售企业则追随竞争者价格或以此为基础做出抉择。在低价冲击下，一些企业被迫退避三舍，另辟蹊径开拓市场。

以市场占有率最大化为企业的定价目标意味着企业将以低价作为向市场渗透的工具。这些企业大多是希望提高市场占有率后能造成薄利多销的局面；然而也有少数企业希望通过提高自己的市场占有率迫使竞争对手退出市场，最后使自己成为市场的垄断者。然而即使是后一种情况，企业也必须使自己获得一部分利润，否则企业将不能长久经营。

（四）以商品质量最优化为定价目标

一般采用这种定价目标的企业，都是在消费者心中已经享有一定声誉的企业。为了维护和提高企业商品的质量和信誉，企业经营的商品必须有一个比较高的价格。这一方面是因为高价格能带来高利润，使企业有足够的资金来保持商品的质量最优化；另一方面是因为高价格本身就是商品质量信誉的一种表现。

二、零售定价的影响因素

零售企业的经营活动是在特定的环境中进行的，零售定价决策必然会受到多种因素的制约和影响，概括起来，影响零售定价的因素可分为外部因素和内部因素两大类。

（一）外部因素分析

1. 政策因素

为了保证零售定价的合理、公正，保护正当的市场竞争和消费者的合法权益，世界上几乎每个国家都制定一系列物价政策、法规，规定零售定价的原则，有的明确规定了一些特殊商品的具体价格，有的则规定了商品价格的上下限，也有对价格垄断、价格歧视和掠夺性定价的限制，有些国家还设立了专门的机构来执行、解释这些政策法规。《中华人民共和国价格法》第二章明确规定了经营者的价格行为，而依据《中华人民共和国价格法》制定的《禁止价格欺诈行为的规定》，则对价格欺诈行为进行了界定，零售商在经营活动中的定价行为不能违背相应的政策法规的要求。

可见，国家政策法规及其执行机构对零售定价有着直接的影响，政府对零售定价的允许程度是定价的重要参照尺度。

2. 竞争因素

零售企业在其经营活动中，常常受到竞争对手的强有力的挑战。因此，竞争者的价格水平和价格策略对零售定价必然会产生巨大的影响。

目前许多零售企业在制定价格时，主要着眼于在竞争激烈的市场上应对或避免发生价格竞争。通常是以对商品价格有决定影响的竞争者的价格为基础，在广泛收集资料、审慎比较、权衡以后，制定本企业的商品价格。一般来说，采取以下三种策略：以低于竞争者的价格出售商品；以与竞争者相同的价格出售商品；以高于竞争者的价格出售商品。

在领导者价格制度下，新零售企业要想进入目标市场，为了争得一席之地，至多只能采取与竞争者价格相同的价格。而小型零售企业要想在目标市场上占有一席之地，至多也只能采取与竞争者价格相同的价格，小型零售企业由于销售费用较低，一般可以将价格定得略低于领导者的零售价格。零售企业只有在具备特殊优越条件下，诸如实力雄厚、商品质量优越、服务水平高等情况，才有可能将商品价格定得高于主要竞争者。

3. 需求因素

一种商品的最高价格取决于市场需求，所以说消费者对价格的接受程度是零售定价的最高限度，如果零售定价超过顾客的接受程度，商品就没有市场。

消费者的价格接受度除了受其消费水平、消费观念、需求偏好等因素的影响外，价格敏感度也是重要的影响因素。而消费者对不同商品的价格敏感度是有差异的，如消费者对商品的必需程度越高，价格敏感度就越低，而必需程度越低，则对价格敏感度越高。当某种商品供不应求时，消费者对价格不敏感，价格的上涨往往不会导致需求的大幅度减少；当供过于求时，消费者对价格变动相对敏感，价格稍有上涨，就可能会滞销。商品的市场竞争程度也会影响消费者对商品的价格敏感度。当某种商品市场上替代品种多、竞争激烈时，消费者对其价格的敏感度就高；如果某种商品在市场上处于垄断地位，无任何竞争对手，那么消费者对它的价格敏感度就低。

（二）内部因素分析

1. 零售商店的定位

商店的市场定位会对零售定价产生重要影响。一般来说，零售商店的市场定位有高、中、低三个层次。如果商店定位是高档，那么零售商就应该提供优雅的购物环境、良好的服务设施和手段等条件，将商品价格定位高于市场平均水平；如果商店采用低档定位，那么就要采取低成本运营，强化成本控制，如采取批量售卖、减少顾客服务开支等措施，尽量使商品价格低于市场平均水平；如果商品采取中档定位，就应该保持商品价格在市场平均水平。

2. 商品的成本

商品的最低零售价格取决于商品的进货成本，成本是零售定价的底限，任何商品或服务的长期价格都不能低于这一底限，所以说成本对零售定价有着决定性作用。

但是我们应该知道，严格基于成本的价格对目标市场来说很可能过高，并因此会减少销售或无法销售；严格基于成本的价格也可能过低，企业只能得到少于它本应得到的收入。因此，零售定价高于商品进货成本是零售定价的必要条件而非充分条件。

3. 商品本身的质量和信誉

商品本身的特性及其质量对价格的影响是显而易见的，对于质量好、式样新颖、做工精制的商品，消费者会自愿付出比较高的价格，而商品本身就难以吸引人的话，就算价格再低消费者也不会购买。所以商品自身的特点直接影响其价格的高低。此外，商品在生命周期中所处的阶段也是影响零售定价的一个重要因素。一般来说，当商品处于投入期时，商品的生产成本高、市场竞争者少，可采取相对较高的价格，如运用撇脂价格策略迅速收回成本；而当商品进入成熟期后，商品的生产成本下降、竞争者充斥市场、顾客的购买兴趣锐减时，应考虑降价。

第二节　零售定价的方法

零售企业常用的定价方法主要有成本导向定价法、需求导向定价法和竞争导向定价法等。

一、成本导向定价法

成本导向定价是以商品成本为定价基础依据，主要包括成本加成定价法、损益平衡定价法和目标贡献定价法等具体方法。

1. 成本加成定价法

成本加成定价法是指零售商将单位商品成本、零售运营费用及期望利润加总定出的价格，其特点是按照单位成本加上一定百分比的加成来确定商品销售价格。在这里加成的含义就是一定比率的利润，而加成率可以有两种不同的计算方法：一种是以进货成本为基础的，另一种是以销售价格为基础的，计算方法不同，结果也不同。

以进货成本为基础的成本加成定价法的计算公式为：

$$商品售价=进货成本\times(1+成本加成率)$$

其中：

$$成本加成率=(售价-进价)/进货成本\times100\%$$

而以售价为基础的成本加成定价法的计算公式为：

$$商品售价=进货价格/(1-加成率)$$

其中：

$$加成率=(售价-进价)/售价\times100\%$$

目前国外零售商主要采用这种以售价为基础计算零售价格的方法，因为它具有以下优点：一般零售费用、降价及利润都以其占销售额的百分比描述，若加价也以销售百分比的形式表示，则易于统一；生产者向零售商提供的进货价格及折扣也是以零售价格百分比的形式报价的；零售价格比成本数据更易收集；以零售价格为基础的利润统计数据比以成本为基础的数据显得小，这在应付政府、雇员和顾客时显然较为有利；而且在相同加成率情况下，以售价为基础计算出来的价格往往比以成本为基础计算的高，有利于企业取得较高的利润。

不管哪一种成本加成定价法，都具有计算简单、简便易行的优点，在正常情况下，按这种方法定价可使企业获取预期盈利。缺点是忽视市场竞争和供求状况的影响，缺乏灵活性，难以适应市场竞争的变化形势。特别是加成率的确定仅是从公司角度考虑，因而难以准确得知对应该价格水平上的市场销售量，使固定成本费用的分摊难保其合理性。因此，该方法主要用于那些一次性采购、事先难以确定成本的商品。

2. 损益平衡定价法

损益平衡定价法是在既定的固定成本、单位变动成本和价格条件下，确保能够保证公司收支平衡的产（销）量。收支平衡点也称损益平衡点（或盈亏分界点），如图 10 - 1 所示。其中，E 为盈亏分界点，Q 为保本销售量（也称损益平衡时的销售量）。

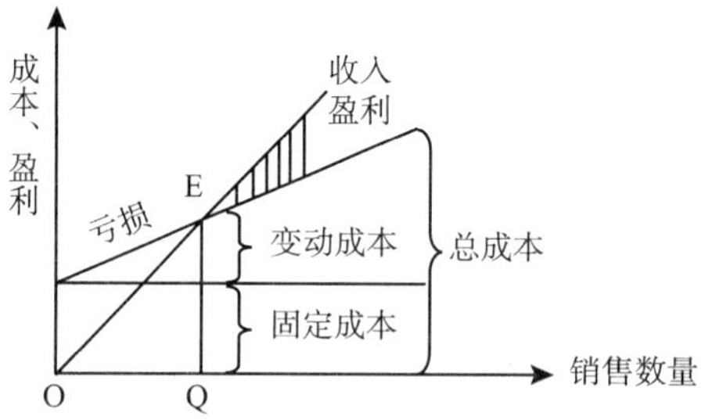

图 10 - 1　收支平衡点

根据图 10 - 1，我们得出 Q 的计算公式为：

损益平衡点销售量 = 固定成本/价格 - 单位变动成本

在此价格下实现的销售量，使零售商刚好保本，因此，该价格实际是保本价格。即：

保本价格 = 固定成本/损益平衡点销售量 + 单位变动成本

损益平衡定价法侧重于总成本费用的补偿，这一点对于经营多条商品线和多种商品项目的零售极为重要。因为一种商品盈利伴随其他商品亏损的现象时有发生，经销某种商品时所获取的高盈利与企业利润的增加并无必然联系，因此，定价从保本入手而不是单纯考虑某种商品的盈利状况无疑是必要的。在某种商品预期销售量难以实现时，可相应提高其他商品价格，逐步在整体上实现企业商品结构及销量的优化组合。

3. 目标贡献定价法

目标贡献定价法又称为可变成本定价法，即以单位变动成本为定价基本依据，加入单位商品贡献，形成商品售价。即：

价格 = 单位可变成本 + 单位商品贡献额

在这里，商品售价超出可变成本的部分被视为贡献。贡献的意义在于，单位商品的销售收入在补偿其变动成本之后，首先被用来补偿固定成本费用。在盈亏分界点之前，所有商品的累积贡献均体现为对固定成本费用的补偿，零售企业无盈利可言。到达盈亏分界点之后，商品销售收入中的累积贡献才是现实的盈利。由于补偿全部固定成本费用是零售企业获取盈利的前提，因此，所有商品销售收入中扣除其变动成本后的余额，不论能否真正成为零售企业盈利，都是对零售企业的贡献。在实践中，由于以可变成本为基础的低价有可能刺激商品销量大幅度提高，因此，贡献额有可能弥补固定成本甚至带来盈利。

目标贡献定价法具有以下优点：

（1）易于在各种商品之间合理分摊固定成本费用。限制因素占有多，其价格中所包含的贡献量就大，表明该种商品固定成本分摊额较多。

（2）有利于零售企业选择和接受市场价格。在竞争作用下，市场价格可能接近甚至低于零售企业的平均成本，但只要这一价格高于平均变动成本，公司就可以接受，从而大大提高零售企业的竞争能力。

（3）根据各种商品贡献的多少安排零售企业的商品线，易于实现最佳商品组合。

二、需求导向定价法

需求导向定价法是依据消费者对商品价值的理解和需求差别来制定价格的方法。即相同的商品因消费者需求和认识的差别，也可以采取不同的价格。在商品供过于求时，企业运用需求导向法定价，效果会更好。具体有以下几种方法。

1. 理解价值定价法

理解价值定价法也称觉察价值定价法，是以消费者对商品价值的感受及理解程度作为定价的基本依据。把买方的价值判断与卖方的成本费用相比较，定价时更应侧重考虑前者。因为消费者购买商品时总会在同类商品之间进行比较，选购那些既能满足其消费需要，又符合其支付标准的商品。消费者对商品价值的理解不同，会形成不同的价格限度。这个限度就是消费者宁愿付货款也不愿失去这次购买机会的价格。如果价格刚好定在这一限度内，消费者就会顺利购买。

理解价值定价法较多地考虑了需求情况，根据消费者对商品价值的理解，即商品在消费者心目中的价值观念所决定，而不是卖主的成本定价。

2. 需求差异定价法

需求差异定价法是以不同时间、地点、商品及不同消费者的消费需求强度差异为定价的基本依据，针对各种差异决定其在基础价格上是增还是减。需求差异定价法主要有以下几种形式：

（1）因地点而异。如国内机场的商店、餐厅向乘客提供的商品价格普遍要远高于市内的商店和餐厅。

（2）因时间而异。一年内消费旺季与淡季、消费高峰期与低谷期的价格都会有变化。例如，国庆、春节等节假日也是购物黄金假期，商品价格较平时略微上涨。

（3）因商品而异。名牌商品、包装精美的商品比同类一般商品的价格要高，有时一件国际名牌商品的价格可能是同类普通商品价格的几倍甚至上百倍。

（4）因顾客而异。因顾客的年龄、职业等差异，零售商在定价时给予相应的优惠或提高价格，可获得良好的促销效果。

但实行差异定价法需要具备以下条件：市场能够根据需求强度的不同进行细分；细分后的市场在一定时期内相对独立，互不干扰；高价市场中不能有低价竞争者；价格差异适度，就不会引起消费者的反感。

3. 反向定价法

反向定价法是指在商品设计以前就先测定消费者能接受的价格，进而确定商品的市场零售价格，然后逆向推出商品的进货成本的定价方法。因其定价程序和成本加成法相反，故称其为反向定价法。这种定价不仅以市场需求、购买力情况、消费者愿意支付的价格为依据，而且能满足在价格上与现有类似商品竞争的需求，引进在价格方面具备竞争力的商品。

三、竞争导向定价法

竞争导向定价法以市场上相互竞争的同类商品价格为定价基本依据，以跟随竞争状况的变化确定和调整价格水平为特征，主要有通行价格定价法、主动竞争定价法等。

1. 通行价格定价法

通行价格定价法是竞争导向定价方法中广为流行的一种。定价是使零售企业商品的价格与竞争者商品的平均价格保持一致。这种定价法的目的是：

（1）平均价格水平在人们观念中常被认为是“合理价格”，易被消费者接受。

（2）试图与竞争者和平相处，避免激烈竞争产生的风险。

（3）一般能为零售企业带来合理、适度的盈利。

这种定价适用于竞争激烈的均质商品，如大米、面粉、食油以及某些日常用品的价格确定；这种定价方法常在难以衡量成本的零售服务业运用。

2. 主动竞争定价法

与通行价格定价法相反，它不是追随竞争者的价格，而是根据零售企业商品的实际情况及与竞争对手的商品差异状况来确定价格，一般为富于进取心的零售商所采用。首先，定价时将市场上竞争商品价格与零售企业估算价格进行比较，分为高、一致及低三个价格层次；其次，将零售企业商品的性能、质量、成本、式样、产量等与竞争零售企业进行比较，分析造成价格差异的原因；再次，根据以上综合指标确定零售企业商品的特色、优势及市场定位，在此基础上，按定价所要达到的目标，确定商品价格；最后，跟踪竞争商品的价格变化，及时分析原因，相应调整零售企业商品价格。

四、各种定价方法的组合运用

因为价格竞争是一种十分重要的营销手段，而定价方法不是一成不变的，每一种定价方法都有其优点和不足，零售企业应该根据具体情况对各种定价方法进行灵活的组合运用，使价格与市场营销组合中的其他因素更好地结合，促进和扩大销售，提高企业的整体效益。

第三节 零售定价的策略与技巧

对于零售企业而言，定价是经营管理中最重要的环节，定价中的定价方法是具体确定商品的价格，而定价策略与技巧的关键是如何把握和实施，也会直接影响企业竞争力。

一、零售定价的策略

零售商主要会采用三种定价策略，分别是高低定价、每日低价和天天低价策略。

（一）高低定价策略

1. 高低定价策略的内涵

零售商制定的价格变动策略，是一种相对的变动，也就是相对消费者支付意愿的价格而言的。高低价格策略实施的基础在于价格歧视的运用，特别是现在AI、大数据等相关技术的快速发展，基于大数据的模型分析，更细化地区分消费者，消费者的消费轨迹和支付意愿被精准分析，形成针对不同消费群体的消费方案，零售商的价格可以随时变动，坚持“低中取低，高中超高”策略，高低定价策略更容易实施。

2. 高低定价的条件

在实施高低定价策略时，特别是制定高价的时候，零售商必须具有非价格竞争方面的独到之处，而且可以通过一些要求体现出来，比如选址的优势、高水平的服务、商品品牌声望比较高、商店的氛围设计等，尽管顾客需要支付较高的价格，但是会感觉到物超所值，所以制定相对较高价格的时候可以在以下情况中运用：

（1）可以体现消费者财富和地位。针对消费层次较高的目标顾客群体的商品，降价意味着商品社会声誉等的贬值，导致需求的下降，所以对这样的目标顾客群体必须采取高价策略。

（2）可以体现商品的高品质高价位。消费者中普遍存在着“一分价钱一分货”以及“好货不便宜，便宜没好货”等观念来判断商品的质量，人们容易把高价与高质紧密结合在一起，针对具备这种特征的商品，采用高定价策略，更容易获得消费者认可。

（3）可以体现高水平服务的高定价。在新零售背景下，消费者更注重个人体验，零售企业要以服务为舞台、以商品为道具，围绕消费者，创造让消费者觉得值得回忆的活动。有形的商品加上无形的服务创造出来的体验令消费者难忘，消费者为体验买单的欲望就高，高定价的策略就容易实施。

3. 高低定价策略的作用

（1）增加利润。高低定价的基础是价格歧视的运用，也就是商家对那些价格不敏感且愿意支付高价的顾客收取更高的价格，而对那些只愿意支付价格低的顾客收取相对较低的价格。比如永辉超市的生鲜蔬菜，就给老年人留下了深刻的印象，永辉超市的生鲜蔬菜新鲜便宜，很多老年人成为永辉超市的忠实消费群体。

（2）刺激消费者。特别是新零售快速发展，线上线下渠道融合，减价促销信息传递非常迅速，不断变动的高低定价，更容易激发消费者的购买兴趣，同时辅之以其他的促销活动，更容易激发消费者的购买欲。

（3）带动滞销品的销售。高低定价的实施，精准分析消费者群体特征，可以有针对性地降低滞销品的价格，激发有购买意愿的消费者，带动滞销品的销售。

（二）每日低价策略

1. 每日低价策略的内涵

每日低价是强调价格定得低于正常价格，但仍要高于其竞争者大打折扣后的价格。尽管使用每日低价的零售商尽量保持低价，但他们的定价并非总是市场上的最低价，商家通常以区域或时间范围来界定每日低价策略的实施，主要表现在同一种商品的价格经常变动，或者经常使用降价的方式促销。

2. 每日低价策略的条件

（1）充分的市场调研。零售企业不仅对自己所售的商品要非常了解，而且对竞争对手的商品也非常了解，从消费者对价格特别敏感的商品中选择一部分，一般是10% ~15%采取超低的价格，吸引消费者的关注，这是实施每日低价策略的关键。

（2）构建独特的服务体系。除了选出消费者对价格不敏感的商品，确保企业经营利润，补贴因为每日低价商品造成的损失之外，还要提供与众不同、独一无二的服务，让消费者感受到物超所值。

（3）零售商要有一定的知名度，较高的信誉，消费者才会对商品品质和服务给予足够的信任。

3. 每日低价策略的作用

（1）有利于增加顾客回购率。采用每日低价策略的零售商是尽力把价格保持在一个相对稳定的价格水平，容易给顾客形成一个低价优惠的印象，有些零售商还会采取低价保证政策，保证以可能的最低价提供商品。

（2）降低营销费用。零售商采用每日低价策略，会给顾客形成一种印象，一旦形成一种稳定的价格形象，就能减少每周进行大量促销所需要的广告，把注意力更多地放在塑造企业形象上去。

（3）有利于销售管理。比如沃尔玛采用每日低价策略，主要是从源头开始控制销售费用，在进货时绕开中间商，直接从工厂进货，采购价降低2% ~6%。统一订购的商品根据分店的需求进行筛选和重新打包，通过配送中心进行配送，可以有效节省仓储费用等。

（三）天天低价策略

1. 天天低价的内涵

通过降低成本，制定低价格，让利给顾客，也就是所谓的“整体低价”策略。以沃尔玛为代表的“天天平价”，是一种整体的低价。沃尔玛的天天平价不是一种或若干种商品的平价，而是所有商品均以低价销售；不是一时或一段时间的平价，而是一年四季均以低价销售；不是一地或一些地区的平价，而是全球各连锁店均以低价销售。

2. 天天低价的条件

一般情况下，天天低价策略是非常有竞争力的，但是也要防止顾客把企业形象与“便宜没好货”联系起来，过于低廉的价格容易让顾客对商品和服务产生不信任感。沃尔玛之所以能运用得成功，是建立在多年的企业品牌形象塑造上，消费者对沃尔玛的信任，才使这一战略一直运用得非常成功。总体来说，采用天天低价策略，零售企业必须具备以下条件：

（1）低费用才能低价格。进货成本较低，经营费用控制得好。

（2）高效的供应链支撑，供应链的每个环节充分参与和改造，存货周转速度较快，保持整个供应链的低成本状态。

（3）顾客对零售企业品牌的信任，同时对零售企业提供的商品和服务非常熟悉，相对较低的价格能够刺激消费者购买。

3. 天天低价策略的作用

（1）超低的价格定位，会令消费者印象深刻，低价口碑能够迅速传播开来，从而扩大了市场占有率。

（2）货物周转率高，供应链高效，能有效控制成本。

（3）可以减少广告投入，减少价格战。零售企业可以在稳定的顾客群体上下功夫，进一步提升服务水平。

二、零售定价的技巧

1. 心理定价

心理定价是利用消费者的心理因素，根据不同类型消费者购买商品时的不同心理特点来制定商品价格的一种定价方式。通常对于同样的商品，不同的消费者因其需求水平、购买动机和需求偏好不同，会有不同的价格要求和价格反应，因此，实施心理价格策略，制定迎合消费者心理的价格，往往能起到意想不到的效果。常用的心理定价主要有以下几种：

（1）非整数定价。

采用这种定价策略就是给商品制定一个带零头的价格，而不是取整数。带小数点的价格，容易使消费者产生价格便宜、经过了精确计算的感觉，由此对卖者产生信任，从而刺激顾客购买。对于普通日用品，消费者更乐于接受有零头的价格。例如，如果将某件商品单价格定为9.90元，顾客会觉得比10元便宜，而且定价较精准。尾数定价用以满足消费者求实消费心理，使之感到商品物美价廉。对于需求价格弹性较强的商品，尾数定价策略往往会带来需求量大幅度的增加。据美国一些商业心理学家调查，在非整数定价策略的具体应用中，奇数比偶数更显得便宜。商业心理学家的研究还表明：单价5元以下的商品，末位是“9”的最受欢迎；单价5元以上的，末位数是“5”的，销售情况最好。在日本和我国港澳特别行政区，尾数是“8”的价格也较多见，因为“8”与“发”谐音，比较吉利。所以，在我国除了“奇数”尾数价格外，以“8”为尾数的吉数价格也很受欢迎。

（2）错觉定价。

这种定价通常是基于消费者对商品计量的敏感度要远低于对价格的敏感度的

错觉心理，在给不同包装和计量的同一种商品定价时，充分利用消费者的这一心理特征，制定相应的价格。如500克装的某品牌奶粉标价为19.30元，后推出的450克装的同样的奶粉标价为18.50元，后者的销量明显比前者要好。其实算一下就会发现，二者单位定价相差无几，且后者还略高一点，但后者更容易吸引消费者注意。

（3）声望定价。

这种定价策略主要是针对消费者“价高质必优”的心理，对在消费者心目中享有声望、具有信誉的商品制定较高的价格。价格高低经常被顾客当作商品质量好坏的最直观的反映，特别是消费者在识别名优商品时，这种心理尤为强烈。因此，高价与性能优良、独具特色的名牌商品配合，更能显示商品特色，增强商品吸引力，从而产生扩大销路的积极效果。

（4）习惯定价。

这是一种按照消费者习惯进行定价的价格技巧。通常用于日常消费品或成熟期商品的定价，因为此时在消费者心目中已形成一种习惯性标准，符合其标准的价格被顺利接受，偏离其标准的价格则易引起疑虑。若高于习惯价格通常被认为是不合理的涨价；若低于习惯价格又使消费者怀疑是否货真价实。因此，这类商品价格要力求稳定，避免价格波动带来不必要的损失。在必须变价时，应同时采取改换包装或品牌等措施，避开习惯价格对新价格的抵触心理，引导消费者逐步形成新的习惯价格。

（5）系列定价。

这种定价一般应用于系列商品，即限定一个价格范围，该范围内分布着若干价格点，每个价格点代表不同的品质水平。在价格系列中，零售企业可先定出每类商品价格上下限，然后在这个范围内设定一定数量的价格点，如确定一盒手帕的价格范围是6~15元，价格点分别定为6元、9元和15元，使顾客感到档次明显，有助于他们去发现不同价位的商品品质的差别，便于商品销售，也为后面的价格调整作了铺垫。在这种定价中，各个价格点的间距确定是关键，不能太小也不能过大，价格间距太小让消费者感觉不到品质的差别，价格间距过大又会让消费者产生疑惑。

（6）自有品牌商品定价。

推出自有品牌商品是零售企业推进连锁经营、迅速实现规模扩张的重要途径之一，也是发挥其品牌效应的必由之路。自有品牌商品的定价要兼顾到同类制造商品牌的价格线，一般来说，零售商对其自有品牌商品的同类商品，通常只向少数厂商进小批量的货，这样做有两个方面的考虑：其一，在同类商品的比较中显示出自有品牌商品的价格优势；其二，限制自有品牌之外的同类商品的进货数量，是为了使销售向自有品牌商品集中，并且也给予消费者对同类商品有两个以上品牌商品的选择余地。

2. 招徕定价

（1）先入为主的低价渗透。

作为零售商，不论其市场定位如何，在开业之初都应将其定位准确地传达给消费者，并努力营造这一形象，以期在消费者心目中形成良好的第一印象。外资零售企业往往在开业之初采用低毛利、低价格策略，给消费者造成一种商品价格十分"便宜"的印象，以后再有计划地逐步提高某些商品的价格，使消费者在形成第一印象之后不知不觉地忽略商品价格上调的事实。这种做法不同于国内零售企业开业之初的让利促销，让利促销容易在消费者心中形成开业过后价格会大幅上调的印象，无法起到价格促销的长期效果。

（2）以盈补缺的差别毛利率定价。

这种定价策略是针对不同的商品制定不同的毛利率，以盈补缺，实现盈利和低价双获益。目前，许多外资零售企业均采用这种定价策略，他们通常将少数几种商品的价格降到很低，甚至是成本以下，用以招徕顾客，给消费者造成一种低价的错觉，吸引他们前来商场，而其他的商品的价格与同类商场持平，另一些消费者价格不敏感的商品则制定相对比较高的价格，从而保证了商场的低价定位和盈利水平。

（3）控制敏感商品的定价。

据调查，仅有30%左右的顾客在进入商场之前有明确的购买目标，其余70%顾客的购买决定是在商场中临时作出的，而且他们只对部分商品在不同商场的不同价格有记忆，这部分商品即为敏感商品。敏感商品一般是需求弹性大、消费者使用量大、购买频率高的商品，实行低价销售在市场上拥有绝对竞争优势，有利于塑造商场价格便宜的良好形象。

3. 折扣定价

折扣定价是在正式价格的基础上给予一定的折扣和让价。采取这种定价策略是为了鼓励消费者购买。常用的折扣定价策略有：

（1）积分卡累计折扣定价。

这种定价是一种比较常用的累计数量折扣定价法，就是顾客缴纳少量费用即可获得一张积分卡，顾客在规定时间内累计购买商品达到一定金额，则按其购买金额大小给予不同的折扣。这种定价方法能起到稳定顾客群的作用，目前很多零售企业实行的就是这种积分卡累计定价。

（2）会员折扣定价。

消费者只需缴纳少量费用，或达到一定购买量，即可获得会员资格，成为零售商的会员。会员可享受零售店的会员价格，购物时可以享受比非会员更多的折扣；目前有不少商家会向顾客发放优惠卡，在出售商品时就按顾客的购买金额给予一定的折扣率。对团体会员和个人会员可以采取不同的折扣率。这种折扣策略对扩大商店的目标顾客群作用很大，但要对购买不同数量商品的顾客给予不同的折扣率。

（3）限时折扣定价。

限时折扣定价是在特定的营业时段对商品进行打折，以刺激顾客的购买欲望，如限定在下午1点到2点，某商品五折优惠。限时折扣可分定时和非定时两种：定时的限时折扣是指商店在固定时间实行限时折扣价，如有些超市在每晚关门前的一小时内，将当天未售完的面包、蔬菜等商品按原价打折销售；非定时限时折扣定价则是随机抽取一个时段，对个别或部分商品进行折扣销售。限时折扣定价不仅可增强商场内人气，活跃气氛，调动顾客购买的欲望，还可促使一些临近保质期的商品在到期前全部销售完，当然，必须要保证质量并留给顾客一段使用的期限。

（4）季节折扣定价。

季节折扣是零售商家为了平衡各季节的商品销售，对一些季节性商品进行折扣销售的策略，例如，有些商店在夏季以1～3折的价格销售皮装、大衣等冬令服装；在冬季则以低价销售电风扇等夏令用品。商家在采用此策略时要注意，在消费高潮时的季节折扣要与竞争对手的同类商品价格拉开差距，从而具有明显的价格优势；而在销售淡季时，折扣则既要体现反季节促销的特点，又要能实现季节性清货，前者能够扩大销售，后者能够清理库存。

4. 促销定价

（1）特殊事件定价。

有些零售商喜欢利用一些特殊的时间和事件，把全部或部分商品临时降价以吸引顾客前来光顾。特殊节日包括公共性节日，如春节、元旦、中秋节等，这是一种明显的“炒节”现象；另一种特殊节日是商家的开业、店庆或装修后重新开张等，这些特殊节日的利用是一种“造节”行为。此外商店还可利用各种特殊事件，例如对国内外影响重大的事件，实行折扣价格策略以吸引顾客关注和光顾，这是一种“借势”经营行为。无论是哪一种特殊事件定价策略，其主要目的都是通过这些特殊事件来引起顾客的注意，以实现宣传本店、扩大销售的目的。由于特殊事件定价只是临时性的降价，不会导致其与竞争对手之间的价格战，也不会在顾客心目中产生价格定势，因此不失为一种良好的促销手段。

（2）提供赠品定价。

这种定价是向顾客赠送礼品或是当顾客的购买金额达到一定幅度时向其赠送礼品。具体有三种方式：一是赠送，只要进店即可免费获得一件礼品；二是先买后送，即顾客购物满一定金额才能获得礼品；三是随商品附赠礼品，如买咖啡送咖啡杯、买生鲜食品送保鲜膜等。对某些新商品或利润较高的商品，也可以采用销售赠品的定价方法来刺激这类商品的销售。临近保质期的商品，在与供货商协商以非实际退货方式退货后，也可将其作为附赠品向消费者附带赠送。此外，还可将新商品以小包装方式作为赠品附送。这样，一方面可以促使顾客尝试购买新商品，另一方面也用实物反映价格优惠，有利于扩大销售。

（3）商品组合定价。

当两种商品是互补性商品的时候，企业可以对商品实行组合定价，发挥商品内在的关联效应，从而使整个商品组合取得整体的最大利润。例如，购买电脑的顾客可加付少量货款获得一台打印机，运用的就是这一价格策略。在具体采用这一价格策略时，首先确定某种商品的最低价格，以吸引消费者购买商品线中的其他商品，如上例中的打印机；其次确定商品线中某种商品的最高价格，它在商品线中充当品牌质量和收回投资的角色，如上例中的电脑；最后商品线中的其他商品分别依据在商品线中的角色不同而制定不同的价格。

三、价格调整

由于零售企业所处的环境是不断变化发展的，价格也不是一成不变的。为了适应市场环境的变化，零售企业需要适时调整价格，这种价格调整有时是主动的，有时则是被动的；有时是提价，有时则是降价，其目的都是保证企业的生存和发展。

总体上，零售企业的价格调整可以分为以下两种情况。

（一）提价

提价是指零售商在制定的初始价格基础上调高价格的行为。提价往往会遭到消费者的反对，对企业的经营造成风险，但是由于一些客观原因企业必须提价时，企业应该考虑各方面的因素，慎重提价。

1. 零售企业提价的原因

（1）成本上升。由于原材料等生产要素的价格上涨，造成生产企业的成本提高，导致零售企业的商品进价上升，因此零售商不得不提高商品价格，否则就会造成经营亏损。

（2）需求上涨。由于市场需求大幅度上涨，造成商品供不应求，无法满足所有顾客的需要。在这种情况下，零售企业可采取提价策略，一方面抑制需求，另一方面取得更大收益。零售商的提价方式包括取消价格折扣，在商品大类中增加价格较高的项目，或者开始提价。

（3）定价目标调整。当零售企业进入市场初期，为了在市场上立足，刚开始可能以生存为定价目标，商品价格较低，其经营状况是微利或略亏。当企业在市场上站稳了脚跟，则要考虑获得更高的回报，并且前期的低价是一种计划中的策略时，企业可能考虑提价。

以上三种提价原因中，第一种是被动提价；后两种属于主动提价。无论是被动提价还是主动提价，都存在风险，必须慎重决策。

2. 零售企业提价的风险

零售商提价的风险是显而易见的，它可能使商品的销售量减少，进而影响企业的利润。而且提价会抑制需求，如果需求被过度抑制，也有可能导致企业利润的下降。同时，高价格、高利润也会导致竞争者不断涌入市场，使竞争日益加剧。因此，为了减少顾客不满，企业提价时应当向顾客说明提价原因，并帮助顾客寻找节约途径。而且，如果有可能，当市场供不应求时，企业应当积极组织货源，增加商品的供应量，牢固地占领和扩大市场。

3. 零售企业提价策略

由于顾客对于价格往往较为敏感，直接提价可能导致顾客反感，零售企业可通过以下提价策略，既提高实际价格，又不会对销售产生大的负面影响。

（1）在价格不变的情况下减少成本。具体来说，零售企业可通过减少数量折扣或提高数量折扣的累计金额，从而实现实际价格的提高；零售企业可通过减少促销活动和促销人员，通过减少促销成本开支，来实现不提价而实际价格上升；零售企业还可通过减少部分服务项目，或对某些服务项目收费等措施，在不提价的前提下，使实际价格提高。

（2）与供应商协商，改变商品而价格不变。零售商可与制造商进行协商，通过制造商压缩商品分量、使用相对便宜的原材料、使用大包装、改变商品特点，从而使成本降低，这样可在最后零售标价不变的基础上使实际价格提高。

（3）分类商品提价。零售商只对价格不敏感的商品提价或较大幅度提价，而对于顾客较为敏感的商品不提价或小幅提价，从而使总体价格上升。

（4）提高价格和商品的认知价值。在只有提价一条路可走时，零售企业可能通过提高顾客对商品的认知价值来实现提价。零售商可通过加强促销人员的介绍、说服、服务等促使顾客对商品价值有更好的理解。

4. 零售企业提价时应该注意的问题

顾客通常有一种“买涨不买落”的心理，有时适当的提价可能使顾客产生商品质量过硬、价格可能还要上升等想法，因此，合适的提价可能并不一定就会面临风险。

在零售定价提高前，企业必须充分了解政府部门对提价的态度、市场上顾客和竞争者对提价的反应。在零售企业提价的具体操作过程中还应注意提价的时机、提价的方式和提价的幅度。

总之，合理采取提价策略既能适当增加利润，又能提升商品和商店形象。

（二）降价

零售的降价是指企业调低初始零售价格的行为。

1. 零售企业降价的原因

在现代市场经济条件下，企业降价的原因主要有：

（1）需求因素，需求减少或销售萎缩。由于商品的需求不足，为了刺激购买，扩大销售，零售企业必须实行降价。

（2）竞争因素，主要是竞争者降价。在强大的竞争者的压力之下，企业的市场占有率下降，企业只有通过降价来扩大自己的市场份额。

（3）成本因素，主要是商品成本下降。由于生产企业和经营规模扩大、成本下降，零售商为了让利顾客、扩大销售，而实行降价。

（4）商品因素，主要是商品过时或商品处于销售淡季、商品质量有瑕疵等原因，企业才会对商品进行削价处理。

2. 零售企业降价的风险

我们总是认为，零售企业的降价要比提价更易操作。因为零售企业的降价可以使顾客得到实惠，不会引起顾客的抵触。事实上零售企业的降价也是存在着巨大风险的。一是顾客可能会因价格下降而怀疑商品质量；二是降价可能使企业的利润减少；三是降价可能引起供应商的不满；四是降价可能引起竞争者的报复，从而陷入价格大战中。

3. 零售企业的降价策略运用

（1）明确降价目的。零售企业必须明确降价的目的是应对竞争，还是让利顾客，或者是商品的削价处理，因为不同的降价目的采取的降价策略也应有所区别。

（2）选择合适降价时机和合理持续时间。零售企业应根据以往的销售记录和市场的需求变化，选择适当的降价时机。同时，降价持续时间的长短不仅关系到降价的效果，而且会影响企业的经营成本。根据国外的经营经验，一般来说降价持续时间一周较为合适，当然具体可根据降价目的进行调整。

（3）确定合适的降价幅度。零售企业的降价幅度应根据具体情况而定，一般来说应与其降价目标相适应，同时考虑相关因素。例如，商品库存处理，则可能降价幅度较大；而商品进价上涨，则可能要根据进货成本上涨幅度以及竞争者的降价幅度来设定。

(4) 降价应该注意的事项。企业应认识到降价不是竞争的唯一出路，如果因为竞争者降价而降价，应小心出现恶性竞争、两败俱伤的局面。企业可通过加强售后服务等非价格手段来提高竞争力。企业在降价的时候还应该做好计划和具体的安排，尽量减少降价次数，同时注意降价不能降质量，以免给消费者造成企业经营不善等不良印象，得不偿失。

第四节 定价中的法律和道德问题

零售商在制定价格的时候要考虑某些法律和伦理问题。零售定价中的法律和道德问题包括掠夺性定价、转售价格维持、横向定价、诱售法和欺骗性的参考价格。

一、掠夺性定价

是指占有主导地位的零售商以低于成本的价格出售商品，以此将竞争者驱逐出行业的行为。零售商制定掠夺性定价的最终目的是驱逐竞争对手后提高价格，以补偿其损失。例如，2018 年在互联网巨头中快速兴起的社区团购模式，就是互联网公司先在城市社区的附近建一个线下实验店，然后再把上游供应链通过补贴整合进来的产品在这个线下店销售，低价倾销，产生轰动效应。社区的大叔大妈和家庭主妇们就会趋之若鹜地过来扫二维码成为会员。在互联网巨头们的补贴烧钱战争中，社区团购迅速侵占了现代人的餐桌。原本从菜市场新鲜采购的蔬菜肉类，被用手机 App 下单，送货上门的服务所取代。

二、转售价格维持

供应商鼓励零售商以某一特定价格出售他们的商品，称为制造商建议零售商价格，供应商利用此方式来减少零售商之间的价格竞争，消除“搭便车”行为，并刺激零售商提供互补的服务。供货商通过控制给零售商的好处来执行转售价格维持，如提供合作广告，甚至拒绝为不遵守该规定的零售商发货。

三、横向定价

是指直接竞争的零售商之间达成制定相同价格的协定。目的是减少竞争，但是这样的方式很明显是非法的，是一种不正当竞争。根据通常做法，零售商应避免与竞争对手讨论价格、销售条件或条款。如果零售商要了解竞争对手的价格，可以通过观察竞争对手的广告，登录他们的网站或光顾其商店。

四、诱售法

指通过宣传价格低于正常水平的商品来吸引顾客进入商店，进而诱使顾客转而购买价格更高的类型的商品，是一种非法欺骗的行为。

五、欺骗性的参考价格

参考价格是购买者用于比较产品实际售价的价格，购买者可用于比较商品促销价格的变化，评价价格的优惠程度，感知商品和服务价值的变化。

参考价格的真实性对消费者非常重要，是消费者判断商品和服务是否优惠的重要参照，如果参考价格被有意夸大或者虚构，那广告信息就具有一定的欺骗性，损害消费者利益。比如，有些零售商故意提高参考价格，再进行折扣、送券等复杂的促销活动，消费者难以确定真正优惠程度。

【本章小结】

价格是影响零售企业经营目标实现的重要因素，零售企业的定价决策必须综合考虑政策环境、消费需求、市场竞争、进货成本、企业的定位等因素，在此基础上明确定价目标，选择合适的定价方法，并通过价格策略的灵活运用，使零售定价更具市场吸引力和竞争力。企业还必须根据市场环境的变化适时调整价格水平，通过提价或降价来更好地吸引顾客，扩大销售。零售商在制定价格的时候也要考虑一些法律和伦理问题，比如掠夺性定价、转售价格维持、横向定价、诱售法以及欺骗性的参考价格等。

【思考题】

1. 影响零售定价的主要因素。
2. 简述零售定价的策略。
3. 简述零售定价的方法。
4. 简述零售定价中的法律和道德问题。

【延伸阅读】

［1］范辰，张琼思，陈一鸣．新零售渠道整合下生鲜供应链的定价与协调策略［J］．中国管理科学，2022.

［2］金亮，陈朝晖，温焜．线上零售商开设体验店：基于供应链的视角［J］．中国管理科学，2022（6）．

［3］李豪，蒋禄欢，彭婷．消费者等待和转移购买行为下的易逝品定价策略［J］．控制与决策，2022（4）．

［4］李琳，朱婷婷，范体军．基于渠道差异的生鲜零售商定价和服务策略研究［J］．管理工程学报，2022（2）．

［5］刘健，张珣，陈杰，等．全渠道零售商退货方式和定价研究［J］．中国管理科学，2022．

［6］刘静静．互联网零售中价格歧视策略的应用分析［J］．中国商论，2022（17）．

［7］彭扬，卢锦航，言小明．线上零售商全渠道门店布局密度策略研究［J］．运筹与管理，2022（4）．

［8］王俊斌，范小军．顾客价值共创模式下的零售商定价与服务策略研究［J］．中国管理科学，2022（8）．

［9］夏蓓．互联网消费金融背景下零售商收款方式与定价策略研究［J］．产业创新研究，2022（14）．

［10］张华，李莉，何向，等．考虑促销长期效应的网络零售促销策略研究［J］．管理学报，2022（8）．

［11］赵文燕，张傲．考虑交付时间和退货等因素的零售商 BOPS 定价策略［J］．商业经济研究，2022（17）．

【精彩案例】

“双十一”第一枪，是定价权战争？

2023 年 10 月 24 日，“双十一”预售第一天，平台、商家和主播之间的互相攻讦与讨伐。京东、淘宝以及各大平台主播，正在围绕着大主播与不同平台之间定价权归属问题，对簿互联网公堂。

只要“低价”的主题还在，“双十一”大战就会继续硝烟弥漫。淘宝号称“全网最低价”，京东提出“真便宜”口号；反内卷的拼多多，继“天天都是 618”之后，喊出“天天都是‘双 11’”；抖快则持续发力直播电商，推出流量扶持和补贴激励计划。

纵观全网，各大直播间的“羊毛”早已漫天飞舞，平台和主播纷纷推出新花样，主播们用退货也不用退还赠品的方式刺激买家下单，用抽奖免单的方式拉长观众停留，商家主推现货，拒绝预售等复杂玩法。

“双 11”购物节已经迎来第 15 个年头。罗永浩曾在直播中阐释购物节玩法复杂的逻辑："通过设计复杂的折扣玩法，让有钱的人花更多钱，让愿意花时间的人省更多钱，这是一套高明的商业模式。"

但一个不可规避的疑问是：各大电商直播平台365天不停地低价促销的行为，究竟是否消解了"双十一"的存在感呢？消解了，但好像又没有。

"双十一"的新常态，低价卷到极致

从各大电商平台天猫、京东、拼多多、抖音、快手、唯品会等，到"双十一"的新生代玩家小红书、东方甄选和B站，各大平台的"双十一"主题是冲刺低价，卷到极致。

以淘宝天猫为例，淘天集团CEO戴珊在此次"双十一"发布会上表示，电商平台正在进入"挑战中创造机会"的周期，长期品牌建设，创新力竞争将成为行业焦点。

根据天猫方面的表述，2023年"双十一"，天猫将有超8000万热销商品实现全年最低价。此外在往年跨店满减玩法的基础上，淘宝天猫新增单品价格直降15%以上的"官方立减"玩法和"天天低价"玩法，淘宝直播则推出直播间"闪降"玩法，相关商品提供直降折扣，无需凑单满减。

更核心的转变是，淘天集团从关注销售额、用户量，转向关注价格力。

据澎湃新闻报道，2023年"双十一"，淘天集团将"全网最低价"定为核心目标，包括用户、平台、直播在内的多个部门都以此作为"双十一"的核心考核KPI。

发布会上，戴珊公布了2023年天猫"双11"的三方面目标：为品牌商家获取最大规模用户；沉淀品牌资产提升品牌力；回归初心，给消费者一届快乐的"双11"。

同样关注价格的不只淘天集团一家。

2023年的"双十一"启动会上，京东将主题确定为"真便宜，闭眼买"，强调将用超低价格和诚意商品，为消费者打造闭眼买体验。京东零售CEO辛利军在会上表示，低价是京东刻在骨子里的基因。

与往年相比，京东"双十一"首日直接提供现货销售，在消费补贴上，除了跨店满299元减50元，消费者也可叠加20元补贴。此外，京东在"双十一"期间为活动商家超8亿款商品提供30天全程价保，消费者可享受买贵一键退差价服务。

拼多多则在大促与百亿补贴基础上额外发放官方补贴。除了每满300减50、每满200减30的促销活动外，百亿补贴也首次上线了"单件立减"玩法，相关会场商品商家直降10%，再叠加平台补贴券实现立减15%。

同时，年度降价榜、品牌折扣、直降百元等活动将上线拼多多。拼多多"双11"大促项目负责人表示："2023年的电商大促正在回归大促的初心，为消费者带来更多实惠，这也是拼多多一贯坚持的理念。”

抖音则以官方立减活动为主打，“双十一”期间，抖音商城单品价格将直降15%起。而相比过去的跨店满减玩法，本次“双十一”抖音决定，由商家自己决定折扣比例。

整体来看，“双十一”各电商平台对于性价比和服务能力的竞争，已经达到一个新的高度。如何摒弃复杂规则，向消费者让利，已成为各平台的关注焦点。与此对应的是，消费者体验也将在本届“双十一”来到一个全新高度。

从狂欢回归节日

在平台与品牌商家热战“双十一”的同时，消费者心态也在发生变化，从一年一次的薅羊毛变成了理性下单。

在早期的“双十一”，消费者看到的是海量营销宣传，从电视媒体到网络媒体、平面媒体、户外媒体，“双十一”以闪电速度深入千家万户。2009 年，淘宝“双十一“只有 27 家商家参与促销，当天成交额仅为 5200 万元。到 2021 年，天猫“双十一”成交额已经来到 5403 亿元。十几年里，“双十一”的影响力爆炸式增长，已是不争的事实。

但眼下，“双十一”正在从全民级的消费狂欢日，蜕变为一个有仪式感的节日。

首先，大促周期的延长，削减了“双十一”的冲击力。

在早期，“双十一”购物节还是一场用一天时间豪赌业绩的试验品，但平台与商家很快发现，这种把消费潜力集中在一天挖掘的模型并不是最优解。商家需要更长的备货周期和销量预测，物流行业需要分散突如其来的高峰，消费者需要更多时间来筹备购物规划。

正因如此，2016 年阿里巴巴率先将“双十一”从 24 小时延长至 24 天。这保障了产业链各方不再仓促迎接消费峰值，能做到有序应对。而与此同时，“双十一”的紧张节奏也有所放缓。

其次，海量带货主播、电商新势力平台的涌现，分散了消费者的视觉焦点。电商平台主会场不再是消费者的唯一选择，整个网络都能找到“双十一”的踪迹。

当低价成为各平台各主播的核心竞争力，所有玩家都试图构筑属于自己的价格护城河，越来越多的低价商品涌入市场，消费者产生惊喜的阈值被拉高，很难再对某个促销活动产生惊喜感。

但这并不意味着，“双十一”的影响力在削弱。

对绝大部分消费者来说，“双十一”仍然是一年当中最重要的消费节点，很多不急于一时购买的商品，诸如日用洗护，零食酒水，电器家居，都值得留到“双十一”再入手。相比过去那个分秒必争的全网狂欢，如今的“双十一”更像是一个真正的节日——约定俗成，循规蹈矩，所有人都已适应节日带来的消费节奏。

不必期待"双十一"再进化

这届"双十一"展现出一种趋势——电商大促节日的进化，高峰期已经过去。

"双十一"的玩法能否再进一步，达到现象级，满足所有人的需求？

曾经有消费者在社交网络吐槽称，我怀念曾经的"双十一"，没有复杂的套路，直接在日常价格基础上降价，和朋友各自总结一份攻略然后交流心得，那才是真正的购物节。

如今，在历年购物节的打磨下，"双十一"的玩法越来越趋近平台、商家、消费者之间的黄金平衡点。对小红书、东方甄选、B站等电商新势力来说，它们可以不费吹灰之力，就从传统电商平台学到一套高度成熟的大促玩法。

以消费者促销玩法为例。这届"双十一"中，各平台的玩法表现出高度趋同的特性，例如复杂玩法与省心直降的统一。在任何一个主流电商平台，跨店满减加补贴直降的结合打法已经成为标配。

手懒与手勤的两派消费者都能很快找到自己的场域——追求更高折扣，就紧盯大促时间，提前扫货领券凑满减；追求快捷方便，就到各平台的官方直降会场，搜索对应商品下单购买。

再如大促时间。在这届"双十一"，由京东带动的现货开售浪潮在各平台蔓延开来，多个平台选择将"双十一"预售期提前。对消费者来说，购物节不再是与时间赛跑的战争，无论从哪个时间点切入"双十一"，消费体验的区别不会太大。

此外，商家与平台的经营哲学正在发生根本转变。商家正在从过去的从大促中盲目追求业绩，转向以可持续盈利为目标；电商平台也从关注用户增长与销售体量，转向关注消费者体验。在本次"双十一"竞争中，全网最低价已经成为各平台的竞争核心。以天猫为例，天猫"双十一"期间将上线"天天低价"活动，相关商品将获得平台官方流量扶持。

对消费者来说，成熟期的"双十一"不会再做出大幅度的玩法调整，但这已经足够。在历经多年博弈后，平台、商家、消费者都找到了参与"双十一"的最佳姿势。这样的大促未必能带来太多惊喜，但它一定适合更多人。

资料来源：白芨．双十一第一枪，是定价权战争？［EB/OL］.［2023－10－25］. https：//www. tmtpost. com/6759448. html.

讨论题：

零售定价权应该掌握在品牌方或是平台方？在网购时代，零售定价中要注意哪些问题？

第十一章

零售采购与配送

【学习目标】

1. 掌握商品采购的原则、方式与策略；
2. 掌握零售采购过程；
3. 掌握零售商品配送。

【重难点】

1. 商品采购的原则、方式与策略；
2. 零售采购过程；
3. 商品配送；
4. 商品采购的方式与策略；
5. 零售采购过程。

【案例导入】

盒马鲜生，新零售模式下的供应链之“新”

盒马鲜生是一家辐射于全国的线上线下相结合的生鲜平台。自2016年创立至今，它逐步扩大门店数量，现已经在我国21个城市建立了200余家门店，成为了知名的生鲜品牌。盒马鲜生对外公布的数据显示，目前盒马的单个门店坪效超过5万元，单店日均总销售额超过80万元，这样的业绩在生鲜平台中不管是对比传统线下零售还是线上平台都是非常可观的。

盒马鲜生主要采取的是线下门店销售和线上平台销售相结合的双渠道经营模式，其中门店作为线上线下业务整合的重要依托，实现了仓店一体化，不仅可以满足企业自身对仓储和配送的需求，也可以满足消费者的购物和餐饮需求。盒马在阿里巴巴的名下，不仅和淘宝共用一个物流体系，还可以依托阿里巴巴的大数据和云计算等计算机技术进行采购和物流计划的制定，更好地对消费者需求进行分析，再进一步地预测市场的需求趋势。

盒马鲜生作为一种融合线上、线下，融合零售、餐饮的新业态形式，主要依靠的是其背后新零售模式下的供应链之“新”，实现了短链化、高效化、去中心化和网络化。盒马借力于生鲜电商，整合创新其整条供应链。在上游供应中，盒马主要在商品的选定、供货渠道的选择和商品质量的把控上进行了创新，运用个性化的定制采购来完善上游的生产端；在中游物流上，实行仓店合一的双链路，门店承担着线上线下的配送路径和卖场路径；在下游的门店，注重全渠道的融合餐饮与零售，由盒马门店的市场定位决定其选址、经营范围决定其供应链的拓展。总之，它在供应链上的创新保证了整个体系更轻、更快、不间断的流通周转。

从本质上看，盒马鲜生高效率的供应链很大程度上来源于其对采购流程以及配送流程的优化。对于零售商而言，采购应注意什么？采购与配送过程包含了哪些环节呢？

资料来源：凌晨．“盒马鲜生”和“京东便利店”供应链模式分析［J］．广告大观（理论版），2020（3）：67－75.

思考：盒马鲜生供应链之“新”体现在哪些方面？

第一节　商品采购的原则、方式与策略

一、商品采购的原则

商品采购是零售商在对市场进行调查研究的基础上，为适应消费者需要，选择商品和办理商品购买手段，取得商品所有权的一种经营活动。零售在组织商品采购时，应当遵循的基本原则。

（一）以需定进原则

以需定进就是根据市场需求情况来决定进货，保证购进的商品适合消费者需要，能够尽快地销售出去。坚持以需定进，能够避免盲目的采购，促进商品的销售。但并不是说零售商的购销活动就是完全被动的，购销活动与市场需求之间的平衡，应当是动态的、积极的。这就需要零售商在购销过程中，结合本企业的实际和各种商品的不同特点，认真研究市场需求态势，分别采取不同的购销策略，以求得购销与市场需求的动态平衡。

（二）质量第一的原则

商品质量的好坏，直接影响到消费者利益，也关系到企业的效益与信誉。零售商品采购坚持质量第一的原则，就是要在进货中加强商品质量检验，对不符合商品质量标准要求的商品，要严格把关，拒绝购进，避免因商品质量低劣而造成企业经济上和信誉上的损失。零售商既不能经营假冒伪劣商品，也要学会识别真伪商品，抵制假冒伪劣商品流入企业，进入市场。其主要方法：看进货渠道是否可靠；看商品包装；看商品质量；看销售者；掌握伪劣商品的特点，如送货上门，一手钱一手货，现金交易，不转账信汇，价格低于平均水平，回扣率大，不开非正式发票单据等。

（三）经济核算原则

经济核算的目的就是以尽可能少的劳动占用，收获尽可能多的劳动成果，取得好的经济效益。零售商在组织商品采购时，涉及资金的合理运用，物质技术设备的充分利用，合理的商品储存、运输、人员安排等事项。这些可能通过勤进快销的定性、定量分析来加以控制。勤进快销可以加速资金周转，避免商品积压，以勤进促快销，快销保勤进。同时，还可能根据不同商品的特点、市场销量情况确定相应的经济合理的数量界限，也就是在一定时期内，采购次数要适当多一些，批量要适当，进货间隔期要适当缩短。总之，要在采购适销对路的商品前提下，选择能使采购费用和保管费用最省的采购批量，以及选择能使库存量保证适销需要的采购时间，以保证获得最大的经济效益和社会效益。

（四）诚实守信原则

诚实守信原则最基本的就是要做到信守合同和承担零售企业应有的社会责任。首先零售采购时买卖双方要确立经济合同，维护双方利益，各自明确其需承担的责任。零售商要信守合同，保证合同的有效性、合法性，同时保证企业经营活动的公平、有效以及合法。其次零售企业在将采购产品售卖给消费者时，要自觉遵守诚实守信的原则，践行社会主义核心价值观，维护消费者的合法权益和企业的信誉。满足消费者的需求，为其提供丰富的商品种类、舒适的购物环境和良好的售后服务。以厦门市嘉晟对外贸易有限公司为代表的首批外贸综合服务国家试点企业，在新冠疫情以来，诚信经营，用小小的“诚信口罩”来树立诚信口碑，不管疫情期间有多少困难，他们都会严格把控供应链环节，主动给厂家让利，确保口罩的质量，如期交货。

二、商品采购的方式

零售商的商品采购方式，大致有以下几种。

（一）按商品采购形式可分为市场选购、合同定购、预购

1. 市场选购

市场选购是零售商在经营活动中根据销售需要，直接通过市场，充分自主地向生产商或其他供货商协商定价，自由选购商品。它一般适用于花色品种复杂，规格不一，市场需求变化快，易于更新的商品的采购。这种采购方式利于零售商按照市场需求组织货源，避免积压或脱销。

2. 合同定购

合同定购是零售商为了掌握某些商品的货源，通过与生产企业协商签订合同，预先向生产企业订购一定数量的商品，生产企业按照合同规定的品种、规格、数量、质量进行生产并按期交货，企业按合同规定接收商品和交付货款。这种方式一般适合于生产周期或商品市场生命周期较长的大批量商品期货交易。

3. 预购

预购是零售商在商品生产前同生产单位协商，签订预购合同，并预付一定数量的订金。一般多用于农副产品的采购。

（二）按货物交换形式可分为现货采购、期货采购、先售货后付款

1. 现货采购

现货采购，也称现货交易，是指商品采购时供货方有现成的商品，零售商可以直接或在极短的期限内提货的采购形式。这种采购交易方式成立后，双方立即进行商品与货款的相互交换。

2. 期货采购

期货采购是指采购时供货单位尚没有现成商品，交易成立后，双方约定一定期限，实行商品与货款相互接受的一种买卖活动。

3. 先售货后付款

先售货后付款，即代销采购方式，是经购销双方协商一致后，在合同契约的基础上，零售商先进货，待商品售出之后再结算的方式。

（三）按企业内部进货管理层次不同可分为集中采购、分散采购、集中采购与分散采购相结合

1. 集中采购

集中采购又称中央采购，是指采购权限高度集中于商店总部或连锁总部，由零售商设置专门的采购机构和人员统一采购商店的商品，商品分部或分店则专门负责销售，与采购脱钩。这是种采营分离的采购制度。

其优点如下：

（1）可以提高零售商在与供应商采购谈判中的议价能力。由于集中采购进货量大，零售商在谈判中处于优势，可以获得优厚的合同条款，享受较高的价格优惠，这是许多连锁商店竞争力的主要来源之一。

（2）可以降低采购费用。

（3）可以由公司统一规划、实施促销活动，有助于保持企业统一形象，使企业整体营销活动易于策划和控制。

（4）利于采购人员全面熟悉货源情况和对外建立固定联系，有利于保证采购商品的质量和数量，提高采购效率；各店铺致力于销售工作，提高了店铺的运营效率。

（5）配送体系的建立，降低了连锁店的仓储、收货成本。

（6）可以规范采购行为，避免商业贿赂。商业贿赂是指供应商给零售商的采购员提供金钱或有价值的物品以影响其采购决策。

其缺点如下：

（1）购销容易脱节。集中采购在分享专业化分工效率的同时，也增加了专业化分工协调的困难。容易出现商品供销发生脱节。

（2）采购人员与销售人员合作困难，销售人员的积极性难以充分发挥，维持销售组织的活力也比较困难。

（3）责任容易模糊，不利于考核。

2. 分散采购

分散采购是指采购权分散到各个部门或各个分店，由零售商各部门或分店自行组织采购。这些部门或分店不仅负责本身的商品采购，还直接负责商品的销售，其特征是采购与销售合一。

其优点如下：

（1）能适应不同地区市场环境变化，商品采购具有相当的弹性。

（2）对市场反应灵敏，补货及时，购销迅速。

（3）由于分部有采购权，可以提高一线部门的积极性，提高其士气。

（4）分部有较大权力，便于分部考核，要求其对整个经营业绩负责。

其缺点如下：

（1）部门各自为政，容易出现交叉采购，人员费用较大。

（2）由于采购权力下放，使采购控制较难，采购过程中容易出现商业贿赂现象。

（3）计划不连贯，形象不统一，难以实施统一促销活动，商店整体利益控制较难。

（4）由于各部门或分店的采购数量有限，难以获得大量采购的价格优惠。

3. 集中采购与分散采购相结合

集中采购与分散采购相结合是将一部分商品的采购权集中，由专门的采购部门或人员负责，另一部分商品的采购权交由各经营部门自己负责。

优点：吸取了两者之优点，灵活性强，商店可以根据所处地区和自己的实际情况，有针对性地采购部分商品。

缺点：如管理不当，也容易形成各自为政现象。

（四）按企业外部联合采购形式可分为采购中心集中采购和联购分销

1. 采购中心集中采购

采购中心集中采购，然后向中心所属成员分配。这种方式通常在连锁商店采购商品时运用。

2. 联购分销

联购分销，也称联合采购，即由若干个零售企业联合组织进货，按事先协商的比例分配，各自销售。这种采购方式可以有两种方法：一是由若干零售店成立固定的联购分销机构；二是由某些较大型的商店负责组织，向其他联购成员收取一定手续费。这种采购方式的优点：能发挥协作精神，节省人力，能先凑零为整，后拆零分销，增加花色品种，有利于降低商品价格，降低进货费用等。缺点：组织工作比较复杂。

（五）按采购地区划分的采购方式

1. 国外采购

国外采购是指零售商向国外供应商采购商品，通常采取直接与国外供应商联系或通过本地的代理商来采购商品。一般适用于国外商品价格比国内便宜或国内无法供应相应需求数量的商品。

其优点如下：

（1）扩大了供应商的范围，从而使购买商有更多的选择，提高商品的质量，增加利润。

（2）可以制衡国内的采购价格。

（3）可以购买到国内没有的新奇商品。

其缺点如下：

（1）具有很高的不确定性，采购风险高。

（2）交易手续比较复杂，采购效率低。

2. 国内采购

国内零售是指零售商向国内供应商采购商品。通常适用于当国内外商品价格与品质相同时，采取国内购买为先的策略。

其优点如下：

（1）一般用时较短，面临的不确定性和风险较小。

（2）可以避免商业沟通的困难，售后服务更有保证。

其缺点如下：

购买商的选择面较窄，无法购买到国外的高科技产品等。

（六）按照采购价格方式划分的采购方式

1. 招标采购

招标采购是指零售商作为招标方，事先将商品采购需要提出的条件和要求详细列明，公示于众，邀请众多企业参加投标，再根据列出的要求按照规定的程序和标准从投标中选择交易对象，并与选择出来的投标方签订协议的过程。整个招标采购过程中，要求过程公开、公众和择优。招标采购规定显示必须要有三家以上的供应商进行报价投标才能开标，且开标后原则上要以最低报价的供应商得标。

2. 询价采购

询价采购又称“选购”，指零售商向有关供应商发出价格询问让其报价，在报价基础上进行比较后确定最优供应商的一种采购方式。

3. 比价采购

比价采购指零售商请教数家供应商提供价格后，从中加以比较后选择确定的供应商进行采购。

4. 议价采购

议价采购指零售商与供应商谈判，经过讨价还价确定价格后进行采购。

5. 公开市场采购

公开市场采购又称为竞争价格采购，指零售商在公开交易或拍卖时随时机地进行采购。通常适用于采购次数频繁的商品。

三、商品采购的策略

商品采购策略是实现零售商经营计划的重要手段，是为实现零售商经营战略目标服务的。这就要求零售商必须根据商品的特点、自身的条件和面临的市场环境因素，选择适当的采购和销售策略，以保证零售商采购任务的顺利完成和促进商品销售。

（一）商品生命周期不同阶段的采购策略

商品生命周期一般分为投入期、成长期、成熟期、衰退期四个阶段。零售商根据商品所处的生命周期不同阶段的特点，可以选择不同的商品采购策略。

1. 投入期

投入期，又称介绍期、试销期。指商品刚刚投放市场后的一段时间，在这段时间内，商品未被消费者认识和接受，商品销售量增长缓慢，且不稳定。零售商经营这种商品应慎重进货，数量要少些，可以采取为制造商代销的方式。

2. 成长期

成长期，又称发展期、畅销期。商品的销路已经打开，销售量增长迅速。在此阶段，零售商应积极组织货源，扩大商品购进，促进商品销售。

3. 成熟期

成熟期，又称饱和期。在这一时期，商品竞争趋于激烈，零售商购进商品应当适当控制进货数量，不宜过多储备，以避免造成商品积压。

4. 衰退期

在衰退期，零售商应当清理库存，卖完存货，转营其他商品。

上述是从理想化的典型的商品生命周期不同阶段的特点出发，阐述了零售商采购商品相应的策略。但是由于商品本身的特点和受特殊市场环境的影响，商品生命周期曲线常以变异的形式出现。

（1）重复性消费的名优商品生命周期。名优商品的供给量往往不足，零售商应积极组织进货。

（2）名优厂牌或商标商品的生命周期。制造商往往利用名牌优势，不断地更新换代商品，创造一系列的名优品牌或商标商品。为此，零售商应当注意这类商品更新换代的时间，把握最佳进货时期。

(3) 短期畅销商品的生命周期。是指某些商品在特殊市场条件下，一时畅销，畅销态势可保持一个短暂的时期。如特种纪念品。零售商经营这类商品必须认真研究，了解其发展趋势和潜在的需求量，适量订货；同时，十分注意这类商品的订货期限。

(4) 早期夭折的商品的生命周期。某些商品由于特殊原因，刚入市场即过早夭折。在这种情况下，零售商应审慎地进行进货决策。

(二) 买方市场与卖方市场条件下的采购策略

1. 买方市场条件下的采购策略

在买方市场条件下，零售商在采购商品数量、价格、付款方式及货源选择等方面享有主动权，而竞争的焦点集中在企业的销售环节，即如何把商品卖出去。因此，零售商在采购商品时，必须以需定进、勤进快销、多销多进、少销少进。

2. 卖方市场条件下的采购策略

在卖方市场条件下，卖者处于有利地位。在这种情况下，供应者享有商品供给量、品种、规格、价格等交易条件的主动权，竞争的焦点集中在商品的采购环节。零售商必须依据市场需要，积极开辟进货来源，随时了解进货情况，随供随进，争取多进多销。零售商可选择的进货策略有：

(1) 货源保证策略。零售商可以通过与制造商建立互惠互利的购销关系，以保证货源。

(2) 扶持策略。零售商可以通过为制造商提供各种帮助，帮助制造商扩大供不应求商品的生产，从而保证零售商进货计划的落实。

(3) 吸引式策略。零售商可以利用制造商提供多种优惠条件，如运费津贴优惠、免费广告、厂门提货等，以吸收制造商签约，获得充足货源。

(三) 采购品种策略

当零售商确定了商品经营范围后，也就确定了商品采购范围。为操作方便，零售商还必须将各商品品种详细地列出，形成商品采购目录。商品采购目录是零售商经营范围的具体化，也是零售商进行采购的依据，是商品采购管理的一项重要内容。

商品采购目录包括全部商品目录和必备商品目录两种。全部商品目录是商店制定的应该经营的全部商品种类目录；必备商品目录是商店制定的应该经营必备的最低限度商品品种目录。必备目录不包括商店经营的全部商品种类，只包括其中的主要部分。

必备商品目录是按照商品大类、中类、小类顺序排列的。每一类商品都必须明确标出商品的品名和具体特征。

必备商品目录确定后，再根据顾客的特殊需要和临时需要加以补充与完善，便成了商店全部的商品目录。商品采购目录制定后，应随着环境的变化定期进行调整，以适应消费者需要。一般说来，季节性商品需分季节调整，非季节性商品需按年度调整。

在商店采购管理中，必须坚持重点商品管理原则。目前零售商流行的做法是将商品分为 A、B、C 三类，分别采取不同的管理方式。这种方法被称为 ABC 分类管理法。ABC 分类管理法的操作步骤是将各项商品按金额大小顺序排列，计算出各类商品的金额比重和品种比重，再将商品划分为 ABC 三种类别。A 类商品是指获利高或占销售额比重大，而品种少的商品，一般金额比重为 70% ~80%，品种比重为 5% ~10%；C 类商品是指获利低占销售额比重小，而品种多的商品，一般金额比重为 5% ~10%，品种比重为 70% ~80%；B 类商品是处于 A、C 之间的商品，其金额比重为 10% ~20%。将商品划为 ABC 三类后，再根据分类结果实施分类管理。A 类商品是重点商品，应进行重点控制；BC 类商品一般可以采取定期检查存量的方法进行控制。

（四）采购预算策略

采购预算一般以销售额为基础加以确定。其公式为：

销售成本预算 = 销售预算 ×(1 - 平均利润率)

例：某零售商店某月的销售额达到 200 万元，假定商店的平均利润率为 15%，那么商店的采购目标就是：200 ×(1 -15%) =170（万元）。

按同样道理可推算出商品的年采购目标。采购预算要加上或减去希望库存增加或削减的因素，其计算公式为：

采购预算 = 销售成本预算 + 期末库存计划额 - 期初库存额

例：某零售商店一年的目标是 2000 万元，平均利润率为 15%，期末库存计划额为 200 万元，期初库存额为 180 万元，其全年的采购预算为：

2000 ×(1 -15%) +200 -180 =1720（万元）

该商店一年的采购预算为 1720 万元。平均分到每月，就是每月的采购预算。

采购预算在执行过程中，可根据实际情况变化作适当修订。

（五）采购数量策略

商品采购数量的多少，关系到零售商的商品投资的控制和零售商的经济效益。采购批量过大，就会增加资金的占用和利息的支出，增加仓储费用；反之，采购批量过小，会增加采购次数，增加采购费用，甚至会影响市场供应。因此对采购数量的多少，零售商应认真分析研究，控制在一个合理的限度内。通常零售商会采取经济批量法、费用平衡法、单位费用法来综合考虑，以控制商品的采购数量。确定商店的采购数量，取决于商店的采购方式是大量采购还是适量采购。

（六）采购时间策略

确定了采购商品的品种与数量后，还要确定什么时间采购，以保证无缺货现象。这里的商品采购时间是指再定购商品的时间。零售商应权衡利害，选择合理的采购时间。具体而言，有两种策略可供选择：

1. 定时采购

定时采购就是每隔一个固定时间，采购一批商品，此时采购商品的数量不一定是经济批量，而是以这段时间已销售的商品数量为依据计算。

定时采购的特点：采购周期固定，采购批量不固定。

采购周期是根据零售商采购该种商品的备运时间、平均日销量及零售商储备条件、供货商的供货特点等因素而定，一般由零售商预先固定，或 10 天，或者 15 天，或更长时不等。采购批量则不固定，每次采购前，必须通过盘点了解商店的实际存量，再出采购批量。其计算公式：

$$采购批量 = 平均日销量 \times 采购周期 + 保险储备量 - 实际库存量$$

式中，保险储备量是防止由消费需要发生变化和延期交货引起脱销的额外库存量。

定时采购的优缺点：采购时间固定，因而可以做周密的采购计划，便于采购管理，并能得到多种商品合并采购的好处；但是，由于这种采购方法不能随时掌握库存动态，易出现缺货现象，盘点工作较复杂。

2. 不定时采购

不定时采购是指每次采购的数量相同，而每次采购的时间则根据库存量降到一定点来确定。也称为采购点法。

不定时采购的特点：采购批量固定，采购时间不固定。

不定时采购的采购批量可以参考经济采购批量的计算方法。这种采购的关键实际上是确定采购点的库存量。

采购点的计算公式：采购点 = 平均日销售量 × 平均备运时间 + 保险储备量。

例：某商品平均日销量为 60 件，备运时间为 20 天，保险储备额为 200 件。则：采购点 = 60 × 20 + 200 = 1400（件）。

因此，当商品库存量超过 1400 件时，商店无须考虑采购，当库存量降到 1400 件时，商店就应及时按预定的采购数量或经济采购批量进行采购。

不定时采购优缺点：能随时掌握商品变动情况，采购及时，不易出现缺货现象。但是，由于各种商品的采购时间不一致，难以制订周密的采购计划，不便于采购管理，也不能享受集中采购的价格优惠。

第二节 零售采购过程

采购过程是零售商从建立采购组织到有规律的再评估这一系列整合而系统的步骤。在商品经营中每个步骤都是很关键的，如图 11－1 所示。

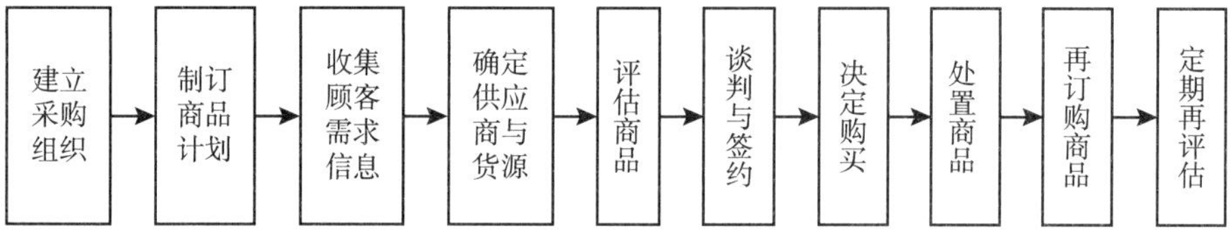

图 11－1 零售采购过程

一、建立一个采购组织

商品采购过程的第一步，就是建立一个采购组织。根据采购组织的特征范围（见图 11－2），零售商的采购组织可进行以下划分，零售商可以从中进行选择。

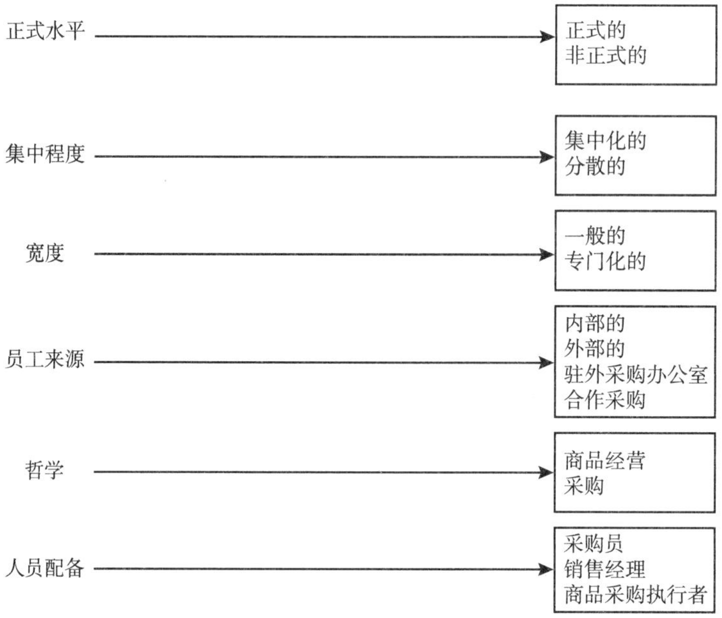

图 11－2 采购组织的特征

（一）从采购组织的正式水平出发，可划分为正式的采购组织和非正式的采购组织

正式采购组织是零售商建立的专门采购机构，负责整个企业或整个连锁商店的采购任务。大企业往往采用正式组织的形式，并拥有专门的采购人员。对于一个正式采购组织，商品经营被看作一项明确的零售业务，所有或大部分涉及获得商品并使其易于销售的职能（第 2 步 ~ 第 10 步）都处于该部门的控制之中。

非正式的采购组织不是一个独立的专门的部门，它是由一群兼职采购人员负责的。在一个非正式的采购组织中，商品经营不被看作明确的业务，同一组织员工既进行商品经营，又处理其他零售业务，责任和授权往往不分明。非正式的采购组织一般常见于小零售企业。

上述两种采购组织均是将采购业务放在企业内部，由内部员工组织完成。

正式的采购组织的优缺点：主要优点在于明确的责任和授权，以及使用全职、专门的采购人员；主要缺点是独立部门的运营成本高。

非正式的采购组织的优缺点：主要优点是成本低，具有弹性；主要缺点是责任和授权不明确，而且对商品计划重视不够。

两种结构都大量存在。对一家零售商而言，是否采用正式组织并不重要，重要的是，认识到销售计划的重要性，并确保责任、活动、权威和经营的内部关系得到恰当的定义和规定。

（二）从采购组织的集中程度出发，可划分为集中化的采购组织和分散化的采购组织

是选择集中化的采购组织还是分散化的采购组织，对于从事连锁经营的零售商而言，是十分重要的。所谓集中化的采购组织是指所有的购买决策都来自一个办公室。分散化的采购组织是指购买决策是地方性的或区域性的。

集中化的采购组织的优缺点：主要优点是力量集中，控制严格，形象一致，接近高层管理，人员支持及大批量购买的高折扣。可能存在的缺点是缺乏弹性，时间拖延，地方分店士气低下及过度的一致性。

分散化的采购组织的优缺点：主要优点是适应地方市场环境，订购过程迅速且由于分部拥有自治权，还可以提高士气。潜在的缺点是计划不连贯，形象不统一，管理控制有限，人员支持少，没有数量折扣。

事实上，许多连锁店在建立集中化采购组织的同时，给予地区或地方分店的经理修改订单的权力，或者让他们自己下订单，以综合两种组织形式的优点。

（三）从采购组织的宽度出发，可划分为通用的（一般的）的采购组织和专门化的采购组织

在通用的采购组织中，一个或几个人采购公司所有的商品。例如，小五金店的业主可能为自己的商店采购所有的商品。在专门化的采购组织中，每个采购员负责一类商品的采购。如百货商店通常拥有独立的采购员负责儿童、少女和妇女的服装采购。

如果零售商的规模很小，或者只经营少数品种/服务，最好采用通用组织方法。如果零售店规模很大，或者经营的品种较多，最好采用专门化的方法。通过专门化的方法，知识得到提高，责任得到了界定。但是，专门化的成本较高，而且需要额外的人员。

（四）从采购组织的员工来源出发，可划分为内部的采购组织和外部的采购组织，以及驻外采购办公室和合作采购组织

内部的采购组织的人员由零售商自己的员工构成，商品决策由零售企业的全职雇员作出。外部的采购组织的人员通常由零售商支付一笔费用雇用外部的公司或人员。大部分零售商只采用其中一种采购组织，但也有一些零售商同时采用两种零售组织。外部组织通常被小型或中等规模的零售商或离供货源较远的零售商所采用。在这种情况下，对零售商而言，雇用外部采购员要比使用公司的员工更有效率。外部组织在应对供应商方面具有优势（因为购买量大）。外部采购组织的费用可能由对其服务表示满意的零售商支付，或者由给定任务的卖主支付。有时，如果单个零售商认为其外部采购组织也为直接竞争者提供了服务，或者发现自己从事的商品采购业务更有效率，就会决定建立自己的内部采购组织。

驻外采购办公室可以是内部的，也可以是外部的采购组织。当零售商希望密切追踪关键的市场动向，但又无法通过其总部的采购人员这么做时，就会采用这种办法。这种办公室通常位于重要的商业中心（供货源），并提供有价值的数据和沟通。在美国，少数大公司经营外部的驻外采购办公室，服务于数千家零售商。

合作采购组织是指一组独立的零售商汇聚在一起向供应商大批量购买，并从中获取数量折扣的采购组织。目前，为了与大型连锁店竞争，小型的、独立的零售商开始尝试比原来更深层次的合作采购，并形成了合作采购组织。这在食品、五金零售商中十分普遍。在一些情况下，零售商进行合作；在另一些情况下，批发商或制造商为了尝试削减经营成本也可能进行合作。

（五）从采购组织的经营理念出发，可划分为负责商品经营的采购组织和负责采购的采购组织

零售商必须作出的决策是决定由采购组织负责商品经营还是仅负责采购。商品经营包括一系列范围广泛的商品/服务的采购与销售活动，如购买、定价、储存、陈列。而采购仅包括商品的购买，不包括销售。许多零售商将商品经营活动看作它们成功的基础，采购员（或商品经理）从事采购和销售两项业务。但是，一些零售商认为采购员是熟练程度较高的专业人员，他们不应该由其他熟练的专业人员来完成。

商品销售理念的优点在于具有畅通而一体化的系列指令；采购员的专业知识也能应用于销售；责任和授权明确（采购员不会责备销售人员不努力和缺少经验）；采购员保证商品陈列正确；削减成本；采购员通过从事销售工作接近消费者。

采购和销售职能相互独立的优点是两项业务不需要类似的技能；店内人员获得更多的授权会提高士气；不把销售工作看作次要的职能；销售人员比采购员更接近消费者；每个领域都有专业人员。而且采购员可能并不是适合的监管人，因为他们离开商店的时间长；同时，采购员和销售人员管理也存在差别。

（六）从采购组织的人员配备出发，采购组织可划分为采购员、销售经理、商品采购执行者等职位

采购组织应设置哪些职位，配备有何种资格的人员？信奉商品经营理念的零售商倾向于雇用优秀的采购员，而赞同采购和销售分开观点的零售商更喜欢同时雇用采购员和销售经理。

采购员必须适应市场，必须擅长与供应商讨价还价，必须广泛地使用采购计划，还必须到主要的市场地区出差。优秀采购员的关键素质是接触消费者和合理预测未来需求的能力。销售经理必须是一位优秀的组织者、监督人和鼓动家。商品经营采购员则必须同时具备以上各项特征。

二、制订商品计划

商品计划集中体现在四项基本决策：储存何种商品，储存多少商品，何时储存和储存在哪里。在制定决策的过程中，零售商必须确信其商品组合具有独特性，与竞争者有所不同，并与自己的零售定位相一致。

（一）储存何种商品

第一，零售商必须决定经营何种质量的商品。是经营高档昂贵的商品、中档

中等价位的商品、低档廉价商品、高中档结合的多种质量商品，还是经营保销性商品（低价抛售的商品，或用于增加商店客流量的特价商品）。

零售商确定商品质量必须考虑的因素有：理想的目标市场、竞争、零售商形象、商店位置、库存流转、盈利性、制造商品牌或自有品牌、消费者服务、人员、可感知的产品/服务价值和约束性决策（见表 11－1）。

表 11－1　　制定商品品质计划考虑的因素

因素	计划参考
目标市场	商品品质必须满足理想的目标市场的期望
竞争	零售商可以销售相似品质（跟随竞争者）或不同品质（吸引不同目标市场）的商品
零售商形象	商品品质与消费者对零售商的印象有直接关系
商店位置	店址影响零售商的形象和竞争者的数量，而且与商品质量相关
库存流转	优质优价商品的库存周转速度通常比低质量廉价商品低
盈利性	优质商品带来的单位利润一般比低质商品高；但库存周转量可能会使低质量商品的总利润更高
制造商品牌 或自有品牌	对许多消费者来说，制造商（全国性）品牌意味着比自有（经销商）品牌更高的质量
消费者服务	高质量商品要求人员推销、选择性、送货等。低质量商品可能没有这样的要求
人员	优质商品要求熟练、有知识的人员。低质量商品只要求一般人员（自我服务）
可感知的产品/ 服务价值	低质量商品吸引只要求功能性产品价值（如保温）的消费者。优质商品吸引要求附加产品价值（如身份、服务、风格）的消费者
约束性决策	（1）特许经销商或连锁店的经营者对产品品质只有有限的或者没有控制权。他们或者直接从特许人（连锁店）进货，或者必须遵守质量标准； （2）向少数大批发商进货的独立零售商可选择的商品质量仅限于批发商提供的商品

资料来源：巴里·伯曼，等．零售管理［M］．北京：中国人民大学出版社，2002.

第二，零售商必须决定经营何种商品以及商品的创新程度。应考虑的因素有：目标市场、产品/服务增长潜力、流行趋势及理论、零售商形象、竞争、顾客细分、顾客反应、投资成本、盈利性、风险、约束性决策和衰退期商品/服务的撤出（见表 11－2）。

表 11－2　　制定商品创新计划考虑的因素

因素	计划参考
目标市场	评估目标市场是保守的还是进步的

续表

因素	计划参考
产品/服务增长潜力	根据每一种新供应商品的最初销售速度、一定时期的最大销量和销售周期的长度进行考虑
流行趋势及理论	如果销售流行商品，应理解垂直和水平趋势
零售商形象	零售商经营商品/服务的种类受其形象的影响。创新水平应与其形象一致
竞争	在选择的新产品/服务市场上是领导还是跟随竞争
顾客细分	通过将商品分成老产品和新产品陈列，可以细分顾客群
顾客反应	当目标市场有要求时，应经营新产品
投资成本	每种新产品/服务可能有各种类型的投资：产品成本、新设备和额外人员（或进一步培训现有人员）
盈利性	每种新供应的商品都应估计潜在利润（对于特殊商品，还应估计零售商的整体利润）
风险	主要的风险是可能损坏零售商的形象、投资资本和机会成本
约束性决策	特许经销商和连锁店经营者可采购的新产品/服务可能受到限制
衰退期商品/服务的撤出	如果销售额和/或利润太低，应从老产品/服务中撤出

资料来源：巴里·伯曼，等．零售管理［M］．北京：中国人民大学出版社，2002.

创新的零售商是那些经营新产品和服务并为即将到来的趋势制订计划的零售商。他们面临巨大的机会和巨大的风险。通过权衡表 11－2 中的各种因素，制定一份完整的采购新产品和服务的计划。零售商应利用机会，降低风险。

零售商应该评估所经营的各种新产品或服务的增长潜力。三个有特殊意义的增长变量是：最初的销售速度、每段时期内的最大销售潜力和销售周期的长度。即一种新产品或服务销售的速度有多快？一个季度或一年内能够达到的最大销售额/销量是多少？产品或服务持续销售的时间有多长？

在制订零售战略计划的时候，评估增长潜力的一个有用工具是产品生命周期。它可能显示一种产品或服务在其生命过程中的预期行为。

零售商在制订更新计划的时候，增加新产品与撤销现有产品/服务是同样重要的决策。由于资源和货架空间有限，当增加一些新产品的时候，不得不需要撤销另一产品。零售商应采用结构性准则，而不是凭直觉撤换现有产品。

（二）储存多少商品

零售商一旦确定了经营何种商品，接着就必须决定存储多少商品。因此，存储商品的宽度与深度是下一步的计划。品种宽度（width of assortment）指零售商经营的不同商品/服务大类的数量。品种深度（depth of assortment）指零售商经营的任何一大类商品/服务的多角化程度。产品品种的范围从宽—深（百货商店）到窄—浅（售货亭）不等。每种品种组合战略各有优缺点（见表11－3）。

表11－3　零售品种战略

战略种类	优点	缺点
宽—深	产品/服务的种类繁多，每一大类的品种众多。广阔的市场；全面的存货；高客流量；顾客忠诚度高；一站式购物；没有失望的顾客	高存货投资；大众形象；许多品种流转速度低；有一些过时商品
宽—浅	产品/服务的种类繁多，每一大类的品种有限。广阔的市场；大客流量；强调方便顾客；成本比宽—深的低；一站式购物	产品线的多样性差；有一些失望的顾客；较差的形象；许多商品流转慢；较低的顾客忠诚度
窄—深	产品/服务的种类较少，每一大类的品种众多。专家形象；同一类商品中顾客选择性强；专业的员工；顾客忠诚度高；没有失望的顾客；成本比宽—深的低	过分强调某一大类；不能一站式购物；对趋势/周期更敏感；需要更加努力扩大商圈的规模；很少（或没有）经营相关（或是互补）的商品
窄—浅	产品/服务的种类较少，每一大类的品种有限。目标在于方便顾客；成本最低；很大的商品流转量	很小的宽度与深度；不能一站式购物；形象较差；有限的顾客忠诚度；很小的商圈；很少（或没有）经营相关的商品

在制订经营品种的宽度与深度计划时，零售商应考虑多种因素。销售额和利润是必须估测的。如果增加产品/服务的种类，总销售额会上升吗？总利润呢？零售商应该看到多角化引起的投资成本。

空间要求也必须重视。每一品种的产品或服务需要多少空间？有多少空间可利用？由于销售空间的有限性，应将其分配给那些能产生最大客流量和销售额的产品和服务。流转率也是分配货架空间时应考虑的因素。

制订计划时，还必须区分延伸品、互补品（服务）和替代品（服务）。零售商增加与原有商品不相关的延伸品是为了产生更大的客流量，扩大利润空间；经营互补产品/服务，零售商一方面可销售基本产品，另一方面又可销售相关产品。经营延伸品和互补品的目的都是提高零售商的总销售额。但经营众多的替代品只是简单地使销售额从一个品牌转移到另一个品牌，而零售商的总销售额却几乎不受影响。

对于一些企业而言，尤其是超市，替代品的激增已经催生了一个难题：对同一种类商品，如何既为消费者提供足够的选择机会，又不至于浪费太多的投资和营业空间。如果一家超市的商品组合是合理的，太多的重复只会增加主要品种的销售困难。

随着零售商的强大，零售商为了将货架分配给不同的品牌并控制商品陈列位置而同制造商展开竞争，这被称为品牌战（battle of the brands）。

为此零售商必须决定所经营的制造商品牌、自有品牌和非注册品牌商品的适当组合。制造商（全国性）品牌由制造商所有和控制。它们往往更有名、享受制造商的广告支持、有一些已预售给顾客、对零售商的投资要求有限，而且消费者常常认为其产品质量最好。这些品牌统治着许多种产品大类的销售。最流通的制造商品牌有可口可乐、百事可乐、柯达等。

自有（经销商）品牌（private brands）即由批发商或零售商设计拥有的品牌。它们对于零售商更有利可图，也更便于零售商控制，会形成消费者对零售商的忠诚。但是，对于大多数自有品牌的产品，零售商必须自己选择供应商、安排实体分销和仓储、发起广告、设置店内陈列，并承担积压商品的损失。在美国零售业中，自有品牌在超市占单位销量的20%，在药品杂货店占单位销量的12%，在大型零售店占单位销量的11%。在药品杂货店内，1/4的文具和学生用品销售额来自自有品牌，而维生素更是自有品牌销售额比例最高的商品。零售商必须谨慎从事，决定将多大力量放在它们的自有品牌上。许多消费者忠诚于制造商品牌，如果商店里没有这类品牌，他们会到别处去购物。

非注册品牌（generic brands）的特点是将商品的署名当作品牌；这类商品不带任何多余的装饰，常被摆放在次要的货架位置上，很少或者没有促销支持，整体质量有时比其他品牌差。品种有限而且包装朴素。非注册品牌由零售商控制，定价也比其他品牌低得多。在美国，超级市场经营的这类商品，销售额稳定在不足1%。但是，在处方药行业，制造商品牌和非注册品牌的商品质量差不多，非注册品牌占单位销量的1/3。

如果零售商倾向于采取宽且深的商品战略，以下因素也是十分重要的：

（1）风险、商品投资、损耗和过时商品急剧增多。

（2）人员可能过于分散，有时必须经营不熟悉的产品和服务。

（3）延伸商品可能产生积极和消极两方面的影响。

（4）存货控制程序可能太困难；库存总流转可能下降。

（三）何时储存商品

零售商应确定每一种商品在什么时候储存。对新产品和服务，零售商必须决定什么时候第一次陈列和销售。对已有产品和服务，零售商必须计划一年内的商品流转规律。

为恰如其分地订购商品，零售商必须预测一年内的商品销量及其他各种因素：高峰季节、订货和送货时间、例行订货和特殊订货、库存流转率、折扣和存货处理的效率。

一些商品和服务在一年内存在高峰季节。对这些商品，零售商在高峰期内应备有大量存货，过季时则应减少存货。由于有一些人喜欢在非季节购物，零售商在季后不应完全撤掉这些商品。

零售商应根据订货和送货时间计划采购。企业处理一份订单要花多长时间？订单发给供应商之后，多长时间才能收到来自供应商的货？将两段时间加起来，零售商才能更好地确定再次充实货架的提前时间。如果零售商处理一份订单要花7天，供应商送货要花14天，零售商至少应在存货卖完之前的21天即开始新的订货程序。

例行订货和特殊订货的计划不同。例行订货只涉及库存常用品和其他规则销售的商品，货物按周或月有规律地收到。因此计划和问题要少得多。特殊订货涉及不规则销售的商品。这种订货要求大量的计划工作及零售商与供应商之间的密切合作。特殊送货的日期常常是特意安排的，定做的家具就是一种要求特殊订货的产品。

库存流转率（商品出售的快慢程度）对订货频率的影响极大。像牛奶和面包这类便利品，因极易腐坏，流转率很高，因此必须经常再订购。像冰箱、彩电之类选购品的流转率较低，因此不必经常再订购。

在决定商品采购的时间和频率时，零售商应考虑到数量折扣，大批采购可能意味着较低的单位成本。采用高效率的存货处理方法，如电子数据交换和快速反应计划程序，也能降低成本和订货时间，同时提高商品管理的生产率。

（四）在何地储存商品

最后一个基本的商品计划决策是在什么地方储存商品。单一企业常常必须选择将多少商品存放在销售现场，多少存放在库房，以及是否利用仓库。连锁店也必须在各分店之间分配商品。

一些零售商几乎将仓库当作中心的或地区的分销中心。产品从供应商处运到这些仓库，经过编配后送往各家分店。另一些零售商，包括许多超市连锁店，并不过分依靠中心或地区仓库。相反，它们至少有一部分产品直接由供应商运送到各分店。这被称为直接向商店配送（direct store distribution，DSD）；它与电子数据交换系统（electronic data interchange，EDI）配合起来使用效果会更好。DSD“是将周转快、大体积、易腐烂的特殊商品直接由制造商处送达零售货架的通道”。在行业范围内，超级市场有27%的销售额来自DSD。

中心仓库的优缺点：主要优点包括运输与储存的高效率、商品处理的机械化、安全性高、商品标记的高效率、易于退货、平稳而协调的商品流。主要缺点是过度的集中化控制、需另外处置易腐品、小零售商运行成本过高。另外，由于增加了额外的配送阶段，集中化仓库可能降低快速反应的能力。

在给各家分店配送商品时，零售商应考虑到目标市场。只有当商品能满足服务顾客的品位和需求时，各分店才应经营这些商品。各分店的地理位置越分散，准确地辨别各分店所需商品品种的差别就越重要。在各分店间分配商品时，研究分店规模也很重要。当分店的目标市场相似时，应根据销售额分配商品。

三、收集有关顾客需求的信息

制订了整体采购计划以后，有关目标市场的信息就成为必需。在采购或再采购任何商品之前，零售商应收集有关顾客需求的数据。良好的商品管理离不开零售商对销售额进行精确预测的能力。毕竟，对零售商而言，最重要的商品管理职能就是预测和满足顾客需求。

在收集商品管理决策所需数据的时候，零售商有几个可能的信息源。一是消费者，最有价值的便是消费者。通过研究目标市场的人口统计数据、生活方式和潜在购物计划，零售商就可以直接研究消费需求。二是供应商。三是零售销售和展示人员。四是采购人员。五是竞争者。六是政府。七是新闻单位等。

信息应该从多个渠道收集，单一类型的数据可能是不充分的。不管获得信息的数量有多少，零售商应该能感觉到它们用于制定尽可能精确的决策是足够充分的。

在当今的数字世界中，大数据和云计算推动了零售新革命，帮助零售企业加速集团内外的信息传递，提高了企业业务处理效率，并且帮助零售商了解其顾客需求。我国知名的零售企业苏宁易购在信息时代的背景下，充分利用大数据和云计算来搜集顾客需求信息，通过不断改善其内部管理系统，不断摸索、突破和创新其信息系统和技术。在 2000 年时，苏宁易购跟武汉金立集团合作共同研究与开发了 ERP 管理系统，将各个环节的管理信息数据搜集、加工、存储，并实现了总部与分店之间的相互联系；2006 年时，将原有 ERP 系统升级改造为以 SAP 为核心的 ERP 系统，很大程度上提高了其内部运营能力；2011 年以来，苏宁易购开始开发云应用商店、云阅读等一系列云产品，充分发挥云数据的作用；2019 年苏宁科技副总裁在第二届数字中国建设峰会上提出要把握住大数据背后的深层需求即洞察用户需求背后的需求，苏宁易购可以通过数据洞察技术洞察消费者行为习惯包括其兴趣爱好、购物喜好、媒体偏好等。据其提及，苏宁易购曾通过数字技术对 2. 87 亿条某品牌冰箱的销售数据分析了解到顾客对其冰箱的投诉意见之后向供应商定制了一批个性化的产品，并且这款产品在上市后实现了连续两个月的销量排名第一不管是线上还是线下。

四、确定供应商与货源

零售商从中进货的公司就称为供应商。有人从使用商标角度，把供应商分为四类：使用制造商商标的供应商、使用专用品牌商标的供应商、使用许可商标的供应商、无商标商品的供应商（见迈克尔·利维等著《零售学精要》）。有人把供应商分为六种：制造商、当地批发商、外地批发商、代理商和经纪人、批发交易场所、附属加工企业（肖怡著《零售学》）。巴里·伯曼等认为供应商的基本类型有三：公司自有、外部固定供应商、外部新供应商。据此，零售商商品采购就形成了三个主要的货源：

（1）公司自有。大零售商拥有自己的制造/批发机构。公司自有供应商经营全部或部分零售需要的商品。

（2）外部固定供应商。这类供应商不是零售商自有的。但需要零售商同它们有固定的关系。通过亲身经历，零售商了解其产品/服务的质量以及供应商的可靠性。

（3）外部新供应商。这类供应商也不是零售商自有的，而且零售商过去没有向其采购过商品。零售商可能并不熟悉其商品的质量和该供应商的可靠性。外部供应商的基本类型及特点如表 11－4 所示。

表 11－4　　　　外部供应商的基本类型及特点

货源	特点
制造商	有形商品，可提供运输和信用服务
全面服务批发商	向制造商采购商品，为零售商提供许多服务（运输、储存、信用、信息等）；经营很宽的产品组合；经营很深的产品组合；提供和设立自己的展台，通常在超市和其他商店经营非食品类产品，可以赊销，对于商店来说很方便
有限服务批发商	与全面服务批发商相同，只是为零售商提供的服务较少，成本较低；通过电话采购和销售（不接触实体产品）；主要任务是连接买主和卖主；利用商品目录向小零售商供货；小零售商到那儿购买，然后自己运回
代理商和经纪人	没有产品所有权（所有权仍然归制造商）；为获得一笔费用或佣金而提供多角化的服务；包括拍卖公司、推销员、销售代理

资料来源：巴里·伯曼，等. 零售管理［M］. 北京：中国人民大学出版社，2002.

选择供应商是一项十分复杂的工作。美国西尔斯公司仅在美国就向数千家主要的供应商采购商品，其全部供应商超过 10000 家。这意味着西尔斯公司必须不断评估现有的卖主的表现和潜在的卖主。

因此，零售商需建立一个供应商准入制度，建立一个选择供应商的标准，以便对供应商进行资格审查。选择供应商可考虑准则有：

①可靠性。供应商能始终如一地履行所有书面承诺。

②价格—质量。供应商能以最低的价格提供最好的商品。

③订单处理时间。能及时送货。

④独占权。供应商能否给予独家经销权。

⑤提供的服务。如果说需要，供应商能提供运输、储存和其他服务，并能保证服务质量。

⑥信息。供应商能提供一些重要的产品/服务数据。

⑦道德。供应商能履行所有的口头承诺。

⑧保证。供应商能对自己的产品/服务提供担保。

⑨信用。供应商能提供或长或短的商业信用。

⑩长期关系。能保持诚实、信用的长期合作关系。

⑪记录。供应商能很快地填写好记录。

⑫毛利。有足够的毛利（差价）。

⑬创新。供应商的产品/服务是否创新。

⑭地方广告。供应商能否在当地做广告。

⑮投资。供应商的总投资成本情况。

⑯风险。与供应商交往有无风险，风险有多大。

总之，零售商与供应商之间有合作、有冲突。零售商与供应商之间的关系营销的利益是无价的，值得零售商为保持与供应商的合作关系而付出努力。美国西尔斯公司，每年都要表彰150名最好的供应商，因为是它们的坚持不懈的支持，才有西尔斯的成功。

五、评估商品

无论选择什么样的货源，零售商在考虑采购的时候，都需要有一套评估商品的程序。有三种可能的评估方式：检查、抽查和描述。具体选择何种方式，取决于商品的成本、特征和购买规律。

（1）检查。当采购珠宝和艺术品这样昂贵的购买相对特殊的商品，零售商必须认真检查每一件商品。检查即在购买之前和送货之后检测每一个商品单位。

（2）抽查。当零售商按规律采购大量易碎、易腐烂或昂贵商品时，可采用抽查的方式。

（3）描述。当零售商采购标准化的、不易腐烂的商品时，就采用描述的方法。即通过口头、书面、图片描述的方式大量订购这类商品，如文具店订购的回形针、便笺簿、打印纸等。

六、谈判与签约

当货源已确定，购买前评估也已完成，零售商开始就购买及其条款进行谈判。一次新的或特定的订货通常要求签一份经过谈判的合同。在这种情况下，零售商和供应商将认真研究讨论购买过程的所有方面。同时，一次例行的订货或再订货通常只涉及签订一份格式化的合同。在这种情况下，条款是标准化的，或者已经为双方所接受，订货过程按例行方式处理。

对于新供应商，其商品第一次进场销售，往往先签一个商品试销协议，期限不等，一般为三个月或更短。试销期满，零售商视销售情况再决定是否签订正式采购协议。试销成绩合格的商品，零售商可以与供应商签订正式的采购协议，建立长期的供销关系。

（一）谈判

与供应商谈判，需要就购买条款具体磋商。在谈判中，需要十分清晰陈述清楚下列内容：送货日期、采购数量、商品品质、商品价格、付款方式（现金还是信用）、许诺的折扣、送货方式（水运、空运、陆运等）、交货地点、缺货问题、运输费用、所有权转移（所有权什么时间由供应商转移给购买方）等。双方认真遵守，若一方违反规定，给予相应的处罚。比如，关于缺货问题，在谈判中要制定一个双方认可的比例，明确供应商缺货时应负的责任，以约束供应商准时供货。这个比例可允许供应商的欠品率为3%，超过3%，每月要付1万元罚金。

零售商或其采购员在与供应商谈判时，为确保谈判成功，需遵循的策略方针有：就事论事、坚持客观标准、为双赢创造选择方案、让对方说话、了解该走多远、不要截断退路、不要假设。

（二）采购合同

采购合同是买卖双方实现一定经济目的而依法订立的明确双方有关权利义务的一种书面协议。它对双方当事人都具有法律约束力。合同一旦签订，任何一方不得强迫对方接受不平等条件，也不能单方面撕毁合同，否则将受到法律制裁。任何一个经济合同都包含基本条款和普通条款。采购合同的主要内容构成包括：①商品的名称；②商品的数量、质量；③交货时间、地点和发送方式；④商品价格与结算方式；⑤商品的验收方法；⑥违约责任及违约金；⑦合同的变更与解除的条件；⑧其他事项。

七、决定购买

大中型零售商，购买决策是自动完成的。这些大中型零售商使用计算机完成订单处理，每一次购买都被输入计算机数据库。而小零售商则通常是人工完成购买决策，利用员工填写和处理订单，每一次购买都以同样的方式记入商店的存货手册。但是，随着计算机订单处理软件的快速发展，使小零售商有时也能采用电子订货，特别是如果大批发商支持它们使用电子数据交换和快速反应系统的话。

零售商决定购买，与供应商的所有权转换必须仔细规定。其选择的方案有：

（1）零售商在购买后立即拥有所有权。

（2）零售商在商品装上运输工具后即拥有所有权。

（3）零售商在接收送货后拥有所有权。

（4）零售商在直到支付给供应商货款，一次财务周期结束之后才拥有所有权。

（5）零售商以委托的方式接收商品而不拥有商品所有权，直到商品出售之后才向供应商支付货款。

对于零售商而言，理解这些选择方案之间的差别十分重要，因为每一种方案的责任和权利各不相同。

如果卖主处于较弱地位，希望劝说零售商经营其产品，可能会采取委托或备忘录的形式。在委托购买（consignment purchase）中，零售商没有风险。在备忘录购买（memorandum purchase）中，风险也很低，但零售商在送货之后便拥有所有权并承担损失。在这种方式中，零售商都是在售出商品之后支付货款，并且可以退货。

八、处置商品

在这个阶段，零售商从实体上处置商品，这涉及接收商品（包括卸货、检验、收货记录等）、储存商品、打价签和存货标识、补货上架、陈列、清点现场商品数量和品种、完成顾客交易、安排送货或中途搭送、处理退货和损坏的商品、监视偷窃及商品交易过程的控制。这个阶段，无论是由零售配送中心还是直接向商店送货，配送管理都是最关键的。根据研究，在美国大约4/5的零售商至少拥有一个配送中心，与之相应的是，1/4的零售商至少有一部分商品是由卖主直接送达零售店的（从专业店的10%到大型店的80%）。

九、再订购商品

对于那些零售商不止一次采购的商品，再订购的计划是必需的。制订这种计划时，四个关键因素必须加以考虑。

（一）订货和送货时间

对于零售商，处理一份订单需要花多长时间？对于供应商，履行订单并将货物送达需要花多长时间？有可能送货时间太长，以至于零售商的上一批存货还完全未动就必须再订货；另一方面，有些商品也可能第二天就能收到送货。因此，零售商需要掌握好处理订单的时间，避免导致商品脱销或商品积压。

（二）存货流转率

存货流转率是零售商制定再定订购计划要考虑的一个重要指标。存货流转率表示特定时期（通常为一年）现有存货平均销售的次数。其计算公式：

存货流转率 = 净销售额/平均销售的存货量

存货流转率 = 售出商品成本/平均的存货成本

零售商可以通过多种不同的策略来提高存货流转率。如减少经营商品品种，对滞销商品不经营或只保留最低存货水平并延长订货时间，高效及时地采购热销商品，采用反应迅速的存货计划及利用可靠的分销商。零售商应努力保持存货流转率的平衡，过高过低都可能带来损失。

（三）财务支出

不同采购方案下的财务支出是不同的。大订单可以获得数量折扣，但可能要求大量的现金支付；小订单的单位商品价格高，没有什么优惠，但占用资金少，总成本可能较低。零售商在再订购时，需权衡两方面的利益。

（四）存货/订货成本

订货次数少而订货量大，其优点是：顾客满意，购买时的数量折扣、较低的单位运输支出及易于控制和处置；其潜在缺点是：投资成本高，过时、变质、损坏的可能性较大，高储存成本，高保险成本、高机会成本。

订货次数多而订货量小，其优点是：投资成本低，储存成本低，保险成本低、机会成本低，以及商品损坏和过时的可能性也低；其潜在缺点是：缺货时的顾客失望，单位成本高，延迟履行订单的影响，需要零担运输，额外的服务支出，控制和处置过程更为复杂。

一般来说，零售商总是设法权衡这种成本，一方面保持充足的存货满足顾客的需求，另一方面避免存货过多。快速反应存货计划通过强化零售商与供应商关系，可以同时降低存货成本和订货成本。

十、定期的再评估

即使商品采购和处置战略达到了完美的整合，零售商仍不应仅满足于实施其计划，而应对该战略定期进行再评估。管理人员评估采购组织，采购组织评估采购和处理过程。整个过程如同处理单个商品和服务一样，应加以控制。

上述商品采购过程，有人将其归纳为七大流程：建立采购组织、制订采购计划、确定供应商及货源、谈判及签约、商品导入作业、再订购商品、定期的评估与改进。

第三节　商品配送

一、商品配送的分类与内容

（一）按供应主体分

1. 供应商（企业）直接配送模式

即供应用商直接向零售商或连锁企业送货的方式。

2. 超市（企业内）自营配送模式

这是目前连锁企业广泛采用的一种配送模式。企业通过独立组建配送中心，实现对内部各门店的物品供应配送。这种配送中心的各种物流设施和设备归一家超市企业所拥有，作为一种物流组织，配送中心是超市企业的一个有机组成部分。它的优点：具有灵活性；与其他模式相比，还可以提供给连锁企业更多的控制权利，这种控制能使企业把配送活动与企业内部的其他物流过程结合在一起；使连锁企业拥有一定的无形利益，尤其是在市场形象方面。但是，这种隶属于某超市企业的配送中心，只服务于该超市企业的各门店，通常，它是不对外提供服务的。但是就目前而言，在满足超市门店供应方面发挥了重要作用。因此，许多超市公司都通过组建自己的配送中心，来完成对内部各门店的统一采购、统一配送和统一结算。美国的沃尔玛所属的配送中心就是公司独资建立、专门为本公司所属的连锁门店提供商品配送服务的自用型配送中心。

3. 社会化配送模式

社会化配送是指连锁企业的物流活动由第三方的专业公司来承担，即所谓第三方物流。连锁企业可以将全部或部分物流活动委托第三方物流公司来承担。其优势在于：专业公司更能够通过规模性规范性操作，带来经济利益。

4. 共同配送

这是一种配送经营企业之间为实现整体配送合理化、以互惠互利为原则、互相提供便利的配送服务的协作型配送模式。共同配送是中小型连锁企业实现物流合理化的良策。在实际中，主要有两种共同配送的方法：一是由两种以上不同业种的企业联合起来完成共同配送。二是具备一定的先进设备，能被各企业共同利用，并提供多功能服务的物流企业与几个中小型的连锁公司合作。共同配送的优点：提高运输服务质量和降低运输成本；增强企业的应变能力；利于企业有限资源的合理互用；扩大企业运营规模；增强企业的物流能力。

共同配送与社会配送的区别：共同配送是企业间的长期合作，且合作方限制在一定范围之内，彼此之间靠合同约束，共同承担风险，通过合作与大的连锁公司进行竞争。而社会化配送是面向所有企业的，物流公司与企业之间的合作可以是短期的，也可以是长期的，风险主要由物流公司来承担。

共同配送与社会化配送两种配送模式，是我国连锁企业配送中心发展的未来趋势。

（二）按配送时间及配送数量分

1. 定时配送

按规定时间间隔进行配送，如数天或数小时一次等，每次配送的品种及数量可按计划执行，也可在配送之前以商定的联络方式通知配送品种及数量。这种方式优点：时间固定，易于安排工作计划，易于计划使用车辆，对用户而言，也易于安排接货力量。缺点：由于配送物品种类变化，配货、装饰难度较大，在要求配送数量变化较大时，也会使配送运力安排出现困难。

在连锁经营中主要采用日配的定时配送形式。日配是定时配送中施行较广泛的方式，尤其在城市内的配送，日配占了绝大多数。

日配的时间要求大体上是：上午的配送订货下午可送达，下午的配送订货第二天早上送达，送达时间在订货的 24 小时之内。或者是用户下午的需要保证上午送到，上午的需要保证前一天下午送到，在实际投入使用前 24 小时之间送达。

日配方式的开展，可使用户基本上不需要保持库存，不以传统库存为销售经营的保证，而以配送的日配方式实现这一保证。

下列情况特别适合日配方式：

（1）消费者追求新鲜的各种食品，如水果、点心、肉类、蛋类、菜蔬等。

（2）用户是多个小型商店，追求周转快，随进随售，因而需要采取日配形式快速周转。

（3）由于用户条件限制，不可能保持较长时期的库存，如已采用零库存方式的生产企业，“黄金宝地”位置的商店以及缺乏储存设施的用户。

（4）临时出现的需求。

2. 定量配送

按规定的批量在一个指定的时间范围中进行配送。这种方式优点是：数量是固定，备货工作较为简单，可以按托盘、集装箱及车辆的装载能力规定配送的定量，能有效地利用托盘、集装箱等集装方式，也可做到整车配送，配送效率高。

3. 定时定量配送

按照规定配送时间规定配送数量进行配送。这种方式兼有定时、定量两种方式之优点。但特殊性强，计划难度大，适合采用的对象不多，不是一种普通的方式。

4. 定时、定路线配送

在规定的运行路线上制定到达时间表，按运行时间表进行配送，用户可按规定路线站及规定时间接货及提出配送要求。这种方式利于安排车辆及驾驶人员。

5. 即时配送

完全按用户突然提出的配送要求的时间和数量随即进行配送的方式。具有很高的灵活性的一种应急方式，即用即时配送代替保险储备。

二、商品配送中心的功能与分类

配送中心的设立主要是为了实现物流中的配送行为，因此配送中心是专门从事货物配送活动的经营组织或经营实体。商品配送中心的核心任务就是将货物准确及时地送到需要的地点。围绕这一核心，配送中心除了配送外还必须进行一系列的收集信息、订货、储存等项活动。

（一）配送中心的主要功能

1. 集中

配送中心的集中功能见图 11－3，原来 A、B、C，分别将商品送至目标门店，现在通过配送中心接收供应商送到某一特定门店的商品，然后把它们整合成单一的一次运输，其好处就是能减少运输费，同时减少门店收货时拥挤的现象。

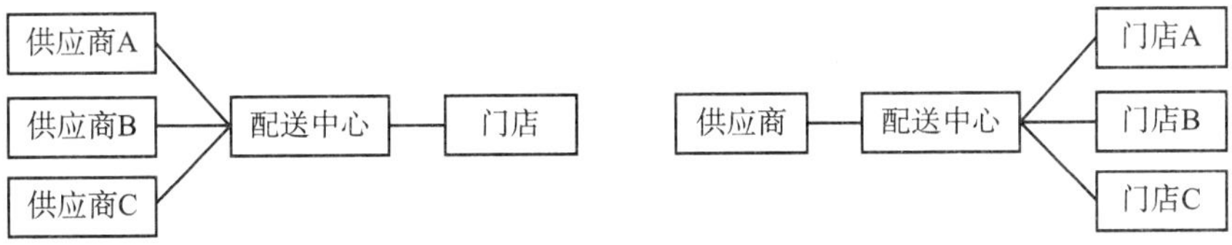

图 11－3 配送中心的集中、整理功能

2. 整理分类

配送中心将商品分类整理成个别的订货，并负责运送至门店。流通型的配送中心整理分类功能体现得尤其充分。目前，许多零售连锁店广泛地采用交叉站台作业来快速补充、快速转移商店存货。在这种情况下，配送中心先接受多个供应商整车运来的货物，然后按门店地点进行分配，接着商品被放在去特定门店的托盘上，最后通过配载达到了车辆的合理容积，这些商品就运送到门店去。整个过程中，商品交叉穿行过配送中心。于是，配送中心的经济利益体现在从供应商到配送中心的满载运输，以及配送中心到门店及客户的满载运输。对于流通型的配送中心，由于商品不需要储存，还降低了商品在配送中心的搬运与储存成本。

3. 运输

配送中心首先应该负责为客户选择满足客户需要的运输方式，然后具体组织网络内部的运输作业，在规定的时间内将客户的商品运抵目的地，包括市内配送都应由配送中心负责组织。

4. 储存

配送中心需要仓储设施，通过仓储环节保证市场分销活动的开展，同时尽可能降低库存占压的资金，减少储存成本，因此配送中心需要配备高效率的分拣、传送、储存、拣选设备。

5. 装卸搬运

配送中心以其专业化的装载、卸载、提升、运送、码垛等装卸搬运机械，加快商品在配送中心的流通速度，减少商品损毁。

6. 包装

配送中心的包装目的不是改变商品的销售包装，而在于通过对销售包装进行组合、拼配、加固，形成适于物流和配送的组合包装单元。

7. 流通加工

配送中心与固定的制造商、分销商进行长期合作，为制造商或分销商完成一定的加工作业。配送中心必须具备的基本加工职能刊贴标签、制作并粘贴条形码。

8. 物流信息处理

对物流信息对进行实时的采集、分析、传递，并向货主提供各种作业明细信息及咨询信息。

功能是靠设计而来的，每个配送中心集合不会完全相同，有的配送中心可能只提供基本功能中的部分功能。提供增值性服务是现代配送中心赢得竞争优势的必要条件。

亚洲规模最大的一体化智能物流中心京东亚洲一号，集自动入库、存货、打包、分拣、出库等全部流程作用于一体，同时配备现代化生活配套设施，每日订单处理能力可达到160万单，自动立体仓库可同时存储超过2000万件商品。亚洲一号在各个环节均大规模地应用了机器人和自动化设备，其自主研发的“智能大脑”更是具备调度、统筹、优化以及数据监控等全方位功能，大大地提高了各环节的运转效率和质量。

（二）配送中心的分类

配送中心有多种方法，根据建立配送中心的主体，其配送中心类型主要有：

第一种类型，由制造商成立的配送中心M. D. C. 。

第二种类型，由批发商或代理商成立的配送中心W. D. C. 。

第三种类型，由货运公司成立的配送中心T. D. C. 。

第四种类型，由零售商向上整合成立的配送中心Re. D. C. 。

第五种类型，由区域性的配送中心，负责特定区域的配送中心的业务R. D. C. 。

第六种类型，货品暂时存放的转运站，或为大车车辆转换成小车的中继站F. D. C. 。

三、商品配送中心的设施与业务流程

（一）配送中心的设施

配送中心的设施分为内部设施和外部设施。配送中心的内部设施一般是由信息中心与仓库构成。信息中心起着汇集信息并对配送中心进行管理的作用。仓库根据各部分不同的功能又可分为不同的作业区。配送中心的外部设施主要有停车场和配送中心内道路等。

1. 信息中心

信息中心指挥和管理着整个配送中心，它是配送中心的中枢神经。它的功能是：对外负责收集和汇总各种信息，对内负责协调、组织各种活动，指挥调度各部门人员，共同完成配送任务。信息中心一般和办公室结合在一起。

2. 收货区

接货区面积相对而言不算太大。它的主要设施有：验货用之电脑、验货区场和卸物工具。

3. 储存区（保管区）

储存区一般分为暂时储存区和常规储存区。储存区所占面积较大。一般都建有专用仓库，配置各种设备，如货架、叉车、起堆机等。从位置上看，有的储存区与接货区连在一起，有的与接货区分开。

4. 理货区

理货区是配送中心人员进行拣货和配货作业的场所。其面积大小因超市的类型不同而异。一般说来，拣货和配货工作量大的配送中心，其理货区面积较大。理货区配置有许多专用设备与设施，如货架、升降机等。

5. 配装区

有些分拣出来并配备好的货物若不能立即发送，则需要集中在某一场所等待统一发货，这种放置和处理待发货物的场所就是配装区。在配装区内，工作人员要根据每个门店的位置、货物数量进行分放、配车和选择以单独装运还是混载同运。在配装区内货物停留时间不长，所以货位所占面积不大，配装区的面积比存储区小得多。有一些配送中心之配装区与发货区合在一起，称为分类区。配装作业主要是分放货物、组配货物和安排车辆等。

6. 发货区

发货区是工作人员将组配好的货物装车外运的作业区域。

7. 加工区

在这个区域内，对收进的生鲜食品进行加工。如对蔬菜去除老叶、清洗等，对鱼类食品进行剖腹去鳞等。如果超市以经营生鲜食品为主，则配送中心的加工区域所占面积较大。

（二）配送中心作业流程

配送中心作业流程是规划配送中心的基础。虽然配送中心类型不同，但其基本作业是相同的。这些基本作业有：进货、搬运、储存、盘点、订单处理、拣货、补货、出货、配送、会计、营运管理及绩效管理等。其作业流程见图 11－4。

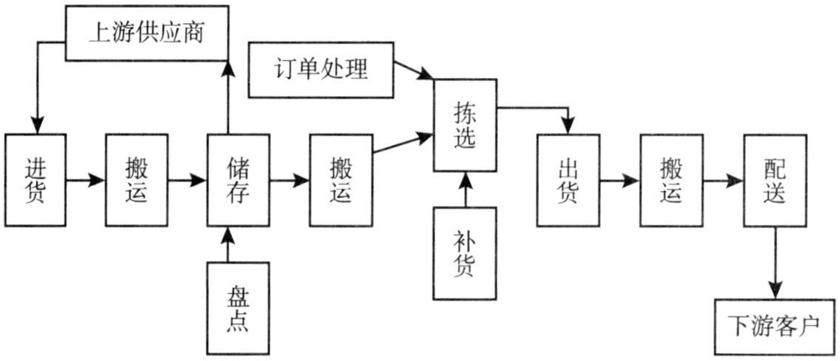

图 11－4　配送中心作业流程

通常，向上游供应商发出订单以后，供应商会根据订单的要求很快组织供货，配送中心接到通知后，就会组织有关人员接货。供应货车到达码头开始，经“进货”确认进货品后，便将货品“储存”入库，为确保在库货品受到良好的保护管理，要定期或不定期地“盘点”检查。当配送中心收到和汇总门店的订货单后，首先要确定配送货物的种类和数量，然后要查询配送中心现有库存是否有所需要的现货，这就是“订单处理”。如果有现货，则转入“拣货”；如果拣货区现货数量低于标准，则必须由储存区来“补货”。如果整个储存区的存量也低于标准，则要及时通知总部采购部门，由采购部门向供应商发出订单进行订货。从配送中心拣出的货品经整理后即可准备“出货”，等到一切出货动作就绪，司机便可将出货品装上配送车，“配送”到各个客户点交货。另外，在所有作业的进行中，都涉及“搬运”作业。

【本章小结】

商品采购应遵循以需定进、质量第一、经济核算原则；采购方式有不同的划分；商品采购有品种、预算、数量、时间等策略。零售采购过程有建立一个采购组织、制定商品计划、收集有关需求信息、确定供应商与货源、评估商品、谈判与签约、决定购买、处置商品、再定购商品、定期的再评估。建立配送中心是重要的。

【思考题】

1. 商品采购应遵循何种原则？
2. 如何划分商品采购的方式？
3. 商品采购策略？
4. 略论商品采购过程。
5. 配送中心的主要功能？
6. 配送中心模式？配送中心的作业流程？

【延伸阅读】

［1］鲍跃忠．盒马在重构零售采购新模式［EB/OL］．［2020－12－18］．https：//baijiahao. baidu. com/s？id＝1686410895096941041&wfr＝spider&for＝pc.

［2］李玉霞，庄贵军，卢亭宇．传统零售企业从单渠道转型为全渠道的路径和机理——基于永辉超市的纵向案例研究［J］．北京工商大学学报（社会科学版），2021（1）.

［3］利丰研究中心．供应链管理：香港利丰集团的实践（第3版）［M］．北京：中国人民大学出版社，2021.

［4］王珂．即时配送便捷模式带来更多红利［N］．中国食品报，2022.

［5］张旭梅，吴雨禾，吴胜男．基于优势资源的生鲜零售商供应链“互联网+”升级路径研究——百果园和每日优鲜的双案例研究［J］．重庆大学学报（社会科学版），2022（4）.

【精彩案例1】

家乐福选择供货商的条件和协议

作为全球第二大零售商的家乐福，在全球的30多个国家拥有9483家门店，其中在中国8个主要城市有29家分店。成为家乐福的供应商确实不易，那么就让我们看看他们选择供应商的条件吧。

（一）供应商分类

家乐福将供应商分为四大类：工作、代理、批发、贸易。

（二）贸易条件

（1）供应商在保证他所提供的商品品质的同时，提供市场上最优惠的价格。

（2）供应商送货时应按家乐福要求提供相应版权证明。

（3）在合同中必须记录下供应商的交货天数、库存天数和生产或进口天数。供应商应遵守合同规定的运货期。

（4）家乐福将按合同规定同供应商结款。如果不能按期结款，“家乐福”愿意支付每天货款总额的0.5%的罚金。

（5）协商的进货价将是固定的，对于新价格，应在家乐福同意后一个月生效。

（6）每次到货都必须附有发票，否则拒绝收货。发票必须详细注明进价（不含税）、增值税以及进价（含税）。

（7）英文翻译将作为双方对于合同有所争议时的参考。

（8）每月货款总额的3%扣作佣金。

（三）商品细则

（1）供应商在报价及商品陈述时必须列明所供应的货物可否退换，最小订货量、运费是否包括在内，并列明报价是否含税。

（2）供应商在商品介绍时必须说明附带的服务，如是否带衣架（服装）、打标签、维修/安装、特别包装等。

（四）付款条件

（1）到货××天。

（2）月结60天。

（五）进场费用

（1）进场费。

新品上架费2000元/品牌，新进供货商费（另定）。

（2）促销费。

①促销活动费。

“家乐福”与供应商共同举办的促销活动：次数/每年（另议次数），每年20天，由供应商提供一定的折扣、提供免费商品、提供一定价值的赠品。

②促销费。

700元/促销排面，400元/排面赞助金，海报赞助金另议。

（3）赞助费。

①家乐福在特别年节（元旦、春节、劳动节、国庆）收供应商各1000元赞助费。

②开业赞助费：1万元现金或实物。

③店庆费：每年店庆赞助金。

资料来源：佚名．供货商指南——家乐福选择供应商的条件和协议［J］．糖烟酒周刊，2005（1）：1.

讨论题：

家乐福选择供货商的条件有哪些？您认为这些条件合理吗？

【精彩案例2】

我国连锁企业物流实例

（一）国美电器的物流配送

国美电器是目前国内规模最大、发展速度最快的家电专业连锁店之一。大库、小库构成了国美电器全国连锁体系的物流系统的枢纽。目前，国美在北京、天津、上海、成都和重庆分别设有一个配送中心，即大库，面积在7000～10000平方米，每个配送中心可以支持7～8个连锁店的商品配送。在国美《经营管理手册》中，对配送中心的定义是，根据总部业务部门或分部业务部的订货信息接受供应商的批量供货，进行商品储存，并按门店的要求进行配销的流通机构。简言之，国美配送中心的主要任务有：①接受或提运；②验货；③存储；④配销。具体来讲，首先由厂家各地分公司直接将商品拉进国美的配送中心，有时中心也提运一些商品，然后由连锁店确定每天从本区域配送中心调货的数量和型号，运输则由门店拥有的3吨大货车完成，货物到达门店后可暂时存储在店内的小库里。国美的配送中心具备了配送中心接受、验货、存储的基本功能，但尚无能力为门店提供送货服务。可以看出，国美的配送中心称作“库”，是有它的道理的。

目前，国美已开始尝试借助社会资源，解决配送中心的送货问题。此外，国美也在积极建设内部计算机网络系统，以改变目前依靠电话、传真等手工数据传递方式。总体上看，国美的配送中心建设在支撑连锁网络的扩张中，起着重要作用，并随着企业规模的扩大不断地进行完善。但配送中心发展中的不足，也在一些方面影响了国美的运营效率和顾客服务。国美计划在2003年门店达到150家，这将对物流配送提出更高的要求。而国美电器配送中心的现状和发展过程，在一定程度上反映了我国连锁企业配送中心建设的特点和水平。

（二）华联超市配送中心

C月，华联超市新建的桃浦配送中心启用，配送中心的建筑面积20000平方米，库存能力90万箱，日吞吐能力19万箱，可同时停靠80辆货运卡车，服务半径250公里，是目前国内连锁企业最先进的配送中心之一。该配送中心具有较高的技术含量：

（1）该中心采用高层立体货架和拆零商品拣选货架相结合的仓储系统，大大提高了仓库的空间利用率；

（2）采用前移式蓄电池叉车、电动搬运车、电动拣选车和托盘，实现装卸搬运作业机械化；

（3）拆零商品配货电子化。采用电子标签拣选系统，使用电子标签设备。门店订单输入电脑后，货位指示灯和品种显示器立刻显示拣选商品在货架的具体位置和数量，作业人员可以方便地取出商品，订单商品配齐后进入理货环节，大幅度提高速度，降低差错率；

（4）采用无线通信电脑终端和条码技术，从收货、验货、入库到拆零、配货，全面实现物流功能条码化与配送过程无纸化；

（5）具有“穿过式配送”能力，并利用“虚拟配送中心”功能协助完成“店铺直送”；

（6）建立了“自动补货系统”，与上海捷强和宝洁公司建立的“供应商补货”系统已开始运行。特别值得强调的是，华联配送中心不仅拥有先进的设备和技术，而且配送中心的管理理念也十分明确和清晰，既提供使门店和客户满意的物流服务，又同时按照这个宗旨调整和优化配送中心的作业和管理流程。

华联先进的配送中心在保证店铺正常运营、降低物流成本和商品损耗、加速周转等方面显示出巨大优势，成为华联超常规发展的重要保证。华联配送也代表了目前我国连锁企业配送中心建设和运营管理的最高水平。

资料来源：罗丹玉．我国连锁企业物流配送现状分析［OL］．中国流通研究网，2005.

讨论题：

1. 如何选择供货商？

2. 连锁企业如何建立配送体系是最有效的？

第十二章

零售促销与传播

【学习目标】

1. 了解促销活动的类型；
2. 掌握促销内涵及策略；
3. 掌握促销组合及执行；
4. 了解网络促销的内容与活动方式。

【重难点】

1. 零售促销内涵；
2. 零售促销活动类型；
3. 零售促销策略；
4. 零售促销组合；
5. 网络促销的内容与活动；
6. 促销组合的执行。

【案例导入】

2021 天猫“双十一”促销新玩法引爆全民消费

天猫域名在2009年正式启用，同时也是淘宝商场的新业务，负责人张勇决定办促销活动，正逢十一之后，圣诞节之前，节日最为匮乏的时候，当时大火的“光棍节”成了不二选择。

2021年11月11日24点，第十三届天猫“双十一”落下帷幕，最终的成交数字定格在5403亿元，再次创造新纪录。对比2009年销售额0.52亿元，2021年的天猫双十一的销售额直接翻了将近10400倍。梳理了“双十一”前后的整体玩法，分别在传播策略、站内活动、内容传播等多方面都有相应的动作。

传播策略方面，从2019年开始，天猫在传播方面分别在“天猫”和“天猫双十一”这两个品牌上都做了相应的动作。一方面将“双十一”塑造成稳定的全民活动；同时天猫通过品牌故事的投放，激起用户情感共鸣，提升对“双十一”品牌本身的好感度。

站内活动玩法方面，除了各种跨店满减、喵糖瓜分20亿元等常见玩法，还新增了新品发布、潮品、品牌会员挑战计划、全明星购物车公开等新玩法。给消费者建立“‘双十一’不只是卖滞销品、低价产品，更是‘买新产品/潮品的好时机’”的新认知。

站外内容传播方面，从10月20日的薅猫毛学院开始，价格敏感型的用户就会收到薅羊毛的信息。

其他的传播，集喵糖领红包，扔喵糖领红包。用户可以通过小任务、邀请助力、惊喜宝箱赚喵糖，喵糖越多，红包越大。

到11月1日到3日左右。站内外的活动、引爆的话题都会被拎出来，还有宣传片视频、榜单等，引导用户购买。

从2019年开始，“双十一”不再单指11月11日当天，甚至从10月底就开始预热。整体节奏拉长，大家准备时间更充分，能保证服务器流畅运行，大家收货的速度也会更快一些。

天猫为什么能频频在促销上玩出新花样？零售促销究竟有哪些选择？应如何制定出合理的决策呢？

资料来源：腾讯网．从认知到忠诚：2021天猫双十一运营全视角解读［EB/OL］．［2021-11-19］. https：//new. qq. com/rain/a/20211119A01MOV00.

思考：与往年相比，天猫商城2021年的“双十一”促销有哪些新意？取得的效果如何？

第一节　零售促销及其组合要素

一、零售促销定义

零售促销（retail promotion）一般被定义为零售商为告知、劝说及提醒目标市场关注有关企业任何方面的信息而进行的一切沟通联系。从市场营销的角度看，零售促销是零售商通过人员和非人员的方式，沟通零售企业与消费者之间的信息，引发、刺激消费者的消费欲望和兴趣，使其产生购买行为的活动。从这个概念不难看出，零售促销具有以下几层含义。

1. 零售促销工作的核心是沟通信息

零售商与消费者之间达成交易的基本条件是信息沟通。如果企业未将自己经营的商品或劳务的有关信息实时有效地传递给消费者，那么消费者对此一无所知，自然不会购买。尤其是新商品或新服务进店，充分准确的信息沟通是首要的。

2. 零售促销的目的是引发、刺激消费者产生购买欲望，进而产生购买行为

在消费者可支配收入既定的条件下，消费者是否产生购买行为，主要取决于消费者的购买欲望，而消费者的购买欲望与外界的刺激、诱导分不开。零售促销就是针对这一点，通过传播方式把商品或劳务的相关信息有效地传递给消费者，以刺激其购买欲望，使其产生购买行为。

3. 零售促销的方式是人员促销和非人员促销两类

人员促销，亦称直接促销或人员推销，使零售商或生产商运用商品促销员向消费者传递信息的一种方式，它主要适合于新商品（服务）或用途比较特殊的商品（服务），或者一些大幅度降价销售的商品。非人员促销，是零售商通过店内的墙壁广告、通道广告、店内堆头广告、店门口的一些广告贴等进行传递信息。主要适合于新上架商品或者新的服务等等。零售商一般是运用人员促销和非人员促销两种方式有机结合进行促销的。（加入网络促销的若干内容）零售商一般是运用人员促销和非人员促销两种方式有机结合进行促销的。企业通过一定的媒体传递产品或劳务等有关信息，以促使消费者产生购买欲望，发生购买行为的一系列促销活动，包括广告、公共关系和销售促进等。它主要适合于消费者数量多、比较分散情况下进行促销。随着“互联网＋”技术的快速发展，各种行业的各类企业均形成以互联网为渠道的网络促销模式，通过运用网络促销工具突破传统营销理念，发挥现代化技术的优势，为大众提供了更加方便的服务形式。网络促销工具的营销传播渠道主要包括网络广告、邮件、网络广播、网站等，通过这些平台进行产品信息的发布，能够实现传播方式从单向传播到互动传播的转变，满足当代社会群众的更多需求。在互联网背景下，通过网络促销工具的有效运用，可以减少客户的让渡成本，并扩大企业品牌的知晓度，为客户和企业创造更大的价值。在传统的市场环境下，企业的促销活动已经形成了一套有效的、完整的模式。互联网的出现，极大地改变了原有的市场营销理论和实务存在的基础，使得促销活动在方式、手段、环境条件等方面都发生了深刻的变化。

二、零售促销活动的类型

零售业是开架率最高的行业，很多商品都开架经营，在经营过程中，零售商很重视采用一些行之有效的促销活动，想方设法地保持老顾客和积极主动地开发新客源，以确保它们在市场上的竞争优势，常见的促销活动有以下几种。

1. 会员制（membership）

主要目的是保持老顾客。消费者向零售商店缴纳一定数额的会费或年费取得会员资格，享受一定的价格优惠或折扣。会员制在我国广东零售业中大力推广。具体形式包括：

（1）公司会员制（corporation membership）。

消费者不以个人名义而以公司名义入会，商店向入会公司收取一定数额的年费。这种会员卡适宜于入会内部雇员使用。

（2）终身会员制（lifelong membership）。

消费者一次性向商店缴纳一定数额的会员费，便成为该店的终身会员，可长期享受一定的购物价格优惠，并且可以常年获得店方提供的精美商品广告，还可以享受一些免费项目，如电话免费订货、免费送货上门等。

（3）普通会员制（common membership）。

消费者无须向店方缴纳会费或年费，只需在商店一次性购买足额商品便可申请到会员卡，此后便享受该店5%～10%的价格优惠和一些免费服务项目。

（4）内部信用卡会员制（internal credit）。

适合于大型高档商店。消费者申请某店信用卡成为会员后，购物时只需出示信用卡，便可享受分期付款或购物后15到30天内现金免息付款的优惠，有时还可以进一步享受店方一定的价款折扣。

2. 折扣优惠制（discount）

主要目的是为了开拓新顾客。商店在经营时，往往对顾客实行一定程度的价格优惠或货款折扣来招徕生意，主要包括：

（1）供应商折扣。

供应商在一些指定的零售商店或超级市场上出售的商品包装上贴上特殊的优惠或折扣标志，顾客在购物时只需将其取下寄送到指定地点，一段时间后便会收到供应商寄来的可兑的相当于优惠额或折扣额的支票。这种折扣方式在国内尚未开始推行，在美国是一种很重要的促销方式。

（2）优惠券。

零售商在商店入口处放置或在报纸杂志上刊登购物优惠券，顾客只需持券购物，就可享受一定价格优惠。有的零售商为了扩大销售，甚至将优惠券送到顾客的家门口或投入其信箱内。

（3）附赠商品。

常见于食品超级市场。商店根据顾客当天或一段时间内的购物全额积点，分送不同等级的礼物。这种附赠价格一般不高，但很实用。对一些购买贵重商品或购买金额较大的顾客，零售商便相应地赠送一些价值较高的商品。

（4）联合折扣。

零售商和其他行业如餐饮业、娱乐业、洗车业等联合开展的一种促销活动。顾客购物时，会得到商店赠送的小票，凭小票就可以在该零售商与其他行业结成的联合体内享受购物折扣或接受优惠服务。

3. 卖场促销

超级市场作为零售业的一个很重要的组成部分，其促销主要是卖场的促销，包括店头促销、现场促销和展示促销三种。“店头”是卖场形象的“指示器”，主要指超级市场卖场中的堆头和端头。堆头是指在展示区、过道和其他区域陈列的商品。堆头多做成比萨斜塔式落地陈列，不受体积限制，可以扩大品牌陈列面积与消费者接触面，但是需要认真规划，否则有碍观瞻。端头是指卖场中货架的两端，多为有头有尾货架末端陈列，与消费者接触率高，容易使其产生购买行动。

店头促销是超级市场业态的形象促销活动，主要表现形式有三种：特别展示区，货架两端（端头）和堆头陈列。这三者都是消费者反复通过的、视觉最直接接触的地方，而且陈列在这里的商品通常属于特别推荐产品、特价商品和新商品等。

在店头促销中必须强调的是：此种方式比较适合于大卖场这种超级市场业态；形成大供应商或大品牌与堆头或端头的对应关系，确定单品（一个品牌）或一个供应商与一个端头或堆头相对应。

现场促销活动是指超级市场在一定期间内，针对多数预期顾客，以扩大销售为目的所进行的促销活动。现场促销通常会结合人员促销，并通过这种特殊形式，直接达到扩大销售额的目的。顾客在促销现场，面对琳琅满目的商品，不但可以任意浏览、尽情触摸，而且还有专人说明、真人示范，因此，促使顾客购买现场促销商品的可能性会大幅度提高。在现场促销中应该注意时间和节奏的控制、把握不同方式的促销卖点和特性。

现场促销可以采用不同的方式。第一，限时折扣，即超级市场在特定营业时段内，提供优惠商品，刺激消费者购买的促销活动。例如，限定下午 4 ~ 6 时，某生鲜食品 5 折优惠。此种活动以价格为重点，利用消费者求实惠的心理，刺激其在特定时段内采购优惠商品。在进行限时折扣时，一般以宣传单预告，或在卖场销售高峰时段以广播方式，告知、刺激消费者购买限时特定优惠的商品，通常选定的优惠商品，在价格上必须与原定价格有三成以上的价格差，才会对消费者产生足够的吸引力，达到使顾客踊跃购买的效果。第二，面对面销售，即超级市场的店员直接与顾客面对面进行促销和销售的活动。例如鲜鱼、肉制熟食、散装水果等都可以采用此方式进行销售，此类活动的目的是为了满足顾客对某些特定商品适量购买的需求，同时，也是适时地为消费者提供使用说明，促进商品的销售。第三，赠品促销，即消费者免费或付较少代价即可获得特定物品的促销活动。第四，免费试用，即现场提供免费样品供消费者使用的促销活动，如免费试吃水饺、香肠、薯条等对于以供应食品为主、以家庭主妇为主要客流的超级市场，此类促销活动是提高特定商品销售量的好方法。因为通过实际试用和专业人员的介绍，会增加消费者购买的信心和日后持续购买的意愿。

展示促销，美国商场有句名言："样品展示是新产品销售的开始。"以美国人的观点，展示销售并非仅仅是宣扬新产品，更要发掘新产品的预期顾客、促其购买。通过商品展示，使消费者直接、充分地了解新产品的特性、优点，这种推广活动，就是展示促销。通常，展示促销只针对新产品，是人员促销的一部分。通过陈列新产品样品，促销新产品，使新产品信息广泛传播，大量招徕商品买主，兼具促销与广告作用。

4. 网络促销（加入网络促销的内容或活动）

（1）打折促销或特价促销。

折扣销售又叫商业折扣，是指企业根据市场供需情况，或针对不同的顾客，在商品标价上给予的扣除。商业折扣是企业最常用的促销方式之一。企业为了扩大销售、占领市场，对于批发商往往给予商业折扣，采用销量越多、价格越低的促销策略，也就是我们通常所说的"薄利多销"。如购买 5 件，销售价格折扣 10%；购买 10 件，折扣 20% 等。其特点是折扣是在实现销售时同时发生的。

特价促销是指在短期内的直接降价促销，以低于平常的零售价来吸引顾客，以促进销售的方法。这是商家使用最频繁的促销工具之一，也是影响顾客购物最重要的因素之一。其方式包括直接折扣（在大档期内，做商品全面性折扣，平日大都对部分系列商品折扣。若特价品不再配合折扣，要注明特价品除外，以免引起争议）；买 A 送 B（顾客支付一种购物钱，可获得其他赠品，如买二送一、买大送小等。一般而言，这种方式接受度高，若赠品与购买商品有关联，效果更佳）；A 件 B 元（例如，1 件 3 元、2 件 5 元等，目的在于增加总消费数量及金额）；均一价（采用取长补短方式，定出一个较具吸引力的价格，如某系列商品全部 99 元均一价，以此吸引顾客。在价格上不给顾客以任何选择余地，但在款式档次上充分给予顾客选择空间）；组合价（把关联度高的商品组合成套装包装，甚至还附送赠品，但价格比零星购买便宜，来吸引顾客成套购买）。

这两种促销策略均属价格刺激，且消费者更关心这两者能为其节省时间和精力，并带给自己愉悦感。此类促销策略可针对消费者购物时间相对不够充裕的白领等工作人士进行投放。

（2）限时抢购。

限时抢购又称闪购（flash sale），起源于法国网站 Vente Privée。闪购模式即是以互联网为媒介的 B2C 电子零售交易活动，以限时特卖的形式，定期定时推出国际知名品牌的商品，一般以原价 1～5 折的价格供专属会员限时抢购，每次特卖时间持续 5～10 天不等，先到先买，限时限量，售完即止。限时抢购模式自法国网站 Vente Privée 首创之后，迅速被其他国家引入与效仿。如美国的网站 Gilt Groupe、One Kings Lane，印度的 Exclusively 等。在国外，“闪购”（即限时抢购）网站被证明不仅是一种流行的电子商务体验，更是利润丰厚的商业模式。如美国 One Kings Lane 网站，现有超过 200 万个用户，2009～2010 年公司营收增长超过 500%。预计营收入有望增长 200%，达到 1 亿美元以上。

在国内，限时抢购模式兴起于 2008 年。2008 年 12 月，唯品会率先从法国引入限时抢购模式，并迅速发展壮大，成为中国限时抢购领域的领头羊。紧随其后，俏物悄语、聚尚网、佳品网、尚品网等限时折扣网站如雨后春笋般兴起，分食中国限时抢购市场。

消费者对这种促销策略的感知利益点是能节省金钱，因此可针对消费能力相对不足的消费群体，如学生、自由职业者等使用此策略。虽然限时抢购更容易消耗时间和精力，但价格刺激的诱惑力也很大。

（3）店铺优惠券或团购优惠。

店铺优惠券是针对店铺的一种优惠券，覆盖店铺里所有的在售货物，只要能够达到店铺优惠券的使用门槛，店铺里的任意商品都可以使用它。团购需要预付费，购买团购以后，团购网站会发送团购券给消费者，消费者到店消费时需要初始团购券，商家使用团购网站的系统验券成功后才会为顾客提供服务。我们可以发现，现在各类店铺都入驻了抖音、美团，开设线上直播，以各类饮食店铺最为显著，例如古茗、茶百道等知名饮品连锁店直播销售团购券，消费者可以获得更大的优惠。

团购，英文名是 group purchase，意思是团体购物，指认识或不认识的消费者联合起来，加大与商家的谈判能力，以求得最优价格的一种购物方式。根据薄利多销的原理，商家可以给出低于零售价格的团购折扣和单独购买得不到的优质服务。团购作为一种新兴的电子商务模式，通过消费者自行组团、专业团购网站、商家组织团购等形式，提升用户与商家的议价能力，并极大程度地获得商品让利，引起消费者及业内厂商、甚至是资本市场关注。美团是最典型的一个例子，在美团上，吃喝玩乐都可以进行团购，便利消费者同时也有很多优惠。

（4）网上抽奖或联合促销。

用户运营通过抽奖激励用户在 App 内产生一系列行为，如特定节日抽奖，或者借势营销时利用抽奖，提升用户使用时长，增强用户黏性，是一种常见的促销行为。联合促销是指两个以上的企业或品牌合作开展促销活动。这种做法的最大好处是可以使联合体内的各成员以较少费用获得较大的促销效果，联合促销有时能达到单独促销无法达到的目的。联合促销是最近几年来发展起来的新的促销方式。进行联合促销时，让联合促销的双方都能最大限度地暴露在目标消费者的眼球面前，最大限度发挥促销的功能，最终会收到理想的效果。

很多时候，抽奖活动只要参与就有可能获得某项附加产品或服务，这对消费者有种天然的吸引力，但要注意中奖率，太高会使其觉得太过容易而降低神秘感，太低会耗费其时间和精力，从而不利于消费者兴趣的培养。联合促销可使消费者购买一件商品时得到两件不同商品的体验成为可能，能为暂未作出购买决策的消费者提供一次体验的机会。这两种促销策略可针对网购观望者进行，以形成更大的消费市场。

（5）预售。

预售，英文是 presale，是指在产品还没正式进入市场前进行的销售行为。对于一些设计、发明类的产品，可以通过预售来了解该种产品是否有市场，特别是针对一些只能通过批量化生产的产品而言，通过预售达到一定量后才可以投入生产，有效规避了生产存在的风险。对于预售过程中没有成功的产品就表明该产品的实用性以及受欢迎度有待考究与论证，这是一种规避批量化生产造成浪费以及进行市场调研的很好的方法。近两年的“双十一”购物节都采用了预售的方式，在 10 月中旬消费者就可以先为心仪的产品付定金，之后付尾款，在 11 月 11 日之前就已经开始了双十一的各种活动。

预售的商品往往是新品，能使消费者更加关注商品信息，这对于购物时间不充足的消费群体来说，这种促销策略不占优势，但对于求新的消费群体来说就比较受欢迎。

三、零售促销组合

促销的四个组成部分分别是广告、公共关系、人员销售和销售促进。一个好的销售计划一般是要在零售商整体战略的基础上，将这些要素加以综合。比如，一家电影院更多地注重广告和销售促进，而一家高档的独立专业商店则强调人员推销。

零售商在促销上花费了大量费用。例如，百货公司一般将销售额的 3% 用于广告，8% ~10% 用于人员推销或服务支持。而许多连锁百货商店在销售促进（如特别策划）上投资很大，并雇用内部或外部公共关系人员进行积极的公众宣传，与媒体做好信息沟通。

四、零售促销中的人员推销

人员推销指为达成销售而与一位或多位顾客进行的口头沟通。零售商利用人员推销的程度依赖于其传递的形象、所售产品的类型、自我服务的水平及其对维持长期顾客关系的兴趣和对顾客的期望。

（一）零售人员促销的目标

零售人员促销的目标：劝说顾客购买，并促进相关冲动型商品的销售，完成与顾客的交易，通过上门推销和电话营销，在顾客心目中形成对所营销商品的印象，向公司决策制定者反馈信息，向顾客提供充分的服务，增进并保持顾客满意度等。

（二）人员推销的优点和缺点

人员推销的特点在于销售人员直接与顾客相接触，因此其主要的优点有：销售人员可根据个别顾客的需求来调整信息；销售人员可灵活采用不同方式满足顾客需求；顾客的注意力集中度比面对广告时要高；对店铺零售商来说，浪费很少或没有浪费；大多数走进商店的人都是潜在的顾客；人员推销比广告更容易引起顾客回应；可提供立即的反馈。

但人员推销还是存在很多缺点，如在一定的时间内接触的顾客有限；与每位顾客相互沟通的成本较高；顾客最初并不是由于人员推销而被引入商店的；不鼓励自我服务；一些顾客认为销售人员帮不上忙，对商品不内行，而且过于主动等。

五、零售促销中的销售促进

零售销售促进包括了广告、公共关系和人员推销以外的所有付费沟通活动。销售促进也称营业推广，指的是以创造一种即时的销售为主要目的，对消费者或分销商提供一种额外价值或奖励的一种激励，其目的是促进顾客购买及增强商家的销售效率，包括展示、竞赛、抽奖、赠券、会员顾客的优惠计划等。

（一）销售促进的目标

零售销售促进的目标是复合的，如利用堆头展示和赠券提高短期销售量；通过会员顾客的优惠计划和礼品赠送维持顾客的忠诚度；突出商品的新颖性等。具体包括以下四种。

第一，吸引顾客。吸引顾客可以通过销售促进达到，比如跑车的零售商可以在车头挂上一个运动员的头像以吸引顾客，连锁店的店主可以用某一商品的低价吸引顾客到店，顺便购买其他正常价格的商品。经营汽车和家庭器具的商店里某商品的促销可导致顾客进店享受其他高价的维修服务，以便零售店获利。吸引顾客是为了打开商店买卖的大门，不局限于让顾客购买促销的商品，这是与制造商策划不同的地方，也意味着零售商策划更具有复杂。第二，清除存货。零售商经常会发现他们的存货已经越积越多，需要通过销售促进来降低库存，为了减少库存通常会进行计划外的销售促进。降价清仓可清除过多的库存，但有时也有必要策划除降价之外的清仓销售促进活动。除此之外，零售销售促进还有助于增强店面形象、建立实惠的价格形象等。

（二）销售促进的优点和缺点

零售销售促进的主要优点表现为，通常能吸引顾客注意；可围绕特别的主题，适用特别的方式；顾客可得到一些有价值的东西，如赠券或赠品；有助于吸引顾客光顾并维持对零售商的忠诚；促进冲动型购物的上升；顾客会感到有趣，特别是在有竞赛活动和产品演示时。

销售促进的缺点：某种促销活动的结束可能会引起顾客的不良反应；用老套的方式促销可能会有损零售商的形象；有时促销要点并没有放在零售商的产品类型、价格、顾客服务等因素上，而是强调一些没有什么意义的东西；许多销售促进只能达到短期效果；只能作为其他促销方式的补充手段适用。

（三）零售销售促进的主要类型

1. 商品打折促销

打折促销是一种较为直接的降价促销，是零售商店最常采用的一种促销工具。

（1）折扣券（coupons）。

它采用邮寄、附于商品或广告中赠送的方式，向潜在顾客发送小面额优待券，持券人可凭券在购买某种商品时享受优惠。例如，凭券到某超市购买某品牌花生油，原价 1 桶 98 元，只需支付 78 元即可购买。

（2）折扣优惠（discount）。

就是调低商品售价，即降低利润以优惠顾客，此种促销方式最能吸引消费者前来购买，并与竞争者的价格相抗衡，因而受到大多数零售企业的喜爱和广泛应用。折扣优惠的方式很多，比如减价标签、直接打折、联接式包装、买一送一等。

（3）限时抢购（flash sale）。

就是在特定的营业时间提供优惠力度很大的商品，以刺激消费者购买。这类活动以价格促销的着眼点，利用消费者求实惠的心理，刺激其在特定时间段内采购特定优惠商品。例如，限定上午 10：00～10：30，某种商品 5 折优惠。应用这种促销方式时尤其注意宣传方式，要通过宣传单预告或在卖场高峰时间以广播的方式告知，以刺激消费者购买特定优惠商品。

（4）自助获赠（self-liquidate largess）。

又称为自偿赠品或付费赠送，是指顾客将购买某种商品的证明附上少量的现金换取赠品的形式。通常附上的现金金额低于赠品的零售价。例如：顾客在某商场购买小家电金额达 300 元，凭购买凭据并付款 50 元即可获赠紫砂锅一个。

（5）退款优惠（refund offers）。

指在消费者提供了购买商品的某种证明后，就退还购买该商品的全部或部分价款。在我国，针对普通消费者的退款促销还不普遍，但已有一些厂商或商家进行了成功的尝试。最常用的方式有五种：现金退款、折价券退款、现金加折价券退款、现金加赠品退款、全额退款。

2. 赠品促销

赠品促销是指消费者免费获得赠给的某种特定的物品或利益。赠品促销也是现实中最常用的促销工具之一。

（1）免费赠送。

这种方式是指消费者无须付出什么条件即可获得赠品。免费赠送时，一定要选择好赠送对象，才能达到事半功倍的效果。例如，某商店周年庆，对凡光临商店的会员顾客免费赠送保鲜盒、水杯、小枕头等小物品，刺激老顾客光临惠顾并产生购买。又如，一些新品牌化妆品上柜时，会对路过专柜的女士赠送化妆品小样，通过这些潜在顾客的试用促进现实购买。

（2）付费赠送。

是指商店为吸引消费者而采用的只要消费者购买某种特定商品或购买金额达到一定数额时，就可免费获得赠品。例如买一赠一、买大包装商品送小包装、批量购买赠送、随货中奖赠品等。这些不同类型的付费赠送只有一个目的，就是让消费者觉得超值，刺激他们购买。消费心理学表明，顾客在购物时，心理上容易接受和希望接受超值的感觉，赠品往往能带给他们一份惊喜。

3. 现场演示、体验型促销

它向顾客提供的是体验价值，顾客为获得此价值只需要付出时间、精神及体力成本，而不需付出货币成本，因此受到消费者较高的评价。通常在进行销售演示或体验时商家都会同时提供咨询服务，更大程度上方便顾客对企业及企业的商品的了解。这种促销方式常常可以归结到心理促销上。在这种促销方式中，现场促销人员的推销技巧能起到很大的作用，对于不同的顾客，现场推销人员采用不同的对待办法往往可以收到很好的效果。

（1）产品展示、体验。

是指企业、制造商、经营者为推广或销售某种商品而进行的各种说明、示范、试用活动，旨在向顾客宣传商品、近距离接触体验商品，从而让消费者接受，并达成交易。例如，目前在销售小家电、高档厨房用品中广泛用到的产品使用展示、体验活动，能够让消费者更加了解商品的功能、特征及具体使用方法，刺激消费者购买。又如在超市普遍存在的免费品尝、免费试用活动，因为顾客亲身参与，即兴购买的增多，其效果很明显。

（2）竞赛型销售促进。

它基于利用人们的好胜、竞赛、侥幸和追求刺激等心理，通过举办竞赛、抽奖等富有趣味和游戏色彩的促销活动，吸引消费者的参与兴趣，推动和增加销售。

六、零售促销中的公共关系

（一）公共关系的含义

公共关系又叫公众关系，更准确地说是“与公众的关系”，称公关。国内外学者对公共关系的定义非常多，下面给出一种定义：公共关系是组织以尊重公众利益为前提，实现组织与公众的相互理解，从而树立起良好的组织形象的有目标、有计划、连续的管理活动。

（二）零售商公共关系的目标

零售商公关关系承担了为零售商在公众中（顾客、投资者、政府、渠道成员、雇员及一般大众）塑造良好形象的一切沟通联系活动。它可以是针对大众的或针对个人的，付费或免费的以及出资者可控制的或不可控制的。公众宣传（publicity）是公共关系中的大众沟通形式，它由大众媒体来传递信息，媒体所提供的时间或空间是不付费的，没有明确的商业赞助商。

零售商的公共宣传力求达到一个或几个目的：

（1）维护或改善商场形象；

（2）宣扬零售商场对提高消费者生活水平的贡献；

（3）展示新产品；

（4）介绍公众还不熟悉的信息；

（5）促进顾客对商场及其商品和服务项目的了解；

（6）尽量降低推销宣传的总费用。

（三）零售公共关系的内容

1. 消费者关系

消费者关系是零售商公共关系中最主要的外部关系，如果零售企业不能建立起与消费者的密切的友善关系，不能广泛争取消费者对零售企业的充分信任和热情支持，就不可能生存和发展，所以零售商必须采取一些行之有效的方法搞好消费者关系。

（1）营业现场的日常联系。顾客接待室、值班经理制度、顾客服务台等都是比较普遍采用且行之有效的零售商与消费者联系的方式。它们能及时收集消费者的意见和建议，及时处理问题。顾客意见簿也是营业现场日常联系的一种形式。这种形式比较简单，但由于反馈总有一些时差，往往容易形成单向沟通而流于形式，因而零售商要特别注意尽可能缩短查看意见簿的时间。

（2）营业现场的定期或不定期联系。如设置顾客评议台，向来店顾客调查征询意见；发放调查问卷，了解顾客的情况及意见；组织顾客现场评选优秀营业员，增强顾客的参与感。这些形式不仅可以加深零售企业与顾客之间的理解和信任，而且还能吸引顾客的注意的兴趣，达到促销的目的。

（3）非营业现场的联系。如召开消费者座谈会或消费者代表会议，处理顾客来信，登门访问，举办文娱联谊活动，发放纪念品和宣传印刷品。

（4）网络零售情境中的联系。当今消费者越来越追求定制化服务，消费者在扮演顾客角色的同时，对参与到企业生产过程中的需求不断提高，原因是在消费者看来，企业的产品设计与生产始终与自己的期待存在差距，其产品始终存在不完善的地方，而另一方面，消费者希望自己的个性化需求能够得到满足，因此，消费者通过深度参与企业的产品设计及生产过程来体现自己的创造价值。通过网络分析出消费者的偏好，针对不同的消费者偏好定制不同的服务。如在购买行为之前的交流沟通。消费者可以在购买产品之前与在线客服进行交流，询问与产品相关的各类信息，以便消费者更好地把握，满足了很多小众的消费者需求。

2. 社区关系

零售企业是地域性的服务企业，与所在地区的关系是鱼水关系。零售企业的社区关系涉及很广，包括与当地机关团体、企事业、学校、部队、交通、街道居委会等关系，其中有些关系还非常密切。开展社区关系活动的方式很多，如向当地社会福利事业、文化、体育活动提供赞助；参加当地组织的公共建设、公共事务管理、宣传咨询、文明共建活动，履行社会责任等。

3. 新闻界关系

零售商的信誉和形象除了靠自己“做”以外，还要靠“说”，即对外宣传。在这方面，大众媒体能够起很大的作用。零售商要通过报纸、杂志、电台、电视等新闻媒介及时地将本企业的经营方针、经营策略以及取得的经验和其他信息向各界传播，使公众经常了解零售商的活动，提高零售商的知名度和美誉度，强化零售商的市场地位。为了做到这一点，零售商必须经常保持与新闻界的密切联系，如：为新闻单位撰写新闻稿件，制作反映商场情况的影片和录像片，并及时将这些具有新闻价值的文字和图片资料向新闻界提供；接受记者采访，举办记者招待会。

4. 政府机构关系

零售商与政府机构的关系，主要是与政府主管部门及其他诸如财政、税务、物价、计量、工商行政管理、公安、卫生等政府职能部门的关系。零售商应正确执行和遵守国家政策法令，加强与政府部门的沟通，及时主动汇报情况，积极配合行动，争取政府机构的支持和指导。

5. 供货商关系

零售商与供应商之间的关系决定了零售商能否按照自己的愿望取得货源，而这点对于零售企业的成功与否是十分重要的。因此零售商要重视零供关系。一方面，零售商要通过良好的传播沟通，使供货商了解并认识到本零售商是可靠的合作伙伴，有经销其产品所必需的设备、知识、经验和技术，有必要的服务能力，讲究信誉，付款准时，积极热心经营其产品；另一方面，积极收集市场信息，准确及时地向供货商反馈，在自己的职责范围内协助供货商妥善处理与消费者的矛盾；再一方面，要在可能的情况下多为生产商着想，只要从长远来看对本企业有利，就可以牺牲一时的利益，比如在可进也可不进货的情况下尽可能进货；在供货商推出新产品时，尽可能地帮助推荐，从而实现长期稳定发展的目的。

6. 其他关系

除上述关系外，如银行关系、运输商关系、同行关系等，也是需要零售商认真处理。

第二节　设计零售促销策略

为了成功地与顾客进行沟通，零售商要认真设计其整体促销策略。具体包括五步，如图 12－1 所示。

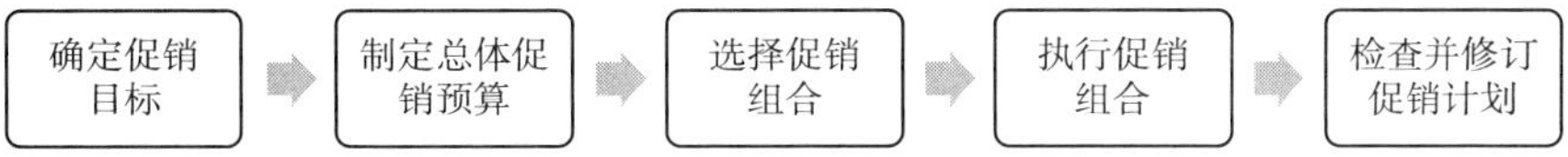

图 12－1　零售促销策略的设计步骤

一、确定促销目标

零售促销的第一步就是确定促销目标，零售商的促销目标主要包括：增加销售额、刺激冲动型和提示型购买、增加客流量、支持销售人员的工作、介绍并加强零售商的形象、告知顾客商品和服务的特点、宣传新的店址、利用制造商的支持提供顾客服务并加强与顾客的联系以及维持顾客忠诚度。

在发展促销战略时，零售商必须确定以上目标中哪些是最重要的，企业有必要清楚地阐明自己的目标、选择促销类型、媒体以及所传递的信息。促销目标必须尽可能准确地阐述。如，销售额在某一时间内增加多少个百分点，店铺的利润率在某个时间内提高多少个百分点，如销售额在 2001 年内增加 100 个百分点，店铺利润率在 2003 年内提高 50 个百分点，这样的目标才是指导性的、定量的、可测定的。只有确立了这样的目标，企业才能设计出精确的促销计划并评估其计划和目标的完成情况。

二、制定总体促销预算

制定总体促销预算可以有几种方式，主要包括五种。

1. 剩余定额法

指零售商先为零售战略组合中的其他部分划拨资金，剩余部分，不管多少，都作为促销预算，这是最保守的预算方法。其缺点是：将促销看作零售战略组合中一个不重要的变量；支出与目标没有关系；若剩余资金很少或没有，促销预算就远远不足或根本没有。小型的、保守的零售商主要使用这种方法。

2. 增量法

指根据从前的预算来分配资金。某年预算是由在上年度预算基础上加上或减去一个百分点来决定的。例如，若这一年促销预算为 1 万元人民币，下一年的预算就是在这个金额上加上或减去一个百分点。增加 10% 就意味着下一年的预算将为 1.1 万元。这种方法对小零售商很有用。增减多少有一个参考的点数。预算的调整是基于企业对过去成绩及未来趋势的感觉。这种方法很好用，但也存在比较大的缺点。预算很少能与特定目标相联系。依靠直觉或“感觉”难以评估促销效果。

3. 竞争基准法

指零售商根据竞争者的行动来增加或减少预算。这就是说，若某一区域内的领先企业将其促销预算增加 10%，在该区域内的竞争者将做出相应的调整。这种方法对大、小零售商都适用。它比较基准，以市场为导向，比较谨慎。但是由于很难获得竞争者的有关数据，该方法假设相互竞争的企业是相似的（关于从业年数、企业规模、目标市场、位置、商品、价格等方面），因此也存在很多缺点和不足之处，使用时应该取长补短。

4. 销售百分比法

即零售商将其促销预算与销售收入联系起来。首先，企业设立一个促销费用对销售额的比率。在连续的年份中，虽然促销费用和销售额会发生变化，但该比率保持不变。例如，某企业可将销售费用设为销售额的 10%。若这一年销售额预计为 14 万元，则需小预算就应为 1.4 万元，这种方法是以销售额为基础的，可以调整并且将促销与销售额联系起来。但这种方法与促销的目标没有什么联系，促销被动地受销售额的影响。在销售低迷时，相应地促销下降，而此时正确的做法是增加促销。这种方式在高销售额时期提供了过多的促销资金，而此时低销售额时期促销增加过少。

5. 目标任务法

指零售商清晰地定义其促销目标，然后为实现目标准备预算。例如，某零售商确定的目标是经过一个月的促销行动，将它在自己商圈内的知名度由现在的 50% 增加到 70%。为实现该目标，商家针对所需要完成的任务和需要制定预算。目标任务法是最好的总体预算方法。其具备目标描述清楚、支出与目标相联系、业绩易于评估的优点。主要缺点是：目标与任务的设置比较复杂，尤其对小型零售商来说更是如此。

在决定如何制定促销预算时，零售商应根据增加的需求及条件限制来衡量各种方法的长处与不足，选择一种或几种方法的组合。

三、选择促销组合

在预算制定之后，零售商必须制定其促销组合：将广告、公共关系、人员推销及销售促进结合起来。预算有限的企业会依靠店铺展示、广告传单、有针对性的直接邮件和公众宣传来增加客流量，而促销预算充裕的企业则可能更多地依靠报纸和电视广告。零售商经常将各类促销形式组合使用，以增强效果。如将媒体广告与 POP 展示结合起来的信息传递效果将比单独使用一种形式要好。

对于零售商的促销努力，顾客的反应一般要经历一系列被称为效果层级模式的步骤，这引导着顾客从注意到了解到喜欢，到偏爱到深信，最后到购买。在每一步需要不同的促销组合。广告和公共关系在吸引顾客注意时最有效，人员推销及销售促进在改变顾客态度和刺激欲望时最有效。这种分析特别适用于促销昂贵的、复杂的商品或服务。零售促销组合选择策略如表 12－1 所示。

表 12－1　零售促销组合选择策略

顾客的效果层次	促销的行为目标	促销组合
顾客对促销商品的注意	提供信息	介绍性广告、公共关系、POP、橱窗展示
顾客对促销商品的了解		
顾客对促销商品的喜欢	改变态度与感觉	竞争性广告、人员推销、销售促进、倡导性努力、POP 展示
顾客对促销商品的偏爱		
顾客对促销商品的深信	刺激欲望	提示性及公益性广告，人员推销，经常购买者优惠
顾客对促销商品的购买		

四、执行促销组合

执行促销组合包括：选择媒体、选择时机、决定传递何种信息、组建销售队伍、选择销售促进手段及分工协作。

1. 媒体选择

特定媒体的选择取决于许多因素，包括总费用、效率（接触目标市场的费用）、前置时间及广告内容。总费用十分重要，因为若要执行一个均衡的促销组合，不能过多使用昂贵的媒体。另外，企业可能没有能力在一个昂贵的媒体上重复发布信息，而广告只登一次是没有什么效果的。

一种媒体的效率与为接触到特定数目的目标顾客所花的费用有关。媒体效率一般用于每千位读者、观众或听众身上所花的费用来表示。

不同媒体需要不同的前置时间。例如，报纸广告可在发行前很短的时间内安排，而有时杂志广告必须提前数月安排。另外，零售商还必须决定将其广告放在各种版面内容的附近（如体育报道、连环漫画、个人健康专栏或特别报道）。

2. 促销时机的选择

广告决策必须考虑送达数和频率。送达数是指在特定时期内目标市场中接触到零售商广告的人数。频率是指在特定时期内所接触到的人看到广告的平均次数。

零售商可以集中地广泛地做广告。广泛的广告覆盖通常意味着广告的送达数多但相对而言频率低。集中广告覆盖一般指广告在经挑选过的媒体上频繁地重复。重复是很重要的，特别是对寻求树立形象或销售新产品或服务的零售商而言。

在进行促销组合时，零售商必须考虑到销售旺季的情况及使用集中式还是分散式促销方式。在销售旺季，组合中所有的方面一般都会用上；而淡季时，促销努力则通常会减少。

虽然超市并不像其他许多零售商那样真正受季节性的影响，他们也适用大量促销广告。大多数超市把每周主要的报纸广告都放在周三。因为大多数顾客主要在周四、周五或周六出来购物。

销售队伍的人员多少因时辰（早晨或晚上）、天（平时或周末）及月份（12月份或1月份）而不同。销售促进也因时机而变化。销售促进（公共关系）的最佳时机是商店开业时和节假日。

3. 信息的内容

不论是文字的还是声音的，针对个人的还是非个人的，信息的内容都是很重要的。广告的主题、用字、标题、彩色的使用、尺寸、版面设计位置都必须精心选择。公众宣传所发布的应是书面的。在人员推销中，问候、销售介绍、演示及结束销售应该简洁适用。销售促进时，企业所要传递的信息必须认真组织，放置在恰当的促销媒体上。

促销形式本身的特性在很大程度上影响着所传递的信息。购物袋一般只能印上零售商的名称；公告牌的视觉效果很好，但文字内容有限；销售人员可吸引顾客的注意，扩大所传递信息的内容。现在有些购物中心利用一种花哨的杂志来树立社区导向性的形象，向顾客介绍新开业的商店，以及对中心的商店所经营的产品和服务促销。

在广告和公共关系中，零售商可通过突出特色来谋求信息的扩散。例如，杂志的、展示多种产品的广告显示了这是一家折扣商店精美的广告图样，（加入一些网络促销的内容）而选择性的产品展示则是专业商店所注重的。

网络促销通过各种有效的方式，很好地解除了目标公众对产品和服务的疑虑，说服目标公众坚定的购买决心。例如，在中国，如果谁提到“今年过节不收礼”，随便一个人都会说“收礼只收脑白金”。脑白金已经成为中国礼品市场的第一代表。睡眠问题一直是困扰中老年人的难题，因失眠而睡眠不足的人比比皆是。有资料统计，国内至少有70%的妇女存在睡眠不足现象，90%的老年人经常睡不好觉。“睡眠”市场如此之大，然而，在红桃K携“补血”、三株口服液携“调理肠胃”概念创造中国保健品市场高峰之后，在保健品行业信誉跌入谷底之时，脑白金单靠一个“睡眠”概念不可能迅速崛起。

作为单一品种的保健品，脑白金以极短的时间迅速启动市场，并登上中国保健品行业“盟主”的宝座，引领我国保健品行业长达五年之久。其成功的最主要因素在于找到了“送礼”的轴心概念。

中国，礼仪之邦。有年节送礼，看望亲友、病人送礼，公关送礼，结婚送礼，下级对上级送礼，年轻人对长辈送礼等种种送礼行为，礼品市场何其浩大。脑白金的成功，关键在于定位于庞大的礼品市场，而且先入为主地得益于“定位第一”法则，第一个把自己明确定位为“礼品”——以礼品定位做宣传引领消费潮流。

网络促销将产品特色融合起来所取得的效果是巨大的，如：卫龙辣条从年轻人的喜好入手，运用表情包、直播生产过程、响应热点、恶搞热点、根据热点话题针对性地进行造势，促使消费者产生“辣条 = 垃圾食品”到“辣条 = 卫龙”观念上的转变。

有越来越多的零售商涉足比较性广告，即将它们提供的东西与竞争者相比较。比较性广告有利于零售商参照竞争者来定位，吸引顾客注意，在预算有限时使效率最大化及增加顾客的信任感。但是，这样的广告也把自己暴露给竞争者，可能使顾客感到迷惑，并可能导致竞争者的法律行为。

4. 销售队伍的组成

必须详细规定销售人员的资格条件，必须对他们进行招聘、选拔、培训、补充、管理和监督。应该把人员分类并分派到合适的部门。

5. 销售促进工具

销售促进工具需要进行选择。促销工具的组成取决于短期目标和促销组合中的其他因素。若有可能，应与制造商或其他供应商协商，绝不可能使用同零售商形象不相符合的手段。

五、检查并修订促销计划

关于促销计划是否成功的分析依赖于计划所追求的目标，若目标事先陈述清楚，分析就会大大简化。对于未达到预定目标的促销手段要做出修订。

下面以网络促销计划的制订为例。

网络促销是指利用现代化的网络技术向虚拟市场传递有关商品和劳务的信息，以启发需要，引起消费者购买欲望和购买行为的各种活动。

随着互联网的发展，消费者的消费心理和消费习惯发生变化，网络促销成为市场参与各方降低成本、提高效率的有效手段。网络促销是在网络营销中使用的手段之一，网络促销的实施程序可以由以下六个方面组成。

1. 确定网络促销对象

网络促销对象是指在网络虚拟市场上已经拥有购买能力、存在网络购买行为以及可能被转化为本产品的消费者。这一群体主要包括三部分人员：产品的使用者、产品购买的决策者、产品购买的影响者。

2. 设计网络促销内容

网络促销的最终目标是希望引起购买。这个最终目标是要通过设计具体的信息内容来实现的。促销内容应当根据购买者所处的购买决策过程的不同阶段和产品所处的寿命周期的不同阶段来决定。

3. 决定网络促销组合方式

网络促销活动主要通过网络广告促销和网络站点促销两种促销方法展开。但由于企业的产品种类不同，销售对象不同，促销方法与产品种类和销售对象之间将会产生多种网络促销的组合方式。企业应当根据网络广告促销和网络站点促销两种方法各自的特点和优势，根据自己产品的市场情况和顾客情况，扬长避短，合理组合，以达到最佳的促销效果。

4. 制订网络促销预算方案

根据所确定的网络促销的方式、网络促销所要到达的目标以及所要影响的目标群体，并通过参考成功的网络促销方案总结经验实现效率最大化。

5. 衡量网络促销效果

根据网络促销各环节的制定来衡量促销的实际效果是否达到了预期的促销目标，以便对各个网络促销环节进行调节、防止对卖家造成较大的损失。

6. 加强网络促销过程的综合管理

为保证项目各部分和谐有效地实施、达到项目的预期绩效，在各部分产生矛盾时，对项目进行综合管理。

第三节 零售传播

促销的四个组成部分分别是广告、销售促进、人员销售和公共关系。一个好的销售计划一般是要在零售商整体战略的基础上，将这些要素加以综合。比如，一家电影院更多地注重广告和销售促进，而一家高档的独立专业商店则强调人员推销。零售商在促销上花费了大量费用。例如，百货公司一般将销售额的3%用于广告，8%～10%用于人员推销或服务支持。而许多连锁百货超级市场在销售促进上投资很大，并雇用内部或外部公共关系人员进行积极的公众宣传，与媒体做好信息沟通。

一、零售广告

（一）零售广告（advertising）的概念

零售广告是指零售商以付费的方式，通过一定形式的媒体，公开而广泛地向公众传递商店、商品、服务、观念等信息，以影响消费者对商店的态度和偏好，直接或间接地促进经营绩效的沟通宣传方式。这一定义需要从三个方面理解。

1. 付费的方式

这一点是广告和公众宣传（公共关系的要素之一）的区别，在公众宣传中，零售商不会为传递信息而占有的时间和空间付费。而广告中零售商将承担费用。

2. 非个人的展示

广告中的标准信息是传达给整个受众群的，不能因个别顾客偏好而调整。

3. 通过特定媒体

包括报纸、电台、电视、网络及其他大众沟通渠道，也包括POP、DM这些店内沟通广告，而非个人接触。

（二）零售广告的目标

1. 短期销售额增长

大卫·奥格威说过："做广告是为了销售产品，否则就不是做广告。"因为广告的传播范围广以及传播形式的多样性，可以吸引大量的公众，博得眼球。凯度消费者指数（在中国隶属于CTR）近期发布的《全球媒介投放报告》显示，广告投放是可以拉动销售的。其所带来的销售额平均占总体销售额的4.5%。也就是说，假设广告投放期间所获的总销售额是20亿元，那么，广告投放所贡献的销售额大约9千万元。广告投放的销售贡献高低与类别有关，不同品类的广告投放对销售额的贡献力度也有所不同。报告显示，美妆及个人护理类，以及家庭护理类的广告投放响应最高，对销售额的贡献可达到5.3%，高于全球平均水平；

食品和饮料类的广告投放响应则较低，对销售额的贡献低于平均水平，为3.8%。因此当衡量广告投放的表现时，行业标准也是考量的必要因素。有效的广告投放可以不断地吸引新消费者，从而增加新的短期销售额。并且广告可以增加产品的曝光量，让人们对产品产生认知和好感，从而引发购买，促进销售。

2. 店内更大的客流量

衡量广告投放表现时，需要从消费者的角度切入。也就是有效的广告投放可以不断地吸引新消费者，从竞争对手转化消费者，提高尝新消费者或轻度消费者对品牌的忠诚度。广告通过渠道、途径发布后，它指定的客户群比较集中，它是通过产品的特性及受众面来准确推送给特定人群的，以提高商品知名度，让更多的人群知道这款商品。既然广告推送的客户群是经过筛选的，那么这些客户群体就有非常强烈的购买需求，从而可以很快推广商品，吸引更多的群体购买、体验商品，也推广给更多的人来了解。要相信优秀的商品都是大家所需要的，大家对好的商品都是来者不拒的。通过广告的推广也可以挖掘一批潜在的客户，让他们对商品之间做一个比对，通过自己的切身需要来选择更加适合自己的商品，从而更好地为自己服务。

3. 发展并加强零售形象

随着现代经济的持续稳速增长，现代零售业面临着消费群体更为复杂的局面，特别是年青一代消费群的成长，他们兴趣广泛，对于诸如服饰、美容、通信等方面商品的消费观是反对拘泥于传统而求新求变，更趋向于个性化和具有当代性的产品。所以现代零售企业的市场营销战略，采取对消费群的精准定位的推广模式，对目标受众进行细分，针对不同消费群的消费观念开展个性化的营销手段及广告推广方式，也根据不同消费群的消费习惯，选择适合的媒体，将富有吸引力的个性化广告信息送达目标消费群，实现“一对一”精准分众传播，从而更好地提升零售品牌形象。

4. 告知顾客商品、服务或公司的特性

广告中的叙述有很高的浓缩性，它高度提炼了商品的使用特性，优势特长等信息，能帮助客户在使用过程中，挖掘出商品更多的使用方便性，这样有利于提高用户的忠诚度，加大客户对商品的信任及持续性的购买。针对优质的客户，商品广告也可以让客户体验更加深层次的特性，并在使用商品过程中，发现商品的不足之处以及需要改进之处，从而提高产品竞争力和市场占有率，广告也可以提炼优质客户群，作为尝试者参与新产品的开发。零售广告将不再只是印在报纸上的产品展示与价格罗列，它会更多地基于现代传播技术开展互动营销，未来的零售广告将更加强调公众参与和客户体验，较传统的信息大众化单向传播，参与度的提高可以降低受众的反感情绪，增强广告效果；同时，基于网络和数据库的支撑，零售广告主会更科学地对目标群体进行客户分析、数据挖掘和准确定位，然后在此基础上，针对目标客户特点、爱好，定向地推送个性化广告，这种更加精准的传播更加符合目标群体的个性化需求，能取得更好的广告效果。在精准的定向传播前提下，零售商所传播的信息必须要投其目标受众所好。现代的人越来越自我，“越来越不关心广告，而只在意自己需要什么”，对信息的被动接受发展成为主动索取，当消费者搜索信息时，零售广告将恰当的信息传达给消费者才可以算是有效的传播，否则就会被直接规避。由于消费者对信息的需求深度不同，这种精准定向传播的信息要比大众媒介传播的信息更加详细，更加强调细节，通过传递实用信息劝说消费者作出购买决策。

5. 使销售人员工作更轻松

广告的投入是为了提高顾客对产品的兴趣，使其能在某一特定时刻或者间接地想起所属产品。再好的推销员或业务也没有短短 10 秒的一个广告更容易让人知晓产品。广告投入也是为了提高自身品牌潜力，从一定意义上打击竞争对手显示出自己的优势或对方的一些不足而促使新的产品更快地被市场信任。一个简单的广告中蕴含了产品价值、顾客认知、客户购买欲望，探寻欲望、市场争夺等很多东西。零售广告若是投放得好，消费者的品牌忠诚度高，品牌印象好，那么销售人员的工作就会相对更加轻松，只需要起一个辅助作用帮助消费者加深品牌印象。所以零售广告的目标应该要让销售人员更加轻松，同时也可以提高销售人员的效率并以此提高企业效益。

6. 大力发展对自有品牌的需求

自有品牌就是零售企业从设计、原料、生产到经销全程控制的产品，由零售企业制定工厂进行生产，然后贴上零售企业的商标，在自己的卖场进行销售，实质上是零售业的 OEM 产品。大力发展自有品牌可以获得信誉优势。敢于使用自有品牌的连锁企业往往有良好的声誉和企业形象。连锁企业开发自有品牌，在生产、流通过程中，原则上可杜绝假冒伪劣，保证商品纯正，从而更易赢得消费者信任。另外，发展自有品牌可以增强特色优势。实施自有品牌营销战略，大型连锁企业首先要对其品牌进行准确的市场定位。连锁企业的自有品牌与制造商品牌的最显著区别在于，连锁企业的自有品牌只能运用于开发商品的企业内部，其他企业不能使用，因此，使用自有品牌也就把本企业的经营特色体现出来，以特色经营赢得顾客。同时，发展自有品牌可以提高企业文化优势。品牌是凝结产品特征的总和，具有丰富的文化内涵。连锁企业在创建并销售自有品牌的同时也创建了企业特有的文化价值；对内激发员工热情服务，促使员工不断探索、勤奋工作；对外具有不可估量的扩散效应、放大效应、刺激效应和持续效应，从而可以产生大量的潜在购买群体，而且能够持续不断地影响到将来，为企业带来长远的投资回报率。因此，要大力发展对自有品牌的需求。

结合以上可得知，零售商应该在诸多目标中选择一个、两个或多个，并以此为基础进行广告设计和宣传。

（三）零售商和制造商广告的区别

1. 零售商一般比制造商有在地理上更集中的目标市场

这意味着他们比制造商更应关注当地市场的需求、习惯及偏好。因而零售商一般不会像制造商那样选择利用全国性传媒。只有店铺网络遍布全国的大型零售连锁店及特许经营店才可能采用全国性电视媒体做广告。

2. 零售广告更注重即时性

各种商品上市，在短期内就登出广告，力求顾客即时前来购买。而制造厂商所关心的往往是培养对本公司或对一种产品的好感，而不是仅仅关心短期销售额的增加。

3. 零售广告往往把价格作为宣传重点，而制造商往往强调产品的若干特性和优点

此外，零售商经常在一份广告中展示许多不同的产品，而制造厂商则将一份广告中提到的产品种类减少到最低限度。

4. 零售商场所用宣传工具的费用往往低于制造厂商

加之许多制造商希望将商品广泛分销，因而愿意对零售商提供广告补贴或“合作广告”，这也使得零售商的广告支出低于制造商。

（四）零售广告媒体的选择

广告媒体按其表现形式进行分类，可分为印刷媒体、电子媒体及其他媒体等。印刷媒体包括报纸、杂志、传单、挂历、商品说明书等。电子媒体包括电视、广播、电子广告牌、互联网、手机短信等。其他媒体包括站台广告、车厢广告、店内广告、商店橱窗等。表 12－2 列出了零售广告媒体的具体类型。

表 12－2　零售广告媒体分类

种类	包括项目
印刷媒体	报纸、杂志、传单、挂历、商品说明书、商品价目表、商品目录、包装、广告牌、DM 广告、电话号码簿等
电子媒体	电视、广播、电子广告牌、剧场广告、互联网、手机短信等
其他媒体	站台广告、交通工具广告、店内广告、商店橱窗等

1. 报纸广告

报纸是受零售企业欢迎的宣传工具。它的优点是发行频率高、覆盖面大、发行量大、信息传递快，因此报纸广告可及时广泛发布。报纸广告以文字和图画为主要视觉刺激，不像其他广告媒介，如电视、广告等受到时间的限制。而且报纸可以反复阅读，便于保存。报纸广告的缺点是有效时间短，阅读注意度低，印刷不够精致，当无彩色印刷时，不如电视吸引人。

2. 电视广告

电视广告是信息高度集中、高度浓缩的节目，兼有报纸、广播和电影的视听特色，以声、像、色兼备，听、视、读并举，生动活泼的特点成为最现代化也最引人注目的广告形式。电视广告的优点是视听兼备、普及率高，能够更直接、更具有强制性地再现商品，并且易与收视者建立亲密感情。缺点是制作烦琐，费用高，并且时间短暂，一般在15～30秒，不适合作详细说明的广告。因为电视广告成本太高，且无法展示、宣传零售商多种不同商品，因而零售商很少采用电视广告，有些只是在地方性电视台做些广告，或者在电视上做些品牌形象广告。

3. 广播广告

广播是零售商场广泛利用的工具。其主要优点是：准备时间短；接受方便，乘车和驾驶汽车的人也可听到；目标市场、目标受众明确；影响范围辽阔。主要缺点是：没有直观效果，必须简短，因需要重复广播，有点浪费。

4. 杂志广告

其重要性日益增长，其原因是全国性的零售商场增多，地区刊物增加，以及邮购零售商场多用杂志做广告。杂志广告的优点是适合于特定的市场，可与时评配合，单一信息影响久远，色彩鲜艳。主要缺点是准备时间长，成本高，有浪费现象。

5. 直接邮寄

直接邮寄是零售商场通过邮局把商品价格目录或广告寄给顾客的一种手段。其优点是总成本低，目标针对性强，有特定的格式，反馈迅速，还可附寄其他邮件。直接邮寄的缺点是回答率低，废弃率高（“大量广告胡乱邮寄”），无主邮件多（因收件人地址变更）。

6. 公共交通工具的广告

这经常为具有密集的公共交通系统的市区的零售商场所采用。广告就做在公共汽车、地铁车辆和出租汽车上。这种广告的优点是吸引观众、市场大、广告复现率高，而且市场的地理范围明确。其缺点是不适用于小城市，局限于交通路线，以及涂污车壁。零售商场还经常在他们的送货卡车上做广告。

7. 户外广告牌

这也是零售商场所经常使用的。他们把广告画和招牌展示在公共场所，高楼大厦和公路沿线。这些广告醒目，经济，信息传递效果好。缺点是：宣传内容有限，更换麻烦，影响观瞻，坐在高速车辆上看不清。

8. 包装

包装是另一类重要的印刷产品，它能够使用多种不同的材料印刷，如纸张、卡纸、塑料、金属和玻璃等。包装首先是用来保护包裹在内部的实际商品，但它也作为吸引消费者的外表装饰，同时包装还包含有包装物内容的信息。

9. 小传单

是一种重要的广告工具，尤其适合于街道区的小型零售商场使用。单页广告可在各停车场里散发或挨家挨户分发。其优点是成本低，针对性强，告知作用明显，并且派发简单易行。缺点是废弃率高，纸张质量差，不适合于大零售商场使用。

10. 电话号码簿

电话号码簿属于传统的广告宣传工具。电话号码簿一般分为白页、黄页两部分。在白页中，零售商场可免费按字母顺序列入名字和电话号码，与所有其他的电话用户（包括商界和非商界的）排列在一起。白页和黄页相比，白页的主要优点是熟悉该零售商场名字的顾客不会因看到其他店名而分散注意力。但其主要缺点是按字母排列，不如黄页按商业类型排列好。不熟悉本地零售业状况的顾客通常会在黄页类目上选择。

零售商场可以花钱在黄页的商业类内按字母列入店名和电话号码。如果愿意，也可以登较大的印刷醒目的广告。绝大多数零售商场都在黄页上登广告，黄页广告的优点是可以供广泛的顾客使用，而且寿命长（一年或一年以上）。缺点是缺乏灵活性，广告更新的时间太长。

11. 互联网广告

随着全球互联网使用者的逐步增加，互联网广告媒体正在从一个小的、新锐的、小众媒体向大的、成熟的、大众媒体的方向发展。

互联网广告的优点是成本较低，投放简单，受众明确，覆盖面更广，交互性强，反馈结果更加真实客观，因而效果较之传统广告更加明显。而且，互联网广告既可以方便企业进行即时促销，又可以进行长期的品牌树立规划。

但是，互联网广告这一新的广告方式发展得还不很充分。很多强制性广告反而引起受众反感，另外信服程度远不如其他媒介，尤其是现在的网站种类繁多，难辨真假。如何在尊重用户的前提下，更好地传播广告所展示的创意以吸引用户，从而转化为购买行动，最终使企业受益，这是广告制作者也是企业的一个重要课题。

视频广告是指在移动设备内进行的插播视频的模式。视频广告分为传统视频广告和移动视频广告两类。传统视频广告是对视频内的广告进行设置和投放，而移动视频广告分为传统贴片广告和 In - App 视频广告。近些年，视频广告强势崛起，短视频平台成为网络营销的主阵地之一。目前，短视频已成为仅次于即时通信的第二大网络应用。我国短视频平台用户逐年增加，《2020 中国网络视听发展研究报告》显示，2020 年 6 月用户规模已达 8.18 亿，约 87% 的网民使用短视频平台；截至 2020 年 10 月，抖音活跃用户数达 6.4 亿人，快手活跃用户数达 4.4 亿人。《2020 中国互联网广告数据报告》显示，2020 年视频广告收入规模约为 904 亿元，同比增长 64.91%，成为仅次于电商的广告品类。其中短视频广告同比增长达 106%，远远高于长视频 25% 的增幅。字节跳动也在 2019 年超越百度、腾讯成为仅次于阿里巴巴的第二大广告商。基于更好的用户理解及丰富新颖的广告内容，短视频广告通过“种草”形式激发用户潜在购买需求，具备更强的营销效果，成为线上营销的重要阵地。

电商广告是指商品经营者或服务提供者承担费用，通过互联网或移动网络，在网站页面的广告位宣传商品或服务，并把受众购买行为引到承接页面完成交易与结算的一种广告形式，包含两部分内容，即商品广告与承接页面。从互联网广告类型来看，广告主更加注重效果类广告，电商广告尤其受到青睐，在预算分配上更倾向 ROI（投资回报率）更高的电商渠道。艾瑞咨询发布的《2020 年中国新媒体营销策略白皮书》显示，直播营销和短视频营销分别以 52.8% 和 51.7% 的选择率成为广告主关注度最高的两种线上营销方式。电商广告能够直接缩短销售转化路径，促成消费者直接在电商平台完成交易。网红经济已成为粉丝经济当下最核心的一环，依托于 KOL 强大的粉丝带动力，更快刺激消费，实现商业变现量的飞速增长。由于 GMV（网站成交金额）= 流量 × 转化率 × 客单价，网红直播主播自带私域流量，用户黏性高，付费意愿强，可直接带动直播增量的上升；而通过主播的讲解，以及秒杀（饥饿营销）、独家（个性化）、赠品等主播常用的方式，购买转化率大大提升。

社交广告是一种主动型的广告，平台知道用户是谁，也知道用户感兴趣的广告是什么，并且平台只会对用户展示用户感兴趣的广告，所以社交广告的推送机制就是根据用户的历史浏览行为和用户喜爱程度来推送相关内容的。社交广告在流量和技术因素的双重驱动下，在社交网络市场规模中占比逐年增长，各社交平台不断探索社会化营销创新，致力于为广告主提供优质营销环境，社交广告的市场规模有望持续扩大。艾瑞咨询发布的《中国网络广告市场年度调查报告》显示，2019 年我国社交网络市场规模近 1442.7 亿元，同比增长 16.2%，社交广告市场规模为650.7亿元，预计到2022年将接近1400亿元。社交网络市场规模发展主要由社会化营销及社交增值服务两大部分的发展驱动。一方面，随着数据领域的技术发展和应用，社会化营销通过精准洞察为用户提供更有价值的信息，大大提高投放效率，愈发受到广告主的青睐。另一方面，随着用户付费习惯的养成和社交平台数字内容的不断丰富，社交增值服务收入也不断增长。

12. POP广告（售卖场所广告）

POP广告（point of purchase advertising），又称售卖场所广告，简称“售点广告”。具体讲，POP广告是在有利的时间和有效的空间位置上，为宣传商品，吸引顾客、引导顾客了解商品内容或商业性事件，从而诱导顾客产生参与动机及购买欲望的商业广告。它是一切购物场所内外所做的现场广告的总称，如：商店的牌匾、店面的装潢和橱窗，店外悬挂的充气广告、条幅，商店内部的装饰、陈设、招贴广告、服务指示，店内发放的广告刊物，进行的广告表演，以及广播、录像电子广告牌广告等。POP广告是在一般广告形式的基础上发展起来的一种新型的商业广告形式。与一般的广告相比，其特点主要体现在广告展示和陈列的方式、地点和时间等方面。

POP广告具有新产品告知、吸引顾客进店、吸引顾客驻足、促使最终购买、取代售货员、营造销售气氛、提升企业形象、假日促销等多种功能。有效的POP广告，能激发顾客的随机购买（或称冲动购买），也能有效地促使计划性购买的顾客果断决策，实现即时即地的购买。POP广告对消费者、零售商、厂家都有重要的促销作用。

13. DM广告（直接邮寄广告）

DM广告（direct mail advertising），直译为“直接邮寄广告”，即通过邮寄、赠送等形式，将宣传品送到消费者手中、家里或公司所在地。DM广告除了用邮寄投递以外，还可以借助于其他媒介，如传真、杂志、电视、电话、电子邮件及直销网络、柜台散发、专人送达、来函索取、随商品包装发出等。DM与其他媒介的最大区别在于：DM可以直接将广告信息传送给真正的受众，而其他广告媒体形式只能将广告信息笼统地传递给所有受众，而不管受众是否是广告信息的真正受众。其优点是：有针对性地选择目标对象，一对一地直接发送，使广告效果达到最大化；可以自主选择广告时间、区域，灵活性大，更加适应善变的市场；内容自由，形式不拘，有利于第一时间抓住消费者的眼球；广告效果客观可测，广告主可根据这个效果重新调配广告费和调整广告计划。因此，超市、专卖店、百货商场等零售业态均将DM广告作为非常重要的广告媒体大量使用。

DM要发挥最佳效果，需有三个条件的大力支持。第一，必须有优秀的商品来支持DM，商品与DM所传递的信息一致；第二，选择好的广告对象，吸引消费者的眼球；第三，巧妙的广告诉求会使 DM 有事半功倍的效果。

（五）广告媒体选择的方法

这里介绍三种比较常用的方法。

1. 水平支出法

采用这种方法选择媒体广告，每次广告活动所花媒体费用都差不多。其广告传播信息的特点是只起“提醒、注意”的作用。这类产品广告大都属于人们经常要购买的生活必需品广告，还有一部分产品是偶尔才要购买的如头痛药、消暑药、电视机、洗衣机。运用媒体做广告的方法是：人们可能在何时、何地付诸购买，就在何时和某特定范围利用媒体发布广告信息。用水平支出法选用媒体作广告，大都采用橱窗、路牌、招贴、报纸和广播等广告媒体。

2. 先多后少法

这种选择运用媒体的方法，正如字面意思那样，先投入较多的广告媒体费用，租用或选定刊载广告的场地或牌面，一个时期内大张旗鼓地开展广告攻势。当产品在市场上享有一定知名度以后，逐步减少这方面的支出。这种方法主要用于新产品或服务投入市场。先多后少法选用媒体，务必在实施广告费用预算之前，事先做好广告策划工作，切忌滥用媒体盲目做广告。

3. 滚雪球式渐次知强法

采用这种方法选择媒体做广告，一开始是试探性的，先在某一小的市场范围内运用几种易接近购买顾客的媒体，将产品的特点逐一渐次进行广告诉求认知。在摸清市场不同层次的消费需要对象及其特点后，逐渐扩大广告媒体的影响范围，采用的媒体逐渐增多。这种方法应用范围广，用这种方法选择媒体，对于那些对市场需求状况和发展趋势把握性不大的商场或广告人来说，有利于随机应变、稳扎稳打地开展广告活动。

上述三种方法是商业广告中经常采用的选择媒体的方法，究竟选择哪一种为宜，还要根据产品特点、市场需求情况、经营能力等具体情况而定，绝不要以为有所谓固定的现成模式。

二、零售广告设计

零售广告是指零售商以付费的非人员的方式，向最终消费者提供关于商店、商品、服务、观念等信息，以影响消费者对商店的态度和偏好，直接或间接地引起销售增长的沟通传达方式。零售广告具有及时性、地区性、宣传价格、合作广告、突出形象等特点。

（一）零售广告的类型

1. 商品广告

零售商作这类广告是出于吸引顾客快速前来购买商品。这类广告是告之消费者商店提供的商品的特征，如新商品、品牌、质量、价格等；或者告之消费者商店对某些商品优惠销售，使消费者感到物超所值，吸引消费者迅速前来购买，也使商店在短时期内提高销售额。

2. 声誉广告

零售商作这类广告是出于企业长期发展的考虑，目的是让消费者知道本企业与竞争者相比所具有的优势和地位。这类广告告之消费者本商店是购物的好地方。零售商通过这类广告建立本企业的形象，或者在某一方面与其他商店相比所具有的优势，如时髦商品的领导者；价格低廉的领导者；商品丰富、选择机会多的领导者；服务优秀的领导者等。

商品广告与声誉广告相比，商品广告推销的是商品，而且从速为好；声誉广告则推销的是商店，以长久为目标。

（二）零售广告的使用原则

零售企业面对复杂多变的市场环境，在广告活动中制定和运用广告策略是非常必要的。要正确有效地制定和运用广告策略，必须遵循以下原则。

1. 科学性原则

广告作为一种传递信息，引导消费的手段和开拓市场，促进销售的工具，是有很强的科学性的。零售商业的广告策略应当通过对市场商品消费者竞争对手等具体情况认真分析研究，经过费用的预算和效果评价，综合运用市场学、广告学、心理学、美学、商品学、企业管理学、统计学等原理和方法，科学地加以制定和运用。

2. 整体性原则

零售企业为了更好地参与市场竞争，实现企业的营销目标，就要制定一整套营销策略，而广告策略正是它的一个重要组成部分，因此，广告策略应建立在企业总体营销规划基础上，使之更好地实现企业的营销目标。

3. 效益性原则

企业制定和运用广告策略，要全面考察企业内部的各种因素的影响，选择最适宜的媒体、时机、表达方式和内容，达到以合理的费用，取得最佳的经济效益。

4. 灵活性原则

企业面临的是一个复杂多变的市场，新情况不断出现，广告策略决不能一成不变，而应灵活多样，以变应变，实时调整，达到最佳。

（三）零售广告的设计过程

1. 组织准备阶段

（1）成立广告设计策划小组。

策划小组应由客户主管、策划创意、文稿撰写、设计制作、摄影摄像、市场调查及媒介公关等方面的人员组成。成立策划小组是用集体智慧来完成广告策划工作，是广告策划活动由经验化向规范化、科学化发展的有效途径。

（2）规定工作任务，安排时间进程。

2. 市场调研阶段

广告调研是广告设计策划的前提与基础。

（1）调查搜集市场信息和相关资料。

其中包括品牌及产品调查、品牌形象调查、消费者状况调查、竞争者状况调查等内容。不如品牌及产品调查，既要详细了解品牌各构成要素的具体内容，又要详细了解产品的外观、结构、功能、原理、材料、技术、质量、价格、制作工艺、使用方法及保管、养护、维修措施等。

（2）分析研究相关资料数据。

对调查搜集的全部资料和数据进行归纳、总结、分析、研究，要求能够描述现状，揭示趋势，为下一步制定策略提供参考依据。

3. 战略规划阶段

战略规划是整个广告的核心与主体。

（1）对前期分析研究的成果，作出决定性、战略性选择。

（2）进行战略规划。以策划创意人员为中心，结合相关人员对广告目标加以分析，根据目标市场策略确定广告的定位策略和诉求策略，进而发展出广告创意和表现策略，根据产品、市场及广告特征提出合理的媒体组合策略、促销组合策略等。

（3）这一阶段的规划还涉及广告机会的选择、广告计划的制订以及有关广告预算和策划报告的写作等。

4. 制订计划阶段

（1）把战略规划用具体系统的形式加以规范，要确定广告运作的时间和空间范围，还要对媒体的选择和运用作出限定，包括用怎样的媒体组合比较合理，广告的频率如何，需要多少经费预算才能支持这样的频率等。

（2）编制广告策划文本，即策划书。策划书既是策划成果的集中体现，也是策划人员向客户说明并争取广告业务的文本依据，因而必须经过认真修改与审定之后才能完成。

（3）与客户进一步沟通，并对策划阐释说明，最后就广告策划方案达成一致意见。

【本章小结】

零售促销指零售商为告知、劝说及提醒目标市场关注有关企业任何方面的信息而进行的一切沟通联系，包括会员制、折扣优惠、卖场促销、网络销售。为了成功地与顾客进行沟通，零售商要认真设计其整体促销策略，具体包括五步。促销的四个组成部分分别是广告、销售促进、人员销售和公共关系。

【思考题】

1. 零售、零售商、零售业的释义什么？
2. 渠道的定义及其功能是什么？
3. 渠道的分类有哪些，其特征是什么？
4. 零售商活动有什么特点？
5. 分析我国零售业发展的历程与国外有何异同。
6. 搜集有关我国零售业当前发展情况的资料，从中提炼出我国零售业目前发展的特点。

【延伸阅读】

［1］陈迪，钟景清．跨界社交下零售企业营销创新策略［J］．商业经济研究，2020（5）．

［2］陈梅梅，董平军．中国网络消费者行为特征［J］．中国流通经济，2017．

［3］卢长宝，庄晓燕．“新零售”背景下聚集促销现象及运作模式研究［J］．福建论坛（人文社会科学版），2018．

［4］帕科·昂德希尔．顾客为什么会购买？［M］．北京：中信出版社，2016．

［5］搜狐网．便利店促销创新的六个思路，学会的都赚大了！［EB/OL］．［2021－11－19］．https：//www. sohu. com/a/502128203_120975029．

［6］腾讯网．新零售 8 大促销方法，干货满满！［EB/OL］．［2022－07－21］．https：//www. jianshu. com/p/df31b9aolfob．

［7］杨飞．流量池［M］．北京：中信出版社，2018.
［8］赵保国，胡梓娴．网络促销方式对消费者购买意愿的影响机制研究［J］．北京邮电大学学报（社会科学版），2016.

【精彩案例】

“抖音”——基于社交的网络零售促销与传播创新

抖音，是由字节跳动孵化的一款音乐创意短视频社交软件。该软件于2016年9月20日上线，是一个面向全年龄的短视频社区平台，用户可以通过这款软件选择歌曲，拍摄音乐作品形成自己的作品。短短几年，抖音已成为我国最具影响力的视频社交平台，并与2019年、2021年、2023年三次与春晚合作。2022年6月，入选2022年BrandZ最具价值全球品牌100强，排名第53位。2022年8月，入选《2022世界品牌500强》榜单，位列140位。

抖音的迅速成长得益于其零售促销与传播创新，具体体现为以下几种模式：

（1）购物模式创新。

“抖音＋购物”就是边聊边购物，区别于传统电商购物方式。企业之所以会青睐抖音营销，最关键的原因就是可以迅速抓住一部分消费者，促使他们在线上线下直接形成购买力。事实证明，“抖音＋购物”的模式往往可促成大量成交额，单品转换率极高。

（2）广告模式创新。

广告模式，指的是在抖音中植入广告，以此来扩大企业和品牌曝光度、知名度，提升企业、品牌在消费者心目中的影响力。如今抖音广告投放体系相当成熟，其中最常见的是信息流广告，用户在刷视频时，刷出来广告主投放的视频，可以直接点击下载。

从这个角度看，抖音带给企业的不仅仅是产品销量的提升，还有宣传力和广告效应，从而增加品牌和产品的曝光度。抖音广告与过去传统广告相比，更容易被用户接受，因为可以更好地运用社交属性，进行场景设置，受众对广告的抗拒大大降低。

（3）明星秀。

随着影视明星、网络红人的参与，“抖音＋明星抖音秀”模式快速走红，让明星直接为企业卖产品也成为企业新玩法。

比如当年的《悲伤逆流成河》，作为“青春疼痛电影”的一个缩影，最初猫眼给出的票房预测是8000万元。而上映前一周抖音与片方共同发起的“为沉默发声”的公益接力行动，吸引40余位明星参与，话题播放量过亿，最终实现了4天过亿的票房成绩。

任何一家影视营销公司都无法把一部影片的所有内容和元素解构出来进行传播，而抖音通过对年轻用户的审美感知，把握住反对校园霸凌的核心信息，将其对严肃话题的关注转化为对电影的观看欲望。与此同时，抖音与片方也陆续成功打造了《延禧攻略》《一出好戏》《西虹柿首富》等头部内容的营销案例，为互联网营销提供了不少新启发，被称为“娱乐营销强阵地”。

由于明星、网红自带流量，成为很多企业的首选合作对象，很多明星和网红纷纷参与抖音，以短视频的方式缔造了一种新的营销模式。

（4）场景模式。

场景对消费的引导作用非常强，将某个产品置入到一定的情景中，可以让产品更好地融入当时环境，促进用户潜移默化地接受。比如我们看某部非常火的电视剧、电影，男女主角的着装、语言，包括饮食习惯都会成为关注的重点，在私下讨论也离不开这种话题，有很多粉丝甚至会刻意去穿同款衣服，模仿他们的言行等。其实，这就是场景化的作用，但在抖音出现前，这种场景化相对来讲是比较弱的，抖音的场景化作用更强，针对性也更强。

比如某商家通过抖音卖小龙虾，他不会直接介绍小龙虾的优势何在，有多美味，价格是多少，而是将其植入某个场景中。比如现场直播捕捉龙虾、如何烹制龙虾等，这样更容易促使消费者对视频内容产生认同。

资料来源：网易．抖音常见的四种营销模式建立抖音的营销优势［EB/OL］．［2022－08－25］．https：//www.163.com/dy/article/HFK37LUH05530WRI.html.

讨论题：

1．除了以上案例归纳的内容，抖音还有哪些形式的营销和传播创新？

2．为什么场景植入式的广告对消费者的购买意愿能够产生非常强的刺激？

第十三章

零售服务

【学习目标】

1. 掌握零售服务的概念、特征、作用及类型与项目；
2. 掌握新零售服务的逻辑；
3. 掌握体验经济的内涵；
4. 了解顾客如何评估零售商的零售服务；
5. 了解零售商可以采取哪些活动来提升零售服务质量；
6. 了解零售顾客关系管理的内涵、流程及会员卡制度；
7. 了解零售服务体验的售前、售中及售后阶段。

【重难点】

1. 零售服务的概念、作用及类型与项目；
2. 新零售服务的逻辑；
3. 体验经济与新零售、“互联网 +”的内在联系；
4. 零售服务质量的评估与改进。

【案例导入】

美捷步——电商界的“海底捞”

美捷步（Zappos）是由华裔企业家谢家华投资并管理发展起来的企业。虽然谢家华的名字对国人来说有些陌生，但他身上的光环不少——哈佛学霸出身，自主创业做互联网“鞋王”，35 岁就以 10 亿美元身家登上《财富》亿万富豪榜。在谢家华的管理下，美捷步以其极致的用户服务和用户体验，创造了它的网购帝国。

“三双鞋”是美捷步的一个极具代表性的服务条款。如果有在网上购买鞋子体验的朋友，应该非常有感触：在网上买鞋子，最怕尺码不合适。美捷步首创地提出了“三双鞋”服务，即顾客买一双，美捷步就会寄出三双给客户。比如，客户选择38码，美捷步就寄37码、38码、39码三双鞋，让客户可以选择最吻合自己尺码的鞋，然后再把另外两双包运费退回。客户在一年内，无论有没有穿过，只要包装完好，都可以免运费无理由退货。

美捷步还为客户制造“惊喜服务”，主动将用户服务“悄然”升级。比如，当用户选了3~5天的正常送货期，它们会在第二天就把货送到，给用户一个小惊喜。此外，在产品说明上，每一双鞋子都有8个角度的照片，能够帮助客户细致地了解产品。

美捷步在客户服务上更是做到了极致。客服热线中心是美捷步最核心的部门，被称为用户忠诚度团队（customer loyalty team）。与大多数互联网企业的敷衍刻板的客服不同，美捷步的客服团队被赋予充分的自由：和用户交流不以通话数量为业绩标准，也不设立交流的模板化内容。比如，如果消费者在美捷步没有找到想买的鞋子，客服人员会为消费者推荐3家竞争对手的网站，帮助消费者找到满意的鞋子。如果客户有任何想要倾诉的问题，客服都会陪客户聊天、开解，几乎是有问必答。截至目前，美捷步客服最长一通电话打了6小时。

美捷步只有5%的销售额来自电话，却每年至少花费1亿美元用以和客户沟通。那么有人会问：这样的服务模式真的能赚钱吗？据统计，美捷步平台的退货率高达25%，但是客户具体高留存度与口碑高传播度。美捷步老客户的留存率和忠诚度极高，拥有高达75%的重复用户，这种依赖用户忠诚度的商业经营模式在零售业中罕见，这些回头客的交易额是新客户的15倍，维护成本却只有新客户的1/6。

所以，凭借极致的用户服务和用户体验，美捷步迎来了快速发展的阶段，公司的销售额突飞猛进，从1999年创立开始，到2008年时已经超过10亿美元，成为美国最大的鞋类电商网站，销售额一度占到全美鞋类的四分之一。2009年，美捷步被亚马逊以12亿美元的高价收购，创下了美国电商收购历史的最高纪录。现在美捷步的总部已经成了拉斯维加斯的一个景观，全球做服务业的开明之士纷纷前去探访，因为银行业、酒店业和旅游业，无不想从中获取为用户创造价值的更多灵感，并以此为基础来优化自身。美捷步俨然成了全球服务业者心目中的麦加。

资料来源：有驾．美捷步——电商界的“海底捞”［EB/OL］.［2023－09－24］. https：//www. yoojia. com/ask/17－1144084460928274l982. html.

思考：美捷步从诸多电商中脱颖而出的核心因素是什么？

第一节 零售服务概述

一、零售服务的概念

（一）零售服务的概念

美国零售专家瓦拉瑞尔·A. 泽丝曼尔与玛丽·乔·比特纳在《服务营销》一书中指出“简单来讲，服务是需求、过程和表现”（重点在原创性）。零售商为顾客提供的除了商品实体外，还包括相关的服务。也就是说，零售服务也是零售商的一项基本活动。更广义地说，零售本身就是一种服务活动，零售商不生产商品，而是将制造商生产出来的商品集中起来供顾客选购，零售经营组合的所有要素都是增加商品价值的服务，包括店铺的位置、店内的布置和商品的分类等都为顾客购物增加了便利。

有关零售服务的定义解释颇多。经济学对零售服务的定义是：“零售服务是一种可供销售的活动，是以等价交换的形式为满足企业、公共团体或其他社会公众的需要而提供的劳务活动或物质产品。”

菲利普·科特勒在其《市场营销管理》一书中给零售服务所下的定义是：“零售服务是一方能够向另一方提供的基本上是无形的任何行为或绩效，并且不导致任何所有权的产生。它的产生可能与某种物质产品相联系，也可能毫无联系。”

巴里·伯曼和乔尔·R. 埃文斯合著的《零售管理》一书中，对零售服务的定义是：“零售服务是指零售商承担的与其销售的基本商品和服务相连、可识别、有时是无形的活动。”

由于零售服务是与商品紧密联系在一起的服务，零售商所提供的一切服务都紧紧围绕销售商品这个核心，零售服务不仅帮助企业实现商品销售，而且也有扩大销售的作用，甚至创造新的需求。

因此，本书将零售服务定义为：零售服务是零售商为顾客提供的、与其基本商品相连的、旨在增加顾客购物价值并从中获益的一系列无形的活动。

（二）零售服务的特征

零售服务不受控制，不会与提供给销售的服务相混淆，但两者有许多关键性的特征是相似的。与有形的商品相比，零售商为顾客提供的服务具有以下特点：

1. 无形性

指顾客在享受到服务之前是无法触摸、看到的。因此零售服务质量和价值是难以衡量与评估的。

大多数服务是无形的，不同于实物商品，服务在被提供之前是看不见、品味不到、感觉不到、听不见也嗅不出的。苹果可以持有、触摸、品尝，但是零售商提供的服务却是无形的。无形性让零售商捉摸不透顾客需要什么样的服务以及他们怎样评价服务。例如，顾客在超市购置商品，有人需要营业员推荐、有人喜欢自助式服务，顾客偏好不同对于服务要求也不一样。顾客在购买商品之前，可以借鉴一些有形的要素评价商品的价值，如颜色、质地、款式等，最后确定是否符合自己的要求。但顾客往往都是被动接受服务，无法通过上述有形要素判断是否需要服务。正是这种无形性使服务变得十分复杂，难以考核。

2. 不可分割性

指零售服务中服务产品和消费不可分离。使消费者不可避免地卷入，这会对服务结果产生影响（对供应者而言是正常的）。

通常服务的提供和消费同时进行，这与实物商品的情况不同，实物商品被制造出来后，先储存，通过多重中间环节的分销，然后才是消费。而服务则是生产与消费同步进行。如果服务是由人提供的，那么这个人就是服务的一部分。服务生产时顾客是在现场的，而且会观察甚至参与到生产过程中，提供者和顾客相互作用并都对服务的结果有影响。由于服务的提供与消费的不可分割性，服务质量和顾客满意度将在很大程度上依赖于“真实瞬间”发生的情况，包括员工的行为，员工与顾客之间的相互作用。一些零售商鼓励员工将个人感情投入到工作中，这将有助于建立一种顾客和服务提供者之间的和睦关系，即人与人的关系，从而增进与顾客的感情。

3. 异质性

指零售服务特征或内容的多样性，即同一位顾客在不同场合、时间，体验到服务是不一样的；同样，不同顾客在同一场合、时间，体验相同服务时也是会有不一样的体验。

顾客所体验的服务会受到商品展示、人员、货物等因素的影响，其中员工不确定性非常高，员工的行为每天甚至每小时都会有区别。因此，顾客无法享受到完全相同的服务。另外，顾客来店时间、心情好坏、陪伴人员等差异，每位顾客都会有独特的需求，或者以一个独特的方式来体验服务，因此，在顾客眼中的服务总是多样的。零售商为提供稳定优质服务，通常会试图在门店的各个方面营造积极体验，降低服务的一致性。例如采用统一培训、统一着装、标准化交易流程，以提升顾客体验感、增强自身竞争力。

4. 非持久性

指零售服务无法重复体验，一旦享受或体验过将不可能重来。

商品可以储存或择天再出售，或者由于顾客不满意而退货，但服务却不是如此。顾客购买商品时，会在特定时点、地方享受服务，但这种服务机会却不会重复出现。因此一旦服务出现差错，不能通过重复来消除已经发生的事故，极易造成难以挽回的损失即顾客流失。服务的非持久性促使零售商在服务提供之前就必须设立一套服务标准和控制方法以尽力防止服务出现差错，同时还必须制定有力的补救措施，以弥补差错造成的损失。

二、零售服务的作用

零售服务的重要性来自零售业本身的特点，因为零售业是一个与顾客“高接触”的行业，以顾客为导向的经营观念决定了零售服务是零售经营活动的基本职能。顾客选择一家零售商店，一是为了购买称心如意的商品，二是为了享受商店优美舒适的环境和周到的服务。诚然，商品是商店经营的基础，一家商店即使有着舒适的环境和良好的服务，但没有适销对路、货真价实的商品也是枉然。然而，在今天信息产业高度发达、经营商品大同小异的情况下，零售商要保持显著的商品差别优势是十分困难的，只有在拥有竞争力强的商品基础上，以完善周到的服务来满足顾客的需要，才能形成自己的竞争优势。

（一）良好的服务对企业的盈利性有着积极的作用

20 世纪 90 年代，以服务作为竞争优势并获取利润的战略已被诸如通用电气和 IBM 等具有前瞻性的制造业公司和信息技术公司所采纳。美国消费者事务局做过这样的调查：主动关心顾客，为顾客提供良好的服务，能变成一个巨大的利润中心吗？调查结果显示：在银行业、公用事业、自动化服务业、电器业以及零售业等众多行业中，通过寻找和处理消费者投诉项目，企业的投资回报率数零售业最高达到 400%，当然处理投诉项目只是服务的一个方面，但服务对零售业的重要性由此可见一斑。相比之下，零售业的经营者应该比其他行业的经营者更加重视服务。

（二）良好的服务能够帮助企业通过进取性的市场营销吸引更多更好的顾客

进取性效应包括市场占领、市场份额、声誉和高价格等。若服务优良，公司会赢得积极的声誉，并通过声誉赢得更高的市场份额，比竞争者会获得更高的服务价格。一项称为市场营销战略的利润影响（PIMS）的调研表明，提供优质服务的公司可获得超常的市场份额增长，并且服务质量会影响利润的效果，包括降低了成本和较少的重复工作，还包括增长的市场份额和高价格。有一个与市场营销相关的调查发现，在相关服务质量上位居前五位的企业，其价格水平平均比其竞争者高出 8%。

为解释服务对市场份额的影响，一组研究人员提出，满意的顾客传播，积极的口碑，可吸引新顾客并进而提高市场份额。口头传播是顾客普遍接受和使用的信息收集手段，由于服务具有较高的不可感知性和经验性等特点，顾客在购买服务时，相关信息更多地依赖人际渠道获得。有调查表明，口碑对顾客购买决策的影响力是广告的两倍。不良口碑犹如咒语，感到极不满意的顾客，要比感到满意的顾客更多地散布不实口碑。对零售经营者来说，口碑并非管理者所能操纵的，企业能采取的唯一行动就是尽可能提供使每一位顾客都非常满意的服务。

（三）良好的服务能起到防御性营销作用，留住现有顾客，培养顾客忠诚度

保留企业现有顾客的方法叫作防御性市场营销。顾客背离或顾客动摇现象在服务业和零售业中是颇为常见。这对零售商而言代价很高，必须开发新顾客代替失去的顾客，这种替代需要很高的成本代价，除了涉及到启动运营费用外，还有广告、促销和销售成本。从其他企业获得顾客也是昂贵的计划，使竞争者的顾客转移到自已的企业与保持现有顾客相比，需要在服务上做出更大改进。

忠诚的顾客，会在他们一生跟企业来往的期间，带来较多生意。据《追求卓越》一书的作者彼德斯估计，在美国，零售店的一位老主顾，会在 10 年内平均购买 5 万元的商品。忠诚顾客会提供给零售商 3 倍的回报。他们会主动再购买，从而使在他们身上投入的营销和销售成本比招来新顾客所投放的成本要低得多。企业对忠诚顾客很了解，不必在交易时花太多时间，忠诚顾客的购买量也较新顾客多。

很多事实说明，顾客投诉会导致顾客背离。零售商通过跟踪数据库统计数据或进行顾客调查来研究顾客背离，将获得有价值的信息。这种分析告诉企业，有多少顾客流失了，为什么顾客不再惠顾以前的零售商。顾客背离可以用绝对的术语表示，即根本不会再在该公司购物的人；也可以用相对的术语表示，即不再经常在该公司购买的人。了解顾客背离的信息越多，对零售商越有帮助。实际上很少有零售商审视顾客背离的数据或对背离的顾客进行调查。

现在，许多零售商很清楚地认识到了服务对于零售业的重要性，但他们中的大多数人对服务的投资回报仍持怀疑态度，认为零售服务会增大运营成本而降低效益。实际上，一些比较保守或简单的改进能有效地提高服务水平，并提高经济

效益、降低成本。例如沃尔玛在每间商店配有保卫兼迎宾人员，问候顾客，既可以为顾客导购，协助商品陈列，又可以有效防止偷盗。沃尔玛还坚持在白天把货物上架，这样商店里到处都会闪动着红色的身影，顾客可以随便与任何一位正在上架的理货员交谈，询问商品的有关事项，增加与顾客的互动与交流。事实证明，只要发挥创造力，零售商的零售服务是可以既节约成本，又可以提高顾客满意度的。而且，对零售商而言，对服务的投资将长久地起作用，尤其是员工在每日熏陶中形成的服务文化，将会代代延续下去，持久地给企业带来回报。

三、零售服务的类型与项目

（一）零售服务的类型

从零售商提供的服务按其售货过程的阶段划分，一般可以分为售前服务、售中服务和售后服务三种类型。

1. 售前服务

指顾客购买商品之前，企业向潜在顾客提供的服务。售前服务是一种超前的、积极的零售服务活动，它的关键是树立良好的第一印象，目的是尽可能地将商店信息迅速、准确、有效地传递给消费者，沟通双方感情，同时也了解顾客潜在的、尚未满足的需求，并在企业能力范围内尽量通过调整经营策略去满足这种需求。主要方式有：免费培训，产品特色设计，请顾客参加设计，导购咨询，免费试用，赠送宣传资料，商品展示，商品质量鉴定展示，调查顾客需要情况和使用条件等。

2. 售中服务

指企业向进入销售现场或已经进入选购过程的顾客提供服务。这类服务主要是为了进一步使顾客了解商品特点和使用方法，目的是通过服务，表现对顾客的热情、尊重、关心、帮助、情感和向顾客提供额外利益，以帮助顾客做出购买决策。售中服务的主要形式有：提供舒适的购物现场（如冷暖空调、休息室、洗手间、自动扶梯等）、现场导购、现场宣传、现场演示、现场试用（如试穿、品尝、试看、试听等）、照看婴儿、现场培训、礼貌待客、热情回答、协助选择、帮助调试包装、信用卡付款等。

3. 售后服务

是企业向已购买商品的消费者所提供的服务，它是商品质量的延伸，也是对消费者感情的延伸。这种服务的目的是增加商品实体的附加价值，解决顾客由于使用本企业商品而带来的一切问题和麻烦，方便使用，放心使用，降低使用成本和风险，从而增加顾客购买后的满足感或减少顾客购买后的不满情绪，以维系和发展商店的目标市场，使老顾客成为“回头客”，或者乐意向他人介绍推荐本商店商品。售后服务的关键是坚持、守信、实在。主要方式有：免费送货、安装调试、包退包换、以旧换新、用户免费热线电话、技术培训、产品保证、备品和配件的供应、维修服务网点、巡回检修、特种服务、组织用户现场交流、顾客投诉处理、顾客联谊活动、向用户赠送自办刊物和小礼品等。

从零售商投入的资源来看，一般可以分为物质性服务、人员性服务、信息服务、资金信用服务。

1. 物质性服务

即通过提供一定的物质设备，设施为零售服务。如零售商向顾客提供的信息室、电梯、试衣室、试鞋椅、寄存处、购物车、停车场等，使顾客使用这些物质设备时感到方便。

2. 人员性服务

即售货人员、送货人员、导购人员，咨询人员等提供的服务。他们提供的服务主要是劳务和信息的服务。零售业的服务人员要与顾客进行面对面接触，他们的形象和素质往往对商店的形象有最直接影响，也是消费者评价商店服务质量的一个重要标准。

3. 信息服务

即向消费者传递商店与所提供的商品等方面的信息，使顾客了解商家、了解商品、帮助顾客作出适当的购买决策。零售商提供的信息主要有 POP 广告、媒体广告、新闻宣传、商品目录、商品货位、人员介绍等。

4. 资金信用服务

即提供消费者信贷，如提供赊销商品、分期付款、信用卡付款等。在提供信贷服务时，零售商应考虑自身的承受能力及消费者的偿还能力，但同时也应避免审查手续过于复杂。

按照顾客需要将零售服务一般分为方便性服务、伴随性服务、补充性服务。

1. 方便性服务

即对顾客浏览选购商品提供便利。这类服务是任何业态的商家都应该提供的服务，是零售商的基本服务，以满足顾客购物的基本需要。主要包括：提供方便的营业时间，商品货位有指示说明标志，商品陈列井然有序、色彩搭配协调，售货员具备基本的业务素质，有宽敞的停车场等。

2. 伴随性服务

即针对顾客在获得商品的过程中的要求提供服务。这类服务直接和购买商品相联系，是零售商提供的促销性质的服务。如提供导购人员、现场演示、现场制作、送货、安装、包装等服务。

3. 补充性服务

即对顾客期望得到的非购买商品的需求提供服务。这类服务对顾客起着推动作用，辅助零售商成功地经营，也可以说是推销性的服务。主要包括：休息室、餐饮室、自动取款机、寄存物品、电话咨询、订货、照看婴儿、停车等。

（二）常见零售服务项目

1. 咨询服务

咨询服务是指企业向顾客提供有关商品信息或各种资料，以便顾客进行决策参考和掌握某种商品的有关知识。大量网上零售商就是靠提供线上咨询服务打开了市场的大门，如化妆品营业员常向顾客介绍有关美容知识，计算机软件工程师必须向顾客介绍软件的操作方法及应用范围等。有些线下零售商也常设咨询处，耐心解答顾客提出的各种问题，诸如某类商品所处的位置，该店提供何种服务，顾客在选购商品时，也需要营业员提供商品性能、特点、使用的介绍，如衣服配料、面料选择等问题，以帮助其做出决策。很多商家甚至还邀请专家进行咨询，如美容咨询、衣着咨询、烹饪咨询、儿童心理咨询、营养咨询等，尤其利用社交平台开展一些社群活动，很受消费者的欢迎。某些零售商还专门向顾客发放一些小册子，为顾客提供一些有用的信息。在这方面，美国西尔斯公司做得很好，为顾客提供信息的小册子包括《如何选择和应用赊购》《楼面复面层：他们的选择和顾虑》《厨房设计基础》《如何选择家具》《如何选择手工工具和电动工具》《建筑物养护手册》，在顾客中很受欢迎。为顾客提供信息的小册子，是交易前顾客获得信息的重要来源。提供这些小册子的零售商，不仅可以为潜在的和现有的零售服务，而且可以为商店建立商业信誉。

2. 导购服务

如今，每一个线上零售商均设有客服服务，通过客服人员实施导购服务，回答顾客各种问题。许多购物中心、百货商店设有导购小姐，她们仪表端庄，谈吐得体，每当顾客上门，总是先亲切地问候一句“您好!”，然后为顾客指引货位，介绍商品，解答问题，帮助顾客包装，甚至还帮顾客叫出租车。导购服务既可以创造一种亲切和谐的气氛，又可及时反馈顾客的需求等信息。

3. 信贷服务

在商业信用十分发达的现代社会，国外零售商普遍向顾客提供信贷服务，其服务形式有商业信用卡、支票、分期付款等。通过信贷服务，可以使顾客对某种消费品的需要提前得到满足，也可以使商店积累大量顾客信息，这些信息对于改进经营管理很有帮助。零售商也发行自己的信用卡，例如，每年有几千万人在西尔斯的分店购物时使用了西尔斯的信用卡。该信用卡往往可以有一定限额的透支，使用者还可以得到种种优惠。这样做的好处是：一是零售商节约了不得不付给外部信用卡公司的销售费用；二是鼓励顾客成为自己的长期稳定顾客；三是有利于获得顾客的有关信息。

4. 配送服务

送货是一项极重要的零售服务，尽管现在劳动力、汽油和车辆维修的费用不断上升，也有许多顾客宁愿随身携带货物回家，但这项服务在线上零售迅速发展的环境下已成为零售业最普通的服务项目。除了线上消费者需要物流配送服务外，实体零售消费者，尤其是高档笨重的商品，如家具、厨房用具、电视、冰箱等，以及许多老年顾客购货时均需要配送服务。

5. 处理顾客意见

顾客可能经常会有一些投诉：商品质量欠佳、销售服务不好、开错账单、与商店员工有矛盾或送货延误等。为了保持顾客对商店的好感，零售商必须设置专人或部门负责听取和处理顾客意见。一些零售商建立了规范的顾客投诉处理程序，并对顾客的投诉进行分析，查明原因，进行整改，防止类似现象发生，保持商店的信誉。

6. 培训服务

培训服务是对购买者进行培训，让他们能正确有效地使用生产商的设备。对于一些技术复杂的新产品来说，培训服务显得尤为重要。

7. 安装维修服务

对于技术性较强的高档耐用品，如空调、录像机、计算机及一些重型设备，上门免费提供安装调试，可以省去顾客许多麻烦。购买者都希望零售商能提供良好的安装服务，而不同的零售商在安装服务的质量上是有差别的。维修服务是指公司向产品购买者提供的修理项目，为了使消费者购买时放心，企业常给予一定时期内免费维修的保证。维修服务也是消费者比较注意的敏感问题，国产品牌计算机之所以在市场上占上风，并不是其技术优胜或成本低廉，关键在于企业能提供更为优良的售后服务，尤其是维修服务。维修服务在一些技术性强、使用期限较长的耐用品销售中显得尤为重要，常常是企业制胜的法宝。

8. 退还服务

这是当消费者买到不称心、不适用的商品时，企业为他们提供的一种服务。通过退货、换货服务可以使消费者最终购买到满意的商品，消除他们心中的不愉快。处理商品的退换，是顾客比较敏感的服务之一。各个零售商的退换政策是不一样的，可以不退、不换，也可以实行顾客总是对的，有求必应的政策。作为一个零售商，需要决定是采取极端的政策，或者是实行比较适中的政策。目前，国内外大百货商店、大多数线上零售商，实行“无理由退换”制度，即顾客在购买商品的一定时间内，只要不满意，无任何理由均可以退换。这样做虽然会增加一些费用，但也可以树立良好的商业信誉。

9. 包装服务

为顾客购买的商品予以妥善的包装，也是为顾客提供的一种重要的服务。这种服务可以很简单，只要将商品放在纸袋中就可以了；也可能比较复杂，像精致的玻璃器皿，需要放在专门防破碎的盒子中，防止玻璃器皿破碎。包装服务是零售商普遍提供的服务，尤其是礼品包装，不少商店设有礼品包装柜台，配有包装能手。节日期间如情人节、中秋节、春节、父亲节、母亲节、圣诞节等，这些服务显得非常重要。礼品包装的收费视所费材料和包装设计的复杂性而定。

10. 服装修改、干洗、定做服务

有些服装可能某些部位不适合顾客要求，因而出售服装的商店常常安排专人为顾客免费修改这些服装，如长裤需要改长或改短，肩可能要垫高等。还有些商店也为顾客提供定做服装或干洗服务。

11. 休息室

当顾客花费许多时间在商店选购商品时，常常希望能坐下来休息。为了方便顾客休息，许多大型商店都会设置休息室，里面通常备有报纸、茶水和电话，以供顾客打电话回家或叫计程车。有些商店虽然没有专门的休息室，但也会在商店各处设置一些休息凳，方便顾客暂时休息。

12. 购物车

在许多超级市场或仓储式商店，都会放置一些购物车，以方便顾客购物之用。一些专门设计的购物车，不仅可以放置物品，还有专门的小孩乘坐的位置，这给带幼儿出来逛商店的父母提供了极大的方便。有些商店为节省投资，遂用购物篮取代购物车。

13. 以旧换新

有些耐用品使用寿命很长，而款式花色却在不断更新，对于消费者来说，虽希望购买流行款式的新商品，但对旧物弃置又觉不舍。若零售商提供以旧折价换购新商品服务，则对他们的吸引力是相当大的，一些零售商便提供这一服务。

14. 代管小孩

对于有小孩的父母来说，逛商店购物是项大工程，因为他们必须首先解决如何处置孩子的问题。一些百货公司或购物中心，为让年轻夫妇安心逛商店，纷纷设置幼儿游乐室，帮助顾客暂时照顾小孩。有些商店引进连锁性质的儿童游乐场，既照顾了孩子，又增加了商店的吸引力，因此提高了商店的经营效益。

15. 其他服务

零售企业常设立的服务项目还有：皮包存放、购物袋、婴儿车、赊销、停车场、礼品券、现场演示、茶点室、餐厅、信用卡结算、付费电话、自动取款机，等等。事实上，零售商可以提供的服务项目的数量是无限的，企业可以创造出许多新奇的服务特色来。

四、新零售服务逻辑：从产品逻辑到用户逻辑

新零售是指企业利用人工智能、大数据等先进科技，在互联网的基础上，对产品进行各个流程，尤其是流通和销售过程的升级。通过这样的手段，重塑业态结构与生态圈，并对线上服务、线下体验以及现代物流进行深度融合。简单而言，新零售即是由传统商业的货、场、人，转化成新零售的人、货、场的消费转型。其核心是以消费者的体验为主，依托数据，描绘出消费者的画像，从而根据消费者的消费需求完善更多的商品体验，并对供应链加以调整、营造多场景的交互环境。

传统零售活动中，零售商以“产品”为核心，通过低买高卖攫取中间利润，因而零售服务总是围绕“产品”展开，通过产品展示、产品介绍等增加顾客购物价值。与传统零售相比，新零售最明显的变化是消费者在价值链中地位大幅度提升，“人”在价值链中位置的改变，使得消费者的需求逐渐成为行业运作和策划的起点。而此时的消费者，也不再是传统零售意义上交易的终点，而成为所有交易的起点。这促使新零售服务不仅包括对传统服务的升级与改造，也包括传统服务中的积极因素及新时代新技术赋能下的新内容，比以往更加注重消费者体验，并与诸多新业态及新商业模式相连。

首先，零售商的服务成为零售商产出的核心内容，零售商由之前经营商品转变为经营顾客，采用互联网的思维，找到顾客、连接影响、增加黏性、培养终身顾客。新零售活动不再是简单的“产品—货币”关系，而是利用数字技术无限逼近消费者内心需求，保持持续互动的“零售商—消费者”关系。

其次，线上、线下的全渠道融合为零售产出的“分销服务”增加了新的内容。传统零售业提供的“商品 + 服务”，新零售则是“商品 + 服务 + 内容”，利用线上渠道，通过分享与交流，向消费者输出价值、思想、文化，寻求客户认同感，增加客户购物参与感。譬如在环境服务、交付服务、品类服务等方面，天猫

新零售通过产品数字化、会员数字化、卖场数字化等方式，构建起以大数据分析支撑的线上、线下融合的购物“新城”。新零售平台将上述数据与上游供应商进行共享，为供应商提供消费者的需求画像，帮助供应商进行按需定制和更为精准的市场营销活动场景，强化消费者全渠道、多场景的购物体验。

最后，传统零售活动是由生产商、供应商推动的“推式”供应链，在“推式”供应链模式下，生产商根据市场调研和经验分析进行商品的开发和生产，制定相应目标决策，并将目标逐层推向下游的企业和零售商。新零售重构了零售主体的价值排序，使得供应链活动转变为以消费者需求拉动的“拉式”供应链。在“拉式”供应链下，零售商根据对消费者大数据的分析还原消费者的生活场景和消费场景，挖掘消费者的需求特征和偏好特征，并将上述数据提供给上游品牌商和供应商。品牌商根据零售商提供的精准、清晰的消费者需求信息进行研发和生产活动，帮助供应商进行按需定制和更为精准的市场营销活动。

五、体验经济：基于新零售与“互联网+”的视角

（一）体验经济基本概念

1. 体验经济的概念

约瑟夫·派恩和詹姆斯·吉尔摩在《体验经济》一书中将体验经济定义为：“体验经济是企业以服务为舞台，以商品为道具，以消费者为中心，从生活与情境出发，塑造感官体验及思维认同，创造消费者美好回忆的活动。”

我们如果只聚焦在商品和服务自身，将不可避免地陷入同质化的竞争中。只有基于生活和情境打造感官体验，销售“感受”，让顾客在消费中获得巨大的愉悦感，才有望帮助企业摆脱在品质、价格、服务层面的激烈竞争，获得全新的利润增长点和溢价空间，进而成为商业的全新胜负手。

2. 体验经济的演进

纵观世界经济的发展，到目前为止经历了以下四个不同的阶段，如表 13－1 所示。

表 13－1　　农业、工业、服务、体验经济经济形态对比

经济形态	农业经济	工业经济	服务经济	体验经济
交付物	初级产品	产品	服务	体验
生产方式	种植/提取	制造	交付	营造

续表

经济形态	农业经济	工业经济	服务经济	体验经济
产品属性	自然化	标准化	定制化	个性化
供给方法	种植储存	生产库存	按需交付	实时感受
卖方	贸易商	制造商	提供者	营造者
买方	市场	用户	客户群体	客人个体
需求要素	特色	特性	利益	感受

（1）农业经济。这一时期主要是从自然界挖掘和提炼出材料，产品具有不易细分性与可替换性。商品在供不应求阶段，控制产品或制造产品的生产资料，就可以主宰市场。例如一杯咖啡对应的咖啡豆，当它作为农产品种植出来后，这些咖啡豆的价格也许只有几分钱。

（2）工业经济。这一时期的特点是公司标准化生产和销售有形的商品，但随着新技术的不断涌现，工厂对工人需求逐渐降低、产品大量积压、工人失业，致使对服务需求的增加。例如一杯咖啡对应的咖啡豆，在加工厂完成烘焙，包装为成品并打上品牌后，它对应的售价变为1～3元。

（3）服务经济。服务经济是由工业经济分离而来，根据客户的需求以商品为依托进行定制的无形活动。这一时期注重商品销售的客户关系，致力于向顾客提供额外利益，展现个性化形象。例如一杯咖啡对应的咖啡豆，在街边小店或者类似于瑞幸这类功能性咖啡店，通过店员的标准化咖啡萃取制作服务，变成一杯热腾腾的现磨咖啡，它的价格上升到5～30元。

（4）体验经济。体验经济是由服务经济分离而来，追求顾客情感满足的程度，重视消费过程中的自我体验。例如一杯咖啡对应的咖啡豆，在带给消费者良好体验的环境下，如新型书店、旅游景点、商务环境等，价格将达到30～100元。

体验经济是继农业经济、工业经济、服务经济之后的第四代经济形态。这四代经济形态类似马斯洛金字塔，是从物质层面过渡到精神层面，特点是：①大范围多代并存，竞争力与经济价值逐代大幅提升；②某代供应达到一定饱和度后，在该经济层面的竞争会陷入成本、效率与价格的搏杀，利润空间急剧下降；部分竞争者会进入下一层面，开拓价值蓝海；③高一代经济形态，有能力对前一代实现降维打击，并获得巨大的溢价空间。

3. 体验经济的特征

（1）抽象性。体验难以量化，没有标准度量单位。它因人而异，通过“感受”来传递，用身体的各个器官去感知，这是最原始、最朴素的体验经济的内涵，调动了身体五官，从而增加了体验的强度。

（2）交互性。和农业经济、工业经济和服务经济相比，体验经济更强调交互性。消费者以不同的方式通过深度互动来获取体验。例如滑雪、体感游戏、迪士尼乐园等，消费者融入其中、深度互动，来感受与创造体验。

（3）溢价性。如果价值的专注点是商品本身，性价比不可避免会成为关键因素，从而大幅削弱利润空间。而体验经济把价值专注从商品本身转向体验。例如思南书局的咖啡，代表惬意宁静；ROSEONLY 的鲜花，代表爱情的专一。对体验的精心塑造，能让消费者心甘情愿地付出高溢价。

（4）差异性。农业经济和工业经济追求标准化，这不仅要求有形产品的同质性，还要求制造过程的无差异性。这在服务经济中已经表现出相反的倾向，因为最终消费者的情况千差万别，企业要满足不同顾客的需求，就必须提供差别化的服务。无论是产品还是服务，市场分层的极端是因人而异的个性化。

（5）关系性。从长远角度来看，企业需要通过反复的交易使双方关系得到巩固和发展。企业与消费者需要形成朋友关系，实现长期双赢。更为组织化的形式有会员制商店、产权式公寓、消费合作社等，各种组织形态使消费者不仅仅是单纯的客户，甚至还增加了产权关系，成为了所有者。

（二）体验经济与新零售

体验经济与新零售的关系更像是横向和纵向的关系。体验经济横向覆盖了零售、文娱、出行、餐饮、教育、服务等广阔的与消费者互动的领域。而新零售则在纵向上覆盖了零售产业链，包括前端的人、货、场再造，后端的智慧供应链、大数据体系，以及营销渠道与方式的再定义。其中消费体验的缔造，是新零售前端的关键元素之一，也是与体验经济的结合点。

当前，体验经济正在零售商业生态中迅速凸显，在新型超市等大量领域，我们都看到了对体验的精心打造。

1. 新型超市

盒马鲜生、超级物种、7 Fresh 等仓店一体的新型超市迅速崛起。通过线上线下融合、数字化人货场、大数据选址与选品、智慧化供应链、跨界餐饮等大量全新元素，不但大幅提升了传统零售的效率，丰富了零售的场景，也将生活方式融入零售，通过生鲜急速配送解决了白领的痛点。在到店“有温度的购物”的同时，也满足了新中产阶级对精品、健康、方便的核心诉求。

2. 新型咖啡馆

体验经济大潮下的咖啡是个万能载体，可以和时尚、精致、惬意及知性等大量情感元素产生连接。咖啡的口味不再是价值的关键，价值升华为借助环境氛围所塑造的综合体验。咖啡从商品变为体验接入点，这是对咖啡的重新定义，也正是体验经济的灵魂所在。例如，Line、同道大叔、阿狸等将萌宠 IP 和二次元文化融入咖啡，吸引粉丝群体；无印良品咖啡馆以高冷简约绑定咖啡，抓住相同审美的都市人群，创造共鸣。

3. 新式茶饮

与咖啡通过环境和氛围塑造体验不同，新式茶饮更多是对产品本身的创新，通过名称、形态、色泽和口感等，来赋予其情感附加值，链接精神属性，创造共鸣，进而缔造体验。例如喜茶、奈雪、茶颜悦色等新式茶饮，迎合年轻一代回归中国传统文化，却又渴望自我身份认同的诉求，将代表年轻元素的奶茶与茶文化相结合，通过时尚化和高颜值，创造出全新的快捷时尚新式茶饮，席卷年轻群体。

4. 新型实体书店

在体验经济时代，书店的意义不再是售卖图书，而是融精选的书籍、艺术的环境、精美的茶饮、文艺的礼品于一体，化身喧嚣尘世中的世外桃源，为人们提供文化、宁静、品味、休闲的极致体验。例如 Page One、单向空间、钟书阁、言几又、思南书局等数不清的高颜值书店，如雨后春笋般涌现。以艺术气息、厚重底蕴、精致格局，召唤着读书传统的回归。

5. 智能零售终端

近年来创新不断的智能零售终端，一改无人售货机的传统形态，成为体验经济在新零售大潮中的一道独特风景。例如，迷你 KTV 友唱，重新定义了行业边界，让 KTV 走进了小小的盒子，变成了人们随时随地想唱就唱，唱一曲就走的“快乐”销售机；ICE 机摩人，买家可以在这只可爱的胖企鹅上，对 8 种果酱和 8 种饮料进行任性搭配，将冰激凌调出几乎无穷种口味。冰激凌购买附着了娱乐属性外，也极大增强了新鲜感和话题性。

（三）体验经济与“互联网 +”

体验经济的出现追根究底是因为互联网的崛起，在互联网时代，规模经济转向体验经济，才是未来的发展方向。在“互联网 +”经济发展新业态的推动下，以“共享经济”、网红为代表的新兴商业模式应运而生，为体验经济时代带来丰富信息。在科学技术和互联网日新月异的当今社会，消费者需求也在时刻发生变化。把握当代风口，创造消费者体验新价值势在必行。

传统的规模经济时效性长，常以“年、月、日”为周期。而体验经济搭载瞬息万变的互联网出现，周期往往是以“小时”为单位，更有甚者是以“分”为单位。与传统的农业、工业、服务经济相比，体验经济作为第四代人类经济生活发展阶段，改变了前三代经济形态下注重产品实用性与价格的“卖方市场”局面，以消费者为主体，从生活与情境出发，塑造感官体验及心理认同的变化，从而改变了消费行为，为产品和服务找到新的生存空间。

当前，由于社会经济结构发展的不均衡性，消费者需求呈现出多级金字塔结构。处于塔尖的消费群体，开始寻求个性化消费服务，并愿意为此承担高额代价。企业若想在这种经济形势下抢占先机，需要更早地走上体验经济的运行之路，可以选择追求个性满足的消费者作为目标市场。由于互联网面向专属个人目标市场并追求满足消费者个性需求，因此企业必须针对不同的消费者需求，提供个性化的体验内容。“个性化消费服务”成为“互联网+”形态下体验经济的本质特征。

总而言之，体验经济是一种低投入、高产出的暴利经济，就其经济活力的循环而言，价值的实现仍然要遵循一般性的要素，即投入、产出和消费的定律。“互联网+”背景下的体验经济给消费者塑造的全新生活形态，并不是要用体验取代生产与销售，而是为获得更多消费群体信任而进行服务的延伸，同时获得全新的生存空间。

第二节 零售服务质量管理

当客户评估零售商服务质量时，他们会将所得服务与期望服务做比较。当得到的服务能够或者超出其期望时，他们就会感到满意；当他们觉得服务低于其期望标准时，就会产生不满。因此，在零售服务质量管理时应充分考虑顾客对零售服务的评价与零售服务的期望。

一、顾客对零售服务的评价

（一）顾客对零售服务感知度

现在顾客比以前顾客受过更多的教育，有机会接触更多的信息，他们还有很多办法能验证零售商服务时所宣传的内容，以及找到更好的替代品。因此，顾客会在有限的搜寻成本与知识、流动和收入约束下，追求价值最大化。顾客感知价值是潜在顾客对特定供应物及感知的替代物的全部利益的评价减去全部成本的评价之差；整体顾客利益是顾客从某一特定的供应物中，由于产品、服务、人员和形象等原因，在经济、功能及心理上所期望获得的一组利益的感知货物价值；整体顾客成本是顾客在评估、获得、使用和处理该市场供应物时发生的一组感知成本支出，包括货币成本、时间成本、精力成本和心理成本。因此，顾客感知价值是基于顾客对不同选择上所获得的整体利益与所支付的整体成本之差。营销人员能够通过提高供应物在经济、功能或情感方面的利益或减少一种或多种成本的支出来增加供应物的价值。

顾客用来评价服务质量的五个特点是：①可靠性。提供可靠和准确的服务的能力，例如履行服务、约定的交货日期或会议。②保证性。指员工的知识、素养和传达信任与信心的能力。为顾客寻找最优选项，是长期保留顾客的最佳选项。③有形性。是有形设施的设施、设备、人员和沟通媒介的外观。④移情性。是为顾客提供的关爱和个体化的关注。⑤响应性。意味着提供零售服务时，服务和销售人员真心想要帮助顾客，并提供及时服务。

（二）顾客对零售服务满意度

一般来说，满意度是指一个人对产品或服务的感知性能（或结果）与期望之间比较后的愉悦或失望的感觉。如果该性能或体验达不到期望，顾客就不满意；如果该性能或体验与期望相匹配，顾客就满意；如果该性能或体验超过期望，顾客就会高度满意或愉悦。顾客对零售服务的评价取决于很多因素，特别是顾客与该品牌的忠诚关系的类型。对于消费者已经具有正面感觉的产品，他们对产品性能的评价通常都是正面的。有研究发现了产品性能和期望对满意度存在不对称的影响；相比于超过期望对顾客满意的正面影响，未能达到期望对顾客满意则表现出更强的负面影响。

尽管以顾客为中心的企业力求创造高的顾客满意度，但顾客满意并不是企业的最终目标。如果公司通过降低价格或增加服务来提高顾客满意度，可能会使利润减少。公司可以采用提高顾客满意度以外的其他方式来增加其利润，如改善其制造流程或增加研发投入等。公司还有许多利益相关者，包括员工、经销商、供应商和股东。公司如果在提高顾客满意度上付出较多，可能就会占用原本用于提高其他“合伙人”满意度的资金。最后，公司必须在其所有资源限度之内，在保证其他利益相关者能接受的满意度水平上，尽力创造更高的顾客满意度。

（三）顾客对零售服务忠诚度

想要与顾客建立一种紧密关系的公司需要考虑很多方面。一些研究人员认为维系活动包括增加经济效益、社会效益和建立结构性联系等方面的内容。下面的内容介绍了公司用来提高消费者忠诚度和维系度的三个重要工具。

1. 与顾客亲密互动

让顾客、客户、病人和其他人与公司员工直接联系能给员工带来极高的激励，并为公司提供丰富的信息。最终用户能为公司产品和服务的正向影响提供有形证据，向员工的付出表达感谢，并激发同情心同理心。对于客户关系管理来讲，倾听顾客至关重要。一些公司建立了一套持续运作的机制让高层经理持续知晓顾客的回应。例如，玩具公仔零售店熊熊工作室（Build - A - Bear Workshop）的“幼齿咨询委员会”（Cub Advisory Board）为其提供反馈和决策参考。委员会由20个8～12岁的儿童组成，这些孩子评论新产品创意并进行“举爪表决”（Paws up or down），店内很多产品都来自顾客的创意。但倾听只是营销手段的一部分，成为顾客的拥护者、尽可能与顾客站在统一战线上、理解顾客的想法同样重要。

2. 开发顾客忠诚计划

常客奖励计划（FP）就是给大量和经常购买产品和服务的顾客提供奖励。使用这种方法有助于提高顾客终身价值、顾客的长期忠诚并创造交叉销售机会。航空业、旅游业和信用卡业是最先使用常客奖励计划的，现在很多行业都采用这种方法。例如，目前很多连锁超市针对某些特定商品提供会员卡，这种卡可以在特定的情况下提供一定的折扣。一般而言，一个行业中最先引进常客奖励方法的公司，特别是当竞争对手反应特别慢时，会收益最大。当竞争对手有所反应时，常客奖励方法就会变成所有实施常客奖励计划的公司的财务负担，但是有些公司还是能够有效且有创意地经营与使用常客奖励方法。有些常客奖励计划将顾客锁定并产生较高的转换成本，以此给公司带来回报。常客奖励计划也能产生心理上的激励，带给顾客他们所珍视的一种特殊感和精英感。俱乐部会员计划能够吸引并维系那些能给公司带来大宗业务的顾客。俱乐部开放的对象既可以是购买产品或服务的每一个顾客，也可以局限于某个亲密团体或那些愿意支付一些会员费的人。尽管开放型俱乐部更适于建立数据库以及从竞争对手那里吸引顾客，有限制条件的俱乐部对建立长期忠诚度更为有效。会费与会员条件的限制可以防止那些贪图公司产品短期利益的顾客加入。苹果公司一直鼓励苹果电脑的拥有者组成当地的苹果用户俱乐部。目前它已经拥有好几百个俱乐部，每个俱乐部会员人数从不到30人到超过1000人，规模不等。这些用户俱乐部让拥有苹果电脑的顾客有机会学到更多的电脑使用知识，交流思想，获得折扣。他们会主办一些特别的活动及一些社区服务。用户浏览苹果网站可以找到就近的俱乐部。

3. 建立制度性联系

公司可以向企业客户提供某种特定的设备或电脑链接，以帮助客户管理他们的订单、账单、存货等。由于涉及高昂的资金成本、搜寻成本以及可能失去作为忠诚顾客所获得的折扣，顾客不会轻易进行品牌转换而购买其他公司的产品。例如，著名的药品批发商McKesson就是一个很好的例子。该公司在电子数据交换方面投资了几百万美元，以帮助那些小药店管理存货、订单处理和货架空间。另一例子是 Milliken 化工向它的忠诚顾客提供专用的软件程序、营销调研、销售培训和销售示范服务。

二、顾客对零售服务的期望

现实情况下，除了对实际服务交付的感知，顾客期望也会影响对服务质量的判断。顾客的期望基于顾客的知识和经验、朋友和伙伴的意见、公开的信息及话语，以及营销人员和竞争者的信息及许诺。一方面，如果营销人员将期望定得太高，顾客很可能会失望；如果公司将期望定得太低，就无法吸引足够的购买者（尽管有些购买者会满意）。今天，某些成功的公司的做法是提高顾客的期望，然后提供可以符合这个期望的产品来满足顾客。韩国汽车制造商起亚（KIA）在美国取得成功，在于该公司推出了低成本、高品质、可靠性高的车，还提供了10年或10万英里的保修服务。

当客户评价零售商的服务时，他们把接受服务的感觉与自己的期望加以对比。当他们得到的服务符合或者超出其期望时，他们就会感到满意。当他们觉得服务低于其期望标准时，就会产生不满。

客户的期望是以自己的知识以及他们与零售商及其竞争对手打交道的经历为基础的。例如，消费者希望超级市场提供便利的停车场，能够从清晨营业至深夜，拥有种类繁多并且易于寻找的鲜活及打包食品、能够开架售货并且提供快速结账柜台。他们不希望超市里面有店员站在过道上提供杂货信息或者告诉你怎样准备肉食。同时，当这些顾客出现在百货商店时，他们希望商店里有一些有经验的售货员能够提供各种信息和帮助。

因为，对不同类型的零售商，消费者的期望也是不同的，同一名客户可能对一家商店的低水平服务感到满意，而在另一家商店里，还不满意于那里的高水平服务。例如，对于自我服务的零售店，如折扣商店和超级市场，顾客存在较低的服务期望。沃尔玛提供了一项对于折扣商店来说不寻常的服务：一名雇员站在商店门口，问候客户并回答问题。因为这项服务在折扣商店是不被考虑的，所以，尽管其实际服务标准要远远低于一家典型的百货商店提供的服务，但顾客却认为沃尔玛的服务很完善。

客户服务的水平应该通过计划来应对购物者的期望。但零售商们往往有一种关于什么是客户需要的直觉，而市场调研者给他们一个清晰的反馈。然而，如果客户被问及“你需要什么”的问题，同时他们已知道客户服务不必要额外的费用时，他们的要求可能会超出合理的界限。当然研究应该区分期望水平和可接受水平，期望水平是客户最为期望的水平和可接受的服务水平，这种服务水平被认为是充分的。在这两个地带之间将有一个容忍带，它用来描述客户愿意接受的变化量，如图 13－1 所示。这里有一个重要的概念，很少有一个绝对的水平与顾客服务相关。服务水平通常参照标准水平，这种水平通常反映出竞争对手提供的可比较的服务水平。

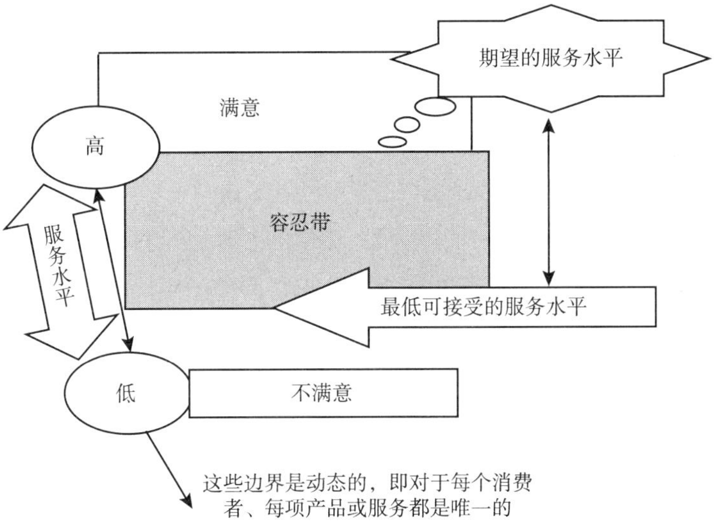

图 13－1　容忍带

零售商应该针对建立关于可接受的最低水平、每个客户所要了解的服务的具体组成部分以及顾客所期望的额外服务。过多的顾客期望会使他们感到快乐，同时也使他们感到惊奇，因为这是不必要的营销。由于客户是基于他们的期望做出的购买决定，并不是选择那些可以真正地提供超出承诺外的服务商，因此顾客对全部提供物是容易忽视的。

图 13－1 的容忍带可以扩展和缩小，这些情况如何出现依赖于不同的客户和不同的状况。其中要求零售商特别注意的是：

（1）不同的客户拥有不同的容忍带；

（2）容忍带随着零售商提供的不同的服务活动而变化；

（3）容忍带在第一次服务和恢复性服务中产生变化。

三、零售顾客服务质量的差距模型

对于零售商采取的用于弥合顾客期望与对实际服务的感知之间差距的活动，我们将对提高零售顾客服务质量的差距模型进行深入分析。当顾客对某零售商提供的感知没有达到期望时，服务差距就会产生，其中导致服务差距产生的四大差距如下：顾客认知差距是指顾客的期望和零售商对该期望感知之间的差异，而零售商可以通过更好地理解顾客的期望和感知来缩小此差距。服务标准差距是指零售商对顾客感知和期望的理解与自己指定的服务标准之间的差距，通过指定适当的服务标准和测量服务绩效，零售商可以弥合这一差距。服务传递差距是零售商的服务标准和它提供给顾客的实际服务之间的差距，这种差异可以通过培训或者适当的激励机制以让员工达到或超过服务标准而减少。服务传播差距是指实际提供给顾客的服务和零售商促销计划承诺的服务之间的差距，当零售商对其提供的服务采取更为现实的态度时，顾客的期望可以被有效地管理，从而弥合这一差距。

（一）顾客认知差距

这是顾客期望与零售商对顾客期望的认识之间的差别。零售管理者有时不能正确地感知顾客的需求。例如，管理者可能认为顾客需要更贴身的人员服务，但顾客需要的是更自由自在地选购商品，而出现困惑时，能够立刻得到营业员的帮助。

不了解顾客期望是无法满足顾客需求的基本原因之一。造成这种现象的原因有很多，如没有与顾客建立互动关系，不进行深入的顾客需求调查，漠视顾客的投诉，想当然地认为自己已经了解顾客的需要等。当管理人员不能完全理解顾客的服务期望时，他们会做出一系列不恰当的决策，例如将过多的资金投入到建筑物的装饰上，而顾客关心的是购物环境是否方便、舒适以及功能齐全。因此，要提高服务质量，管理层首先必须获得正确的顾客期望信息。

（二）服务标准差距

对顾客期望的准确描述，对于实现高质量的服务来说必不可少，却又远远不够。另外一个必不可少的条件是，列出用以反映准确认识的服务设计和服务标准。标准差距便是零售商对顾客期望的认识与他制定的顾客服务标准之间的差距。管理部门可能正确感知了顾客的服务需求，但没有建立正确的服务标准。例如管理者可能要求商店收银员实行快速服务，但没有具体量化的标准，收银员的速度可能达不到要求。

服务质量的好坏受到服务标准的影响，标准可向服务人员显示，什么是管理中最为重要的准则，以及哪些行为真正有意义。当服务标准不具体或采用的标准不能反映顾客期望时，顾客感受到的服务就很可能非常糟糕；当标准准确反映出顾客期望时，顾客得到的服务质量就可能加强。负责制定标准的管理人员，有时会认为顾客的期望毫无道理或者不切实际，或者认为服务本身所固有的可变性特征会使标准落空，这样即使对服务进行了设计并制定了标准，也达不到满足顾客要求的目的。这种观念下设计的服务标准或者不准确，或者不能具体落实，于是，便产生了对顾客期望的认识与建立服务标准之间的差距。

（三）服务传递差距

这是零售商的服务标准与提供给顾客的服务之间的差距。大量事实表明，即使建立了如何提供良好服务和正确接待顾客的标准，高质量的服务也未必能水到渠成。服务标准必须由适当的资源支持（人、系统和技术），而这些支持必须行之有效，也就是说，对人员要进行培训、激励，对他们的表现要按照标准进行奖惩。如果企业不能为服务标准提供支持，即使标准能准确反映顾客的期望，也无济于事。

许多原因导致商店员工不能按标准为顾客提供服务，例如员工不能清楚理解公司的宗旨，员工感到在顾客和管理层之间左右为难，缺少授权和团队合作，评价和奖惩不当，员工缺乏训练或劳累过度，以及无能力或不愿意按标准行事，或者员工面对着相互矛盾的标准，如花时间倾听顾客的意见和快速服务等。管理人员必须尽力消除这些原因，以便缩短服务差距。

（四）服务传播差距

导致顾客服务差距的第四个因素是零售商承诺的服务和实际提供的服务之间的差距。过分夸大所提供的服务会提高顾客的期望。结果，如果零售商提供的服务没能达到自己承诺的，顾客的期望值超过感知到的服务，那么顾客就会不满意。例如，如果一家服装店宣传免费修改，然后告诉顾客只对全价商品提供这项服务，那么在减价货架上购买的顾客可能会感到失望。提高顾客期望也许在一开始的时候能招揽更多的顾客，但这样也会招致顾客不满，并减少顾客重复购买的机会。我们可以通过制定杜绝过度承诺，同时加强营销部门与服务运营部门的沟通以及通过标准化管理保证服务质量的一致性来消除服务传播差距。

四、缩小零售顾客服务质量差距的策略

（一）准确了解零售顾客实际的服务期望

提供优质服务必须建立在了解顾客的基础上，设身处地为顾客着想，最大限度满足顾客的期望。有许多零售商在采购商品或设计服务项目时，从来不主动研究顾客有哪些期望，而是凭想象增减服务项目，结果他们所提供的服务不能提高顾客的满足感，白花了财力和人力。了解消费者需求不能凭主观的判断，需要实际的调查以掌握顾客真实的期望，减少顾客认知差距的主要途径有：

1. 消费者调查

对消费者的调查可以采取三种不同的形式：全面调查、及时满意调查和消费者访谈。全面调查即在消费者中进行较大规模的调查，采取问卷形式，样本通常在50000份左右，每年进行一次。由于每年的问卷相同，因而能追踪服务表现。及时满意调查是指在顾客购物后马上询问其是否满意。对顾客的及时调查能了解最新的信息，并能向顾客表达企业提供优质顾客服务的意愿，还可以根据顾客反映的信息对当事员工进行奖惩。消费者访谈则是选取10～15名消费者进行深度访谈，如每个月和一组消费者访谈一小时左右，了解他们购物的经历，以及对服务方面的建议。

2. 重视顾客抱怨

顾客抱怨往往能提供更具体的信息，因此处理抱怨是提高服务水平花费最少的手段。需要注意的是不能被动地依赖顾客抱怨获取信息，因为不满意的顾客通常不会抱怨，所以鼓励顾客抱怨应成为提高顾客服务的重点之一。商场应在显眼的地方设置顾客服务台或开设免费投诉电话，让顾客便于反映问题和得到问题的反馈，当然对顾客抱怨一定要及时处理才能真正提高服务质量。

3. 加强内部员工培训

尤其是一线的售货员和顾客服务代表由于直接接触顾客，因此对顾客对服务的期望和问题有更多的了解。通过内部员工把握顾客需求可以向他们征询，如在为顾客提供高质量服务时，你面临的最大问题是什么？如果公司想在顾客服务上有所改变，你认为该从哪方面着手？

（二）使制定的零售服务标准体现顾客期望

1. 合理设定服务规范，减少标准差距

掌握了顾客期望和感受后，企业要利用这些信息来制定适当的标准和建立相应的系统提供顾客满意的服务。服务质量标准要尽可能地体现出管理层对顾客服务期望的认识，减少标准差距。

2. 提高管理层对服务质量管理的重视与参与，对零售服务规范进行评估并提供定期反馈

在制定服务规范的过程中需要注意的问题是：一是管理层重视并参与。只有管理层对顾客服务重视并集中投入精力时，优质服务才有可能实现。管理高层必须愿意接受因提高服务质量而暂时出现的困难和增加的成本。同时管理层的决心要为一线的服务人员所感知，才能真正促使一线服务人员为提高顾客服务而努力。二是服务规范要清晰具体，并运用服务规范进行评估。服务标准除了要满足

顾客需要这一基本原则外，应该清晰具体并量化，否则就不能指导员工。另外服务标准的制定让员工参与能让他们更好地理解和接受该标准，如果由管理层强行武断地下达标准只会受到员工的抵制。需要不断地评估服务质量才能确保服务标准的实现。除了通过顾客调查来评估服务质量外，零售企业还可以利用“幽灵购买者”。“幽灵购买者”是职业购买者，专门负责评估商场服务质量。其通常需要报告的内容有：销售人员多久才问候你？销售人员的表现像是要做你这笔买卖吗？销售人员对商品的知识了解程度如何？“幽灵购买者”的报告最后反馈给销售人员，并对得到高分的奖励而对得分较低的则要求继续测分达标。

（三）使零售服务绩效达到零售服务标准

1. 准确提供零售标准服务，减少传递差距

设定好服务规范后，关键在实施过程中如何减少交付差距，即减少服务标准和实际提供的服务之间的差距。要达到和超越服务标准，必须要求服务人员具备相应的知识和技能，要对他们提供物质和精神上的支持，要加强内部沟通减少冲突，并适当授权给员工，以顾客和企业的最大利益为出发点。

2. 通过授权提高员工零售服务的灵活性

授权意味着最底层员工有权对提供什么样的顾客服务做出重要决定。因为适当授权不仅会让员工因为领导层的信任而受到激励，而且能根据不同情况灵活快速地采取措施，所以此时员工服务质量通常会提高。但要帮助员工理解授权的目的并控制授权权限，否则容易导致混乱和权力滥用。另外，授权也要视员工而定，对某些员工授权可能会较困难，他们宁愿有更清晰的行为准则，不愿花时间去决策或承担犯错的风险。

（四）使零售服务承诺符合零售服务实际

1. 杜绝过度承诺，同时加强营销部门与服务运营部门的沟通

广告方案通常是由营销部门设计的，服务则是由商店的营运部门提供的，这些部门之间缺乏沟通就会导致在广告宣传中的承诺与商店现实提供的服务不相匹配的情况。百思买 2011 年的圣诞季很好地说明了这个问题。在非常成功地开展促销活动“黑色星期五线上大减价”之后，百思买实现了比它预期中更多的销售量，但是它同意对许多延期交货产品的订购做出圣诞节及时到达的承诺。然而，消费者在圣诞节前两天收到通知，告诉他们早在 11 月就在网上订购的产品不能及时送达。消费者迅速做出激烈的反应，包括将这家零售商的名称指定为“偷走了圣诞节的格林奇”。虽然百思买通过媒体渠道进行了道歉，但它没有通过推特或 Facebook 进行沟通，该连锁店曾经利用这两种手段制造了最初的需求。

2. 通过标准化管理保证服务质量的一致性

零售商如何才能表达现实可行的期望，又不会因为做出了夸大的服务宣传而将生意拱手让给竞争对手呢？一个常见的问题是顾客对在熟食店需要等多长时间没有明确的期望。这个问题可以通过零售商提供代表正在等待服务顾客的电子号码而解决。超过 200 家 Stop & Shop 食品杂货连锁店在使用一种更复杂的解决方案对顾客期望等待时间进行管理。在触摸屏电脑上订货的顾客会收到一张票，然后继续进行他们的购物之旅。当商店扩音器叫他们的票号时，表明他们的订货已经准备好了。这个技术和可以帮助顾客扫描并对购物车中的商品成本记账的“扫描一下”设备使得该商店成为 2012 年 10 家最具创新性的食品公司之一。

3. 坦诚进行服务沟通，减少传播差距

夸大提供服务会提高消费者的预期，而如果做不到的话，则顾客的感知达不到他们的期望，就会觉得不满。这样把服务宣传得过高也许会在最初吸引较多的顾客，但其后会导致顾客不满而使再次光临的顾客减少。所以要让顾客对服务质量满意就必须进行诚实的宣传，这要求：一是各部门之间互相沟通。宣传计划由营销部门制定，而具体的服务是由其他部门来提供。所以如果各部门之间缺乏沟通则会导致宣传活动中的承诺和实际提供的服务不一致。因此在进行宣传时，营销部门和服务执行部门之间一定要沟通好才能协调一致。二是获得消费者理解。有时服务问题是由顾客导致的，譬如使用作废的信用卡、弄坏了试穿的衣服、在未读说明书之前不正确地使用产品。所以服务宣传活动中应帮助顾客了解自己在接受优质服务中所承担的角色和责任。同时也可以给消费者一些建议，告诉他们如何得到更好的服务，比如最好在什么时候购物。当然在对外宣传中还应当告诉消费者服务问题的处理措施和程序，以便问题出现后得到消费者的理解。

第三节　零售顾客关系管理

对零售商而言，顾客是产生经济效益与创造经济效益的主体，是零售商最重要的一项资产，同时也是决定零售商生产或淘汰的关键因素，加上市场的全球化、电子商务和新技术的蓬勃发展，如何获得顾客的青睐、与顾客建立良好的互动关系及增加企业利润，皆有赖于顾客关系分析与顾客关系管理的推行运用。有人说，零售经营的目的在于追求利润，管理学大师彼得德鲁克七十年前便指出：经营的目的在于开发顾客，而且应当把利润看作稳定运作的费用。如此看来，零售商的成败关键在于顾客开发和留住顾客的能力，即在于零售顾客关系管理。

一、零售顾客关系管理的内涵

顾客关系管理的概念最早于 1980 年源于美国，当时称之为“接触管理”（contact management），主要收集有关顾客与企业间互动的相关咨询。而顾客关系管理一词最早是由全球著名的 IT 分析调查提供专家 Gartner Group 提出，最初应用于金融业、电信业及保险业，后来扩散至零售业、制造业等各行各业。顾客关系管理是一种商业理念，包括了一整套战略、计划和系统，侧重于识别对零售商而言最具价值的客户并建立其忠诚度。在此理念之下，零售商可以通过与相对优质的客户建立关系，开发出一个基本的忠诚客户群并提高消费者在该零售商处购物的百分比，增强企业盈利能力。顾客关系管理系统的目的，不是要来取代业务人员对顾客的照顾，而是希望帮助业务人员，让他们的日常工作变得更为有效。

顾客关系管理（customer relationship management，CRM），是指企业为了赢取新顾客，巩固保有既有顾客，以及增进顾客利润贡献度，而不断地沟通，以了解并影响顾客行为的方法。顾客关系管理的核心思想：①重视顾客的个性化特征，实现一对一营销；②不断提高顾客满意度和顾客忠诚度；③顾客关系贯穿市场营销的全过程。广告可以帮助企业提供产品和品牌的知名度，并吸引第一次的顾客；而顾客关系管理则着眼于与顾客培养一种长期的良好关系，提高顾客对企业的满意度和忠诚度，使之成为最能带来利润的顾客群体。

顾客关系管理（CRM）包括以下三个层次的含义：

（1）顾客关系管理首先是一种管理思想和企业经营战略。顾客关系管理将各种客户资源作为企业最重要的资源之一，因为只有客户的忠诚才能促进企业销售的增长，创造企业的利润。顾客关系管理的核心是顾客价值管理（customer value management，CVM），通过增加提供给顾客的价值，使顾客感到自己的所得超过了他们的期望，从而提高顾客的满意度。这种角度来理解 CRM 是零售商实施 CRM 的基础，它在理念的层面建立起了导向和原则，要求零售商摒弃原先以销售和利润为直接目的的做法，将销售和利润作为客户高度忠诚的自然结果。

（2）顾客关系管理是一种旨在改善企业与顾客之间关系的新型管理机制。这种管理机制主要集中在市场营销、销售实现、客户服务和决策分析等企业与顾客发生关系的业务领域。它一方面通过企业对业务流程的全面管理来优化资源配置，降低企业成本，缩短销售周期；另一方面通过提供更快捷、周到和优质的服务来吸引和保持更多的顾客，增加企业的市场竞争力和市场份额。

（3）CRM 系统是一套人机交互系统，需要一个有效顾客关系管理解决方案的支撑。企业通过技术投资，建立能搜集、跟踪和分析顾客信息的系统；或增加顾客联系渠道、顾客互动以及对顾客渠道和后台整合的功能模块。一个整合的顾客关系管理应用系统或产品，必然包含有 Web 在内的所有客户接触点的管理，同时应当集销售、客户服务、技术支持、信息库、电话中心和客户智能分析等智能模块为一体。

二、零售顾客关系管理流程

顾客关系管理（CRM）流程的目标是在零售商的最佳客户中建立忠诚度并使其增加重复购买行为。顾客忠诚不仅仅是让顾客对零售商满意和重复光顾。顾客忠诚度意味着顾客致力于从零售商那里购买商品和服务，并自觉抵制竞争对手各种试图吸引顾客的活动。

零售组合中的所有元素都有助于发展顾客忠诚度及增加其重复购买行为。顾客忠诚度可以通过创造一个有吸引力的品牌形象、提供独一无二的商品、提供便利的地点以及引人入胜的购物体验等做法来加以强化。然而，对个人的关注和顾客服务是发展忠诚度的两种最有效的方法。例如，很多小型餐馆的服务员能叫出顾客的名字并记住他们的喜好，以这种形式来建立顾客忠诚度。这样的做法比提供折扣更有效，因为当零售商与顾客建立起个人联系后，任何竞争者都很难吸引他们。

CRM 流程通过以下四种活动将顾客数据转化为顾客忠诚度和重复购买行为的互动过程：①收集顾客数据；②分析顾客数据，确认目标顾客；③通过常客计划开发 CRM；④实施 CRM 计划。该流程始于收集并分析某零售商的客户数据以及确认其最优目标客户。分析环节会把顾客数据转换成向这些目标顾客提供价值的信息和活动。这些活动通过与客户进行个性化的营销沟通得以执行。

（一）收集客户数据

CRM 流程的第一步是构建一个客户数据库，包括零售公司收集到的关于客户的所有数据，是 CRM 后续活动的基础。另外，同一家庭的不同成员可能与零售商有不同的交流。因此，为了对顾客进行全面的了解，零售商要能够将某个家庭成员中单个消费者的数据结合起来。

从识别信息的渠道上来看，零售商为使用无店铺渠道的消费者建立客户数据库相对容易，因为这些客户必须提供他们的联系信息、姓名和收货地址才能接收到网上购买的商品。跟踪光顾仓库式会员店的客户的购买情况也很容易，因为在购买时需要出示会员卡。在这些情况下，客户的识别往往与交易联系在一起。

虽然收集和分析关于消费者的态度、喜好和购物行为的数据使零售商能够针对目标客户进行促销并为其客户提供更大的价值，但是许多客户担心零售商在收集详细的个人信息时侵犯了其隐私。即使消费者信任某个零售商，他们也担心数据可能不安全，或者有可能被出售给其他企业。针对消费者隐私保护，目前许多收集客户信息的零售商都有隐私权政策。零售商需要向他们的客户保证其信息是安全的，没有客户的许可不会转移给其他公司。

（二）分析客户数据及识别目标客户

CRM 流程的第二步是分析客户数据并将其转换为有助于零售商开发出用以提升其最佳客户（或那些忠诚且再次惠顾能大大提升零售商销售额的消费者）价值的计划。分析客户数据库的两个目标是：①确定零售商的最佳客户；②利用分析方法提高零售业务人员的决策。

客户关系管理的目标之一是确定和迎合零售商最有价值的客户。零售商经常使用其客户数据库中的信息以确定每个客户在其公司的价值。客户价值，也称为客户终身价值（customer lifetime value，CLV），是指客户在与零售商保持关系的整个过程中对零售商利润的预期贡献。零售商通常使用过去的行为预测客户终身价值。零售商可以使用收集的客户数据来衡量每个客户的客户终身价值。零售分析是指通过对客户数据的分析，应用统计技术和模型寻求提高零售决策的方法。

（三）提高常客计划开发 CRM

常客计划或忠诚度计划是奖励重复购买行为的营销努力。这些计划的两个目标是：①建立一个将客户数据与其交易相连的客户数据库；②鼓励重复购买行为和忠诚度。

虽然常客计划对于建立客户数据库很有用处，但对于建立长期客户忠诚度没有多大的用处。消费者对这些方案的感知价值是很低的，因为他们认为相互竞争的零售商提供的这些方案并无多大差别。此外，基于常客计划的竞争优势很少可持续。常客计划是可以看得到的，所以在大部分情况下可以很容易地被竞争对手复制。最后，忠诚度计划是很难修改或更正的。一旦其成为客户购物体验的一部分，即使出现最小的变化，零售商也必须通知到客户。如果那些改变意味着客户将失去一些计划带来的既得利益，也极有可能出现强烈的负面反应。这些负面反应可能会从那些起初就表现出相对较小忠诚度的客户开始。

常客计划寻求鼓励重复购买和发展客户忠诚度。而要建立真正的忠诚度，零售商需要与消费者建立情感上的联系，以及从他们身上获得某种承诺。因此，为了避免常客计划沦为只是简单地收集数据和只对短期销售有影响，零售商可能需要：①提供分层奖励；②将常客视为 VIP；③纳入慈善活动；④提供各种选择；⑤奖励所有的交易；⑥使计划透明和简单。

（四）执行 CRM 计划

通过常客计划开发出 CRM 后，流程中的最后一步是实施这些计划。

对于大多数零售商来说，相对较少的客户贡献了绝大部分的利润。这种情况被称为 80－20 法则，即 80% 的销售额或利润来自 20% 的消费者。因此，零售商可以在客户终身价值得分的基础上将其消费者分成两个群体：一个群体是客户终身价值得分最高的 20% 的消费者，另一个群体是其余的消费者。但是，这个两分机制——“最优”和“其余”并没有考虑对那 80% 的客户进行重要区分。许多在“其余”部分的消费者是潜在的“最优”，或至少是好的客户。

一种常用的细分方案是将消费者分为 4 个细分群体，该客户金字塔从利润贡献最少的顾客到贡献最丰富的顾客为铅质群体、铁质群体、黄金群体和铂金群体。其中铂金群体是由客户终身价值前 25% 的客户组成的，他们是最有利可图和最忠诚的客户；接下来的客户是终身价值客户组成黄金群体，尽管他们从零售商处购买商品的金额也很大，但忠诚度略低于铂金群体；铁质群体消费者往往会购买适量的商品，但他们的消费水平、忠诚度和盈利能力都不足以让零售商对其进行特别对待；铅质群体是具有最低客户终身价值的客户，对公司的收入贡献可以为负，因此零售商对这部分客户不会给予任何关注。该方案可以使零售商针对每一个细分群体制定更为有效的战略。不同的 CRM 计划直接针对每一个细分市场中的顾客。

在客户金字塔中，增加对优质客户的销售可以被称为客户炼金术——把铁质和黄金级客户转化为铂金级客户。获得客户炼金术的一种方法是通过附加销售，包括为现有的客户提供、销售更多的产品和服务，以增加零售商这部分客户的购物比例。消费者的客户数据库揭示了附加销售的机会。许多零售商使用客户曾经购买时的数据向他们推荐产品。另外，在许多情况下，最底层客户的实际客户终身价值是一个负值。零售商同这些客户进行的每一笔交易都是赔钱的。例如，零售商会遇到反复选购三四件商品但最后只留一件退掉其他几件的客户。处理退回的两三件商品的成本要远远大于该客户留下一件商品带来的利润。不再为这些无利可图的客户出售商品的过程，在顾客金字塔中叫作“去铅”。

三、零售顾客关系管理的会员卡制度

（一）零售商实施会员卡制度的意义

会员卡制度起源于 19 世纪初的俱乐部会员身份识别，它是为了维系与客户的长期交易关系而发展出来的一种较为成功的顾客关系管理模式。实施会员卡制度的零售商有一个共同特征，就是以会员卡为载体。各商店会员卡类别不同，有的只有一种，有的则有两种或多至三四种，形成不同层次的阶梯式系列。较高级别的会员卡较之普通型会员卡能享受到更大的折扣率和更多的增值服务，但申领的条件则相应提高。总的原则就是：积累的购物记录越多、购物金额越高，持有的会员卡级别越高，享受到的优惠和增值服务就越多。会员制的结果导向是通过会员服务提供顾客的忠诚度和满意度，从而提高消费量。

会员制营销是一种顾客关系管理模式，是为了维系与顾客的长期交易关系而发展出的一种较为成功的关系营销模式。随着新零售和消费升级的大趋势，付费会员成为零售业会员卡制度的主流方式。京东的 plus 会员、淘宝的 88VIP、盒马鲜生的 X 会员、银泰 intime365 会员等，另外传统商场、O2O 零售店、综合电商等零售商们，几乎全都投身于付费会员行列之中，会员经济逐渐走入人们的视线。

（二）会员经济的崛起：从“坐冷板凳”到“香饽饽”

新零售概念提出之前，会员经济几乎一直在“坐冷板凳”，无论是电商还是商超，虽然零售商们都象征性地建立了一套免费会员的制度，还简单分了级，但似乎都对建立付费会员制度不太感兴趣。

转折出现在 2016 年，一直对付费会员制度观望的电商京东、亚马逊中国率先试水付费会员制度。到现在，淘宝有了 88VIP、苏宁有了 SUPER VIP、唯品会有了超级 VIP，付费会员制度成为了电商们的标配，究其原因主要包括以下两个方面：

一方面，零售业步入“存量竞争”时代，电商和商超都在寻求深度挖掘消费者价值的秘法，期望一边赚钱，一边还能提高用户黏性。付费会员制度就存在这样的“魔力”，因为愿意付费的用户必然更信任平台，且长远来看，他们也是平台持续增长的最佳动力。推出付费会员制度，就是一个筛选高忠诚度会员的过程。平台为更忠诚的用户提供更好的服务和商品，以淘宝京东为例，目前线上红利逐渐消退了，而推出优惠力度大的付费会员制度能留住更多用户，这是非常关键的。

另一方面，消费升级大趋势下，消费者对个性化和品质化消费的追求越来越明显，而付费会员制度能很好地满足他们。值得注意的是，从现有的各种付费会员制度来看，绝大多数给到的优惠很大，服务也更好。在个性化和品质化需求的驱动下，消费者自然会投身其中，成为一名付费会员。

在新零售发展时期，付费会员制度成了“香饽饽”，但现阶段大多数零售商的付费会员制度都比较单一，只是单纯聚焦于优惠力度、服务范围等方面，这也是不争的事实。不过，在优惠和服务面前，消费者从来都不希望被一视同仁地对待，而是希望能被个性化对待。而且需要注意的一点是，正因为会员制度的价值逐渐凸现，部分创业企业拿这个来忽悠投资者并圈钱的情况就极有可能发生，所以付费会员制度也需要进化。对用户的竞争关系会转移到会员制度的竞争上。既然是会员制度的竞争，落点就很清晰了，为了尽可能留住每个消费力层级的用户，会员制度必然也要分层，最终形成多元化的会员生态。

（三）通过会员卡制度做好零售顾客关系管理

零售商如何通过会员卡制度做好零售顾客关系管理呢？

1. 从一开始就让消费品供应商参与

零售商有价值的信息能被消费品供应商利用以了解顾客。保证从消费品供应商那里来的商品及服务是符合顾客需要的。当然这些信息的提供可以是有代价的，双方共同分担方案成本。

2. 制定科学的会员体系

消费者因一时被打动而加入会员组织后，把会员卡往钱夹里一夹就再未使用绝对是会员制的失败。会员加入仅仅是开始，能否让会员投入进来、主动参与关心才是根本。这就要求零售商具有全面科学、量体裁衣、定位准确的会员体系和增值服务。因此，要将会员卡制度纳入零售商整体营销战略，无论在会员招募、会员管理，还是在促销宣传、会员馈赠等方面，每一项活动之初零售商都应做充分的预算和规划，设计一套全面的营销方案。

3. 把顾客关系管理变为顾客的双向渠道

顾客向零售商提供了他们的信息，他们慢慢地会加入和使用这个方案。他们在会员制中能得到什么呢？有可能是更低廉的价格。如果介入新商品开发会怎么样呢？可能是他们所更喜欢的，例如现有服务的延伸、顾客喜欢的新颜色的短衫或者在喜欢的果汁加了特定维生素等。要想成功，不仅仅光靠从顾客那里获取更名信息和推出更多的商品，更重要的是与顾客建立一种牢固的关系，为顾客提供他们所想要的商品及服务。

4. 降低经营成本，为会员提供优惠的商品价格

会员制获得成功，主要原因是能够让会员得到价格实惠，如果零售商在其他方面没有特色，又不能在商品价格上让会员感受到好处，甚至有些商品价格比其他地方还要贵，那就很难吸引会员来消费。因此，零售商应尽可能通过多种途径，加强内部管理，扩大商品销售，降低商品成本和经营费用，使得会员在本商店购买的商品价格低于其他同类零售商店。同时，超市应加强商品的价格管理，使得会员比非会员享受到更优惠的价格，充分发挥会员卡的作用。

5. 为会员提供增值服务和个性化服务

注重对会员的开发与维护，必须通过提供增值服务来吸引顾客，更好地满足会员需要。目前，很多零售商已意识到这一点，比如定期为会员提供最新商品信息和促销信息，推出免息分期付款购物、购物免费停车、贵宾导购等多种服务项目。另外，要建立顾客忠诚，还必须针对不同消费者的不同需求为其提供个性化服务，建立个性化的顾客关系管理，实现“一对一”的营销，这也正是发展会员制的核心所在。

6. 建立消费激励机制，刺激会员持续购买

实施会员卡制度应制定相应的消费奖励机制，给予会员一定的消费返还，增加会员的实际利益。同时，通过奖励措施，零售商可以吸引更多的会员消费更多的商品，争取会员的多次反复购买和大量购买。对会员消费的奖励可采取多种途径。如有的零售商实行消费积分制度，针对不同累计积分给予积分奖励，有的零售商根据顾客的消费金额，实行会员分级并发放不同级别的会员卡，对于高级别的会员，提供更多的商品折扣优惠和服务内容。

7. 建立基于现代信息技术的顾客信息资料库，加强会员管理

国内零售商实施会员卡制度的最大失误之处在于没有充分利用公司信息化资源收集会员的消费信息，故而无法很好地开展会员关系管理与维护。零售商必须做好信息化基础建设工作，建立基于现代信息技术的顾客信息资料库，及时收集顾客的消费数据，并根据所搜集的销售数据和会员资料作进一步的开发利用，通过对顾客信息的分析、整理、挖掘，对消费结构进行分析，向会员提供全方位服务，对会员实施个性化、人性化的顾客关系管理，最大限度地满足会员需求。

总之，零售商十分重视通过会员卡制度培植稳定、忠诚的消费者队伍并取得广大顾客的认同。随着消费者不断因地域、需求、消费力的不同而出现明显分层，未来零售的消费分层无疑将更加细化。在消费升级的大环境下，零售业一定会往精细化和差异化方向发展。这意味着，因深挖用户价值而生的会员制度，也会受到影响从而朝着分层和分级的趋势发展。这么一来，如今正不断崛起的会员经济，也将因向不同层级的消费者提供更精确的服务，而为零售业带来更长久的活力。

第四节　零售服务体验

随着生活品质的提高，消费者的需求也在不断变化，起初用户往往注重的是产品的质量和价格，而如今更加重视整个服务体验过程，从马斯洛需求理论的角

度，可以看成用户诉求已经从底层的生理和安全需求转向情感和尊重的需求。服务体验是消费者全面体验产品和服务的过程，企业以提高消费者整体服务体验为出发点，通过与消费者每一次的接触，整合协调售前、售中和售后阶段，为消费者传递全面的产品服务信息，匹配与价值相符合的感觉，进而创造出有特色的消费者感知价值，实现良好的消费者忠诚度。

一、售前阶段

在传统购物模式中，顾客购物必须前往实体店铺，通过店员的介绍和自身的实际体验，了解商品的详细基本信息，但有时由于店员的疏忽，给顾客提供了片面或错误的信息，造成顾客的购物信息不完全，产生不好的购物体验，店铺的信誉也将流失。而在新零售模式下，由于互联网的透明性，顾客购物不再受地段、店面空间、时间的限制，可在网络上提前了解产品的全部基本信息，有效地做出购物选择。

值得注意的是，在对产品进行初步认知的过程中，消费者往往需要花费大量精力在不同平台搜索相关信息，来理解产品功能、参数和操作，产品选购的学习成本过高，这给消费者造成了一定的心理负担。此外，对于大多数四五线城市、县城、农村等下沉市场来说，线下服务是难以覆盖到的，广大潜在用户接触企业商品的机会十分匮乏，几乎没有渠道可接触到线下的零售服务，这时线上的零售服务体验就尤其重要。

为进一步提升零售服务体验，一方面，企业家们利用互联网，搭建一个整合各类资源信息的线上平台，提供个性化的服务，向用户传递更多商品的信号，能够在销售前阶段深度触达核心用户与潜在用户，真正实现资源和服务下沉到广阔的消费市场，缓解用户与商品接触机会匮乏的现状，同时也起到了品牌的宣传推广效果。另一方面，企业家们广泛使用大数据、云计算等互联网技术，对用户的购物行为进行分析，从而为不同的用户贴上不同的标签，在销售前期阶段为用户提供智能推荐服务，帮助消费者形成清晰的产品认知和购买倾向，降低线下沟通的过度依赖，节约消费者搜索商品和选择商品的时间，引导消费者进行下一阶段线上线下的购买环节，提升潜在消费能力。

二、售中阶段

互联网时代，智慧物流、大数据、云计算等创新技术把线上、线下零售紧密结合在一起，构成新零售模式，消费者亦可到线下实体店直接购买商品，也可通过手机、电脑等电子设备随时随地在互联网上购物，购买渠道更加复杂化，对零售行业提出了更大的挑战。

消费者更注重个性化体验。对于消费者说，购物时的实际体验服务是决定消费者做出购买决策的至关重要的一环。顾客购买商品时，往往是购买一种个性化的生活方式，面对顾客千人千面的不同需求，试图用千篇一律的模板式解决方案打动顾客是不现实的，因此需要深入了解顾客的购买心理，尤其是在线下零售时，由于顾客就在现场，此时他们对商品的感触最为深刻，因此应布置“以用户为中心”的线下体验场景，打造独属顾客自己的消费体验，从而获得具有真正定制化、临场感的情景体验，消除顾客的不确定心理，同时还可及时发现问题并进行调整。例如 Apple Store 在智能家居的售卖中，提供了一个全新的互动演示屏幕，即一个房屋横截面样式的交互式电视。该屏幕将体验店内所有房间和可控制的智能产品都展示出来，顾客可以设置不同的家居配件进行自由搭配组合，通过控制 HomeKit 对配件进行操作，互动屏幕会同步显示出相应的场景，从而实现不同空间多个场景的联动。

线上线下服务需要同等化。在“互联网 +”背景下，消费者养成了懒惰的个性，他们懒到不出门，基本依靠移动互联网下单消费，同时又对产品服务的速度和便利性要求很高。比如：京东的双十一、美团的半小时送餐到点的服务，无不体现了消费者对快速响应和便利性服务的需求。但有必要说到的是，消费者在网上购物时，商品多以视频或图片的形式展示在消费者面前，消费者只有通过商家提供的信息和其他购买者的评论了解商品，缺乏对商品的实际体验，这时咨询商家成了他们最好的选择。像线下零售模式一样，商家会在交易平台为消费者提供相关的商品信息，但消费者此时会更加谨慎，他们对其详细筛选甄别，再消化吸收，如此反复进行几次的问答互动环节后，才会根据自身需求以及商家所带来的服务体验，做出合理的消费决策，避免购买到与实际不符的商品。因此，多数消费者希望得到线上线下同等的服务体验，建立起消费者与商家的互信通道，以减少中间的交易成本，在这方面一些知名企业往往更有利。

三、售后阶段

商品的售出并不代表服务的结束。服务设计强调用长远的眼光看待问题，需完善后续服务，增强顾客黏性。在销售后阶段，利用线上平台，将原本碎片化的服务进行整合重构，并提供特色化的品牌服务，能让消费者感受一站式体验并提高品牌维系力。不同公司有着不同的售后管理模式，归纳起来有以下几点：

一是打造官方的顾客交流社群。现如今各行业内的竞争愈发激烈，某个企业想要脱颖而出，保持顾客的忠诚度，就必须根据自身资源树立符合自身定位的品牌价值。再加上，随着消费的升级和对人际关系的渴望，消费者的消费观念也发生极大改变，产生一种社交式的消费理念，希望在购物环境中获得交流、分享情感的体验，获得更多的人际关系，认识更多的陌生人。顾客交流社群的建立便如此顺其自然。小米公司一直以来主张“和顾客做朋友”，依托自身庞大的产品体系和用户基础，建立集在线咨询、信息提供、用户分享以及反馈建议等功能为一体的小米社区，在品牌和用户之间建立起良好的沟通氛围，把“用户”转变为“粉丝”，形成广为人知的“米粉文化”，进一步增强了品牌影响力和产品转化率。同时，小米公司还邀请各产品品类的相关负责人入驻社群，与用户保持长期互动关系，收集用户提出的需求并予以及时反馈，有助于支持产品开发部门进一步优化用户体验。这种线上平台打造品牌官方用户交流社群的方式，可充分利用线上平台的交互性优势，供用户分享商品的售后体验，了解品牌最新动态，参与相关活动互动，在吸引更多潜在新用户的同时留存老用户，提高用户黏性和品牌竞争力，从而在众多竞品之中突出重围。

二是提供一对一的一站式售后服务。一站式售后服务就是顾客在购买商品后，对该商品的维修、升级、退换等售后需求都能在某个服务点得到解决，而不用寻找下家。而一对一的一站式售后服务可针对不同消费者的需求，制定不同的服务内容，体现更多的个性化服务。例如：联想公司为消费者提供了官方售后电话，消费者对商品产生任何疑惑时，可随时拨通，如有需要，也可与工程师直接沟通，实现一对一的专业服务，避免以往沟通路径不畅的问题，提高解决问题的效率。如商品问题过大，也可在平台上提出预约申请后，由线下实体维修店寄送商品，发往厂内进行维修，工程师会跟进需求处理情况，提供及时响应、及时处理的售后服务，同时平台也会同步更新处理进度，做到反馈信息清晰透明。

三是 VIP 会员制。会员制起源于 20 世纪初，起初作为俱乐部会员的身份识别，后凭借数据库技术的成熟，逐渐利用于商业领域。它最主要的优点是为企业培养众多忠实的顾客，建立起一个长期稳定的市场，提高企业的竞争力。现成为会员的成本可谓相当低，普遍只要购买该商家的产品即可在互联网上成为它的会员，全国各地的连锁店都能查询使用，而拥有会员的消费者今后可在该商店享受优惠活动，或者可参加各种福利活动。比如，以纯服装公司对各种不同的会员采用阶段式的打折，并且会员不管是线上购物，还是线下购物，以纯服装公司的线上平台上都会有会员的相关购买记录，帮助会员累积积分，当积分到达一定额度，即可在全国各连锁店换取商品。薄利多销是会员制营销企业的一个普遍特征，会员都是企业的顾客，企业的商品或服务特征会给消费者打上深深的烙印。通过这种 VIP 会员制，有利于增强系统和产品的维系力，培养用户的消费习惯，提高用户黏性。

【本章小结】

零售商为顾客提供的服务具有无形性、不可分割性、异质性、不持久性等特点。零售商提供的服务一般可以分为售前服务、售中服务和售后服务三种类型以及物质性服务、人员性服务、信息服务、资金信用服务四种类型服务。顾客服务项目有咨询服务、导购服务、信贷服务、送货服务、处理顾客意见等。新零售服务逻辑：从产品逻辑到用户逻辑。在新零售和"互联网+"背景下，体验经济应运而生。顾客对零售服务质量的感知从零售服务顾客感知度、零售服务顾客满意度以及零售服务顾客忠诚度三方面衡量。零售商可以通过影响零售服务质量的顾客认识差距、服务标准差距、服务传递差距、服务传播差距等因素入手，减少零售服务差距，改善顾客对他们零售服务的满意程度。缩小零售顾客服务质量差距的策略主要是准确了解零售顾客实际的服务期望、使制定的零售服务标准体现顾客期望、使零售服务绩效达到零售服务标准、使零售服务承诺符合零售服务实际等四个方面。零售服务体验整合协调售前、售中和售后阶段，为消费者传递全面的产品服务信息，匹配与价值相符合的感觉，进而创造出有特色的消费者感知价值，实现良好的消费者忠诚度。

【思考题】

1. 零售顾客服务在哪些方面与所出售的商品具有不同的特征？

2. 零售商在涉及顾客服务水平时需要考虑哪些因素？

3. 有哪些影响因素影响提高零售顾客服务质量的差距以及解决策略？

4. 顾客服务的内涵是什么？在哪些方面与所出售的商品具有不同的特性？

5. 零售商提供的顾客服务有哪些类型？什么样的服务更利于培养顾客忠诚？

6. 当你作为一位顾客时，你对一个超级市场和一个折扣店或便利店的服务期望与容忍区域是否一致？

7. 零售商在提高顾客服务水平方面需要考虑哪些因素？

8. 结合实际谈谈如何改进零售企业的服务质量？

9. 要想成功地化解顾客投诉，需要掌握哪些投诉处理过程？

10. 如果有顾客投诉某一位员工的服务态度不好，你将如何分析这个问题并采取什么样的解决措施？

11. 试以周围的某一家超市或百货商店为例，设计一整套与之相匹配的具体服务项目，以形成服务特色。

【延伸阅读】

［1］陈丽芬，黄雨婷．高质量零售［M］．北京：机械工业出版社，2019.

［2］［美］卡迈恩·加洛．体验苹果：苹果零售店成功的奥秘［M］．李彤，

译. 北京：机械工业出版社，2013.

［3］李飞. 全渠道客户旅程体验图——基于用户画像、客户体验图和客户旅程图的整合研究［J］. 技术经济，2019（5）.

［4］［美］利奥纳多·L. 贝瑞，肯特·D. 赛尔曼. 向世界上最好的医学院学管理［M］. 张国萍，译. 北京：机械工业出版社，2009.

【精彩案例】

Eataly：慢生活超市餐厅

Eataly 是一家集食品采购、品尝、烹饪学习等为一体的意大利美食超市，令每一个走进 Eataly 店的消费者心醉神怡。从 2007 年在意大利北部城市都灵第一家店开张至今，Eataly 已在意大利、日本、迪拜、土耳其、美国等开设了近 30 家分店。兴起于 20 世纪 90 年代末的美食慢食主义（Slow Food）运动催生了 Eataly 这一新兴的餐饮模式。

《纽约时报》是这么定义 Eataly 的："一家包含了繁华的欧洲开放市场、全食超市、高端美食、新时代学习中心等元素的大型卖场。"Eataly 通过对餐饮消费趋势和目标客群精准的商业洞察，成功将理性的购物过程转变成感性的愉悦体验，使原本在超市机械的购物过程变成了一种时尚的生活方式。Eataly 的特点就是门店布置独具匠心、品质标准高、体验性强以及 Visual Merchandising（视觉陈列）做得非常好。

Eataly 综合了超市和餐厅两种属性，在门店的布置上非常讲究。超市的旁边就是厨房，确保了食材的新鲜程度，又能向购买商品的顾客演示如何回家料理，一举两得。而超市部分的设计则非常亲和用户，一般超市入口和出口都在不同的楼层，顾客只有逛完整个超市才能去结账。而 Eataly 则反其道行之，顾客一进入超市就能看到结账柜台。再加上简明的橱柜，典型的欧洲复古集市布置，用户体验做得非常完整。在餐厅里，一眼就能看到鲜肉冷藏柜，让食客立即感受到料理的新鲜程度，在冷藏柜旁还放置了酒类柜台，真是令人拍案叫绝。享用肉食怎能没有好酒相伴呢？Eataly 餐厅布置的用心程度从这些小细节就可以发现。

怎么样才能让顾客有更多的时间光顾 Eataly 呢？这个问题似乎是所有商家的难题。Eataly 另辟蹊径想到了一个好办法，那就是让每个节日变得更有意义。通过社交媒体平台上的轰炸式宣传，Eataly 给许多日子冠以了特殊的节日名称，如果 Eataly 能让顾客感受到每个节日独特的氛围和魅力，那么这些顾客就很有可能选择在这个节日带上亲朋好友出门聚会，无形之中增加了 Eataly 的潜在客流量。

那么 Eataly 具体是怎么做的呢？Meatless Monday 传统的节日自不必说，Eataly 在 Facebook 和 Twitter 上还对许多普通的日子进行了大幅改造。比如每个周一被 Eataly 定义为了 Meatless Monday（无肉星期一），在这天倡导大家吃素食的同时顺便宣传 Eataly 精致的素食菜单。说实话，哪怕你不是一个素食者，看到这么精美的菜肴都会忍不住加入 Meatless Monday 的行列。

除了层出不穷的活动之外，Eataly 在社交媒体上的另一大特色就是用图片色诱你的味觉，推送的美食图着实诱人。光放照片还不够，Eataly 的官方媒体渠道上也有专门的客服团队，时刻在线解答顾客的疑问。当然，如果顾客对餐厅或者超市的服务有所抱怨，也可以尽情在社交媒体上向 Eataly 投诉，他们会立刻作出回应。

资料来源：新零售财经．超市 + 餐饮鼻祖 EATALY 的成功秘诀［EB/OL］.［2021 – 01 – 27］. https：//baijiahao. baidu. com/s？ id = 1690010054042058512&wfr = spider&for = pc.

讨论题：

1. 为提供卓越的零售服务，Eataly 采取了哪些措施？
2. 这些活动如何使 Eataly 缩小实际服务与顾客期望之间的认知差距？

第十四章

零售创新

【学习目标】

1. 掌握新零售的内涵、本质、特征及商业模式；
2. 掌握新零售四种类型的基本内涵；
3. 掌握全渠道零售的概念、特征、发展历程、主要类型及发展趋势；
4. 了解数字零售的概念、特征、发展历程、主要类型及发展趋势；
5. 了解科技零售的概念、特征、发展历程、主要类型及发展趋势；
6. 了解社交零售的概念、特征、发展历程、主要类型及发展趋势。

【重难点】

1. 新零售的内涵及主要特征；
2. 新零售的主要类型；
3. 全渠道零售、数字零售、科技零售、社交新零售的概念、特征与发展历程；
4. 展望分析新零售未来的发展趋势。

【案例导入】

全渠道零售创新

网购的普及让买菜变得简单方便，但对美食越来越讲究的消费者依然会为一日三餐吃什么而发愁。2017 年2 月瑞士 Coop 推出美食菜谱分享平台 Fooby，专门为那些“喜欢享受美食，却又不想花太多时间做饭的消费者”提供美食灵感与烹饪知识。

在 Fooby 平台上，厨师、美食博主以及烹饪爱好者可以通过文本、图片或视频等多种形式分享美食及烹饪方法，并且大部分的推荐食谱都可 20 分钟之内把菜做好。平台除了为用户开通智能搜索、烹饪学习、灵感获取和收集食谱等功能外，还与 Coop 旗下在线购物平台 Coop@ Home 无缝对接，食谱中所需食材、调料等可一键添加到购物车，方便购买。

Fooby 美食平台不仅为线上购物引流，平台优质内容被制成食谱卡、海报、杂志和书籍等，用于线下超市门店进行多种营销活动。食谱卡免费发放，每月更新内容，并与关联食材一同陈列促进销售，每年在门店发放的食谱卡达数百万张。内容还被编写成专业的美食杂志和烹饪书籍，在线上和线下同步销售。

资料来源：赛扬商业研究．全渠道零售创新案例：瑞士 Fooby 美食平台的概念体验店［EB/OL］．［2022－02－25］．www. linkshop. com/news/2022482813. shtml.

思考：通过以上案例你对零售创新有何认识？

第一节 新零售

一、新零售的内涵

新零售是企业以互联网为依托，通过运用大数据、人工智能等先进技术手段，对商品的生产、流通与销售过程进行升级改造，进而重塑业态结构与生态圈，并对线上服务、线下体验以及现代物流进行深度融合的零售新模式（覃海涛，2018）。

新零售出现的前提是通过互联网将线上线下以及物流结合在一起。互联网的本质是去中心化，把传统行业中复杂的链条进行优化，减少中间的环节，从而提升消费者的购买效率。就像人们用传统方式买手机，需要去线下的实体店，退换货需要出示购买小票。然而在互联网上，人们只需要在电商平台上进行购买，并且包邮到家，省去了大量的中间环节，因此购买效率得到了提升。除此之外，互联网还解决了信息不对称的问题。传统的零售方式需要货比三家，但是新零售在互联网上能轻松对比出性价比最优的产品，还能通过评价来判断产品的好坏。

随着电商的冲击以及人们消费模式的转型升级，许多实体零售商发起线上业务，但并未带来显著的效果，线下门店陷入闭店热潮，这是因为这些企业只注重经营商品，而忽略了对人的经营，造成经营无效率，而这正是新零售的理念所在。互联网改变了人们的消费模式，在新零售环境下，零售商要借助大数据、云计算等技术对消费数据进行分析、预测，控制生产，从而达到以消费者为中心，以精准化模式满足消费者需求，带给消费者极致的体验，进而推动消费升级和零售升级。

二、新零售的本质

新零售是通过线上线下互动融合的运营模式，将电商的经验和优势发挥到实体零售中，改善购物体验，提升流通效率，将质高价优、货真价实的产品卖到消费者手中，以此来实现消费者升级的创新零售模式。线下能够做到线上的效率就实现了新零售。

对国内零售业的总体发展走向进行分析可知，在国内城市化、工业化、市场化、信息化的发展及驱动作用下，零售业处于逐步成长的状态，新零售正是由此演变发展而来的。因此，可以从城市化、工业化、市场化、信息化的视角对国内零售业的发展进行梳理。在这些驱动因素的各个发展时期，零售业的业态组成方式及其渠道体系差异化显著。

在工业化的早期发展阶段，国内的市场化、信息化及城市化都有待建设，与之相对应，实体零售业多体现为传统百货、超市等零售业态，其经营主要围绕物业开发及管理来维持。随着国内工业化的发展不断深入，市场体系的建设也日趋完善，现代化城市开始崛起，加上依托互联网的信息化建设在更大范围上的应用，传统零售的时代背景出现了更迭，“新零售”便由此诞生并发展起来。

我们从工业化、市场化和城市化三个维度对新零售进行分析。

1. 工业化维度

在工业化的发展过程中，智能技术在该领域得到应用，服务业务的重要性也越来越被凸显出来，与此同时，在总体消费需求中，日用工业品所占的比例明显减少。在传统零售模式下，企业主要向消费者提供有形的商品，面对市场的变化，新零售的具体内容将产生彻底变革，企业将更多地输出与市场需求相符的场景、服务、文化、体验、生活方式等。

2. 市场化维度

具体是指新零售的市场交易方式与经营模式不同于传统零售。以服装零售行业为例，传统零售仅出售衣服，新零售则是提供定制服务，或者为第三方企业提供设计、流程方面的解决方案。

3. 城市化维度

在传统零售模式下，城市的商业中心聚集了大批百货商店、大型超市等主流业态，相比之下，新零售的经营地点分散在社区和消费者的生活场所中，如旅游区、交通服务区、文化娱乐场所等，不再受商业中心的束缚。

所以，新零售的转变不仅体现在商品属性上，还体现在具体的经营内容上。

“新零售”的经营内容是对传统零售的彻底颠覆，其转变与消费升级时代下人们的生活方式相符，传统零售是出售实体商品，新零售则是向市场输出消费体验和生活方式，例如，亚马逊推出的“自付自提”经营模式，以及一些零售企业提供的定制体验服务，都是新零售的典型实践代表。

三、新零售的主要特征

新零售的特征涉及到消费者、线上、线下、物流、数据、供应链六个方面，主要有以下八个特征。

（一）以消费者为核心

在前工业时代，以企业和资本为主，生产决定需求，这个阶段属于 F2C，商家注重的是企业和资本的实力，通过让消费者了解企业的实力，使其能放心购买他们的产品。

进入后工业时代，即 PC 端互联网时代，信息不对称部分被打破，部分企业关注到消费者的需求。但是由于受到技术限制，消费者的真正需求无法真实反映在数据上，这个阶段仍然大部分属于 B2C，小部分属于 C2B，企业仍是以商品为核心，商家注重的是商品的性能，即通过产品的品质和性能满足消费者。

进入移动时代，由于大数据和云计算的发展，海量的数据促进企业关注到每一位消费者的需求，从而做到以消费者为核心。这个阶段属于 C2F，是个性化需求和体验为主的阶段，个性和体验成为产品的核心竞争力。

生产和销售经过了三个阶段。第一阶段，在传统的工业时代，由工厂决定生产，通过各层经销商批发到终端零售的 F2C 模式。第二阶段，到后工业时代的 B2C 模式（小部分 C2B 模式），由经销商（部分大客户）决定生产，再通过各种渠道或者直接销售给终端消费者。第三阶段，由消费者决定工厂生产产品的 C2F 模式，这个模式就是新零售的模式。由消费决定生产，满足消费者的个性化需求，避免企业盲目生产造成大量库存积压。

（二）购物模式碎片化

2015 年，我国移动网络交易规模占比首次超过 PC 端，标志着移动电商时代正式到来。移动电商从流量和速度的比拼转为对用户和商品个性化和精细化的经营。用户消费场景随即发生了巨大的变化，表现为用户的消费场景越来越具有不确定性，消费时间也越来越短，需求的随机性非常强，能在某点打动消费者，消费者就有可能随时下单，购物场景碎片化、购物时间碎片化、购物需求碎片化。此外，新零售需要硬件基础设施的支持。手机屏幕小，可呈现出的信息有限，所以对精准推荐要求较高，移动端定位、二维码识别、物联网等技术得到充分发展，通过可穿戴设备感知将虚拟和现实空间结合，极大地提升了购物体验。

（三）个性化的产品和服务

大数据、云计算等互联网信息化技术使商家可以基于对消费者大数据信息的深度分析，实现精准化营销推送，从而为用户提供个性化、定制化的产品或服务，充分全面地满足人们的需求。

商家可以借助大数据和智能计算，迅速获取客户的姓名、身高、线下和线上的支付记录等各种消费关联信息，甚至是客户对世界、对生活的认知等内在价值方面的信息。由此营销人员便会对顾客的消费偏好和消费行为有着全面、精确的了解，从而为客户提供个性化、定制化服务。

大数据的不断发展和深度应用推动了传统购物方式的颠覆性变革，个性化、定制化服务成为新零售发展的必然趋势。

（四）销售和服务专业化

用户的时间越来越少，专业垂直领域必将得到充分的发展。一站式购物虽然能满足一部分消费者的需求，但随着消费者的购物场景、购物时间、购物需求越来越碎片化，企业要更加注重专业的知识，迅速切中用户需求点，让用户有良好的体验。很多客户不愿意花时间去了解那么多的产品信息，因此销售员应体现出专业化。例如，海底捞通过对顾客无微不至的“超级服务”，在全国范围内成功塑造了专业贴心的品牌形象。服务的项目包括进门点餐时服务员会送上热毛巾和围裙，用餐时端茶倒水帮忙涮锅随叫随到；对于长发女士会细心地提供橡皮筋，对于戴眼镜的顾客也会准备眼镜布以免在用餐时有所干扰；同时，还会额外赠送一些小礼物、水果等赠品，在等候时提供美甲、杂志、擦皮鞋等服务。

（五）吸引流量方式多样化

进入移动互联网时代，用户的消费路径和习惯发生了很大的变化，消费需求场景化，移动购物模式多样。内容、网红和场景成为吸引流量的新方式，如表 14－1 所示。

表 14－1　　内容、网红和场景吸引流量的方式

类型	内容吸引流量	网红吸引流量	场景吸引流量
途径	优质内容吸引较多流量，内容推荐产生流量	网红的领导能力较强，因此社交媒体网红发挥作用，打造社群领袖、打造品牌声势	根据具体场景提供给消费者对应产品和服务，人群精准定位，买卖相关度提高，产生巨大销售量

资料来源：庄崇洋．新社群、新思维、新零售［M］．北京：清华大学出版社，2017.

（六）线上线下融合

O2O 最初被理解为从线上（Online）到线下（Offline），这显然是片面的。当前来看，这种连接融合不仅包含实体零售对接线上电商的迫切需求，也包括了电商企业对接线下实体的诉求。

线上线下各有优点和缺点。(1) 线上传播比较快，适合做活动宣传促销。但是目前线上商家大多数通过购买流量的方式去获得用户转化，成本非常高。但是如果能通过微信、微博和移动客户端等社交工具构建社群等社交方式，通过产品内容化和用户自带流量的传播，是一种低成本的营销模式。(2) 线下实体店购买和退换货不便。(3) 线下商家与线上电商的服务态度差距大，原因之一是由于电商平台的规则制度严格，促进商家端正服务态度。而线下实体店的管理模式各异且不规范，导致用户购买和退换货体验没有线上的好。当然，线下的优势也不可替代，如消费者可以现场触摸到产品，感受到产品的材质、味道等，现场体验和互动交流也会更加通畅。

科技发展带来的移动化趋势为这种连接融合提供了可能，连接代表移动技术，包括移动智能终端和 App。比如微信推出的小程序应用，不用下载安装就可以跨平台使用，真正体现了“连接无处不在”和“触手可及”的理想，一些国外媒体也因此将微信视为能够连接一切的 App，小程序在很大程度上会推动 O2O 的发展，推动零售业升级。

新零售初级阶段要淡化线上线下的概念，优缺点互补，提升商家和消费者的效率，从而使得商家降低运营成本，用户减少生活成本。中后期做到线上线下完全融合，没有电商和实体店之分，从而保留新零售这个全新的业态。未来，通过大数据和新技术，新零售势必实现线上线下全方位一体化，如会员一体化、营销一体化、商品一体化、仓储一体化、物流一体化、技术一体化等。

（七）跨界融合全渠道

以消费者为中心，由供应链条和生态圈所构成的全渠道零售，融入其他业态，让消费者参与产品的设计开发，并提供体验类产品和增值服务，这是未来零售业的发展趋势之一。如在 Fooby 平台上，厨师、美食博主以及烹饪爱好者可以文本、图片或视频等多种形式分享美食及烹饪方法，并且大部分的推荐食谱都可 20 分钟之内把菜做好。平台除了为用户开通智能搜索、烹饪学习、灵感获取和收集食谱等功能外，还与 Coop 旗下在线购物平台 Coop@ Home 无缝对接，食谱中所需食材、调料等可一键添加到购物车，方便购买。以前人们支出的多数用于购买商品，而如今人们更多的支出用于购买服务。因此，无论是线上商家还是线下零售实体，加速变革和创新尝试，直面消费者需求的转变，跨界整合营销，介入价值链上下游，提供最佳的用户体验，是迎接新消费者和未来主流消费的最好办法。

（八）智能物流

过去物流的做法是品牌商把产品运到各个区域仓库，然后层层往下分派到门店。在新零售下，既要根据门店的销售状况精准派送，也有消费者直接向品牌商下单，是一种自下而上的逆向物流，对物流体系是非常大的考验。

物流的本质不仅仅是比谁做得更快，而是要消灭库存，让库存管理得更好，让企业库存降到零。这就需要智慧物流系统，能做到订单的智能预测、补货、翻单和定价，才能使营销更精准，商品周转率更低。

四、新零售的商业模式

零售企业之间的竞争，不是产品之间的竞争，而是商业模式之间的竞争。在新零售时代，企业要以多角度的思考方式，提高认知力，形成对竞争对手的降维打击。

（一）个性化消费场景+数据赋能

零售企业打造个性化消费场景和用数据赋能，是新零售升维体验商业模式的典型之一，模式代表企业有：转型后的素型生活馆、宏图 Brookstone、良品铺子、王府井百货等。

个性化消费场景店面打造突破原有的千店一面的风格，形成千店千面的风格，让店面的风格在视觉上有质感，灯光和主色调有个性。店内陈列会直接影响顾客的停留时间，零售实体店应对此加以重视，在店面装修后升级零售道具，如更新货架、柜台等。此外，还要结合店面的经营情况，定期对商品展示、品类搭配进行调整，让商品陈列具有层次感。

数据赋能是大数据决定供给。实体店采购完全依靠大数据，实体店一般选择与阿里等大型线上企业合作，在开店之前，首先根据阿里大数据，包括淘品牌的消费排名、关联销售等，对购物中心方圆五公里的用户数据进行调取，对消费偏向、消费属性的特征进行了分析和需求整理，以此确定店铺的商品结构、价格带、陈列以及店铺的选品。

这一模式中，零售企业利用消费场景作为端口导入用户吸引流量，再通过云端数据赋能更加精准地满足用户诉求，并实现再次的精准推荐，促成二次和多次交易，同时，基于消费画像的精准服务业增加了终端的吸引力。

（二）消费场景+会员营销

这种商业模式是零售企业利用消费场景作为端口导入用户吸引流量，再通过会员营销做好优质的社群服务，维护客户关系，促成二次购买和多次购买，甚至是唯一购买，有数据显示，开发新客户的成本是维护老客户成本的六倍，因此维系好客户关系也能促进成本效率的快速提升。

在内部运行的逻辑上，消费场景的价值主张通过打造好的场景体验和优质的服务体验，与用户尤其是重视用户之间建立一种亲密的朋友圈的客户关系，提高用户的满意度。会员营销的核心资源是流量价值，维护会员关系，建立起消费者的信任，增强客户黏性。

【精彩案例】

宜　家

首先，打造“门店就是家”的生活化场景。为消费者提供功能齐全、设计精良、物美价廉的商品，尽可能满足消费者情感和心理需求，把体验式营销做到了极致，把门店打造成了家。这种生活化场景体现在以下三个方面，第一是宜家增加了食物区，不仅吸引了客流，而且为顾客创造购物与休闲的新体会。第二是宜家商品质量款式看得见、摸得着，消费者在卖场可自行体验，并且开设了 VR 体验馆，可以让消费者体验厨房产品布局。第三是专设儿童乐园，带动全家消费。

其次，从会员到粉丝。消费者教育就是通过一定的手段，将公司、产品、服务、政策、策略等期望消费者了解的信息传播给消费者，并获得认同的过程。宜家通过消费者教育，把会员发展为粉丝，让宜家销量的 40% ~50% 都来自会员。

最后，价值感传递，获取认同感。宜家崇尚环保和低碳，家居用品很多都体现了当前社会发展的潮流，商品附带有标签，里面详细地记录了产品的材料、产地、保存和清洁方法等。这一理念很好地迎合了消费者追求健康环保的需求。

资料来源：搜狐网．宜家家居的商业模式解析［EB/OL］.［2022 -06 -09］. https：//business. sohu. com/a/555718782_120698047.

（三）数据赋能+会员营销

前端的价值主张通过打造综合的服务平台，提供高效的撮合交易服务，与用户之间建立一种忠诚的关系，如此客户关系也使得平台运行更加顺畅和低成本。后端的核心资源则围绕着会员和数据，持续地优化算法，不断提升平台服务能力，用流量和算法资源整合供应商，并发展广告商。

在前端与后端之间的逻辑上，主要是“核心资源—重要伙伴—价值主张—客户关系—收益获取”的逻辑链条，基于资源打造平台，整合合作方来繁荣平台，形成多功能综合服务平台价值主张，以此形成于用户之间的忠诚关系。平台模式是一种基于价值创造、价值传递和价值实现的商业逻辑。

该类型商业模式本质上是从算法和会员两个维度上发力，打造平台来提供升维的用户体验，形成“会员营销 + 数据赋能”的升维商业模式，拼多多、百度糯米是这类型的新零售商业模式。

（四）消费场景 + 数据赋能 + 会员营销

零售企业利用消费场景获取流量并提供体验，通过会员营销做好服务发展自己的粉丝社群，再基于获取的数据为终端建设和会员服务赋能，做好精准营销。体验层层叠加，为用户提供三位一体的极致服务。

在前端和后端之间的逻辑上，主要是“核心资源—价值主张—客户关系—收益获取”的链条，利用自身强大的核心资源，形成三位一体的价值主张，建立用户之间的亲密关系。这种商业模式对自身能力要求高，成本构成上投入大，一般都是由具有深厚基础的大型零售企业完成转型。

该类型商业模式本质上是终端、算法和会员三个维度上发力，形成“消费场景 + 会员营销 + 数据赋能”的三位一体的升维商业模式，打造一种极致的体验。

【精彩案例】

盒 马 鲜 生

（1）一站式的消费者场景。

盒马鲜生集“生鲜超市 + 餐饮体验 + 线上业务仓储”三大功能为一体，业务模式是“电商 + 线下超市、餐饮”的结合体。其内部称之为“一点二仓五个中心”，即一个门店，前端为消费区，后端为仓储配送区，五个中心分为超市中心、餐饮中心、物流中心、体验中心以及粉丝运营中心。实行线上线下一体化运营，线下侧重体验，线上侧重交易，围绕门店 3 公里范围，构建起 30 分钟送达的冷链物流体系。

（2）线下业务：生鲜超市 + 餐饮体验。

线下门店基于场景定位，围绕吃构建商品品类，以消费者复购率极高的生鲜类产品为切入口，辅助标准化的食品，同时提供大量可以直接食用的成品、半成品等差异化商品，满足消费者对于吃的一切需求。餐饮不单单是体验中心，更带来了流量，增加了消费黏性。凭借加工能力，盒马可以为顾客提供大量半成品与成品生鲜，也丰富了互联网销售的品类，实现了“生熟联动和熟生联动”。

（3）线上业务：餐饮外卖 + 生鲜配送。

线上业务端口为盒马 App，App 分为盒马外卖与盒马鲜生两个模块。盒马外卖主打专业餐饮外卖，盒马鲜生主打生鲜配送。生鲜是盒马的主打特色产品，生鲜占比大幅高于传统超市，生鲜区域面积在一半左右，品类齐全，中高端品类如波士顿龙虾、帝王蟹等占比高，休闲食品和日用品占比较少。盒马外卖区别于传统外卖形态，盒马外卖定位专业外卖服务，不提供堂食。盒马外卖目前在上海有陆家嘴、人民广场等 10 家厨房，在北京三里屯等已经有 4 家厨房，立足于各大 CBD，目标客户为白领阶层。

通过电子价签等新技术手段，可以保证线上与线下同品同价，通过门店自动化物流设备保证门店分拣效率，最终保证顾客通过 App 下单后 3 公里内 30 分钟内送达。以蔬果生鲜为主，所有商品均由店员从店内的销售柜台上选取，不会对门店消费区域进行干扰，更不会影响客户的线下体验。通过线上线下的融合，盒马鲜生实现了商品、价格、营销、会员的四个统一，及线上线下的相互引流，创造出 1 +1 >2 的化学反应，带来单位坪效、人均效率及供应链效率的同步提升。

（4）新技术运用提升体验。

店面运用了大量新技术，旨在提升用户体验，自动化分拣及智能物流系统、电子标签等。几乎所有商品都已经使用电子价签，电子价签的画质看起来像迷你版 Kindle，主要提供了品名、价格、单位、规格、等级、产地等传统纸质价签提供的商品信息及对应条形码，还可以通过 App 扫描了解产品信息并加入移动端购物车。盒马主打水产、蔬菜、瓜果等生鲜产品，生鲜是一个价格变动相对频繁的品类。使用了电子价签之后，店员只需要在后台更新价格，便能完成盒马 App 和实体店内商品的同时变价。从顾客消费体验来说，电子标签也有较大价值：一是顾客能通过盒马 App 扫描条形码，快速获取详细的商品信息、线上评价等，帮助其更好地做出消费决策，提升购物体验，增强顾客黏性。二是通过 App 记录线下顾客扫描的商品种类、频率，以及最后的购买行为等，亦可产生大量用户的行为数据，供盒马鲜生分析顾客消费习惯和偏好，从而提升商品选货能力和精准营销能力。

资料来源：腾讯网．阿里的变革：从“场货人”到“人货场”［EB/OL］．［2021－08－27］．https：//new. qq. com/rain/a/20210827A073VI00.

五、新零售的主要类型

新零售包含全渠道零售、数字零售、科技零售、社交新零售四部分，将在后四节详细介绍。

（一）全渠道零售

全渠道零售指的是以满足消费者碎片化、个性化、多元化的消费诉求为核心导向，零售企业将线下实体渠道、线上 PC 渠道和移动端渠道进行高效整合，以实现为顾客多场景消费提供优质产品或服务以及无差别购买体验的终极目标。

（二）数字零售

在数字化零售生态中，消费者的消费行为均被数据化记录，进而通过人工智能技术，对消费者的行为数据进行分析，实现对消费者需求行为的预测，最终更好地满足消费者需求。这种由数字化技术推动消费需求升级的零售模式，称为数字零售。目前，数字零售已被视为新零售的下一个发展阶段。

（三）科技零售

科技零售就是将科技和零售进行深度结合，通过挖掘数据和应用技术，赋能零售、供应链，让前端的门店提高效率，降低成本，提升用户体验。

（四）社交新零售

社交新零售以人为中心，借助社交工具产生的经营行为。社交新零售是社交与新零售的结合体，因此社交新零售不仅包括新零售的定义，还包括新增的运用社交渠道进行的推广与销售。人代表了流量，社交成为了交易的前提，通过社交平台，零售商与用户之间迅速产生关联。

第二节　全渠道零售

一、全渠道零售的概念与特征

（一）全渠道零售概念

全渠道零售指的是零售企业以满足消费者碎片化、个性化、多元化的消费诉求为核心导向，将线下实体渠道、线上 PC 渠道和移动端渠道进行高效整合，为顾客多场景消费提供优质产品或服务以及无差别购买体验的一种新零售模式（王先庆和彭雷清，2018）。

概念中的“渠道”，是指商家与消费者之间接触的触点，随着互联网应用逐渐普及，可供商家选择的渠道逐渐增多。具体来说：

实体渠道指的是实体自营店、电子货架、异业联盟等；线上 PC 渠道指的是自建官方 B2C 商城、进驻电子商务平台如淘宝店、天猫店、京东店、苏宁店、亚马逊店等；移动端渠道指的是自建官方手机商城，自建 App 商城、进驻移动商务平台如微淘店等。

（二）全渠道零售的特征

立足于全渠道零售模式所涉及的有消费者、零售商、供应商三大主体，全渠道零售的特征为以用户需求为中心、去中心化、全渠道运营。

1. 以用户需求为中心

随着移动互联网商业的迅猛发展和社交媒体平台的普及，零售业正式进入了消费者主权时代，消费行为完成了从购买驱动到体验驱动的转变。相较于产品经济时代下，消费者对于商品质量、数量、价格的重点关注，如今则更关心多样化产品体验过程中显现的个性化优势。

（1）多维触点，拓宽消费者的渠道链接。

全渠道零售实现了用户触点的多维化。潜在用户所在地即触点所在地。如，用户喜欢逛街，连接点在店面和商场；用户喜欢逛网络商城，连接点在京东、淘宝等电商平台；用户喜欢看短视频、直播，连接点在快手、抖音等短视频直播平台。消费者的渠道连接被拓宽后，其可以接受的企业营销和服务信息的范围变得更广，且频率更高。更多的顾客触点和更方便的购物旅程和体验，有助于提高顾客的购买频率和购买价值。

（2）高度关注售前、售中及售后的购物全流程服务。

从销售服务的角度来说，实物商品只是其中一部分，围绕着实物商品展开的各种服务都应该是零售商提供的商品，“体验经济时代”要重视全流程服务。比如家电的上门安装、食材的烹饪指导、自助查询、网络预约、送货上门等。更多增值服务和定制化服务的提供提高了用户的满意水平，促进顾客与企业间的长期顾客关系的维持。

2. 去中心化

（1）零售场景去中心化。

在以往传统的中心化零售场景中，无论是线下门店，还是线上电商，商品都固定在一个地方，可能是橱窗或宝贝详情页，等待消费者前来购买，为“人找货”。全渠道零售对于“人、货、场”进行了彻底重构，货找人的逻辑由此形成，它可以通过微信社群，或者是抖音短视频等，完成用户触达，实现零售场景的去中心化。

（2）货物渠道去中心化。

汇聚大量用户转化为销售量时，若一味希望把用户拉回到原本经营的场中完成交易，会破坏用户体验，降低转化率。因而最理想高效的方式是实现货物渠道的去中心化，将货物能铺到对应渠道里，直接促成购买行为。如快手用户购买京东商品，不需要跳回京东 App，而是直接在快手小店里完成交易。这增强了用户体验，也体现了京东管理者战略思维的升级。

3. 全渠道运营

全渠道零售下，打破了供应链各环节间的藩篱，实现了采购供应、库存管理、物流配送、信息化体系建设、智慧营销等的高效一体化，为消费者打造了一个更有趣、消费体验直线上升的场景式消费过程，借此完成从交易、服务、物流到互动的闭环。降低了商家成本的同时，提高了零售行业的整体效率。

二、全渠道零售的发展历程

就我国而言，零售渠道从传统的线下商超逐渐发展到淘宝、京东等大型综合电商平台，再到各类垂直电商和移动分销电商，进而通过与仓储物流的有效结合打通线上线下，实现了全渠道零售。具体来看，零售业的渠道演化主要包括以下三个阶段。

（一）单渠道零售（1990 ~ 1999 年）

零售商以单一渠道方式进行销售的模式。主要包括坐店经营的实体店购物模式以及线上的电子商务购物模式。超市等传统实体店、单一 B2C 网站、电视购物、邮购均可构成渠道方。此阶段，由于交通能力的限制、门店租金以及人力成本的不断上升，零售企业的盈利能力开始下滑，渠道单一成为限制零售业发展的痛点。

（二）多渠道零售（2000 ~ 2011 年）

零售商以实体店 + 网店等两种或两种以上的完整零售渠道销售的模式。如零售企业，立足于传统实体店的同时，打开 B2C 网站购物、微店购物等多种渠道。渠道的增多带来了市场范围的扩大，零售商集聚了线上、线下两方面的流量，实现了市场交易额的大幅增长。但是由于各个渠道之间的管理体系与供应体系分离，企业的成本大幅增加，并未实现高效结合；与此同时，多渠道提供给消费者的差别化的服务以及价格，给企业的形象造成了不利的影响。

（三）全渠道零售（2012 年至今）

零售商通过整合各渠道资源，为客户营造购物、娱乐和社交的综合体验过程的模式。在多媒体时代，顾客通过各种社交媒体自由的选择终端，在营销方面占据了主导地位。从消费者角度来说，全渠道就是消费者在 A 渠道选择商品，在 B 渠道触摸、感受、比较商品，在 C 渠道下单支付；从零售商的渠道来讲，全渠道销售就是以多渠道为基础，所有渠道进一步融合，前台系统、后台系统实现一体化，客流、资金流、信息流、店流在各个渠道间自由流通，与社交媒体相结合，让消费者获得无缝化的体验。

三、全渠道零售的实施路径——供应链一体化

移动互联网的高速发展给我国的传统零售企业带来了巨大压力，在全球经济持续低迷的市场情况下，传统零售业开始向线上发展，探寻线上线下高效融合的 O2O 模式，其整合了线上、线下商品的信息，使得线上虚拟体验变成了线下真实的场景服务，满足了消费者的需求，毋庸置疑实现了流量的汇聚，但并未带来商品利润率、购买率的实质提升。从根本上来看，是由于零售企业在经营策略方面，过于注重表面数字化业务规模的增长，而忽视了内在供应链一体化所带来效益与竞争力。

（一）供应链体系中心位置——零售商

在传统模式下，制造商位于零售行业供应链体系的中心位置，供应链间各个部分机械地联系在一起，具体表现为：上游制造商立足于自身对市场情况的认识与判断，进行产品的生产；中游渠道商通过向制造商下达渠道订单，开展商品的中转活动；下游零售商则向中游渠道商进行商品采购，并实现商品的销售目标。在此过程中，各部门独自开展经营活动，并未实现高效协同。

如今，全渠道代替了传统的渠道经营模式，消费者掌握了更多的主动权，进入了“体验经济”时代。零售商作为商品流通过程的最后一环，拥有感知消费者需求变化的特有优势，因此，零售商取代了制造商，成为了供应链体系中的核心。为了开展全渠道零售运营，零售企业必须重视供应链的打造，建设全渠道供应链。

（二）供应链体系变革方向

相较于各环节相互分离的传统供应链分散体系，全渠道供应链则注重链系的整合。具体表现为：下游零售商与上游制造商开展长期合作，经由实体店、网

店、移动商店、社交平台进行的产品销售过程，对企业经营产生的商品、资金等数据信息进行统计与分析，根据企业掌握的消费者需求，对产品生产、设计、销售、物流配送各个环节进行优化，在发展过程中逐渐形成完整链条，链条上各个环节相互衔接，共同满足消费者在产品、服务、社交、娱乐方面的需求。

1. 供应链前端——需求管理

智能手机与移动互联网使各渠道之间的界限变得越发模糊，为消费者带来良好服务体验是零售商在消费者主权时代赢得竞争的关键所在。无论是线上渠道，还是线下渠道，零售企业都需要充分满足用户需求，并根据用户需求来制定供应链管理策略。这要求企业在日常运营过程中，要通过与购买者的互动交流精准把控需求，并挖掘消费者的潜在需求信息以及潜藏商业价值。

（1）多维触点，获取消费者信息。

大数据时代，有效管理消费者需求的第一步是用户画像。首先应从静态和动态两个角度来进行消费者信息的搜集，静态如年龄、性别等，动态则指的是用户浏览网页、搜索商品、售后互动等实时行为数据，之后对所搜集到的数据进行分类，并贴上相应的标签及指数，其中标签表示用户的兴趣、偏好、需求等，指数则用来表示用户的兴趣程度、需求程度、购买概率等。立足于上述信息，最终对用户的个体概况、消费能力、消费习惯、消费喜好、消费内容、消费层次、消费渠道、消费频率等进行多维角度的建模，得到用户画像，并建立消费者全景数据库。

（2）精准化、个性化、定制化营销。

通过消费者全景数据库，商家可以有效识别消费者的个性化需求，进而开展精准营销。首先要分析样本用户属性，进行样本分类，从中找出忠实用户、核心用户、目标用户与潜在用户，借助用户画像，为不同类型、不同画像的用户匹配不同的需求信息，精准推送营销广告信息和服务信息。此外，还要关注消费者全景库的反馈优化，在营销信息推送后，收集、分析关于营销效果的反馈信息，并及时做出调整、优化，修正营销偏差，使营销工作更加精准、高效。如一位一直很喜欢购买碳酸饮料的30岁女性，在最近几次购物中突然购买了叶酸，此时商家可以考虑该女性是否有怀孕的可能性，就需要相应地调整营销方案，增加孕期产品，甚至提前向其推荐婴幼儿奶粉。

（3）持续深度互动的渠道：大数据会员管理。

基于大数据的CRM会员管理系统，通过支付即成会员、会员客户分层级、分级别、分属性的管理，做到信息分类推送，线上卡券派发、线下屏幕广告、DSP直投等多维度、多方式的个性化营销手段，实现对目标消费者的精准触达，为其呈现出他们最想要的产品、服务及优惠信息，激起兴趣，引流到店，促进购买。这有助于商家在第一时间获取消费者信息，培养消费者的忠诚度，稳定核心消费群体，加强商家同会员之间的密切互动。

2. 供应链中端——采购供应与库存管理

（1）采购供应管理。

全渠道零售中采购供应管理重点在于与上游制造商之间建立高效协同的联系。目前部分零售企业已经打造出了与优质制造商合作的协同供应链体系，并发展出了 OEM、ODM、反向定制、买断包销等各种采购及供应模式（见表 14 -2）。

表 14 -2 主要采购及供应模式

主要采购及供应模式	特点	典例
OEM	委托制造、贴牌生产	海信
ODM	委托设计	网易“严选”
反向定制	按需定制	京东“国民家居”
买断包销	以优惠价格批量采购	北京现代

多渠道用户需求的汇集扩大了零售商的采购规模，使得低成本采购成为可能，并且零售企业集中处理大规模订单的仓储物流环节，降低了运营风险。

（2）智能库存管理。

在传统零售的库存管理中，零售商发现：顾客需要的热销商品时常备货不足、无法供应，而顾客不需要的商品则周转缓慢，回款较慢，还会占用资金，积压库存。在全渠道零售模式中，库存优化将围绕多渠道库存共享，以实现立体化上下游协同管理。

不同渠道的商品被集中到同一仓内系统，当消费者在 A 渠道下单后，后台系统将根据消费者所处位置调拨附近门店中的配送人员为其送货上门，或者是邀请其去门店体验产品并取货，库存系统中商品数量会实现及时更新。除此之外，在全渠道供应链中，通过了解每种商品在何种渠道被卖给了消费者，进而对前端销售预测、补货策略、库存分布等流通大数据进行分析，可以提高整个供应链的响应能力，带给消费者优质的购物体验。

特别注意：我国幅员辽阔，不同地区有不同的市场行情，以及不同的管理、信息分析能力，同时物流环节的完善程度也各不相同，这些因素对各渠道商之间共享库存存在不同的牵涉。

3. 供应链末端——物流配送优化与变革

零售产业的持续稳定发展，离不开物流的强有力支撑。在全渠道零售模式的供应链管理中，物流配送环节也需要做出优化调整。

（1）整合物流需求，合理配置物流资源。

零售商可以利用大数据技术，将运营过程中各个渠道中的用户数据整合起来，并存储到数据库中。通过对数据库中的用户数据进行分析，帮助企业更加合理地调整产能以及不同地区的库存，同时更合理地配置物流资源，从而有效降低物流成本，提升消费者的物流服务体验。如非畅销品类被存储在各个区域的仓储中心；而畅销品类则被存储在末端分仓，从而有效提升产品的流通效率。

（2）整合物流资源，解决“最后一公里”问题。

零售商必须对自身的物流资源进行高度整合，不但要对运力资源进行整合，更要对信息系统进行整合。国美和海尔旗下日日顺物流的资源整合是很好的典例，国美在全国范围内拥有超过1600家线下门店以及覆盖县级以上城市的自有物流配送网络；日日鲜则在全国范围内拥有超过2800个物流配送站及17000多家服务商网点，二者的结合，扩大了其在三四线城市物流市场的占有率，能够很好地解决“最后一公里”配送问题。

四、全渠道零售发展趋势

近几年，我国零售企业发生巨大变革，电商尤其是移动电商给零售企业带来了强烈的冲击，从实体零售与电子商务的投资成本分析，虽然实体零售在供应链方面会有一定的优势，但是需要较高的租金和人力成本；对于电子商务来说，不用考虑门店租金、人力成本也比较小，但需要投入大量的资源引流、拉新，提高用户转换率。因而企业需要将电子商务与传统零售进行融合，通过二者的优势互补，来为消费者提供最为优质的产品和服务。从发展趋势上来看，实体企业加速O2O转型策略以及O2M策略是未来的发展方向。

（一）实体企业加速O2O转型策略

O2O全渠道零售指的是企业为满足消费者随时随地购物的需求，将线下实体渠道、线上PC渠道和移动端渠道进行高效整合来销售产品和服务，让顾客享受到无差异购物体验的一种零售模式。此模式由来已久，但实体企业的转型速度十分缓慢，影响了全渠道运营的开展，现阶段实体店转型有以下方向：

1. 合理布局，制订科学转型方案

在O2O转型过程中，切忌盲从。资金雄厚的大型零售企业可以采取自营方式，自建电商平台，构建线上线下闭环；中小企业可以选择入驻第三方平台，将重点放在线上流量领域，以线上流量为线下引流。

2. 拓展触点，选择合适发展方向

实体零售企业可以借助电商平台、企业官网、社交媒体、视频网站、购物

App 等诸多渠道来引入更多流量，但是需要注意根据企业特点选择合适渠道，打造独属于自己的 O2O 全渠道零售战略。例如，步步高在经历 PC 电商、云猴 App 等多次失败之后，以跨境电商、生鲜电商为切入点成功构建起个性化 O2O 全渠道零售战略。

3. 分清主次，构建合理发展战略

实体零售商业整合线上、线下渠道，并耗费大笔资金之后，应牢牢抓住线下为主、线上为辅，线上为线下服务的战略。例如，优衣库、宜家等实体零售企业用互联网辅助线下销售，有效地增加了实体店的产品销量。

（二）O2M 布局策略

O2M 是线下实体店、线上电商与移动终端共同形成的组合式运营移动电商新模式，尽管 Online 与 Offline 重叠度只有 10%，但是 Offline 客户群与移动客户群的重叠度至少有 60%，Online 客户群与移动客户群的重叠程度在 80% 以上。在移动订单和移动商店崛起的大背景下，O2M 战略通过“M”（mobile）实现互联网与线下实体店的互动，与全渠道零售更为契合。

O2M 全渠道部署要紧紧抓住以下两方面：第一，多渠道引流至移动商店：要把过去地面店或网店积累的会员流量和每天新到店顾客流量迁移为移动客户群；主战场不要放眼全国，要深挖本地市场，培养种子客户群和忠诚用户；第二，重视社交，发展粉丝经济：通过社交媒体，倾听消费者的想法，通过数字化收集消费者数据，将消费者连接，并参与其中，从货架销售逐渐向社交商务转型。

第三节 数字零售

一、数字零售的概念与特征

（一）数字零售的概念

改革开放的几十年间，我国的零售行业在实现高速发展的同时，也在不断进行自身的迭代升级。数字零售是指运用互联网技术，大数据、人工智能等先进技术手段赋能零售的各个环节，对商品的生产、流通与销售过程进行升级改造，重塑业态结构与生态圈，并对线上服务、线下体验以及现代物流进行深度融合。

随着获取网络流量的成本逐渐增加，自2016年起，我国的零售业态开始进入“线上+线下+物流”的新零售阶段。由马云对新零售的阐述可知，新零售的产生与发展并非是对线下实体零售业的竞争抗衡，而是在于对零售本质的回归。近年来，尽管各大电商平台在对直播带货、社区电商等新模式的探索中取得了较大突破，在销售额数据上也取得了一定增长，但其增速已明显放缓；种种转变意味着线上零售已正式告别高速增长时代，迎来存量竞争的时代。在线上零售扩张进程受阻的背景下，互联网电商平台开始积极谋求数字化转型，在过去技术积累的基础上，通过人、货、场的重新解构，对消费者需求进行更深入的挖掘，以期更全面深入满足消费者需求。在这个过程中，各大平台依托云计算、人工智能、物联网等日臻成熟的数字化技术，为零售发展提供驱动力，实现线上+线下的深度融合，实现线下实体零售店面销售行为的数字化转型；与此同时，零售供应链上的各个环节也陆续完成数字化改造，实现零售供应链内生产、分配、流通、销售行为的数字化记录；在此基础上，数字化零售生态得以建立。在数字化零售生态中，消费者的消费行为均被数据化记录，进而通过人工智能技术，对消费者的行为数据进行分析，实现对消费者需求行为的预测，最终更好地满足消费者需求。总之，数字零售就是由数字化技术推动消费需求升级的零售模式。目前，数字零售已被视为新零售的下一个发展阶段。

（二）数字零售的特征

作为零售业发展的主要趋势之一，数字零售的概念一经提出便在理论界和实践界引起关注，得到了政策的大力支持；2020年新冠疫情的暴发，使线下零售经历巨大打击的同时，也给“线上+线下”融合发展的数字化零售带来了新的发展机会。在快速发展过程中，数字零售呈现出一些有别于传统零售模式的新特点，具体表现为：

1. 信息透明化

在商品信息不普及的时代，传统零售业可凭借掌握的信息差，实现针对不同消费者群体的差异化定价，从而实现自身利益的最大化。随着新零售尤其是数字零售的不断发展，商品信息得到普及，传统零售的信息优势日益流失。当前，商品信息已实现高度透明化，传统零售依靠信息差牟利的模式难以为继。在数字零售的冲击下，线下传统零售门店的定价呈下降趋势，并逐步与线上零售的价格相持平，传统零售的价格优势不复存在。与此同时，数字零售“线上+线下”模式的深入融合发展，也给线下零售带来了新的机会。依托数字技术，线上零售一方面对线下零售的定价发挥了指导作用，另一方面也通过大数据实现了对实体门店进行引流；而线下零售凭借实体门店的服务优势，弥补了线上零售体验式消费的不足，二者相互促进，实现协同发展。

2. 管理高效化

线上零售最初兴起时，曾经历了若干年大把烧钱、野蛮扩张的高速增长时期。如今，各大电商零售平台已经完成跑马圈地，国家相关政策也日臻完善。伴随着用户规模的稳定和平台流量的触顶，线上零售的扩张空间已所剩无几，零售业态开始转向以技术为驱动、“线上＋线下”融合发展的数字零售阶段，大把砸钱、野蛮扩张的时代正式宣告终结。在当前阶段，零售业态的数字化转型，更多的是考验商家在新模式下运营效率的提升，尤其是数字化管理能力的提升。如何更好地整合新兴数字化技术，将技术进步转变为对人货场进行重新架构的驱动力以及对大数据的整合能力，成为数字零售新模式对零售业态管理能力的新要求、新挑战。

3. 营销多元化

近年来，在线上零售的冲击下，实体店铺的生存空间受到挤压；尤其是新冠疫情的暴发，使部分实体店铺的运营更加难以为继，商品流通出现较大缺口。在新冠疫情持续蔓延的背景下，“线上＋线下”的数字零售新模式在营销方式上进行了积极的探索，引入了直播带货、社区团购等多元化的新型营销方式。一方面，借助这些新型营销方式，数字零售更好地填补了当前实体零售在销售端的缺口，保证了商品流通的正常进行，维护了商品资源的合理分配；另一方面，当前消费者的消费心理已发生较大改变，消费者需求愈发趋向个性化、多元化，因此长期来看，直播带货、社区团购等营销新方式符合零售发展的长期趋势，将成为数字零售新模式中不可或缺的内容。

4. 消费理性化

随着网络零售高速扩张热潮的退去，消费者的消费行为也开始发生变化。近年来，居民生活水平的不断改善，使消费者的消费决策更加趋于理性化。相比于早年间对于低价的追逐，当前消费者对商品质量的要求不断提高，零售商的信誉水平得到前所未有的关注；与此同时，数字零售的发展使价格信息日趋透明化，有助于消费者做出性价比最高的消费决策，消费者的消费心理逐渐趋于理性化。

5. 重构人货场

零售业发展在很长一段时间内，都存在线上零售与线下零售在功能上的割裂，这进一步导致了人货场结构的失衡。传统的线上电商仅依靠平面化的图文向消费者传递商品信息，消费者线下体验存在缺失；而线下商铺虽然在体验式消费方面具有优势，但往往难以实现合理配货，以至于经营成本过高。当前，在数字化技术驱动的数字零售新模式下，人货场的重构得以实现。在数字化零售生态中，可以通过云计算、人工智能、物联网等新技术对消费者的消费行为进行大数据分析，从而对消费行为做出预测，最终实现根据消费者的需求进行合理供货。随着数字零售“线上 + 线下 + 物流”的深度结合，零售需求端的大数据对制造业的反馈指导作用日益凸显；而数字零售所带来的价格和供应链的高度透明化，则更加巩固了零售活动中消费者在商品上的主导权。传统电商的 B2C 模式逐渐向数字零售的 C2B 模式发生逆转。

二、数字零售的发展历程

随着数字化技术在新零售中的广泛应用，零售业的数字化进程早已不再局限于线上零售平台，而是深入到线下零售业的数字化转型中。数字化零售所谓的“线上 + 线下”融合式发展，实质上就是充分利用两个模式、两种资源，将虚拟消费场景与现实消费场景进行深度融合，实现“虚拟 + 现实”两种模式融合下资源利用的最大化。随着数字化技术的不断发展和零售业数字化进程的持续推进，对于大数据的积累分析能力以及大数据对供应链的反馈指导能力，逐渐成为了决定零售企业发展状况的重要因素。

纵观零售业的发展历程，可以看出数字化在零售活动中的重要程度不断提高。按照零售业的数字化程度，可将零售业的发展分为以下几个阶段：

（1）传统零售阶段：电子商务兴起前的纯零售时代；

（2）网络零售阶段：以 2003 年淘宝网的创立为标志，电子商务开始兴起；

（3）新零售阶段：2016 年，马云认为纯电商时代即将结束，零售业将进入“线上 + 线下 + 物流”的新零售时代；

（4）数字零售阶段：2020 年暴发的新冠疫情，催生了由数字化技术推动消费需求升级的数字零售模式；目前，数字零售已成为新零售的下一个发展阶段。

在数字零售阶段，涵盖整个零售供应链内消费者所有需求行为数据的数字零售生态得以建立。数字零售生态的主要功能在于将消费者的所有行为进行数据化，进而对消费者的需求进行合理预测。在这个过程中，零售企业在积累需求端的消费者大数据、进行供应链资源的整合等方面发挥了重要作用。

三、数字零售发展面临的问题

受到中美贸易摩擦不断升级、新冠疫情持续蔓延、全球经济复苏进程明显放缓等诸多因素的影响，在数字零售推动零售行业转型升级的过程中，也伴随着一些问题，可能对零售行业的长期健康发展产生不利影响。具体包括。

（一）平台垄断阻碍市场发展

随着数字化进程的不断推进，当前电子商务的发展红利已呈现消失迹象，线上零售行业的竞争日趋激烈。在网络零售布局中，已具有垄断优势的头部平台往往滥用其市场支配地位，通过不平等竞争来抢占市场份额。从 2013 年腾讯公司与 360 公司互诉对方迫使终端用户二选一的不正当竞争案，到持续数年之久的京东诉天猫借商户“二选一”滥用市场支配地位纠纷案，头部电商平台“二选一”的风气一直屡禁不止。随着线上线下融合发展的不断深入，线上平台的不正当竞争对线下零售的生态也产生了一定影响，从而进一步干扰了消费者决策。种种不正当竞争行为，对公平有序的市场环境产生了严重破坏，均涉嫌违反相关法律法规。对此，政府应加大介入力度，依法整顿相关平台的垄断行为。

【精彩案例】

腾讯诉 360 不正当竞争案

2011 年 4 月 25 日，腾讯诉 360 不正当竞争案宣判，广东高院宣布，被告奇虎公司构成不正当竞争，但原告腾讯公司要求赔偿的 1.25 亿元人民币经济损失缺乏足够依据。具体判决如下：①奇虎公司被要求赔偿 500 万元；②奇虎公司要连续 15 日在其网站首页上和其他媒体的显著位置上刊登赔礼道歉；③驳回腾讯公司其他诉讼请求；④666800 元的诉讼费用由腾讯公司负担 166800 元，奇虎公司承担 50 万元。

本案是首例在不正当竞争案件中涉及用户隐私保护的案件，是中国互联网发展史上重大的社会实践，也是中国反不正当竞争法司法实践最经典的案例之一。法院通过对该案的审理，确定了安全类软件商业言论的正当边界，同时也明确了当事人有权依法维护自己在网络经营中的合法权益，但不可以对他人的经营行为轻易地作出非法评判，否则就可能构成法律所禁止的不正当竞争行为。判决通过对“360 隐私保护器”就 QQ 软件监测结果不当评论构成商业诋毁的认定，宣示了市场主体应遵循诚实信用的商业准则，维护市场正当合理的竞争秩序。对互联网不正当竞争案件的审理具有典型的示范意义。

资料来源：邓宏光，向前．不正当竞争一般条款在互联网案件中的适用 [EB/OL]. [2013-05-15]. http://rmfyb.chinacourt.org/paper/html/2013-05/15/content_63642.htm.

（二）信息冗杂造成资源浪费

多年来，为实现消费者引流和商品推广，线上零售业持续不断地产生了海量的信息，其中有相当一部分都属于对消费者无效甚至是虚假有害的无用信息。冗余的无用信息导致了信息过载的现象。这些无用的商品信息挤占了有限的网络资源，增加了消费者获取有效商品信息的难度和成本，干扰了消费者做出正确的消费决策，降低了线上零售和线下零售的运行效率，长期来看阻碍了零售业的持续健康发展。

（三）信息泄露侵犯用户隐私

传统零售模式的数字化范围较狭窄，数据的获取难度较大，因此消费者的个人隐私和行为数据较为安全。而当前，随着从上游供应链到下游消费者行为的全面数字化，大数据的滥用使得个人隐私和行为数据面临着泄漏的风险。与个人隐私泄露相关的另一个问题是大数据杀熟。现在，几乎手机上安装的每一个 App 都要求用户授予各种权限来收集用户数据，分析用户行为，从而进行用户画像，以便平台掌握用户的消费习惯和心理弱点，进行“大数据杀熟”。大数据杀熟涉嫌过度使用消费者隐私，侵犯消费者权益。越来越多的消费者开始质疑互联网平台和相关零售行业对此类数据的过度滥用。目前，网信办已明确禁止大数据杀熟，这是政府对互联网行业进行监管的最新举措。

（四）拒收现金涉嫌违法

随着数字零售的不断发展，支付宝、微信、苹果支付、闪付、刷脸支付、NFC 等各种无现金支付方式越来越多。移动电子支付的普及，给消费者和商家提供了很多便利。但零售终端的一些商家逐渐出现了拒收现金的现象。虽然大多数的消费者会使用电子支付，但人民币作为我国的法定货币，任何单位和个人不得拒收，否则将会触犯《中华人民共和国中国人民银行法》和《中华人民共和国人民币管理条例》。尤其对于老人、小孩、农民工等群体不方便使用电子支付的情况，商家拒收现金，实际上是在剥夺现金交易消费者的公平交易权，这是对现金交易消费者的歧视。《中华人民共和国反不正当竞争法》《中华人民共和国消费者权益保护法》等对拒收现金也有类似的规定。对于拒收现金的现象应给予进一步的规范，否则这一明显违法的行为必将阻碍零售行业健康持续发展。

四、数字零售的发展趋势

（一）以消费者为核心

当前消费者的需求日益趋向多元化及个性化，并更加注重对体验式消费的追求。基于消费者信息积累的大数据分析技术，通过汇总消费者在供应链上下游的所有行为信息，按照不同的消费习惯和消费特点对消费者进行分类汇总，达到对不同消费者的消费需求进行分析的效果。因此，数字零售将以消费者需求为核心，最大化地预测个体消费者的个性化需求，这将有助于线下零售商根据消费者的特点进行合理配货，满足消费者多元化的消费需求，强化线下零售的体验式消费优势，最终促进社会资源的合理配置和零售业的健康发展。

（二）融合线上线下优势

在新零售背景下，线上零售和线下零售各自呈现出不同的功能与优势。线上零售不仅突破了空间的限制，电子商务的模式在数字化上也具有天然优势；而线下零售凭借消费场景的多元化和支付方式的便利化，在发展体验式消费上也具有不可替代的优势。在“线上＋线下＋物流”的融合式发展过程中，以消费者为核心的大数据分析技术将对消费行为数据进行分析预测，一方面能够优化供应链上游的生产供应，另一方面能够针对消费者的需求趋势，合理安排供应链下游零售终端的配货销售。数字零售对这两种模式的不同优势进行整合，将进一步推动零售业整体的数字化转型。

（三）线上线下商品一致化

线上线下商品的一致化，既包含商品质量的一致性，也包括商品价格的趋同性。随着经济水平的提高，消费者对商品品质与零售平台的信誉水平愈加重视；线上线下零售商品质量的一致性，对提升消费体验、维护品牌形象、促进双线发展均具有重要意义。当前，线下零售正逐步降低定价，以应对线上零售的价格冲击。在数字零售发展的过程中，商品零售价格将逐渐趋于一致，有利于线下零售经营成本的降低和线上线下物流、商流、资金流、信息流的交汇融合。线下零售正逐步降低定价，以应对线上零售的价格冲击，线上线下的商品零售价格将逐渐趋同。

第四节 科技零售

一、科技零售的概念与特征

（一）科技零售的概念

科技是这个时代的趋势，科技零售就是将科技和零售进行深度结合，通过挖掘数据和应用技术，赋能零售、供应链，让前端的门店提高效率，降低成本，提升用户体验。当下的零售行业中，传统零售日渐式微，电子商务不断兴起，一系列新兴数字化技术不断冲击着我们对零售的原有认知。数字化零售的大背景使线上零售的优势得到持续的展示和发挥，而新零售又对“线上＋线下”零售的融合发展提出了新的要求，线下零售面临转型的问题。对于传统的线下零售来说，多年的行业发展经验和积攒的供应链资源亟须与线上零售进行整合。当前，传统线下零售行业已经开始出现向“线上＋线下”融合发展转型的趋势。对于零售企业而言，转型成功的关键是对消费者需求的洞察和满足，以及对于供应链的有效优化。但由于自身行业的特点，线下零售无论是对消费者需求的把握还是对供应链的优化，都存在较大阻力。为此，可以施行科技零售的战略。而是否足够重视大数据这个全新的领域，成为传统线下零售行业能否有效实施科技零售战略、实现转型成功的关键。

大数据在科技零售的发展过程中占据着十分重要的地位。在新零售背景下，不同消费群体的消费需求更趋向多元化、个性化，传统零售往往对消费者的需求了解不足，给线下零售的转型带来了负面影响。通过科技零售，可以更好地实现线下零售的数字化。大数据技术堪称科技零售的基础，线下零售必须重视基于数据的科技零售管理。通过大数据技术的应用，零售商可以更好地了解和满足消费者的需求，巩固在消费者心中的品牌力，构建起服务于零售业上下游的平台，最终形成完整的零售生态。

大数据还可以深入到供应链管理的各个领域，对各类运行设备进行监控，调整商品的物流状态，提高货物的完好率。在大数据这个全新的领域，传统零售和电子商务零售具有相近的技术基础，面临相同的发展机会；人工智能技术只有结合大数据的应用才能真正落地，大数据技术成为传统零售实施科技零售战略、实现快速转型的关键。

（二）科技零售的特征

1. 数字个性化

AI、大数据、云计算等技术层出不穷，科技零售将大大提高门店的管理效率、对客户的服务质量，有效降低门店运营成本，提高顾客的消费黏性和复购率。同时，人们从品质化消费升级到个性化消费，消费者不同偏好追求个性产品的特征愈发明显，品牌商或零售商需要有更加敏捷、可靠的方式洞察消费者，科技零售则让零售商或品牌商深度了解真实的顾客属性及行为，洞察消费者需求变化趋势，提供更受欢迎的产品和服务，实现“千人千面”的精准营销。

2. 跨界场景化

相比传统零售不同的是，科技零售不再单纯地售卖商品本身，而是改以售卖商品为主题，结合现代生活方式，利用其独特的经营理念以及场景化服务方式，实现客流量倍增。跨界、场景化的新零售体验更受消费者欢迎，同时它的实现需要所在城市或地区具有经济繁荣、技术进步、文化多元、服务完善、设施完备等特征，以确保为新零售的跨界和场景化商业研究提供必要技术条件。未来，随着全球化、数字化的发展，老字号、国际品牌将被分别赋予时尚、科技或传统、文化的跨界元素和符号，并通过场景化进行呈现。

3. 消费体验化

零售行业的发展将是不断贴近用户和连接用户的过程，零售业将回归零售的本质，也就是更高效地服务消费者。“以消费者体验为核心”，发挥新技术的“智慧”，创造全新消费体验，追求用户生命周期价值最大化将是未来的发展方向。消费者更多的是享受消费的体验过程，不论是线上还是线下。通过科技零售，门店将借助各种智能终端，VR/AR、人脸识别、智能镜、云端柜台等，将消费从结果性需求变成过程性需求，将商品和服务信息通过智能终端传达至消费者，提高消费者购物乐趣，提升品牌价值和顾客黏性。

4. 服务社区化

数字经济时代，社区作为民众的基本生活场所，将成为新零售布局的战略级消费市场，科技零售已拉开新零售抢占社区市场的大幕。数字化背景下的消费已跨越时空，借助物联网、智慧物流完成消费全流程。未来，人们最主要的生活空间将主要集中在社区，社区零售门店将基本满足社区居民的主要日常生活需求，而拥有智慧化终端设备设施，24 小时自助式服务、O2O 消费服务链，以及由此带来的最新科技、全时服务、全域消费等体验必将是现代社区居民对科技零售的需求，也是零售门店未来发展的主要趋势之一。

二、科技零售的发展历程

科技零售的发展主要经历了四个阶段。

第一阶段：2000 年之前，在这期间零售业经历了从百货商店为主到大宗商超、快捷便利、高端购物等多种零售实体快速崛起的发展过程。

第二阶段：2000 ~ 2015 年，以天猫、京东、网易等 B2C 电商的崛起为标志，零售业实现了信息的全面升级，经营方式大面积从线下向线上转移。

第三阶段：2015 年至今，伴随移动支付、AI、物联网等技术的进步，实体商业的重心从电商重新开始回归到线下，需求满足从传统销售转变向多元化，无人值守零售等新零售业态开始出现。

三、科技零售的具体模式

（一）AI驱动下的智能零售

1. “AI + 零售”的概念

在新零售背景下，线上零售平台与传统线下零售企业已经开始积极探索人工智能，并将其应用到零售业务中，使“AI + 零售”成为科技零售发展的焦点。

新零售致力于实现供应链上下游之间的融合发展，一方面，促使上游商家升级改造，提高物流运转速度，改善商品营销效率；另一方面，鼓励下游商家积极进行线上化转型，提高其数字化水平。在这个融合的过程中，实体零售会遇到许多阻力，而“AI + 零售”为实体零售的破局提供了一种可能的选择。当前，技术的进步推动了智能化在各行各业的发展，而在零售行业向智能化转型的过程中，可以利用人工智能技术对各个环节进行改革。“AI + 零售”就是通过人工智能技术，为实体零售的经营与发展制定完整的升级改进方案，使消费者分析、顾客信息、消费者数据统计、针对性推送、售后服务等工作实现智能化，并最终实现商品管理与消费者管理的智能化改造。“AI + 零售”能够减轻实体店面的工作负担，降低企业运营成本，加快商品运转速度，更好地适应新零售对实体零售发展提出的新要求。

2. AI技术在零售领域的应用

当前，人工智能技术在零售业的应用仍处于早期探索阶段，企业在“AI + 零售”领域的尝试大多集中于提供零售信息化的软硬件服务，并向市场推出人工智能硬件产品。各类先进的智能化技术与产品，已对传统零售产生了一定的影响，越来越多的零售企业加入到了人工智能零售领域的布局中。AI技术在零售领域中的具体应用包括：

（1）商品电子价签。

电子价签通过对红外传输定位和商品导航技术的利用，可以在市场运作中发挥重要作用。传统标签需要定期进行更换，既耗时又昂贵。电子标签不仅可以节省这些时间和人工成本，还可以提高实体店铺的形象，提高消费者的认可度。从这些因素出发进行综合考量，商店只需要一到两年的时间，就可以收回采用电子价格标签的成本。

（2）室内定位及营销。

为了改善用户体验，零售商需要根据消费者的需求提供准确的产品位置。为了实现这一点，很多企业选择采用 iBeacon 技术。iBeacon 的工作原理是：基于

iBeacon BLE 技术，设备可使用系统中安装的低功耗蓝牙（BLE）通信功能，将自身的 ID 信息传递给应用软件，应用软件的运营方能够据此进行信息推送或启动其他运行。运用 iBeacon，商家可以有效地与智能手机进行连接，获知并追踪对方的位置。目前，以北京大悦城为代表的商场利用该技术开展定位营销，有效提升了消费者的购物体验。

（3）智能搜索及管理联动。

零售企业可以使用数据可视化（data visualization）、数据仓库、iBeacon、大数据智能分析技术等关键技术，依托专业的服务发展平台，推出更加智能化、人性化的服务，提高整体运营效率，实现管理联动。

（4）智能购物车。

购物车是超市和商场常用的硬件载体，很可能成为智能化改造的首要目标。零售行业的智能化改革体现在零售商店通过对生物识别技术和摄像头的搭配运用，计算人流量并进行人脸识别，连接到消费者的智能手机获取信息，并据此实施精准营销。

（5）自助支付。

近年来，移动支付得到了广泛的应用。随着移动支付的发展，越来越多的实体零售店铺将提供自助支付服务。具体来说，零售店铺将配备自助收银机，通过文字、视频和语音向消费者提供指导，从而代替传统的人工收银。随着支付宝、微信和银行支付的广泛使用，商家将越来越多地采用其他自助支付方式，比如阿里巴巴推出的刷脸支付。

（6）商品管理机器人。

美国加州的 Simbe 科技公司利用先进的图像识别技术，开发出了用于商品管理的机器人。该公司推出的机器人 Tally 内置机器学习功能，可以根据卖场内部的商品配送信息，利用智能定位技术、图像识别技术对商品信息进行识别，从而可以快速感知商品的变化，保证商品在正确的位置，连接库存管理系统，确保商品正常供应，收集和分析商品状态的变化情况，帮助供应商和零售商做出更合理、准确的决策。

总之，零售行业在未来将实现智能化发展，但如果只是局限于一些浅层次的智能化技术与产品，并不意味着零售企业实现了“AI＋零售”的转型。人工智能革命将是一个长期过程，当前市场上的人工智能产品在实际应用中尚未形成成熟的商业应用模式，“AI＋零售”还存在很大的发展空间，零售企业既要积极拥抱新技术，也要注意避免一拥而上，应根据自身具体情况及实际发展需求，开展在人工智能零售领域的布局。

（二）无人值守零售

1. 无人值守商店的概念

根据中国连锁经营协会2017年发布的《无人值守商店运营指引》中的定义，无人值守商店（unmanned store）指在不存在人工干预的情况下，采用物联网、人工智能、大数据等技术手段，全自动完成商品销售过程，并可根据店内条件自动提供有偿或无偿服务的零售商店。作为对现有零售业态的补充，无人值守商店提高了零售业的数字化水平，自出现之初就被寄予厚望；无人店运营企业也将补充现有商业空白。在更宏观的意义上，无人值守商店是商贸流通领域从需求侧的角度推进供给侧结构性改革的有益尝试，能更好满足个性化、多元化的消费需求。

鉴于无人值守商店为零售业未来发展带来的无限可能，其资本、技术、市场也受到了持续的关注。如今，零售业界对少人或无人化的探索也更加深入。无论是无人货架、智能货柜等无人零售模式的火热布点，抑或是零售巨头们所引领的无人值守商店的发展，无不传递着无人模式成为行业关注焦点的信号。与此同时，无人书店、无人餐厅等的出现，也为无人模式带来了更广阔的想象空间。随着更多新技术的成熟和应用，无人零售的拓展性或将呈现指数型发展。无人值守零售模式未来会不断完善，不断迭代，但对于无人值守商店来说，能否获得消费者的认可，切实满足需求，更多还是要落在选品、定价、促销、供应链等门店运营能力和对消费者的精准把握上。无人值守商店从技术上给经营者提供了新的机会，而经营者也会赋予无人值守商店零售的灵魂。二者结合，才能使无人值守商店实现其最大价值。

2. 无人零售商店的主要形式

目前，无人零售商店主要有无人超市、无人便利店、无人值守货架/货柜等业态，普遍呈现出占地面积小、技术投入高的特点，满足了消费者应急性的消费需求，为解决社区居民和商务人士的便捷化消费发挥了积极的作用。

（1）无人超市。

进入21世纪之后，大型连锁超市成为中国零售行业的主导，今天的零售业更融合了线上线下，创造出了很多全新的模式。在此背景下，无人超市应运而生。行业普遍认为，能够定义零售未来的一定是可以为大众提供便捷、极致购物体验的零售模式。而无人超市正是让消费者的购物体验从此再无障碍，可以跨越时间与空间做出更多选择。以京东×无人超市为例，京东依靠物联网、人工智能、生物识别等自研技术，为无人超市注入新的发展驱动力。京东×无人超市结合京东大数据、店内传感器及视觉分析等技术，通过数据分析对线下门店的选址、商品运营、用户运营做出优化指导；京东物流则利用站点分布、自营配送员的优势，对门店进行闲时补货，最大限度地提升门店补货效率、降低运营成本、提高配送员的收入，从而形成了一套系统化的解决方案。无人超市的整个购物过程，都将用户放在了首位，为用户提供了及时又安全的结算环境，整个购物、结算等过程都是在“无感知”的状态下完成的，极大地改善了消费者体验。

（2）无人便利店。

作为零售新物种，无人便利店已经整合出了完整的商业模式。在越来越多的无人零售新模式、新概念、新玩法中，无人便利店突出重围，具有多方面的原因：

第一，相比很多便利店发达的地方，如日本，中国便利店在很多城市的渗透率不足，这个业态有很大的想象空间；

第二，便利店业态覆盖的消费半径更贴近人们的日常生活；

第三，相较于综合百货、大型连锁超市，便利店的无人化见效更快，成本更低。

事实上，无人便利店的商业模式并不复杂。在运营方面，通过图像识别等人工智能的技术手段，构造前端无人化、后端“数据化”的运营模式，提高商品流通效率，解决传统便利店选址难、租金贵、管理复杂、人工成本高、日常运营效率低等痛点；在消费场景方面，通过互联网技术与传统零售业的融合，有效拓展了经营时间、空间、效率以及用户购物的体验，是传统零售业的重要补充；在零售效率方面，无人便利店通过科技应用对传统零售模式的革新，有利于提升行业效率降低成本；在用户体验方面，无人便利店的便捷性、高效性、科技化是大多数传统零售企业无法企及的，它给人们更新奇、更炫酷的体验；在盈利模式方面，无人便利店有两种盈利模式，一种是通过商品销售的方式获得商品价差，另一种是通过场景渠道资产变现的方式获得利润，就像地铁，既可以向乘客收费获取利润，也可以出售车体广告获取利润。

（3）无人值守货架。

作为新零售变革下的细分业态，无人货架成为近年的热门投资标的之一。究其原因，一方面，新零售从概念到落地，促使更多企业参与重构人、货、场。无人货架的零售颗粒度更细、覆盖范围更广，且可通过规模化的快速复制满足刚需高频消费需求，其探索价值被肯定；另一方面，无人货架的消费场景—办公室的环境相对封闭、白领群体素质较高，消费需求稳定，吸引了众多创业者入局。然而，随着阿里巴巴、京东到家和苏宁等巨头的纷纷加码，无人零售领域的竞争门槛被大幅提高；无人货架作为需要深入融合互联网和零售基因的探索方向，变化依然不断。与此同时，在行业升级的背景下，无人货架的两种主要模式开放式和封闭式，也成为打造竞争壁垒的更替方向之一。

目前来看，多数无人货架企业选择了前期以低成本的开放式货架迅速卡位，摸索出一套“标准化”推广方案后，再逐渐应用成本相对较高的封闭式货架。在这个探索过程中，无人货架企业要注意协调存量市场和增量市场的关系。其中存量市场是要满足便利店消费群体的消费需求，增量市场是在近场零售场景下，拉动原来不会购买零食、水果等品类的群体消费进行购买。

四、科技零售的发展趋势

在技术驱动下，科技零售将在以下几个方向取得较大发展。

（一）消费者管理高效化

零售企业可以运用智能技术对不同的消费者群体进行分析，针对目标消费者，提高信息推送的针对性，挖掘消费者的内部需求，全面掌握消费者的相关信息，紧密围绕消费者的需求开展运营。在线下门店通过 VR 等技术吸引消费者，优化与消费者的互动，并通过科技赋能搭建新场景，创造新消费体验，有效挖掘流量价值。

（二）商品管理智能化

随着市面上商品种类的迅速增长，消费者的需求也越来越多样化。在这种情况下，必须强化对商品管理的重视程度。零售企业可以利用智能化技术优化商品管理，减少店内货物积压、缺货等不合理现象，满足消费者的个性化需求。

（三）供应链管理完善化

建立完善的供应链体系，提高对供应链的管理能力，充分与上下游相连的企业进行合作联盟，形成价值链，以降低自身成本。在实现成本控制的同时，加强对门店销售、消费者和合作企业的管理，加快企业运营，提高供应链管理水平。

（四）物流管理合理化

零售企业可以根据日程合理安排商品存储，实现快速配送，在深度挖掘用户内部需求的基础上，优化物流仓储和供应链管理，基于智能技术合理安排相关商品的仓储，优化商品的仓储方式，合理规划物流配送路径，缩短货物配送时间。

第五节　社交新零售

随着社交媒体、社交平台的发展，社交网络对交友、工作、消费的影响力与日俱增，而社交新零售是社交网络大力发展下的必然产物。

一、社交新零售的概念与特征

社交新零售以人为中心，借助社交工具产生的经营行为（程阔，2020）。社交新零售是社交与新零售的结合体，因此社交新零售不仅包括新零售的定义，还包括新增的运用社交渠道进行的推广与销售。人代表了流量，社交成为了交易的前提，通过社交平台，零售商与用户之间迅速产生关联。

社交新零售的特征有以下四点：

（一）在“人”方面体现的特征

在社交新零售模式中，“人”才是裂变的关键。零售企业所有有关社交新零售的战略、计划的落脚点都是用户的需求与体验。

社交交互要有互动性。例如，在一个300人的微信群随便发一条分享链接十分简单，但没有互动，没有社交红利，使用户的转化率与购买率极低，最终也无法使企业获得收益。

满足用户差异化需求。通过多样化的渠道与用户持续保持交流互动，并及时发掘用户的潜在痛点与需求。例如，零售企业在中秋节，给前500名下单的用户赠送月饼；根据用户的数据，在其生日发送生日祝福与生日优惠券；建立用户粉丝群，定时为用户发送福利等，均是与用户互动的好方法。

微博、微信这种社交平台是大部分商家的选择，但是随着时间的推移，短视频和直播这种新工具也成了促进社交关系升级的有效手段。短视频和直播提高了交易的效率。在引流曝光和私域运营方面，短视频和直播也表现得尤为出色。也正因为如此，商家才能更好地维护每位消费者。

（二）在“货”方面的特征

商家可提供现货、预售、定制等需求，优化库存与商品品质，与传统零售相比极大地降低了成本的同时精准地满足客户的需求。从商品属性来看，与传统商业相比，社区新零售提供一体化的服务，即购买到生活解决方案。包括实物商品、虚拟商品、服务商品等，课程、知识都可以是商品。

“货”既代表着具有使用价值的产品，也包括优质的服务，对用户做到单品与库存的透明。通过用户的个性化、多样化的需求，细分需求市场，将用户的价值充分发挥，从而为用户提供高度融合的产品＋服务。

（三）在“场”方面的特征

创造“场”就是打造线上与线下相结合的消费场景，与用户在线上与线下实现深度交互。借此不仅能够为用户提供个性化的服务，还能在用户心中形成良好的品牌效应。

星巴克等传统线下品牌商在增强自己的线上消费场景。而云集、拼多多等社交电商平台，则要重点打造自己线下消费场景，增强品牌的线下布局。

在星巴克的线下门店，客户不仅可以消费，还可以轻松社交、聊天、聚会。客户在门店里可以更好地社交，获得更好的场景化体验。小米之家的门店注重场景化体验，电器按照传统生活场景布局，增强消费者的归属感和黏性。

（四）在供应链方面的特征

通过供应链的优化打造“商业共享经济”。这不仅需要各个零售企业与商家相互合作、共享资源，还可以使用户参与到产品的供应链之中，充分发挥用户的价值。例如，良品铺子的“来往饼”就是让用户参与供应链上的具体表现。这能让商家与用户实现共赢。

二、社交新零售的发展历程

移动互联网的迅猛发展，为传统实体零售业的经营提供了诸多阻碍，但危险中也蕴含着机遇。抖音、小红书等社交平台的发展与火爆，让商家可以借助社交网络的红利，给新零售插上社交的翅膀。社交新零售自 2013 年出现，经历了初步萌芽、繁荣发展、规范方向、逐渐成熟四个阶段。

（一）初步萌芽

社交新零售的萌芽形式是代购模式，目的是解决传统零售模式中，消费者的消费欲望受到地域限制，而影响其消费行为的难题。例如，若消费者想要购买只在国外销售的产品，购买过程会非常麻烦。2013 年，一些品牌开始尝试转型，效仿代购的销售模式对自身产品进行营销。

这个阶段，很多品牌经历了疯狂生长。例如，以科技面膜为核心产品的某护肤品牌借助“熟人经济”与“信任经济”，创下了一年销售 10 亿多盒面膜的奇迹，但与此同时，大量企业受利润诱导，纷纷开展此模式，产品质量良莠不齐，消费者权益无法得到保护。

（二）繁荣发展

零售商家开始重视微信朋友圈的私域流量，在朋友圈进行商品的销售与推荐，一大批传统大企业开始试水，微商数量急剧增长。同时，商品品类从早期的面膜、护肤品逐步延伸为到大健康、食品、针织、母婴、日化等。在 2015 年，整个新零售行业的从业者已经达到两千万。很多新零售行业的入局者都取得了成功，同时也造就了无数巨头企业，整个新零售行业开始进入繁荣发展的阶段。

（三）规范方向

大量新零售从业者入局后，社交新零售模式暴露了更多的问题。一方面，在过量的对手与激烈的市场竞争环境下，一些商家为了保证自身利益，用劣质产品以次充好，甚至假冒伪劣，生产者与消费者之间产生了严重的信任危机；另一方面，新零售行业的低门槛也让不少不法分子钻了空子，因此，国家开始整治新零售环境，行业逐渐走上了规范化的发展道路。

（四）逐渐成熟

在经历了规范化引导后，社交新零售行业从团队数量扩张模式向团队质量模式转换，从传统的囤货模式向动销模式转换，从一夜暴富的模式向团队质量模式转换，行业建立起了品牌上下游服务链条，完善了品牌运作生态链，且注重产品品质，灵活满足消费者的需求。

与此同时，国家对该行业的规范管理也日渐加强。2018 年6 月，我国首部电商领域综合性法律《中华人民共和国电子商务法（草案）》三审稿提请第十三届全国人民代表大会常务委员会第三次会议审议，其中，特别对电子商务经营者做出了进一步细化的规定，扩大了电子商务经营者的范围，使其包括以微信、网络直播等所有通过互联网方式为消费者提供产品、服务的经营者。同时要求所有电子商务经营者合法经营，杜绝不良竞争。该草案的提出，弥补了社交新零售领域在法律上的诸多空白，为规范市场奠定基础。

三、社交零售的主要类型

社交新零售是一种基于社交网络而迅速发展的新型零售模式，是一种集线上、线下、社交网络三网合一的新型商业模式。其主要类型可划分为实体零售社交化和电商企业社交化两种。

（一）实体零售社交化

传统零售企业在转型过程中，要充分发挥社交新零售的优势，在获客拉新、开拓新渠道时融入更多社交元素，提高零售效率，降低运营成本，实现爆发式增长与私域流量裂变。但是要从实际情况出发，资金雄厚的大型零售企业可以自建社交电商平台，中小企业可以选择入驻借助社交平台，以线上流量为线下引流。

【精彩案例1】

社交平台零售——以星巴克为例

早在2012年，星巴克便开始加快了社交化战略的步伐，转型为一家集数字化、社交化为一体的企业。借助社交媒体，星巴克与客户社交互动、发挥客户的参与能动性，让客户贡献智慧，同时树立良好口碑，再让客户借助社交网络传播其口碑。

在国外，星巴克主要通过社区论坛MyStarbucks Idea、脸书、推特、领英等社交媒体实施自己的社交战略，与粉丝、客户进行社交互动，扩大自己的影响力，通过社交网络获益。比如在星巴克脸谱的主页上、客户可以浏览网页、社交互动、分享创意，还可以提出对星巴克的反馈、建议、看法。与此同时，为处理好这些社交互动的信息，星巴克安排能胜任社交网络服务、有足够耐心的工作人员，与客户有效沟通、互动，收集、整理反馈、建议，并从中筛选出有益的信息，可以说，星巴克充分利用了脸谱的社交网络作用和影响力。

资料来源：搜狐网．互联网＋转型成功案例之星巴克：玩转场景化与社交化［EB/OL］.［2018－09－04］. https：//www. sohu. com/a/251861663_100169107.

【精彩案例2】

自建社交平台零售——以小米为例

2019年，小米开始布局社交电商平台，推出了有品有鱼社交电商项目，拓宽了小米的社交板块，让小米的客户在消费小米商品的同时，还可以成为小米的经销商和合伙人，发挥其社会化协作作用。

小米有品有鱼平台最大的特色是，融合了社交元素，通过社交网络分享，平台上的客户花396元购买会员礼包成为会员之后，既可以自购省钱，还可以成为销售者，实现分享赚钱。这就将新零售与社交网络充分融合，既提高了零售的效率，又降低了运营的成本，同时还裂变了渠道，将小米的私域流量转化为私域电商，充分发挥客户的积极性和潜能。

资料来源：腾讯网．产品分析：小米有品的品质电商之路［EB/OL］.［2021－02－27］. https：//new. qq. com/rain/a/20210227A06NCC00.

对于当下很多企业、传统电商商家已意识到社交新零售的潜力和重要性，开始直接采用社交新零售玩法实现转型升级。如：阿里巴巴、京东、蒙牛、娃哈哈、屈臣氏、瑞幸咖啡、东阿阿胶等新零售企业，在转型新零售的过程中，将社交元素融入企业的发展和运营中，借助社交网络，裂变自己的消费者及社交渠道。

（二）电商零售社交化

云集、贝店、蜜芽、拼多多、每日一淘等社交电商平台，以社交起家，借助分享、分销等模式迅速壮大，用低成本的运营方式发展出庞大的客户群及社交渠道（消费者）。随着新零售的发展，为了实现更高效率的零售，这些企业结合了新零售的优势，升级为社交新零售品牌。移动互联网时代各种社交工具的发展是该类型社交新零售企业出现的基石，社交是其内核。根据其平台产品的有形无形，主要分为内容社交电商和分享社交电商两大类。

【精彩案例1】

内容社交电商——以小红书为例

小红书前卫买手、普通消费用户之间形成了一个闭合回路。前卫买手先在小红书上购买自己喜欢的产品，然后在社区编写笔记，分享自己的购物体验与使用产品的心得。内容说服用户是内容型社交电商实现社交裂变的第一步。

与其他电商相比，小红书的社区内容不仅仅在于单纯的分享，更是通过对真实场景的描述，增加用户的代入感，从用户出发，真正抓住了用户的心理之后，再去进行说服。一般而言，用作说服用户的内容应该具备“可信度”“吸引力”“符合喜好”这三个特点。小红书从上述第三个特征出发，打造了属于自己的说服力强的内容社区、激发用户的消费欲望，提升用户的转化率。

资料来源：搜狐网．从“人，货，场”的角度分析内容电商——小红书及其竞品分析［EB/OL］.［2021-09-24］. https://www.sohu.com/a/491738397_114819.

【精彩案例2】

分享社交电商——以拼多多为例

相较于传统电商平台的“人找货”模式，拼多多采用“分享+社交”的模式，时常会推出拼团有优惠的产品，或通过多人砍价，免费获得一些产品。这类产品，用户一般都会通过微信分享给好友，一些有需要的人看到后会加入拼团，或者也在朋友圈中邀请他人帮忙砍价。这实现了“货找人”。拼多多深度挖掘微信生态红利，凭借“极具价格优势+拼单”模式，让用户自发传播，可以在很短的时间内积累出庞大的同一圈子的精准客。

与其他电商平台相比，拼多多不是简单地进行社交裂变，而是不断地设计出用户分享的节点，激发用户分享如：游戏化原则，邀请好友来参加；多样性原则，邀请好友来助力；活动限时原则，疯狂分享给好友。这种通过沟通分享形成的社交理念形成了拼多多独特的新社交电商思维。

资料来源：搜狐网．社交电商：即拼模式解析［EB/OL］.［2023－03－08］. https：//new. qq. com/rain/a/20210227A06NCC00.

四、社交零售未来发展趋势

随着5G、区块链、大数据等技术日益发展成熟，社交新零售在此基础上一定会更加科技化、便利化。未来，社交新零售将与众多商业融合，演化出众多新物种。

（一）全渠道社交零售

全渠道零售的社交化。首先提出新零售概念的阿里巴巴，在布局线上线下全渠道零售的同时，也在加快社交化的进程。一是淘宝进行社交化，主要体现在两方面：即淘宝内容和手淘社区。淘宝内容通过淘宝达人、大V等有KOL特质的网红分享购物体验等优质内容来促进客户购物。这些优质内容借助微淘、有好货、红人圈、爱逛街、淘宝头条五大板块呈现。手淘社区主要是为了方便卖家和买家之间的沟通交流，便于沉淀客户，促进复购。二是阿里巴巴旗下的支付宝在2015年便开始增加了社交的功能，如支付宝可以加好友、建群，与社交圈的朋友进行社交互动。

社交平台布局全渠道零售。微信、抖音、快手等社交平台通过投资入股新零售企业，开始加快全渠道零售的布局，借此拓展线上线下的商业。这些巨头企业在全渠道社交零售方面的动作和成就吸引更多零售企业布局全渠道社交零售。此外，面对大势所趋，全渠道社交零售的布局将成为企业的必然选择。企业将结合自身业务架构进行全渠道升级，实现线上线下渠道场景化、客户数字化、营销智能化的社交新零售模式。

（二）与社区融合的社交零售

线下社区新零售的代表有社区商家、社区附近的超市、便利店等。其中社区超市具备实践社区新零售的先天优势。

一是超市拥有相对固定的消费人群，体验性、可信性和及时性方面具有较大优势；二是很多超市拥有一定规模的会员，会员的相关数据具有较大价值；三是随着阿里巴巴、京东、小米等巨头开始布局线下，天虹、沃尔玛等超市产生危机意识，开始借助互联网、社区零售来增强自己的实力，部分超市与阿里巴巴、腾讯等巨头合作，提高消费者支付的效率和便利性，增强消费者的购物体验。如沃尔玛、天虹超市增加了自助服务，消费者通过自助机便可完成结算，减少了排队等候的时间。有的超市引入支付宝的刷脸付款机，为消费者创造便利的支付方式。

现在的社区团购是社区新零售社交化的代表之一。由于社区属于半封闭场景，居民关系是介于熟人关系与陌生人关系之间的半熟人关系，社交关系相对稳定，已经具备了一定的信任和黏性基础。社交化的社区新零售一方面突出线下场景的原有优势，如定期举办线下沙龙等来增强黏性，通过社区内的狗友、宝妈宝爸、球友、牌友、孩子教育、物业服务等社区社交触点触达消费者，将社交与社区商业融合；另一方面则是借助线上线下社交网络及社交工具进一步增强消费者之间的黏性，提升复购率与消费频次，实现社区零售的多次转化。

未来，方便且齐全的社区新零售将借助门店的数字化、社交化和体验的智能化、社交化赋能零售，实现对消费者的深度、精准服务，提升消费者的体验。

由于社区服务还不完善、社区交流氛围有待增强等原因，社区新零售的社交化仍然处于初步发展期，其商业模式仍然有待完善，其潜力仍然有待深入挖掘。

【本章小结】

新零售是区别于传统零售的一种新型零售业态，具有以消费者为核心、购物模式碎片化、个性化的产品和服务、销售和服务专业化、吸引流量方式多样化、线上线下融合、跨界融合全渠道及智能物流的典型特征。零售商可以从个性化消费场景 + 数据赋能、消费场景 + 会员营销、数据赋能 + 会员营销、消费场景 + 数据赋能 + 会员营销四个方面着手构建其商业模式。一般来讲，新零售包含全渠道零售、数字零售、科技零售、社交新零售四大部分。

【思考题】

1. 你认为零售应有新旧之分吗？为什么？
2. 梳理你理解的新零售商业逻辑。
3. 数字化是所有零售商的归宿吗？请说明原因。
4. 结合实际谈谈信息技术给零售商的经营活动带来哪些正面影响？

【延伸阅读】

［1］包振山，常玉苗，万良杰．数字经济时代零售商业模式创新：动因、方法与路径［J］．中国流通经济，2022（7）.

［2］程阔．社交新零售［M］．北京：人民邮电出版社，2020.

［3］高红冰，侯毅，王俊洲，等．新零售时代：重构商业模式与营销实战［M］．北京：中国铁道出版社，2018.

［4］葛晨晨，朱建军．线上线下协同的全渠道零售供应链系统的鲁棒控制与

优化［J/OL］. 中国管理科学，2022.

［5］刘向东，何明钦，米壮. 全渠道零售系统：基于中国的实践［J］. 北京工商大学学报（社会科学版），2021（3）.

［6］覃海涛. 新零售的创新与变革［M］. 北京：人民邮电出版社，2018.

［7］王先庆，彭雷清. 全渠道零售［M］. 北京：中国经济出版社，2018.

［8］张艳，王秦，张苏雁. 互联网背景下零售商业模式创新发展路径的实践与经验——基于阿里巴巴的案例分析［J］. 当代经济管理，2020（12）.

［9］赵树梅，徐晓红. “新零售”的含义、模式及发展路径［J］. 中国流通经济，2017（5）.

［10］庄崇洋. 新社群、新思维、新零售［M］. 北京：清华大学出版社，2017.

【精彩案例】

苏宁改造家乐福：商品升级、业态重构

2019 年 9 月 27 日，苏宁易购正式完成对家乐福中国的股权收购。到 2020 年，家乐福中国易主苏宁已经一年。在这一年期间，家乐福中国不管是线上还是线下都发生了质的变化。

业态全新升级

加入苏宁大家庭一年时间，家乐福首先做出的一个改变就是业态升级，“数字化改造 + 场景”融合，打造立体化业态，包括对门店的布局规划、场景创新、供应链融合会员数据库等方面，尤其是线上的到家业务，取得了飞速进步。2019 年“双十一”，苏宁易购宣布，家乐福加入“1 小时场景生活图”，并将家乐福作为进场的核心布局。依托于整合后的大快消供应链以及全国两百余家家乐福线下门店，“3 千米 1 小时达”“10 千米半日达”的到家业务，成为苏宁易购在同城零售中的竞争利器。疫情期间，更是催生了到家业务的迅猛发展。同时，家乐福在线下经营层面做了多方面尝试。经过一年的反复试验，家乐福最终将店面模型确定为“1 + 2 + 1”的模式。“1”代表服务城市“远场”的家乐福社区生活中心，“2”代表服务社区“中场”的家乐福标准超市和精选店，另一个“1”则是面向家门口“近场”的家乐福社区生鲜店，实现从近场、中场至远场不同场景的互通。从传统门店“重装升级”，各地差异化改造，营造场景化、数字化与服务化，到积极探索精选店、社区生鲜店等新业态，形成立体服务场景，家乐福这一年也在不断蜕变升级，贴近消费者，适应更多新中产与年轻人的消费需求。

驾驭全方位品类

家乐福中国与苏宁融合后，带来的最直观的优势变化是品类结构优化和全覆

盖，更能满足消费者的一站式体验。目前，家乐福与苏宁商品体系已打通，用户可在苏宁线上购买家乐福的商品，家乐福基于大数据，在商品品类上更加精挑细选，强化生鲜、食品、百货纺织与餐饮等品类，推动日杂百货、家纺清洁从到店场景销售向线上销售转化，用好家乐福在线购物小程序与苏宁易购 App。2020 年以来，苏宁家乐福还加大生鲜发展布局，涵盖肉、水果、蔬菜、水产、干货等产品分类。与此同时，家乐福从年轻、网红产品入手，成功引进超 2000 个食品新品，持续满足本土消费者年轻化、健康化、个性化的购物需求。百货方面，家乐福则主打小而美的品牌店中店，开启线下大卖场品类专业化门店的新模式。

全面打通供应链体系

家乐福作为中国大卖场业态的先行者，拥有专业成熟的供应链。苏宁入主之后，双方采购、仓储、物流统一管控，并实现日配，供应链效率大幅提高。通过整合供应链，家乐福 60000 多个 SKU 接入苏宁易购，形成了快消百货的品类优势和价格优势。家乐福将进一步向供应链平台发展，向低线城市的夫妻老婆店开放供应链。家乐福不只是要做 B2C 的生意，同时也要做 B2B 的生意，让高效率、低成本的供应链，发挥出更大的价值。回首来看，苏宁易购，在全场景零售的版图进一步完善，并得到快速增长，拥抱苏宁的家乐福也将找到适合的方式，为消费者提供更精准高效的服务。未来，家乐福也会结合苏宁快消零售云，考虑开设更多前置仓，升级到家业务。

资料来源：搜狐网．被苏宁“改造”一年的家乐福，现在变成什么样了？[EB/OL].[2020－10－09]. https：//www. sohu. com/a/423530364_250742.

讨论题：

家乐福应如何转型才能适应新零售时代的需求？

参考文献

［1］曹静．零售企业规划与布局［M］．上海：复旦大学出版社，2015.

［2］陈欢，陈澄波．新零售进化论［M］．北京：中信出版社，2018.

［3］陈丽芬，黄雨婷．高质量零售［M］．北京：机械工业出版社，2019.

［4］陈文汉．零售学（第二版）［M］．北京：北京大学出版社，2015.

［5］程阔．社交新零售［M］．北京：人民邮电出版社，2020.

［6］冯娟．我国零售组织数字化转型的历史与逻辑思辨［J］．未来与发展，2020，44（10）：7－10.

［7］高红冰，侯毅，王俊洲，等．新零售时代：重构商业模式与营销实战［M］．北京：中国铁道出版社，2018.

［8］顾国建．超级市场营销管理［M］．上海：立信会计出版社，2001.

［9］贺爱忠，聂元昆，李颖灏，等．零售管理［M］．北京：清华大学出版社，2015.

［10］洪涛．流通产业经济学［M］．北京：中国人民大学出版社，2014.

［11］［美］霍华德·舒尔茨，等．将心注入［M］．文敏，译．北京：中信出版社，2015.

［12］［日］兼村荣哲．关于零售商业的产生、发展理论假说的再思考［J］．早稻田大学院商学研究科纪要，1993（36）：141－145.

［13］蒋秀兰，蒋春艳．零售学［M］．北京：清华大学出版社，2018.

［14］焦玥．商店选址与消费者行为研究［M］．上海：复旦大学出版社，2014.

［15］角井亮一．新零售全渠道战略［M］．北京：东方出版社，2017.

［16］［美］杰伊·戴蒙德，艾伦·戴蒙德，谢里·利特．时尚零售——全渠道模式［M］．方刚，译．上海：东华大学出版社，2017.

［17］金福海．消费者法论［M］．北京：北京大学出版社，2005.

［18］李飞，等．中国百货商店演化轨迹研究［M］．北京：经济科学出版社，2016.

[19] 李飞. 零售革命 [M]. 北京: 经济科学出版社, 2018.

[20] 林贤福. 零售管理 [M]. 北京: 北京理工大学出版社, 2017.

[21] [日] 铃木安昭. 零售形态的多样化 [J]. 消费与流通, 1980 (2): 61-66.

[22] [日] 铃木敏文. 零售的哲学: 7-Eleven 便利店创始人自述 [M]. 顾晓琳, 译. 南京: 江苏凤凰文艺出版社, 2015.

[23] 刘润. 新零售 [M]. 北京: 中信出版社, 2018.

[24] 刘洋, 杨波. 新零售管理实务 [M]. 上海: 复旦大学出版社, 2020.

[25] 刘志彪. 产业经济学 [M]. 南京: 南京大学出版社, 2000.

[26] [美] 迈克尔·利维, 巴顿·韦茨. 零售学精要 [M]. 郭武文, 译. 北京: 机械工业出版社, 2000.

[27] 迈克尔·利维, 巴顿·韦茨. 零售管理 (第9版) [M]. 北京: 机械工业出版社, 2018.

[28] [英] 尼尔·里格利. 商店选择、店面选址与市场分析 [M]. 曹静, 译. 北京: 经济管理出版社, 2019.

[29] 任锡源, 杨丽. 零售管理 (第三版) [M]. 北京: 首都经济贸易大学出版社, 2014.

[30] [美] 山姆·沃尔顿, 约翰·休伊. 富甲美国 [M]. 杨蓓, 译. 南京: 江苏凤凰文化出版社, 2015.

[31] 孙晓红, 闫涛, 冷泳林. 零售学 [M]. 大连: 东北财经大学出版社, 2018: 280.

[32] 覃海涛. 新零售的创新与变革 [M]. 北京: 人民邮电出版社, 2018.

[33] 谭长春. 新零售模式下的快消品营销策略 [M]. 北京: 清华大学出版社, 2020.

[34] 童思南. 新零售革命 [M]. 北京: 中华工商联合出版社, 2018.

[35] 汪旭晖. 零售管理 [M]. 北京: 中国人民大学出版社, 2022.

[36] 王常华. 商品学 [M]. 北京: 中国传媒大学出版社, 2014.

[37] 王先庆, 彭雷清. 全渠道零售 [M]. 北京: 中国经济出版社, 2018.

[38] 翁怡诺. 新零售的未来 [M]. 北京: 北京联合出版公司, 2018.

[39] 吴小丁. 商品流通论 [M]. 北京: 科学出版社, 2005.

[40] 夏春玉. 零售业态变迁理论及其新发展 [J]. 当代经济科学, 2002 (4): 70-78.

[41] 夏春玉. 流通概论 [M]. 大连: 东北财经大学出版社, 2006.

[42] [日] 向山雅夫. 零售商业形态发展的分析框架 [J]. 武藏大学论集, 1986 (33): 19.

［43］肖怡．零售学（第四版）［M］．北京：高等教育出版社，2017.

［44］徐从才．流通经济学：过程、组织、政策（第二版）［M］．北京：中国人民大学出版社，2012.

［45］徐从才．现代商品流通：转型与发展［M］．北京：人民出版社，2000.

［46］徐盛华，倪昌红．零售学［M］．北京：清华大学出版社，2020.

［47］［日］绪方知行，等．零售的本质［M］．陆青，译．北京：机械工业出版社，2015.

［48］晏维龙．交换、流通及其制度［M］．北京：中国人民大学出版社，2003.

［49］晏维龙．“零售之轮”理论发展的逻辑与不足［J］．北京工商大学学报（社科版），2002（6）：30－34.

［50］［德］约阿希姆·森特斯，［瑞士］迪尔克·莫舍特，［德］汉娜·施拉姆·克莱．零售战略管理［M］．刘斌，王大群，冯叔君，译．上海：复旦大学出版社，2016.

［51］曾庆均，等．零售学［M］．北京：科学出版社，2020.

［52］赵萍．零售组织演进理论四大流派述评［N］．中国经济时报，2005（11）：10.

［53］郑志刚．美国零售商业发展理论假说研究［J］．商业研究，1998（6）：3－6.

［54］庄崇沣．新社群、新思维、新零售［M］．北京：清华大学出版社，2017.

［55］Kotler P. Principals of Marketing［M］. Prentice of Hall，1980.

［56］Stanton W. J. Fundamentals of Marketing，5th ed.［M］. McGraw－Hill，1978.

后　记

零售业是中国经济发展的基础性与先导性行业，是商贸流通业的重要组成部分，在加快构建“以国内大循环为主体，国内国际双循环相互促进”的新发展格局中处于重要地位。本书坚持以习近平新时代中国特色社会主义思想为指导，认真贯彻党的二十大精神，将世界零售业发展规律与零售企业核心经营要素清晰联系在一起，紧扣当前中国流通现代化与零售管理的理论与实践，综合反映国内外学者对零售管理的最新研究成果，深入阐述零售理论、零售发展与零售实务，充分反映近年来国内外零售理论最新研究成果和零售实践前沿方向，突出教材的先进性、时代性、应用性和实用性。全书突出当前零售业的新发展，诠释了零售创新的本质，以及数字化、智能化对零售的变革及对行业的影响。

《零售学》是教育部“十二五”普通高等教育本科规划教材，教材第一版、第二版由曾庆均教授主编，本书是在第二版基础上修订的第三版教材，是高等学校贸易经济本科专业核心课程教材，是重庆工商大学国家一流本科课程“零售学”的配套教材，是重庆工商大学、湖南工商大学、北京工商大学、南京财经大学、南京审计大学等高校贸易经济国家级一流本科专业的联合建设成果。

全书分为零售基础、零售战略、零售运营、零售前沿四大模块，每章前面有学习目标、重难点、案例导入，章节尾有本章小结、思考题、延伸阅读、精彩案例。新版教材有较大变动，对内容作了重要修订，对案例作了更新，本书主要特点如下：

第一，与课程思政深度融合。以“价值塑造、知识传授、能力培养”三位一体为教学目标，阐释信息技术背景下的零售发展趋势，学习宣传国家重大政策法规，传承中华历史悠久的商业文化，弘扬中国优秀实践，思政元素包括习近平经济思想、政治认同与家国情怀、职业道德塑造、中华优秀传统文化、国家方针政策、法治教育六大方面，引导学生厚植爱国情怀、法治精神、社会责任与公民意识。

第二，体现零售的现代化。本书以“零售现代化”为主线，以经典零售理论为核心，在新发展阶段贯彻新发展理念、加快构建新发展格局的背景下，面向新消费、新技术、新零售重塑教材内容。及时跟进零售理论与实践前沿内容，将“双循环”格局下零售业的地位与作用、全渠道零售、零售业态“跨界创新”、国潮消费、数据驱动零售选址、零售业“双碳”、直播电商、社区团购、短视频零售等新模式纳入教学内容，通过教学和案例内容进行分析与介绍。关注新技术发展与应用，如人工智能、大数据、云计算、物联网等新一代信息技术在零售领域的应用及创新。

第三，体现零售的中国化。本书在内容表现形式、知识内涵、案例筛选中，体现了中国零售的特色风格和理论、研究成果，对西方零售主流理论与研究方法进行中国化的诠释和延展，教学内容体系更加符合我国高等院校经济管理类专业本科教学实际。以中国理论引领，融入中国政策、中国文化、中国故事、中国创新，强调讲好中国故事，传播中国声音，紧跟中国实践。

第四，体现教材应用的信息化。本书是一本新形态教材，信息化应用较为充分，且与“零售学”重庆市线上一流课程（全国超星平台）相链接、相融合、相协同。

本书共十四章，参加修订编写的有重庆工商大学的宋瑛（第一、十三章），南京财经大学的宗颖（第二、三章），湖南工商大学的杨水根（第四、六章），南京审计大学的梁佳（第五章），北京工商大学的郭馨梅（第十四章），重庆工商大学的杨海丽（第七、八章），重庆工商大学的张桂君（第九、十章），重庆工商大学的张驰（第十一、十二章），重庆工商大学的曾蓼（第十四章）。宋瑛教授为本书主编，杨水根教授、杨海丽副教授为副主编，曾庆均与李定珍两位教授为本书专家顾问。

原作者有：重庆工商大学曾庆均、宋瑛、杨军、徐慧、沈红兵、孙畅、严艳、吴华安，湖南商学院李定珍，哈尔滨工业大学张英，浙江工商大学顾春梅，内蒙古财经学院孙佩红等。

本书在再版修订过程中，参考了大量国内外文献，并得到了经济科学出版社的大力支持，在此一并致谢！

限于编者的学识和水平，虽尽其力，但书中仍有诸多不足之处，敬请读者不吝赐教，以期进一步完善。

宋 瑛

2023年12月7日